GUÍA MÉDICA

DE

REMEDIOS CASEROS

Miles
de sugerencias y técnicas
que usted puede utilizar para resolver
cualquier problema cotidiano de salud

Por los editores de Prevention Magazine Health Books

Don Barone
Deborah Grandinetti
Marcia Holman
Lance Jacobs
William LeGro

Judith Lin
Claudia Allen Lowe
Jean Rogers
Don Wade
Russell Wild

Editado por Debora Tkac

EDITORIAL DIANA
MEXICO

1a. Edición, Agosto de 1992
15a. Impresión, Febrero de 1997

Diseño de portada: Denise Mirabello
Diseño de interiores: Glen Burris

ISBN   968-13-2298-3

**Equipo editorial de Prevention
Magazine Health Books**

Editor en jefe: *William Gottlieb*
Editor de *Prevention Magazine*: *Mark Bricklin*
Editor ejecutivo: *Carol Keough*
Editor senior administrativo: *Debora Tkac*
Editor/redactor senior: *Sharon Faelten*
Editores senior: *Alice Feinstein, John Feltman*
Redactor senior: *Ellen Michaud*
Editores: *Don Barone, Deborah Grandinetti, Marcia Holman,
     Lance Jacobs, William LeGro, Judith Lin, Claudia Allen Lowe,
     Jean Rogers, Don Wade, Russell Wild*
Editor de producción: *Jane Sherman*
Jefe de investigación: *Ann Gossy*
Editor de investigación: *Holly Clemson*
Asociados de investigación senior: *Staci Hadeed, Karen Lombardi*
Asociados de investigación: *Christine Dreisbach, Dawn Horvath*
Gerente de oficina: *Roberta Mulliner*
Asistentes: *Eve Buchay, Karen Earl-Braymer*

Otros colaboradores: *Kim Anderson, Bob Diddlebock*

Aviso

Este libro tiene la intención de servir sólo como referencia, no como guía médica o manual para aplicarse autotratamientos. Si usted sospecha que tiene un problema de salud, solicite ayuda médica competente. La información de esta obra tiene como propósito ayudarle a hacer selecciones con conocimiento de causa acerca de su salud; no pretende servir de sustituto de algún tratamiento prescrito por su doctor.

Si usted tiene alguna duda o comentario acerca del contenido de este libro, por favor escriba a: Rodale Press Book Reader Service 33 East Minor Street Emmaus, P.A. 18098 U. S. A.

Contenido

Introducción: Su acompañante médico

A   **Acedía:** 23 maneras de apagar el fuego 1
     Acné: 18 remedios para una piel más suave 7
     Alergias: 15 maneras de aliviar los síntomas 14
     Ampollas: 20 sugerencias para curar la lesión 20
     Angina: 17 maneras de detener el dolor 27
     Arrugas: 24 sugerencias para reducir los efectos
        del envejecimiento 33
     Artritis: 22 remedios para aliviar el dolor 39
     Asma: 20 maneras de detener un ataque 48

B   **Bronquitis:** 9 sugerencias para dejar de toser 55
     Bruxismo: 10 maneras de no hacer crujir los dientes 58
     Bursitis: 8 maneras de acabar con el dolor 61

C   **Cabello grasoso:** 16 soluciones neutralizadoras 64
     Cabello que crece hacia dentro: 10 maneras
        de obtener una afeitada limpia 68
     Cabello seco: 10 soluciones para una cabellera
        manejable 71
     Cálculos renales: 12 líneas de defensa 74
     Callosidades: 20 maneras de suavizarlas y aliviarlas 78
     Cardenales: 6 ideas para cubrirlos 85
     Caspa: 18 sugerencias para detener la descamación 88
     Ceguera nocturna: 11 maneras de hacer frente
        a la oscuridad 93
     Celulitis: 18 maneras de combatirla 96
     Cerumen: 4 pasos para irrigar sus oídos 100
     Cicatrices: 10 maneras de disminuir el daño 102
     Claudicación intermitente: 8 maneras de aliviar
        el dolor 105
     Colesterol: 27 maneras de conservar bajo el nivel 109
     Cólico: 10 ideas para acallar el llanto 118
     Congelación: 17 salvaguardas contra el frío 121
     Conjuntivitis: 7 remedios para los ojos irritados 126

Contenido

Cortadas y raspones: 13 maneras de aliviar
una herida 128

Cruda: 18 maneras de enfrentar el día siguiente 134

D

Dentaduras postizas problemáticas: 14 ideas
para una sonrisa más segura 139

Dentición: 4 maneras de mitigar el dolor 142

Depresión: 22 maneras de imponerse a la tristeza 144

Dermatitis y eczema: 23 remedios para una piel limpia 150

Descompensación por viajar en avión: 22 sugerencias
para llegar alerta 158

Diabetes: 15 maneras de mantenerla bajo control 164

Diarrea: 16 remedios para curarla 177

Diarrea del turista: 24 sugerencias para detener
el padecimiento 184

Dientes manchados: 7 ideas brillantes 192

Diverticulosis: 21 técnicas de autocuidado 194

"Dolor de caballo": 9 maneras de evitar la molestia 198

Dolor de cuello: 24 maneras de curar la tortícolis 201

Dolor de espalda: 24 ideas para quitar el dolor 205

Dolor de espinillas: 13 maneras de aliviar
el dolor de piernas 213

Dolor de muelas: 13 sugerencias para aliviar el dolor 218

Dolor de oídos: 12 maneras de detener el dolor 221

Dolor de rodillas: 16 maneras de atender la lesión 225

Dolor muscular: 41 caminos hacia el alivio 232

Dolores de pies: 18 maneras de consentir sus pies 241

Dolores de cabeza: 40 sugerencias para
decapitar el dolor 246

Dolores menstruales: 13 antídotos fáciles 255

E

Endometriosis: 14 técnicas para hacerle frente 258

Enfisema: 24 remedios para facilitar la respiración 263

Eructos: 10 pasos para acallar el problema 269

Estreñimiento: 18 soluciones para
un problema frecuente 272

Exantema por el pañal: 5 sencillas soluciones 278

Excoriaciones: 10 maneras de borrarlas 281

F

Fatiga: 35 sugerencias para una vida de mucha energía 284

Fatiga visual: 10 sugerencias para evitarla 292
Fiebre: 26 tácticas para hacerle frente 296
Fisuras: 14 soluciones calmantes 302
Flatulencia: 5 ideas para eliminar el gas 306
Flebitis: 10 remedios para mantenerla bajo control 309
Fobias y temores: 12 medidas para enfrentarse a ellos 313
Forúnculos: 13 sugerencias para detener
   una infección 319

G   **Garganta irritada:** 27 maneras de apagar el fuego 323
Gingivitis: 21 remedios para detener
   la enfermedad de las encías 330
Gota: 17 ideas para enfrentarse a ella 335
Goteo posnasal: 13 sugerencias para bloquearlo 340
Gripe: 21 remedios para vencer el virus 345

H   **Hemorragia nasal:** 17 sugerencias para detener el flujo 351
Hemorroides: 18 remedios para aliviarlas 356
Herpes: 14 sugerencias para combatir el dolor 361
Herpes genital: 17 estrategias para controlarlo 366
Herpes labial: 17 sugerencias para curar
   el herpes *símplex* 371
Hiedra venenosa y árbol de las pulgas: 19 remedios
   contra el sarpullido 376
Hiperventilación: 8 tácticas para vencerla 383
Hipo: 17 curas domésticas comprobadas 386

I   **Impotencia:** 14 secretos para tener éxito 390
Incontinencia: 20 sugerencias para hacerle frente 394
Infección de oídos: 10 ideas para aliviar los síntomas 398
Infecciones de la vejiga: 11 remedios para
   un problema irritante 402
**Infecciones vaginales e intestinales causadas
   por hongos:** 26 antídotos naturales 407
Infertilidad: 18 indicaciones para ayudar
   a la concepción 413
Insomnio: 19 pasos para una noche de buen dormir 421
Intolerancia a la lactosa: 15 ideas para
   contrarrestarla 428
Intoxicación por alimentos: 23 métodos de control 432

L **Labios agrietados:** 12 consejos para
detener la resequedad 437
Lactancia: 15 ideas para una lactancia
libre de problemas 441
Laringitis: 16 sugerencias para curarla 446

M **Mal aliento:** 16 maneras de vencerlo 450
Mal olor corporal: 12 maneras de sentirse
fresco y limpio 454
Mal olor de pies: 19 secretos desodorantes 458
Mala memoria: 24 maneras prácticas
de mejorar la memoria 463
Malestar matutino: 13 maneras de contrarrestar
las náuseas 470
Manos agrietadas: 24 sugerencias para suavizarlas 475
Mareo causado por movimiento: 25 curas
de acción rápida 482
Menopausia: 21 maneras de no tener molestias 489
Mojar la cama: 5 opciones para tener buenas noches 495
Molestias en mamas: 16 sugerencias para
reducir la sensibilidad 497

N **Náusea:** 10 soluciones para aliviar el estómago 502

O **Oído de nadador:** 15 curas y medidas preventivas 506
Ojos enrojecidos: 5 maneras de terminar con ellos 510
Ojos morados: 5 maneras de aclarar el cardenal 512
Osteoporosis: 24 maneras de fortalecer los huesos 515

P **Padrastros:** 7 sugerencias para un dedo impecable 522
Picaduras: 38 sugerencias para aliviar el dolor 525
Pie de atleta: 18 maneras de librarse de él 531
Piel grasosa: 7 restauradores para tener
un rostro más feliz 537
Piel seca y comezón invernal: 10 opciones
frente al clima frío 540
Piquetes y mordeduras: 37 sugerencias
para su tratamiento 544
Postración causada por el calor: 27 maneras
de detener el problema 551

Postura perfecta: 20 maneras de mantenerse erecto 557
Presión sanguínea: 17 maneras de
    mantenerla bajo control 563
Problemas de las mascotas: 33 tratamientos
    para perros y gatos 571
Psoriasis: 19 maneras de combatirla 581

Q   **Quemaduras:** 10 tratamientos para accidentes menores 588
Quemaduras por exposición al sol: 37 tratamientos
    refrescantes 591

R   **Resfríos:** 29 maneras de ganar la batalla 598
Ronquidos: 10 sugerencias para una noche silenciosa 606

S   **Sarro y placa dental:** 24 sugerencias para
    el cuidado de los dientes 611
SAT (Síndrome de la articulación temporomandibular):
    15 ideas para reducir la incomodidad 617
Síndrome de las piernas inquietas: 20
    técnicas calmantes 621
Síndrome de Raynaud: 18 sugerencias
    para entrar en calor 625
Síndrome del intestino irritable: 22 sugerencias
    para combatirla 630
Síndrome del túnel del carpo: 15 técnicas
    para salir de él 636
Síndrome premenstrual: 28 maneras
    de tratar los síntomas 641
Sinusitis: 16 combatientes contra la infección 648

T   **Taquicardia:** 12 maneras de calmar
    la palpitación acelerada 653
Tendinitis: 14 consejos para reducir el malestar 657
Tensión: 22 sugerencias para reducirla la tensión 661
Triglicéridos: 9 maneras de disminuir
    las grasas en la sangre 668

U   **Úlceras:** 15 tratamientos que dan alivio 673
Ulceraciones dolorosas en labios y boca: 15 curas
    para un fastidioso problema 678

Uñas enterradas: 7 métodos de tratamiento 682

Urticaria: 10 sugerencias para detener la comenzón 685

V   **Venas varicosas:** 15 auxiliares y remedios 688

Verrugas: 26 maneras de ganar la guerra 693

Vómitos: 13 remedios para sentirse mejor 702

Índice 706

Introducción
Su acompañante médico

Tal vez ha visto usted el comercial: un individuo vestido de harapos, mezcla de Robinson Crusoe y Peter Jennings, se encuentra en una isla desierta. Le dice a usted que la mayoría de los médicos escogerían determinada marca de aspirina, la medicina maravillosa, como su único medicamento acompañante si estuvieran abandonados en esa isla. Bueno, esta introducción es un clon de ese anuncio publicitario, y he aquí el mensaje:

Si usted estuviera en una isla desierta y necesitara *un* solo libro para valerse por sí mismo, un acompañante médico que le permitiera tratar casi cualquier problema de salud con eficacia y seguridad, éste sería el libro.

Tiene usted en sus manos el equivalente impreso de una medicina maravillosa: un producto notablemente poderoso, para todos los usos, con suficiente capacidad adicional para sanar a millones de personas, incluido usted. La presente obra reúne la experiencia y sabiduría destiladas de cientos de médicos y profesionales de la salud: sus mejores técnicas curativas para docenas y docenas de malestares y enfermedades. Y estas técnicas, como toda medicina maravillosa, son sencillas, accesibles y casi no entrañan riesgos.

¿Cómo se obtuvo la fórmula de esta medicina maravillosa? Los editores de *Prevention Magazine Health Books* invirtieron meses entrevistando expertos en medicina y solicitándoles remedios caseros, maneras como los lectores pudieran tratar por sí mismos sus molestias y malestares. Y esos expertos dieron sus respuestas. Nos dieron 27 maneras de reducir el colesterol; 18 remedios contra las hemorroides; 38 modos de aliviar el dolor de un piquete de insecto; 14 sugerencias para paliar una infección de herpes zóster. En conjunto, compartieron con nosotros más de 2 300 métodos para aliviar más de 130 afecciones: una fuente inagotable de remedios.

He estado en el campo de la publicación de obras sobre salud durante 14 años. He editado millares de artículos y capítulos; he leído cientos de libros de cómo hacer esto o aquello. Y nunca, nunca, he encontrado una colección más completa y práctica de sugerencias y técnicas de curación. Así, si usted lleva un solo libro a esa isla desierta, o si tan sólo quiere un acompañante médico en su hogar, elija éste. Los doctores con quienes hablamos estarían de acuerdo: es verdaderamente maravilloso.

Para una mejor salud,

William Gottlieb
Editor en jefe
Prevention Magazine Health Books

Acedía

23 maneras de apagar el fuego

¡Deje este libro inmediatamente! Corra al refrigerador. Prepárese dos emparedados con mucha carne de cerdo frita y salsas picantes. No olvide los tamales con picante o la carne de carnero que dejó la semana pasada. Tal vez luego quiera acompañarlo todo con cerveza. ¡Hum! ¡Delicioso!

Ahora considere helado cubierto con chocolate, y café con doble porción de crema.

¡Apúrese a terminar todos sus manjares... y luego apresúrese para retomar su lectura!

¿Listo?

Bien. Ahora estamos listos para tratar el tema de la acedía o pirosis.

¿Qué es la acedía o pirosis? Nada más espere unos minutos y lo sabrá por experiencia propia.

¿Qué la ocasiona? Podría ser una diversidad de causas, pero en la mayor parte de los casos se debe a un *reflujo ácido*, o sea que parte de los jugos digestivos que normalmente se encuentran en su estómago salen de él y retroceden hacia el esófago, el conducto entre su estómago y la boca. Estos jugos gástricos incluyen ácido clorhídrico, sustancia corrosiva empleada en la industria para limpiar metales.

El estómago tiene un recubrimiento protector, de modo que el ácido no lo afecta; pero el esófago carece de algo parecido, y en consecuencia es quemado por el ácido estomacal que se desplaza hacia arriba; a veces es tanto el daño que puede creerse que se está padeciendo un ataque al corazón.

¿Qué es lo que hace ascender hasta su esófago a los jugos gástricos? Adivinó: el ataque como de cosaco al refrigerador es la causa más frecuente, mas no la única.

Por desgracia, algunas personas padecen de pirosis o acedía aunque no abusen de los alimentos. Entonces, para todos aquellos que padecen de pirosis y necesitan comprender un poco más cómo actúa la acedía (y cómo apagar el fuego) acudimos a los expertos.

1

Los antiácidos sí ayudan

Los auxiliares digestivos que se venden sin receta médica son generalmente eficaces y seguros. Al menos sería lo deseable, puesto que nada más en Estados Unidos se gastan anualmente miles de millones de dólares en estos productos. Los que obtuvieron las mejores calificaciones por parte de nuestros expertos corresponden a muchos de los nombres más conocidos: todos aquellos cuyas etiquetas dicen que están preparados de una mezcla de hidróxido de magnesio e hidróxido de aluminio. (Uno estriñe y el otro tiende a producir diarrea; combinados, contrarrestan sus efectos secundarios.)

Aunque la mezcla casi no produce efectos secundarios, no es una buena idea usar estos antiácidos durante más de uno, o tal vez dos meses, aconseja el doctor Francis S. Kleckner. Son tan eficaces que podrían estar disfrazando un problema serio que requeriría el cuidado de un médico, advierte. Nuestros expertos están de acuerdo en que si bien los antiácidos líquidos no son tan cómodos como las tabletas, generalmente resultan más eficaces.

No se exceda. Los jugos gástricos pueden desplazarse hacia arriba y llegar hasta el esófago cuando hay demasiado alimento en el estómago. Llénelo más, y hará subir todavía más ácido. La pirosis puede tener muchos orígenes, pero para el paciente ocasional generalmente se presenta por comer demasiado con mucha rapidez, explica el doctor Samuel Klein, profesor de gastroenterología y nutrición humana en la Escuela de Medicina de la Universidad de Texas, en Galveston.

No se acueste horizontalmente. Sí: se siente muy mal y quiere recostarse. ¡No lo haga! Si lo hace, ayudará a la fuerza de gravedad a trabajar contra usted. Manténgase erecto y será más fácil que el ácido de su estómago se mantenga en su sitio. "El agua no viaja hacia arriba, y el ácido tampoco", comenta el doctor Francis S. Kleckner, gastroenterólogo en Allentown, Pennsylvania.

Cuando finalmente se recueste, eleve la cabecera de su cama de 10 a 15 centímetros, lo que puede lograr insertando bloques o tabiques bajo las patas de la cama o aplicando una cuña bajo el colchón, en la parte correspondiente a la cabeza. (Sin embargo, no espere que las almohadas adicionales realicen esta función.) Conservar la cama en un plano inclinado evitará el retorno de la pirosis.

Tome un antiácido. "Un antiácido que se venda sin receta médica, como Melox o WinGel, por lo regular dará rápido alivio a la pirosis ocasional", agrega el doctor Klein. (Para más información acerca de los antiácidos, consulte el recuadro anterior: "Los antiácidos sí ayudan".)

ALERTA MÉDICA

Podría tratarse de úlcera

Si está experimentando acedía o pirosis regularmente sin ninguna razón aparente, es hora de que consulte a su médico, sugiere el doctor Samuel Klein.

¿Qué quiere decir regularmente? Como regla empírica, "dos a tres veces a la semana durante más de cuatro semanas", indica el doctor Francis S. Kleckner. Aunque la acedía por lo general casi siempre se debe a un simple reflujo ácido, advierte que también puede ser señal de úlcera.

La pirosis acompañada por cualquiera de los siguientes síntomas, explica el doctor Klein, debe ser verificada por un médico *cuanto antes,* pues podría significar que está teniendo un ataque cardiaco.

- Dificultad o dolor al tragar
- Vómito con sangre
- Excremento sanguinolento o negro
- Falta de aliento
- Vértigo o aturdimiento
- Dolor que radia hacia el cuello u hombro

Además, sepa que la acedía causada por el simple reflujo ácido normalmente empeora *después* de los alimentos. Si su pirosis empeora *antes* de éstos, puede ser signo de úlcera.

No empeore su problema con malos consejos. Tal vez haya oído decir que ciertos productos, como la leche o la menta, son buenos para la pirosis o acedía. Asegúrese de que quien le haya dado este consejo no trate también de venderle un puente en algún país remoto del mundo. ¿Qué tienen de malo la leche y las mentas? Estas últimas son uno de los diversos alimentos que tienden a relajar su esfínter esofágico inferior, la pequeña válvula cuya tarea es mantener el ácido en su estómago. Esta pequeña tapita a menudo puede protegerle, incluso cuando usted abusa.

¿Y qué tiene de malo la leche? Esto: las grasas, proteínas y calcio de la leche pueden estimular la secreción de ácidos estomacales. "Algunas personas recomiendan la leche para la acedía; pero esto entraña un problema", observa el doctor Klein. "Se siente bien cuando va de bajada, pero estimula una secreción ácida del estómago."

Otros alimentos que pueden relajar su esfínter y deben evitarse para aliviar o impedir la pirosis incluyen la cerveza, vino y otras bebidas alcohólicas, además del jitomate.

Remedios del jardín

Diríjase a su tienda naturista favorita y es posible que encuentre muchas hierbas de las que se dice que combaten la pirosis o acedía. El doctor Daniel B. Mowrey, psicólogo y psicofarmacólogo dedicado a la investigación del uso de hierbas en la medicina durante los pasados 15 años, estudió concienzudamente la evidencia y llegó a la conclusión de que, en efecto, *algunos* de los remedios de hierbas alivian e impiden la acedía.

Raíz de jengibre. Ésta, afirma el doctor Mowrey, es la más útil. "La he visto actuar con la suficiente frecuencia como para haberme convencido. No estamos seguros de cómo actúa, pero parece absorber el ácido y tener el efecto secundario de calmar los nervios", señala. Tómela en forma de cápsula justo después de la comida. Comience con dos cápsulas e incremente la dosis a medida que lo necesite. Sabrá que ha tomado suficiente, indica el doctor Mowrey, cuando comience a sentir el sabor del jengibre en la garganta.

Amargos. También es útil una clase de hierbas llamadas amargas, empleadas durante muchos años en algunos lugares de Europa, explica el doctor Mowrey. Ejemplos de amargas comunes son la raíz de genciana, el ajenjo y la ranúncula americana. "Puedo afirmar que son eficaces", agrega el doctor Mowrey. Las amargas se pueden tomar en forma de cápsula o como extracto líquido, justo antes de comer.

Aromáticos. Las hierbas aromáticas, como el calamento o nébeda, y el hinojo o cáñamo de la India, también tienen fama de ser buenas para la acedía, "pero la investigación al respecto es escasa", declara Mowrey.

Algunas de las que debe olvidarse. Un grupo de hierbas que incluye el musgo de Irlanda, plátano o llantén mayor o arta, y una variedad norteamericana del olmo se ha recomendado a menudo, pero "le tengo muy poca confianza", añade.

Vinagre de sidra de manzana. Fuera de la familia de las yerbas, un remedio a menudo recomendado para la pirosis es una cucharadita de vinagre de sidra de manzana en medio vaso de agua tomada a pequeños sorbos durante la comida. "Lo he probado muchas veces: definitivamente sirve", declara Betty Shaver, conferencista de remedios de hierbas y caseros en el New Age Health Spa en Neversink, Nueva York. Aunque suene raro ingerir un ácido cuando se tiene un problema de acidez, reconoce Shaver, "hay ácidos buenos y ácidos malos", concluye.

Mídase en su consumo de cafeína. Las bebidas cafeinadas, como el café, té (negro) y cola pueden irritar un esófago ya inflamado. La cafeína también relaja el esfínter.

Desdeñe el peor postre del mundo para usted. ¿Cuál es el principal alimento que debe evitar cuando está sufriendo de pirosis? El chocolate. Este dulce asesta a los pacientes de acedía un golpe doble: es virtualmente pura grasa, *además* de que contiene cafeína. (Sin embargo, hay buenas noticias para los adictos al chocolate: el chocolate blanco, si bien es tan grasoso como el oscuro, tiene poca cafeína.)

Despeje el aire. "No importa si es el suyo o el de alguien más: evite el humo del tabaco", recomienda el doctor Kleckner. El humo relaja su esfínter e incrementa la producción de ácido.

Aléjese de las bebidas gaseosas. Todas esas burbujitas se agrandan en su estómago y producen el mismo efecto en el esfínter que el exceso en comer, refiere el doctor Larry I. Good, gastroenterólogo de Merrick, Nueva York, y profesor de medicina en la Universidad Estatal de Nueva York, en Stony Brook.

Dé su hamburguesa al perro. Si acaba de engullir una hamburguesa gigantesca con mucho queso y la acompañó con papas fritas y un batido con mucha crema, tal vez ahora conozca la razón de su dolor estomacal. Los alimentos grasosos y fritos tienden a permanecer mucho tiempo en el estómago y causan una producción excesiva de ácidos. Evitar los productos grasosos y lácteos casi ciertamente desalentará los ataques repetidos, comenta el doctor Good.

Compruebe su cintura. El estómago se puede comparar con un tubo de pasta dental, agrega el doctor Kleckner. Si exprime el tubo por la mitad, algo saldrá por la parte superior. Una faja de grasa alrededor del estómago lo exprimirá de modo muy parecido a como lo haría una mano con un tubo de pasta dental; pero el resultado será acidez estomacal.

Aflójese el cinturón. Considere otra vez la analogía de la pasta dental, indica el doctor Kleckner. "Mucha gente puede obtener alivio de la pirosis con sólo usar tirantes en vez de un cinturón", declara.

Si levanta algo, doble las rodillas. Si se dobla por el estómago, lo comprimirá y obligará al ácido a ir hacia arriba. "Doble las rodillas", recomienda el doctor Kleckner. "No es sólo una manera de controlar el ácido, también es mejor para su espalda."

Verifique su gabinete de medicinas. Tal vez encuentre que la fuente de su penar está al acecho desde su interior. Muchas medicinas recetadas por su médico, como algunos antidepresivos y sedantes, pueden empeorar la acedía. Si padece de pirosis y está tomando este tipo de fármacos "consúltelo con su médico", aconseja el doctor Kleckner.

Suavice sus alimentos. Los chiles o ajíes, pimientos y demás parientes picantes pueden ser los culpables más probables de la pirosis, pero no es así. Muchos pacientes de pirosis pueden comer alimentos condimentados sin padecer de dolor adicional, explica el doctor Klein, en tanto que otros no.

Tenga cuidado, no temor, de las naranjas. Las frutas ácidas, como las naranjas y los limones, pueden sugerir dificultades, pero el ácido que contienen es nada comparado con lo que produce su estómago, comenta el doctor Kleckner, quien sugiere que permita a su estómago decidir acerca de dichas frutas.

Prométase cenar más temprano. "Jamás cene a menos de dos y media horas antes de ir a dormir", recomienda el doctor Kleckner. Juntos, su estómago lleno y la gravedad, constituyen la manera segura de hacer que el ácido estomacal suba al esófago.

Tome la vida con un poco más de calma. "La tensión", señala el doctor Klein, "puede producir un aumento en la producción ácida estomacal. Algunas buenas técnicas de relajación podrían serle útiles para reducir su nivel de tensión, permitiéndole rebalancear su producción química corporal".

COMITÉ DE ASESORES

El doctor **Larry I. Good** es miembro del Long Island Gastrointestinal Disease Group en Merrick, Nueva York. También es profesor de medicina en la Universidad Estatal de Nueva York en Stony Brook.

El doctor **Francis S. Kleckner** es gastroenterólogo que tiene su consulta en Allentown, Pennsylvania.

El doctor **Samuel Klein** es profesor de gastroenterología y nutrición humana en la Escuela de Medicina de la Universidad de Texas en Galveston. También es asesor editorial de la revista *Prevention*.

El doctor **Daniel B. Mowrey** de Lehi, Utah, es psicólogo y psicofarmacólogo que ha investigado durante 15 años el uso de las hierbas en la medicina. Es autor de *The Scientific Validation of Herbal Medicine* y de *Next Generation Herbal Medicine*.

Betty Shaver es conferencista sobre remedios de yerbas y otros remedios caseros en el New Age Health Spa en Neversink, Nueva York.

Acné

18 remedios para una piel más suave

Está usted quitando el vapor del espejo de su baño, cuando se topa de frente con un inmenso punto rosado en la punta de su nariz. Esta no es una buena manera de comenzar la semana.

Le da al espejo otra limpiada con la mano y luego, sobre las puntas de sus pies, se apoya en el lavamanos para ver mejor. En efecto, ahí está. Pero, ¿qué es? Cuando mueve su barbilla hacia arriba para ver mejor, alcanza a notar un par de acnés miliares que apuntan desde su labio inferior.

Esto no le agrada en absoluto. Coloca una rodilla en el lavamanos y acerca lo más que puede el rostro al espejo; allí, en el espacio entre nariz y mejilla, encuentra una solitaria espinilla.

Aturdido, retrocede. Se sienta en la orilla de la tina y pone entre sus manos un rostro en el que acaban de aparecer los defectos. Sus pensamientos se remontan a una época de barros y graduaciones. Balanceándose de adelante para atrás, se pregunta: ¿qué está pasando aquí?

La respuesta es bastante sencilla: tiene usted acné, el cual puede ser el flagelo de los años adolescentes, pero también perseguir a ciertas personas hasta la mediana edad y más adelante. "Las mujeres pueden tener erupciones a los 25 o 35 años e incluso a mayor edad. De hecho, a mi madre todavía le salían granos a los 62 años", afirma el dermatólogo James E. Fulton, Jr., fundador del Instituto de Investigaciones sobre el Acné en Newport Beach, California.

El acné es en realidad un término generalizado para una diversidad de síntomas como barros, acné miliar y espinillas, explica el doctor Peter E. Pochi, profesor de dermatología en la Escuela de Medicina de la Universidad de Boston. "Se trata de un estado en el cual los poros de la piel se obstruyen y se presentan lesiones con o sin inflamación."

ALERTA MÉDICA

Accutane* al rescate

Un gran barro en la punta de la nariz puede parecerle un problema grave a la persona de que se trate. Incluso puede parecerle grave a las personas que se sorprenden a sí mismas mirándolo fijamente mientras hablan con dicho individuo. Pero el acné puede llegar a ser mucho más grave que una simple mancha en la cara.

El acné se clasifica en cuatro grados. El primero consiste en una ligera afección de unos cuantos barros o espinillas y acné miliar. El cuarto y más grave presenta muchos barros, espinillas, acné miliar, pústulas, nódulos y quistes. El acné de cuarto grado a menudo va acompañado de inflamación considerable que se vuelve rojiza o púrpura, y es señal de que usted debe consultar a su dermatólogo.

El acné grave puede producir cicatrices permanentes si no se trata de manera apropiada, explica el doctor Peter E. Pochi: el ético** "Accutane es un magnífico medicamento para el tratamiento del acné en etapa grave".

Entonces, ¿qué causa toda la obstrucción?

"El chocolate no produce acné", dice el doctor Fulton; "ni el cabello o la piel sucios; tampoco se debe a exceso o falta de relaciones sexuales".

Entonces, ¿cuál es la causa? La herencia al menos en su mayor parte.

"El acné es genético; tiende a venir de familia", afirma el doctor Fulton. "Se trata de un defecto hereditario de sus poros."

Si sus dos progenitores tuvieron acné, tres de cuatro de sus hermanos y hermanas también lo tendrán. Pero si su hermana no lo tiene, mientras que el rostro de usted parece campo de batalla, entérese de que otros factores *pueden* agravar un brote de acné. "La tensión, la exposición al sol, los cambios de estación y el clima pueden precipitar un brote de acné", explica el doctor Fulton. Ciertos tipos de maquillaje y tomar píldoras anticonceptivas también pueden producir un brote.

"Las mujeres que trabajan son especialmente vulnerables", agrega el doctor Fulton. "Por lo regular viven con muchas presiones, además de que tienden a ponerse mucho maquillaje."

---

* En lo que sigue se mantienen las referencias a los productos médicos que señalan los autores en el original, bajo la premisa de que muchos de ellos pueden encontrarse en la misma presentación o equivalente en los mercados de países latinoamericanos, a quienes va dirigida la presente traducción. (N. del T.)

** Usualmente, los productos éticos requieren de prescripción y vigilancia médica para su venta y uso por parte del consumidor, en tanto que los no éticos no requieren de dichos controles. (N. del T.)

Cómo hace Hollywood para ocultar los defectos

¿Cree usted que ese barrito en su rostro se ve feo? Pues imagínese cómo se sentiría si ese barro tuviera el tamaño de un enorme bote de basura.

Así parecería su tamaño si usted fuera estrella de cine. Los grandes y hermosos ojos de Bette Davis pasarían inadvertidos comparados con el barro en la punta de su nariz si se lo dejara permanecer en la imagen.

Ah, pero nunca vemos barros, acné miliar o espinillas en los rostros de las estrellas. ¿Cómo es eso? ¿No tienen las estrellas estas erupciones en la piel? "Claro que sí", afirma el artista del maquillaje de Hollywood, Maurice Stein. "La diferencia es que no pueden permitir que se vean sus barros ni demás defectos de la piel."

Stein ha sido un artista del maquillaje durante más de 25 años y ha retocado los rostros famosos que aparecieron en películas como *M*A*S*H, Funny Girl* y las cinco cintas del *Planeta de los simios.*

La única manera como puede combatirse un barro que siempre brota en el momento más inoportuno es con guerra de guerrillas, así que en seguida aparecen algunas sugerencias de combate procedentes de las trincheras de Hollywood. Stein afirma que las ha empleado en "algunos de los rostros más costosos del mundo".

Cúbrase. Según Stein, puede usted cubrir por completo la decoloración, sea rosada, rojiza o púrpura. Para ello, "la persona debe buscar una base de maquillaje con alto nivel de pigmentación". A más cantidad de pigmento por gramo, mayor posibilidad de aplicar una pequeña cantidad del producto y obtener una buena cobertura. "Cuando cubro un barro en el rostro de un artista, busco un nivel de pigmento de entre 50 y 70%. La variación normal para casi todas las bases es de alrededor de 15 a 18%."

Haga una prueba de muestra. No puede determinarse el nivel real de pigmento con sólo mirar un producto: en cambio, sí puede hacerse tomándole una muestra. "Tome una gota y frótela sobre su piel", sugiere Stein. "Si su color es tan sólido que no puede usted ver su propia piel bajo la base, entonces sabrá que tiene un alto nivel de pigmento y que cumplirá bien la función de cubrir los defectos de su piel."

Así que le damos ahora algunos consejos para un cutis en buenas condiciones, dirigidos a quienes más los necesitan.

Cambie de maquillaje. En las mujeres adultas, el maquillaje es un factor importante en los brotes de acné. "El problema es el maquillaje hecho a base de grasa", declara el doctor Fulton. "Los pigmentos en las bases de maquillaje,

¿A la pesca de una causa?

Aunque parezca ridículo, si usted tiene propensión al acné, tome en cuenta que al menos un doctor cree que los mariscos y otros alimentos que contienen yodo podrían ocasionar un brote.

"El yodo es un factor que influye en algunas personas propensas al acné", explica el doctor James E. Fulton. "El yodo entra en el cuerpo y se mezcla en el torrente sanguíneo; luego el exceso se excreta a través de las glándulas sebáceas. Al excretarse, irrita los poros y produce una erupción de acné."

Si usted ha estado buscando un indicio sobre la causa de su acné, en seguida aparece un cuadro con algunos alimentos y bebidas y la cantidad, en partes por millón, de yoduros que contienen.

Actualmente el doctor Fulton no puede precisar qué nivel de yoduros podría producir un brote de acné, pero advierte que "la ingestión excesiva a *largo plazo* puede ocasionar los brotes de acné".

Alimento/bebida	Yoduros (ppm)	Alimento/bebida	Yoduros (ppm)
Productos lácteos		Sal	
Queso untable tipo *Cheddar*	27	Yodada	54
Mantequilla	26	Sazonada	40
Leche homogeneizada	11	Mariscos	
Crema agria	7	Kelp (alga marina)	1020
Queso tipo *cottage*	5	Calamar	39
Yogurt	3	Cangrejo	33
Agua potable	8	Lenguado	24
Carnes y aves		Almejas	20
Hígado de res	325	Camarón	17
Pavo	132	Langosta	9
Pollo	67	Ostión	8
Hamburguesa	44	Verduras	
Diversos		Espárrago	169
Frituras de tortilla	80	Brócoli	90
Germen de trigo	46	Cebolla (blanca)	82
Hojuelas de papa frita	40	Elote	45
Galletas saladas	15	Colecitas de Bruselas	23
Pan blanco	8	Papa	9
Refrescos de cola	3	Habichuelas verdes	7
Azúcar	2		

Una buena prueba para el aceite

Esta es una prueba sencilla que usted puede hacer en casa para determinar cuán aceitosos son realmente sus cosméticos.

A una hoja de papel bond blanco común para mecanografía con 25% de algodón frótele una mancha gruesa de su maquillaje. Espere 24 horas y luego aprecie la mancha de aceite que se forma. "Al cabo de un día el aceite se extiende y puede verse una mancha aceitosa grande", explica el doctor James E. Fulton. "A mayor tamaño de la mancha, más aceite contiene el maquillaje. Evite los maquillajes que producen manchas aceitosas grandes."

rubores, cremas limpiadoras o humectantes nocturnos no son el problema, como tampoco lo es el agua en los productos. Sólo es el aceite, que por lo regular es un derivado de ácidos grasos que resultan más poderosos que los propios ácidos grasos de los seres humanos. Si es propensa al acné, utilice un maquillaje que no sea a base de aceite."

Lea las etiquetas. También debe evitar los cosméticos que contienen lanolinas, isopropil miristato, sulfato lauril de sodio, laureth-1 y colorantes rojizos D&C. Como el aceite, estos ingredientes son demasiado ricos para la piel.

Quite el rubor. "Retire completamente el maquillaje todas las noches", aconseja el doctor Fulton. "Use un jabón suave dos veces al día y asegúrese de enjuagarlo por completo de su rostro. Basta con enjuagarse de seis a siete veces con agua fresca."

Prefiera el aspecto natural. "Sin importa qué maquillaje use, a menor cantidad, mejor", afirma el doctor Fulton.

Échele la culpa a la píldora. Una investigación realizada por el doctor Fulton indica que determinadas píldoras anticonceptivas, como Ovral, Loestrin, Norlestrin y Norinyl pueden agravar el acné. Si toma píldoras anticonceptivas y tiene un problema de acné, coméntelo con su doctor; éste podrá darle otro producto o prescribirle un método anticonceptivo distinto.

Déjelos en paz. "No exprima los barros o el acné miliar", recomienda el doctor Pochi. "Un barro es una inflamación que puede empeorar si se exprime. Puede ocasionar una infección." No puede hacerse nada para que un barro desaparezca más pronto, señala. "De ordinario un barro dura entre una y cuatro semanas, pero siempre acaba por desaparecer."

El acné miliar es un poro taponado y no inflamado, indica el doctor Pochi. "El núcleo de un acné miliar es mucho menor que el de una espinilla. Cuando se exprime el acné miliar, puede romperse la pared del poro y salirse el contenido hacia la piel y producir un barro. Éste se forma de manera natural a partir de la ruptura de la pared del poro del acné miliar."

Sepa cuándo exprimir. Aunque casi ningún barro debe exprimirse, hay una clase que usted puede exprimir para eliminarlos. "A veces el barro tiene una pequeña cabeza central de pus amarillo", explica el doctor Pochi. "Exprimir suavemente por lo general hace que se abran con mucha facilidad. Luego de expulsado el pus, el barro se curará con más rapidez."

Ataque las espinillas. Usted también puede librarse de las espinillas exprimiéndolas. "Una espinilla es un poro muy bloqueado. El material dentro del poro bloqueado es sólido, y la superficie del poro se amplía", explica el doctor Pochi. La parte negra de una espinilla no es tierra. De hecho, los dermatólogos no saben a ciencia cierta qué es, pero sea lo que sea, no producirá un barro.

Para acabar con el acné, use productos no éticos. Usted puede combatir un ataque de acné con productos no éticos. "Use productos no éticos que contengan peróxido de benzoílo", aconseja el doctor Fulton. "La parte del benzoílo hace penetrar el peróxido en el poro y libera oxígeno, el cual mata las bacterias que agravan el acné. Es como tener dos productos médicos en uno. Además, el benzoílo elimina las células de ácido graso que irritan los poros."

Los productos no éticos para el acné se venden en diversas presentaciones, como geles, líquidos, lociones o cremas, el doctor Fulton sugiere utilizar un gel a base de agua, ya que es el que tiene menos posibilidades de irritar la piel.

También sugiere utilizarlo durante una hora o más al atardecer o en la noche, y luego retirarlo lavándolo cuidadosamente al ir a dormir, en especial en las zonas alrededor de los ojos y el cuello.

No se deje engañar por los números. Los productos para el acné contienen concentraciones de peróxido de benzoílo que van desde 2.5 % hasta alrededor del 10 %. Sin embargo, la proporción tiene poco que ver con la efectividad del producto. "En casi todas las pruebas que se han realizado, los productos con menor concentración fueron tan efectivos como aquellos con más cantidad del ingrediente activo", explica el doctor Thomas Gossel, profesor de farmacología y toxicología en la Universidad del Norte de Ohio; "5% es tan eficaz como 10%".

Dé cuidados adicionales a la piel seca. La piel seca puede ser sensible al peróxido de benzoílo, así que el doctor Gossel sugiere que usted comience primero con un producto de baja concentración para luego aumentar ésta gradualmente. "Cuando se lo ponga se enrojecerá la piel, pero es una reacción normal."

Evite los rayos solares. Los medicamentos para el acné pueden producir reacción adversa frente al sol. "Reduzca al mínimo su exposición a la luz del sol, lámparas de rayos infrarrojos y filtros solares hasta que sepa cuál será su reacción", advierte el doctor Gossel, quien aconseja hacer una prueba de mancha para determinar la sensibilidad a los filtros solares.

Frote su piel. "Limpie cuidadosamente su piel antes de aplicarse cualquier producto no ético contra el acné", aconseja el doctor Gossel. Un rostro limpio es un rostro feliz.

Aplíquese un tratamiento a la vez. No mezcle los tratamientos. Si está empleando un producto no ético, deje de utilizarlo si se le receta algún producto ético para su acné. "El peróxido de benzoílo es un pariente cercano de la Retin-A y otros productos que contienen derivados de la vitamina A, como el Accutane", explica el doctor Gossel. "Nadie debe usar ambos productos a la vez."

Detenga la dispersión del acné. Aplique el producto contra el acné alrededor de centímetro a centímetro y medio de la zona afectada, recomienda el doctor Fulton, para ayudar a impedir que el acné se propague. "En realidad el medicamento no combate al barro que ya se tiene", explica. "Actúa más como un preventivo contra otros barros." El acné viaja a través de la cara desde la nariz hacia la oreja, por lo que debe tratarse la zona más allá de donde se encuentra enrojecido e inflamado. "Los productos no éticos contienen instrucciones de que se apliquen en la región afectada. Para la mayoría de la gente, dicha zona es donde ven los barros, lo cual de ninguna manera quiere decir que se limitan a ella."

COMITÉ DE ASESORES

El doctor **James E. Fulton** es dermatólogo y fundador del Instituto de Investigaciones sobre el Acné, en Newport Beach, California. También es coautor del *Dr. Fulton's Step-by-Step Program for Clearing Acne* y codescubridor de Retin-A (vitamina A sintética), producto ético empleado para tratar una diversidad de problemas cutáneos.

El doctor **Thomas Gossel** es profesor de farmacología y toxicología en la Universidad de Ohio del Norte, en Ada, y presidente del Departamento de Farmacología y Ciencias Biomédicas de la universidad. Es experto en productos no éticos.

El doctor **Peter E. Pochi** es profesor de dermatología en la Escuela de Medicina de la Universidad de Boston, en Massachusetts.

Maurice Stein es cosmetólogo y artista del maquillaje en Hollywood y propietario de Cinema Secrets, una empresa de cosméticos para teatro en Burbank, California.

Alergias

15 maneras de aliviar los síntomas

Una alergia es lo que sucede cuando su cuerpo detecta una sustancia ajena que no le gusta. La nariz se tapa y comienza a escurrir. Los ojos se irritan y lagrimean, los pulmones arden y la respiración se vuelve asmática, con silbido.

Al igual que las personas, las alergias se dan en una variedad casi infinita, pero casi todas caen dentro de tres categorías básicas: por contacto, alimento o inhalación. Estas últimas, las que experimentamos como respuesta a una materia en el aire que respiramos, son las más frecuentes. Los cuatro agentes más molestos son el polvo en las casas, el polen, la caspa de las mascotas y el moho.

"Se encuentra un poco de todo en el polvo doméstico", advierte el doctor Thomas Platts-Mills, jefe de la División de Alergia e Inmunología del Centro Médico de la Universidad de Virginia. "Las distintas personas son alérgicas a diferentes cosas (aunque en realidad los pedazos de cucaracha son muy poderosos), pero la causa principal de dichos problemas es el ácaro del polvo."

Cabe aclarar que el ácaro del polvo es un pariente casi microscópico de las garrapatas y arañas, pero el ácaro vivo no es el problema, sino la materia fecal que expelen en el aire en su deambular por nuestras alfombras y mobiliario (sus alojamientos principales), así como los cuerpos de los ácaros muertos, que ocasionan las reacciones.

Por lo que respecta a los otros alergenos frecuentes, el polen viene del exterior, la caspa de las mascotas cae de sus cuerpos en una lluvia de piel muerta, y el moho crece dondequiera que hay oscuridad y humedad (bajo la alfombra, en los

Cómo el hogar se convirtió
en refugio para el ácaro del polvo

La calefacción central y la aspiradora eléctrica fueron recibidas con entusiasmo hace cerca de 40 y de 50 años, respectivamente. Gracias a ambos productos, podemos limpiar invirtiendo la mitad del tiempo y mantenernos a temperatura cómoda en *todas* las habitaciones, no nada más en la cocina, cerca de la estufa.

No obstante, la misma tecnología que hoy hace más fácil nuestra vida ha contribuido mucho indirectamente a un problema médico frecuente: las alergias a los ácaros del polvo.

"La aspiradora hizo preferibles las alfombras a los tapetes", declara el doctor David Lang. La calefacción central hizo que las casas pudieran mantenerse entre 15° y 18° C todo el año. Agréguense al paquete casas herméticas, bien aisladas, y lavados con agua fría (cortesía de la crisis energética), y se acaba con un ambiente perfecto para los ácaros del polvo.

sótanos). Sin embargo, no importa cuál alergeno se encuentre; si usted padece de alergia, basta con inhalarlo para comenzar a estornudar.

No todas las casas pueden jactarse de alojar a los cuatro alergenos más importantes, pero de toda casa que no esté sellada herméticamente se puede afirmar que aloja a uno o más. Así pues, ¿qué puede hacerse? ¿Existe alguna manera de librarse de estos habitantes ubicuos del hogar moderno, o las masas alérgicas están condenadas a una vida de interminables problemas de respiración y eterno lloriqueo?

Despreocúpese; se puede hacer mucho para reducir al mínimo el malestar que la alergia introduce en su vida. Las siguientes sugerencias probadas y recomendadas por doctores le pondrán firmemente en el camino hacia una respiración más fácil y ojos sin lágrimas.

Dé tratamiento a sus síntomas. Es inevitable cierto grado de exposición a lo que le molesta. Una buena manera de asegurarse de que sus excursiones al mundo exterior sean placenteras en vez de dolorosas es aplicarse inyecciones anti-alergénicas prescritas por su doctor; pero no es necesario que dependa de ellas. También hay antihistamínicos que se venden como productos no éticos que actúan de maravilla para las narices que gotean y los ojos rojos y llorosos.

"Por lo general son efectivos", explica el doctor Richard Podell, quien imparte clases de medicina familiar en la Escuela de Medicina Robert Wood Johnson de la

---

ALERTA MÉDICA

Señales de complicaciones

Si usted padece una alergia identificada, observe cualquiera de los siguientes síntomas, y si nunca los ha experimentado antes durante un ataque de alergia, entonces debe consultar a su médico.

- Un silbido cuando respira, conocido como respiración asmática.
- Congestión lo bastante grave en el pecho para dificultar la respiración, a menudo acompañada por respiración asmática, a lo que también se conoce como asma.
- Un ataque que no responde a medicamentos no éticos en el plazo de una semana.
- Ronchas que brotan ante la exposición a un alergeno, lo que también se conoce como urticaria. Pueden indicar el inicio de un choque anafiláctico, es decir, de una reacción alérgica de tal intensidad que puede ocasionar la muerte.

El choque anafiláctico (reacción alérgica muy grave) por lo regular está relacionado con piquetes de abeja o de ciertas hormigas, pero también puede ocurrir como respuesta a otras alergias. Si las ronchas se presentan después de un piquete, podrían ser indicio de una reacción alérgica grave y deben considerarse como advertencia para buscar rápida asistencia médica.

Universidad de Medicina y Odontología de Nueva Jersey. "Pero si usted tiene una alergia que persiste durante más de cinco a siete días, tal vez deba consultar a su médico."

Use aire acondicionado en su casa. Esta es tal vez la única acción más importante que puede emprender para resolver los problemas de polen, y puede ayudar también con otros dos de inhalación importantes: los mohos y los ácaros del polvo.

"La idea básica es crear una especie de oasis", explica el doctor Podell. "Usted desea que su hogar sea un santuario, un lugar en el que pueda encontrar un refugio."

Las unidades de aire acondicionado pueden ayudar de dos maneras: manteniendo baja la humedad, lo que aleja a los ácaros y mohos, y filtrando el aire en el proceso de enfriarlo (si usted también instala un filtro); pero lo que proporciona el verdadero beneficio es el sellado de la casa, explica el doctor Podell.

"Si usted abre las ventanas, entonces el interior de la casa tendrá en esencia el mismo ambiente que el exterior: lleno de pólenes."

Ponga aire acondicionado en su automóvil. Si caminar al aire libre le produce respiración asmática y estornudos, ¡imagine qué le ocurrirá si pasa a velocidades de 80 km/h por todas esas nubes llenas de polen que hay al aire libre! Sea sensato e instale un aparato de aire acondicionado también en su coche. Y si el costo le molesta, recuerde: se trata de su salud.

Instale un filtro de aire. Cuando los expertos aconsejan que instale un purificador de aire, no se refieren a un producto de oferta que venden en la ferretería de la localidad sino a un modelo de calidad industrial que se fija a la toma o salida de aire de su unidad de calefacción y enfriamiento central.

"Ciertamente los purificadores de aire retiran las partículas del aire, pero también las pueden hacer circular en el ambiente", explica el doctor Platts-Mills. "El remedio puede ser peor que la enfermedad." Sin embargo, son buenos dispositivos para sacar el polen que ya se encuentra en el aire.

Compre un deshumidificador. Mantener limpio el aire en su casa ayudará al alivio contra los pólenes, mohos y caspa de las mascotas. Conservar seco el aire también ayudará a poner un alto a los problemas por los ácaros del polvo.

"En realidad no les va muy bien a humedades inferiores al 45%", afirma el doctor Platts-Mills. "Generalmente, a mayor resequedad, mejor."

Si esto crea un problema para algún niño o alguien más sensible al aire seco, pruebe un pequeño humidificador en la habitación de esa persona, próximo a la cama.

Limpie con fungicidas las zonas húmedas. Productos como el cloro matan el moho y, a diferencia de otros productos químicos exóticos, puede adquirirse en muchas tiendas de abarrotes. Limpie las superficies de su baño según se requiera para controlar los problemas. La etiqueta en los envases de cloro sugiere que se limpien los pisos, vinilos, azulejos, artículos de madera y aparatos electrodomésticos (el cloro decolora las telas) con una solución de 3/4 de taza de blanqueador cloro por cada 3.5 a 4 litros de agua. Deje reposar durante 5 minutos y enjuague con agua. Use un fungicida regular para lugares difíciles, como el sótano.

Aísle a sus mascotas. Muchas personas son alérgicas a la caspa de las mascotas (usualmente la de los gatos es la que produce la mayor parte de los problemas). La solución más sencilla es: regale sus mascotas. Pero para mucha gente esto no es una opción. La otra posibilidad consiste en que usted haga de su habitación un refugio, aislado del resto de la casa y por supuesto, territorio absolutamente prohibido para Micifuz.

"Basta que una mascota entre una vez a la semana en una habitación para mantener vigente una alergia a su caspa", explica el doctor Podell.

Use una máscara facial. Póngasela cuando haga cualquier cosa que lo exponga a la materia que le causa alergia. Una simple tarea casera como la limpieza con aspiradora puede arrojar al aire grandes cantidades de polvo y cualquier otro elemento, el cual permanecerá en suspensión durante varios minutos, advierte el doctor David Lang, destacado miembro de la División de Alergia e Inmunología Clínica en el Hospital Henry Ford de Detroit, Michigan. También la jardinería puede exponerlo a grandes volúmenes de polen. Una pequeña máscara que cubra su nariz y boca, conocida profesionalmente como respirador para polvos y rocíos, puede reducir la cantidad de alergenos que llegue a sus pulmones. La compañía 3M produce una versión económica que se recomienda mucho y puede encontrarse en muchos almacenes.

Consiga ayuda. Si tiene alergia al polvo de la casa o a algo más, como la caspa de mascotas que se esconde en sus alfombras, haga que alguien se encargue de limpiar éstas, un adolescente o alguien de servicio profesional. El costo de contratar ayuda doméstica es pequeño comparado con el beneficio de protegerse de una reacción alérgica.

Selle con plástico su colchón y almohadas. Un comunicado conjunto de los doctores Podell y Lang afirma: si los ácaros del polvo son la ponzoña de su existencia, envolver con plástico su colchón y almohadas ayudará a darle alivio. Los insectos pequeños adoran la ropa de cama, pero si está cubierta con plástico, usted respirará aire limpio en vez de heces de ácaros.

Deshágase de sus alfombras. Para una persona alérgica sensible al polvo doméstico, caspa de las mascotas o moho, las alfombras son un artículo absolutamente prohibido. Constituyen un hogar casi perfecto para los ácaros del polvo y moho, aparte de que las alfombras modernas de tejido muy apretado atraen y conservan con mucha eficacia el polen y caspa de las mascotas. En esos casos, incluso la limpieza con vapor puede no ser útil.

"El vapor no genera suficiente calor como para matar los ácaros", afirma el doctor Platts-Mills. "Lo único que hace es aumentar la temperatura y humedad subyacentes, creando así un clima ideal tanto para los ácaros como para el moho."

Compre tapetes. Reemplace sus alfombras por tapetes y logrará dos importantes beneficios: eliminar la parte de su casa que captura y retiene polvo, polen, caspa de mascotas y moho más que cualquier otra y facilitar la conservación de su casa libre de alergenos. Los tapetes pueden lavarse a temperaturas bastante altas como para matar los ácaros del polvo, y los pisos que se encuentran debajo gracias al tejido holgado del tapete, se mantienen más frescos y secos, en condiciones claramente hostiles para el moho y los ácaros.

"Los ácaros no pueden sobrevivir en pisos secos y pulidos", declara el doctor Platts-Mills. "Y esa clase de piso se seca en segundos comparado con las semanas que requiere una alfombra lavada al vapor."

Compre almohadas sintéticas. Los ácaros del polvo gustan tanto de las almohadas sintéticas (de Hollofil o Dacrón) como de las hechas de plumas y espuma, sólo que las sintéticas tienen una ventaja importante: usted puede lavarlas en agua caliente.

Lave seguido, en agua caliente, los protectores del colchón. Sus almohadas no son el único problema. Los ácaros aman igualmente sus protectores de colchón. Por eso, páselos semanalmente por el ciclo de lavado con agua caliente de su lavadora, y matará a los bichos residentes.

Haga que al menos una habitación sea un santuario. Si no puede tener una unidad central de aire acondicionado y no quiere quitar la alfombra de pared a pared de todas las habitaciones de su casa, todavía puede abrigar esperanzas: haga que una sola habitación sea un santuario.

"Cuando se encuentra en casa, casi toda la gente pasa la mayor parte de su tiempo en la recámara", explica el doctor Platts-Mills. "Hacer que esa sola recámara sea una zona libre de ácaros puede contribuir mucho a aliviar la alergia."

Hágalo acondicionando el aire de la habitación durante el verano, aislándola del resto de la casa (manteniendo la puerta cerrada), reemplazando las alfombras por tapetes, y en general aplicando todas las medidas que ha leído aquí.

COMITÉ DE ASESORES

El doctor **David Lang** es destacado miembro en la División de Alergia e Inmunología Clínica en el Hospital Henry Ford en Detroit y da clases de medicina en la Universidad de Michigan, en Ann Arbor.

El doctor **Thomas Platts-Mills** es profesor de medicina y jefe de la División de Alergia e Inmunología en el Centro Médico de la Universidad de Virginia, en Charlottesville.

El doctor **Richard Podell** imparte clases de medicina familiar en la Escuela de Medicina Robert Wood Johnson en la Universidad de Medicina y Odontología de Nueva Jersey, Piscataway.

Ampollas

20 sugerencias para curar la lesión

Las ampollas o ámpulas son la manera que su cuerpo tiene de decir ¡ya basta! Trátese de demasiada fricción o demasiada ambición, el objetivo de una ampolla (que es algo muy parecido a un calambre muscular o un "dolor de caballo") es desacelerarla y forzarlo a estar mejor preparado para la actividad física.

En algunos casos, las ampollas son resultado del rigor doloroso de "amansar" un nuevo par de zapatos mal ajustados o de pasar demasiado tiempo trabajando en el jardín.

Pero también puede considerarse a las ampollas como una insignia de iniciación, un distintivo de alguien que intenta algo nuevo que posiblemente vale el esfuerzo y dolor adicionales. Las ampollas inician al nuevo marchista, al nuevo jugador de tenis, al nuevo ciclista. La práctica de los distintos deportes ocasiona ampollas en distintas partes del cuerpo, aunque el lugar afectado con mayor frecuencia sigue siendo el pie.

Aunque los siguientes remedios se concentran en las ampollas de los pies, muchas de estas recomendaciones pueden aplicarse al tratamiento de las ampollas causadas por fricción en las manos o cualquier otra parte de la anatomía donde su cuerpo haya dado la orden de desacelerar.

SU TRATAMIENTO

He aquí lo que los expertos recomiendan para combatir la incomodidad de las ampollas que usted ya se ganó.

Decida cuándo pinchar o no pinchar. Cuando tenga una ampolla, deberá decidir qué es mejor hacer al respecto: ¿debe protegerla y dejarla en paz: o pincharla y drenar el líquido?

"Creo que eso depende del tamaño de la ampolla", declara Suzanne Tanner, médico privado en Denver, Colorado, y especialista en medicina deportiva. "Tal vez un purista diga que no debe perforarla, porque así evita usted riesgos de infección. Pero creo que no resulta muy práctico para la mayoría de la gente."

Si bien es cierto que hay gente conservadora, nuestros expertos dicen que debe usted perforar las ampollas grandes que causen dolor, aunque puede dejar intactas las ampollas menores que no ocasionan incomodidad. "Cuando usted tiene una ampolla grande ubicada en una zona donde se recarga el peso corporal, casi es imperioso drenarla", indica la podiatra Clare Starret, profesora del Instituto para Pies y Tobillos del Colegio de Pennsylvania de Medicina Podiátrica. "Pueden llenarse tanto que llegan a parecer globos."

Así mismo, las ampollas que tienen posibilidad de romperse solas deben drenarse, dicen nuestros expertos. Así se puede controlar cuándo y cómo se abre la ampolla, en vez de dejarlo a la casualidad.

Haga una rosquilla de molesquina. Una manera de proteger una ampolla sensible sin drenarla es fabricar un cojincillo de molesquina con la forma de una rosquilla y colocarlo sobre la ampolla. "Deje abierta la zona central donde se encuentra la ampolla", recomienda la doctora Tanner. La molesquina que la rodea absorberá casi todos los golpes y fricciones de las actividades cotidianas. Mientras la piel se encuentre limpia y seca, la molesquina se adherirá por sí sola.

Sea prudente, esterilice. Para quienes deseen drenar una ampolla, lo primero que deben hacer es limpiar ésta y la piel que la rodea, además de esterilizar su "instrumento", trátese de alfiler, aguja o navajilla de afeitar (tema que trataremos un poco más adelante). "Recomiendo el alcohol para la limpieza de ambos", declara la podiatra Nancy Lu Conrad, que ejerce práctica privada en Circleville, Ohio.

Otros médicos aconsejan esterilizar su instrumento en el fuego en vez del alcohol: es decir, sencillamente aplicar calor con un fósforo al alfiler o navajilla hasta que éstos se pongan al rojo (pero recuerde: debe dejar enfriar su instrumento antes de aplicarlo a la piel). Ambos métodos parecen igualmente capaces de matar los gérmenes, y los dos resultan igualmente recomendables.

Clávela. "Si una ampolla me produce dolor", afirma Joseph Ellis, podiatra particular en La Jolla, California y consultor para la Universidad de California en San Diego, "sencillamente la pincho". Use una aguja esterilizada y pique a un lado de la ampolla, recomienda el doctor Ellis. "Sólo asegúrese de que el orificio tenga el tamaño suficiente para que pueda extraer por él todo el líquido."

ALERTA MÉDICA

Cuídese de la infección

"Una buena regla empírica es que casi todas las heridas, sin importar dónde se encuentren, deben mejorar día con día", señala la podiatra Clare Starret. Esa regla también es válida para las ampollas, y agrega que los signos típicos de infección son enrojecimiento, inflamación, calentura y dolor intenso.

"Una ampolla se encuentra evidentemente infectada cuando el líquido que sale de ella no es transparente como el agua, o cuando tiene mal olor", previene la doctora Starret. "Ese es el momento de buscar ayuda profesional."

La podiatra Nancy Lu Conrad conviene en ello. "Puede usted llegar demasiado lejos en la práctica de la cirugía en el baño doméstico", advierte. "Diríjase al médico al primer signo de infección."

O rebánela. "En nuestra consulta utilizamos un escalpelo estéril para drenar las ampollas", declara la doctora Starret. Y no es de sorprender que recomiende utilizar una navajilla de afeitar esterilizada para hacer lo propio en casa. "Haga sólo una incisión recta", aconseja, "una pequeña incisión de tamaño apropiado para permitir que salga el líquido".

Cuide la cubierta. "Creo que la mayor equivocación que comete la mayoría de la gente tratándose de sus propias ampollas es que después de drenarlas retiran la cubierta (la piel que cubre la ampolla) lo que constituye un terrible error", advierte el podiatra Richard Cowin, director de la Clínica Cowin para los Pies en Libertyville, Illinois. El consejo de nuestros expertos es: siempre deje puesta la cubierta. Piense que es una curita natural.

"Si quita la cubierta, la zona terminará muy enrojecida, sensible e irritada", advierte el doctor Cowin. "En cambio, si la deja se endurecerá y caerá por sí misma, lo cual reduce significativamente el tiempo de recuperación."

Emplee un germicida triple. Investigaciones recientes han demostrado que los antibióticos triples (como el Neosporín, por citar uno) pueden eliminar la contaminación bacteriana de las ampollas después de sólo dos tratamientos, mientras que los remedios antiguos como el yodo y el alcanfor-fenol de hecho retrasan la curación. Nuestros expertos prefieren los antibióticos triples, en tanto que el yodo y el alcanfor-fenol "son tan buenos para matar gérmenes que cuando se emplean en concentraciones elevadas pueden incluso matar las células que usted está tratando de curar", advierte la doctora Starret.

Escoja un material sencillo de protección. Después de haber hecho la curación a la ampolla, necesitará cubrirla y protegerla mientras sana. Aunque piense que un podiatra emplearía cojincillos de gasa y vendajes especiales, nuestros expertos sugieren un tratamiento mucho más sencillo.

"Yo prefiero una tira de tela adhesiva flexible", declara el doctor Cowin, y lo mismo expresa el doctor Ellis: "La gente le dirá que debe cubrirse con gasa estéril", observa, "pero olvidan que las curitas ya se encuentran estériles dentro de sus envolturas individuales, así que de hecho está usted poniéndose gasa estéril con adhesivo en el lugar apropiado. Es un magnífico protector, y muy cómodo de emplear".

Sin embargo, se recomiendan los cojincillos de gasa estéril para las ampollas que son demasiado grandes como para cubrirlas con simples curitas. Cuando use estos cojincillos, para fijarlos emplee cinta adhesiva a prueba de agua.

Use *Second Skin* para un segundo aire. Si ha hecho la curación y cubierto su ampolla y encuentra que sencillamente no puede esperar a que se cure por completo antes de regresar a la vida activa, entonces necesita tener presente el material de recubrimiento *Second Skin* de Spenco, material esponjoso que absorbe la presión y reduce la fricción contra las ampollas y piel que las rodea.

"Es un buen producto", afirma la doctora Conrad, y señala que muchos atletas (de fin de semana y de otros tipos) aplican petrolato a la ampolla antes de cubrirla con *Second Skin* fijada con cinta adhesiva.

Ventílela un poco. Casi todos los médicos le sugerirán que retire la protección para la ampolla durante la noche para que se ventile un poco. "El aire y el agua son muy buenos para la curación", sostiene el doctor Cowin, "así que resulta útil remojar la ampolla en agua y dejarla al aire para que se ventile durante la noche".

Cambie las gasas húmedas o mojadas. Aunque algunos médicos dicen que puede dejarse la gasa durante dos días sin preocuparse por ella, casi todos convienen en que si se moja por cualquier razón "puede usted considerar que se ha contaminado y debe cambiarse". Eso quiere decir que tal vez deba cambiarla con bastante frecuencia si sus pies sudan mucho o si realiza actividades que produzcan sudación y las humedezca.

SU PREVENCIÓN

La prevención siempre constituye la mejor opción, así que esto es lo que recomiendan los médicos en primer lugar para evitar que aparezcan las ampollas.

Pruébese un elevador de talones. Las ampollas que aparecen en la parte trasera del pie por lo regular se deben a que el talón del zapato fricciona el talón del pie en esa zona, explica el doctor Cowin. ¿Qué hacer? "Casi siempre basta con poner una cuña en el lugar correspondiente de su zapato para elevar el talón."

Conserve puestos los calcetines. "Una de las modas que estamos viendo aparecer de nuevo es que la gente no usa calcetines", refiere el doctor Cowin. "Los que hacen esto sufren de ampollas en sus talones todo el tiempo." Por eso recomienda, a quienes quieren mostrar sus tobillos sin sufrir las consecuencias, que inviertan algo en "tines", que sólo cubren la parte inferior del pie. En la actualidad hay tines disponibles tanto para hombres como para mujeres, y son mucho mejores que no utilizar en absoluto calcetines o medias.

Talquéese a diario. "El talco debiera ser el amigo de todo mundo", afirma la doctora Conrad. "Haga del talqueado de sus pies parte de su rutina diaria."

Cuando la gente usa zapatos que le quedan bien pero producen ampollas", advierte el doctor Cowin, "sencillamente les digo que empiecen por aplicarse talco de bebé en los pies antes de ponerse los calcetines. Esto ayuda al calcetín a ajustarse mejor al pie y evitar las ampollas".

Cubra para proteger. Si planea hacer una larga caminata, correr, jugar un partido de tenis o cualquier cosa parecida, una manera de protegerse contra los pies ampollados en zapatos nuevos será cubrir con petrolato las zonas propensas a las ampollas. "Eso reducirá la fricción", indica la doctora Conrad.

El doctor Ellis afirma que el ungüento A&D (que generalmente se emplea para el sarpullido ocasionado por el pañal) de hecho resulta más espeso que el petrolato, "y cuanto más espeso, mejor", comenta. A los entusiastas de las caminatas y de las carreras que insisten en no emplear calcetines, se les recomienda engrasar las zonas propensas a presentar ampollas.

Póngase calcetines nuevos para zapatos nuevos. "Si estrena un par de zapatos que están causándole ampollas, lo primero que debe hacer es cambiar de calcetines", aconseja el doctor Ellis. "Recomiendo calcetines de acrílico (disponibles en tiendas de artículos deportivos) porque están fabricados en capas diseñadas para absorber la fricción y el pie no tenga que padecer."

Cambie el algodón por acrílico

En la actualidad se sostiene un debate importante en el mundo de lo calcetines que podría tener consecuencias considerables para millones de estadounidenses que padecen ampollas: excursionistas de fin de semana y maratonistas olímpicos por igual. La causa de la "fricción" actual entre especialistas del cuidado de los pies es un estudio que muestra que los calcetines de acrílico en realidad pueden ser mejores para prevenir las ampollas que los calcetines hechos de algodón u otras fibras naturales.

Durante años, la mayoría de los podiatras han recomendado las fibras y materiales naturales (por ejemplo calcetines de algodón y zapatos de cuero), pero los hallazgos recientes que indican que los productos artificiales como el acrílico ofrecen mayor protección chocan con la sabiduría tradicional y denuncian firmemente el consejo de la mayoría de los entrenadores y médicos deportivos, así como de los deportistas.

No obstante, las investigaciones han probado que los calcetines de algodón producen el doble de ampollas en los corredores que los calcetines de acrílico, y que las ampollas causadas por los calcetines de algodón son tres veces mayores que las producidas por sus competidores de acrílico.

"Como corredor veterano de gran fondo y especialista en tratar a corredores con ampollas a diario", comenta Douglas Richie, podiatra de Seal Beach, California, especialista en deportes e investigador, "los resultados no me sorprenden. Para mí está perfectamente claro que la fibra de algodón se vuelve abrasiva con el uso frecuente, y que también pierde su forma cuando se moja. La forma del calcetín es muy importante cuando se encuentra dentro de un zapato".

"Mucha gente considera que la fibra acrílica es lo mismo que una fibra sedosa parecida al nylon", indica el doctor Richie, "aunque el acrílico hilado se siente exactamente como el algodón y se conserva suave y elástico aun cuando está húmedo".

El doctor Richie sostiene que la propiedad de los calcetines de acrílico de no producir ampollas se aplica para cualquier tipo de actividad deportiva, trátese de caminar, correr, jugar tenis, etc. Valdría la pena hacer la prueba.

Regale a sus pies plantillas de zapatos tratadas. Nuestros expertos convienen en que muchos de los productos fabricados por Spenco son excelentes para prevenir las ampollas. Uno de los mejores es una plantilla para zapatos tratada "que se ha llenado de burbujas de nitrógeno", explica el doctor Cowin. "Lo que hace es agregar algo de acojinamiento a la planta del pie y ayudarle a deslizarse suavemente sobre el fondo del zapato, en vez de permitir que se fije en algunos sitios y cause ampollas debido a la fricción."

Endurézcase con ácido tánico. Mediante estudios se ha demostrado que la aplicación de ácido tánico al 10% dos veces al día durante dos a tres semanas en zonas vulnerables de la piel vuelve a ésta más resistente y menos propensa a las ampollas. "Si usted es un atleta o maratonista de hueso colorado puede emplear algo por el estilo", recomienda el doctor Conrad, "pero tanto los atletas de fin de semana como los principiantes no deben aplicarse ácido tánico a menos que se los haya recetado un médico".

Cuidado con los terribles tubos. Aunque muy populares, nuestros expertos recomiendan que no se utilicen los calcetines de tubo, maravillas informes sin talón que se pueden poner sin prestar atención a su acomodo. "Personalmente no creo en los calcetines o calcetas de tubo", comenta el doctor Cowin. "No creo que ajusten debidamente en el pie. Se necesitan los calcetines habituales, bien hechos y ajustados, para ayudar a impedir las ampollas."

COMITÉ DE ASESORES

La podiatra **Nancy Lu Conrad** tiene su consulta privada en Circleville, Ohio. Se especializa en calzado para niños y en medicina deportiva y ortopedia.

El podiatra **Richard Cowin** es director de la Clínica Cowin para los Pies en Libertyville, Illinois, donde se especializa en la práctica de cirugía de pie mediante incisión mínima y láser. Es diplomado de la American Board of Podiatric Surgery y de la American Board of Ambulatory Foot Surgery.

El podiatra **Joseph Ellis** tiene su consulta privada en La Jolla, California. Es consultor para la Universidad de California en San Diego, y consultor en medicina deportiva para la Asics-Tiger, empresa fabricante de zapatos para corredores. También escribe para la revista *Runner's World*.

El doctor **Douglas Richie** es podiatra deportivo en Seal Beach, California, donde estudia la función de los calcetines y su efecto en las actividades deportivas. También es instructor clínico de podiatría en el Centro Médico del Condado de Los Ángeles/Universidad del Sur de California, en Los Ángeles.

La podiatra **Clare Starret** es profesora en el Instituto para Pies y Tobillos del Pennsylvania College de Medicina Podiátrica, en Filadelfia.

La podiatra **Suzanne Tanner** tiene su consulta privada en Denver, Colorado, y se especializa en medicina deportiva.

Angina

17 maneras de detener el dolor

Guillermo Descuidado se deja caer en el diván después de haberse abarrotado con sus alimentos favoritos: sopa de médula, frituras de carne de cerdo con abundantes tortillas de maíz, carne de carnero, todo acompañado de arroz frito, y pastel con helado como postre. Atento al televisor, enciende un cigarro. Pero no puede relajarse porque él y su cónyuge comienzan su acostumbrada discusión después de la cena; esta vez acerca de quién debe arreglar el jardín. No pasa mucho tiempo antes de que Guillermo, rojo de furia, se deslice trabajosamente del diván y pasee su rolliza humanidad en el frío exterior, vencido por su esposa una vez más.

Al poco tiempo, Guillermo, jadea y se agarra firmemente el pecho al sentir un dolor, una opresión fuerte que irradia desde el corazón. "¡Oh, Dios!", exclama, "¡Hermelinda!, ¡Hermelinda! ¡Ya me llegó la hora! ¡Me muero! ¡Quiero *vivir*!"

Pero no le ha llegado la hora, y Guillermo no va camino a una gran comilona en el cielo. Cinco minutos después ha cedido el dolor y Guillermo recuerda lo que el doctor Indoloro le advirtió justamente una semana atrás: su dolor no es un ataque cardiaco, y tampoco acedías. Se trata de angina, señal de que las arterias en el corazón de Guillermo se están taponando con grasa, lo que impide a la sangre llegar a nutrir el corazón. La comida rica en grasas y sales, la discusión con Hermelinda, salir al frío y hacer esfuerzos, cualquiera de todas estas causas puede producir angina.

"Aquí tiene algunas píldoras que puede tomar si tiene dolor", dijo el doctor Indoloro. "Pero le advierto, Guillermo, que si no cambia sus hábitos va a tener problemas."

¿Qué pueden hacer el pobre de Guillermo y otros como él? He aquí lo que aconsejan los expertos.

Perciba la vida de una nueva manera. El doctor Sidney C. Smith, Jr.,

ALERTA MÉDICA

Las señales de las dificultades

Se le ha diagnosticado que tiene angina: ataques de dolor en el pecho que se deben a la disminución del suministro sanguíneo a su corazón. Sabe qué induce un ataque y cómo evitarlo. También sabe qué hacer cuando siente que un ataque es inminente. Pero ¿sabe cuándo sus síntomas están diciendo algo distinto, cuándo podría estar a punto de ocurrir algo grave? De no ser así, estas son algunas señales que indican: "Ve al doctor. ¡DE INMEDIATO!"

- Usted ha estado realizando ejercicios *sin* sentir angina en cierta medida, pero ahora comienza a tener angina en esa medida.
- Usted experimenta angina a un nivel *inferior* de ejercicio que antes.
- Usted ha tenido angina estable (ataques que sólo ocurren cuando hace esfuerzo), pero ahora ha desarrollado angina *inestable* (ataques que ocurren durante el reposo).

Todas estas pueden ser señales de que está empeorando el bloqueo de las arterias que afecta la corriente sanguínea que llega a su corazón, explica el doctor Sidney C. Smith, Jr.

Otra señal de advertencia es el dolor de angina que dura más de 15 a 20 minutos. "Esto podría ser una señal de ataque cardiaco o lo que denominamos insuficiencia coronaria, la modalidad más extrema de angina inestable", afirma el doctor George Beller. "La insuficiencia coronaria ocasiona dolor prolongado pero sin el daño irreversible característico de un ataque al corazón. Sin embargo, no puede reconocerse la diferencia, así que considérela como emergencia médica."

director de cardiología del Hospital Sharp Memorial en San Diego, California, es tajante y categórico acerca de que quienes padecen angina deben tomar conciencia y realizar algunos cambios radicales en su manera de vivir.

"A mí me preocupa mucho ver a los pacientes tomar medicamentos caros y no comprometerse a modificar sus estilos de vida", declara. "Lo único que pasa es que volverán a sufrir angina. A veces buscamos respuestas rápidas a los problemas difíciles, pero esto no funciona tratándose de angina y enfermedades del corazón."

"Paso mucho tiempo educando a los pacientes con respecto a sus síntomas; les indico qué hacer cuando éstos se presenten y la importancia de vivir sanamente", explica. "Pero no sentimos que hayamos hecho un trabajo completo a menos que el paciente colabore." Con buena disposición y deseo de vivir una vida más sana, los cambios necesarios se obtendrán con mucha más facilidad.

Limpie el aire. Para aquellos de ustedes que fuman, lo más importante que pueden hacer es quitarse ese hábito. En una escala del uno al diez, alcanza el diez, recalca el doctor George Beller, profesor de medicina y jefe de la División de Cardiología en la Escuela de Medicina de la Universidad de Virginia. El humo del cigarrillo aumenta los niveles de monóxido de carbono en la sangre, lo que desplaza el oxígeno. Y como la angina es un corazón cuyas arterias están taponadas y exige oxígeno, resulta claro que fumar es lo peor que puede usted hacer. Por otra parte, señala el doctor Beller, quienes dejan de fumar por lo regular muestran una disminución inmediata en los episodios de angina.

Más aún, el humo del cigarrillo hace que se aglutinen sus plaquetas sanguíneas, lo que bloquea todavía más sus arterias parcialmente bloqueadas. Por último, mas no en orden de importancia, fumar disminuye los efectos de cualquier medicamento que usted esté usando.

Este es otro hecho que puede ayudarle a dejar de fumar, mediante estudios se ha demostrado que la tasa de mortalidad de los pacientes de angina que dejan de fumar es la mitad de la de los fumadores.

Cuando se trate de comer, piense que "menos es mejor". Esto quiere decir menos sal, menos grasas, menos calorías. "Una sola comida con exceso de grasas o sal puede producir un ataque de angina porque eleva repentinamente la presión sanguínea", explica el doctor Beller.

Para controlar el nivel de grasa en su dieta, casi todos los doctores y la American Heart Association recomiendan una dieta que contenga menos del 30% de calorías derivadas de grasas, lo que quiere decir reducir lo más posible los alimentos que contengan grasas saturadas (el tipo de grasa que, como la mantequilla, se endurece a temperatura ambiente) y el colesterol. Estas son algunas buenas maneras de comenzar.

- No coma más de 180 gramos de carne, pescados o mariscos, o ave al día.
- Consuma sólo carne sin grasas, y retíreselas todas *antes* de cocinarla. Cerciórese de que la carne molida de res no contenga más del 15% de grasa.
- De ser posible, quite el pellejo de las aves antes de cocinar su carne; si no, quítela antes de comer.
- Aprenda a incluir con moderación en los alimentos carne, pescado, mariscos y aves. Por ejemplo, sírvalos fritos en sartén en aceite mono-insaturado (como el aceite de oliva) o poli-insaturado (como los aceites vegetales), ambos sanos para el corazón, y con muchas verduras.
- Limite su consumo diario de *todas* las grasas y aceites entre 5 y 8 cucharaditas, sólo use aceites mono-insaturados o poli-insaturados.

- Elimine las carnes de vísceras ricas en colesterol, como son hígado, riñones o corazón.
- Sólo coma productos lácteos sin grasa o con bajo contenido de ésta. Y tenga cuidado al comprar quesos, pues algunos con bajo contenido en grasas tienen alto contenido de sal.
- Aumente su consumo diario de frutas y verduras frescas y coma más cereales, en particular salvado de avena, la cual ha demostrado ayudar a reducir los niveles de colesterol. (Para más información acerca de cómo reducir el colesterol, consulte la página 109.)

Haga ejercicios para eliminar la angina. A muchos pacientes de angina les gusta adoptar la idea de que el ejercicio debe descartarse por completo porque el corazón hace esfuerzo, y como éste produce angina, es necesario evitar el ejercicio. Nada de eso, comenta el doctor Beller.

El doctor Julian Whitaker, fundador del Instituto Whitaker Wellness en Newport Beach, California, conoce por experiencia propia la gran importancia que puede tener el ejercicio para los pacientes de angina. Le gusta relatar la historia de un grupo de pacientes que esperaban trasplantes de corazón y a quienes se les aplicó un programa de ejercicios para fortalecerse antes de la cirugía. "En el transcurso de varios meses, la mitad había mejorado tanto su función cardiaca que ya no necesitaron la intervención."

"Es casi habitual que cuando un paciente inicia un programa de ejercicios experimente angina al principio de una sesión", afirma el doctor Whitaker. "La angina no justifica dejar de hacer ejercicio."

Sin embargo, la gente que padece angina necesita conocer su cuerpo, señala el doctor Beller. "Si sienten un ataque inminente de angina, deben saber que si reducen el esfuerzo las molestias desaparecerán sin que tengan que detenerse por completo."

Se preguntará ¿por qué es tan importante el ejercicio? Por una parte, el ejercicio constituye un liberador probado de tensión, sostiene el doctor Beller; así mismo, le ayudará a perder peso. Tanto la tensión como el sobrepeso son perjudiciales para la salud del corazón. "El ejercicio también reduce la frecuencia cardiaca y la presión sanguínea, lo cual ayuda a reducir la necesidad de medicamentos."

El ejercicio produce todos estos cambios, señala el doctor Whitaker, porque los músculos ejercitados pueden obtener más oxígeno de la sangre arterial, "lo que disminuye la cantidad de esfuerzo que necesita hacer el corazón para bombear la misma cantidad de oxígeno a los músculos", afirma.

Tanto el doctor Beller como el doctor Whitaker están de acuerdo en que el ejercicio por sí solo no es una panacea. Se necesitan *tanto* el ejercicio *como* la dieta, combinados, para lograr resultados positivos.

El otro camino

Grasas y aceites: ¿cuánto puede reducirlos?

¿Puede vivir sin ingerir nada de mantequilla, crema, quesos y huevo? ¿Puede usted evitar para siempre alimentos ricos en grasas como son las costillas y los alimentos salados como las frituras, y restringir su dieta a verduras, frutas y cereales enteros?

Claro que puede, dice el doctor Monroe Rosenthal, director médico del Centro Pritikin de Longevidad en Santa Mónica, California, porque miles de personas lo han hecho, seguirán haciéndolo, y como resultado han mostrado considerable mejora en su salud cardiaca.

"Recomendamos una dieta en que 10% de las calorías provenga de las grasas", declara el doctor Rosenthal, lo que quiere decir no más de 100 gramos diarios de pescado o mariscos, aves o carne sin grasa. Y como en muchas dietas el 50% de las calorías proviene de las grasas, ¡la reducción resulta muy drástica!

"Claro que es difícil", afirma el doctor Rosenthal. "Algunas personas comienzan una dieta y no la terminan. No obstante, la dieta es una magnífica opción para evitar la cirugía de coronarias o pasarse la vida temiendo que cualquier cosa que se haga produzca dolor de pecho. La dieta requiere aplicación, una actitud positiva y cierto esfuerzo."

Pero el dividendo, sostiene Rosenthal, puede ser considerable. "Se reduce la presión sanguínea y el colesterol, disminuyen los episodios de dolor de pecho, mejoran los síntomas clínicos y con frecuencia podemos eliminar por completo determinados medicamentos."

Un estudio de 893 pacientes del Centro Pritikin, por ejemplo, mostró que sus niveles de colesterol cayeron 25% en promedio después de sólo cuatro semanas a dieta, y 62% de los pacientes de angina fueron dados de alta, sin seguir consumiendo medicamentos; en tanto que muchos otros pudieron reducir su necesidad de medicamentos después de completar todo el programa de dieta, ejercicios y educación.

¿Cuán realista es fijarse como objetivo 10% de calorías procedentes de los aceites y grasas? El doctor Sidney C. Smith, Jr., afirma que sólo 10% de la población puede lograrlo. Son más realistas las recomendaciones de la mayoría de los médicos y la American Heart Association (AHA) de reducir a 30% las calorías provenientes de grasas y aceites. "Estas cifras son efectivas y gran parte de la población puede alcanzarlas." Sin embargo, agrega, con el tiempo le gustaría ver que dichas cifras se redujeran. "En mi propia dieta, soy mucho más estricto que las normas de la AHA. He implantado dichos cambios en mi propia vida."

Y, en opinión del doctor Rosenthal, ese es el resultado final. "No se trata realmente de una dieta: es una manera de vivir."

Antes de que comience a hacer ejercicios, consulte a su médico y sométase a una prueba de esfuerzo. "Así sabrá usted cuál es su límite y podrá ganar confianza", dice el doctor Beller. "Debe dialogar con su médico acerca de lo que consideren dolor tolerable y lo que no lo es." Siempre asegúrese de hacer ejercicios previos de calentamiento gradual, agrega el doctor Whitaker, en especial si tiene que salir al aire frío.

Aprenda a relajarse. "Trátese de ejercicios de relajación o meditación, aprenda a controlar sus emociones en vez de que éstas lo controlen a usted", aconseja el doctor Beller. "Tengo pacientes que jamás tienen angina excepto cuando tienen un pleito con sus cónyuges, y sin embargo hacen ejercicios sin problema alguno."

"Procure resolver sus conflictos y podrá hacer tanto por mejorar su angina como si utilizara más fármacos."

Tome una aspirina diaria. Para aquellos con angina inestable (el tipo que ataca sin que haya esfuerzo previo, como cuando se está en reposo o incluso durmiendo), la aspirina puede ser un salvavidas, según opinan algunos médicos.

"Parece que la aspirina evita la activación inicial del mecanismo coagulador de la sangre", explica el doctor Beller. Desde luego, si su sangre se coagula con demasiada facilidad no podrá pasar por las arterias estrechadas y esto puede ocasionar un ataque al corazón.

En un estudio realizado en un hospital canadiense, los investigadores descubrieron que los pacientes de angina redujeron en 51% sus posibilidades de ataque al corazón tomando cuatro comprimidos al día de aspirina con antiácido o cubierta entérica. Como resultado de éste y otros estudios similares, muchos médicos recomiendan una aspirina diaria para lograr una efectividad mínima.

Sin embargo, todos los enfermos del corazón deben consultar con sus médicos antes de tomar aspirina, pues aunque se trata de un medicamento que se vende y se administra sin receta médica, puede tener efectos secundarios. Además, podría interactuar con otros medicamentos que usted pudiera estar tomando.

Duerma en posición reclinada. Si padece ataques nocturnos de angina, levantar la cabecera de su cama de 7 a 10 centímetros puede reducir el número de ataques, afirma el cardiólogo R. Gregory Sachs, profesor del Columbia University College de Médicos y Cirujanos. Dormir en esta posición hace que se acumule más sangre en sus piernas, de modo que no regresa tanta a las estrechadas arterias del corazón, y puede ayudar a reducir la necesidad de nitroglicerina.

Ponga sus pies en el suelo. Si usted padece ataques de angina durante la noche, el doctor Sachs sugiere que para no recurrir a la pastilla de nitroglicerina sencillamente siéntese en el borde de la cama con los pies en el suelo. "Esto equivale al efecto de la nitroglicerina", afirma. Si no siente que los síntomas van desapareciendo con rapidez, entonces sí tome su medicamento.

COMITÉ DE ASESORES

El doctor **George Beller** es profesor de medicina y jefe de la División de Cardiología en la Escuela de Medicina de la Universidad de Virginia en Charlottesville, y presidente del Consejo de Cardiología Clínica de la American Heart Association.

El doctor **Monroe Rosenthal** es director médico del Centro Pritikin de Longevidad en Santa Mónica, California.

El doctor **R. Gregory Sachs** es cardiólogo privado en Summit, Nueva Jersey, y profesor en la Escuela de Médicos y Cirujanos en la Universidad de Columbia, en la ciudad de Nueva York.

El doctor **Sidney C. Smith, Jr.**, es director de cardiología en el Hospital Sharp Memorial en San Diego, California, y da clases en la Escuela de Medicina de la Universidad de California en San Diego.

El doctor **Julian Whitaker** es fundador y director del Instituto Whitaker Wellness en Newport Beach, California, donde se especializa en tratamientos de nutrición para afecciones cardiacas y presión alta.

Arrugas

24 sugerencias para reducir los efectos del envejecimiento

La edad puede traer muchas bondades como la sabiduría, los nietos y los descuentos para ciudadanos de la tercera edad; pero hay otras no tan deseables, como las canas y las arrugas.

Desde luego, es posible retocar las canas con un poco de tinte. Resulta bastante sencillo; pero las arrugas se encuentran en una categoría totalmente distinta. No. No se pueden planchar. Y (contrario a Peter Pan y Dorian Gray) sencillamente no puede deshacerse de ellas con sólo desear que desaparezcan. Sin embargo, los expertos afirman que hay una serie de estrategias que pueden evitar verse viejo antes de tiempo.

Diversión, y arrugas, bajo el sol

Los médicos informan que demasiado sol ocasiona arrugas. Desde luego, el problema es que a menos que usted sea vampiro o rollo de película fotográfica, no querrá evitar la luz del sol a toda costa. Así que esto es lo que sugieren nuestros expertos para balancear la diversión en el sol con el control de las arrugas.

Deje el sol del medio día para los ingleses. Aproximadamente 95% de los rayos solares que producen arrugas caen en la Tierra entre las 10:00 AM y las 2:00 PM del día, señala el doctor Stephen Kurtin.

Cúbrase generosamente con el filtro antisolar. Siempre que se exponga al sol, aplíquese un filtro solar [cuanto más alto el número del factor de protección solar (FPS), mejor], indica el doctor Kurtin. Para lograr la mayor eficacia en el combate a las arrugas, los filtros solares deben aplicarse a la piel al menos media hora antes de salir al aire libre y después de nadar.

Tenga cuidado con las superficies reflejantes. Siempre es el mismo sol, pero las circunstancias en la Tierra son cambiantes. Tenga presente que los efectos del sol que producen arrugas son mayores si se reflejan en superficies de colores claros (y que por tanto son reflejantes), como pueden ser la nieve, la arena y el concreto, advierte el doctor Jeffrey H. Binstock.

Preste atención a su localidad. Percátese de que los rayos solares que producen arrugas son más intensos a grandes altitudes (donde el aire es más delgado) y en las latitudes más meridionales (más cerca del Ecuador).

Asegúrese de obtener suficiente vitamina D. Si realmente quiere alejarse de la luz solar, recuerde que ésta normalmente nos proporciona la indispensable vitamina D; pero usted puede obtener toda la vitamina D que necesita ya sea de la leche enriquecida con vitamina D o de los suplementos multivitamínicos, instruye la doctora Marianne O'Donoghue.

No parezca pasita. En otras palabras, manténgase lejos del sol. Esta es la primera línea de defensa contra las arrugas que sugieren todos nuestros expertos. Demasiado sol con el tiempo llega a hacerle a la piel lo mismo que a las frutas secas: la arruga. Esto se aplica sobre todo a la actualidad, pues el daño a la capa de ozono de la Tierra permite que más rayos solares perjudiciales lleguen hasta su vulnerable piel, explica el doctor Norman A. Brooks, dermatólogo privado en Encino, California, y profesor clínico de dermatología en la Escuela de Medicina de la UCLA,

Universidad de California en Los Ángeles. (Para más información sobre cómo evitar arrugas causadas por el sol, consúltese el recuadro "Diversión, y arrugas, bajo el sol".)

Evite las cabinas para bronceado. Producen precisamente los mismos rayos solares que causan las arrugas, advierte el doctor Jeffrey H. Binstock, dermatólogo privado y profesor clínico de cirugía dermatológica en la Escuela de Medicina de la Universidad de California, en San Francisco.

No fruncirás. Está bien hacer gestos ocasionalmente, pero con el tiempo fruncir constantemente el entrecejo, entrecerrar los ojos o fruncir la boca causarán arrugas o empeorarán las que ya existan, hace notar la doctora Marianne O'Donoghue, profesora de dermatología en el Hospital Rush-Presbyterian-St. Luke's en Chicago, Illinois.

Haga pruebas a su rostro. ¿Cómo saber si está frunciendo su rostro? Mírese al espejo cuando hable por teléfono, sugiere el doctor Binstock. O trate de usar un pedazo de cinta transparente adhesiva sobre la frente (desde luego, sólo cuando esté en casa). Cada vez que frunza el entrecejo, sentirá que la cinta se arruga, hace notar el doctor John F. Romano, dermatólogo e instructor clínico en medicina en el Hospital New York del Centro Médico de la Universidad de Cornell en la ciudad de Nueva York.

No olvide los lentes y el sombrero. Una excelente receta para conseguirse arrugas es salir al sol sin anteojos oscuros ni sombrero. No nada más tendrá entonces que luchar contra los dañinos rayos solares que inciden en su rostro, sino que va a tener que entrecerrar los ojos, lo cual con el tiempo podrá forjar pequeñas arrugas alrededor de ellos, advierte la doctora O'Donoghue.

No ponga el rostro en la almohada. "Cuídese de las arrugas que causa el dormir", previene el doctor Binstock. Son arrugas ocasionadas por presionar la cara contra la almohada de noche. Si tiene este mal hábito, aprenda a dormir mejor boca arriba, o busque una posición en que su rostro no oprima la almohada. Acaso compruebe que algunas de las líneas menores se desvanecen.

No juegue al yo-yo con sus dietas. Ganar mucho peso puede estirar su piel. Perder luego ese peso (especialmente si es usted mayor y su piel ha perdido algo de elasticidad) puede producir arrugas porque la piel no se retrae por completo hasta su tamaño original, explica el doctor Stephen Kurtin, dermatólogo de la ciudad de Nueva York y profesor de dermatología en la Escuela de Medicina Mount Sinai de la Universidad de la ciudad de Nueva York. Lo prudente es nunca pesar de más, en primer lugar; o, si esto ocurre, perder los kilos de exceso y mantenerse así antes de cumplir los 40 años, aconseja el doctor Kurtin.

Haga ejercicio regularmente. La gente que se encuentra en buena forma física en términos generales parece tener piel más sana, más elástica que quienes no hacen ejercicios. Un estudio finlandés descubrió que los atletas de edad media tenían la piel más densa, gruesa y fuerte que un grupo similar integrado por personas que no hacían ejercicio. La cualidad elástica que permite a la piel volver a su forma original después de estirarse también era notablemente mejor en los atletas.

Coma bien. Las vitaminas y los minerales son importantes para mantener juvenil la piel. Entre los más importantes están las vitaminas del complejo B (que se encuentran en la carne de res, pollo, huevo, trigo entero, harina enriquecida de trigo y leche, entre otros alimentos) y las vitaminas A y C (que se hallan en frutas y verduras frescas). La doctora O'Donoghue afirma que los mejores alimentos para mantener sana la piel son las verduras verdes con hojas, zanahorias y fruta fresca.

No fume. Además de hacer daño a su salud general, fumar puede producir arrugas prematuras causadas por fruncir la boca para sostener los cigarrillos. Fumar también tiende a disminuir el suministro de sangre a los pequeños vasos sanguíneos que están bajo la piel, lo que puede empeorar las arrugas, advierte el doctor Gerald Imber, cirujano plástico del Hospital New York del Centro Médico de la Universidad de Cornell en la ciudad de Nueva York.

Juegue dominó (o practique otra actividad que no requiera beber alcohol la noche del sábado). Los que asisten a fiestas y otras personas que no dejan la botella pueden encontrar que si bien el alcohol ahoga sus penas, también saca a flote las arrugas. ¿Por qué? Porque la cara se hincha a la mañana siguiente de haber bebido demasiado alcohol. Y eso estira temporalmente la piel. La inflamación y posteriormente la desinflamación pueden crear arrugas del mismo modo que por ganar demasiado peso y luego perderlo súbitamente con una dieta, previene el doctor Imber.

Use un humectante. Ningún humectante en el mercado puede invertir el proceso del envejecimiento; pero si usted tiene piel seca, una loción humectante puede esconder algunas de las arrugas menores que se forman en la superficie,

---

El otro camino

Combata las arrugas al estilo oriental

¿Se puede detener o minimizar el proceso de formación de arrugas? "Lo hacemos aquí todo el tiempo", declara el doctor de medicina oriental, Marshall Ho'o, en la Clínica East-West en Reseda, California. La manera como se combaten las arrugas en la medicina oriental es "de dentro hacia fuera", refiere el doctor Ho'o.

Eso quiere decir que a sus pacientes se les enseña una serie de ejercicios para "desarrollar el tono y simetría" en sus rostros y cuellos. También puede dárseles tratamientos de acupuntura. Pero, ¿qué puede hacer en casa si no tiene el adiestramiento especial del doctor Ho'o?

"Masajéese el rostro", aconseja. Usando sus yemas, pulgares y las palmas de las manos, friccione todas las partes de su rostro y cuello. Cualquier tipo de masaje, explica, ayuda "a elevar al máximo la estimulación y la circulación. También puede redondear los músculos faciales, cuya simetría a menudo se pierde en las expresiones fijas o rígidas".

El doctor Ho'o también subraya la importancia de vivir una vida feliz y libre de tensiones. "Los chinos que tienen grandes familias, que hablan y ríen mucho, parecen tener menos arrugas. Y cuando finalmente aparecen las arrugas, no son feas."

---

comenta el doctor Kurtin, quien recalca que resulta importante humedecer la piel antes de aplicarse la crema humectante.

No se engañe comprando cremas "milagrosas". Especialmente desde el advenimiento que dio lugar a sensacionales encabezados de periódicos de la Retin-A, fármaco tópico para tomarse *estrictamente bajo supervisión médica* que en verdad puede reducir las arrugas, en todas partes ha surgido una serie de anuncios publicitarios acerca de productos "no éticos". "El Departamento de Alimentos y Medicinas (FDA) de Estados Unidos ha determinado que algunas compañías de cosméticos hacen afirmaciones acerca de sus cremas antienvejecimiento que resultan muy engañosas", advierte Emil Corwin, funcionario de información del Centro para la Seguridad en los Alimentos y Nutrición Aplicada del FDA.

Modérese con el jabón. "De algo que puede acusarse a muchas sociedades avanzadas es del abuso en la limpieza", apunta el doctor Kurtin. El exceso de lavado produce resequedad, la cual puede causar arrugas temporales. ¿Solución?

Lave menos y sólo use jabones extra suaves. Y enjuáguese extremadamente bien. "La gente debiera invertir más tiempo enjuagándose y menos lavándose", agrega el doctor Kurtin, quien explica que una película jabonosa que se deje sobre la piel puede exacerbar el secado.

Use un humidificador. Mantener húmedo el aire en su casa es magnífico para la piel y puede impedir que se formen las arrugas temporales menores que a veces acompañan a la piel reseca, explica la doctora O'Donoghue.

Consulte a un artista del maquillaje. "El uso sensato de un buen maquillaje puede hacer muy buen trabajo escondiendo las arrugas", interviene el doctor Paul Lazar, profesor de dermatología clínica en la Escuela de Medicina de la Universidad Northwestern, quien sugiere consultar a un profesional. "Así como los buenos artistas del maquillaje pueden hacer que alguien parezca viejo en una película, también pueden lograr que se vea más joven", agrega.

Póngase algo de talco. Jack Myers, director de la National Cosmetology Association y cosmetólogo profesional desde hace 30 años, comenta que a veces la gente que trata de esconder las arrugas con maquillaje termina marcándolas más, pues se ponen en la piel maquillaje a base de crema o aceite, que tiende a formar una pasta entre las arrugas. La clave para esconderlas, indica, es usar sólo productos a base de talco (como el almidón). Como con los humectantes, no debe esperar milagros, advierte Myers.

Viva con menos tensión. El doctor Lazar señala que la relación entre las arrugas y las emociones puede ser superficial; pero la gente feliz tiende a lucir sonrisas, las cuales hacen que los demás no se fijen en las arrugas.

COMITÉ DE ASESORES

El doctor **Jeffrey H. Binstock** es dermatólogo privado en San Francisco y Mill Valley, California, y profesor clínico de cirugía dermatológica en la Escuela de Medicina de la Universidad de California, en San Francisco.

El doctor **Norman A. Brooks** es dermatólogo privado en Encino, California, y profesor clínico de dermatología en la Escuela de Medicina de la UCLA, Universidad de California en Los Ángeles.

Emil Corwin es funcionario de información en el Centro para la Seguridad en los Alimentos y Nutrición Aplicada en el Departamento de Alimentos y Medicinas de Estados Unidos.

Marsall Ho'o es doctor de medicina oriental en la Clínica East -West en Reseda, California, que aplica acupuntura y presopuntura.

El doctor **Gerald Imber** es cirujano plástico en el Hospital New York del Centro Médico de la Universidad de Cornell en la ciudad de Nueva York.

El doctor **Stephen Kurtin** es dermatólogo en la ciudad de Nueva York y profesor de dermatología en la Escuela de Medicina Mount Sinai en la Universidad de la ciudad de Nueva York.

El doctor **Paul Lazar** es profesor de dermatología clínica en la Escuela de Medicina de la Universidad Northwestern en Chicago, Illinois. Fue miembro de la junta directiva de la American Academy of Dermatology.

Jack Myers es director de la National Cosmetology Association y ha sido cosmetólogo profesional desde hace 30 años. También es propietario de la Escuela Owensboro de Peinados y de la Jack Myers Hair Styles en Owensboro, Kentucky, y las atiende personalmente.

La doctora **Marianne O'Donoghue** es profesora de dermatología en el Hospital Rush-Presbyterian-St. Luke's en Chicago, Illinois. Se especializa en dermatología cosmética.

El doctor **John F. Romano** es dermatólogo y médico del Hospital St. Vincent's de Nueva York. También es instructor clínico en medicina en el Hospital New York-Centro Médico de la Universidad de Cornell en la ciudad de Nueva York.

Artritis

22 remedios para aliviar el dolor

Es probable que la artritis sea la enfermedad más antigua del mundo. Las momias descubiertas en Egipto, el hombre prehistórico y los dinosaurios la padecieron. Cerca de 40 millones de estadounidenses tienen artritis y el número crecerá en aproximadamente un millón al cabo de un año.

Tal vez usted la padece o alguien a quien conoce. Aunque todos los días aparecen nuevos libros anunciando tratamientos nuevos con poderosos fármacos y cirugía, no le hablaremos aquí acerca de las flamantes curas "milagrosas". Le diremos cómo aliviar el dolor sin tener que buscar una receta médica o consultar a un doctor. Usted puede hacer mucho por cuenta propia, en su casa, sin tener que invertir mucho en equipo costoso, sufrir dolores o correr riesgos. Así que comencemos. (A menos que se indique lo contrario, las siguientes sugerencias son útiles para todos los tipos de artritis.)

Pierda peso, gane alivio. "No existe alimentación o dieta mágicas que quiten el dolor artrítico", dice el doctor en medicina osteopática Art Mollen, director del Instituto Southwest Health de Phoenix, Arizona. "Sin embargo, si usted tiene sobrepeso y pierde el excedente, se reducirá una cantidad apreciable del esfuerzo y dolor que siente en la columna vertebral, rodillas, caderas, tobillos y pies."

Motivo: a mayor sobrepeso, más esfuerzo y presión se impondrán a las articulaciones; esto aumenta el esfuerzo en el cartílago, lo cual a su vez interfiere con el hueso y aumenta así la presencia de inflamación, hinchazón y dolor.

Solución: póngase de acuerdo con su doctor o nutriólogo para encontrar una dieta que le sea útil y apéguese a ella.

Estírese suavemente para lograr fuerza y movilidad. Tratándose de artritis, dice la doctora Mary P. Schatz, quien ejerce por su cuenta la medicina en Nashville, Tennessee, "moverse produce dolor, pero *no moverse* destruye. El movimiento incorrecto daña, pero el movimiento adecuado cura".

La doctora Schatz toma esto en consideración cuando prescribe yoga a sus pacientes artríticos. "La yoga enseña movimientos con apropiada alineación de las articulaciones", declara, "lo cual ayuda a que las articulaciones deformadas regresen a sus posiciones normales conforme los músculos apropiados se estiran y fortalecen".

Solicite una sesión privada con un instructor experimentado o compre un libro para aprender las posiciones correctas; pero recuerde, "la clave para recobrar la salud de las articulaciones artríticas es el ejercicio apropiado de yoga", dice la doctora Schatz. Trabaje dentro de los límites impuestos por la enfermedad, pero no llegue a inmovilizarse por ella.

Encuentre alivio al reducir la tensión. "Si padece dolores y tiene tensión, sus dolores aumentarán", dice la doctora Beth Ziebell, psicóloga especializada en manejo de la tensión y el dolor en Tucson, Arizona. "La gente que tiene su vida bajo control maneja mejor sus dolores que quien no se encuentra en esa situación."

Las investigaciones recientes confirman la importancia de la actitud psicológica en el alivio al dolor artrítico, algo de lo que la doctora Ziebel ha estado hablando durante años. Algunas de sus sugerencias específicas de actitud incluyen:

No se acelere, tome las cosas con calma. "La gente que padece artritis debe aprender cómo calmarse y no tratar de hacer todo lo que podría en los días en que se siente bien", afirma. "El único resultado que obtiene es aumentar su cansancio y dolor al día siguiente. Trate de hacer un poco cada día, sin importar si tiene usted un acceso o no."

Aprenda a relajarse. "Aproveche lo que enseñan las clases para el alumbramiento natural", aconseja la doctora Ziebel. "El alumbramiento es muy doloroso, pero las mujeres aprenden a soportar el dolor mediante la relajación." Señala que hay muchos libros e incluso *cassettes* que enseñan técnicas de relajación. Así mismo, la doctora Ziebel considera que las articulaciones ociosas pueden volverse dolorosas. "Si usted centra su atención en el dolor, éste aumenta; pero si se ocupa haciendo otras cosas que le sean importantes, con seguridad dejará de sentirlo", agrega.

Practique la prevención nocturna contra la rigidez matutina. "Casi 90% de los pacientes que atiendo padecen algún tipo de rigidez matutina", declara el doctor Ilya Rubinov, del Centro Médico para Artritis en Fort Lauderdale, Florida.

Les aconseja aplicar un ungüento muscular en la noche, antes de dormir. "Lo relajará, además de darle un importante aliento psicológico", declara el doctor Rubinov. ¿Por qué razón? "La gente que padece artritis tiende a sentirse mucho mejor todo el día si no tiene rigidez al despertar en la mañana."

Haga que el dolor desaparezca flotando. Los estudios han demostrado que flotar en tanques especialmente diseñados para ello (también conocidos como tanques de aislamiento o de privación sensorial) puede aliviar el dolor artrítico.

"Usualmente se pasa una hora en el tanque", dice el doctor Roderick Borrie, psicólogo de Brooklyn, Nueva York. "El alivio al dolor se produce por la reducción en la tensión. El cuerpo se relaja, los músculos también y esto parece estimular la liberación de endorfinas, los analgésicos naturales del cuerpo humano."

El agua en los tanques se calienta precisamente a la misma temperatura exterior del cuerpo, y el aire del medio se mantiene cálido y tranquilo, lo que produce una relajación profunda.

El doctor Borrie dice que en Estados Unidos hay alrededor de 200 centros con tanques. Para más información se puede comunicar a la Flotation Tank Association. Box 30648, Los Angeles, CA 90030.

Mezcle aceite y agua. "Padezco de artritis reumatoide en las manos", declara Donna King, instructora de la Escuela de Masaje de Atlanta. "He tomado cursos en el tratamiento de artritis en las manos; también he descubierto qué me hace bien, por lo tanto sé que este tratamiento funciona."

Ella recomienda calor y ungüento de eucalipto, en forma de un producto espeso, con base oleosa llamado Eucalypta-Mint, y que resultan útiles tanto para la osteoartritis como para la artritis reumatoide.

"Lo utilizo combinado con calor húmedo cuando me siento tiesa o cuando tengo dolor", afirma. Sencillamente fróteselo y ponga a la articulación una envol-

---

El otro camino

En defensa del cobre

A veces la longevidad confiere respeto. Los artefactos a los que se prestó poca atención en su época cobran nuevo significado y valor a medida que persisten a través del tiempo. Tal es el caso del brazalete de cobre, que durante décadas han empleado los artríticos para aliviar sus dolores, y que sigue siendo popular en la actualidad.

Se han realizado estudios que demuestran que a algunos artríticos parece dificultárseles la metabolización del cobre en los alimentos que ingieren, lo cual aumenta el dolor. Esa observación llevó al doctor Helmar Dolwet, de la Universidad de Akron, a especular que los artríticos tal vez necesiten obtener su cobre de otra fuente. "El cobre disuelto de una pulsera (de cobre) no requiere la vía oral pues entra en el cuerpo a través de la piel", escribió en su libro *The Copper Bracelet and Arthritis.* El doctor Dollwet considera que tal vez esta sea la única manera como los artríticos puedan recibir el cobre que necesitan sus cuerpos, y que, según lo han demostrado los estudios, ciertamente puede aliviar el dolor.

Aunque los médicos siguen mostrándose algo escépticos acerca de las pulseras, no las rechazan del todo. "Veo que la gente usa brazaletes de cobre, y si los usan es porque les ayuda", afirma el doctor Elson Haas. "Creo que el cobre puede desempeñar una función real. Es posible que una deficiencia de cobre aumente la inflamación de las articulaciones, y al parecer los suplementos de cobre en las dietas no tienen el mismo efecto que si se lleva el cobre encima."

¿Hace esto del doctor Haas un creyente? "No necesariamente aconsejo las pulseras de cobre a las personas, aunque tampoco los desaliento a usar una."

---

tura plástica. "El calor húmedo puede aplicarse con toallas calientes, o puede meter las manos o los pies en agua caliente."

Logre maravillas con ejercicios en el agua. Si pregunta a una docena de médicos qué ventajas tiene determinado tratamiento contra la artritis, obtendrá una docena de respuestas distintas; pero si les pregunta acerca de hacer ejercicios en el agua, ocurrirá algo extraño: todos estarán de acuerdo.

"Los ejercicios acuáticos son excelentes", dice el doctor Mollen, haciéndose eco de la opinión de muchos. "Su dolor se reducirá considerablemente en el agua y obtendrá mayor flexibilidad en ese medio que en el aire. ¡No puedo hablar lo suficiente a favor de los ejercicios acuáticos!"

Las técnicas para los ejercicios iniciales son fáciles de seguir para cualquier persona. Consisten en movimientos ondulatorios, caminata y flexión realizados en agua que llegue a la altura del pecho. Los movimientos más avanzados parecen una danza acuática diseñada para aprovechar la resistencia natural y el suave empuje ascendente del agua.

Haga participar a su cónyuge. Aunque es natural que el esposo o esposa hagan todo lo posible por ayudar a su cónyuge que padece alguna enfermedad, a menudo dicha ayuda puede producir más mal que bien. "Cuando una esposa trata de hacer todo por sí misma y constantemente pregunta a su esposo cómo se siente, en realidad le refuerza el dolor a él", sostiene la doctora Judith Turner, psicóloga del Centro para el Dolor en la Universidad de Washington.

Su consejo: no preste tanta atención y apoyo sólo cuando su cónyuge tenga dolor, sino también cuando se sienta bien y esté activo. "Es cuando debe alentársele con una expresión como '¡Vaya que da gusto verte hacer tus cosas!'", afirma la doctora Turner. "La alabanza resulta muy importante, pero a la gente se le olvida hacerla."

Use hielo para prevenir el dolor. "Recomiendo tratamientos fríos para esas veces que una articulación se ha sometido a exceso de uso o trabajo", dice Donna King, quien aplica compresas heladas o bolsas de gel congelable a sus clientes, pero observa que se consiguen los mismos resultados con hielo en una bolsa de plástico o de verduras congeladas. Aplique el hielo durante 15 a 20 minutos y luego retírelo entre 10 y 15 minutos. "Si es necesario puede repetirse durante varias horas a la vez en cada ocasión."

Aplique calor para reducir el dolor. Según la instructora, cuando las articulaciones se calientan, se inflaman y se vuelven sensibles, el calor es la mejor solución. "El frío aumentaría mucho el dolor."

No mime demasiado sus articulaciones. "Me gusta que la gente siga un programa de ejercicios aeróbicos para la artritis", declara el doctor Mollen. "Recomiendo caminar, hacer ciclismo o nadar porque no producen traumatismo en las articulaciones; pero realice cualquier clase de ejercicio que pueda tolerar y que eleve su frecuencia cardiaca al menos hasta 120 latidos por minuto y obtenga un efecto benéfico para corazón y pulmones."

Una investigación efectuada por la doctora Susan Perlman, de la Escuela de Medicina de la Universidad Northwestern, ha demostrado que el ejercicio vigoroso puede ser incluso seguro para pacientes con artritis reumatoide y a menudo se traduce en mejoras tanto fisiológicas como psicológicas. Para determinar si síntomas como la fatiga y la depresión eran resultado de una mala condición física, la

Esas hierbas a veces útiles

Se dice que con hierbas se cura el dolor que produce la artritis. Comentario: "Tal vez". Algunas pueden ayudar, pero quizá la mayor parte no lo haga.

"A la larga, probablemente la hierba más benéfica sea la corteza del sauce", opina el doctor Varro E. Tyler, profesor de farmacognosia en la Universidad de Purdue y autor de *The·Honest Herbal.* "Ello se debe sencillamente a que contiene salicín, similar a la aspirina; pero para tratar de manera adecuada la artritis, se requeriría mucha corteza."

Otra hierba que tal vez combata la artritis es la mora de grana o hierba carmín, receta favorita en Indiana, EUA, que se ha utilizado desde tiempos de la colonización. Sin embargo, el doctor Tyler advierte que no ha habido estudios que muestren cómo actúan las moras de la grana o si contienen alguna toxicidad persistente.

doctora Perlman decidió someter a 54 pacientes a un programa aeróbico de bajo impacto.

¿Cuál fue el resultado? El ejercicio vigoroso no se tradujo en inflamación de las articulaciones, pero sí mejoró el tiempo de caminata, la actividad física y el estado de salud de los participantes, a la vez que redujo dolor e inflamación articulares y su dolor general.

Diga NO a los fármacos que causan dependencia. Las píldoras para dormir, los tranquilizantes y los analgésicos narcóticos por desgracia pueden formar parte de la vida de una persona con artritis. "No es que dichos fármacos resulten ineficaces", declara el doctor Nelson Hendler, profesor del Departamento de Neurocirugía de la Escuela de Medicina de la Universidad Johns Hopkins. "Son eficaces, pero la mayoría de las personas necesita dosis cada vez mayores y terminan creando muchos más problemas de los que resuelven."

Aunque puede necesitarse ayuda profesional, el doctor Hendler considera que tales fármacos deben sustituirse gradualmente con retroalimentación biológica u otras modalidades de tratamiento; o bien, en ocasiones, con analgésicos no narcóticos como la aspirina o el ibuprofén.

Pescando el alivio. "Algunas personas efectivamente responden al aceite de pescado", observa el doctor Elson Haas, director de la Clínica Marina de Medicina Preventiva y Educación para la Salud en San Rafael, California. "No todas, pero sí algunas."

Un informe publicado por investigadores del Centro Médico Albany en Nueva York confirma esa observación, pues demostró que los pacientes con artritis reumatoide que consumieron cápsulas de aceite de pescado mostraron mejora en la sensibilidad articular y la fatiga.

Aunque en años recientes se ha dado bastante publicidad al aceite de pescado, su ingrediente activo (ácidos grasos omega-3) ha estado presente en forma de aceite de hígado de bacalao durante muchos años. Los estudios han mostrado que una cucharadita diaria de aceite de hígado de bacalao puede ser útil para aliviar los síntomas de la artritis reumatoide al proporcionar al cuerpo cantidades considerables de vitaminas D y A. La vitamina D es importante para el crecimiento óseo, en tanto que la vitamina A puede tener efectos antiinflamatorios. Los aceites de pescado también compiten con otros tipos de ácidos grasos, que tal vez den origen a la inflamación artrítica.

No pase por alto que en grandes cantidades tanto la vitamina D como la A pueden ser tóxicas, así que debe limitar su consumo de aceite de hígado de bacalao a una sola cucharadita diaria. Además, con el transcurso del tiempo una dosis excesiva de estas vitaminas puede ocasionar daño al hígado. Consulte a su médico si piensa que necesita suplementos de aceite de pescado o de vitamina D. O bien, en vez de recurrir a los suplementos, pruebe una dieta baja en grasas que incluya pescados como macarela o salmón, que contienen omegas-3.

Domine el masaje. Tratándose del masaje para el dolor de la artritis, la experta Donna King ofrece el siguiente consejo: trabaje los músculos unidos a los tendones que conducen hacia las articulaciones dolorosas.

"Por ejemplo, si tiene artritis en las manos", explica, "entonces trabaje los brazos, desde las muñecas hasta el codo, mediante una técnica de compresión".

Para hacerlo, use el talón de su mano, su pulgar o su codo para oprimir el músculo y mantenga la presión durante algunos segundos; luego afloje. Para artritis en el tobillo o el pie, trabaje la pantorrilla y la parte delantera de la pierna.

Incremente su ingesta de vitamina C. "Hay estudios que han demostrado que la gente con artritis reumatoide tiene insuficiencia de vitamina C", dice el doctor Robert H. Davis, profesor de fisiología en el Pennsylvania College de Medicina Podiátrica.

Los modelos médicos del doctor Davis han mostrado que la falta de vitamina C puede agravar la artritis reumatoide y que fuertes dosis de esta vitamina pueden producir una regresión en la enfermedad.

"La vitamina C es definitivamente un buen remedio casero para quien padece artritis reumatoide", afirma. "La toxicidad de esta vitamina es casi cero, al grado que si una persona tomara 500 miligramos durante todo el día, lo cual no es excesivo, tendría suficiente vitamina en su organismo para obtener un beneficio." Antes de intentar el tratamiento con vitamina C, consúltelo con su doctor.

Procure evitar ciertos alimentos. "Creo que he visto los resultados más espectaculares cuando mis pacientes con artritis reumatoide evitan alimentos de la familia de los solanos y los productos lácteos", declara el doctor Haas. La familia de las plantas solanáceas está integrada por papas blancas, tomates, berenjenas, tabaco y todas las pimientas, excepto la negra.

El doctor Haas señala que los pacientes de artritis desarrollan su propia dieta personalizada y aplican un "plan de pruebas para evitar ciertos alimentos". Un plan de pruebas que vale la pena intentar consiste en omitir de su dieta todas las modalidades de una comida por la que usted sienta antojo, bajo la teoría de que tal vez usted sea literalmente adicto a los alimentos a los que es alérgico.

Por ejemplo, si a usted le fascinan los tomates, elimine todo rastro de ese alimento de su dieta durante una semana. Asegúrese de que nada de lo que coma lo contenga; lo cual significa que debe leer con cuidado las etiquetas de los alimentos procesados al igual que evitar los tomates crudos. Si sus síntomas empeoran durante los tres a cuatro días siguientes, tal vez tenga alergia a ese alimento, porque el hecho de que sus síntomas empeoren puede ser señal de adicción. Hacia el quinto o sexto día de haber prescindido de ese alimento deberá sentirse mejor. De ser así, este puede ser un buen momento de hacer una cita con su médico y someterse a un estudio completo de sus alergias.

Reduzca su aceite vegetal. No cabe duda de que los aceites vegetales son generalmente benéficos para la mayoría de la gente, comenta el doctor George Blackburn, jefe del Laboratorio de Nutrición/Metabolismo del Instituto de Investigación sobre el Cáncer en el Hospital New England Deaconess en Boston. Pero advierte que hay estudios que muestran que los artríticos pueden constituir un caso especial y quizá necesiten reducir al mínimo su ingesta de aceites vegetales al tiempo que aumentan su consumo de aceites ricos en omegas-3.

Eso no quiere decir que tenga que prescindir de las verduras, declara, pero sí que se reduzcan los productos que contienen aceites, como los aderezos para ensaladas, comidas fritas y margarinas. Estos alimentos contienen altos niveles de ácidos grasos omega-6, que según se ha demostrado ocasionan inflamación en quienes padecen artritis reumatoide. Dos aceites bajos en omegas-6 son el de calza, derivado de la nabina, y el de oliva. El doctor Blackburn afirma que estos dos aceites pueden consumirse con moderación, y hace notar que es mejor mantener el nivel global de grasas en su dieta a menos del 30% de las calorías totales.

Adelante con el jugo de zanahoria. Un ayuno de jugo de verduras reduce apreciablemente el dolor para muchos pacientes con artritis reumatoide en la clínica del doctor Mollen. "Comencé a prescribir este tipo de ayuno hace varios años y lo he encontrado muy benéfico", relata el doctor Mollen.

Puede tomar jugo de zanahoria, apio, lechuga o tomate. El doctor Mollen sugiere hacer ayuno solamente con jugo de verduras un día durante la primera semana, para comenzar, la siguiente haga ayunos alternados de dos días (por ejemplo, lunes y miércoles) y tres días alternados durante la tercera semana (lunes, miércoles y viernes); empero, no intente ningún tipo de ayuno sin supervisión médica.

COMITÉ DE ASESORES

El doctor **George Blackburn** es jefe del Laboratorio de Nutrición/Metabolismo del Instituto de Investigación sobre el Cáncer en el Hospital New England Deaconess de Boston, Massachusetts.

El doctor **Roderick Borrie** es psicólogo en Brooklyn, Nueva York, y utiliza tanques de flotación combinados con métodos más convencionales de psicoterapia, como medio de inducir relajación profunda y alivio al dolor.

El doctor **Robert H. Davis** es profesor de fisiología en el Pennsylvania College de Medicina Podiátrica en Filadelfia.

El doctor **Elson Haas** es director de la Clínica Marina de Medicina Preventiva y Educación para la Salud en San Rafael, California, y autor del libro, *Staying Healthy with the Seasons*.

El doctor **Nelson Hendler** es profesor en el Departamento de Neurocirugía de la Escuela de Medicina en la Universidad Johns Hopkins en Baltimore, Maryland.

Donna King es instructora en la Escuela de Masaje en Atlanta, Georgia. Ella también padece artritis en sus manos.

El doctor **Art Mollen** es médico osteópata fundador y director del Instituto Southwest Health en Phoenix, Arizona, donde recomienda la nutrición y el ejercicio apropiados para mejorar la salud, el bienestar físico y mental, y la pérdida de peso. Es autor de dos libros, *The Mollen Method: A 30 Day Program to Lifetime Health Addiction y Run for Your Life*.

El doctor **Ilya Rubinov** es médico del Centro Médico para Artritis en Fort Lauderdale, Florida.

La doctora **Mary P. Schatz** tiene su consulta privada en Nashville, Tennessee; considera la yoga como valioso recurso en la lucha contra el dolor de la artritis.

La doctora **Judith Turner** es psicóloga en el Centro para el Dolor en la Universidad de Washington, Seattle.

El doctor **Varro W. Tyler** es profesor de farmacognosia en la Universidad de Purdue en West Lafayette, Indiana, y es autor de *The Honest Herbal*. También es asesor de la publicación *Prevention*.

La doctora **Beth Ziebell** es psicóloga especializada en manejo de tensión y dolor, en Tucson, Arizona.

Asma

20 maneras de detener un ataque

"El asma significa vías respiratorias que se contraen espasmódicamente", explica el doctor Peter Creticos, alergólogo y codirector del Centro Johns Hopkins para el Asma y las Enfermedades Alérgicas en Baltimore, Maryland. "Sus vías respiratorias bronquiales se contraen de súbito, siente opresión en el pecho, le falta el aire y tose y respira asmáticamente."

"En el grupo de personas de menos de 40 años de edad, tal vez 90% del asma lo desencadene una alergia", declara el doctor William Zierino, alergólogo de Fresno, California. Los pólenes de árboles, hierbas y pasto, la caspa de los animales, los ácaros del polvo y el moho son las causas más importantes del asma. (Para saber cómo controlar estos alergenos frecuentes véase la página 14.) "Después de los 40 años, es cerca del 50%. El otro 50% es desencadenado por alguna modalidad de desorden pulmonar, como el enfisema."

Sin embargo, no importa la causa, el asma no tiene que ser una sentencia de cadena perpetua: los problemas del pecho pueden controlarse. "El asma es una enfermedad reversible", comenta el doctor Ziering. Y no necesita ir al desierto del Sahara para encontrar una manera de revertir su asma; es mucho lo que puede hacer en su propia casa.

Manténgase lejos de las habitaciones llenas de humo. La gente con asma no debe fumar; pero un estudio reciente efectuado en Canadá descubrió que las personas que rodean a los asmáticos tampoco deben fumar. "Esto tiene particular importancia en los meses de invierno, cuando las casas se cierran más herméticamente", recomienda la doctora Brenda Morrison, investigadora y profesora en la Universidad de Columbia Británica, quien realizó un estudio sobre los efectos del tabaquismo en el asma. "Si alguien en la casa fuma, está propiciando que empeore el asma, sobre todo en los niños."

48

No encienda el fuego. Echar otro tronco al fuego en la chimenea o estufa de leña también empeora el asma. "Las estufas y chimeneas pueden ocasionar problemas significativos para la gente con asma", advierte el doctor John Carlson, alergólogo de Virginia Beach, Virginia. Si ha de encender un fuego, para reducir la cantidad de partículas liberadas en su habitación y en sus pulmones, asegúrese de que su chimenea o estufa de leña no tengan escapes de humo. Además, cerciórese de que la habitación esté bien ventilada y que la chimenea tenga un buen tiro.

Tome un antiácido cuando vaya a dormir. Irse a dormir con el estómago lleno también puede empeorar su estado. "El asma puede originarse por un reflujo estomacal", cuando el ácido se regresa por su esófago desde el estómago. "El contenido de su estómago puede filtrarse un poco y llegar a su vía respiratoria cuando usted está acostado", advierte el doctor Creticos. "Para prevenir la filtración eleve un poco la cabecera de su cama y también la almohada; con el objeto de reducir la acidez de su estómago, tome un antiácido antes de dormir.

Aléjese del frío intenso. Usted abre la puerta de la calle, sale y recibe de golpe el aire helado. ¿Qué puede hacer?

"Quédese en el interior cuando haga frío fuera", recomienda el alergólogo Sidney Friedlaender, profesor de medicina clínica en el Colegio de Medicina en la Universidad de Florida.

Compre una bufanda grande. Sin embargo, si no le es posible quedarse bajo techo, asegúrese de cubrirse boca y nariz cuando salga. "El aire frío puede desencadenar el asma, pero si cubre su boca y nariz con una bufanda o máscara, terminará respirando aire cálido y húmedo", explica el doctor Friedlaender.

No vaya al desierto buscando alivio. "Un clima cálido y seco le ayudará, pero ahora no es tan fácil encontrar el clima perfecto como en otros tiempos. Alguna vez las ciudades en zonas desérticas constituyeron un refugio para los asmáticos, pero ya no es así necesariamente", comenta el doctor Friedlaender. Tanto la urbanización como los sistemas de riego artificiales han cambiado las condiciones ambientales en esos lugares. "Ahora se introducen en el aire elementos que no existían hace 25 años, así que la gente asmática a menudo tiene los mismos problemas en esas ciudades, si no es que más."

Si todavía quiere mudarse, el doctor Friedlaender le sugiere que busque un clima cálido y seco en una zona relativamente no desarrollada. Luego tome unas vacaciones allí durante dos semanas para ver cómo les sientan a usted y a su asma.

Cómo reducir el asma inducida por el ejercicio

¿Lo ataca el asma aproximadamente en la sexta cuadra al correr todos los días? ¿Cuando hace intenso ejercicio físico, de pronto comienza a "jalar aire"? En tal caso, puede estar sufriendo de asma inducido por el ejercicio y ciertamente tiene compañía distinguida.

"En los Juegos Olímpicos de 1984 en Los Ángeles, California, hasta 20% de los atletas olímpicos la padecía", declara el doctor William Ziering. "En la actual población general se considera que una de cada diez personas la padece."

Y usted es ese uno. Tiene suerte. Esto es lo que sugiere el doctor Ziering.

Respire por la nariz, no por la boca. Cuando abre la boca para "jalar aire" mientras hace ejercicio intenso, seca la parte trasera de su garganta y la enfría, lo que desencadena el asma. Conserve cerrada su boca y respire por la nariz.

Nade para remojar su asma. Nadar es el ejercicio ideal para los asmáticos, explica el doctor Ziering, pues la boca no se seca debido a la elevada humedad. "Pero todo deporte que requiera ráfagas más breves de ejercicio, como el beisbol, tenis y golf, es bueno."

Concédase un respiro. Si corre como gamo, se agotará con rapidez. Los asmáticos deben ser moderados. "Tome tiempo para calentarse, y luego arranque con lentitud", aconseja nuestro doctor.

Lleve en su maleta medicina contra el asma. Tómela antes de vestirse para su deporte. "Si toma su medicina 15 minutos antes de la actividad, la pasará mejor", recomienda Ziering.

Y todos ustedes, futuros atletas olímpicos, no deben preocuparse. Su medicina para el asma está aceptada por el Comité Olímpico.

Use el acondicionador de aire del auto con prudencia. El acondicionamiento de aire puede ser bueno para los asmáticos, pero no si con ello se introduce el aire del exterior, advierte el alergólogo Norman Richard, profesor en la Escuela de Medicina y Ciencias Biomédicas de la Universidad Estatal de Nueva York en Búfalo. "No opere el acondicionador de aire de su auto con el ajuste que toma aire del exterior y lo enfría", recomienda. "El aire del exterior lleva polen, y el aire frío con polen es malo para el asma. Regule su acondicionador en el ajuste de recircular o el máximo, lo que impedirá la entrada del polen."

ALERTA MÉDICA

Tómese en serio los síntomas nuevos

El asma no es algo que deba tomarse a la ligera. Cada año más de 4 000 personas mueren por su causa. De hecho, en años recientes la mortalidad causada por el asma se ha elevado 23%.

"La tasa de mortalidad aumenta anualmente", declara el doctor William Ziering, "lo cual resulta una pena porque el asma es un estado reversible. Nadie debiera morir de asma".

Pero de hecho la gente muere por ese padecimiento. ¿Por qué está sucediendo este fenómeno? "Por una parte, los pacientes no se percatan de la gravedad de su estado", explica Ziering. "En otros casos se quedan sin medicamento, o tratan de sobrellevar los ataques graves y no buscan atención médica antes de que sea demasiado tarde."

¿Cómo saber cuándo necesita ayuda? "Si se percata de que su asma está aumentando y comienza a tomar medicamento con más frecuencia de lo normal", explica el doctor Peter Creticos.

"Por ejemplo, si a la semana normalmente tomaba una o dos inhalaciones de su dispositivo y ahora toma tres, cuatro o más diarias, esa es señal de que debe consultar a su médico. Lo que debe cuidar es la frecuencia en el uso de los medicamentos", aconseja Creticos.

Así mismo, los expertos le advierten que debe buscar ayuda médica inmediata en cualquier momento en que tenga dificultad para respirar.

Cuide lo que come. Comer alimentos indebidos puede ser la mejor manera de pescar un ataque de asma. "Algunos de los tipos de alimentos más frecuentes que desencadenan el asma son leche, huevo, nueces y mariscos", advierte el doctor Carlson. Si padece asma, sepa qué alimentos pueden ocasionar un ataque y evítelos.

Manténgase lejos de la cocina. Si usted es sensible a determinado alimento, el solo hecho de olerlo puede producirle un ataque, observa el doctor Carlson. En un estudio descubrió que oler huevos friéndose en aceite bastó para producir ataques de asma en dos de sus pacientes. "No tiene que comer esos alimentos para que le afecten. El solo olor del alimento podría producir asma en algunas personas."

Sea prudente con la sal. En un estudio efectuado en el Departamento de Medicina de la Comunidad del Hospital Santo Tomás en Londres, los investigadores descubrieron que la sal de mesa podría representar una amenaza mortal para el asma. "Se encontró una estrecha correlación entre las compras de sal y la mortalidad por asma tanto en hombres como en niños", informaron los investigadores. Comprar sal no mata; comerla sí.

Tenga cuidado con los aditivos alimenticios. "Los aditivos alimenticios, especialmente el metabisulfito y tal vez el GMS (glutamato monosódico), pueden desencadenar el asma", advierte el alergólogo William Busse, profesor en la Escuela de Medicina en la Universidad de Wisconsin. "El metabisulfito se encuentra con más frecuencia en cerveza, vino, camarón y frutas secas, en particular los albaricoques."

También se acostumbraba rociar los sulfitos en las frutas y verduras en las barras de ensaladas para hacerlas conservar su aspecto fresco, pero esa práctica ya se prohibió. Según el doctor Busse, el mejor consejo "es percatarse de las clases de alimentos que contienen sulfitos y evitarlos. Cuando coma en lugares públicos, pregunte si agregan GMS o metabisulfitos a los alimentos, y en caso afirmativo pida que no lo agreguen a los suyos".

Use analgésicos que no sean aspirina. En términos médicos se conoce como la "tríada de la aspirina", y consiste en sinusitis/pólipos nasales, asma y sensibilidad a la aspirina. Para algunos asmáticos, tomar aspirina podría tener consecuencias que hicieran peligrar sus vidas. "Si usted tiene sinusitis, pólipos nasales y asma, yo no recomendaría antiinflamatorios no esteroidales como la aspirina o ibuprofén porque podría empeorar su asma o incluso matarle", advierte el alergólogo Richard Lockey, director de la División de Alergia e Inmunología en el Colegio de Medicina en la Universidad de South Florida, quien estudió la relación que hay entre esas afecciones y la aspirina.

Esta sensibilidad a la aspirina podría aparecer repentinamente, así que es mejor evitar del todo los productos con aspirina, recomienda el doctor Friedlaender. "No hay problema si toma acetaminofén."

Use correctamente los inhaladores. Un inhalador, ya sea prescrito por un médico o comprado sin receta, puede producir rápido alivio al asmático que sufra un ataque, siempre y cuando se use de manera correcta.

"Su inhalador no es para perfumar el aliento. No lo rocíe en la parte profunda de su garganta porque así no llegará a sus pulmones", explica el doctor Michael Sherman, neumólogo del Hospital Hahnemann University en Filadelfia, Pennsylvania. "Si observa que el rocío sale de su boca, está usando mal el aparato."

Otra operación inefectiva es introducir el inhalador en su boca y hacer un par de rápidas nebulizaciones. "Mantenga el inhalador aproximadamente a 2 o 3 centímetros de la boca abierta, haga una respiración profunda lenta y justo después de que comience a inhalar el aire –más o menos medio segundo después– active el inhalador. Siga inhalando después de la nebulización y luego retenga el aliento entre 3 y 5 segundos.

"La primera nebulización abre las vías respiratorias, pero si toma dos nebulizaciones rápidas, la segunda no agregará nada. Si espera entre 2 y 5 minutos, entonces la segunda nebulización constituirá un mayor beneficio."

En caso de emergencia, recurra a la cafeína. Suponga que se encuentra acampando y de pronto se percata de que dejó el inhalador en casa, justo cuando siente un ataque inminente de asma. ¿Qué puede hacer? Busque la cafetera. "Un par de tazas de café fuerte tendrán efecto benéfico en el asma", afirma el alergólogo Allan Becker, quien da clases de medicina en la Universidad de Manitoba y estudió los efectos de la cafeína en el asma.

Los asmáticos a quienes se suministraron píldoras con la cantidad de cafeína que contienen dos tazas de café "pudieron respirar mejor y su asma mejoró", según los resultados del doctor Becker. La cafeína y el popular medicamento antiasmático Teofilina casi son idénticos, su cuerpo no puede reconocer la diferencia.

Sin embargo, advierte que la cafeína no es sustituto del fármaco. "No la recomendamos como tratamiento, aunque en una emergencia, cuando no lleve consigo su medicina, dos tasas de café fuerte, cocoa caliente o un par de tablillas de chocolate podrían servir como sustitutos eficaces para ganar tiempo hasta que pueda conseguir su medicamento o inhalador."

Enliste la B_6 en la batalla. El conocimiento acerca de la eficacia de la vitamina B_6 en el asma ocurrió por accidente. Cuando los investigadores estaban estudiando los efectos de la vitamina en pacientes que padecían anemia de células falsiformes, descubrieron que algunos miembros del grupo que no presentaban dicha deficiencia también tenían antecedentes de asma. "La gravedad de sus ataques de asma se redujo cuando tomaron 50 miligramos de B_6 al día", declara el internista Clayton L. Natta, profesor de medicina en el Colegio de Médicos y Cirujanos en la Universidad de Columbia, quien dirigió la investigación. "Estudios ulteriores en asmáticos sustentaron la eficacia de la B_6", agrega el doctor Natta.

Las megadosis de vitamina B_6 pueden ser tóxicas y no se recomiendan, aunque el doctor Natta dice que para un adulto, "50 miligramos son una dosis segura que se administra médicamente todo el tiempo". (Para mayor seguridad, use la B_6 sólo con la aprobación y supervisión de su doctor.)

Escuche a sus pulmones. Desde luego, la mejor manera de combatir un ataque de asma es no permitirle presentarse. "Reconozca sus propias fases", recomienda el doctor Ziering. Percátese de cuáles son sus primeros signos de asma. Cuando reconozca las señales de advertencia y actúe con rapidez podrá defenderse contra ella.

"Los ataques graves de asma no surgen de pronto", observa Ziering. "Eso no es frecuente. Por lo general, hay etapas, y usted puede intervenir en el proceso y detenerlo." Cuanto más pronto actúe, menos grave será el ataque de asma.

COMITÉ DE ASESORES

El doctor **Allan Becker** es alergólogo y profesor en la Sección de Alergia Pediátrica e Inmunología Clínica del Departamento de Pediatría en la Universidad de Manitoba, Winnipeg. Ha realizado investigaciones sobre los efectos de la cafeína en el asma.

El doctor **William Busse** es alergólogo privado y profesor en la Escuela de Medicina de la Universidad de Wisconsin, en Madison.

El doctor **John Carlson** es alergólogo privado en Virginia Beach, Virginia.

El doctor **Peter Creticos** es alergólogo y codirector del Centro Johns Hopkins para el Asma y las Enfermedades Alérgicas en Baltimore, Maryland. También es profesor en la Escuela de Medicina de la Universidad Johns Hopkins.

El doctor **Sidney Friedlaender** es alergólogo y profesor en el Colegio de Medicina en la Universidad de Florida en Gainesville. También es editor en jefe de *Immunology and Allergy Practice,* publicación especializada.

El doctor **Richard Lockey** es alergólogo y director de la División de Alergia e Inmunología en el Colegio de Medicina en la Universidad de South Florida, en Tampa.

La doctora **Brenda Morrison** es epidemióloga, bioestadística y profesora en el Departamento de Cuidado de la Salud y Epidemiología en la Universidad de Columbia Británica, en Vancouver. Ha realizado investigaciones sobre los efectos del tabaquismo en el asma.

El doctor **Clayton L. Natta** es internista y profesor en el Colegio de Médicos y Cirujanos en la Universidad de Columbia, en la ciudad de Nueva York.

El doctor **Norman Richard** es alergólogo y profesor de pediatría en la Escuela de Medicina y Ciencias Biomédicas de la Universidad Estatal de Nueva York en Buffalo.

El doctor **Michael Sherman** es neumólogo en la División de Medicina Pulmonar en el Hospital Hahnemann University en Filadelfia, Pennsylvania.

El doctor **William Ziering** es alergólogo con práctica privada en Fresno, California.

Bronquitis

9 sugerencias para dejar de toser

Comienza con un cosquilleo. Una mano invisible pasa suavemente una pluma de ave por su garganta. Luego comienzan los ruidos provenientes de las profundidades de su cavidad pectoral. Repentinamente hace erupción el volcán que está en sus pulmones y usted pasa los siguientes minutos expectorando abundante flema, la lava de sus pulmones.

Tiene usted bronquitis. O, más bien, la bronquitis le tiene a usted. Por lo regular la bronquitis lleva las de ganar porque no es mucho lo que puede hacer para librarse de ella.

En muchos aspectos, la bronquitis se parece a los resfriados. Usualmente se debe a un virus, según la neumóloga Barbara Phillips, profesora en el Colegio de Medicina en la Universidad de Kentucky. "Por eso los antibióticos no sirven de mucho. Sin embargo, a veces la bronquitis se debe a bacterias, y en ese caso sí son útiles los antibióticos." La bronquitis aguda "desaparece por sí misma la mayor parte de las veces al cabo de una a dos semanas", indica; pero los enfermos crónicos pueden toser y tener respiración asmática durante meses. Aunque es necesario permitirle su evolución normal, puede usted hacer algo para respirar con más facilidad mientras la padece.

Deje de fumar. Es lo más importante que puede hacer, sobre todo si sufre de bronquitis crónica. Deje de fumar y aumentará considerablemente sus posibilidades de librarse de la bronquitis. "Entre 90 y 95% de la bronquitis crónica se debe directamente al tabaquismo", declara el neumólogo Daniel Simmons, profesor en la Escuela de Medicina de la Universidad de California en Los Ángeles.

"Su bronquitis mejorará cuando deje de fumar", predice el doctor Gordon L. Snider, neumólogo y profesor en la Escuela de Medicina de la Universidad de Boston y de la Escuela de Medicina de la Universidad Tufts. Si ha fumado durante

---

ALERTA MÉDICA

Cuándo debe llamar al doctor

Se requiere la atención de un doctor para la bronquitis cuando:

- La tos no mejora, empeora, después de una semana.
- Tiene fiebre o expectora sangre.
- Tiene mayor edad y una tos seca, además de alguna otra enfermedad.
- Le falta el aire y tiene una tos muy profusa.

---

mucho tiempo, parte del daño a sus pulmones puede ser irreversible, pero "tendrá mayores posibilidades de recuperarse del todo en la medida que haya fumado menos años", indica.

Actívese en relación con el fumar pasivo. Evite a quienes fuman, y si su cónyuge fuma persuádalo a dejar de hacerlo. El humo de otras personas podría estar causando la bronquitis de *usted*.

"Es preciso que evite el humo del tabaco", advierte la doctora Phillips. "Aunque usted no fume, si se expone al humo de cigarro exhalado, hace lo que se conoce como fumar pasivo, lo cual puede producirle bronquitis."

Mantenga el flujo de los líquidos. "Beber líquidos ayuda a hacer más líquido el moco y más fácil de expectorar", indica la doctora Phillips. "Bastan de cuatro a seis vasos de líquido al día."

Los líquidos tibios o sencillamente el agua simple es lo mejor. "Evite la cafeína y las bebidas alcohólicas", aconseja la doctora Phillips. "Son diuréticos; le hacen orinar más y de hecho pierde usted más líquidos que los que gana."

Aspire aire tibio y húmedo. El aire tibio y húmedo también le ayudará a vaporizar el moco. "Si su moco es espeso o difícil de expectorar al toser, un vaporizador lo ayudará a aflojar las secreciones. Para el caso, puede usted encerrarse en su cuarto de baño, abrir la llave de la regadera del agua caliente y aspirar el rocío tibio que llena de vapor el cuarto."

No tire la toalla. Envuélvala sobre el lavamanos. "Inhalar el vapor del lavamanos en el baño es muy útil", recomienda el doctor Snider. "Llene el

Fumadores: Limpien el aire

Los fumadores plagados con bronquitis crónica querrán volverse adictos a la leche al conocer los resultados de un estudio científico efectuado por el doctor Melvyn Tockman, neumonólogo y profesor adjunto en la Escuela de Medicina de la Universidad Johns Hopkins.

"Encontramos que los individuos que fuman cigarrillos y beben leche tienen una frecuencia sustancialmente menor de bronquitis crónica que la gente que fuma pero que no bebe leche." El doctor Tockman dijo que descubrió la relación cuando comparó las historias médicas y estilos de vida de 2 539 fumadores.

Los fumadores que beben leche consumen en promedio aproximadamente un vaso diario. Por eso dice el doctor Tockman que: "Si usted tiene que fumar, entonces beba su leche".

Por qué la leche puede ayudar a suprimir la bronquitis en los fumadores todavía está por saberse, dice, pero notó que no se encontraba el mismo efecto en los no fumadores que beben leche. Sin embargo, no recomienda la leche como antídoto para los fumadores que sufren de bronquitis. "Dejar de fumar sigue siendo la mejor manera de librarse de la bronquitis crónica", dice.

lavamanos con agua caliente, ponga una toalla sobre su cabeza y el lavamanos, creando una tienda, y luego inhale el vapor durante 5 a 10 minutos cada dos horas."

No albergue muchas expectativas de los expectorantes. "No hay evidencia científica de que alguna medicina actúe para secar el moco", comenta la doctora Phillips. "Beber líquidos de cualquier clase es la mejor manera de expectorar las secreciones."

Escuche a su tos. ¿Es una tos productiva o improductiva? "Si tiene una tos productiva, en la cual usted expectora esputo, realmente no querrá eliminarla por completo pues en ese caso no dejaría que sus pulmones se libraran de la materia que les estorba", señala el doctor Simmons. Su consejo: aguante lo más que pueda.

Baje el volumen. Por otra parte, "Si su tos es improductiva, es decir, si no está expectorando nada entonces es bueno tomar una medicina para acabar con la tos. Busque las que contengan el ingrediente activo dextrometorfán", indica el doctor Simmons.

Bruxismo

10 maneras de no hacer crujir los dientes

Como los vampiros, los que padecen bruxismo mordisquean, pero no buscan cuellos, sino que presionan sus dientes superiores en los inferiores, tallando y moliendo, una y otra y otra vez.

No lo hacen por gusto; quienes tallan y muelen los dientes por lo general lo hacen porque padecen de tensión. (Hay quienes dicen que apretar la mandíbula como reacción a la tensión o la ira es un instinto primitivo.)

Aunque el bruxismo puede ser resultado de la tensión, puede, a su vez, traducirse en una serie de molestias. Por ejemplo, si no se trata, tal vez ocasione desgaste en los dientes, cefalea y dolores de cuello y espalda, todo el conjunto de síntomas que comprenden un estado conocido como síndrome de la articulación temporomandibular (SAT). En ciertos casos, crujir los dientes por la noche puede incluso llegar a arruinar un matrimonio.

Pero antes de llamar a su abogado especialista en divorcios o comenzar a dormir con un calcetín en la boca, intente los remedios caseros que se mencionan en seguida.

La solución del 7 x 7 del doctor Goljan

En Tulsa, Oklahoma, a los pacientes del cirujano dental Kenneth R. Goljan que hacen crujir a sus dientes se les ordena ir a casa a practicar su 7 x 7.

Masticar sin alimentos a menudo es una respuesta a la tensión, indica el doctor Goljan; o sea que tallamos y molemos con nuestra dentadura cuando estamos tensos porque se trata de un hábito arraigado. ¿Cómo podemos romper el hábito?

Primero, identifique el problema. ("Apretar la mandíbula y hacer crujir los dientes me hace mal.")

Segundo, declare por qué el problema es perjudicial. ("Esto me produce dolor, lo que a su vez me entristece.")

Tercero, declare cuál será su curso de acción. ("Ya no apretaré mi mandíbula ni haré crujir más mis dientes.")

Por último, describa cómo le beneficiará esta nueva actitud. ("Esto hará que se vaya el dolor y yo me sentiré más feliz.")

Según el doctor Goljan, es importante que utilice sus propias palabras para describir su hábito y sentimientos al respecto. Copie sus propias frases en un papel y llévelo consigo hasta que memorice las frases y repítalas siete veces, siete veces al día; así de simple.

¿Hará que usted deje de hacer crujir sus dientes? "Virtualmente garantizo cierto grado de éxito y, en muchos casos, gran éxito", predice el doctor Goljan.

Durante el día, mantenga su boca en una "posición de reposo saludable". Sus dientes sólo deben tocarse cuando usted está masticando alimentos o tragando, afirma el doctor Andrew S. Kaplan, profesor clínico de odontología en la Escuela de Medicina Mount Sinai de la Universidad de la ciudad de Nueva York. Si usted practica mantener separados sus dientes, se reducirá la necesidad de apretar las mandíbulas o hacer crujir los dientes. Coloque pequeños recordatorios en sitios clave alrededor de su casa y oficina de modo que no olvide sus propósitos. El doctor Kaplan sugiere repetir la frase, "labios juntos, dientes separados", como recordatorio.

Mastique una manzana. Si usted hace crujir su dentadura de noche, haga que la mandíbula trabaje masticando una manzana, coliflor o zanahorias crudas antes de ir a dormir. Esto puede ayudar a calmar su boca sobreactiva, recomienda el doctor en odontología Harold T. Perry, profesor de ortodoncia en la Escuela de Odontología de la Universidad Northwestern, lo cual es particularmente útil para los niños, quienes suelen apretar las mandíbulas de noche.

Aplique calor a sus mandíbulas. Doble una toallita facial, mójela en agua caliente, exprímala y aplíquela en ambos lados de su cara, recomienda el cirujano Kenneth R. Goljan, dentista de Tulsa, Oklahoma, quien se dedica particularmente al bruxismo. Aplique el calor con tanta frecuencia como pueda. Esto relajará los músculos tensores que a menudo están relacionados con el dolor de cabeza, afirma.

Para el crujido nocturno, pruebe un protector bucal. Hay protectores bucales que se sumergen en agua caliente y luego se meten en la boca y se muerden para un mejor ajuste. Se pueden adquirir en algunas tiendas de artículos deportivos. El dentista Sheldon Gross, quien imparte cursos en la Universidad de Tufts y en la Universidad de Medicina y Odontología de Nueva Jersey/Escuela de Medicina de Nueva Jersey, sostiene que estos económicos auxiliares pueden emplearse por un tiempo para protegerlo contra la fricción de sus dientes durante la noche. Si obtiene resultados positivos, infórmelo a su dentista, quien puede fabricarle uno mejor.

Por sobre todas las cosas, mantenga la calma. Nuestros cuatro expertos concuerdan en que el bruxismo se relaciona más a menudo con la tensión, así que lo mejor que puede hacer para dejar de apretar las mandíbulas es *relajarse*. Para hacerlo, usted debe:

- Reducir cafeína y carbohidratos refinados como dulces, pastas y pastelería, lo cual ayudará a mejorar su nutrición general.
- Dese baños calientes.
- Tome las cosas con calma.
- Aprenda algunas buenas técnicas de relajación, como la relajación progresiva y la meditación.

COMITÉ DE ASESORES

El cirujano dentista **Kenneth R. Goljan** practica la odontología general en Tulsa, Oklahoma, se dedica fundamentalmente a tratar afecciones del síndrome de la articulación temporomandibular y el bruxismo. Ha tenido cargos en la Escuela de Odontología en la Universidad de Louisville en Kentucky y en la Universidad de Medicina y Odontología de Nueva Jersey/Escuela de Medicina de Nueva Jersey, en Newark.

El cirujano dentista **Sheldon Gross** tiene su consulta privada en Bloomfield, Connecticut. Imparte cursos en la Universidad Tufts de Boston, Massachusetts y en la Universidad de Medicina y Odontología de Nueva Jersey/Escuela de Medicina de Nueva Jersey, en Newark. También es presidente de la American Academy of Craniomandibular Disorders y miembro tanto de la American Pain Association como de la American Headache Association.

El doctor **Andrew S. Kaplan** es profesor de la clínica de odontología en la Escuela de Medicina Mount Sinai de la Universidad de la ciudad de Nueva York y autor del *The TMJ Book*. Es director de la TMJ Clinic en el Hospital Mount Sinai en la ciudad de Nueva York.

El doctor en odontología **Harold T. Perry** trabaja en Elgin, Illinois. Es profesor de ortodoncia en la Escuela de Odontología de la Universidad Northwestern en Chicago, Illinois. También es editor del *Journal of Craniomandibular Disorders - Oralfacial Pain* y ex presidente de la American Academy of Craniomandibular Disorders.

Bursitis

8 maneras de acabar con el dolor

Hay 8 alrededor de cada hombro, 11 alrededor de cada rodilla y hasta 78 a cada lado del cuerpo. La mayoría ni siquiera tiene nombre, y en tanto sigan funcionando, no hay razón para llegar a notar una sola de ellas.

Pero si una sola deja de funcionar, usted sabrá de inmediato cuán importantes son en realidad esos saquitos de líquido llamados bursas o bolsas y cuán molesta puede llegar a ser la bursitis.

Las bursas aseguran la operación suave y sin fricción de las muchas articulaciones del cuerpo. Son muy trabajadoras, discretas y no se quejan, escribió un médico. "Incluso cuando una de ellas se porta mal, por lo general el estado se atribuye a alguna estructura más importante."

Y no puede anticiparse cuándo suceda. La bursitis ataca, retrocede y vuelve a atacar. La costumbre de presentarse, retirarse y volver a atacar de la bursitis aguda exaspera a los que la padecen y frustra a quienes tratan de determinar los tipos de tratamientos efectivos.

Comparada con males articulares como la artritis, la bursitis es una fea hermanastra en espera de una oportunidad de salir. Tal vez la ciencia médica llegue a ocuparse más de esta desagradable aflicción algún día. Pero hasta entonces, aquí le damos algunos remedios de eficacia comprobada que pueden darle alivio temporal a esta dolorosa condición.

El reposo es lo mejor. "Lo primero que se hace con cualquier dolor articular es poner esa parte en reposo", aconseja el doctor Alan Bensman, fisiatra en el Centro para la Salud y la Rehabilitación en Minnesota, Minneapolis. "Interrumpa la actividad que está ocasionando el dolor y ponga esa articulación en reposo. Olvide el viejo adagio deportivo de que debe seguir ejercitándose cuando hay dolor."

Inmovilice y aplique hielo. "Por lo general empleo hielo si la articulación se siente caliente al tacto", comenta el quiropráctico Allan Tomson, del Centro de Salud Total para la Curación Natural en Falls Church, Virginia. "Alterne 10 minutos de hielo, 10 de reposo, 10 de hielo y así sucesivamente. En tanto el lugar se mantenga caliente, no aplique calor."

Atraiga el alivio con los opuestos. Si el dolor o la inflamación no son terriblemente agudos y ha desaparecido el dolor, el doctor Tomson a veces recomienda tratamientos de frío y calor combinados: 10 minutos de hielo seguidos de 10 minutos de calor; 10 minutos de hielo y así sucesivamente.

Cuente con algunos fármacos que se venden sin receta médica. "Yo recomiendo algún fármaco antiinflamatorio apropiado, si no es usted alérgico a él", sugiere el doctor Bensman. "El que más me gusta es la aspirina; la de acción prolongada le permite elevar su nivel en la sangre sin tener que tomarla con mucha frecuencia. La aspirina con cubierta entérica (dos ejemplos son Ecotrin y Ascriptin) se absorbe a través de los intestinos y es buena para quienes padecen de úlcera; la aspirina sigue siendo todavía el mejor producto."

Calme el dolor con aceite de ricino. La etapa agudamente dolorosa de la bursitis por lo general cede en cuatro o cinco días; pero puede durar más. Cuando el dolor ya no es agudo, debe cambiarse la terapia. En este punto, el calor reemplaza al frío y el ejercicio a la inmovilidad.

El doctor Tomson recomienda una compresa de aceite de ricino, fácil de preparar y eficaz. Extienda aceite de ricino sobre la articulación afectada, cubra con franela de algodón o lana, y luego aplique un cojincillo calefactor. Así de simple.

Imite los columpios. Si el problema consiste en dolor de codo u hombro, los doctores recomiendan columpiar libremente el brazo para aliviar el dolor. Principie por ejercitar el brazo sólo durante un par de minutos, pero hágalo a menudo durante el día.

"Lo que usted quiere es conservar el rango del movimiento", señala el doctor Edward Resnick, director del Centro de Control del Dolor en el Hospital de la Universidad de Temple en Filadelfia, Pennsylvania. "Usted no quiere que se le endurezca el hombro, y tampoco querrá forzarlo."

Recomienda inclinarse y sostenerse sobre una silla con el brazo y mano sanos. Deje que el brazo afectado caiga hacia adelante y luego colúmpielo hacia atrás y hacia adelante, de lado a lado, y por último en círculos, hacia la derecha y hacia la izquierda.

Trate de imitar a los gatos. No puede exagerarse la importancia del ejercicio después de un ataque de bursitis, al punto que nuestros expertos recomiendan técnicas de extensión para devolver a la articulación movimiento completo y normal.

Un importante movimiento de extensión eficaz para articulaciones endurecidas de hombro se conoce como el "gatito", que se inicia con usted en el piso, sobre manos y rodillas. Coloque sus manos un poco más adelante que la cabeza, luego mantenga sus codos rígidos mientras se estira hacia atrás y llega hasta sus talones.

"Yo recomiendo a los pacientes caminar con sus dedos por la pared en el rincón", afirma el doctor Resnick. "El propósito es tratar de que su axila toque el rincón; eso le permite saber que está haciendo un ejercicio eficaz."

Tómese su tiempo. Algunos sostienen que la mejor cura para la bursitis es una cápsula de tiempo diaria durante 10 días. A veces se necesita menos, a veces más; pero el tiempo es siempre el ingrediente activo.

Si todo lo demás no funciona, comentan los médicos, el tiempo sanará la lesión.

COMITÉ DE ASESORES

El doctor **Alan Bensman** es fisiatra en el Centro para la Salud y la Rehabilitación en Minnesota, Minneapolis.

El doctor **Edward Resnick** es cirujano ortopedista en el Hospital de la Universidad de Temple en Filadelfia, Pennsylvania, y director del Centro de Control del Dolor del hospital.

El doctor **Allan Tomson** es quiropráctico del Centro de Salud Total para la Curación Natural en Falls Church, Virginia.

Cabello grasoso

16 soluciones neutralizadoras

Ha pasado buenos 20 minutos en las trincheras esta mañana, secadora eléctrica en mano, gel para peinar en la otra, tratando de domar los recalcitrantes rizos para darles forma.

Hacia el medio día, usted reconoció que tenía perdida la batalla; una mirada al espejo y su espíritu quedó tan derrotado como su peinado. Esa fábrica de grasa que usted llama cuero cabelludo sencillamente no tiene descanso.

¿Qué sucede?

Podría ser que usted tiene demasiado cabello. En la medida que su cabello sea más delgado o fino, más cabellos tendrá por centímetro cuadrado de cuero cabelludo. Y en la base de cada cabello hay glándulas sebáceas que producen sebo, la "grasa" en el cabello grasoso. Cuanto más abundante sea la cabellera, más glándulas sebáceas, y esto produce inevitablemente más grasa. Las personas que tienen cabello fino pueden tener hasta 140 000 glándulas sebáceas en su cuero cabelludo, afirma Philip Kingsley, especialista en el cuidado del cabello de la ciudad de Nueva York y en Londres.

Los pelirrojos, quienes en promedio tienen de 80 a 90 mil cabellos por cabeza, rara vez tienen cabello grasoso, declara Kingsley. En cambio, los rubios de cabello sedoso y fino como el de los bebés tienden a tener los peores problemas de grasa.

"La textura de su cabello constituye la diferencia. El aceite de la glándula sube por el cabello como si fuera una mecha con mucha facilidad; pero el cabello como alambre no se ve grasoso, por lo que la calidad de tal tiene mucho que ver con la percepción", explica el doctor Thomas Goodman, Jr., dermatólogo de Memphis y profesor de dermatología en el Centro para las Ciencias de la Salud en la Universidad de Tennessee.

El calor y la humedad intensos también pueden acelerar la producción de grasa.

Igual sucede con los cambios hormonales. Por ejemplo el andrógeno, hormona masculina, puede activar las glándulas sebáceas. La tensión incrementa los niveles de andrógeno en el torrente sanguíneo tanto en los hombres como en las mujeres.

Sin embargo, el andrógeno no es el único factor que hace más problemático el cabello grasoso para los hombres. Los hombres tienden a tener cabello más fino que las mujeres, observa Kingsley. En promedio tienen 311 cabellos por centímetro cuadrado de cuero cabelludo, en contraposición con 278 para la mujer promedio. "Constituye una diferencia significativa de entre 10 y 15%", señala Kingsley.

¿Qué puede usted hacer respecto a la fábrica de grasa que tiene en el cuero cabelludo? Nuestros expertos aconsejan lo siguiente.

Lávese frecuentemente con champú. Nuestros expertos coinciden en que lo más importante que puede hacer para combatir un cuero cabelludo excesivamente grasoso es lavarse con champú una vez al día, sobre todo si vive en un ambiente citadino. Cuando el calor y humedad veraniegos estimulan las glándulas sebáceas de su cuero cabelludo, lavarse con champú dos veces al día puede ser aconsejable, interviene Lowell Goldsmith, profesor de dermatología y jefe del Departamento de Dermatología en la Escuela de Medicina y Odontología en la Universidad de Rochester, quien se especializa en alteraciones del cabello.

"Las glándulas sebáceas producen grasa de manera continua", explica. "Básicamente lo que tratamos de hacer es mantenernos pendientes de la secreción y eliminarla."

Escoja un champú claro, transparente. "Los champús claros, transparentes, tienden a contener menos sustancia pegajosa", señala el doctor Goodman. "Quitan mejor la grasa, sin dejar residuos."

Dé un masaje al cuero cabelludo. Esto debe hacerlo durante la acción de lavado con el champú; nunca entre estos lavados, aconseja Kingsley. "Dar masaje al cuero cabelludo entre lavados con champú puede exprimir un poco más de grasa del cuero cabelludo."

Enjabónese dos veces. El cabello excesivamente grasoso puede requerir dos lavados sucesivos con champú, advierte el doctor Goldsmith. "El error más frecuente que observo es que las personas no se dejan el champú el tiempo suficiente", refiere. "Para la gente con cabello o cuero cabelludo especialmente grasoso, sugiero lavarse dos veces con el champú, dejándoselo en el cuero cabelludo durante cinco minutos en cada ocasión. Esto no daña al cuero cabelludo ni al cabello."

Sálgase del acondicionador. Si su cabello grasoso tiende a perder su arreglo con el transcurso del día, lo último que debe hacer es cubrirlo con más grasa. Trate de pasársela sin acondicionador, sugiere el doctor Goodman.

Sencillamente apunte a los extremos. Si cree que necesita un acondicionador, busque un producto que contenga la menor cantidad de grasa o aceite. Acondicione las puntas en vez de las raíces del cabello.

Compruebe si hay grasa después del champú. "Cada cantidad de champú sólo puede quitar determinada cantidad de grasa", comenta el doctor Goldsmith. "Así que no debe escatimar el champú que use. Haga la prueba. Después de lavarse y secar su cabello, ¿todavía se siente grasoso? En caso afirmativo, no lo ha lavado debidamente."

Aplique astringente al cuero cabelludo. Usted puede ayudar a reducir la producción de grasa aplicando directamente a su cuero cabelludo un astringente de manufactura casera, Kingsley sugiere que se aplique una mezcla de partes iguales de agua de hamamelis y enjuague bucal, con bolas de algodón, sólo al cuero cabelludo. El agua de hamamelis actúa como astringente y el enjuague bucal tiene propiedades antisépticas, declara. Si su cuero cabelludo es muy grasoso, puede usted hacer esta aplicación después de cada lavado con champú.

No se cepille demasiado. "La gente con cabello grasoso debe tener especial cuidado para no exagerar el vigor con el cepillo", advierte el doctor Goldsmith. Percátese de que cepillarse desde la raíz llevará la grasa desde el cuero cabelludo hasta las puntas de los cabellos.

Pida a su estilista que dé cuerpo a su cabello al cortarlo. Gánele al cabello lacio pidiendo a su estilista que dé cuerpo a su cabello al cortarlo. "Yo corto desde abajo, para ayudar al cabello a estar más levantado", comenta David Daines, propietario del David Daines Salon en la ciudad de Nueva York. "Asegúrese de que haya largos distintos en la parte superior de su cabeza. No use su cabello largo ni de una sola longitud, a menos que no le importe que caiga liso sobre su cabeza."

Seque su cabello en dirección a la raíz. Si se le descuida, el cabello grasoso tiende a quedar fláccido y lacio. Para ayudarlo a cobrar más volumen o cuerpo, muestre creatividad en su técnica de uso del secador de cabello, recomienda Kingsley. Use un cepillo para levantar el cabello desde la raíz, o agáchese doblando la cintura y cepille suavemente su cabello hacia arriba sobre la parte alta de su cabeza.

Aprenda a relajarse. Las hormonas tienen un efecto poco comprendido en la producción de la grasa. Lo que sí se sabe es: cuando usted está padeciendo de tensión su cuerpo produce más andrógenos. Y éstos ayudan a estimular la producción de grasa, explica Kingsley. ¿Qué aconseja? Las técnicas de relajamiento pueden ser útiles.

Revise sus píldoras para el control natal. Las píldoras anticonceptivas tienen un efecto innegable en el balance hormonal femenino, lo que a su vez afecta la producción de grasa. El doctor Goodman sugiere que usted hable extensamente de su cabello grasoso con su ginecólogo cuando escoja su anticonceptivo oral.

Cambie a cerveza. "La crema o espuma reseca demasiado el cabello y tapa los poros", refiere Daines. Él prefiere la cerveza fresca como loción fijadora para el cabello grasoso. Almacénela en un recipiente de plástico hermético en su baño pues de lo contrario perderá su propiedad fijadora en un par de días.

Refrésquese con limón. Exprima el jugo de dos limones en un litro de la mejor agua que pueda encontrar, aconseja Daines. El agua destilada es una magnífica selección. "Constituye un gran enjuague" para reducir el exceso de grasa del cabello.

Pruebe un enjuague de vinagre de manzana. Pruebe una mezcla formada por una cucharadita de vinagre de manzana en medio litro de agua y úsela como enjuague final. Esta solución actúa como tónico para el cuero cabelludo y elimina el residuo jabonoso que puede afear su cabello.

Cabello que crece hacia dentro

10 maneras de obtener una afeitada limpia

La Balada de Fello, el cabello crecido hacia dentro

Una ocasión, al despuntar el día, ¡aja!
    (bam-bam-barambam-bam-bam, bam-bam)
A Fello despertó un terrible ruido
    (bam-bam-barambam-bam-bam, bam-bam)
El corte sorprendente de una navaja
    (bam-bam-barambam-bam-bam, bam-bam)
Amenazando acabar con su existencia
    (bam-bam-barambam-bam-bam, bam-bam)
¡Ay!, la hoja lo amenazaba,
¡Ay!, la vida se le escapaba,
¡Ay!, más hondo se enterraba.
    (bam-bam-barambam-bam-bam, bam-bam)

Pero ese no fue el final de Fello, el cabello crecido hacia dentro, ¡No, señor! Más hondo enterró su cabecita peluda bajo la piel como avestruz en la arena y allí permaneció cómodo y calientito envuelto en su pequeña cobija de infección. Él y sus amigos del Desierto de Great Neck creyeron que estaban seguros, pero un día llegó la señorita Pinza y comenzó a sacarlos como la gallina saca una lombriz de tierra. La señorita Pinza cogió a Fello con sus grandes quijadas metálicas y lo sacó sin miramientos, de cuajo. "Tal vez me arrojes por el caño", gritó desafiante Fello a la señorita Pinza, "pero regresaré. Lo juro. ¡Regresaré!"

Según los dermatólogos, la señorita Pinza es casi la única manera de librarse de Fello, el cabello crecido hacia dentro o enterrado; pero hay maneras de impedirle el regreso.

Envíe a la señorita Pinza al rescate. Si percibe a Fello escondido bajo la piel, dice el dermatólogo y profesor de medicina interna del Colegio de Medicina de la Universidad de Nebraska, Rodney Basler, aplique una compresa caliente y húmeda durante un par de minutos para suavizar la piel. Luego esterilice una aguja o unas pincillas de depilar y jálelo. Termine la operación con un antiséptico como peróxido de hidrógeno o frotando alcohol en el sitio.

Haga que Fello salga a la superficie. Si usted *no puede* ver el cabello enterrado, no vaya en su búsqueda", advierte el doctor Basler, "porque podría no tratarse de un cabello enterrado". Mejor trátelo con la compresa hasta que pueda ver la punta del cabello. *Entonces* use la aguja o pincillas esterilizadas, y después aplique el antiséptico.

Piense en dejarse la barba. "En la medida que su cabello sea más rizado, más probabilidades tendrá de que se entierren sus cabellos", afirma el doctor Basler. "Si esos cabellos que crecen hacia dentro constituyen un verdadero problema, considere seriamente dejarse crecer la barba. Es otra posibilidad legítima." Si las barbas no son bien vistas en su trabajo, pida a su médico que diga a su jefe que se trata de una necesidad médica para usted.

Suavice mucho sus barbas. Si de manera categórica no puede dejarse la barba, podrá evitar muchos cabellos enterrados si se prepara de manera adecuada para afeitarse. "Lave su cara y cuello con mucho cuidado con agua y jabón durante dos minutos", recomienda el doctor Jerome Z. Litt, dermatólogo de Ohio. Eso suaviza el cabello. "Enjuáguese bien, aplique crema o gel para afeitar y déjesela durante dos minutos para suavizar más el cabello."

Escóndase tras de su propia sombra. Acepte el hecho de que "debe tener una continua sombra de las cinco de la tarde", declara el doctor Basler. No se afeite demasiado al ras. La mejor manera de hacerlo, recomienda, es con una rasuradora eléctrica.

No duplique. Tal vez no lo había pensado, pero las rasuradoras de doble hoja significan doble problema. La primera corta y afila el cabello, en tanto que la segunda corta por debajo del nivel de la piel, indica el doctor Litt. El resultado es que el pelo afilado se arrolla sobre sí mismo y crece enterrado dentro de la piel. Mejor emplee una máquina de afeitar de una sola hoja y conténtese con un afeitado que no sea tan al ras.

Eduque sus pelos. ¿Crece su barba en mil direcciones distintas? El doctor Litt le aconseja adiestrarla a crecer en un solo sentido, para lo cual debe afeitarse en dos direcciones: hacia abajo en la cara, y hacia arriba en el cuello (para impedir cortaduras). No se afeite en todas direcciones, o hacia arriba y abajo en cada parte, "Al principio no obtendrá tan buenas afeitadas", comenta, "pero si sigue afeitándose hacia abajo en la cara y arriba en el cuello, su barba comenzará a crecer ordenadamente al cabo de unos meses".

Pruebe el especial después de afeitarse. "Es buena idea ponerse una toalla húmeda sobre la cara durante unos minutos después de afeitarse", recomienda el doctor Basler. "Suaviza los pelos de modo que tengan menos posibilidades de volver a penetrar en la piel." Use una loción cremosa para después de afeitar, no la típica a base de alcohol. "Además de suavizar, conserva humectado el pelo", agrega.

Combata la infección. Si a pesar de sus mejores esfuerzos todavía tiene cabellos crecidos hacia dentro, puede reducir la cantidad de bacterias que los acompañan. Una solución de peróxido de beinzoílo al 10% tiene cierto efecto antibiótico, explica el doctor Basler, "y tal vez le será útil si la usa como loción para después de afeitarse". Las lociones típicas para después de afeitarse contienen mucho alcohol y también pueden ayudar a disminuir la carga bacteriana.

Damas: aféitense hacia abajo en vez de hacia arriba. "Por lo regular las mujeres se afeitan las piernas desde el tobillo hacia la rodilla", refiere el doctor Litt. Esto va contra el sentido de crecimiento del cabello y puede ocasionar cabellos enterrados. Mejor aféitese hacia abajo, desde la rodilla hacia el tobillo.

COMITÉ DE ASESORES

El doctor **Rodney Basler** es dermatólogo y profesor de medicina interna en el Colegio de Medicina en la Universidad de Nebraska en Lincoln.

El doctor **Jerome Z. Litt** es dermatólogo privado en Beachwood, Ohio, y autor de *Your Skin, From Acne to Zits*.

Cabello seco

10 soluciones para una cabellera manejable

La cabeza humana promedio tiene 150 000 cabellos, y conformistas como son, cuando uno se seca *todos* se secan; empero, contrario a lo que sucede con un jardín seco o al arroz refinado, la solución no consiste sencillamente en agregar agua. De hecho, tal vez sea ella la causante de la condición reseca del cabello, en especial si estamos hablando de agua salada, clorinada o de la variedad espumosa.

Nadar y lavarse con champú en exceso son dos causas comunes de rizos áridos y rebeldes, afirma Jack Myers, director de la National Cosmetology Association. Otras, añade, pueden incluir los colorantes, permanentes, rizadores eléctricos, excesivo secado con pistola de aire y demasiada exposición al aire y al sol.

Cualquiera sea la causa, su pobre y maltratado cabello necesita ayuda . . . con urgencia. Sus 150 000 cabellos imploran en sus extremos abiertos "¡Sálvenme! ¡Sálvenme!" En seguida le damos un curso rápido sobre cómo rescatar el cabello reseco.

Dese champú con cuidado. "Hoy día está de moda usar el champú a diario; pero el champú no nada más se lleva la suciedad, sino que también retira las grasas protectoras del cabello", según el doctor Thomas Goodman, Jr., dermatólogo de Memphis, Tennessee, y profesor del Centro de Ciencias para la Salud de la Universidad de dicho estado. Si su cabello está reseco por exceso de espuma, dele un respiro: trate de lavarlo menos a menudo. Y sólo emplee un champú suave, uno con la indicación de "para cabello seco o maltratado".

Emplee acondicionador. Cuando el cabello se reseca, las capas exterio-

71

El otro camino

Una mezcla tópica, tropical

Si alguna vez se ha preguntado qué emplean las grandes estrellas de Hollywood para acondicionar su cabello, ya no se pregunte más: "Elijo plátanos viejos, negros y podridos, y los hago puré junto con aguacate podrido y blando", declara la estilista de cabello de Hollywood Joanne Harris.

"Un día regresé de la playa y no encontré acondicionador en la casa, pero tenía un plátano y un aguacate "pasados", apliqué la mezcla ¡y me encantó! Tiene muchos nutrientes, de modo que mi cabello se nutre y lo cuido mejor", afirma Harris.

Recomienda que se deje el puré tropical en el cabello durante 15 minutos y luego se lave en el fregadero *en la cocina*, de preferencia si tiene un triturador de comida, para evitar tapar la cañería.

---

res, llamadas cutículas, se descaman del núcleo central. Los acondicionadores adhieren la cutícula al núcleo, agregan lubricante al cabello e impiden la electricidad estática (que ocasiona el encrespamiento). Escoja un acondicionador que le convenga y úselo después de cada champú, recomienda el doctor Goodman.

Sírvase bastante mayonesa. "La mayonesa constituye un excelente acondicionador", explica Steven Docherty, director de arte en el Vidal Sassoon Salon, de Nueva York. También le aconseja dejarla en el cabello desde 5 minutos hasta una hora antes de quitarlo con el lavado.

Recorte las puntas dañadas. El cabello seco tiende a sufrir al máximo en las puntas. ¿La respuesta? Recórtelas, aconseja Anja Vaisanen, estilista del cabello en el elegante Suga Salon, de Nueva York. Hacer este despunte una vez aproximadamente cada seis semanas debiera mantener a raya esas puntas dañadas.

Modele su cabello sin calor. El calor es lo que hace desértico a un desierto: también contribuye a resecar el cabello. Dos de las fuentes más intensas de calor son las pinzas rizadoras y los rizadores eléctricos, advierte Joanne Harris, estilista de Los Ángeles, cuyos clientes incluyen muchas estrellas de Hollywood. Ella sugiere que redescubra los tubos de plástico (que no se calienten), que datan de años ya pasados. Para hacer lacio el cabello, enrolle el cabello ligeramente húmedo hacia abajo y alrededor de los rizadores (como el arreglo de cabello de paje) durante unos 10 minutos. Para rizar o agregar ondas, intente utilizar rizadores de esponja durante la noche o dormir con trenzas húmedas.

Proteja su cabello contra los elementos. "El viento fuerte puede dañar su cabello como lo haría con un pedazo de tela", comenta Docherty. El sol también cobra alto su precio en salud del cabello. Solución: use un sombrero, tanto en días de viento suave del verano, como en los días de corrientes de viento helado del invierno.

No nade sin cubrir su cabeza. "El cloro es uno de los agentes más destructivos para el cabello", observa Docherty. Por eso debe hacer que su gorra de caucho forme parte de su equipo regular de natación. Para protección adicional, primero frote un poco de aceite de oliva en su cabello.

Tome una cerveza. "La cerveza es una maravillosa loción fijadora. Da una apariencia de cuerpo, brillantez y salud a su cabello, aunque se encuentre seco", explica Docherty. El truco consiste en rociar la cerveza en el cabello empleando una botella de bomba rociadora después de haberse lavado con champú y secado con toalla; pero antes de secarse con pistola de aire o de darle forma al cabello. Y no se preocupe por el fuerte olor a cerveza pues se disipa con rapidez, agrega Docherty.

Piense en ir al salón de belleza. Nuestros expertos están de acuerdo en que un tratamiento humectante profesional puede servir de maravilla para su cabello reseco. "Un tratamiento a vapor realmente bueno con aceites y cremas se lleva más o menos una hora, y después podrá *realmente* ver la diferencia", declara Claudia Buttaro, gerente del Watergate Beauty Salon en Washington, D. C. El costo del tratamiento en el Watergate es de alrededor de 20 dólares.

COMITÉ DE ASESORES

Claudia Buttaro es gerente del salón propiedad de su familia, El Watergate Beauty Salon en Washington, D.C. Su experiencia en el campo es de 20 años.

Steven Docherty es director de arte del Vidal Sasson Salon de Nueva York. Cuida el cabello de algunas de las modelos más destacadas de publicaciones impresas y televisión de Nueva York.

El doctor **Thomas Goodman** es dermatólogo privado y profesor de dermatología en el centro de Ciencias para la Salud de la Universidad de Tennessee, Memphis. Es autor de *Smart Face* y *The Skin Doctor's Skin Doctoring Book.*

Joanne Harris es estilista de muchos actores y actrices destacados de Hollywood, como Angie Dickinson y Justine Bateman. Opera el Joanne Harris Salon en Los Ángeles, California.

Jack Myers ha sido cosmetólogo profesional desde hace 30 años y es director de la National Cosmetology Association. También es dueño y administrador de la Escuela Owensboro de Peinado y de Peinados Jack Myers en Owensboro, Kentucky.

Anja Vaisanen es estilista del afamado Suga Salon de Nueva York. Se capacitó en Finlandia y ha sido estilista durante 10 años.

Cálculos renales

12 líneas de defensa

"Yo creía que podía soportar cualquier clase de dolor: por ejemplo, el dentista taladraba mis piezas dentales sin usar anestésicos, pero cuando tuve mi cálculo renal, lloraba", relata el mayor Norman Ellis, oficial jubilado de la Fuerza Aérea de Estados Unidos que vive en Colorado Springs, Colorado.

Si usted tiene un cálculo renal, tal vez también esté llorando. Aunque los médicos no siempre saben por qué algunas personas forman estos pequeños cristales de sal y minerales en sus riñones, algo que sí está claro como el cristal es que *producen dolor*.

Algunas personas pueden necesitar meses de paciencia (y dolor) para que puedan desalojar un cálculo. Deseablemente, usted no se contará entre ellas. En la actualidad los médicos tienen una diversidad de estrategias para quitarle sus cálculos; pero lo que *no* siempre pueden hacer es garantizarle que usted no producirá un nuevo cálculo.

"Una vez que desarrolla uno, tiene un riesgo algo mayor de desarrollar nuevos. Una vez que ha desarrollado un segundo cálculo, su riesgo aumenta considerablemente", advierte el doctor Leroy Nyberg, director del programa de urología del National Institute of Diabetes and Digestive and Kidney Diseases en los National Institutes of Health.

El mayor Ellis tuvo seis cálculos renales antes del último, hace 10 años. Desde entonces ha estado tomando medicamentos recetados para impedir que vuelvan a aparecer; y ha introducido varios cambios importantes en su modo de vida.

Antes de que *usted* introduzca cambios en *su* modo de vida, percátese de que hay varias clases de cálculos renales, y que sólo su médico puede distinguir entre todos ellos. Una vez que él se familiarice con su cálculo particular, las siguientes sugerencias le ayudarán a reducir sus posibilidades de formar otros más.

El otro camino

¿Qué es eso referente al jugo de arándano?

Popularmente se cree que el jugo de arándano es bueno para las enfermedades del riñón, incluso para los cálculos renales. Pero ¿hay algún fondo de verdad en ello?

"Supongo que la teoría es que los arándanos son ácidos, de modo que beber su jugo acidificará su orina y evitará la formación de piedras de calcio; pero dudo que se pueda beber lo suficiente para acidificar la orina", comenta el doctor Peter D. Fugelso.

¿Significa esto que beber jugo de arándano no tendrá ningún efecto benéfico? No exactamente. "En la medida que se trata de otra fuente de líquidos, supongo que puede ser útil", señala el doctor Fugelso; pero, agrega, el agua simple serviría igual, con la ventaja de que tiene menos calorías.

Beba muchos líquidos. Independientemente del tipo de cálculo que usted haya tenido, "con mucho, la medida preventiva aislada más importante es aumentar el consumo de agua", informa el doctor Stevan Streem, jefe de la Sección de Enfermedades de Cálculos y Endourología de la Cleveland Clinic Foundation, en Ohio. El agua diluye la orina y ayuda a impedir las elevadas concentraciones de las sales y minerales que se aglomeran para formar cálculos.

¿Cuánto líquido debe beber? "Suficiente para desalojar alrededor de 2 litros de agua al día", aconseja el doctor Peter D. Fugelso, director médico del Departamento de Cálculos Renales en el Centro Médico St. Joseph's en Burbank, California, y profesor clínico de urología en la Universidad del Sur de California en Los Ángeles. "Si ha estado trabajando al aire libre todo el día bajo sol intenso, eso quiere decir que tendrá que beber cerca de 8 litros", recomienda. "Lo que cuenta es la cantidad de *orina*." Fugelso sugiere que orine varias veces dentro de una caja vacía de leche de un litro para medir cuánto orina.

Ponga un tope a su calcio. "De todos los cálculos que vemos, 92% están formados por calcio o productos de calcio", explica el doctor Fugelso. Si su médico dice que su último cálculo estaba formado por calcio, debe preocuparse por su consumo de este mineral. Si está tomando suplementos, lo primero que debe hacer es verificar con su médico para determinar si realmente son necesarios. Lo siguiente es verificar la cantidad de alimentos ricos en calcio (leche, queso, mantequilla y demás productos lácteos) que ingiere a diario. La idea es limitar, no eliminar, la comida rica en calcio de su dieta. "Y casi todo el calcio de su dieta proviene de los productos lácteos", comenta el doctor Fugelso.

Verifique su medicina para el estómago. Determinados antiácidos populares contienen muy elevadas cantidades de calcio, advierte el doctor Fugelso. Si ha tenido un cálculo de calcio, y si está tomando un antiácido, verifique los ingredientes en la etiqueta del empaque para cerciorarse de que no sea a base de calcio. De ser así, escoja otra marca.

No ingiera demasiados alimentos ricos en oxalatos. Aproximadamente 60% de todos los cálculos se conocen como cálculos de oxalato de calcio, observa el doctor Brian L. G. Morgan, investigador del Institute of Human Nutrition del Colegio de Médicos y Cirujanos de la Universidad de Columbia. Si todo en su cuerpo estuviera actuando de manera apropiada, el oxalato que consume al ingerir determinadas frutas y verduras sería excretado; pero si ha desarrollado cálculos de oxalato de calcio, obviamente es porque las cosas no marchan bien en su organismo, de modo que debe restringir su consumo de alimentos ricos en oxalatos. Entre ellos se encuentran los frijoles, betabel, moras, apio, chocolate, uvas, pimiento verde, perejil, espinaca, fresas, calabacitas y té.

Pruebe el magnesio y la B$_6$. Los investigadores suecos descubrieron que un suplemento diario de magnesio frenó la recurrencia de piedras en casi 90% en un grupo de pacientes. Los científicos especulan que el magnesio funciona porque, como el calcio, puede adherirse al oxalato; pero a diferencia de la unión del calcio-oxalato, esta otra unión tiene menos posibilidades de formar cálculos dolorosos. Mientras tanto, la vitamina B$_6$ de hecho puede reducir la cantidad de oxalato en la orina. En un estudio, 10 miligramos diarios resultaron suficientes.

Consuma alimentos ricos en vitamina A. Sin importar qué tipo de cálculo haya tenido, la vitamina A es necesaria para conservar en forma el recubrimiento del conducto urinario y ayudar a evitar la formación de otros cálculos. "Asegúrese de obtener 5 000 unidades internacionales (la cantidad diaria recomendada para los adultos sanos) de vitamina A cada día", recomienda el doctor Morgan. Esto no resulta particularmente difícil, pues media taza de batata (camote) en conserva, por ejemplo, le darán 7 982 unidades internacionales, y una porción similar de zanahorias le dará 10 055. Otros alimentos muy ricos en vitamina A incluyen los albaricoques, brócoli, melón, calabaza e hígado de res. (Sin embargo, no debe consumir suplementos de vitamina A sin la supervisión de su médico, pues en grandes dosis es tóxica.)

ALERTA MÉDICA

Tres buenas razones para consultar un médico

Si ha tenido un cálculo renal y está padeciendo dolor, es probable que esté formándose otro en usted. Para salir de dudas, debe consultar a un médico.

- Todo dolor intenso o sangre en su orina exige una evaluación médica, indica el doctor Peter D. Fugelso.
- Si desaloja un cálculo, debe llevarlo a su médico para analizarlo en un laboratorio. "Determinar qué tipo de cálculo es le ayudará a usted a evitar otros en el futuro", comenta el doctor Leroy Nyberg.
- Un médico puede estudiar su cálculo mediante una radiografía con el objeto de determinar su tamaño. "Los cálculos grandes pueden crear una obstrucción significativa e incluso infección", advierte el doctor Stevan Streem. Y no se hable del dolor. Con terapia de ondas de choque u otros procedimientos relativamente no invasivos, como un tratamiento con láser o ultrasonido, su médico puede hacer que usted no sufra. Luego pueden prescribirse medicamentos para impedir recurrencias.

Manténgase en actividad. "La gente inactiva tiende a acumular mucho calcio en su torrente sanguíneo", hace notar el doctor Nyberg. "La actividad le ayuda a devolver el calcio a sus huesos, donde corresponde." En otras palabras, si tiene propensión a los cálculos de calcio, no se siente todo el día esperando a que se formen. Salga, camine, vaya a volar una cometa o pasee en bicicleta.

Cuide su consumo de proteínas. "Hay una correlación directa entre la incidencia de la enfermedad de cálculos en el riñón y la cantidad de proteína ingerida", declara el doctor Morgan. La proteína tiende a elevar la presencia de ácido úrico, calcio y fósforo en la orina, que, en algunas personas, conduce a la formación de cálculos, explica. Evite consumir demasiadas proteínas si ha tenido cálculos de calcio, y en especial si ha tenido ácido úrico o piedras cistinas. Limítese a alrededor de 180 gramos de alimentos ricos en proteínas al día, sugiere el doctor Morgan, lo que incluye carnes, quesos, aves y pescado.

Evite la sal. Si ha tenido piedras de calcio, es hora de reducir la sal. "Debe reducir su consumo de sal a 2 o 3 gramos diarios", aconseja el doctor Morgan. Esto quiere decir que reduzca su consumo de la sal de mesa, alimentos condimentados y alimentos salados como carnes frías, frituras de harina y quesos procesados.

Cuide su vitamina C. "Si tiende a desarrollar cálculos de oxalato de calcio, debe restringir su consumo de vitamina C", recomienda el doctor Morgan. "Las grandes cantidades (más de 3 a 4 gramos diarios) pueden incrementar la producción del oxalato y el riesgo de los cálculos." Es muy improbable que usted consuma tanta cantidad de vitamina C en su dieta (necesitaría comer alrededor de 37 naranjas sin semilla al día), de modo que aquí debe preocuparse por los suplementos de alta potencia. ¿Qué sugiere?: no los consuma.

No consuma demasiada vitamina D. "Las cantidades excesivas de vitamina D pueden ocasionar exceso de calcio en todas las partes del cuerpo", advierte el doctor Morgan. "Nunca debe consumir más de la cantidad diaria recomendada de 400 unidades internacionales", señala.

COMITÉ DE ASESORES

El doctor **Peter D. Fugelso** es director médico del Departamento de Cálculos Renales en el Centro Médico St. Joseph en Burbank, California. También es profesor clínico de urología en la Universidad del Sur de California en Los Ángeles.

El doctor **Brian L. G. Morgan** es investigador del Institute of Human Nutrition en el Colegio de Médicos y Cirujanos de la Universidad Columbus en la ciudad de Nueva York.

El doctor **Leroy Nyberg** es director del programa de urología en el National Institute of Diabetes and Digestive and Kidney Diseases en los National Institutes of Health en Bethesda, Maryland.

El doctor **Stevan Streem** es jefe de la Sección de Enfermedades de Cálculos Renales y Endourología en la Cleveland Clinic Foundation, en Ohio.

Callosidades

20 maneras de suavizarlas y aliviarlas

Usted puede tener la fuerza de Hércules y el ingenio de Zeus, pero si le duelen los pies, entonces tiene un tendón de Aquiles. En efecto, los dolorosos callos, duros y blandos, pueden hacerlo desear encontrarse en las nubes, para aliviar los dolores que padece.

Esas pequeñas y feas hinchazones y tumoraciones en realidad son una acumulación de desechos de células de piel muertas y descartadas (pero no olvidadas) resultado de la fricción e irritación entre los pies y los zapatos o incluso entre huesos adyacentes en el mismo pie.

"Los callos son la manera como su cuerpo lo protege de la presión", explica el doctor en medicina podiátrica Neal Kramer, de Bethlehem, Pennsylvania. "Cuando la presión se vuelve extrema, el callo se hace cada vez más grueso. Si desarrolla un núcleo duro, se convierte en callo blando, el cual se forma entre los dedos de los pies y se conserva suave gracias a la transpiración del pie; esto tiene lugar cuando dos huesos de los dedos adyacentes se vuelven demasiado amistosos y la piel entre ellos se engrosa tratando de protegerlo a usted de la presión constante."

"La gente puede vivir más fácilmente con los callos duros que con los blandos", afirma el doctor en medicina podiátrica Richard Cowin, director de la Clínica Cowin's Foot en Libertyville, Illinois. "Si usted padece de callos blandos que le causan dolor en los dedos de los pies, se siente como si tuviera un horrible dolor de dientes o muelas, al punto que puede echarle a perder su día". Por eso, para comenzar el día, todos los días, con el pie derecho, siga estas sugerencias.

No recurra a los instrumentos cortantes. Primero, y por sobre todas las cosas, declaran los expertos, no juegue a la cirugía. Resista la tentación de cortar los callos duros y suaves con navajillas de afeitar, tijeras u otros instrumentos afilados.

"La cirugía del cuarto del baño es extremadamente peligrosa", advierte la doctora en medicina podriátrica Nancy Lu Conrad, de Circleville, Ohio. "Puede ocasionar infecciones y cosas peores, al grado que he visto muchos accidentes horribles que les ocurrieron a personas que creyeron que podían ser sus propios cirujanos." Y los diabéticos *nunca* deben tratar sus propios problemas de pies (consulte "Cuándo debe mantener sus manos lejos de sus pies", en la página 82).

Tenga cuidado con los cojincillos medicinales. Si utiliza parches o emplastos para callos u otros productos con ácido salicílico que se venden sin necesidad de receta médica y que vienen en presentaciones líquida, de ungüento y en forma de disco, siga religiosamente el consejo de la doctora en medicina podiátrica, Suzanne M. Levine, de Nueva York, podiatra clínica en el Hospital Mount Sinai de esa localidad. Aplíquelos *sólo* en la zona que presenta problemas, no en la piel a su alrededor. Si está tratando un callo suave con el propósito de proteger la piel adyacente, primero ponga un cojincillo sin medicamento, en forma de rosquilla, alrededor del callo. Nunca emplee un producto de esa clase más de dos veces a la semana, y consulte a un médico si después de dos semanas no hay signo de mejoría.

Mejor todavía, evítelos del todo. El doctor Kramer afirma categóricamente: "No recomiendo parches, emplastos ni cualquier otra clase de medicamentos no éticos, pues no se trata más que de un ácido que no reconoce la diferencia entre los callos duros y los blandos y la piel normal. Por eso, aunque pueden ser benéficos en su callo duro o suave, también corroen la piel normal y causan quemaduras o incluso úlceras".

Disfrute de un buen remojón. "El dolor en su callo suave puede deberse a una bursa, un saco lleno de líquido que se inflama y agranda en el sitio entre el hueso y el callo blando", explica la doctora Levine. "Para lograr un alivio temporal del dolor, remoje sus pies en una solución de sal de Epson y agua caliente. Con esto disminuirá el tamaño del saco y se aliviará algo de la presión aplicada sobre los nervios sensoriales cercanos; pero tenga presente que si vuelve a meter sus pies en zapatos apretados, pronto el saco volverá a inflamarse hasta alcanzar el mismo tamaño anterior que le causó dolor."

Disfrute de una buena infusión. Si tiene mucho tejido calloso, la doctora Levine recomienda que remoje sus pies en una infusión muy diluida de manzanilla. La infusión alivia y suaviza la piel endurecida. Aunque la infusión manchará sus pies, puede lavarlos fácilmente con agua y jabón.

Sea un poco áspero. Antes de tratar un callo, remoje su pie en agua soportablemente caliente durante varios minutos. Luego, recomienda el doctor Cowin, use una lima para callos o piedra pómez para abrasar ligeramente la zona y eliminar las capas superiores de piel. Termine aplicándose algo de crema para las manos, como Carmol 20, que contiene 20% de urea y ayuda a deshacer la piel endurecida. Si tiene muchos callos y le duelen, haga de este ritual parte de su rutina cotidiana después del baño o ducha.

Sin embargo, el doctor advierte que no utilice una loción abrasiva sobre los callos duros, porque eso hará que la zona se vuelva sensible y presente más dolor que antes.

Embolse su callo. Para callos duros, grandes o agrietados, especialmente en el talón, pruebe esta sugerencia del doctor en medicina podiátrica Marvin Sandler, jefe de cirugía podiátrica en el Hospital Sacred Heart en Allentown, Pennsylvania. En un pedazo de papel encerado o lámina de aluminio, mezcle cantidades iguales de Ungüento Whitfield's y crema de hidrocortisona, los cuales pueden comprarse sin receta médica. Aplíquelo al pie por la noche. Coloque una bolsa de plástico sobre el pie y luego un calcetín. Déjeselos hasta la mañana. Luego quite la mezcla frotando lo más que pueda del callo con una toalla áspera o un cepillo duro. Haga esto regularmente para controlar un callo difícil de talón.

Tome cinco aspirinas, pero no las trague. Otra manera de suavizar callos difíciles, según la doctora Levine, requiere machacar de cinco a seis aspirinas hasta pulverizarlas. Mézclelas con una cucharada de agua y otra de juego de limón hasta formar una pasta. Aplique todo esto a los puntos de piel endurecida en su pie, luego meta éste en una bolsa de plástico y envuelva todo en una toalla caliente. La combinación del plástico y la toalla caliente harán que la pasta penetre la piel endurecida. Deje reposar al menos durante 10 minutos. Luego desenvuelva el pie y talle la zona con una piedra pómez. Toda la piel muerta, dura, que forma un callo, deberá aflojarse y descamarse con facilidad.

Actúe rápido. Es mejor actuar cuando recién se forme el callo blando, aconseja el doctor Frederick Hass, médico general en San Rafael, California. En ese punto, su callo blando es un pequeño círculo de piel que se está endureciendo y que produce poco o ningún dolor. Debe masajear suavemente con lanolina la zona de inmediato, con el objeto de ablandar al callo suave y hacerlo menos sensible a la presión. Luego cubra la zona con un cojincillo para aliviar la presión.

Dele espacio. Los callos suaves aparecen porque los huesos de dos dedos adyacentes del pie se friccionan entre sí, explica el doctor Cowin. "Es necesario poner allí algo suave para separar los dedos. Para ello puede comprar separadores o espaciadores para los dedos de los pies, que sencillamente son pedacitos de hulespuma que se colocan entre los dedos."

Sea un cordero. O utilice lana de oveja de buena calidad entre los dedos de los pies, sugiere la doctora en medicina podiátrica, Elizabeth H. Roberts, profesora emérita del Colegio de Medicina Podiátrica de Nueva York; pero no se ponga la de tipo áspero que se consigue en las salas de belleza. Con los filamentos haga una capa delgada y uniforme para envolver holgadamente con ella uno de los dedos del pie. Quite la lana antes de bañarse.

El doctor en medicina podiátrica Mark D. Sussman de Wheaton, Maryland, no recomienda utilizar algodón entre los dedos de los pies porque se endurece y aumenta la irritación, lo contrario de lo que hace la lana de oveja.

Haga herraduras. Para amortiguar los callos suaves, recomienda la doctora Roberts, no use cojincillos para callos suaves con una abertura ovalada, pues el óvalo aplica presión en la zona adyacente, lo cual hace que el callo blando o duro forme un abultamiento hacia la abertura. Si tiene ese tipo de cojincillo, hágale un corte para darle forma de herradura. Coloque el cojincillo a la suficiente distancia atrás del callo suave de modo que cuando camine, si su pie se desliza hacia adelante

---

ALERTA MÉDICA

Cuándo debe mantener sus manos lejos de sus pies

Las personas que padecen diabetes o cualquier clase de percepción sensorial reducida en los pies jamás deben tratarse a sí mismas, indica el doctor en medicina podiátrica Neal Kramer. La diabetes afecta los pequeños vasos sanguíneos de todo el cuerpo, entre ellos los que están en los pies. Eso se traduce en menor circulación, y las heridas no sanan o no resisten las infecciones.

"Toda persona con trastornos de la circulación estará bien si su piel permanece intacta", explica el doctor Kramer, "pero si se hace algún tipo de cortadura o abertura en la piel, correrá grave peligro. Y todo el que no sienta bien la presión o el dolor tal vez no se percate de que ha cortado o quizás no se dé cuenta de la verdadera gravedad de una lesión que podría causar una fuerte infección".

---

en el zapato, el cojincillo no friccione el callo suave que supuestamente debe proteger.

Obtenga alivio al punto. Incluso mejor que un cojincillo para el callo suave, comenta la doctora Roberts, es una bandita de tipo apropiado para la zona específica, lo cual también tiene la ventaja de contar con un centro de gasa estéril; pero evite las venditas adhesivas que deben envolverse por completo alrededor del dedo del pie, pues el abultamiento puede traducirse en irritación e incomodidad.

Acojine la zona. Una forma sencilla de quitar presión a un callo, según la doctora Roberts, consiste en colocar una pequeña gasa o algodón absorbente sobre la zona, para luego cubrirlo con una pieza delgada de molesquina. La doctora Roberts recomienda quitar la cubierta cada noche, al igual que cuando se bañe o duche, de modo que la piel del pie pueda respirar y la humedad excesiva no se acumule bajo el cojincillo.

Cuando se quite la molesquina, asegúrese de mantener tensa la piel de la planta del pie mientras *lentamente* jala la molesquina hacia atrás, en dirección del talón. Si jala rápidamente en la dirección opuesta, corre el riesgo de rasgar su piel.

Elabore las plantillas apropiadas para sus necesidades. El doctor Sussman recomienda esta sencilla manera de modificar las plantillas de sus zapatos para reducir la presión en sus callos: compre un par de plantillas con espuma de caucho o hule y úselas durante una semana. Sus callos dejarán impresiones, las cuales indican las zonas de mayor esfuerzo y le mostrarán las regiones *alrededor de las cuales* debe engrosarse la plantilla para nivelar la presión.

Si el callo se encuentra a mitad de la bola del pie, corte dos tiras de hulespuma o fieltro, cada una de 1.5 por 5 centímetros. Engómelas a cada lado de la depresión. Tome otra tira cuadrada de cinco centímetros por lado y colóquela atrás de la depresión. Si el callo se encuentra desplazado hacia un lado, emplee combinaciones apropiadas de tiras. Cuando use las plantillas, los cojincillos redistribuirán de inmediato el peso en relación con el callo y proporcionarán alivio.

Estire sus zapatos. A veces el alivio a un callo difícil que presenta dolor puede lograrse estirando los zapatos para quitar la presión que causa la fricción. Su zapatero puede hacer el estirado, o usted puede seguir este consejo casero que recomienda el doctor Sandler. Aplique a sus zapatos un líquido que facilite el estirado del cuero, lo cual permitirá que las fibras del cuero se estiren mientras usted camina. Aplique la solución muchas veces, y camine con los zapatos puestos (mientras el cuero todavía está húmedo) hasta que el zapato le quede cómodo.

Haga ejercicio con una barra. Para callos en la base del pie, usted puede modificar sus zapatos haciendo que su zapatero fije para el metatarso una barra de caucho o cuero a la suela del zapato por la parte externa, señala el doctor Sandler, la cual se coloca de modo que la bola de su pie abajo del dedo gordo se balancee sobre la barra sin ejercer presión sobre los huesos de esa zona. Asegúrese de reemplazar la barra cuando se desgaste.

Sin embargo, debe tener cuidado, pues estas barras pueden atorarse en los escalones de las escaleras, alfombras o aceras y hacerle tropezar. Por eso tal vez no sean adecuadas en ancianos. Una solución mejor para ellos, aunque tal vez menos eficaz que la barra, sería una barra plana que presente una continuidad con la suela; pero debe recordar que estas barras no impiden que los huesos del metatarso ejerzan dolorosa presión contra el *interior* de su zapato, así que allí puede usted necesitar una plantilla retirable.

Ande sobre buenos tacones. "Veo muchos problemas en mujeres a causa de los tacones altos", agrega la doctora Conrad. "He oído a muchos buenos zapateros decir que los zapatos deben ajustar según su forma. Por ejemplo, una zapatilla fina, escotada y lisa debe ajustar en una medida relativamente corta y angosta, para que se pueda conservar puesta, lo cual es verdad. Por otra parte, los zapatos tipo Oxford tienen una traba que mantiene el zapato en su lugar y fija el talón del pie firmemente en el zapato. Por este medio el pie no se desliza hacia adelante al caminar y no se presiona la parte delantera del pie. En el caso de la zapatilla mencionada, el pie se desliza justo hasta la parte delantera del zapato, apretando todo en un espacio demasiado estrecho."

Para evitar problemas, continúa el doctor Cowin, use zapatos que ajusten bien y cuyos tacones no sean excepcionalmente altos. "Esto no es un gran problema para los hombres; puede recomendárseles que empleen zapatos bastante buenos. Pero tratándose de las mujeres, para el trabajo recomiendo tacones medios en vez de los altos. Por algunas razones especiales, los tacones altos no lastiman, pero para el uso diario son mejores los tacones menos altos."

"Si usted necesita usar tacones altos", agrega la doctora Levine, "busque los que tengan acojinamiento en la zona delantera del pie, o haga que su zapatero agregue acojinamiento adicional de hulespuma allí. Y si padece de callos en los talones, evite los zapatos sin talón mientras sus pies sanan".

Y procúrese un ajuste apropiado. "Lo más importante cuando compre un zapato es cómo le queda", señala el doctor en medicina podiátrica Terry L. Spilken, de la ciudad de Nueva York y Edison, Nueva Jersey. "No importa si un zapato cuesta 20 o 200 dólares; si no ajusta de manera correcta le dará problemas. Asegúrese de que tenga la longitud apropiada para usted: querrá que desde el extremo del dedo más largo de un pie hasta el extremo del zapato haya una distancia equivalente al ancho de su dedo pulgar. (Y su dedo más largo no es necesariamente el dedo gordo.) El zapato deberá ser suficientemente ancho en la parte de la bola de la planta del pie, y quedar amplio en la zona de los dedos como para que no haya presión a través de ellos.

"Busque materiales naturales, como el cuero, que permiten la respiración. Y recuerde que es igualmente dañino para el pie un zapato demasiado grande como uno demasiado pequeño. En el primer caso, el pie se deslizará, habrá fricción, y ésta puede causar un callo duro o blando con la misma facilidad que un zapato apretado que oprime."

Callos: ¿quién los necesita? Tal vez usted. A veces es bueno un callito. "La gente que anda descalza desarrolla callos por toda la planta del pie", comenta Hass. "Y eso es deseable. Estos callos protegen la piel contra el terreno áspero y el calor del suelo. Si se desarrolla y endurece de manera apropiada, incluso puede proteger contra objetos agudos y cortantes. Estos callos rara vez resultan dolorosos".

En ocasiones se desarrolla un callo como protección contra una uña de dedo que crece hacia adentro. A medida que la uña de borde filoso corta hacia el interior del tejido que la rodea, la piel se engrosa y endurece para evitar mayor penetración.

Si usted presenta esta clase de callo, debe dejarlo en paz, aconseja el doctor Hass. Si le da dolor, obtenga alivio temporal remojando el pie en agua caliente y jabonosa, pero no trate jamás de lijarlo o cortarlo. Si el dolor es demasiado, consulte a un médico para que corrija su uña que crece hacia adentro.

COMITÉ DE ASESORES

La doctora en medicina podiátrica **Nancy Lu Conrad** tiene su consulta privada en Circleville, Ohio. Se especializa en calzado infantil, al igual que en medicina deportiva y ortopedia.

El doctor en medicina podiátrica **Richard Cowin** es director de la Clínica Cowin's Foot en Libertyville, Illinois, donde se especializa en la práctica de cirugía de pie de incisión mínima y de rayos láser. Es diplomado de la American Board of Podiatric Surgery y la American Board of Ambulatory Foot Surgery.

El doctor **Frederick Hass** es médico general en San Rafael, California. Trabaja en el Hospital General de la Marina en Greenbrae. También es autor de *The Foot Book* y de *What You Can Do about Your Headaches*.

El doctor en medicina podiátrica **Neal Kramer** tiene su consulta privada en Bethlehem, Pennsylvania.

La doctora en medicina podiátrica **Suzanne M. Levine** da consulta privada y es podiatra clínica en el Hospital Mount Sinai, en Nueva York. Es autora de *My Feet Are Killing Me* y de *Walk It Off*.

La doctora en medicina podiátrica **Elizabeth H. Roberts** ha sido durante más de 30 años eminente podiatra en la ciudad de Nueva York, donde es profesora emérita en el Colegio de Medicina Podiátrica de Nueva York. Es autora de *On Your Feet*.

El doctor en medicina podiátrica **Marvin Sandler** es podiatra en Allentown, Pennsylvania, y jefe de cirugía podiátrica en el Hospital Sacred Heart en Allentown y autor de *Your Guide to Foot Care*.

El doctor en medicina podiátrica **Terry L. Spilken** da consulta privada en la ciudad de Nueva York y Edison, Nueva Jersey. Es parte del profesorado del Colegio de Medicina Podiátrica de Nueva York en esta ciudad. También es autor de *Paddings and Strappings of the Foot* y de *The Dancer's Foot Book*.

El doctor en medicina podiátrica **Mark D. Sussman,** da consulta privada en la ciudad de Wheaton, Maryland. Es coautor de *How to Doctor Your Feet without the Doctor* y *The Family Foot-Care Book*.

Cardenales

6 ideas para cubrirlos

A menos que se envuelva en lana de algodón, jamás estará usted a prueba de cardenales; pero sí puede disminuir la posibilidad de los grandes cardenales y reducir y curar los que ocasionalmente llegue a tener. Aquí le diremos cómo.

Enfríelos. Use una compresa helada o paquete de gel congelable para tratar cualquier lesión que pudiera ocasionar un cardenal, aconseja Hugh Macaulay,

---

ALERTA MÉDICA

Un cardenal con otro nombre

Si se percata de que con frecuencia le salen cardenales y no puede determinar la causa, debe hablar con su médico al respecto. A veces los cardenales son signo de alguna enfermedad. Algunas afecciones de la sangre pueden producir cardenales sin causa aparente. El síndrome de inmuno-deficiencia adquirida (SIDA) puede ocasionar tumoraciones amoratadas que parecen cardenales que no desaparecen.

---

médico de sala de emergencias del Hospital Aspen Valley en Aspen, Colorado. El hielo debe aplicarse lo antes posible después de la lesión y continuar el tratamiento durante 24 horas si se sospecha que la contusión producirá un cardenal espectacular.

Aplique la compresa helada a intervalos de 15 minutos. No aplique calor entre una y otra aplicación de frío: antes bien, permita que la piel recupere su temperatura de manera natural.

El frío comprime los vasos sanguíneos, lo cual se traduce en menor afluencia de sangre derramada a los tejidos, causa de las grandes manchas negras. Así mismo, las compresas heladas reducen la inflamación al mínimo y adormecen la zona, de manera que no duele tanto como un cardenal que se deja sin enfriar.

Después del hielo, aplique calor. Una vez transcurridas 24 horas, aplique calor para dilatar los vasos sanguíneos y mejorar la circulación en la zona, recomienda el dermatólogo Sheldon V. Pollack, profesor de la Escuela de Medicina en la Universidad de Duke.

Eleve su pie. Los cardenales son pequeños depósitos de sangre; ésta, como cualquier líquido, corre cuesta abajo. Si usted se mantiene mucho tiempo de pie, la sangre que se ha acumulado en un cardenal se filtrará hacia abajo a través de sus tejidos blandos y encontrará otros sitios donde acumularse.

Agregue algo de vitamina C a su dieta diaria. Estudios efectuados en el Centro Médico de la Universidad de Duke en Durham, Carolina del Norte, muestran que la gente que carece de vitamina C en sus dietas tiende a presentar cardenales con más facilidad y sus lesiones tardan más en sanar.

No necesita golpearse para que los moretones aparezcan

Los guerreros de fin de semana pueden notar cardenales uno o dos días después de un juego brusco o incluso una clase de aeróbicos de bajo impacto. A veces el ejercicio produce microrrupturas en los vasos sanguíneos bajo la piel. Cuando esto sucede, la sangre se filtra en los tejidos y ¡sorpresa! aparece un cardenal.

Si le salen cardenales uno o dos días después de practicar algún ejercicio, aplique calor para comenzar el proceso de curación.

La vitamina C ayuda a producir tejido colágeno protector alrededor de los vasos sanguíneos en la piel, explica el doctor Pollack. Su cara, manos y pies contienen menos colágeno que, por ejemplo, sus muslos, de modo que los cardenales en esas zonas a menudo resultan más oscuros, comenta el doctor Macaulay.

Si observa que en su piel aparecen cardenales con facilidad, el doctor Pollack le recomienda consumir 500 miligramos diarios de vitamina C tres veces al día para ayudarle a producir colágeno. Aunque la vitamina C no se considera tóxica, obtenga la aprobación de su médico si planea consumir altas dosis.

Cuide sus medicamentos. La gente que toma aspirina para protegerse contra afecciones cardiacas descubrirá que un golpe se vuelve cardenal con mucha facilidad. Algunas personas que toman anticoagulantes, o adelgazantes de la sangre, encuentran que a menudo presentan cardenales. Otros fármacos como antiinflamatorios, antidepresivos o medicamentos contra el asma pueden inhibir la coagulación bajo la piel y producir cardenales mayores. Los alcohólicos y los que abusan de las sustancias tóxicas tienden a presentar cardenales. Si usted toma medicamentos que estén produciéndole cardenales, hable con su doctor acerca del problema.

COMITÉ DE ASESORES

El doctor **Hugh Macaulay** es médico en la sala de emergencias del Hospital Aspen Valley en Aspen, Colorado.

El doctor **Sheldon V. Pollack** es profesor de la Escuela de Medicina en la División de Dermatología en la Universidad de Duke en Durham, Carolina del Norte.

Caspa

18 sugerencias para detener la descamación

A veces es bueno tener un poco de escamas... como por ejemplo cuando se va al mar. Da seguridad, da confianza. Permite a uno desenvolverse como pez en el agua; pero si su única certeza es que sus escamas son de caspa, entonces sin duda preferirá no tenerlas.

Sin embargo, usted no es la única persona con este problema; algunos estilistas del cabello afirman que es la afección más frecuente del cuero cabelludo que presentan sus clientes. Además, los dermatólogos están de acuerdo en que virtualmente todo mundo tiene el problema en cierta medida.

Por tanto, si arde en deseos por llegar a la raíz de este problema, escuche lo que dicen los expertos.

No la descuide. Sin importar lo que haga, no ignore su caspa ni caiga en el círculo vicioso de tener comezón y rascarse, aconseja la doctora Maria Hordinsky, dermatóloga y profesora en la Escuela de Medicina en la Universidad de Minnesota en Minneapolis. El hecho de no prestar atención a su estado permitirá que se acumule la descamación en su cuero cabelludo. Esto a su vez puede ocasionar comezón, lo cual despierta un ansia desesperada por rascarse y, por último, rascarse con demasiada fuerza puede lesionar el cuero cabelludo y dejarlo abierto a la infección.

¡Aplíquese frecuentes champúes! Los expertos convienen enteramente en este punto: lave su cabello a menudo, a diario si es necesario. "Por lo general, a mayor frecuencia de lavados con champú, más fácil se vuelve controlar la caspa", explica la doctora Patricia Farris, dermatóloga de Nueva Orleáns y profesora en la Escuela de Medicina en la Universidad de Tulane.

Inicie con suavidad. A menudo basta un champú suave, no medicinal, para controlar el problema. Con frecuencia la caspa se debe a un exceso de grasa en el cuero cabelludo, según Philip Kingsley, especialista en el cuidado del cabello en la ciudad de Nueva York. Darse champú a diario con un producto suave diluido con una cantidad igual de agua destilada puede controlar la grasa sin lastimar el cuero cabelludo.

Luego póngase duro. Si los champúes regulares no bastan para su caso, cambie a una fórmula anticaspa. Los champúes contra la caspa se clasifican según sus ingredientes activos, que actúan de distintas maneras. Según la doctora Diana Bihova, dermatóloga e instructora clínica en el Centro Médico de la Universidad de Nueva York, los que tienen sulfuro de selenio o piritiona de cinc actúan más rápido, lo cual retarda la velocidad a la que se multiplican las células del cuero cabelludo. Los que tienen ácido salicílico y azufre aflojan las escamas de modo que se pueden eliminar con facilidad. Los que tienen agentes bactericidas reducen la cantidad de bacterias en el cuero cabelludo y la posibilidad de infección. Los que tienen alquitrán retardan el crecimiento de las células.

Use alquitrán. "Para casos muy difíciles recomiendo las fórmulas a base de alquitrán", indica la doctora Farris. "Hágase espuma con el champú de alquitrán y déjese el producto durante 5 o 10 minutos, de modo que el alquitrán pueda ejercer su acción". Casi todo mundo se enjuaga con demasiada rapidez estos champúes de alquitrán, comenta Farris.

Si usted ha evitado los champúes de alquitrán porque le desagrada su olor, tenga presente que diversas fórmulas más nuevas resultan mucho más agradables.

No sea demasiado rudo. Si los champúes basados en alquitrán (o cualquier otra clase de preparación contra la caspa) son demasiado fuertes para el uso cotidiano, altérnelos con su champú regular, recomienda la doctora Farris.

No mezcle lo claro con lo oscuro. Si su cabello es rubio o plateado, piénselo dos veces antes de utilizar champúes a base de alquitrán, ya que pueden darle una coloración ligeramente café a su cabello claro, advierte la doctora Farris.

Haga espuma dos veces. Produzca espuma dos veces con un champú contra la caspa, aconseja el doctor R. Jeffrey Herten, profesor de dermatología en

ALERTA MÉDICA

¿Es caspa, o dermatitis?

La caspa grave de hecho es una enfermedad conocida como dermatitis seborreica, que requiere de medicamentos recetados. Consulte a su doctor si tiene:

- Irritación del cuero cabelludo
- Descamación gruesa a pesar del uso regular de champúes contra la caspa
- Costras amarillas
- Manchas rojas, en especial a lo largo de la línea del cuello

la Universidad de California en Irvine, Colegio de Medicina de California. Produzca su primera espuma en cuanto entre en la ducha de modo que el champú tenga tiempo suficiente para actuar. Déjeselo hasta que esté a punto de terminar con su baño o ducha. Luego enjuague completamente su cabello y enjabone de nuevo y enjuague otra vez. El segundo enjuague dejará una pequeña cantidad del medicamento en su cuero cabelludo, de modo que pueda actuar hasta la siguiente vez que se dé un nuevo champú.

Cúbralo. La doctora Bihova sugiere un enfoque adicional para mejorar la eficiencia de los champúes medicamentados. Después de producir espuma, cubra su cabello mojado con una gorra para baño. Déjesela durante una hora y luego enjuague de la manera usual.

Dé el cambiazo. Si encontró una marca de champú que le funciona siga usándolo, indica el doctor Howard Donsky, dermatólogo de Toronto y profesor en la universidad de esa ciudad. No obstante, sepa que su piel puede adaptarse a los ingredientes de un champú; por tanto será prudente que cambie de marca después de algunos meses, con objeto de conservar su eficacia.

Hágalo penetrar masajeando. Cuando se dé el champú, aconseja la doctora Farris, masajee suavemente su cuero cabelludo con las yemas de los dedos para ayudar a aflojar las escamas, pero no se rasque el cuero cabelludo, advierte; puede producirse ulceraciones peores que la propia caspa.

Quítele las escamas. El doctor Joseph F. Fowler, Jr., dermatólogo de Louisville y profesor en la Universidad de Louisville, recomienda un producto no ético llamado P&S Liquid para personas con escamación particularmente difícil. Aplique el producto al cuero cabelludo a la hora de ir a dormir y cubra su cabello con una gorra para baño. Lávese por la mañana. Aunque puede utilizar este producto todas las noches, el doctor Fowler recomienda tratamientos una vez a la semana. "Sencillamente es mucho trabajo para hacerlo todos los días", señala.

Invierta un poco más de tomillo. Se dice que el tomillo tiene ligeras propiedades antisépticas que pueden ayudar a aliviar la caspa, comenta el estilista de la ciudad de Nueva York, Louis Gignac. Prepare un eficaz enjuague hirviendo 4 cucharadas copeteadas de tomillo seco en dos tazas de agua durante 10 minutos. Cuele la cocción y déjela enfriar. Vierta la mitad de la mezcla sobre el cabello húmedo y limpio; asegúrese de que el líquido cubra el cuello cabelludo. Masajee el producto con suavidad. No se enjuague. Reserve el resto para el día siguiente.

Aléjese de la cerveza. Si usa cerveza como enjuague y loción para dar cuerpo a su cabello, tal vez ella sea la causante de su caspa, agrega Gignac. La cerveza puede resecar su cuero cabelludo y con el tiempo producir caspa, advierte.

Con una condición. Aunque los champúes contra la caspa son eficaces en su cuero cabelludo, pueden ser un poco fuertes para su cabello, previene la doctora Farris. Así pues, después de cada champú, contrarreste sus efectos mediante un acondicionador.

Lubríquese. Aunque el exceso de grasa en el cuero cabelludo puede acarrear problemas, un tratamiento ocasional con aceite caliente ayuda a aflojar y desprender las escamas de la caspa, explica el doctor Herten. Caliente algunas cucharadas de aceite de oliva hasta que esté tibio. Humedezca su cabello (pues en caso contrario el aceite empapará su cabello en vez de llegar a su cuero cabelludo), y luego aplique el aceite directamente a su cuero cabelludo con un cepillo o una bola de algodón. Seccione su cabello conforme avanza para que trate sólo el cuero cabelludo conforme avanza para que trate sólo el cuero cabelludo. Póngase una gorra de baño y déjese el aceite 30 minutos. Luego quite el aceite lavándolo con un champú anticaspa.

Deje que brille el sol. "Un poco de exposición al sol es bueno para la caspa", indica la doctora Fowler. Eso se debe a que la luz ultravioleta directa tiene un efecto antiinflamatorio en la piel que está descamándose y explica por qué la caspa tiende a ser menos grave en el verano.

Sin embargo, por ningún motivo olvide la sensatez en relación con el sol. No se exponga a él demasiado tiempo; limite la exposición al sol a sólo 30 minutos o menos al día. Y use su filtro solar normal en la piel expuesta. "Debe balancear el beneficio del sol para su cuero cabelludo contra su efecto perjudicial en su piel en general", aconseja.

Cálmese. No pase por alto el papel que tienen las emociones en desencadenar o empeorar las condiciones de la piel, como por ejemplo la caspa y otras modalidades de dermatitis. A menudo la tensión empeora estos estados, señala la doctora Fowler. Así pues, si sus emociones están demasiado alteradas, busque maneras de contrarrestar la tensión. Haga ejercicios. Medite. Aléjese de todo. ¡Y no se preocupe tanto por su caspa!

COMITÉ DE ASESORES

La doctora **Diana Bihova** es dermatóloga privada e instructora clínica de dermatología en el Centro Médico de la Universidad de Nueva York en esta ciudad. Es coautora de *Beauty from the Inside Out*.

El doctor **Howard Donsky** es profesor de medicina en la Universidad de Toronto y dermatólogo del Hospital General de Toronto. Es autor de *Beauty is Skin Deep*.

La doctora **Patricia Farris** es dermatóloga privada en Nueva Orleáns, Louisiana. También es profesora de la clínica de dermatología en la Escuela de Medicina de la Universidad de Tulane en Nueva Orleáns.

El doctor **Joseph F. Fowler, Jr.,** es dermatólogo privado en Louisville, Kentucky y también profesor de dermatología en la Universidad de Louisville. Además, es miembro del North American Contact Dermatitis Group, selecto grupo de investigación sobre alergias de la piel.

Louis Gignac es estilista de cabello en la ciudad de Nueva York y propietario del Louis-Guy D Salon. También es autor de *Everything You Need to Know to Have Great-Looking Hair*.

El doctor **R. Jeffrey Herten** es profesor de clínica de dermatología en la Universidad de California, en Irvine, Colegio de Medicina de California.

La doctora **Maria Hordinsky** es dermatóloga privada en Minneapolis. También es profesora de dermatología en la Escuela de Medicina en la Universidad de Minnesota, Minneapolis.

Philip Kingsley es tricólogo (especialista en el cuidado del cabello) y tiene salones de belleza en las ciudades de Nueva York y Londres. Es autor de *The Complet Hair Book*.

Ceguera nocturna

11 maneras de hacer frente a la oscuridad

Entre a un teatro oscuro después de haber estado en la luz brillante de la calle, y repentinamente apenas podrá reconocer a la persona que entró con usted. "Todo mundo padece momentáneamente de ceguera nocturna en casos semejantes. Es decir, se requiere cierto tiempo para que la retina se ajuste a la diferencia de luz", explica el doctor Alan Laties, profesor de oftalmología en el Sheie Eye Institute en la Escuela de Medicina de la Universidad de Pennsylvania.

Sin embargo, para ciertas personas la ceguera nocturna es más que momentánea. "Algunas personas se adaptan con más rapidez a los cambios de luz y a la oscuridad", agrega el doctor Laties. "Los miopes a veces pueden adaptarse más lentamente a la oscuridad, mientras otras personas no pueden ver nada en ella. Hay varias razones distintas para ello." Por ejemplo, algunas personas, aunque esto es más bien raro, tienen lo que se conoce como ceguera nocturna estacionaria congénita: nacen con el problema. "Es sencillamente la constitución de la persona", refiere el doctor Laties. "No hay peligro para el ojo."

Por desgracia, los médicos no cuentan con una provisión de curas listas para emplearlas contra la ceguera nocturna; pero si usted no ve bien de noche y su médico ha descartado un trastorno ocular como su causa, en seguida encontrará un par de ideas que puede poner a prueba, al igual que buenos consejos prácticos para manejar de noche sin riesgo.

Hágase una autoevaluación. "Mucha gente se preocupa mucho por sus ojòs", declara el doctor Laties. "Temen quedarse ciegos." Agrega que casi todo mundo puede felicitarse de que su visión nocturna esté bien. "Después de cinco

---

ALERTA MÉDICA

Deje que su médico haga el diagnóstico

De cuando en cuando la ceguera nocturna puede ser síntoma prematuro de una enfermedad ocular progresiva. Un ejemplo es la retinitis pigmentosa (RP), que afecta a unas 100 000 personas en Estados Unidos, según la maestra en ciencias, Jill C. Hennessey, asistente del director de ciencias de la RP Foundation Fighting Blindness en Baltimore, Maryland.

"Actualmente", afirma Hennessey, "no se conoce un tratamiento eficaz". La retinitis pigmentosa tiende a ser hereditaria y su origen también es un misterio. Con el tiempo puede producir ceguera.

Si usted está teniendo problemas con la visión nocturna, debe hacerse examinar los ojos por un oftalmólogo, aconseja el doctor Alan Laties. Es la mejor manera de proteger su visión.

---

minutos en un teatro o sala cinematográfica debe poder ver a la persona de junto."

Asegúrese de estar tomando vitamina A. Este nutriente es importante para la visión nocturna. De hecho, las dosis elevadas de esta vitamina administradas a quien tiene deficiencia pueden producir mejoras en la visión nocturna al cabo de unas horas, señala el doctor Creig Hoyt, subjefe del Departamento de Oftalmología en el Centro Médico de la Universidad de California en San Francisco. Sin embargo, en Estados Unidos la deficiencia de vitamina A no es frecuente, según el doctor Hoyt, quien agrega que un suplemento elevado de vitamina A debe ser aprobado previamente por un médico.

Cuando maneje de noche, haga todo lo posible por incrementar la visibilidad. En un día despejado, desde el asiento del chofer usualmente puede verse a entre 360 y 460 metros más adelante en el camino, afirma el doctor Quinn Brackett, investigador del Texas Transportation Institute, de la Universidad de Texas A&M.

No obstante, de noche, bajo buenas condiciones y solamente con los fanales del vehículo como guía, apenas se puede ver a entre 90 y 120 metros. De modo que es importante concederse todas las ventajas posibles. "Cerciórese de que sus fanales estén limpios", aconseja Charles Zegeer, miembro del Centro de Investigación

Consígase unos anteojos para la noche

Las lechuzas y los búhos, famosos por ser aves de la noche, tienen muy buena visión nocturna. La gente, incluso las "lechuzas" de la especie humana, no gozan de semejante bendición; pero eso no imposibilita la mejoría en la visión nocturna. Millones de personas aprovechan los anteojos para mejorar su visión, aparte de que no hay motivo para que los anteojos no mejoren la miopía nocturna (la visión defectuosa de noche, especialmente de objetos lejanos), señala el doctor Creig Hoyt.

"Los pilotos pueden decirle que tienen más dificultad para ver las pistas de noche, por lo que usan distintos anteojos para la oscuridad", agrega el doctor Hoyt. Así que lo que es útil para un piloto que trata de aterrizar un avión sobre una franja angosta de pavimento tendrá que serlo para que usted conserve su coche sobre la calle y evite atropellar a otros.

El doctor Hoyt recomienda usar anteojos con mayor graduación durante la noche o que consiga anteojos para el manejo nocturno incluso aunque en la actualidad no use anteojos durante el día.

sobre Seguridad en Carretera de la Universidad de North Carolina en Chapel Hill. "Los fanales sucios verdaderamente reducen la visibilidad", y sólo empeoran los problemas.

Tampoco use anteojos oscuros al caer la tarde, sin importar cuán elegantes parezcan, porque reducirán todavía más la luz que llega hasta sus ojos, explica el doctor Brackett.

Reduzca la velocidad. De esa manera se dará más tiempo para actuar en caso de riesgos inesperados.

Espere lo inesperado. Hoy día, muchos caminos ya no pertenecen nada más a los coches, sino también a ciclistas, peatones y corredores. "Y la ropa blanca no basta para volver visible a alguien", advierte Zegeer. Por eso usted tiene la responsabilidad de cuidar de todos esos peatones y ciclistas.

Sea precavido cuando hay lluvia y neblina. Estas dos condiciones climatológicas pueden hacer especialmente peligroso el manejo nocturno, previene Zegger. Por ello recomienda que use la luz baja de sus fanales cuando hay niebla, para lograr la mejor visiblidad.

Planee con anticipación. La planeación cuidadosa de los caminos puede facilitar el manejo nocturno. "Siempre que le sea posible", recomienda Brackett, "escoja caminos que estén divididos o poco transitados".

No corra riesgos. Si la niebla o las circunstancias ambientales llegan a ser peligrosas, observa Zegeer, deténgase en una zona de reposo, gasolinera o lugar de estacionamiento. Aléjese del acotamiento de la carretera.

Mire a la derecha. "Mire a la orilla derecha de la carretera para que pueda evitar el deslumbramiento que ocasionan las luces de los vehículos que circulan en sentido contrario", sugiere Brackett.

Deje el viaje para mañana. Maneje sólo durante el día. Incluso las buenas condiciones de luz nocturna como las que hay en las ciudades bien iluminadas pueden producir problemas a alguien con ceguera nocturna.

COMITÉ DE ASESORES

El doctor **Quinn Brackett** es investigador científico del Texas Transportation Institute de la Universidad de Texas A&M en College Station, Texas.

La maestra en ciencias, **Jill C. Hennessey**, es asistente del director de ciencias en la RP Foundation Fighting Blindness en Baltimore, Maryland.

El doctor **Creig Hoyt** es subjefe del Departamento de Oftalmología en el Centro Médico de la Universidad de California en San Francisco.

El doctor **Alan Laties** es profesor de oftalmología en el Sheie Eye Institute en la Escuela de Medicina de la Universidad de Pennsylvania en Filadelfia.

Charles Zegeer es miembro del Centro de Investigación sobre Seguridad en la Carretera de la Universidad de North Carolina en Chapel Hill.

Celulitis

18 maneras de combatirla

Parafraseando a una famosa reina de cuento de hadas que tenía cabello negro y brillante: "Espejito, espejito, ¿quién posee la piel más blanca en esta tierra?"

"Tú y nadie más, mi reina", respondió el fiel espejo.

Y todo marchaba bien. Hasta una fatídica noche, cerca de la hora de ir a dormir, cuando el espejo se sintió obligado a hacer un comentario acerca de una mancha indiscreta de —¡horror!— celulitis en los muslos soberanos. Como recordará, las cosas a partir de entonces comenzaron a marchar bastante mal. ¡No es de sorprender que la reina se encontrara de tan mal humor cuando Blanca Nieves y los siete tontos enanos llegaron silbando por el camino!

El espejo de la reina no mentía, y tampoco lo hará el suyo si exhibe esas rugosidades nada agradables en sus muslos, en su trasero o en las caras internas de sus antebrazos. En realidad la celulitis no es más que depósitos de grasa, declara el doctor Paul Lazar, profesor de dermatología clínica en la Escuela de Medicina de la Universidad Northwestern. Su aparición se debe a hilos de tejido fibroso anclados a la piel, que jalan ésta hacia adentro y, en el proceso, empujan las células de grasa hacia el exterior. Ciertas personas pueden ser más susceptibles a la celulitis que otras, señala el doctor Lazar, en especial las mujeres, quienes generalmente tienen más grasa y menos tejido muscular que los hombres en las nalgas, caderas y muslos.

Algunos especialistas de la piel que no son médicos consideran la celulitis como algo más que grasa. "La celulitis es una combinación de glóbulos de grasa, materia de desecho y agua aprisionados en el tejido conjuntivo", afirma la cultora de belleza Carole Walderman, presidente de la Escuela de Estética Von Lee International en Baltimore.

Pero los médicos e investigadores pueden discrepar de esta teoría. De igual modo, tampoco estarán de acuerdo en que se pueda hacer mucho para liberarse de la celulitis una vez que ya se haya presentado. La celulitis es algo que puede tratar de evitar, comenta el doctor Lazar, mediante ejercicio y conservando normal su peso; pero quienes tienen el problema están dispuestas a probar *cualquier* cosa. Por eso hicimos una selección de todo lo que se dice, desechamos lo extravagante y nos quedamos con los remedios que se ubicaban en el justo medio para que usted pueda intentarlos.

Deshágase de los kilos excedentes. Puesto que la celulitis es grasa, el exceso de peso puede contribuir a ella, observa el doctor Lazar. Pierda peso gradualmente, aconseja, "con suerte, algo de lo que pierda será celulitis".

Coma bastante fruta y verdura fresca (que son bajas en calorías pero llenas de nutrientes) y beba jugos de frutas y verduras, sugiere Dolores Schneider, nutrióloga y directora de Sharon Springs, balneario de aguas minerales en la parte alta del estado de Nueva York, donde acude la gente a perder peso y desintoxicar sus cuerpos.

Vuelva al equilibrio comiendo bien. Mantenga una dieta general sana y balanceada, recomienda Kim Ulen, supervisora del departamento de cuidado de la piel del balneario de aguas termales Cal-a-Vie Spa en Vista, California. "Esto hace que el desempeño químico de su cuerpo vuelva a un estado balanceado en que es menos probable que se desarrolle la celulitis", afirma.

Vuelva al equilibrio mediante el descanso. Relájese en su tina de baño, sugiere Schneider, con un baño mineral doméstico que contenga sal de mar. Agregue unas dos tasas de sal marina al agua tibia del baño y disfrute el placer de las agua tranquilizantes al menos durante 20 minutos. Además, esto dará a su piel la sensación de tersura.

Combata el estreñimiento. "Es frecuente que la gente estreñida padezca de celulitis", comenta Ulen. Sus alimentos se mueven con más rapidez por el tracto digestivo cuando se consumen alimentos ricos en fibras como verduras verdes y cereales todos los días, agrega. Y para mejores efectos sugiere espolvorear salvado crudo en sus alimentos o en sus bebidas en cada comida. Además:

- Practique los hábitos alimentarios que (ojalá) le haya enseñado su madre, como masticar muchas veces sus alimentos y olvidar los bocadillos ya avanzada la noche, recomienda Ulen.
- Tome las bebidas a temperatura ambiente en vez de muy heladas. "El hielo estrecha el esófago y el estómago, lo cual obstaculiza el flujo de las enzimas digestivas en su estómago", explica.

Haga de su piel una rampa de salida. Al mantener despejadas las autopistas y vías rápidas de su cuerpo se proporciona una salida de escape más fácil para la celulitis, declaran los especialistas de la piel. Afirman que las siguientes técnicas abrirán los vasos sanguíneos en la piel y debajo de ella y mantendrán al mismo tiempo el sistema de eliminación de desperdicios en óptimas condiciones.

- Beba mucha agua. "He encontrado que mucha gente que padece de celulitis no bebe suficiente agua." Beba al menos de seis a ocho vasos de agua embotellada (destilada o mineral) al día, afirma Walderman.
- Aléjese lo más que pueda de la sal, que contribuye a retener el agua y empeora los problemas de celulitis, comenta Ulen.
- Dé la espalda a los hábitos del café y cigarro, recomienda Walderman. Estas sustancias comprimen los vasos sanguíneos y de hecho pueden llegar a hacer más evidente su celulitis.
- Cepille su piel en seco, lo que ayuda a mejorar su circulación, comenta Walderman. Cepille su piel con un cepillo de cerdas suaves y hágalo girar en movimientos circulares de la cabeza a los pies o nada más en las zonas con celulitis, recomienda.

El otro camino

Lociones y pociones

Los consultores en belleza creen que determinadas fórmulas de hierbas tienen poderes de restauración que pueden ayudar a suavizar la piel afectada por la celulitis. Usted deberá decidir por sí misma cuán eficaces son, si lo son.

Agregue aceites de salvia, ciprés o enebro a su agua de baño, sugiere Kim Ulen del balneario de aguas minerales Cal-a-Vie. Estos óleos de plantas fragantes, empleados a menudo para un tipo de masajes llamado aromaterapia, se absorben directamente a través de la piel y combaten la celulitis de dentro hacia fuera, observa. Los aceites para la aromaterapia se encuentran disponibles en muchas tiendas que venden productos naturistas.

Haga ejercicios tonificadores de los músculos. Fortalecer sus músculos con métodos como un Nautilus o trabajar con pesas puede ayudar a rellenar el tejido en las zonas que tienen el problema de la celulitis, aconseja el doctor Lazar.

Masajee los puntos problemáticos. Refuerce los beneficios del ejercicio, indica Ulen, con un masaje suave, como si estuviera amasando, que usted puede aplicarse directamente en zonas como sus muslos y la parte interna de sus rodillas.

Tome una respiración profunda. Aprenda a respirar desde la parte más baja de su diafragma, indica Schneider. El oxígeno ayuda a quemar la grasa. Además, la respiración profunda ayuda a eliminar el tóxico bióxido de carbono de todas sus células, explica Ulen.

Conserve la calma. La celulitis se acumula cuando los músculos se tensan, y éstos se tensan cuando usted se siente tenso, declara Walderman. Necesita relajarse. Si se encuentra entre las personas a quienes se les dificulta hacerlo, pueden serle útiles las siguientes sugerencias:

- Intente la yoga como remedio ideal contra la tensión y la celulitis, recomienda. Esta disciplina le ayuda a respirar profundamente, extiende bien sus músculos y lo relaja por completo.

- Elimine sus pensamientos preocupantes invirtiendo unos minutos en una tabla reclinada, sugiere Walderman. Recuéstese con la cabeza en el extremo más bajo de la tabla hasta durante 20 minutos diarios. Para obtener los mismos beneficios de una tabla inclinada, recuéstese en el suelo con sus pies levantados contra la pared, aconseja Ulen.

COMITÉ DE ASESORES

El doctor **Paul Lazar** es profesor de dermatología clínica en la Escuela de Medicina de la Universidad de Northwestern en Chicago, Illinois. Fue miembro de la junta directiva de la American Academy of Dermatology.

Dolores Schneider es nutrióloga y directora de Sharon Springs, balneario de aguas minerales de salud holista en la parte alta del estado de Nueva York que se concentra sobre todo en la pérdida de peso y la desintoxicación.

Kim Ulen es supervisora del departamento del cuidado de la piel del balneario de aguas minerales Cal-a-Vie Spa en Vista, California.

Carole Walderman es cultora de belleza y presidenta de la Escuela de Estética Von Lee International, Inc., en Baltimore, Maryland, clínica y escuela profesional que se especializa en el cuidado de la piel.

Cerumen

4 pasos para irrigar sus oídos

Debe sentirse afortunado: tal vez jamás haya tenido que llamar un doctor para que le quite una cucaracha de su oído después de decidir ésta que su canal auditivo es una perfecta bolsa de dormir. Eso *puede* suceder (aunque no con frecuencia) señala el doctor David Edelstein, otorrinolaringólogo del Hospital Manhattan de Ojos, Nariz y Garganta en la ciudad de Nueva York. El problema más frecuente es el de la cera del oído que forma un pequeño tapón duro junto al tímpano y debe ser retirado por un médico. He aquí la manera de impedir que esto suceda.

No inserte nada en su oído. La vieja frase gastada, "Jamás inserte nada más pequeño que su codo dentro de su oído", es la que más emplean los médicos.

Jamás inserte nada agudo o filoso (una horquilla para el cabello, la punta de un lápiz, un "clip" para el papel) en su oreja, porque podría perforar el tímpano. Tampoco use un hisopo con punta de algodón o su dedo, advierte el doctor George W. Facer, otorrinolaringólogo de la Clínica Mayo en Rochester, Minnesota. Incluso aunque crea que está limpiando su oreja, en realidad estará comprimiendo más profundamente la cera de su oído, de modo que actuará como un tapón sobre su tímpano.

Viértale un líquido suavizante. Unas cuantas gotas de ciertos líquidos que tal vez ya tenga en casa pueden suavizar su cera del oído. Pruebe peróxido de hidrógeno (agua oxigenada), aceite mineral o glicerina para una limpieza económica, aconseja el doctor Facer. En caso contrario, compre un limpiador no ético como Debrox o gotas Murine para los oídos, prescribe el doctor Edelstein.

Agregue una o dos gotas de uno de los líquidos a cada oído. Permita que el excedente fluya al exterior. El líquido que quede en el interior penetrará en forma de burbujas la cera y la suavizará. Pruebe esto durante un par de días.

Luego de que la cera se suavice, estará lista para lavarla con agua. Llene una vasija con agua a temperatura del cuerpo, indica el doctor Facer. Llene con el agua una jeringa de bulbo de caucho y después, colocando su cabeza sobre la vasija, vierta *suavemente* el agua dentro del canal auditivo. El chorro de agua debe estar bajo muy poca presión. Vuelva la cabeza al lado y deje que el agua salga.

Seque sus oídos con aire caliente. No se seque frotándose, recomiendan los médicos. Mejor seque sus orejas con una secadora de cabello o deje caer un poco de alcohol en cada oreja para completar el secado. Haga esto después del procedimiento anterior de limpieza y también cada vez que se dé una ducha.

Habitúese a ello. Un lavado de oídos una vez al mes es suficiente para cualquiera, comenta el doctor Edelstein. Si lo hace con mayor frecuencia sólo estará retirando sus protecciones mediante el lavado excesivo.

COMITÉ DE ASESORES

El doctor **David Edelstein** es otorrinolaringólogo en el Hospital Manhattan de Oídos, Nariz y Garganta en la ciudad de Nueva York.

El doctor **George W. Facer** es otorrinolaringólogo en la Clínica Mayo en Rochester Minnesota.

Cicatrices

10 maneras de disminuir el daño

¿Quiere dar la impresión de malo y rudo? Vista de negro, fume un puro grueso, lleve un estuche de violín y, por sobre todas las cosas, luzca una cicatriz grande que corra por una de sus mejillas.

Desde luego, tal vez no quiera dar la impresión de malo y rudo. En ese caso, ha llegado al sitio correcto. Como trate una cortadura puede determinar el tipo de cicatriz que habrá de quedar, si queda alguna. Y como cuide de esa cicatriz puede determinar la rapidez y medida en que se desvanezca (como sucede con las cicatrices con el paso del tiempo).

Ampute la cicatriz en botón. Si no quiere ver pelos de perro sobre su diván, no tenga canes en casa; si no le gusta la caries, no coma azúcar; y si no quiere cicatrices, no se corte. Así de sencillo. Cada vez que se corta la piel, ésta cicatriza, explica el doctor Gerald Imber, cirujano plástico del Hospital New York en el Centro Médico de la Universidad de Cornell en Nueva York; pero algunas personas, agrega, suelen hacerse más cicatrices que otras. "Es algo enteramente personal." No obstante independientemente de cómo reaccione su cuerpo, considere proteger su piel con guantes, pantalones largos y mangas largas siempre que trabaje cerca de objetos espinosos, afilados o de bordes con dientes.

Ayude a las heridas a curar debidamente. Una herida que se cura con rapidez y nitidez tiene menos posibilidad de producir cicatriz que una herida que supura. Asegúrese de que todas sus cortaduras y raspones queden debidamente limpios (el peróxido de hidrógeno es un buen limpiador) y trate de mantener la herida ligeramente húmeda con un ungüento antibiótico mientras está curándose, aconseja el doctor Jeffrey H. Binstock, dermatólogo privado y profesor clínico auxiliar de cirugía dermatológica en la Escuela de Medicina de la Universidad de

---

El otro camino

Friccione aceite en la herida

Tome una cápsula de vitamina E, ábrala y escurra el aceite sobre la cortadura o cicatriz. Parece simple. Parece eficaz. Muchas personas lo hacen. Algunas personas juran que ayuda a impedir cicatrices o que incluso hace desaparecer las cicatrices nuevas.

Sin embargo, probablemente lo que hace es desaparecer las cicatrices viejas. "La vitamina E ayuda a curar más pronto las lesiones nuevas que si no se les pone nada", tal vez ayudando a *reducir* la cicatrización, explica el doctor Stephen Kurtin.

¿Qué tiene la vitamina E que ayuda a sanar las lesiones? Realmente lo benéfico es el aceite que contiene la cápsula, señala el doctor Kurtin. "Ayuda a mantener húmeda la zona; no tiene nada de mágico. Aplique el mismo aceite sin la vitamina E y tal vez obtenga el mismo beneficio", agrega.

California en San Francisco. (Para el tratamiento apropiado de cortaduras y raspones vea la página 128.)

No se quite las costras. Mamá tenía razón. Quitarse la costra de una lesión que se esté curando podría aumentar las posibilidades de dejar una cicatriz visible, previene el doctor John F. Romano, dermatólogo y médico visitante del Hospital St. Vincent's y del Centro Médico de Nueva York.

Cierre las aberturas con una cinta de mariposa. Si se corta, y la herida es grande, acuda a su médico para que la cierre con unas puntadas, especialmente si la cortadura se encuentra en el rostro (donde sería más visible una cicatriz); pero si la cortadura es pequeña y le preocupa la posibilidad de que le quede cicatriz, considere la posibilidad de usar una cinta adhesiva de mariposa, sugiere el doctor Romano. Estas cintas adhesivas, que se pueden adquirir en muchas farmacias o que se pueden hacer al momento con una cinta adhesiva común y cortada en forma apropiada, pueden ayudar a mantener cerrada la lesión para que se cure mejor y se reduzca la cicatrización. Sólo se deben usar después de limpiar cabalmente la herida.

Que su alimentación sea balanceada. Las lesiones no pueden curarse bien a menos que su cuerpo tenga lo que se necesita para que sanen bien. ¿Qué se requiere? Las proteínas y vitaminas, que se obtienen con una buena dieta, bien balanceada, son esenciales. Y de particular importancia para la curación de lesiones es el cinc. Las buenas fuentes de cinc incluyen las semillas tostadas de calabaza y girasol, nueces del Brasil o castañas del Marañón, quesos suizo y *cheddar*, cacahuate o maní, carne oscura de pavo o guajolote y carne de res magra.

Trate las cicatrices con mucho cuidado. Las cicatrices destruyen las glándulas sudoríparas, las sebáceas y las pilosas, con lo que la cicatriz queda mucho más a merced de los elementos que el resto de la piel, advierte el doctor Paul Lazar, profesor de dermatología clínica en la Escuela de Medicina en la Universidad Northwestern, quien recomienda que las cicatrices grandes, como las producidas por quemaduras de tercer grado, se mantengan lubricadas con una buena crema para la piel con el objeto de protegerlas contra la abrasión.

Tómelo con calma en la ducha. Una fuente común de abrasiones a cicatrices tiernas es el estropajo en manos de una persona excesivamente celosa de la limpieza. El doctor Lazar recomienda limpiar las cicatrices con mucho cuidado.

Cubra sus cicatrices con un filtro antisolar. Las cicatrices tienen menos pigmento que el resto de su piel. Por tanto, no pueden producir un bronceado protector y son especialmente vulnerables a las quemaduras por el sol. En consecuencia, asegúrese de cubrir todas las cicatrices con un magnífico filtro solar (de alto grado de protección) siempre que vaya al aire libre en días soleados, sugiere el doctor Stephen Kurtin, dermatólogo de la ciudad de Nueva York y profesor de dermatología en la Escuela de Medicina Mount Sinai de la Universidad de la ciudad de Nueva York.

No se alarme excesivamente. Las cicatrices frescas a menudo son bastante notables, pero no se preocupe demasiado. Recuerde que el color de la cicatriz por lo regular se desvanece sólo con el tiempo, nos tranquiliza el doctor Lazar.

COMITÉ DE ASESORES

El doctor **Jeffrey H. Binstock** es dermatólogo privado en San Francisco y Mill Valley, California, y profesor clínico de cirugía dermatológica en la Escuela de Medicina de la Universidad de California, en San Francisco.

El doctor **Gerald Imber** es cirujano plástico del Hospital New York en el Centro Médico de la Universidad de Cornell en la ciudad de Nueva York.

El doctor **Stephen Kurtin** es dermatólogo en la ciudad de Nueva York y profesor de dermatología en la Escuela de Medicina Mount Sinai de la Universidad de la ciudad de Nueva York.

El doctor **Paul Lazar** es profesor de dermatología clínica de la Escuela de Medicina en la Universidad Northwestern en Chicago, Illinois. Fue miembro de la junta directiva de la American Academy of Dermatology.

El doctor **John F. Romano** es dermatólogo y médico del Hospital St. Vincent's y del Centro Médico de Nueva York. También es instructor clínico en medicina en el Hospital New York del Centro Médico en la Universidad de Cornell en la ciudad de Nueva York.

Claudicación intermitente

8 maneras de aliviar el dolor

La claudicación intermitente, dolor crónico que se experimenta en la pantorrilla al caminar, afecta anualmente en Estados Unidos a más de un millón de personas que rebasan los 50 años. Aunque es un estado doloroso y grave por derecho propio, en realidad la claudicación intermitente es *síntoma* de un problema mayor y más serio: enfermedad vascular periférica.

Así como los vasos sanguíneos obstruidos en el corazón se traducen en angina (dolores de pecho), la claudicación intermitente señala el inicio de flujo sanguíneo restringido en la "periferia", es decir, la zona más alejada del corazón: brazos y piernas.

"Nos referimos a la fase sintomática de la enfermedad arterial", explica el doctor Jess R. Young, jefe del Departamento de Medicina Vascular en la Cleveland Clinic Foundation en Ohio. "Si usted padece de enfermedad arterial en el corazón, padecerá de angina y ataques cardiacos; si la padece en la circulación de la cabeza, padecerá de ataques apopléticos. La claudicación intermitente es el mismo proceso, pero en brazos y piernas."

Por ese motivo la claudicación intermitente no debe tomarse a la ligera. Si se le ha diagnosticado este estado, debe seguir visitando a su médico de modo que éste pueda vigilar la enfermedad subyacente que se ha traducido en el dolor que ahora padece en sus piernas. Después de todo, el dolor sólo es un síntoma. La verdadera causa es un asesino.

Por el lado positivo, usted puede hacer muchas cosas para librarse del dolor de la claudicación intermitente y para ayudarse a reducir el avance de la enferme-dad vascular periférica.

Deje de fumar. "Dejar de fumar debiera ser la decisión y acción prioritaria de todo el que tenga este padecimiento", afirma el doctor Young. "Del 75 al 90% de todos los que padecen este trastorno son fumadores."

De hecho, dejar de fumar es tan importante que nuestros expertos afirman que usted debe dejar el cigarro como condición previa para que cualquiera de los siguientes remedios pueda ser eficaz. ¿Vale la pena? Considere lo siguiente: el tabaquismo aumenta el daño que puede hacer la enfermedad al sustituir el oxígeno por monóxido de carbono en los músculos de sus piernas que de por sí ya se hallan privadas de oxígeno. Además, la nicotina ocasiona constricción de las arterias, lo que reduce todavía más el flujo sanguíneo y tal vez las dañe y produzca coágulos sanguíneos. Tales coágulos pueden traducirse en gangrena y hacer necesaria una amputación.

"Dejar de fumar es lo más importante en definitiva", señala el doctor Robert Ginsburg, director del Centro para Terapia Vascular de Intervención en el Hospital de la Universidad de Stanford en California.

Comience a caminar. "Después de dejar de fumar, el ejercicio es lo más importante", recomienda el doctor Young. El tipo de ejercicio al que se refiere, y el que recomiendan abrumadoramente nuestros expertos, es el más sencillo de todos: caminar.

"Salga a diario para hacer al menos una hora de ejercicio de caminata", recomienda el doctor Young. "Usted puede acumular esa hora como quiera, pero es necesario que haga aflorar la incomodidad de la claudicación intermitente para que la caminata le haga bien." Camine hasta producirse dolor, aconseja; pero no se detenga cuando aparezca su primera señal. "Espere hasta que se vuelva mode-radamente agudo; luego deténgase y descanse durante uno a dos minutos hasta que desaparezca y comience a caminar de nuevo." Repita el ciclo de dolor/caminar tan a menudo como pueda durante sus 60 minutos de caminata diaria.

Sin embargo, tenga presente que la mejora no ocurrirá de la noche a la mañana. "Como mínimo, tendrán que pasar de dos a tres meses antes de que pueda ver sus resultados", advierte el doctor Young. Así pues, no se desaliente.

Que no lo detenga el mal tiempo. "Caminar es el mejor ejercicio", observa el doctor Ginsburg, "pero hacer ejercicio en una bicicleta estacionaria también puede ayudar, si con ello ejercita las pantorrillas". De hecho, cualquier ejercicio bajo techo que ejercite las pantorrillas lo suficiente para producir el dolor

---

ALERTA MÉDICA

El peligro de una infección

Los problemas crónicos de pies que se infectan son causa principal de amputación en la gente que padece claudicación intermitente. Si tiene una cortadura, raspón, ámpula u otros problemas de pies que produzcan enrojecimiento, inflamación, calentura local y dolor de infección, busque ayuda médica de inmediato.

---

de la claudicación intermitente puede ser útil. Algunos ejercicios que puede intentar incluyen levantarse sobre las puntas de los pies, subir escaleras, carrera estacionaria, saltar la cuerda y bailar (obtenga la aprobación de su médico antes de intentar estos ejercicio más fatigantes).

"Los ejercicios bajo techo son mejores que tener que caminar en mal tiempo y mojarse los pies", acota el doctor Ginsburg, quien agrega que caminar siempre será de todos modos el mejor ejercicio, siempre que se pueda practicar.

Cuide sus pies. "Siempre que la piel del pie sufra una ruptura deberá procurar que sane en poco tiempo", aconseja el doctor Michael D. Dake, especialista vascular del Miami Vascular Institute en Florida. "Los problemas de pies que no cicatrizan y se infectan son tal vez la principal causa de amputación."

Los problemas de pies que constituyen incomodidades menores para gente con circulación sanguínea sana, se convierten en importantes infecciones para quienes tienen problemas por flujo obstruido hacia las extremidades.

No obstante, pueden evitarse muchos problemas si se tiene el cuidado debido de las uñas de los pies, se atiende el pie de atleta y se evitan temperaturas extremas, calientes o frías. Debe revisar cuidadosamente sus pies a diario y recibir inmediata atención médica a la primera señal de lesión o infección.

Quite la carga. La obesidad puede ser un problema importante para quienes padecen de claudicación, no nada más por el esfuerzo que se impone en la circulación, sino por el daño que causa a los pies.

"Se traumatiza el tejido de los pies que sencillamente no tiene un buen riego sanguíneo como para soportar semejante abuso y además cicatrizar", señala el doctor Young.

Evite los cojincillos calefactores. Como sus piernas reciben menor flujo sanguíneo, las personas que padecen de claudicación intermitente a menudo sufren también de pies fríos; pero sin importar cuán fríos puedan estar sus pies, nunca deberá calentarlos con un cojincillo calefactor eléctrico ni con bolsas de agua caliente. "Necesita mayor flujo sanguíneo para ayudar a disipar ese calor", explica el doctor Young; "pero si su riego sanguíneo está limitado, no puede llegar a donde usted está poniendo el calor, con lo que se quemará la piel". Mejor pruebe a usar calcetines holgados de lana para calentar sus pies.

Conozca tanto su presión arterial como su nivel de colesterol. "Si padece de claudicación intermitente, también deberá verificar el estado de su hipertensión e hiperlipidemia", advierte el doctor Young. "Son importantes factores de riesgo que tienden a incrementar notablemente la gravedad de la enfermedad subyacente, de ahí la importancia de mantener muy bien controlados dichos factores."

Conozca a su cardiólogo. "Si padece de claudicación intermitente y no ha consultado a un cardiólogo", comenta el doctor Ginsburg, "haga una cita para ver uno". La razón de esa advertencia es manifiesta si se examinan las estadísticas, que indican que la incidencia de enfermedad arterial coronaria en las personas con enfermedad vascular periférica es aproximadamente de 75 a 80%. La claudicación intermitente es síntoma de la enfermedad vascular periférica.

"Si una persona llega mostrando síntomas de falta de riego sanguíneo en las piernas", explica el doctor Ginsburg, "hay muchas posibilidades de que ya tenga obstrucciones en el corazón o en las arterias carótidas que van al cerebro. De ahí la importancia de que se evalúe a esta persona no nada más para determinar la índole de posibles problemas con los vasos, sino también con los órganos que dichos vasos alimentan."

COMITÉ DE ASESORES

El doctor **Michael D. Dake** es especialista vascular en el Miami Vascular Institute en Florida.

El doctor **Robert Ginsburg** es director del Centro para Terapia Vascular de Intervención en el Hospital de la Universidad de Stanford en California.

El doctor **Jess R. Young** es jefe del Departamento de Medicina Vascular en la Cleveland Clinic Foundation en Ohio.

Colesterol

27 maneras de conservar bajo el nivel

Que sus mejillas estén regordetas y su cintura bastante ancha no es el problema. ¡Ahora su doctor le dice que incluso su sangre está demasiado gorda! Bueno, no es exactamente lo que dijo, pero pudo haberlo dicho. Cuando sus niveles de colesterol están elevados, usted tiene demasiado de una sustancia blanda, amarilla, relacionada con la grasa que circula por su torrente sanguíneo. Si el exceso se acumula en las paredes de las arterias, puede taponarlas y restringir la circulación sanguínea lo cual quizá ocasione un ataque de corazón, ataque de apoplejía o dolor de angina; no necesita tener un título médico para saber que eso no es bueno.

Lo curioso es que el colesterol no es del todo malo; su cuerpo lo produce de manera natural, y realiza algunas tareas vitales: le ayuda a producir nuevas células, hormonas y aislar nervios. Sólo causa problemas cuando su cantidad es excesiva.

Por desgracia mucha confusión rodea esta sustancia, lo cual no es de extrañar dado que se utilizan libremente términos similares como colesterol de la dieta, colesterol del suero, colesterol de HDL y colesterol de LDL. Con todo esto puede dificultarse distinguir entre el bueno, el malo y el feo. En seguida le decimos cómo distinguir entre todos ellos.

El colesterol de la dieta es lo que contiene la comida (mayormente de origen animal). Por ejemplo, un huevo de gallina tiene 275 miligramos; una manzana no tiene nada. La American Heart Association (AHA) recomienda que se limite el consumo diario de colesterol a 300 miligramos.

El colesterol del suero es lo que se encuentra en su torrente sanguíneo y también lo que mide el médico mediante una prueba de colesterol. Es deseable una lectura inferior a 200.

El colesterol de HDL (lipoproteína de alta densidad) es una subdivisión del colesterol del suero que se considera bueno por su capacidad para depurar las arterias. Cuanto más colesterol de HDL se encuentre en la sangre, mejor.

Suplementos que contrarrestan el colesterol

¿Pueden los suplementos nutritivos reducir el colesterol? Algunos investigadores opina que sí. En seguida proporcionamos una descripción de los suplementos que prometen los mejores resultados; pero antes de que comience a aumentar su consumo suplementario de cualquier nutriente hable de ello con su médico.

Niacina. "Las dosis fuertes de niacina (también conocida como ácido nicotínico) pueden disminuir tanto el colesterol total como el colesterol de LDL", afirma el reconocido doctor e investigador Kenneth Cooper, de Dallas, Texas. "Es mejor comenzar con dosis bajas, por ejemplo hasta de 100 miligramos diarios. Luego se aumenta gradualmente durante un periodo de varias semanas hasta 1 o 2 gramos tres veces al día, para un total de 3 a 6 gramos diarios."

Pero tenga cuidado porque los repentinos aumentos drásticos de niacina pueden producir grave sonrojamiento generalizado, afecciones intestinales y a veces función hepática anormal, advierte el doctor Cooper. Asegúrese de analizar este tratamiento con su doctor. La niacinamida, modalidad de niacina que no causa sonrojo, no tiene efecto considerable en las grasas de la sangre.

Vitamina C. El investigador de la Universidad de Tufts, Paul Jacques, descubrió que la vitamina C aumenta los niveles del HDL de gente en la tercera edad a la que estudió. Calcula que un gramo diario podría aumentar el HDL en 8%.

Otros estudios muestran que cuando se agrega vitamina C adicional a una dieta rica en pectina, el colesterol desciende a niveles aún inferiores a los correspondientes a la pectina sola. Por fortuna, muchas frutas y verduras llenas de pectina (como cítricos, tomates, papas, fresas y espinaca) también son ricas en vitamina C.

Vitamina E. Un estudio realizado por investigadores franceses e israelíes demostró que 500 unidades internacionales de vitamina E al día durante 90 días aumentó apreciablemente los niveles del HDL. "Nuestros resultados apoyan la administración de vitamina E para la gente con elevados niveles de grasa en la sangre", dijeron los investigadores.

Calcio. Si usted está tomando suplementos de calcio por el bien de sus huesos, tal vez también esté beneficiando mucho su corazón. En un estudio, un gramo de calcio diario durante ocho semanas disminuyó el colesterol en 4.8% en gente con niveles ligeramente elevados. En otro estudio, dos gramos diarios de carbonato de calcio redujeron el colesterol en 25% en 12 meses.

El colesterol de LDL (lipoproteína de baja densidad) es el gemelo maligno obstructor de arterias del HDL; contrario al gemelo, cuanto menores sean los niveles de este colesterol, mejor.

Los expertos ofrecen aquí las maneras para reducir los niveles de colesterol en el suero.

Cuide su peso. A mayor exceso de peso, más colesterol produce su cuerpo. Un estudio de 20 años en Holanda concluyó que el peso corporal es el determinante aislado más importante del colesterol en suero. Cada aumento de un kilo de peso corporal elevó los niveles del colesterol en 2 puntos. Y el famoso Estudio del Corazón de Framingham también descubrió una clara relación entre el colesterol en la sangre y el peso corporal.

Por tanto, si su peso corporal está excedido ahora tiene una razón adicional para reducirlo; pero hágalo de una manera sana, recomienda el doctor Paul Lachance, profesor de alimentos y nutrición en la Universidad Estatal de Rutgers en Nueva Jersey. "Procure una dieta compuesta por dos tercios de fruta, verduras, cereales y granos enteros. Sólo un tercio de sus calorías deben provenir de la carne y productos lácteos, que a menudo tienen altos niveles de grasa y calorías."

Reduzca la grasa. "Tres principales factores dietéticos tienen repercusión en los niveles del colesterol en la sangre", explica el doctor John LaRosa, presidente del comité de nutrición de la AHA y director del Centro de Investigación sobre los Lípidos en la Escuela de Medicina de la Universidad de Georgetown. En orden de importancia son:

- Grasa saturada, que eleva el colesterol en la sangre.
- Grasa poliinsaturada, que disminuye el colesterol en la sangre.
- Colesterol de la dieta, que puede contribuir al mayor nivel de colesterol en la sangre en menor medida que la grasa saturada.

"De éstos, la grasa saturada tiene con mucho el mayor efecto en los niveles del colesterol", afirma.

El doctor Donald McNamara, profesor de nutrición y ciencia alimentaria en la Universidad de Arizona, está de acuerdo. "El efecto de la grasa saturada es aproximadamente tres veces peor que el del colesterol de la dieta." Así pues, sería mejor reducir las fuentes de grasa saturada como la carne, mantequilla, queso y aceite hidrogenado. Siempre que sea posible, reemplace estos alimentos por pescado, aves, productos lácteos bajos en grasa y aceites poliinsaturados, como el de maíz, cártamo y frijol de soya.

Cambie al aceite de oliva. El aceite de oliva y otros alimentos como las nueces, aguacates y aceite de cacahuate o maní tienen elevados niveles de otro tipo de grasa: el monoinsaturado. Contrario a la antigua creencia de que no tenían efectos reales en los niveles del colesterol, ahora se piensa que los monoinsaturados pueden de hecho disminuir el nivel del colesterol.

Los estudios efectuados por el investigador en colesterol, doctor Scott M. Grundy, encontraron que una dieta alta en grasa monoinsaturada disminuía los niveles totales de colesterol todavía más que una dieta estricta baja en grasas. Lo que es más, sus estudios mostraron que estos monoinsaturados disminuyen selectivamente los (malos) LDLs mientras dejan intactos los (buenos) HDLs.

Así que procúrese una dieta baja en grasas, luego "supleméntela" con 2 a 3 cucharadas de aceite de oliva (o una cantidad equivalente de algún otro alimento rico en monoinsaturados) cada día. Pero asegúrese de estar *reemplazando* otras grasas por los monoinsaturados y no simplemente *agregándolos* a su comida.

Coma pocos huevos. Pero no sienta que deba eliminarlos enteramente de su dieta. Aunque cada huevo tiene 275 elevados miligramos de colesterol, el doctor McNamara sostiene que más o menos dos tercios de la población puede digerir colesterol de la dieta adicional sin experimentar un aumento en sus niveles de colesterol en suero. Eso se debe a que sus cuerpos se ajustan a un consumo alto produciendo menos de su propio colesterol o excretando el excedente. En un estudio que realizó, 50 pacientes comieron tres huevos diarios durante seis semanas. Menos de un tercio de ellos tuvo niveles mayores de colesterol durante este periodo.

Si usted quiere comer huevos pero también desea no correr riesgos, limítese a tres huevos enteros a la semana. Puesto que sólo la yema contiene colesterol, puede comer las claras libremente, sustituyendo dos de ellas por cada huevo entero al hornear, por ejemplo. Y puede hacer sus tortillas de huevos y huevos revueltos usando un solo huevo entero con dos, tres o incluso cuatro claras. Además, algunas tiendas ahora tienen huevos de menor contenido de colesterol, que pueden contener entre 15 y 50% menos del colesterol usual.

Llénese de habichuelas. Nutritivas y económicas, las habichuelas o frijoles y otras leguminosas contienen una fibra soluble al agua llamada pectina que rodea el colesterol y lo escolta fuera del cuerpo antes de que pueda causar problemas. Muchos estudios realizados por el investigador en el colesterol y profesor de medicina y nutrición clínica, James W. Anderson, médico del Colegio de Medicina de la Universidad de Kentucky, han mostrado el grado de eficacia de las habichuelas para reducir el colesterol. En un experimento, los hombres que comieron una y media tazas de habichuelas cocidas diarias disminuyeron su colesterol en un elevado 20% en sólo tres semanas.

El doctor Anderson declara que casi toda la gente haría bien en agregar unos 6 gramos de fibra soluble a sus dietas cada día. Una taza de habichuelas cocidas proporciona agradablemente esta cantidad. Y no necesita preocuparse de que le aburran las habichuelas, porque las hay en gran variedad: alubias, frijol de soya, frijol negro, lentejas y muchas otras, todas las cuales tienen la misma virtud de reducir el colesterol.

Coma más fruta. La fruta también tiene el efecto reductor de colesterol que proviene de la pectina. El gastroenterólogo James Cerda, del Centro para las Ciencias de la Salud en la Universidad de Florida, descubrió que la pectina de la toronja (que se encuentra en la cáscara y la cascarilla blanca) disminuyó el colesterol 7.6% en promedio en ocho semanas. Ya que una reducción de 1% en el colesterol causa un descenso de 2% en el riesgo de enfermedad cardiaca, el doctor Cerda considera que este efecto es "muy significativo".

Para obtener la cantidad de pectina que aplicó el doctor Cerda, usted tendría que comer unas dos y media tazas de gajos de toronja al día; pero si le cuesta trabajo comer esa cantidad de toronja, comenta, "coma muchas frutas diferentes. Si come media toronja en el desayuno, una manzana en la comida y algunos gajos de naranja en la merienda, por ejemplo, podría reducir muy agradablemente su colesterol".

Piense en la avena. Al parecer el salvado de la avena reduce el colesterol en suero de una manera parecida a la fruta rica en pectina. Muchos estudios realizados por el doctor Anderson y otros muestran, de hecho, que el salvado de la avena realiza tan buena labor como las habichuelas. Para obtener el nivel de 6 gramos diarios de fibra soluble recomendado por el doctor Anderson, puede comer media taza de salvado de avena cocido como cereal o en panecillos. En un estudio realizado en California, unos estudiantes de medicina que comieron diariamente durante cuatro semanas panecillos hechos con salvado de avena mostraron una reducción de 5.3% en el colesterol total del suero.

Aunque el salvado de la avena tiene más fibra soluble, el cereal de avena también puede disminuir el colesterol. Según una investigación efectuada en la Escuela de Medicina de la Universidad Northwestern, cuando la gente de un estudio agregó dos tercios diarios de taza de avena desmenuzada a una dieta baja en grasa y colesterol, su nivel de colesterol descendió más que con sólo dietas sanas.

En respuesta a todos estos estudios, los científicos del Departamento de Agricultura de Estados Unidos (USDA, por su sigla en inglés) están criando variedades de avena que tendrán niveles incluso superiores de glucan beta, el agente al que se atribuye la propiedad de luchar contra el colesterol.

El otro camino

Armas potenciales contra el colesterol

Las siguientes sustancias pueden también combatir el colesterol elevado. Aunque no se han estudiado tan extensamente, la investigación inicial es prometedora.

Té negro. O, más precisamente, los taninos que contiene, pueden ayudar a controlar el colesterol. Un estudio descubrió que quienes habitualmente beben té con una dieta alta en colesterol presentan niveles dentro del rango normal.

Aceite de limón. Saborizante habitual en la comida oriental, el aceite de limón disminuyó el colesterol en más de 10% en un estudio. Tal vez actúe interfiriendo mediante una reacción enzimática o inhibiendo la formación del colesterol a partir de grasas más simples.

Espirulina. Una forma de algas rica en proteínas que a menudo se vende en polvo o tabletas, la espirulina redujo tanto el colesterol total como los niveles de LDL en voluntarios japoneses con alto colesterol que tomaron siete tabletas de 200 miligramos después de cada comida.

Cebada. Considerada durante mucho tiempo como un cereal sano alto en fibras, la cebada puede tener el mismo potencial reductor de colesterol que la avena. En estudios con animales, dos componentes químicos de la cebada disminuyeron los niveles del colesterol un 40%.

Salvado del arroz. Esta fibra puede ser tan eficaz como su prima, el salvado de la avena. Estudios preliminares con hámsteres demostraron que el salvado del arroz redujo el colesterol en más del 25%.

Carbón activado. Finamente molida, esta sustancia, que a menudo se toma para aliviar los gases, puede fijarse a las moléculas de colesterol en el cuerpo y escoltarlas al exterior sin que produzcan daño. En un estudio, los pacientes perdieron hasta 41% en los niveles de LDL después de tomar unos 7 gramos de carbón activado tres veces al día durante cuatro semanas.

También piense en el maíz. En estudios efectuados por Leslie Earll, nutrióloga y dietista del Hospital de la Universidad de Georgetown, el salvado de maíz resultó tan eficaz para reducir el colesterol como el de la avena y las habichuelas. Las personas con alto colesterol que antes habían intentado controlarlo con una dieta baja en colesterol y reducción de peso, comieron aproximadamente una cucharada de salvado de maíz con cada alimento (mezclado con sopa o jugo de tomate). Después de 12 semanas, sus niveles de colesterol disminuyeron un apreciable 20%. "Esta abundante fibra baja en calorías merece mucha más investigación", comenta el estudio.

Pida ayuda a las zanahorias. Las zanahorias pueden reducir el colesterol debido igualmente a su contenido de pectina, afirma el doctor Peter D. Hoagland, del Centro de Investigación Regional Oriental del USDA en Filadelfia, Pennsylvania. De hecho, sostiene, "es posible que la gente con altos niveles de colesterol lo reduzcan entre 10 y 20% con sólo comer dos zanahorias diarias". Esto podría bastar para llevar los niveles de muchas personas hasta un nivel de seguridad.

Por cierto, la lechuga, los brócolis y las cebollas también contienen el ingrediente que, se supone, produce el éxito de la zanahoria (pectato de calcio) y pueden producir resultados similares, según el doctor Hoagland.

¡Haga ejercicio! Es posible que el ejercicio pueda disminuir la acumulación del bloqueo del colesterol dentro de las arterias, explica el doctor Paul D. Thompson, cardiólogo de Rhode Island y profesor de medicina en la Universidad de Brown. "Una de las mejores maneras de elevar sus niveles de HDL protector", afirma el doctor Thompson, "es mediante ejercicio vigoroso, que también reduce ligeramente sus niveles de LDL indeseable".

"El ejercicio también podría incrementar la capacidad corporal de despejar la grasa de la sangre después de las comidas", comenta. "Si la grasa no permanece en la sangre mucho tiempo, tiene menor oportunidad de acumularse en las paredes de las arterias. Hemos descubierto que los corredores pueden despejar la grasa de sus sistemas 70% más pronto que otra gente que no hace ejercicios." Así pues, ¡póngase en marcha!

Fortalezca su dieta con sensatez. Ahora una sorpresa: la carne roja, un alimento que tiene mala reputación debido a que es fuente de grasas saturadas, *puede* ser parte de una dieta sana para el corazón si, por principio de cuentas, es magra y luego se le quita toda grasa visible. Un grupo de investigadores británicos sometió a hombres con un nivel extremadamente alto de colesterol a una dieta baja en grasas, alta en fibras y que contenía unos 190 gramos diarios de carne roja muy magra. El contenido de grasas de esta dieta fue de 27% de calorías totales, lo que está muy por debajo del 40% que en la actualidad consume la mayoría de la gente en Estados Unidos. Los niveles de colesterol de estos señores descendieron un respetable 18.5%.

Los investigadores concluyeron que: "Siempre y cuando se tenga cuidado de reducir sustancialmente el contenido de grasa, una cantidad moderada de carne puede incluirse en una dieta que baje el colesterol".

Aumente su salud con leche baja en grasas. El doctor Aura Kilara, profesor de ciencia alimentaria en la Universidad Estatal de Pennsylvania, aporta esta sugerencia: beba mucha lecha descremada. En un experimento que realizó, pidió a un grupo de voluntarios que agregaran medio litro de leche descremada a sus dietas diarias. Al cabo de 12 semanas, quienes tenían elevados niveles de colesterol los habían reducido en un promedio de 8%. El doctor Kilara cree que un compuesto en la porción descremada de la leche realizó la tarea al inhibir la producción del colesterol en el hígado.

Coma ajo. Desde hace mucho tiempo los investigadores han sabido que grandes cantidades de ajo crudo pueden reducir las grasas dañinas en la sangre. Por desgracia, el ajo puede también reducir su círculo de amistades. Peor aún, el ajo que ha sido "desodorizado" mediante tratamiento de calor pierde sus efectos reductores de colesterol; pero ahora hay un extracto de ajo líquido con olor modificado proveniente del Japón, con el nombre de Kyolic, que al parecer reduce las grasas corporales.

Cuando el doctor Benjamin Lau de la Universidad de Loma Linda en California, dio un gramo diario del extracto líquido del ajo a personas con colesterol moderadamente alto en la sangre, sus niveles disminuyeron un promedio de 44 puntos en seis meses.

Pruebe esta semilla especial. Las semillas ricas en fibras de psilio, principal ingrediente activo en el regulador del intestino, Metamucil, también puede reducir el colesterol. En un estudio efectuado por el doctor Anderson, un grupo de hombres con alto nivel de colesterol que tomaron una cucharadita de Metamucil en agua tres veces al día, redujeron sus niveles cerca del 15% en ocho semanas.

El doctor Anderson declara que el Metamucil y otros productos a base de la misma semilla pueden constituir un buen tratamiento auxiliar cuando la dieta sola no reduce los niveles de colesterol en la sangre.

Reduzca el café. Un estudio realizado por el doctor Barry R. Davis, investigador de Texas, relacionó el consumo del café con mayores niveles de colesterol. Cuando estudió más de 9 000 personas como parte de un programa de presión sanguínea en todo el país, descubrió que los niveles de colesterol eran notablemente más altos en las personas que bebían dos o más tazas de café al día.

Aunque su estudio no identificó con precisión qué ingrediente en el café causa el aumento, un estudio finlandés demostró que hervir (o percolar) el café puede ser parte del problema. El café preparado por el método del filtro no incrementó los niveles del colesterol del mismo modo como el café percolado. De todos modos, la cafeína (el primer sospechoso) no parece ser la culpable.

No fume. Aquí tiene una razón más para dejar de fumar. En un estudio realizado por el doctor David S. Freedman, investigador de Nueva Orleáns, jóvenes adolescentes que fumaban apenas 20 cigarrillos a la semana mostraron aumentos sustanciales en el colesterol de la sangre. Además, un estudio sueco demostró que los fumadores tienden a padecer bajos niveles del colesterol benéfico HDL. Sin embargo, cuando un grupo de fumadores dejó el hábito, todos experimentaron rápidos y pronunciados aumentos en las concentraciones del HDL.

Ahora relájese. El simple relajamiento puede reducir el colesterol, según un estudio efectuado por Margaret A. Carson, enfermera clínica especialista en New Hampshire. La enfermera Carson descubrió que quienes padecían afecciones cardiacas y tenían dietas bajas en colesterol y escuchaban cintas magnetofónicas dos veces al día para relajarse, experimentaron descensos apreciablemente mayores en el colesterol que otro grupo que sencillamente estuvo leyendo por placer.

COMITÉ DE ASESORES

El doctor **James W. Anderson** es director de la sección de endocrinología del Centro Médico Veteran's Administration en Lexington, Kentucky. También es profesor de medicina y nutrición clínica en el Colegio de Medicina de la Universidad de Kentucky en Lexington. Es uno de los expertos más destacados en la investigación sobre el colesterol.

El doctor **James Cerda** es gastroenterólogo en el Centro para las Ciencias de la Salud en la Universidad de Florida en Gainesville.

El doctor **Kenneth Cooper** es investigador en medicina y presidente y fundador de The Aerobics Center en Dallas, Texas, y autor de *Controlling Cholesterol, Preventing Osteoporosis* y otros libros.

El doctor **Peter D. Hoagland** trabaja en el Centro de Investigación Regional Oriental del Departamento de Agricultura de los Estados Unidos en Filadelfia, Pennsylvania.

El doctor **Aura Kilara** es profesor de ciencia alimentaria en la Universidad Estatal de Pennsylvania en University Park.

El doctor **Paul Lachance** es profesor de alimentos y nutrición en la Universidad Estatal de Rutgers en Nueva Jersey, New Brunswick.

El doctor **John LaRosa** es director del Centro de Investigación sobre los Lípidos en la Escuela de Medicina de la Universidad George Washington en Washington, D. C. y presidente de la junta directiva del Comité de Nutrición de la American Heart Association.

El doctor **Donald J. McNamara** es profesor de nutrición y ciencia alimentaria en la Universidad de Arizona en Tucson.

El doctor **Paul D. Thompson** es profesor de medicina en la Universidad de Brown en Providence, Rhode Island y cardiólogo del Hospital Miriam de la localidad.

Cólico

10 ideas para acallar el llanto

Los antiguos eruditos describieron el cólico infantil por primera vez en el siglo VI. Hoy en día los padres no tienen dificultad para describirlo. El bebé llora, lleva sus rodillas hasta su abdomen y parece tener un dolor agudo. Puede estar lleno de gases; después se aquietará para comenzar a llorar de nuevo.

Al parecer no ha habido muchos cambios con el transcurso de los siglos, aparte de que no hay algo que pueda servir de ayuda. Por lo general no se puede calmar a los bebés con cólico alimentándolos o cambiándoles pañales, además de que los episodios pueden durar muchas horas. El cólico tiende a ser más grave entre las 4 y 6 semanas de edad y cede gradualmente hacia el tercer a cuarto mes.

Aunque ninguno de los remedios que se ofrecen en seguida curará el cólico, la mayor parte de ellos ha aportado algún alivio a los sufridos padres en algún momento, así que tal vez usted quiera intentarlos. Y recuerde, esto también pasará. El cólico desaparece tan misteriosamente como se presenta.

Intente el transporte del cólico. "Creo firmemente en el transporte del cólico", afirma Ann Price, coordinadora de educación de la National Academy of Nannies, Inc. (Academia Nacional de Nodrizas de los Estados Unidos, NANI, por su sigla en inglés), en Denver, Colorado.

Extienda su brazo con la palma hacia arriba, "luego coloque el bebé (sobre su brazo) pecho abajo, con su cabeza en su mano y sus piernas a cada lado del codo". Sostenga al bebé con la otra mano y camine por la casa con su bebé en esta posición, añade Price. "Esto ayuda."

Haga eructar a su bebé. "Tengo experimentado que al menos algunos bebés con cólico tienen más gas abdominal de lo normal y pueden encontrar más dificultad para eructar", declara Linda Jonides, enfermera pediátrica en Ann Arbor, Michigan.

Su recomendación: cuide la posición del bebé cuando lo alimente (es bueno en posición erecta) y hágale eructar con frecuencia. Cuando lo alimente con botella, hágale eructar después de cada 30 cc (aproximadamente una onza), y pruebe todos los chupones que pueda en los biberones (algunos padres juran que el mejor es el desechable de Playtex).

Reduzca el jugo de vaca. Muchos especialistas en el cuidado de los bebés consideran que el cólico se debe a la transmisión de la leche de vaca que pasa de madre a niño a través de la leche materna. Aunque cierta investigación reciente pone en duda esta relación, los expertos convienen en que tal vez valga la pena probar la dieta materna sin leche de vaca, sobre todo en familias que presentan una historia de alergias frecuentes.

"Creo firmemente que la leche de vaca en la dieta materna es causa frecuente de cólico en los bebés que amamantan", sostiene Price. "Yo recomiendo a las madres comenzar eliminando la leche de sus dietas y ver qué sucede. Si eso basta, no hay que ir más lejos; pero en caso contrario, quizá sea necesario reducir otros productos lácteos."

Revise la conexión en la dieta. "De cuando en cuando puede haber algunos alimentos que el bebé resiente", advierte el doctor Morris Green, presidente de la junta directiva del Departamento de Pediatría en la Escuela de Medicina de la Universidad de Indiana. "La madre que amamanta puede tratar de observar si hay alguna correlación entre lo que come y el inicio del cólico." Algunos agentes potenciales incluyen las bebidas que contienen cafeína, chocolate, plátano, naranjas, fresas y alimentos muy condimentados.

Pruebe una sesión de envoltura. "Recomiendo llevar en brazos y fajar a los bebés con cólico", dice Jonides, "o bien utilizar un arnés para llevar el bebé sobre la espalda, de modo que puedan quedarle libres los brazos para hacer otras cosas".

Por alguna razón, envolver ajustadamente a un bebé en una cobija tiene un efecto calmante. En algunas culturas es práctica muy difundida y a veces, en efecto, detiene los ataques de cólico y, además, no malcría al bebé que desea contacto físico.

Utilice un vacío en vez de una canción de cuna. Aunque es cierto que la naturaleza detesta el vacío, los bebés con cólico parecen adorar los sonidos que crea el vacío. La ciencia no ha logrado explicar este misterio.

"El sonido de una aspiradora al vacío en marcha parece calmar al bebé con cólicos", afirma el doctor Green. Se ha dado el caso de que algún padre grabe en cinta magnetofónica el sonido de una aspiradora y la ponga en marcha cuando el bebé está molesto. Otros padres sencillamente se ponen a aspirar sus alfombras con la esperanza de que se le pase el cólico al bebé mientras todavía queda algo de alfombra en el piso. Price sugiere un enfoque más agresivo: "Si pone al bebé en un arnés para llevarlo sobre el pecho de usted y opera la aspiradora al vacío al mismo tiempo, el efecto será mayor", comenta. "El cólico desaparece en un santiamén."

Ponga a prueba las habilidades de la secadora. "Ponga al bebé en una sillita infantil y recárguela contra la secadora de ropa de modo que el bebé reciba el sonido zumbante y la vibración a través del asiento", sugiere Helen Neville, enfermera de asesoría pediátrica en el Hospital Kaiser Permanente en Oakland, California.

¿Le parece demasiado traído de los cabellos? Espere a que su bebé se mantenga irritable durante unas tres horas más. "La vibración tiene algo que realmente calma a un bebé que tenga cólicos", sostiene Neville.

Caliente ese estomaguito. "Una botella de agua caliente o un cojincillo calefactor *ajustado a baja temperatura* y colocado sobre el estomaguito del bebé a veces ayuda", declara Jonides. (Coloque una toalla entre la piel y la botella de agua caliente para asegurarse de que el bebé no se queme.)

Lleve un registro. "Sería muy buena idea" llevar un registro, recomienda Neville. "A menudo lo que parece dos horas de lloriqueo continuo del bebé fueron sólo 45 minutos. Una bitácora le ayudará a determinar precisamente cuánto llora el bebé y, lo que es más importante, cuál pudiera ser la causa."

Entre en acción. "Las cosas relacionadas con el movimiento son buenas para el cólico", agrega Jonides. "Muchos bebés al menos se calman lo suficiente para que usted pueda terminar de cenar mientras se mecen." Hay columpios automáticos que pueden proporcionar el movimiento y el alivio hasta 20 minutos.

Congelación

17 salvaguardas contra el frío

Cuando Tod Schimelpfenig cumplió 18 años, él y un amigo se propusieron correr una aventura invernal, de modo que decidieron salir de excursión y escalar una montaña en la región silvestre del norte de Vermont.

"Estábamos tratando de ser montañistas y terminamos tomando una lección de la vida a base de duros golpes", declara ahora Schimelpfenig, casi 20 años después.

De hecho, Schimelpfenig tomó un curso avanzado en congelación, en el que los dedos de su pie derecho se pusieron blancos y duros. "Parecía un filete congelado", recuerda riendo.

Desde luego, en aquella ocasión no le pareció nada cómico, aunque por fortuna él y su compañero encontraron un sitio para acampar esa noche y pudo dejar descansar su pie congelado durante un tiempo; pero para impedir una lesión todavía peor, tuvo que cerciorarse de que su pie no se descongelara y volviera a congelar, de modo que si bien conservó el resto de su cuerpo en una bolsa de dormir caliente, mantuvo el pie congelado en el exterior gélido. Y para ello tuvo que mantenerse despierto toda la noche.

"La mañana siguiente caminé casi 13 kilómetros y me sentí muy bien", afirma. "Todavía tengo todos los dedos de mis pies."

Schimelpfenig, quien irónicamente en la actualidad es administrador de seguridad y adiestramiento para la National Outdoor Leadership School en Lander, Wyoming, y técnico médico voluntario de emergencia, rápidamente reconoce que se expuso a sí mismo innecesariamente en una situación peligrosa; pero en clima muy frío pueden ocurrir casos menos graves de congelación con mucha rapidez cuando sencillamente se palea nieve o se cambia un neumático de coche.

Y muchas veces, gente a la que le gustan las actividades al aire libre o motoristas que se pierden, se quedan sin recursos y tienen que hacer frente al frío. Así pues, en seguida le indicamos lo que necesita saber acerca de la congelación, desde el tratamiento de dolor leve en la punta de su nariz, hasta impedir la congelación, en primer lugar.

ALERTA MÉDICA

Hipotermia: El frío dentro

El cuerpo humano fue diseñado para operar a una temperatura interna de 37 °C. Una caída de 3.6 °C (apenas perceptible en la temperatura ambiente) podría bastar para matar a un ser humano. "Por debajo de los 33 °C puede sobrevenir paro cardiaco", advierte el doctor James Sturm.

La hipotermia, definida simplemente como baja temperatura del cuerpo, comienza en su manifestación más benigna más o menos a los 35.5 °C, refiere el doctor Sturm. Los síntomas de la hipotermia incluyen temblores, pulso lento, letargo y una disminución general en la atención. Si la temperatura corporal desciende mucho, los músculos se rigidizan y la persona puede perder la conciencia.

Una caída en un estanque congelado produciría una hipotermia en menos de una hora, pero casi todos los casos son resultado de exposición prolongada a las temperaturas frías. Los ancianos corren más riesgos de padecer de hipotermia, pues sus cuerpos regulan la temperatura con menos eficacia.

Si a alguien cercano a usted le da hipotermia, el doctor Sturm le sugiere lo siguiente, además de llevar a la víctima cuanto antes a un médico.

- Lleve a la persona a un sitio más cálido.
- Envuélvala con cobijas.
- Dele líquidos calientes, pero no alcohol, recomienda el doctor Sturm. "El alcohol sólo produce una sensación artificial de calor."

Conozca los signos. Hay un caso benigno de congelación que habitualmente deja la piel un tanto insensible y blanca.

Las mejillas, punta de la nariz y orejas sufren con más frecuencia la congelación benigna, señala el doctor Bruce Paton, profesor clínico de cirugía en la Universidad de Colorado en Denver. También son posibles la descamación y formación de ampollas, agrega, después de que se calienta la zona afectada.

La descamación y ampulación después del calentamiento son más posibles en la congelación superficial, estado más grave. La congelación es una lesión en que los tejidos del cuerpo se congelan, causándoles así un daño. La piel también se congela hasta adquirir más dureza que con la congelación benigna, pero no tan profundamente como para que se pierda toda flexibilidad.

Congelación: no retrase la acción

La congelación grave exige atención médica profesional, pues el tejido está muriendo. Y eso abre la puerta a algunas terribles posibilidades: infección y pérdida de dedos de manos o de pies y, en los casos extremos, de un brazo o pierna.

Cuando hay congelación profunda, la piel se encuentra fría, dura, blanca e insensible, y cuando se vuelve a calentar, puede tornarse azul o púrpura. También puede inflamarse, y es posible la formación de ámpulas. Desde luego, la congelación debe tratarse con tanta rapidez y eficacia de manera que nada de lo anterior ocurra. Así pues, mientras espera la atención médica, deberá hacer lo siguiente.

Descongele con rapidez. "En la actualidad se tiende a descongelar la congelación grave lo más rápidamente posible dentro de los márgenes de seguridad, lo cual resulta muy doloroso", observa la doctora Ruth Uphold. Por lo regular esto se hace en agua caliente (entre 40 y 42 °C). "El agua", declara Uphold, "conduce mejor el calor que el aire".

No permita que la parte congelada vuelva a congelarse. "Jamás", hace hincapié la doctora Uphold. "Los cristales de agua se agrandan cuando esa parte vuelve a congelarse, lo cual causa todavía más daños a los tejidos."

Emplee su cabeza para salvar el pie. No es aconsejable caminar sobre pies congelados, pero es mejor que permitir que un pie congelado se descongele y vuelva a congelarse. Por tanto, si cree que caminar puede ser su único camino a la supervivencia, no se quite el zapato o bota del pie congelado, aconseja el doctor Bruce Paton. "El pie podría ampollarse e inflamarse", advierte, "y no podría calzarse de nuevo ese pie".

"La congelación es la manera como el cuerpo trata de preservar el calor interrumpiendo la circulación a una extremidad", explica la doctora Ruth Uphold, directora médica del departamento de emergencia en el Hospital del Centro Médico de Vermont en Burlington. "Por desgracia, al desarrollarse la congelación", advierte Uphold, "incluso puede no enterarse de que la está padeciendo, dada la pérdida de sensibilidad en la zona".

Resguárdese del viento. Obviamente, protegerse contra los elementos e ir a un sitio más cálido es buena idea; pero si eso no es posible, al menos quítese del viento. Los factores de enfriamiento por causa del viento contribuyen significativamente a la congelación.

Piense antes de calentarse. No emplee calor radiante, seco, como el de una lámpara de rayos infrarrojos o una hoguera, advierte la doctora Paton, si su piel parece estar congelada, pues se quema con facilidad.

Úsese a sí mismo. Si no puede quitarse del exterior, al menos aproveche su propio calor corporal. Por ejemplo, para calentar dedos y manos colóquelos dentro de sus axilas. "Si se hace una bolita también empleará su energía con más eficacia", afirma Schimelpfenig.

No se friccione con nieve. "Eso sólo produce abrasión en la piel", señala la doctora Uphold. "Además, pierde más calor cuando se moja mucho."

No se moje. El contacto con el agua acelera considerablemente la pérdida de calor, explica el doctor Paton.

Haga que mamá se sienta orgullosa. "Use mitones en vez de guantes (los mitones son más cálidos) y un pasamontaña para protegerse las orejas", aconseja el doctor James Sturm, especialista en medicina de emergencia en el Centro Médico St. Paul-Ramsey en Minnesota.

No beba. "Tan sólo se *cree* que el alcohol lo calienta desde el interior hacia el exterior. En realidad, el alcohol causa más pérdida de calor", agrega la doctora Uphold.

No fume. Fumar disminuye la circulación periférica, explica la doctora Uphold, por lo cual las extremidades se vuelven todavía más vulnerables.

Piense en algo flojo. Para proteger la circulación, use ropa suelta y no se ponga joyas en los dedos, recomienda Schimelpfenig.

No se demore. Schimelpfenig aprendió de la manera difícil y fría. Advierte: "Usted puede caer en la trampa al decir, 'Bueno, mis manos (o mis pies) están fríos, pero dentro de un rato voy a entrar en la casa'. Ahora me aseguro de poder decir honestamente que mis pies y manos todavía están *calientes*".

Use el "sistema de los amigos". Vigile el rostro de un amigo (específicamente las orejas, nariz y mejillas) para determinar si hay un cambio notable de color, y que su amigo haga lo mismo por usted.

Evite el contacto con metales. Bastan sólo unos momentos con sus manos desnudas en una herramienta metálica para producir congelación cuando el frío es intenso.

Permanezca en su vehículo. Si queda desamparado en su vehículo en una noche extremadamente fría, lo mejor será que se quede en el sitio y no se aventure al exterior y a lo desconocido, aconseja Schimelpfenig. Podría exponerse a la hipotermia o a un descenso anormal en la temperatura corporal (véase "Hipotermia: El frío dentro", en la página 122). "Hemos encontrado muertas a muchas personas que se quedaron desamparadas y trataron de caminar en busca de ayuda", advierte.

COMITÉ DE ASESORES

El doctor **Bruce Paton** es profesor clínico de cirugía en la Universidad de Colorado en Denver.

Tod Schimelpfenig es administrador de seguridad y adiestramiento para la National Outdoor Leadership School en Lander, Wyoming. También es técnico voluntario médico de emergencias.

El doctor **James Sturm** trabaja en el Departamento de Medicina de Emergencia en el Centro Médico St. Paul-Ramsey en Minnesota.

La doctora **Ruth Uphold** es directora médica del Departamento de Emergencia en el Hospital del Centro Médico de Vermont, en Burlington.

Conjuntivitis

7 remedios para los ojos irritados

En su infancia, padecer de conjuntivitis aguda significaba no asistir a la escuela durante un par de días. Ahora que es adulto, la enfermedad sigue llamándose conjuntivitis aguda, y aunque tal vez no le ayude a faltar al trabajo, sus ojos todavía pueden obtener un poco de alivio. En seguida le decimos cómo.

Quite lo rojo con agua. ¿Recuerda cómo su mamá se sentaba junto a usted en la cama, sumergía una toallita en una vasija y la colocaba suavemente sobre sus ojos? Dejando de lado la almohada mojada, estaba en lo correcto. "Una compresa caliente aplicada a los ojos durante 5 o 10 minutos tres a cuatro veces al día lo hará sentir mejor", afirma el doctor Robert Petersen, oftalmólogo pediatra y director de la Clínica de Ojos en el Children's Hospital de Boston, Massachusetts.

Consérvelos limpios. "Muchas veces la conjuntivitis se mejora sola", comenta el doctor Petersen. "Para ayudar al proceso curativo, mantenga limpios sus ojos y párpados utilizando una bola de algodón sumergido previamente en agua limpia o estéril para retirar las lagañas."

Cuídese como si fuera un bebé. Una compresa caliente es buena para los niños, pero a veces los adultos necesitan algo adicional. "Los adultos que tienen mucha secreción debieran hacer una solución de una parte de champú para bebé por 10 partes de agua tibia", recomienda el doctor Peter Hersh, oftalmólogo y cirujano en el Massachusetts Eye and Ear Infirmary en Boston.

"Sumerja una bola de algodón estéril en la solución y empléela para limpiar sus pestañas. Es muy eficaz. El agua tibia afloja la lagaña y el champú para bebés limpia la unión entre párpado y pestaña."

ALERTA MÉDICA

Ver a un doctor es cuidar sus ojos

La conjuntivitis es un problema fácilmente tratable que por lo general desaparece por sí solo en alrededor de una semana. Sin embargo, debe usted ver a su doctor si:

- Después de cinco días la infección empeora, en vez de mejorar.
- Tiene enrojecido el ojo con fuerte dolor, cambio en la visión o una cantidad abundante de secreción amarilla o verdosa.
- El enrojecimiento ha sido producido por una lesión en el ojo. "A veces las infecciones pueden entrar en el ojo y rayar la córnea, lo cual ocasiona una úlcera, pérdida de la visión o incluso del ojo", advierte el doctor Robert Petersen.

Así que, tratándose de sus ojos, no adopte una actitud de esperar a ver. Mejor vea a su doctor.

Un producto no ético que se vende como solución para los ojos, llamada I-Scrub, utilizada en la misma manera resulta igualmente eficaz.

Arroje la toalla. Arrójela, junto con cualquier objeto de tela que entre en contacto con sus ojos, al cesto de ropa para lavado. "Esta infección es muy contagiosa. No comparta su toalla o cualquier otra tela con nadie, porque fácilmente contagiará la enfermedad", indica el doctor Petersen.

No ponga cloro en sus ojos. ¿Nadar en una piscina deja sus ojos rosados? "El cloro en las piscinas puede producir conjuntivitis, pero sin él las bacterias aumentarían, y eso podría causarla también", explica el doctor Petersen. "Si va a nadar y tiende a padecer conjuntivitis, use anteojos ajustados para nadar mientras se encuentra en el agua."

Ponga la conjuntivitis alérgica en el hielo. Si usted sobrevive a un periodo de natación de verano pero no al polen del verano, su conjuntivitis puede deberse a las alergias. "Si sus ojos le arden como si tuviera piquetes de mosquito y tiene pus filamentoso en el ojo, casi siempre puede ser signo de conjuntivitis alérgica", advierte el doctor J. Daniel Nelson, oftalmólogo de Minnesota y jefe del Departamento de Oftalmología en el Centro Médico St. Paul-Ramsey en Minnesota. "Le servirá tomar un antihistamínico que se venda sin necesidad de receta médica, además de aplicarse compresas frías, no calientes. Una compresa fría realmente aliviará la comezón."

Péguele en la noche. "La conjuntivitis causada por gérmenes se intensifica cuando cierra sus ojos. Por eso tiende a empeorar de noche, cuando está durmiendo", comenta el doctor Petersen. "Para combatir esto, antes de ir a dormir ponga en sus ojos cualquier ungüento antibiótico que le hayan recetado. De esa manera no se formarán las lagañas."

COMITÉ DE ASESORES

El doctor **Peter Hersh** es oftalmólogo y cirujano en el Departamento de Oftalmología en el Massachusetts Eye and Ear Infirmary en Boston. También es instructor de oftalmología en la Escuela de Medicina en Harvard, Boston.

El doctor **J. Daniel Nelson** es oftalmólogo y jefe del Departamento de Oftalmología en el Centro Médico St. Paul-Ramsey en Minnesota. También es profesor de oftalmología en la Escuela de Medicina en la Universidad de Minnesota, Minneápolis.

El doctor **Robert Petersen** es oftalmólogo pediatra y director de la Clínica de Ojos en el Children's Hospital en Boston, Massachusetts. También es profesor de oftalmología en la Escuela de Medicina en Harvard, en Boston.

Cortadas y raspones

13 maneras de aliviar una herida

Usted se dirige escaleras arriba, orgullosa de no tener que utilizar la escalera eléctrica o el elevador. Sus pies taconean rítmicamente contra el concreto y acero. De pronto, un pie pierde el paso y usted comienza a caer.

Con las manos, intenta asirse de algo y sus rodillas se doblan. Con la misma rapidez, la caída se ha consumado. Y mientras despega cada parte de su cuerpo del durísimo suelo, evalúa los daños.

Las palmas de sus manos parecen haber sido mordisqueadas por algún roedor, y ahora presentan una docena de pequeños arañazos que comienzan a sangrar.

Los destructores de vendajes

¿Tiene una contusión? ¿Se mejoró con un vendaje?. . . Hasta que tenga que arrancar la tela adhesiva.

Ahora le damos unos trucos para ayudarle a quitarse las cintas adhesivas sin dolor. Las dos primeras son cortesía de una enfermera de Nueva Inglaterra, y la última proviene de Ed Watson, vocero empresarial de Johnson & Johnson.

- Emplee unas tijeras pequeñitas para separar la parte de vendaje de las secciones adhesivas. Jale suavemente separándolo del raspón. Luego elimine las tiras adhesivas.
- Si su costra o escara se ha fijado al vendaje, remoje la zona en una mezcla de agua caliente y sal (una cucharadita de sal por unos 3.5 litros de agua). Tenga paciencia. En su momento, el vendaje cederá la costra.
- Si la escara se encuentra mezclada con el vello del brazo, pierna o pecho, jale en la dirección que crece el vello, recomienda Watson. Emplee un hisopo de algodón saturado en aceite para bebé o alcohol para fricciones con el objeto de mojar completamente el adhesivo antes de retirarlo de la piel.

Sus rodillas cumplieron muy bien su tarea de detener la caída. Pero una rodilla se encuentra raspada y comienzan a formarse hilillos rojos oscuros. Y durante un segundo, antes de que el ardor irrumpa en su conciencia, recuerda las rodillas llenas de costras o escaras que usted lucía a los 10 años de edad.

La vida está llena de pequeñas sorpresas desagradables como esta caída; como rebanarse un dedo en vez del pepino cuando prepara la ensalada; o cuando su perro se vuelve demasiado afectuoso y accidentalmente le araña el brazo; o mientras realiza una reparación en su hogar, su herramienta golpea su mano en vez del tornillo. . .

No obstante, usted puede hacer sus propias reparaciones caseras a estas pequeñas cortaduras y raspones de la vida con artículos que tal vez haya almacenado en su cocina o botiquín. Aquí encontrará la información de primeros auxilios que necesita para hacerlo.

Detenga la hemorragia. La manera más rápida de detener el sangrado es aplicar presión directa. Coloque una tela limpia y absorbente (como una venda o toalla) sobre la cortadura y luego oprima su mano firmemente contra la herida. Si no tiene una tela, utilice sus dedos. Por lo regular esto detiene la hemorragia al cabo de uno a dos minutos. Si la sangre se filtra a través del primer vendaje, agregue uno

Selección de un ungüento que se venda sin receta médica

Busque en los anaqueles de artículos de "Primeros Auxilios" de cualquier farmacia. Le parecerá la pesadilla de un consumidor. ¿Qué debe escoger? ¿Un ungüento bactericida? ¿O tal vez algo con el marbete de "Crema para primeros auxilios"? ¿O debe escoger el producto que según la publicidad no causa ardor?

El doctor James J. Leyden realizó un estudio en el cual amparó la eficacia de nueve productos para aliviar heridas que se venden sin receta médica. Descubrió que algunos productos son más rápidos que otros tratándose del tiempo que se necesita para curar cortadas pequeñas, raspones y quemaduras. Este es el resultado del estudio.

- Polisporín (ingredientes activos: polimixina B, ungüento de bacitracín): 8.2 días.
- Neosporín (ingredientes activos: neomicina, polimixina B, ungüento de bacitracín): 9.2 días.
- Johnson & Johnson First Aid Cream (protector de heridas sin agente antibiótico): 9.8 días.
- Mercurocromo (ingrediente activo: merbromín): 13.1 días.
- Sin tratamiento: 13.3 días.
- Bactine en aerosol (ingrediente activo: cloruro de benzalconio): 14.2 días.
- Mertiolato (ingrediente activo: timerosol): 14.2 días.
- Peróxido de hidrógeno al 3%: 14.3 días.
- Campho-Phenique (ingredientes activos: alcanfor, fenol):15.4 días.
- Tinturas de yodo: 15.7 días.

nuevo y presione con firmeza. Agregue vendajes adicionales sobre los primeros, ya que si quita éstos puede arrancar las células sanguíneas coagulantes.

Si al aplicar la presión la hemorragia no se detiene, sitúe el miembro arriba del nivel del corazón para reducir la presión de la sangre en la herida. Continúe aplicando presión todo el tiempo. Esto deberá detener la hemorragia.

Limpie la herida. Esto es importante para impedir la infección y disminuir la posibilidad de decoloración permanente o tatuaje. Lave la zona con agua y jabón o agua sola, aconseja el doctor Hugh Macaulay, médico de la sala de emergencias en el Hospital Aspen Valley en Aspen, Colorado. El propósito es diluir las bacterias en la herida y desechar los restos. Además, si usted no quita las piedrecillas o arena de la herida, pueden dejar pigmentos bajo la piel, lo que actúa como tatuaje. Limpie con cuidado la lesión dos veces al día.

ALERTA MÉDICA

Atienda su lesión con orientación profesional

No siempre bastan los primeros auxilios. Consulte a su médico cuando:

- El sangrado sea rojo brillante y salga a borbotones. Puede haber perforado una arteria.
- No pueda quitar lavando todos los desperdicios de la herida.
- La cortada o raspón se encuentre en su rostro o cualquier área donde usted quiera minimizar las cicatrices.
- Su herida presente líneas rojas, supure pus o el enrojecimiento se extienda más allá de un dedo de ancho a partir de la cortadura.
- La herida sea grande y usted "puede ver hasta el fondo", dice el doctor Hugh Macaulay. Pueden necesitarse suturas. Pero no intente hacer sutura doméstica aun cuando se encuentre donde no hay asistencia médica fácilmente disponible.

Fájela. Cuando se detenga o disminuya la hemorragia, sujete firmemente la herida con una tela o envuélvala con una venda elástica de modo que se ejerza presión contra la cortadura, *pero no interrumpa la circulación*, afirma John Gillies, técnico médico de emergencias y director de programa para servicios de salud en la Escuela Colorado Outward Bound en Denver. Si la cortadura se encuentra en el brazo o pierna, puede detener la circulación en esa zona oprimiendo la uña de un dedo de la mano o del pie. La uña debe ponerse blanca, luego, cuando quite la presión, rosada de nuevo. Si es necesario, afloje un poco el vendaje.

Busque presión adicional. Si la cortadura sigue sangrando, resulta más grave de lo que usted habría pensado al principio y tal vez necesite consultar un médico de inmediato; pero mientras llega al consultorio, agregue un punto de presión a sus esfuerzos. Oprima sobre el punto más próximo a la cortadura pero entre la herida y el corazón. Los puntos de presión son los lugares en los que usted pensaría para tomar el pulso: las muñecas, el antebrazo, aproximadamente a medio camino entre el codo y la axila, y en la ingle donde el muslo se une al tronco. Oprima la arteria contra el hueso. Suspenda la opresión aproximadamente un minuto después de que se detenga la hemorragia. Si ésta se reinicia, vuelva a aplicar la presión en el mismo punto.

No emplee un torniquete. En la mayor parte de las cortaduras y raspones basta con aplicar los primeros auxilios; por otra parte, los torniquetes son para casos extremos, a más de ser peligrosos. "Si aplica un torniquete, la persona puede llegar a perder ese miembro porque usted ha interrumpido la circulación", advierte Gillies.

Aplique un ungüento antibiótico no ético. Los mejores son los ungüentos bactericidas de amplio espectro, según el doctor James J. Leyden, profesor de dermatología en la Universidad de Pennsylvania. (Vea la "Selección de un ungüento que se venda sin receta médica", en la página 130).

El otro camino

La curación puede ser dulce

¿Tiene una cortadura o herida? Usted puede acelerar el proceso curativo con un poco de azúcar común, declara el doctor Richard A. Knutson, cirujano ortopédico en el Centro Médico Delta en Greenville, Mississipi. Knutson ha tratado más de 5 000 heridas graves durante la década pasada con una mezcla de yodo rebajado y azúcar que cura una diversidad de problemas; desde cortadas, raspones y quemadas hasta yemas de dedos amputadas. (El yodo puro quema la piel.)

Knutson explica que el azúcar priva a las bacterias de los nutrientes necesarios para su crecimiento o multiplicación. Por lo regular las heridas sanan con rapidez, sin escara, y a menudo con poca cicatriz. Los queloides (cicatrices grandes e irregulares) se reducen al mínimo.

Cocine uno de los ungüentos azucarados del doctor Knutson mezclando azúcar común con Betadine (un enjuague bactericida a base de yodo y que se encuentra en cualquier farmacia). Para producir una mezcla homogénea mezcle 15 centímetros cúbicos de solución Betadine, 140 gramos de azúcar y unos 32 gramos de ungüento Betadine. Aplique generosamente el ungüento casero a una herida ya limpia y con cuidado cúbrala con gasa. Cuatro veces al día enjuague suavemente la zona con agua y peróxido de hidrógeno, y aplique de nuevo más ungüento. Disminuya la cantidad aplicada y el número de aplicaciones conforme progrese la curación.

Advertencia: asegúrese de que la herida esté limpia y que el sangrado se haya detenido antes de aplicar la mezcla, pues en caso contrario el azúcar hará que sangre más una herida con hemorragia. No utilice azúcar para repostería ni azúcar mascabado, advierte el doctor Knutson, pues aunque ayudan, el almidón que contienen neutralizará el yodo. Las heridas tratadas con estos azúcares formarán costras.

La gente que utiliza un ungüento antibiótico triple y la clase apropiada de vendaje se cura 30% más rápido, afirma Patricia Mertz, profesora investigadora en la Escuela de Medicina en la Universidad de Miami, quien se dedica a estudiar cómo sanan las heridas.

Sin embargo, advierte Mertz, tenga cuidado con los productos no éticos que contienen neomicina o ungüentos que contienen muchos preservativos, pues pueden ocasionar una reacción alérgica; el raspón enrojece, da comezón y puede infectarse.

"En nuestras pruebas", relata Mertz, "descubrimos que el ungüento Polysporin fue el más eficaz y que el Mertiolate fue el peor agresor para la irritación".

Manténgalas a buen resguardo. Cuando se exponen al aire, las cortadas forman costras, las cuales frenan el crecimiento de células nuevas, advierte Mertz, quien recomienda un vendaje plástico similar a la envoltura para los alimentos, que vienen en una diversidad de tamaños. También pueden conseguirse en una diversidad de marcas. De otra manera, recomienda, busque gasa impregnada con petrolato. Ambos tipos de vendajes mantienen la humedad curativa en la herida pero permiten que pase sólo un poco de aire. Las células se regeneran con más rapidez cuando se encuentran húmedas.

Ponga punto final con una inyección antitetánica. ¿Se cortó el dedo con un cuchillo filoso? ¿Se rasguñó la mano con un clavo oxidado? ¿Raspó su rodilla en el concreto? Grandes o pequeñas, las cortaduras deben recordarle que mantenga al día sus inmunizaciones. Si no ha recibido una inyección antitetánica en los últimos cinco años, necesitará un refuerzo, aconseja el doctor Macaulay. Estas inyecciones suelen obtenerse gratuitamente o a costo nominal en las unidades de salud públicas, agrega. Si usted no recuerda cuándo recibió su último refuerzo antitetánico, será bueno que reciba uno dentro de las 24 horas siguientes a su lesión.

COMITÉ DE ASESORES

El técnico en emergencias médicas **John Gillies** es también director de programa para los servicios de salud en la Escuela Colorado Outward Bound en Denver.

El doctor **Richard A. Knutson** es cirujano ortopédico en el Centro Médico Delta en Greenville, Mississippi.

El doctor **James J. Leyden** es profesor de dermatología en el Departamento de Dermatología en la Universidad de Pennsylvania, Filadelfia.

El doctor **Hugh Macaulay** es médico en la sala de emergencias del Hospital Aspen Valley en Aspen, Colorado.

Patricia Mertz es profesora e investigadora en el Departamento de Dermatología y Cirugía Cutánea en la Escuela de Medicina en la Universidad de Miami en Florida.

Cruda

18 maneras de enfrentar el día siguiente

Es una bella mañana, pero usted sencillamente no puede aguantarla más.

Los gorriones que cantan fuera de su ventana suenan como si se tratara de buitres impulsados por energía nuclear graznando a través de altoparlantes, y toda esa dorada luz que se filtra por su ventana se siente como ácido en los ojos: usted *juraría* que se le están derritiendo.

Lamentablemente, tal vez inmoralmente, del todo evitablemente, pero con absoluta certeza . . . usted tiene cruda. Y la gran pregunta es: ¿qué puede hacer al respecto?

Por desgracia, no mucho. No hay nada que cure una cruda, excepto el tiempo; pero puede hacer algo para aliviar los síntomas (el dolor de cabeza, las náuseas y la fatiga) de modo que pueda pasar ese día después lo menos desagradablemente posible.

Beba jugo de frutas. "El jugo de frutas contiene una forma de azúcar llamada fructosa, que ayuda al cuerpo a quemar el alcohol con mayor rapidez", explica el doctor Seymour Diamond, director de la Clínica Diamond para el Dolor de Cabeza en Chicago, Illinois. En otras palabras, un vaso grande de jugo de naranja o de tomate le ayudará a acelerar la eliminación del alcohol que todavía esté en su sistema la mañana del día siguiente.

Coma galletas saladas y miel. La miel es una fuente muy concentrada de fructosa, y comer un poco la mañana del día siguiente es otra forma de ayudar a su cuerpo a expulsar cualquier remanente de alcohol, afirma el doctor Diamond.

Obtenga algo de alivio para el dolor. Invariablemente el dolor de cabeza es parte del paquete que acompaña a una cruda. "Puede tomar aspirina,

El ingerir alcohol afecta el rendimiento el día después

Usted es el alma de las fiestas, pero eso no constituye un problema; sin importar cuánto beba, siempre se despierta al día siguiente sintiéndose muy bien.

Si cree que este es su caso, ¡tenga cuidado! Sentirse bien no significa que realmente lo esté, según un estudio realizado en la Universidad de Stanford en cooperación con la Marina de Guerra de Estados Unidos.

El equipo de Stanford estudió cuidadosamente a los pilotos de aviones cazasubmarinos P-3. Empleando simuladores de éstos, evaluaron las habilidades de vuelo de los pilotos cuando estaban completamente sobrios y 14 horas después de haber bebido lo suficiente para ser considerados jurídicamente ebrios.

El resultado fue el siguiente: "Los pilotos que declararon sentirse magníficamente y en los que no pudimos encontrar siquiera un rastro de alcohol no pudieron volar tan bien como cuando estaban completamente desalcoholizados", refiere el doctor Von Lierer, director de investigación y propietario de Decision Systems, empresa de investigación en Stanford, California.

¿Qué significa esto para la vida *de usted*? La arena en el sistema siempre será arena en el sistema, incluso aunque usted no sepa que se encuentra presente.

"Si va a tener una importante reunión de trabajo el día de mañana, una presentación vital a su cargo (*cualquier* situación en que usted necesite dar su rendimiento óptimo), no beba nada de alcohol la noche anterior", recomienda el doctor Lierer.

Sin embargo, los pilotos no son los únicos que corren peligro como consecuencia de los efectos de una cruda. Por ejemplo, los manejadores de vehículos terrestres sufren del mismo deterioro en el rendimiento, según un estudio sueco publicado en el *Journal of the American Medical Association*.

Los investigadores suecos probaron a 22 voluntarios en una pista de prueba marcada con pilones usando —¿qué otra cosa iba a ser?— una camioneta Volvo. A intervalos imprevistos, recibían una señal que indicaba que debían virar el vehículo a derecha e izquierda alrededor de los pilones. La habilidad para conducir se determinó midiendo el tiempo de frenado y el número de pilones golpeados.

Diecinueve de los 22 voluntarios calificaron significativamente peor por estar crudos.

acetaminofén o ibuprofén, pero no tome nada más fuerte", aconseja el doctor Diamond. "Con analgésicos más potentes corre el riesgo de adquirir el hábito, y no querrá que el primer problema inicie otro más."

Considere las cortezas. La corteza de sauce es una opción lógica si quiere un analgésico natural, según el doctor Kenneth Blum, jefe de la División de Enfermedades por Adicción del Centro de Ciencias para la Salud de la Universidad

Cómo evitar una cruda

La cruda que se padece una vez no quiere volver a padecerse; pero eso no significa que deba abandonar el alcohol por completo para tener una mañana de bienestar después de una noche de diversión.

"Están obteniéndose pruebas de que la causa principal de la cruda es la falta brusca del alcohol", informa el doctor Mack Mitchell, vicepresidente de la Fundación de Investigaciones Médicas sobre Bebidas Alcohólicas en Baltimore, Maryland, y profesor de medicina en la Universidad Johns Hopkins. "Las neuronas cambian físicamente para responder a la presencia del alcohol, y cuando éste desaparece (cuando su cuerpo termina de quemarlo) usted pasa por el proceso de desintoxicación hasta que dichas células se acostumbran a estar sin él."

Combine esto con los efectos que tiene el alcohol en los vasos sanguíneos en la cabeza (pueden hincharse significativamente según la cantidad bebida), y termina experimentando un día siguiente que preferiría olvidar. Así pues, ¿cómo evitar todo esto?

Beba lentamente. El alcohol llegará en menor cantidad a su cerebro en la medida que beba más lentamente aunque a la larga termine bebiendo más. Según el doctor Mitchell, la aritmética elemental proporciona la explicación: su cuerpo quema el alcohol a un ritmo fijo: más o menos 30 centímetros cúbicos por hora. Si se da más tiempo para quemarlo, llegará menor cantidad a su sangre y cerebro.

Beba con el estómago lleno. "Tal vez sea lo mejor que puede hacer, además de beber menos, para reducir la gravedad de la cruda", comenta el doctor Mitchell. "El alimento retarda la absorción del alcohol y conforme se absorba más lentamente, menos alcohol llegará al cerebro." No importa mucho qué tipo de comida ingiera.

Consuma las bebidas apropiadas. El tipo de bebida puede tener un papel importante en cómo se sienta su cabeza a la mañana siguiente, según el doctor Kenneth Blum. Los principales villanos son los licores.

"Los etílicos son otros tipos de alcoholes (el etanol es lo que emborracha) que se

de Texas en San Antonio. "Contiene una forma natural de salicilato, el ingrediente activo en la aspirina, que se libera al irla masticando", explica el doctor Blum.

Tome caldos. El caldo preparado con cubos de concentrado o cualquier consomé hecho en casa ayudará a reemplazar la sal y el potasio que su cuerpo pierde después de ingerir bebidas alcohólicas, afirma el doctor Diamond.

encuentran esencialmente en todas las bebidas alcohólicas", explica el doctor Blum. "No se sabe cómo actúan, pero están estrechamente relacionados con el grado de malestar que se siente después de haber bebido."

La mezcolanza menos peligrosa es el vodka, en tanto que las peores son los coñaques, brandis, whiskis y champañas de todas clases. El vino tinto también es malo, pero por una razón distinta: contiene tiramina, sustancia parecida a la histamina que produce un dolor de cabeza fatal. Todo el que haya pasado una velada al calor de una botella de vino tinto sabe de qué estamos hablando.

Evite las burbujas. Y no nada más las de la champaña, según la opinión de los doctores Mitchell y Blum. Toda bebida con burbujas (y un ron con cola es tan malo como la champaña) constituye un peligro especial. Las burbujas incorporan el alcohol a su torrente sanguíneo con mucha más rapidez; el hígado trata de ponerse a la altura de las circunstancias pero no lo logra, y el excedente de alcohol se vierte en el torrente sanguíneo. La mañana siguiente usted sabrá exactamente cuánto se ha desbordado.

Sea sensato. Con pocas excepciones, no hay manera en que una persona que pese 50 kilos pueda competir contra una de 95 kilos y todavía despertar con el título de ganador. Por tanto, debe establecer una proporción en las cantidades que bebe cada uno. Para que las cosas sean justas, el que pesa 50 kilos debe tomar aproximadamente la mitad de alcohol que el de 95 kilos.

Tómese un coctel de Alka-Seltzer al ir a dormir. "No hay datos científicos definitivos al respecto, pero mi propia experiencia clínica y la de muchas personas más indica que el agua y Alka-Seltzer antes de ir a dormir pueden aminorar mucho el problema de su cruda", comenta el doctor John Brick. Otras personas afirman que dos tabletas de aspirina (que es realmente Alka-Seltzer sin burbujas) también pueden ser útiles.

Reabastezca su provisión de agua. "El alcohol causa deshidratación de sus células corporales", explica el doctor John Brick, jefe de investigación en el Centro de Estudios sobre el Alcohol de la Universidad Estatal de Rutgers en Nueva Jersey. "Beber bastante agua antes de ir a la cama y de nuevo al levantarse a la mañana siguiente puede ayudar a aliviar la incomodidad producida por la deshidratación."

Tome vitaminas del complejo B. El alcohol drena el cuerpo de estas valiosas vitaminas. Las investigaciones han demostrado que su sistema acude a las vitaminas B cuando se le somete a tensión, y castigar en exceso al cuerpo con demasiado alcohol, cerveza o vino, definitivamente se considera como tensión, agrega el doctor Blum. Por eso, reabastecer a su cuerpo con una cápsula de vitaminas del complejo B puede ayudar a reducir la duración de su cruda.

Consuma aminoácidos. Los aminoácidos son los elementos constitutivos de la proteína. Al igual que las vitaminas y los minerales, también pueden agotarse por efectos del alcohol. El doctor Blum afirma que reabastecer los aminoácidos es importante para reparar los estragos de una cruda. Ingerir una pequeña cantidad de carbohidratos ayudará a la recuperación de aminoácidos en el torrente sanguíneo; también se encuentran disponibles en forma de cápsulas en la mayor parte de las tiendas naturistas.

Tómese dos tazas de café. "El café actúa como vasoconstrictor, lo cual reduce la inflamación de los vasos sanguíneos: la causa del dolor de cabeza", comenta el doctor Diamond. "Un par de tazas puede hacer mucho para aliviar los dolores de cabeza causados por las crudas"; pero no beba demasiado café, pues no debe sumar el nerviosismo del café al del alcohol.

Coma bien. Claro, si puede tolerarlo. Una comida balanceada repondrá los nutrientes esenciales perdidos, explica el doctor Blum; pero cuide que su comida sea ligera, sin grasas ni productos fritos.

Deje que el tiempo sane todo. La mejor cura y la única a prueba de todo contra una cruda es, desde luego, 24 horas. Trate sus síntomas de la mejor manera posible para usted. Duerma bien y al siguiente día, ¡ojalá!, todo quedará olvidado.

COMITÉ DE ASESORES

El doctor **Kenneth Blum** es jefe de la División de Enfermedades por Adicción del Centro de Ciencias para la Salud de la Universidad de Texas en San Antonio.

El doctor **John Brick** es jefe de investigación en la División de Educación y Capacitación del Centro de Estudios sobre el Alcohol de la Universidad Estatal de Rutgers en Piscataway, Nueva Jersey.

El doctor **Seymour Diamond** es director de la Clínica Diamond para el Dolor de Cabeza y la unidad de dolor de cabeza de enfermos internos en el Hospital Louis A. Weiss Memorial en Chicago, Illinois. También es director ejecutivo de la National Headache Foundation y coautor de varios libros sobre cefalalgias.

El doctor **Von Lierer** es director de investigación y propietario de Decision Systems, empresa dedicada a la investigación en Stanford, California. Anteriormente fue psicólogo cognitivo en la Universidad de Stanford.

El doctor **Mack Mitchell** es vicepresidente de la Fundación de Investigaciones Médicas sobre Bebidas Alcohólicas en Baltimore, Maryland, y profesor de medicina en la Universidad Johns Hopkins de esa localidad.

Dentaduras postizas problemáticas

14 ideas para una sonrisa más segura

Todo mundo sabe que George Washington usaba dentadura postiza; pero, ¿sabía usted que los dientes del presidente Ulises S. Grant le echaron a perder un crucero por el mundo, por los problemas que le dieron? El presidente barbado, tal vez mientras admiraba las espumeantes cabrillas marinas, se inclinó demasiado lejos sobre la barandilla y, ¡plop!, su dentadura postiza fue a perderse en las saladas profundidades.

Debe tenerse compasión por las pobres personas que en tiempos pasados tenían que usar dentaduras postizas. Antes de la era de las cremas y pastas superadhesivas para dentaduras postizas, los dientes artificiales se usaban tan holgados que mucha gente se los quitaba para comer.

Gracias a Dios, las cosas han cambiado. ¿O no? Si usted está usando una dentadura postiza nueva, tal vez esté luchando con algunos de los problemas de antaño: boca adolorida, dificultad para comer o hablar, placas que se resbalan y la sensación de que quizá no se vean naturales.

Hoy día, las personas que usan dentaduras postizas pueden escoger entre una variedad de artículos dentales, que consisten en dentaduras parciales y totales, removibles y las que se implantan en el hueso y llegan a verse como dientes reales.

Como cualquier parte artificial del cuerpo, el usuario de todos los artículos mencionados requiere cierto tiempo para adaptarse a ellos, señala George A.

Murrell, prostodoncista de Manhattan Beach, California, quien da cátedra en la Escuela de Odontología de la Universidad del Sur de California. Él y otros especialistas tienen algunas sugerencias para usted.

Véase al espejo. Sonría. Frunza el entrecejo. Sea feliz. Póngase triste. Ponga cara de seriedad. Practique a ver cómo se ve, de modo que tenga más confianza frente a las demás personas, recomienda el doctor Murrell.

Practique su vocalización. Diga sus vocales. Recite sus consonantes, aconseja el doctor Jerry F. Taintor, presidente de la junta directiva de endodoncia en el Colegio de Odontología en la Universidad de Tennessee. La práctica lo ayudará a aprender a hablar con el dispositivo que tiene en su boca.

Hágase una videocinta. Las videocintas son valiosas por varias razones, comenta el doctor Murrell, pues le muestran cómo lo perciben otras personas. Además, puede mostrar la cinta a su dentista, de modo que utilice las imágenes para descifrar los problemas con los músculos de la mandíbula o movimientos de los labios.

Cuidado con los palillos de dientes. Las pequeñas astillas de madera son especialmente peligrosas para los usuarios de dentaduras postizas, explica el doctor Taintor. "Se pierde mucha sensibilidad táctil si se usan dentaduras; de aquí que se corra el peligro de morder el mondadientes sin saberlo, porque no se puede sentir, y luego tal vez se encaje una astilla en la garganta."

Lea un libro. Y hágalo en voz alta. "Usar dentadura postiza es como usar una prótesis de extremidad", afirma el doctor Taintor. "Se tiene que practicar a utilizarla bien." Lea en voz alta para sí, recomienda. Escuche su pronunciación, su dicción y corrija lo que no le parezca que suene bien.

Use un adhesivo. Si siente que sus nuevos dientes no ajustan a la perfección, indica el doctor Taintor, "no tiene nada de malo que utilice un adhesivo para dentadura postiza durante ese periodo de ajuste; pero tenga presente que necesitará usar el adhesivo todo el tiempo mientras se reacomoda la dentadura. "Pueden encontrarse adhesivos que se venden sin necesidad de receta médica en cualquier farmacia, pastas suaves que forman un vacío entre sus encías y sus placas para 'engomarlas' temporalmente."

Comience suave y lento. No. No tema estar sentenciado de por vida a comer papillas para bebé, aunque sí debe comenzar comiendo alimentos suaves, aconseja el doctor Taintor. Poco a poco aumente la textura y dureza de su alimento de modo que las encías y su habilidad vayan acostumbrándose a usar la dentadura.

Cepíllese con agua y jabón. Cuando termine de comer, quítese la dentadura y lávela con agua tibia y jabón común.

Limpie sus dientes. Si tiene implantes, necesitará establecer un ritual de limpieza dos veces al día igual como cuando usted cuidaba de sus dientes originales, indica el doctor Murrell. "Aunque podemos hacer bellos trabajos dentales, no duran si no se les cuida." Algunos cepillos pueden variar un poco pero eso no cambia el concepto básico: limpie su dentadura.

Cuide su boca como la de un bebé. "Los bebés nacen con sarro en la boca", refiere el doctor Eric Chapira, cirujano dentista en El Granada, California, profesor de clínica y maestro en la Escuela de Odontología de la Universidad del Pacífico. "Incluso aunque no tenga dientes, es necesario que se lave las encías para quitar el sarro." Emplee un cepillo blando y cepille suavemente sus encías, recomienda. Tenga cuidado de no cepillar con tanta fuerza que lastime o irrite el interior de su boca. Una buena limpieza disminuirá la posibilidad de mal aliento y ayudará a que sus encías se conserven más sanas, comenta.

Pruebe una pastilla. Una queja habitual, agrega el doctor Murrell, es el exceso de saliva durante las primeras semanas de utilizar dentaduras postizas. Resuelva este problema fácilmente chupando constantemente una pastilla los primeros días, lo que le ayudará a tragar con más frecuencia y librarse de parte del exceso de saliva.

Masajee sus encías. Coloque el pulgar e índice sobre sus encías (el índice por fuera) y masajéelas, aconseja el doctor Richard Shepard, cirujano dentista de Durango, Colorado. Así fomentará la circulación y dará a sus encías una sana firmeza.

Enjuáguese con agua salada. Para ayudar a limpiar sus encías, enjuague su boca a diario con un vaso de agua tibia mezclada con una cucharadita de sal, indica el doctor Taintor.

Descanse sus encías. Cuando pueda, sáquese la dentadura y deje que sus encías descansen durante un rato, recomienda el doctor Taintor.

Dentición

4 maneras de mitigar el dolor

Aunque muchas personas no lo saben, en realidad los dientes de los niños comienzan a desarrollarse varios meses antes del nacimiento. De hecho, las yemas o botones de los dientes comienzan a aparecer en el feto hacia la quinta o sexta semana de gestación. Para cuando nace el bebé, sus 20 dientes primarios (o "de leche") que saldrán en el transcurso de los dos y medio años siguientes ya se encuentran en sus sitios y distribuidos en la mandíbula.

Por lo general esos primeros dientes comienzan a empujar hacia afuera alrededor de 4 a 8 meses después del nacimiento. Las encías del bebé comienzan a inflamarse y se vuelven sensibles y de repente su pedacito de alegría se vuelve irritable e inquieto. ¡Se inició la dentición!

Como tantos otros padres, tal vez esté un poco preocupado por cómo reaccionarán usted y su bebé al ataque sistemático de los dientes contra las encías.

"Quizá le espere una dentición indolora o quizá sólo un poquito de molestia del bebé acompañada por una conducta consecuente", tranquiliza el doctor en cirugía dental, John A. Bogert, director ejecutivo de la American Academy of Pediatric Dentistry en Chicago, Illinois. "Casi todos los niños se vuelven un poco molestos e inquietos cuando aparecen sus dos o cuatro primeros dientes."

ALERTA MÉDICA

La fiebre es señal de enfermedad

"Uno de los mitos más comunes es que los bebés deben tener fiebre cuando aparece la dentición", comenta la enfermera pediátrica Linda Jonides. "Si hay fiebre, no se debe a la dentición; significa que algo más está mal en el cuerpo de su bebé. Debe consultar a un médico."

¡Vaya! Eso no suena tan mal; pero en el caso de que la dentición de su bebé se convierta en algo más intenso que esto, lea en seguida algunas sugerencias que le ayudarán a pasar el trance con menor dificultad.

Enfríe los dientes. "Masticar mordederas, especialmente las diseñadas para meterse en el refrigerador y enfriarlas, es muy eficaz y hace que las encías del bebé se sientan bien", declara Linda Jonides, enfermera pediátrica en Ann Arbor, Michigan. "Para un bebé de seis o más meses de edad, basta incluso una toalla limpia y fría para mordisquear", agrega.

Friccione hoy las encías con gasa. "Tal vez deba comenzar a limpiar la boca de su bebé antes de que aparezcan sus dientes", interviene el doctor Bogert. Envuelva su índice con un pequeño cojincillo de gasa o incluso una toallita nueva para limpiar a su bebé; humedezca la tela ligeramente y úsela para masajear las encías, prosigue el doctor Bogert.

Al hacerlo, elimina la acumulación de bacterias y acostumbrará a su bebé a que alguien meta algo en su boca. "De ese modo, cuando venga el primer diente, usted puede comenzar a cepillarlo sin causar trauma excesivo", señala el doctor Bogert. "Además, el masajeado diario se traduce en encías mucho más sanas."

¿Cuán pronto debe comenzar? "En realidad recomendamos que comience a hacer esto desde el primer día en que el bebé llegue a casa del hospital", precisa el doctor Bogert; "pero tal vez no sea demasiado tarde si usted comienza el día de hoy. Basta un par de veces al día, en especial a la hora de ir a dormir".

Sirva una sabrosa mordedera. "Tome un pedazo de manzana fría, envuélvala en una toallita para lavado mojada y de tamaño pequeño", sugiere Helen Neville, enfermera asesora pediátrica en el Hospital Kaiser Permanente en Oakland, California.

"Casi todas las mordederas carecen de sabor", señala, "de modo que una manzana será más atractiva al bebé para morder y ayudar a que sus dientes se abran camino a través de las encías".

Use remedios no éticos contra el dolor e inflamación. "Recomiendo probar los medicamentos que ya tiene la mayoría de padres a mano contra el dolor pediátrico", agrega el doctor Bogert. "Por lo general, esto incluye Tylenol pediátrico. Hay muchos anestésicos tópicos buenos para aliviar el dolor de la dentición y se pueden conseguir sin receta o supervisión médica en cualquier farmacia. Sencillamente friccione un poco del producto en las encías para lograr rápido alivio."

COMITÉ DE ASESORES

El doctor en cirugía dental **John A. Bogert** es director ejecutivo de la American Academy of Pediatric Dentistry en Chicago, Illinois.

Linda Jonides es enfermera pediátrica en Ann Arbor, Michigan.

Helen Neville es enfermera asesora pediátrica en el Hospital Kaiser Permanente en Oakland, California, donde forma parte del cuerpo de atención de emergencia las 24 horas del día para los padres. Es autora de *No-Fault Parenting*.

Depresión

22 maneras de imponerse a la tristeza

La vida (¡yajuuuu!) podría compararse con una montaña rusa. Hombre rico, hombre pobre, limosnero, ladrón, doctor, abogado, jefe indio: *todo mundo* tiene altas y bajas. ¡Vaya!, incluso los más expertos en la materia a veces tienen dificultades para salir de ella.

No obstante, lo que saben por experiencia estos expertos en la depresión es que casi todos los casos de depresión pueden revertirse ... incluso los más severos; y para los que no son tan graves (llámesele tristeza, "no quiero levantarme de la cama" o desánimo), algunas técnicas muy sencillas pueden hacer maravillas.

Por tanto, si considera que está tocando fondo y se siente melancólico, como si la vida lo arrastrara hacia abajo, apartándolo de las alegrías, pruebe uno de estos métodos infalibles para hacer que su ánimo se eleve por los cielos.

Siéntese a disfrutar (o al menos tolerar) los baches. Benjamin Franklin decía que nada en este mundo es seguro excepto la muerte y los impuestos; pero omitió algo: la tristeza.

"Percátese de que sentirse un poco mal no es una tragedia", señala el doctor en educación William Knaus, psicólogo privado de Long Meadow, Massachusetts. El doctor y psicólogo Fred Strassburger, profesor de clínica de psiquiatría en la Escuela de Medicina en la Universidad George Washington, agrega: "Comprenda que los sentimientos de depresión son temporales; no se entristezca más por estar triste".

Haga algo activo. Quedarse en casa a limpiar los pisos es garantía segura de aumentar su depresión. Por tanto, este remedio casero significa *alejarse* de casa. No importa cuánto escoja usted hacer, mientras sea algo *activo*, indica el doctor Jonathan W. Stewart, psiquiatra investigador en el Instituto Psiquiátrico del Estado de Nueva York en la ciudad de Nueva York. Salga a caminar, pasee en bicicleta, visite a un amigo, juegue un juego de mesa, lea un libro o póngase a espiar en la vida de otros; empero, cambiar de canal al televisor *no* es una actividad.

Busque en su memoria qué cosas divertidas puede hacer. La mejor manera de iniciar una actividad es comenzar escribiendo una lista de las cosas que usted disfruta. Desde luego, el problema es que nada parece muy disfrutable cuando usted está deprimido. ¿Qué hacer? Enumere las actividades que *solían gustarle*, sugiere el doctor C. Eugene Walker, profesor de psicología y director de adiestramiento en psicología pediátrica en el Centro de Ciencias para la Salud en la Universidad de Oklahoma. Luego, escoja una . . . y ¡practíquela!

Hable de ello. "Siempre es útil compartir sus sentimientos con alguien", aconseja la doctora Bonnie R. Strickland, profesora de psicología en la Universidad de Massachusetts en Amherst. "Encuentre amistades que se interesen por usted y platíqueles lo que le ocurre."

Dé rienda suelta al llanto. Si hablar de sus problemas lo hace llorar, adelante. "Llorar es un magnífico escape, sobre todo si sabe por qué llora", comenta el doctor Robert Jaffe, terapeuta matrimonial y familiar en Sherman Oaks, California.

Siéntese a analizar la situación. "Muchas veces, si usted puede localizar con precisión la fuente de su depresión, se sentirá mucho mejor", observa el doctor Strassburger. "Una vez que comprenda el problema, puede comenzar a desentrañar qué necesita hacer al respecto."

Pruebe una y otra vez... y luego déjelo por la paz. "De niños y adolescentes nos forjamos una idea de lo que la vida ha de depararnos, y a veces nos aferramos a ella aun cuando la vida misma denuncie su irrealidad", señala el doctor Arnold H. Gessel, psiquiatra privado en Broomall, Pennsylvania. Agrega que la búsqueda de metas irrealizables puede llevar a la depresión. Este es el momento cuando sencillamente tiene que decir: "Hice lo mejor que pude", y abandonar ese propósito.

Ayude a otros a superar la depresión

¿Qué hacer cuando alguien cercano a usted se deprime?

"Escuchar", recomienda el doctor Robert Jaffe, terapeuta familiar. "Más que nada, su amigo necesita alguien que lo escuche."

Si alguien por quien usted se interesa parece deprimido y no ha dicho nada al respecto, ¡adelante! Pregúntele: "¿Te sientes deprimido?", sugiere el doctor Jaffe. Luego haga preguntas abiertas, como "¿Cuándo comenzaste a sentirte así?" Esta es una buena pregunta, señala el doctor Jaffe, porque al determinar cuándo comenzó la depresión se puede ayudar a descubrir el incidente o incidentes que pudieron haberla iniciado.

El doctor Jaffe aconseja lo siguiente:

- Cuando su amigo se abra y comience a hablar sobre su depresión, haga su mejor esfuerzo por crear un ambiente seguro. No haga trivial la situación diciendo cosas como, "¡Oye, basta, no tienes razón para deprimirte!"
- No ofrezca soluciones fáciles como "No hay problema; todo lo que necesitas es..." Mejor deje que la persona encuentre *sus propias* soluciones, y que recurra a usted sólo como caja de resonancia de sus ideas.
- *Trate* de convencer a la persona deprimida de que realice actividades físicas, como el ejercicio.
- *Trate* de mantener interesada a la persona en encontrar soluciones. "Recuerde", indica el doctor Jaffe, "podría definirse a la depresión como una pérdida de interés en todas las cosas".

Haga ejercicios. Muchos estudios demuestran que el ejercicio puede ayudar a sobreponerse a la depresión. Si usted *ya* practica ejercicios regularmente y se encuentra en buenas condiciones físicas pero en malas condiciones mentales, pruebe "llegar hasta el agotamiento total", sugiere el doctor Gessel. "Es una buena vía para descargar sus tensiones."

Consiga una caja de lápices de cera. Una magnífica manera de expresar sus sentimientos es escribirlos, o, mejor todavía, *dibujarlos*, recomienda la doctora Ellen McGrath, presidenta de la junta directiva de la National Task Force on Women and Depression de la American Psychological Association y profesora de clínica en la Universidad de Nueva York. Si se sienta inmediatamente después de que algo lo altere y comienza a dibujar, le sorprenderá la introspección que adquiere acerca de sus emociones, señala. Use mucho color. Si escoge rojo, sugerirá que hay enojo; el negro, tristeza; y el gris, ansiedad.

El otro camino

La prescripción de la nutrición

Más que nada, la nutrición controla su estado mental, afirma la doctora Priscilla Slagle, profesora de clínica en la Escuela de Medicina de la Universidad de California en Los' Ángeles, UCLA. ¿Cuáles son los nutrientes más benéficos para vencer la depresión? Fundamentalmente, declara Slagle, las vitaminas del complejo B y determinados amino-ácidos. Esta es su fórmula.

Si se siente deprimido, pruebe de 1 000 a 3 000 miligramos del aminoácido L-tirosina al empezar su mañana (en ayunas), seguidos de un suplemento de complejo vitamínico B media hora después, con el desayuno, sugiere la doctora Slagle.

La L-tirosina se convierte en el cerebro en norepinefrina, producto químico que promueve los estados de ánimo positivos y nos da la motivación y el ímpetu, explica. Las vitaminas del complejo B, en especial la B_6, permiten al cuerpo metabolizar los amino-ácidos.

"No conozco a nadie con un problema leve que no haya respondido a este tratamiento", comenta la doctora Slagel. No obstante, es necesario que obtenga la aprobación de su doctor antes de comenzar la terapia de suplementos.

Los representantes tanto de la American Medical Association como de la American Psychiatric Association afirman que no hay investigación suficiente para respaldar o rechazar la aseveración de la doctora Slagle.

Ajústese a los hechos, amigo. "A veces, cuando comienza a probar sus suposiciones contra la realidad, tal vez descubra que las cosas no son como cree", declara el doctor Knaus. Por ejemplo, si sospecha que su pareja lo engaña (lo que constituye una buena razón para deprimirse), ¡adelante!, ¡Pregúntele! Tal vez usted esté equivocado.

Encuentre algo realmente aburrido qué hacer. Tal vez lo que necesite usted para salir de su depresión sea simplemente algo que le distraiga, alejar su atención de sus pesares. Para ello, "escoja algo terriblemente aburrido y hágalo", sugiere el doctor Knaus, ¿Por ejemplo? Limpie los azulejos de su cuarto de baño con un cepillo de dientes. O estudie la misma hoja de un árbol una y otra vez, y otra vez . . .

ALERTA MÉDICA

Cuándo es hora de buscar ayuda

Si se siente muy mal emocionalmente y la sensación persiste (incluso aunque haya intentado todo lo que conoce para superar este estado) puede ser hora de consultar a un profesional en salud mental.

Los expertos en el National Institute for Mental Health de Estados Unidos sugieren que todo el que experimente *cuatro o más* de los siguientes síntomas *durante más de dos semanas* debe buscar ayuda.

- Persistentes sensaciones de tristeza, ansiedad o "vacío".
- Sensaciones de desesperanza o pesimismo.
- Sentimientos de culpa, falta de autoestima o desamparo.
- Pérdida de interés o placer en actividades ordinarias, entre ellas la sexual.
- Perturbaciones en los hábitos del sueño (insomnio, despertar temprano en la mañana o dormir en exceso).
- Perturbaciones en los hábitos alimenticios (cambios en el apetito y pérdida o' ganancia de peso).
- Pérdida de energía, fatiga y sensación de estar "aturdido".
- Pensamientos o ideas de muerte o suicidio, o intentos de cometerlo.
- Inquietud o irritabilidad.
- Dificultad para concentrarse, recordar o tomar decisiones.

Tómelo con calma. La vida en el siglo XX puede ser muy turbulenta en ocasiones. Si sospecha que la raíz de su depresión es el exceso de labores, entonces tal vez necesite sencillamente relajarse, comenta la doctora Strickland. "Dese más tiempo para actividades como darse un baño caliente o masajes."

Evite tomar decisiones importantes. "No puede confiar en su capacidad para hacer juicios cuando se encuentra deprimido", indica el doctor en medicina Robert S. Brown, profesor de psiquiatría en la Escuela de Medicina en la Universidad de Virginia. El doctor Brown aconseja posponer las decisiones importantes de la vida hasta sentirse mejor, a menos que quiera correr el riesgo de tomar decisiones *equivocadas*, lo cual naturalmente sólo puede empeorar su estado.

Trate a los demás con respeto. Al sentirse deprimido, notará que trata con brusquedad a las demás personas, advierte el doctor Knaus. No lo haga, advierte, pues podrían contestarle de la misma manera y esto es lo que menos necesita cuando se siente mal emocionalmente.

Aléjese de las tiendas. Del mismo modo que tratar mal a otras personas puede tener un efecto contraproducente para su depresión, los excesos en las compras pueden tener el mismo efecto, previene el doctor Knaus. Es decir, aunque resulten muy divertidas, pueden tener un efecto contrario y abrumarlo cuando lleguen las cuentas.

Cierre el refrigerador. La compulsión por comer también puede tener un efecto contraproducente, advierte el doctor Knaus. Si bien un exceso en el comer puede hacerlo sentirse mejor por el momento, quizá agregue deprimentes centímetros a su cintura. Si tiene que hacerlo, sálgase de la casa para vencer el impulso de comer.

COMITÉ DE ASESORES

El doctor en medicina **Robert S. Brown** es profesor de psiquiatría en la Escuela de Medicina en la Universidad de Virginia en Charlottesville y psiquiatra privado en esa ciudad.

El doctor **Arnold H. Gessel** es psiquiatra privado en Broomall, Pennsylvania. Se especializa en trastornos causados por ansiedad y tensión, y trabaja con muchos veteranos de la guerra de Vietnam.

El doctor **Robert Jaffe** es terapeuta matrimonial y familiar en Sherman Oaks, California. Tiene una maestría en terapia de orientación.

El doctor en educación **William Knaus** es psicólogo privado en Long Meadow, Massachusetts y autor de siete libros, entre ellos *How to Get Out of a Rut* y *The Illusion Trap*.

La doctora **Ellen McGrath** es psicóloga privada en la ciudad de Nueva York, profesora de ciencias sociales en la Universidad de Nueva York y presidenta de la junta directiva de la National Task Force on Women and Depression de la American Psychological Association.

La doctora **Priscilla Slagle** es profesora de clínica en la Escuela de Medicina de la Universidad de California en Los Ángeles, psiquiatra privada en Los Ángeles y autora de *The Way Up from Down*.

El doctor **Jonathan W. Stewart** es psiquiatra investigador del Servicio para la Evaluación de la Depresión en el Instituto Psiquiátrico del Estado de Nueva York en la ciudad de Nueva York. También es profesor de psiquiatría clínica en el Colegio de Médicos y Cirujanos de la Universidad de Columbia en la localidad.

El doctor **Fred Strassburger** es psicólogo privado y profesor de clínica psiquiátrica y ciencias de la conducta en la Escuela de Medicina en la Universidad George Washington en Washington, D. C.

La doctora **Bonnie R. Strickland** es profesora de psicología en la Universidad de Massachusetts en Amherst. Fue presidenta de la junta directiva de la American Psychological Association.

El doctor **C. Eugene Walker** es profesor y director de adiestramiento en psicología pediátrica en el Centro de Ciencias para la Salud de la Universidad de Oklahoma en la ciudad de Oklahoma.

Dermatitis y eczema

23 remedios para una piel limpia

Tal vez la primera pregunta que se hizo usted después de que el médico diagnosticara su estado fue. "¿Por qué a mí? ¿Por qué tengo que tener yo la comezón y resequedad del eczema? ¿Por qué tengo que sufrir el enrojecimiento e irritación de la dermatitis?"

Tal vez su doctor esté mejor calificado para responder a esa pregunta, por más difícil que sea, pero acaso se consuele sabiendo que no está solo en este problema. Las más recientes estadísticas oficiales de Estados Unidos muestran que cerca de nueve millones de ciudadanos estadounidenses padecen de alguna modalidad de dermatitis al año. ¡Eso genera mucha comezón!

Las siguientes sugerencias están dirigidas a quienes un médico ha diagnosticado eczema o dermatitis; les ayudarán a controlar la comezón y resequedad que habitualmente acompañan dichos malestares.

Los expertos nos dicen que, en general, la mejor manera de tratar en casa la

¿Tiene una erupción del níquel?

"Tal vez la dermatitis de contacto más frecuente en la actualidad sea la dermatitis del níquel", refiere el doctor Howard Donsky; "la gente a menudo no sospecha que esa es la causa y creen que tienen un problema con el oro".

La dermatitis del níquel ocurre 10 veces más a menudo en las mujeres que en los hombres, y a menudo se inicia con la perforación de los lóbulos de las orejas. Extrañamente, hacer que le perforen los lóbulos puede ocasionar erupciones en otras zonas del cuerpo siempre que la persona entra en contacto con una aleación de níquel. De pronto los brazaletes, collares y demás piezas de joyería que ha utilizado la persona durante años pueden producir una erupción.

Si le parece que esto le está sucediendo podrán serle útiles las siguientes sugerencias.

Compre aretes con pivotes de acero inoxidable. Los lóbulos de orejas recién perforados deben llevar solamente pivotes de acero hasta que cicatricen los lóbulos (aproximadamente en tres semanas).

Consérvese fresca. Ya que la transpiración tiene un papel importante en la dermatitis del níquel —pues se separa del níquel por lixiviación en la joyería plateada con ese metal— aléjese del calor si lleva este tipo de joyería; o bien no la utilice si piensa exponerse al calor.

Busque oro. Pero sólo joyería de oro de buena calidad, recomienda el doctor Donsky. "Si es oro de menos de 24 kilates, contendrá níquel", comenta, "y la cantidad de níquel aumenta conforme disminuye el kilataje del oro".

No coma níquel. Algunos dermatólogos europeos están aconsejando a sus pacientes sensibles al níquel que cuiden lo que comen. Después de observar que la dermatitis por el níquel puede ocurrir sin contacto aparente con el metal, estos médicos están indicando a sus pacientes evitar comer albaricoques, chocolates, café, cerveza, té, nueces y otros alimentos con alto contenido de níquel.

Aunque misteriosa, la teoría de la relación entre los alimentos y la alergia al níquel no ha atraído muchos seguidores de este lado del Atlántico. "Todavía está por determinarse de manera definitiva si los alimentos ricos en níquel pueden causar una reacción", confirma el doctor Donsky. "Pero si usted tiene mucha sensibilidad a este metal, considere esta posibilidad y actúe en consecuencia."

comezón del eczema y dermatitis es conservar húmeda y bien lubricada la piel seca y agrietada. Por este motivo, muchos de los remedios que se ofrecen en Piel Seca y Comezón Invernal, a partir de la página 540, pueden ayudarle también a aliviar esta afección.

Cuídese del aire seco. La dermatitis empeora con el aire deshumidificado, en especial durante los meses invernales cuando el calor por aire acondicionado circula por el hogar.

"El calor del aire acondicionado seca un poco más que otros tipos de calor", indica el doctor Howard Donsky, dermatólogo del Hospital General de Toronto. Ya que el aire seco tiende a agravar la comezón del eczema o dermatitis, mantener húmedo el aire del interior de la casa debiera ser una preocupación primordial de los enfermos de eczema y sus familias. "Si puede contrarrestar el aire seco con un buen humidificador, entonces la calefacción mediante aire acondicionado no constituirá un problema tan severo", señala el doctor Donsky.

Sin embargo, los expertos advierten que no debe esperarse que un solo humidificador de ambiente haga todo el trabajo. "La gente cree que será suficiente con poner un humidificador en su sitio", comenta el doctor Hillard H. Pearlstein, médico privado y profesor de clínica de dermatología en la Escuela de Medicina Mount Sinai de la Universidad de la ciudad de Nueva York. "No obstante, los humidificadores son como los acondicionadores de aire: necesita una unidad realmente grande para lograr algún beneficio. Sin embargo, si usted duerme junto a una de estas unidades, eso bastará. Póngalo junto a su cama."

Aprécielo tibio. La creencia establecida de que la gente con dermatitis debe evitar el baño o ducha está en tela de duda a últimas fechas. Si bien algunos médicos creen que bañarse o ducharse con mucha frecuencia puede agravar el estado, otros consideran que el baño regular reduce las posibilidades de infección y ayuda a suavizar la piel.

Nuestros expertos se pronuncian por la segunda categoría. "Báñese o dúchese, pero hágalo con agua tibia", recomienda el doctor Donsky. "Evite el agua demasiado caliente o demasiado fría."

Aplíquese lubricación. No es necesario que evite el jabón regular en su baño; para evitar que la piel se reseque, aplique un humectante después de emplearlo. No puede bañarse con demasiada frecuencia, a menos que se lubrique después", aconseja el doctor Pearlstein. "El aceite es lo que conserva la humedad en el interior, y la piel se seca a causa de la pérdida de agua, no de lubricante."

Algunos emolientes (o grasas, como generalmente los llaman los dermatólogos) favoritos para después del baño incluyen Complex-15, Eucerin, Keri, Lubriderm Lotion y Moisturel Lotion. Si su piel todavía parece seca después de utilizar uno de estos productos, cambie a cremas más activas como Lubriderm Cream, Purpose, Moisturel Cream, o ungüentos como Aquaphor, Eucerin, Nivea o Petrolato.

Dese un baño de avena. Como tratamiento relajante adicional, el doctor Donsky recomienda agregar avena coloidal al baño, e incluso utilizar la avena como sustituto del jabón. Para un baño, vierta dos tazas de avena coloidal (disponible en las farmacias) en una tina de agua tibia. El término *coloidal* significa simplemente que la avena está molida hasta formar un polvo fino que se mantiene suspendido en el agua. Para emplearla como sustituto de jabón, envuelva la avena coloidal en un pañuelo, amarre el bulto con una liga de goma o alrededor de la parte superior, sumérjalo en agua, exprímalo y úselo como lo haría con un estropajo común de baño.

Evite los antitranspirantes. Las sales metálicas como cloruro de aluminio, sulfato de aluminio y clorhidrato de circonio son ingredientes activos en muchos antitranspirantes, y se ha descubierto que causan irritación en las personas con piel sensible. "Por lo regular es el antitranspirante, en contraposición al desodorante, lo que irrita", informa el doctor Donsky. "Recomiendo a la gente que emplee un producto llamado Aqueous Zephiran; puede conseguirse sin necesidad de receta médica." O bien, si planea seguir empleando antitranspirantes comerciales busque los que contienen antiirritantes como alantoinato, óxido de cinc, óxido de magnesio, hidróxido de aluminio o trietanolamina.

Pruebe este producto no ético. Para aliviar la comezón e inflamación de la dermatitis o eczema, a menudo se emplean cremas tópicas, ungüentos y lociones que contienen cortisona. La hidrocortisona es el miembro más suave de la familia cortisona de las hormonas esteroides, y puede adquirirse en las farmacias como emoliente no irritante.

"Puede conseguirse sin necesidad de receta médica una crema de hidrocortisona al 0.5%", indica el doctor Pearlstein, "la cual puede ser útil. Piense que tiene que comenzar en algún punto, y conseguir en la farmacia una crema de hidrocortisona al 0.5% no lo perjudicará en absoluto". Por su parte, las cremas con más alto contenido de cortisona pueden producir graves efectos secundarios, por lo que no deben emplearse sin supervisión directa del médico.

Acomódese con el algodón. "La ropa de algodón que se usa pegada a la piel es mucho mejor que la de lana o poliéster, sobre todo la de lana", afirma el doctor John F. Romano, dermatólogo e instructor clínico en el Hospital New York del Centro Médico de la Universidad de Cornell. La recomendación final: evite las telas sintéticas o las que produzcan comezón, al igual que la ropa apretada o que le ajuste mal. Además de verse mal, este tipo de ropa puede desencadenar la comezón.

No use uñas artificiales. Investigaciones recientes realizadas en la Fundación Clínica de Cleveland han demostrado que los productos acrílicos para el cuidado de las manos pueden causar "casos frecuentes y obvios de dermatitis". Dichos productos acrílicos pueden estar presentes en las uñas artificiales, uñas para prolongar las naturales o uñas esculpidas, y ocasionar irritación ocular, nasal y respiratoria, además de dermatitis alérgica de contacto.

Dichos productos estuvieron en otro tiempo limitados a las salas de belleza, pero en la actualidad ya se encuentran disponibles para su aplicación en el hogar. Incluso así, "tal vez la mayoría de las mujeres no tiene problemas con las uñas artificiales", explica el doctor Donsky. "El problema era que los primeros productos para fijarlas contenían formaldehído, y algunos de ellos todavía los tienen. Usted puede tener problemas de contacto con ellos, al igual que con los otros polímeros en las uñas artificiales."

Si cree tener una reacción alérgica derivada de esos productos, tal vez la única cura sea evitar el contacto con ellas.

Comprima para calmar. Las compresas frías y mojadas pueden ayudar a calmar y aliviar la comezón causada por dermatitis de contacto. "Recomiendo a la gente probar con leche fría en vez de agua", refiere el doctor Romano. "Parece ser mucho más calmante."

Su recomendación: ponga leche en un vaso con cubos de hielo y déjela reposar durante unos minutos. Luego viértala en un cojincillo de gasa o pedazo delgado de algodón y aplíquelo a la piel irritada durante 2 a 3 minutos. Remoje el algodón o tela y vuelva a aplicarlo continuamente durante unos 10 minutos.

Aunque el doctor Romano no recomienda este tratamiento para casos de eczema o dermatitis generalizada, a veces el eczema puede ponerse tan mal que comienza a rezumar. A este estado se le conoce como eczema que llora, y algunos doctores creen que responde bien a las compresas frías aplicadas varias veces al día. Sin embargo, si la condición no mejora, consulte a su médico lo antes posible.

Enfríe con calamina. "La loción de calamina es buena para muchos tipos de erupciones que rezuman y necesitan secarse", explica el doctor Romano. "Además, la loción de calamina con mentol o fenol puede conseguirse sin receta médica en las farmacias, y es un producto que parece ayudar a aliviar la comezón mejor que la loción sola de calamina."

ALERTA MÉDICA

Un lobo con piel de oveja

Hubo un tiempo en que los lobos deambulaban libremente por toda Europa y el vasto continente de Asia. De cuando en cuando atacaban a los humanos. A veces, los sobrevivientes presentaban en sus rostros las marcas rojas del lobo, la marca del *lupus*. Otras personas mostraban marcas similares, pero no habían sido atacadas por un animal. Se decía que tenían la enfermedad del *lupus*, el ataque del lobo.

En la actualidad sabemos que el *lupus* en realidad es un ataque del cuerpo contra sí mismo, y que puede manifestarse de dos maneras: a veces afecta sólo la piel y otras ataca tanto la piel como muchos órganos vitales en todo el cuerpo. Puede iniciarse por la exposición a la luz del sol, determinados fármacos o crisis emocional.

El *lupus* siempre deja su marca: una erupción de piel rojiza en manchas irregulares, que en forma general parece una mariposa, y que suele aparecer en las mejillas o el puente de la nariz. Cuando sana una mancha, aparece una nueva. Estas lesiones dan comezón y forman escamas. La persona puede sufrir grave dolor articular artrítico, fiebre e inflamación pulmonar. Si usted reconoce estos síntomas, de inmediato póngase en contacto con su médico. Este lobo no puede ser domesticado.

Revise su dieta. "Las alergias pueden tener un papel importante en la dermatitis atópica durante la niñez", observa el doctor Pearlstein. "Están íntimamente relacionadas antes de los 6 años de edad, y puede manipularse la dieta de un niño y beneficiarlo ayudando a su piel."

Tradicionalmente, los huevos, jugo de naranja y la leche han sido acusados de originar o agravar el eczema en los menores; empero, sostiene el doctor Pearlstein, "yo no incriminaría a todos estos alimentos". Eso quiere decir que los padres deben consultar a sus médicos acerca de tratar dietas por eliminación, tan sólo para cerciorarse. Tales dietas parecen servir mejor en niños menores de 2 años de edad, comenta el doctor Pearlstein. "He descubierto que después de los 6 años los alimentos tienen un papel mínimo en la mayoría de la gente."

Cuando se trata de adultos, el doctor Pearlstein declara que deja en sus manos el control de sus dietas. Si usted cree que algún alimento que consume tiene un efecto adverso en su piel, evítelo y vea qué sucede, recomienda. Si su problema se resuelve, puede deberse a alergia a ese alimento.

Evite los cambios bruscos en la temperatura del aire. "Si tiene eczema", advierte el doctor Donsky, "entonces los cambios bruscos de temperatura pueden plantearle problemas". Pasar de una habitación cálida al frío aire invernal, o incluso de un salón con aire acondicionado a una regadera caliente, puede desencadenar la comezón. La mejor manera de protegerse en primera instancia es cubrirse con varias capas de ropa de algodón, aconseja el doctor Donsky. Y, desde luego, las personas que padecen eczema siempre deben evitar los baños o duchas calientes. Un poco de previsión puede ayudar a reducir este tipo de detonador de la comezón.

Use el blanco para limpiar. Para controlar la comezón por dermatitis de contacto, "el papel higiénico blanco es lo mejor", indica el doctor Donsky. "Los colorantes del papel son lo que irritan."

Cuidado con las lociones para bebé. "A veces las lociones para bebé no son lo más apropiado para el eczema infantil", advierte el doctor Romano. "Tienen elevado contenido de agua, y pueden resecar e irritar todavía más la piel al presentarse la evaporación." Algunas de las fragancias e ingredientes activos en las lociones para bebé (lanolina y aceite mineral) son causas frecuentes de alergia de la piel.

"Lo que en realidad desea son cremas o ungüentos", señala. "Algo como Eucerin Cream, Aquaphor o Vaseline Dermatology Formula."

Fróteme algo de urea. "Los emolientes que contienen urea son bastante buenos para aliviar la comezón del eczema o dermatitis", agrega el doctor Pearlstein. "La urea es un agente que desprende piel y escaras, y es un buen producto. Acostumbramos usarla cuando la piel se engrosa un poco por mucho frotar y rascar."

Dos productos que contienen urea y que se pueden probar son Carmol 10 o 20, o Ultra Mide 25. Los emolientes que contienen ácido láctico (LactiCare al 1 o 2%, Aqua Lacten o Lac-Hydrin) también son recomendables.

Use antihistamínicos como atópicos. Los antihistamínicos bloquean la liberación de histamina de los mastocitos, lo cual reduce los síntomas típicos de la alergia: el dolor de cabeza, nariz que gotea y comezón. Por ese motivo, "los antihistamínicos no éticos como el Benadryl son buenos para el eczema", indica el doctor Romano.

Los antihistamínicos reducen la comezón al impedir que la histamina llegue hasta las células sensibles de la piel y las inflame. No obstante, cabe una nota de advertencia: a veces es necesario tomar los antihistamínicos en grandes dosis para

---

El otro camino

El baño de la hierba del asno

La investigación inicial parecía prometedora. Un estudio que apareció en la publicación periódica médica británica *Lancet* refirió una mejora apreciable en el eczema cuando los pacientes tomaban elevadas dosis de aceite de hierba del asno (AHA) en forma de cápsulas. Sin embargo, otros estudios no pudieron confirmar esos resultados y la controversia acerca del AHA todavía sigue su curso.

"Se ha dado mucha publicidad al aceite de la hierba del asno", observa el doctor Hillard H. Pearlstein, "pero no creemos que sea verdaderamente eficaz". El doctor John F. Romano también se muestra escéptico: "Ha habido algunos informes en el sentido de que el AHA puede ayudar en casos de dermatitis atópica, pero no creo que me hayan convencido".

Quienes todavía sientan tentación por probar el aceite de la hierba del asno deben tener presente que se requiere un número relativamente grande de estas caras cápsulas para conseguir algunos resultados y que pueden necesitarse al menos seis meses para empezar a verlos. Además, se han descubierto casos de "aceite de hierba del asno impostor", así que debe desconfiar de los precios de ganga y de marcas "sin nombre". El aceite de hierba del asno puede conseguirse en las tiendas de productos naturistas.

---

lograr alivio. Y puede padecerse de somnolencia, lo cual ocasiona problemas con el manejo o la utilización de maquinaria peligrosa.

Lave una vez, enjuague dos veces. Tratándose del lavado de ropa para la gente con eczema o dermatitis, "no importa tanto el detergente cuanto el enjuagado", declara el doctor Romano.

"Debe asegurarse de que se elimine lo más que se pueda del detergente de la ropa", aconseja. "No emplee una cantidad excesiva de detergente al lavar, y siempre haga un segundo ciclo de enjuague para quitar todo el jabón."

Conozca a su oftalmólogo. En un estudio que se llevó a cabo durante 20 años en 492 personas de la Clínica Mayo en Rochester, Minnesota, 13% de quienes padecían dermatitis atópica presentaron cataratas. "Hay mayor incidencia de cataratas en la gente con dermatitis atópica", confirma el doctor Pearlstein. "Los atópicos deben consultar a un oftalmólogo con más frecuencia que cualquier otra persona."

Descompensación por viajar en avión

22 sugerencias para llegar alerta

Tan sólo imagínese que en vez de adelantar el reloj una hora cada primavera para ahorrar energía eléctrica en un país, se adelantara tres horas. ¿Qué cree que sucedería?

Además de crear noches de "verano sin fin", también se crearía un país de zombis descompensados como cuando se viaja en avión, pues ajustar el propio reloj corporal no es tan fácil como cambiar los relojes de pared.

Sin embargo, cuando se cruzan varios husos horarios mientras se vuela, se pide al cuerpo que se ajuste a un nuevo horario y a un nuevo ritmo *ahora*, lo cual constituye una expectativa muy irreal. Por eso se sufre de descompensación por viajar en avión. Y el sufrimiento es directamente proporcional al número de husos horarios que traspasemos.

Por lo regular cada huso horario cruzado requiere más o menos un día de ajuste, afirma el doctor Charles Ehret, autor de *Overcoming Jet Lag* y presidente de General Chronobionics en Hinsdale, Illinois. (Por cierto, la cronobiología es el estudio del efecto del tiempo en plantas, animales y personas.)

Según el doctor Ehret, el mencionado reloj corporal interno es en realidad todo un conjunto de relojes controlados por un reloj maestro. "Cada célula del cuerpo es un reloj", explica, "y a todos los sincroniza un coordinador que está en el cerebro".

Combata la descompensación por viajar en avión con festejos y ayuno

La ahora famosa dieta contra la descompensación por viajar en avión, formulada por el doctor Charles Ehret fue el resultado de extensas investigaciones con animales en el Argonne National Laboratory. En realidad, se trata de algo más que una dieta pues tanto la luz del día como ciertos indicios sociales, patrones de sueño y ejercicios físicos y mentales, contribuyen a hacer que funcione la dieta, explica el doctor Ehret.

La base del plan comprende una secuencia de cuatro días de festejo-ayuno/festejo-ayuno antes del día de la llegada. Para estos propósitos, festejo significa comer tanto como quiera y ayuno significa comer poco.

Estos son menúes de ejemplo para un día de ayuno. Desayuno: dos huevos, preparados de cualquier forma y media rebanada de pan tostado con poca mantequilla: 214 calorías. Comida: una pechuga de pollo sin piel; 1 taza de consomé; media taza de queso tipo *cottage* o requesón sin grasa: 254 calorías. Cena: una pequeña porción de pasta con poca margarina; una pieza de pan con poca mantequilla; una taza de verduras cocidas, por ejemplo brócoli, judías (ejotes), calabacitas o zanahorias; una bebida alcohólica (opcional): 355 calorías.

La cafeína también es importante en el plan. Los experimentos con animales de laboratorio, refiere el doctor Ehret, han demostrado que se puede emplear para reajustar los relojes corporales.

Ahora examinemos algunos aspectos adicionales del plan del doctor Ehret que se aplican a un vuelo hacia el occidente con un cambio de tres horas; por ejemplo, un viaje desde Nueva York que llega a San Francisco a las 8:30 A. M., hora local.

Cambie sus hábitos de cafeína. Tres días antes del vuelo, deje de consumir cafeína, excepto de 3:00 a 4:30 P. M. Un día antes del vuelo se permite la cafeína sólo entre las 7:00 y 8:00 A. M. El día del vuelo, beba de dos a tres tazas de café solo (sin leche); pero no lo haga después de las 11:30 A. M., y no consuma más cafeína el resto del día.

Ajuste su reloj de pulsera a la nueva hora de su destino. Comience a aclimatarse al cambio en el tiempo; permanezca mentalmente activo 30 minutos antes de la hora de desayuno en su sitio de destino.

Evite desayunar con los pasajeros. Dispóngase a tomar su desayuno a la hora que corresponde a su destino. En este ejemplo, será poco antes de aterrizar.

Coma abundantemente con los lugareños. Tal vez llegue a San Francisco por la mañana, pero debe evitar ingerir alimento hasta la hora local de la comida. No obstante, también es día de festejo, así que disfrútelo.

Normalmente, nuestros relojes corporales operan con base en ciclos de más o menos 24 a 25 horas de duración; pero los cambios rápidos en el tiempo alteran esa sincronía y el resultado es una descompensación por viajar en avión: fatiga, letargo, insomnio, dificultad para concentrarse y tomar decisiones, irritabilidad, tal vez incluso diarrea y falta de apetito.

No es precisamente lo que usted soñó al pagar esa elevada suma a la agencia de viajes para lograr su anhelo de pasar unas vacaciones en Europa; pero antes de decidirse a cancelar su viaje y optar por ir al mismo centro vacacional de siempre, siga leyendo.

Aunque no podrá detener el tiempo, sí *puede* hacer muchas cosas para reducir los efectos de la descompensación por viajar en avión.

Ajústese a un horario. Semanas, o por lo menos días antes de su partida, debe mantener un horario sensato. "La gente que no tiene orden en su vida, como quienes se desvelan mirando películas y comienzan sus actividades a las 2:00 A.M. tienen más dificultades con la descompensación causada por viajar en avión", advierte el doctor Ehret. "Asegúrese de que sus ritmos circadianos (ciclos de los relojes corporales) estén sincronizados."

Duerma lo suficiente. Si se roba aunque sea un poco de sueño justo antes de su viaje, señala el doctor Ehret, seguro que empeorará su descompensación por viajar en avión. "Las noches previas a su viaje dese unos 15 minutos de sueño adicional por noche."

Vuele de día, llegue de noche. "El mejor plan es llegar a su destino hacia la mitad de la tarde, cenar algo e ir a la cama alrededor de las 11:00 P. M., hora de su destino", recomienda el doctor Timothy Monk, profesor de psiquiatría y director del Programa de Investigación sobre Cronobiología en Seres Humanos en la Escuela de Medicina de la Universidad de Pittsburgh.

Según el doctor Monk, esta disposición da a su cuerpo la óptima oportunidad para que se ajuste al cambio en los husos horarios.

Beba bastantes líquidos durante el vuelo. Las cabinas de los aviones son sumamente secas, explica el doctor Monk, de modo que los líquidos ayudarán a combatir la deshidratación. Es claro que estar deshidratado no le ayudará a vencer la descompensación por viajar en avión.

Evite el alcohol. Prefiera jugos. El alcohol es un diurético que empeorará su deshidratación.

Haga de cuenta que no viaja en avión. Jonie Nolan, aeromoza de Trans World Airlines, hace esto cuando no trabaja y sólo viaja como pasajera. "Consigo una almohada y cierro los ojos; pero no duermo, hago de cuenta que no estoy volando", declara. "Sueño despierta, pensando en cosas agradables y placenteras, o tan sólo haciendo planes de lo que haré la siguiente semana."

Comenta que no ha puesto esto en práctica en viajes realmente largos, pero que le ha sido eficaz en viajes en los que cruza dos husos horarios.

Aquiétese y relájese. Esta es la estrategia de Nolan cuando vuela de costa a costa en Estados Unidos. Use el vuelo como oportunidad de disfrutar de aislamiento y obtener algo de relajación. Así no padecerá de demasiada tensión antes de pedir a su cuerpo que cambie repentinamente tres horas.

A donde fueres haz lo que vieres. Cuando llegue a su destino comience a adaptarse a su nuevo ambiente con la mayor rapidez posible. "Intégrese, observe los nombres de las nuevas calles y el lenguaje de la gente", aconseja el doctor Ehret. "Esto lo ayudará a ajustarse."

Conviva. Esto tiene especial importancia si su cuerpo le pide dormir pero en su sitio de destino sólo es media tarde.

"Cuando convivimos con otras personas, nuestros cuerpos suponen que es de día porque los humanos somos, por naturaleza, criaturas diurnas", observa la doctora Marijo Readey, investigadora del Argonne National Laboratory. "Por eso muchos trabajadores que cambian turnos de trabajo tienen síntomas parecidos a los de la descompensación por viajar en avión."

No duerma siesta. O, si lo hace, limítela a una hora. Según el doctor Monk, las siestas sólo retrasarán su ajuste a la zona de horario distinto.

Absorba luz de sol. "Una escuela de pensamiento, a la que me adhiero, recomienda exponerse al sol lo más que pueda en su lugar de llegada", recomienda el doctor Monk. Agrega que la teoría afirma que esta exposición le ayudará a mantener su reloj biológico en vigilia y estimulado durante las horas diurnas en su sitio de destino.

"Cuando la luz llega a su ojo, se liberan neurotransmisores que de inmediato envían una señal a regiones específicas del cerebro", explica el doctor Ehret. "A su vez, estas regiones cerebrales avisan al resto del cuerpo que está por iniciarse su fase de vigilia y actividad."

Haga cita con el sol. Algunos expertos consideran que también es importante la hora en que usted se exponga a la luz del sol. Por ejemplo, la luz de las primeras horas del día parece adelantar el reloj corporal en tanto que la luz de las horas

---

El otro camino

Cómo tres famosos trotamundos trataron de encarar el problema

¡Rápido!: ¿Qué tienen en común Henry Kissinger, Dwight D. Eisenhower y Lyndon Johnson?

Cada uno tenía su estrategia personal para tratar de superar la descompensación causada por viajar en avión. En su libro *Overcoming Jet Lag*, el doctor Charles Ehret estudia cada uno de los métodos. También afirma que ninguno de ellos resulta muy confiable. Pero aquí se los damos, en caso de que quiera seguirlos.

Tome la vía diplomática. Varios días antes del vuelo, comience a acostarse una hora más temprano y a levantarse una hora más tarde, rutina que seguía el ex secretario de Estado de Estados Unidos, Henry Kissinger. El problema con este plan, según el doctor Ehret, es la rigidez que exige. Kissinger no siempre podía seguirlo regularmente, y es muy probable que casi todas las personas tendrían el mismo problema. Además, agrega el doctor Ehret, tampoco hay prueba de que este método reduzca apreciablemente la descompensación por viajar en avión.

Llegue mucho antes de lo necesario. El ex presidente de Estados Unidos, Eisenhower, procuraba llegar varios días antes del momento de su entrevista con dirigentes extranjeros. Según el doctor Ehret, el problema con el plan de Eisenhower es que a menudo no llegaba con la suficiente anticipación como para compensar de acuerdo con la regla de que un huso horario cruzado es igual a un día de ajuste.

Viva según el reloj de su hogar. Después de llegar a su nuevo destino, el ex presidente de Estados Unidos, Lyndon Johnson, insistía en mantener su antiguo horario: comiendo y durmiendo a sus horas habituales. Incluso arreglaba sus reuniones a horas convenientes de acuerdo con el horario de Washington, D. C., pero no tan convenientes para los extranjeros con quienes se reunía.

Tal vez pueda imponer su voluntad si usted es el presidente de Estados Unidos, comenta el doctor Ehret; pero para el viajero común puede ser difícil lograr reservaciones para comer a las 2:00 A. M., incluso en París.

más avanzadas del día parece atrasarlo, según el doctor Al Lewy, psiquiatra de la Escuela de Medicina en la Universidad de Ciencias de la Salud de Oregon.

Así que si ha viajado hacia el oriente, el doctor Lewy le sugiere exponerse a la luz del día por la mañana; y si ha viajado hacia el occidente, le recomienda que lo haga por la tarde; pero esto sólo funciona si usted cruza seis o menos husos horarios.

Haga ejercicios. "Es natural", señala el doctor Monk, "que si acostumbra correr, también lo haga en su lugar de destino. No nada más estimulará el cuerpo, sino que le ayudará a estar alerta y le hará salir a la luz del día".

Un estudio efectuado en la Universidad de Toronto también sugiere que el ejercicio físico llega a reducir el número de días en que le afecta la descompensación por viajar en avión. Un grupo de investigadores expuso unos hamsters dorados (animales nocturnos con ritmos estables de actividad) a luz artificial y adelantaron 8 horas el inicio de la oscuridad, lo cual reproducía las condiciones de un prolongado vuelo hacia el este.

Después de la oscuridad, un grupo de hamsters hizo ejercicios en una rueda para correr, al tiempo que el otro grupo se dedicó a dormir. En tanto que a este último grupo le tomó 5.4 días ajustarse y reanudar la actividad nocturna, los que corrieron se recuperaron apenas en 1.6 días.

Piense antes de reaccionar. Aplace la toma de decisiones importantes durante 24 horas o al menos hasta que se sienta bien descansado, aconseja el doctor Ehret. Después de un viaje largo no va a pensar de la manera más lúcida.

Al hacer negocios, agrega, "la gente ha hecho mal los tratos y después se lo ha atribuido a la descompensación producida por el viaje".

Invierta el proceso. De ser posible, emplee estas sugerencias para prepararse también para su viaje de vuelta a casa. Considere que la descompensación por viajar en avión es algo que ocurre en ambas direcciones.

COMITÉ DE ASESORES

El doctor **Charles Ehret** es presidente de General Chronobionics en Hinsdale, Illinois, y autor de *Overcoming Jet Lag*. También es científico jubilado del Argonne National Laboratory, unidad del Departamento de Energía de Estados Unidos.

El doctor **Al Lewy** es psiquiatra de la Escuela de Medicina de la Universidad de Ciencias de la Salud de Oregon en Portland. Ha estudiado los efectos de la luz solar en el reloj corporal humano.

El doctor **Timothy Monk** es profesor de psiquiatría y director del Programa de Investigación sobre Cronobiología en Seres Humanos de la Escuela de Medicina en la Universidad de Pittsburgh en Pennsylvania.

Jonie Nolan ha sido aeromoza de Trans World Airlines desde 1981. Tiene su base en San Luis, Missouri.

La doctora **Marijo Readey** es investigadora del Argonne National Laboratory, unidad del Departamento de Energía de Estados Unidos.

Diabetes

15 maneras de mantenerla bajo control

Yenta, la hormona insulina que se encarga de hacer parejas, se fija al solitario y confundido señor Glucosa, molécula soltera de azúcar, y toca a la puerta de la señorita Célula. Puesto que ya conoce la manera de tocar de Yenta, la solterona señorita Célula abre la puerta. "Vaya que te tengo una pareja", dice Yenta a la señorita Célula, y empuja al señor Glucosa al interior. Juntos, el señor Glucosa y la señorita Célula producen hermosa energía.

Así es como se supone que opera la producción de energía corporal. Pero para 11 millones de estadounidenses en edad adulta e inicio de diabetes (tipo II) no sucede así. Yenta, la que se encarga de que las parejas se entiendan, no puede encontrar la puerta (el receptor de la célula) porque no existe una, o no hay suficientes Yentas que puedan manejar todas las moléculas de azúcar solteras, o los posibles buscadores de parejas no hacen bien su trabajo. El resultado es la diabetes *melitus* iniciada en la edad adulta.

Como persona que padece de diabetes, usted sabe que corre el riesgo de padecer enfermedad cardiaca, renal, arteriosclerosis, daño a los nervios, infecciones, ceguera y cicatrización lenta. Cada persona reacciona a la diabetes en su propia manera; esto significa que cada persona debe estar bajo cuidado médico y vigilancia constante. No se puede insistir lo suficiente en esto. Lo que es bueno para su amiga diabética puede ser malo para usted.

Pero la meta de todo diabético es mantener su azúcar y grasa en la sangre lo más próximo a los niveles normales posibles. Un régimen para diabéticos tiene tres puntos fundamentales: nutrición, control de peso y ejercicio. La buena noticia es que puede eliminar virtualmente todos los síntomas de la diabetes (en otras palabras, "controlarla") siguiendo cuidadosamente el régimen que usted y su doctor formulen.

Aquí le decimos cómo empezar. Si está planeando hacer cambios en su régimen actual, primero coméntelo con su médico.

Comience con la dieta de la ADA. La American Diabetes Association (ADA) revisó sus recomendaciones nutricionales en 1986. Aunque los conocimientos acerca de las necesidades dietéticas aumentan cada día, estos lineamientos se basan en el consenso actual. "La dieta de cada persona debe ajustarse a las

---

ALERTA MÉDICA

Tres peligros para los diabéticos

Hay tres efectos agudos potencialmente peligrosos de la diabetes que necesitan de atención médica: la hipoglucemia, la hiperglucemia y las heridas o lesiones. Y los diabéticos necesitan de atención médica en determinadas circunstancias cuando padecen de gripe. Los expertos refieren lo siguiente.

La hipoglucemia ocurre cuando el azúcar en la sangre se reduce demasiado. Los síntomas benignos pueden ser autotratados (vea "Autotratamiento para la hipoglucemia benigna" en la página 171). Los síntomas graves incluyen dolor de cabeza, confusión, conducta combativa o inconsciencia. Vaya de inmediato a la sala de emergencias de un hospital, donde un médico le administrará glucosa intravenosa."Si padece de frecuentes reacciones hipoglucémicas", advierte el doctor Karl Sussman, ex presidente de la American Diabetes Association, "consulte a su médico porque tal vez necesite cambiar su régimen".

La hiperglucemia se presenta cuando el azúcar en la sangre se eleva demasiado. Sus síntomas benignos son orina en exceso, apetito o sed excesivos, visión borrosa o vértigos. "Usted puede ser hiperglucémico y no tener ningún síntoma, de modo que incluso no se enterará de ello a menos que vigile el nivel de glucosa en la sangre", comenta el doctor Sussman. Los síntomas de hiperglucemia incluyen pérdida de apetito, retortijones, náusea y vómitos, deshidratación, fatiga, respiración rápida profunda y coma.

Las heridas y las lesiones, especialmente en los pies y piernas, se infectan con facilidad en una persona diabética. Haga que un médico se las trate.

Cuando crea que tiene gripe, llame a su médico de inmediato; o vaya a la sala de emergencia de un hospital si:

- Está vomitando o tiene dolor abdominal.
- Tiene grandes cantidades de azúcar y acetona en su orina.
- Sus niveles de azúcar en la sangre están arriba de los 200 miligramos.
- Su temperatura es de 37.7 °C o más.

necesidades y estilo de vida de la persona", afirma la dietista y maestra en ciencias, Marion Franz, vicepresidenta de nutrición del Centro Internacional para la Diabetes en Minneapolis, Minnesota. La dieta de la ADA incluye los siguientes principios:

Llénese de carbohidratos. La ADA recomienda que la dieta para el diabético de tipo II incluya hasta 50 a 60% de calorías provenientes de carbohidratos. "Generalmente, la recomendación será de alrededor del 50%", comenta Franz. Los carbohidratos pueden ser simples (azúcares) o complejos (almidones). Cada gramo de carbohidratos produce 4 calorías.

Tome sus proteínas con calma. La ADA señala que la proteína debe constituir entre 12 y 20% de sus calorías. Cada gramo de proteína es igual a 4 calorías.

Reduzca las grasas. La ADA recomienda reducir la grasa de su presupuesto dietético. Las calorías que provienen de la grasa *no deben constituir más* del 30% de sus calorías. Cada gramo de grasa produce 9 calorías. Siempre que tenga la oportunidad, reemplace las grasas saturadas que obstruyen las arterias por grasas poliinsaturadas o, mejor todavía, mono-insaturadas, o con carbohidratos complejos, recomienda Franz.

Coma alimentos con fibra. Se ha descubierto que la fibra natural en la comida tiene muchos efectos benéficos para todo mundo, lo cual resulta doblemente aplicable para los diabéticos. La ADA le recomienda que procure alcanzar gradualmente la meta de 40 gramos diarios. Los productos de trigo entero, cebada, avena, legumbres, verduras y fruta son las mejores fuentes de fibra, así como de nutrientes básicos.

Un posible beneficio que proporciona la fibra a los diabéticos son los niveles reducidos de colesterol. "Se ha demostrado que las fibras solubles en agua que se encuentran en las legumbres, avena, cebada y fruta cuando se comen en una dieta baja en grasa reducen los niveles de grasa en la sangre", sostiene Franz. "Ya que forman un gel en el conducto gastrointestinal", es posible que también hagan que se absorba más lentamente la energía (azúcar) en los alimentos, lo cual ofrece a su insulina la oportunidad de mantener su azúcar en la sangre a un nivel más homogéneo.

La fibra también ayuda a no sentir tanta hambre. "Creo que uno de los principales beneficios de la fibra es que agrega volumen a la dieta", opina Franz. "Para la gente del tipo II que está tratando de controlar su peso y por tanto está a régimen reducido de calorías, el volumen de comida permite que la gente sienta el estómago más lleno."

Además de darle esa sensación de saciedad agradable, los alimentos fibrosos son buenos para usted. "A menudo tienen altos niveles de vitaminas y minerales importantes", explica Franz.

Reduzca su colesterol. La ADA le recomienda que no ingiera más de 300 miligramos de colesterol al día; esto significa que reduzca muchísimo el consumo de la carne de vísceras y yemas de huevo y se limite cuando se trate de carne y grasas lácteàs. También significa que debe agregar fibras a su dieta. (Para más información, consulte Colesterol, en la página 108.)

Sustituya el azúcar. La investigación muestra que la sacarosa y el azúcar refinada, cuando se emplean en cantidades iguales con almidones, no eleva los niveles de azúcar en la sangre más que otros almidones, como los de las patatas y trigo. Así pues, la ADA recomienda consumir cantidades reducidas de azúcares refinadas si su diabetes está bajo control y no tiene demasiado sobrepeso; pero en caso contrario, procúrese otros edulcorantes (endulzantes). "Sin duda pueden emplearse con seguridad", afirma Franz. La ADA ha aprobado los edulcorantes no calóricos, como el aspartame y la sacarina, y los que tienen calorías, como la fructosa y el sorbitol.

Proceda con cuidado. La gente con diabetes bien controlada puede emplear fructosa y sorbitol con pocos problemas, informa la ADA. La fructosa es la que menos eleva el azúcar en la sangre de entre todos los edulcorantes calóricos; pero, advierte el médico de la ciudad de Nueva York, Stanley Mirsky, profesor de la Escuela de Medicina Mount Sinai de la Universidad de la ciudad de Nueva York, "en gente con bajas reservas de insulina la fructosa eleva los niveles de triglicéridos". Y en grandes cantidades, advierte el doctor Nirsky, tanto la fructosa como el sorbitol pueden causar diarrea.

Cuidado: calorías de más. La fructosa y sorbitol, que se encuentran en la fruta (el sorbitol se descompone en el cuerpo para formar fructosa), no son sustitutos para los edulcorantes no calóricos. Por tanto, si ha agregado fructosa y eliminado la sacarina, todavía le quedan calorías excedentes en su dieta.

Coma menos y más a menudo. El cuerpo del diabético puede digerir con más facilidad cantidades menores de alimentos porque a menor cantidad de alimento se necesita menos insulina para controlar la cantidad de glucosa que proviene de cada alimento, explica la doctora Franz. Menos glucosa significa menos insulina y esto produce niveles más constantes de azúcar en la sangre. Algunos planes para alimentos de diabéticos consisten en tres comidas diarias o tres comidas

No deje que sus pies le fallen

Además de la insulina, el punto más débil de un diabético es el pie. El daño a los nervios causado por la diabetes disminuye la sensación de dolor, de modo que los diabéticos pueden no enterarse que han herido sus pies. El daño a los vasos sanguíneos significa que las heridas e infecciones no se curan como debieran: una pequeña úlcera puede volverse gangrenosa y obligar a una amputación. "Una vez que se pierde una pierna como resultado de una amputación por diabetes", advierte Marc A. Brenner, doctor en medicina podiátrica y ex presidente de la American Society of Podiatric Dermatology, "hay 75% de posibilidades de perder la otra pierna dentro de los tres a cinco años siguientes." Como diabético, usted debe tener mucho cuidado con sus pies. Y aquí le indicamos cómo conservarlos haciendo lo que debieran: caminar para perder peso y ganar salud.

Reduzca el peso que perjudica. ¿Necesita otra razón para perder peso? Considere el golpeteo a que somete sus pies. "Es obvio que si los pies son su base y usted impone más peso en esa base, la someterá a más esfuerzo desgastante", explica el doctor Brenner. "Los que practicamos la medicina podiátrica atendemos a muchas más personas obesas que delgadas."

Vuélvase un inspector de pies. "Inspeccione sus pies de dos a tres veces diarias", recomienda el doctor Brenner. Si no tiene buena vista, pida a alguien que lo haga por usted. Asegúrese de que no haya enrojecimiento, raspones, cortaduras, ampollas, grietas, calor, inflamación o infección.

Consérvelos limpios. Lave bien sus pies con un jabón suave y séquelos a golpecitos todos los días.

Consérvelos secos. Use un buen talco para los pies entre los dedos, y cambie a menudo sus calcetines.

reducidas más uno o dos bocadillos entre los alimentos. Franz agrega que ella recomienda mayor número de comidas porque "suele suceder que si la gente deja pasar demasiado tiempo entre los alimentos, de modo que luego tiene tanta hambre que no puede controlar lo que come en la siguiente ocasión". Ella también recomienda bocadillos como un pedazo de fruta o un par de galletas saladas entre las comidas.

Cuidado con el alcohol. La ADA recomienda no beber más de 60 cc (o

Manténgalos en buenas condiciones. Conserve cortas las uñas de los dedos de los pies y hágales cortes rectos y reducidos. Trate cuanto antes el pie de atleta y otros problemas menores. Jamás ande descalzo. Alise con piedra pómez sus callos. No remoje sus pies durante periodos prolongados.

Consérvelos calientes durante los días fríos. Pero no utilice una botella de agua caliente ni cojincillos calefactores eléctricos porque puede quemarse sin darse cuenta.

Asegúrese de que el calzado le quede bien. Las investigaciones han demostrado que los zapatos para corredores pueden ser mejores para proteger los pies de los diabéticos que los zapatos caros hechos a la medida y que pueden costar hasta cientos de dólares. "Lo que se ha invertido en investigación teórica y práctica tanto para el calzado de caminata como para el de carrera excede con mucho a lo correspondiente en la industria del calzado de vestir", refiere el doctor Brenner. El calzado para correr o caminar de la actualidad es parte de todo el "sistema de soporte para el pie", comenta. "Como resultado de la investigación que se ha invertido en ellos, usted puede comprar artículos de equipo para sus pies biomecánicamente muy sólidos."

No olvide los calcetines. Sin embargo, antes de ponerse uno de esos maravillosos zapatos biomecánicamente sólidos asegúrese de que sus calcetines estén a la altura de las circunstancias. "Los calcetines también son parte del sistema de soporte para el pie", agrega el doctor Brenner. Para la vestimenta informal o atlética con calzado para caminar o correr, el doctor Brenner recomienda los calcetines Thor-Lo, que se presentan en 11 variedades para deportes específicos. Casi todos tienen cojines gruesos y amortiguados para talón y dedos que ayudan a proteger los pies de los diabéticos.

Aunque en la actualidad no se producen calcetines de vestir para diabéticos, el doctor Brenner afirma que muy posiblemente en el futuro próximo se desarrolle un calcetín de vestir especial para ellos.

un cuarto de vaso) de licor dos veces a la semana, lo que corresponde a 90 cc (cerca de un tercio de vaso) de agua destilada, 240 cc (casi un vaso) de vino, o 680 cc (cerca de dos vasos y medio) de cerveza. Tome su bebida con la comida. Prefiera cerveza y vino seco porque tienen menos carbohidratos.

Trate el alcohol como si fuera grasa. Intercambie las calorías del alcohol por las de las grasas, aconseja la ADA, porque el alcohol tiene elevado contenido de calorías por gramo y se metaboliza como la grasa.

No consuma aceite de pescado. Las cápsulas de omega-3 pueden ayudar a impedir la arteriosclerosis, otra complicación de la diabetes. "No obstante, se ha demostrado que si toma demasiadas cápsulas aumenta los niveles de glucosa en la sangre sencillamente porque tiene muchas calorías", explica el doctor Ronald Hoffman, de la ciudad de Nueva York y director médico del Centro Hoffman para la Medicina Holística. Un estudio mostró lo que los investigadores llamaron un "rápido deterioro metabólico" cuando se tomaron 5.5 gramos de omega-3 diariamente durante un mes; pero sí se recomienda el consumo de pescado grasoso.

Pierda peso. "Perder peso es la prioridad número uno", aconseja el doctor Mirsky y comenta que el 80% de los diabéticos de tipo II están excedidos de peso. Tienden a llevar vidas sedentarias y a comer demasiado. La obesidad puede destruir los receptores de insulina de modo que el azúcar no entra en las células y se mantiene en la sangre. Si tiene kilos de más, casi seguramente la dieta y el ejercicio le ayudarán a perder algo de peso y volver su azúcar en sangre a la normalidad; con eso será suficiente, dice el doctor Mirsky. "A veces basta con que pierda de tres a cinco kilos para sentirse bien."

No se vaya a los extremos. Tal vez haya probado toda dieta de moda, incluso quizá el ayuno, y todavía no ha perdido peso. Hay ciertas pruebas que demuestran que a un diabético puede costarle más trabajo perder unos kilos que a una persona no diabética, explica la doctora Franz, quien prefiere aconsejar el *control* del peso, "que puede o no incluir perder peso, pero siempre incluye mejores hábitos alimenticios y ejercicio. A su vez, esto ayuda a controlar los niveles de azúcar y grasa en la sangre".

No permita que la frustración lo lleve a una dieta de moda, advierte Franz. "Si todas las dietas de moda fueran eficaces, no necesitaríamos otras nuevas a cada momento. Por una parte tal vez no sean nutricionalmente buenas, y por la otra quizá sean tan estrictas que la gente no pueda apegarse a ellas. Además, a la larga no le ayudan a cambiar sus hábitos alimenticios.

Para un diabético del tipo II que no dependa de la insulina o fármacos antidiabéticos orales, "ayunar un día tal vez no sea más peligroso que para cualquier otra persona", agrega Franz. Por tanto, si controla su diabetes con dieta y ejercicio, el ayuno "no le hará daño, pero tal vez tampoco le ayude. No perderá ni siquiera medio kilo ayunando un día, y corre el peligro de que a menudo sobrecompense comiendo demasiado al día siguiente".

Tampoco debe omitir sus alimentos con la esperanza de perder peso, advierte Franz. Esta "minidieta" conduce a una autoderrota a la larga. "Mucha gente omite el desayuno y el almuerzo, y luego se excede en la comida." Las modas, los ayunos

---

Autotratamiento para la hipoglucemia benigna

La hipoglucemia se presenta cuando el azúcar en la sangre se reduce demasiado. Puesto que conservar el azúcar en sangre a niveles normales requiere de un delicado ejercicio de equilibrio, los diabéticos son particularmente propensos a la hipoglucemia. La gente que comienza a padecer diabetes en edad adulta usualmente padece de hipoglucemia por saltar o retrasar los alimentos, o por realizar ejercicio extenuante no planificado.

Los síntomas de la hipoglucemia benigna incluyen entumecimiento en la boca, piel fría y húmeda, una sensación de mariposeo en el pecho y hambre.

Para autotratarla, aconseja el doctor Karl Sussman, ex presidente de la American Diabetes Association, jefe del cuerpo de investigación teórica y práctica en el Hospital Veterans Administration en Denver, Colorado, "basta con que tome alguna forma de azúcar que se encuentre fácilmente disponible". Beba algo dulce, como jugo de naranja, una bebida gaseosa o chupe alguna pastilla de dulce, recomienda, y prepárese para el caso llevando consigo dulces o caramelos.

---

y la omisión de alimentos no son recomendables; tarde o temprano usted podría llegar a perder el control total de su diabetes.

Hágala asunto de familia. "Si toda la familia no realiza estos cambios nutricionales para mejorar los hábitos alimentarios y controlar el peso", advierte Franz, "al diabético le será difícil, si no imposible, hacerlo por sí solo".

Haga ejercicio. Son consabidos los beneficios del ejercicio regular para todo mundo, diabético o no; pero los diabéticos tienen una razón más para poner brazos y piernas en movimiento y sus corazones bombeando. El ejercicio fortalece el latido cardiaco, ayuda a controlar los niveles de azúcar en la sangre e incrementa la circulación a las extremidades. El ejercicio puede reducir el nivel de colesterol y triglicéridos al tiempo que eleva el nivel de lipoproteínas de alta densidad (el colesterol "bueno" que protege contra los padecimientos cardiacos). Ayuda a controlar el peso, aumenta la vitalidad y le permite dormir mejor. Y realmente ayuda a controlar el estado emocional. "Se ha demostrado que el ejercicio regular tiene efectos benéficos en el estado de ánimo; sobre todo para la depresión", afirma la doctora Paula Hartman Stein, psicóloga de la salud en el Centro Médico General Akron en Ohio.

También hay cierta evidencia de que el ejercicio aumenta el número de receptores de insulina en las superficies de las células, lo que quiere decir que la insulina puede encontrar un lugar para poner la glucosa donde se necesita: dentro

El otro camino

El régimen de suplementos de un médico

Aunque la dieta de la American Diet Association es adecuada en las Cantidades Alimentarias Diarias Recomendadas de vitaminas y minerales si se sigue con cuidado, comenta el doctor Ronald Hoffman, la diabetes aumenta la necesidad de determinados nutrientes para ayudar a mantener normales los niveles de azúcar en la sangre e impedir complicaciones.

Según sus necesidades individuales, determinadas en consulta con su médico, tal vez escoja tomar uno o más de los siguientes suplementos. Siempre tómelos inmediatamente después de los alimentos, a menos que se indique lo contrario. Consciente de que estos suplementos pueden tener efectos considerables, incluso tóxicos, el doctor Hoffman supervisa cuidadosamente a sus pacientes diabéticos. Ni siquiera piense tomar estos suplementos sin la aprobación y estrecha supervisión de su médico. Además, no exceda las dosis que él le recomienda.

F. T. G. de cromo. F. T. G. representa el factor de tolerancia a la glucosa , explica el doctor Hoffman. Se vende en tiendas naturistas. "Lo que parece hacer es mejorar el efecto de la insulina." El doctor Hoffman recomienda el picolinato de cromo, la presentación más "bioaccesible". Muchas modalidades de cromo se derivan de la levadura de cerveza, "de modo que quienes padecen de candida o alergia a las levaduras deben evitar las fuentes de cromo que provienen de las levaduras".

Niacina. Esta importante vitamina B "ayuda a potenciar los efectos del cromo", afirma el doctor Hoffman. Tómela a mitad de sus alimentos. Sin embargo, advierte, altos niveles de niacina pueden ser dañinos, en especial para la gente con diabetes; por tanto debe limitar su consumo y hacer que su médico lo supervise.

Inositol. Otra vitamina B que se encuentra en la lecitina, "el inositol es útil para proteger los nervios contra el daño producido por los altos niveles de azúcar", agrega el doctor Hoffman.

de las células. De hecho, para un diabético el ejercicio es como una dosis de insulina.

Los movimientos rítmicos y repetitivos que realizan los músculos grandes de brazos y piernas son los mejores para los diabéticos, lo que significa caminar, correr, nadar, remar o andar en bicicleta. Debe hacer ejercicio regular y al menos tres veces a la semana durante 20 a 30 minutos, aconsejan los expertos. Su doctor puede incluso prescribir el ejercicio de cinco a siete veces a la semana. Los estudios

Acido antociánico. También llamado extracto del arándano, el ácido antociánico disminuye el nivel de azúcar en la sangre, comenta.

Vitamina C. Esta vitamina ayuda a combatir las infecciones, sana las heridas y forma colágeno (los elementos básicos de la proteína, que se encuentra en todos los tejidos corporales).

Cinc. "Es muy importante en la diabetes", opina el doctor Hoffman. "Es útil para la inmunidad y para reparar tejidos." La mejor forma es en picolinato o gluconato.

Magnesio. "Los diabéticos tienden a perder magnesio a través de los riñones", explica. "El magnesio es muy importante para producir energía en las células." Tome la forma quelada.

Vitamina B$_6$. "La B$_6$ es un cofactor importante en muchas reacciones celulares, y muchos diabéticos parecen tener un mayor requerimiento de ella", declara el doctor Hoffman. Sin embargo, la B$_6$ es tóxica en dosis elevadas y su uso debe ser vigilada por un médico.

Tiamina (vitamina B$_1$). "La B$_1$ tiene especial importancia en el metabolismo del azúcar", agrega.

Ajo. "Los diabéticos tienden a padecer infecciones ocasionadas por levaduras pues éstas se multiplican en ambientes con elevados niveles de azúcar", añade el doctor Hoffman. "El ajo suprime la levadura." Las mejores son las cápsulas desodorizadas.

Acidofilus. Este organismo "ayuda a impedir que la flora intestinal favorezca la multiplicación de la levadura", afirma Hoffman. Puede adquirirse en cápsulas.

muestran que incluso la omisión de dos a tres días de ejercicio invierte los efectos benéficos en los diabéticos.

Comience a caminar. "El mejor ejercicio para la gente diabética es caminar vigorosamente", afirma el doctor Henry Dolger, especialista en diabetes y ex jefe del Departamento de Diabetes del Centro Médico Mount Sinai en la ciudad de Nueva York. "Con mucho, es el más seguro, menos tenso y más productivo de todos los ejercicios. Mejora la eficiencia de cada unidad de insulina tomada o producida por el cuerpo", explica el doctor Dolger. "Eso significa que usted obtiene más beneficio de cada gramo de alimento que ingiere que el que lograría sin ejercicio. También le da una gran sensación de bienestar y no requiere de equipo." Si usted camina un kilómetro y medio diarios, quemando 100 calorías, en un año ya habrá perdido alrededor de cinco kilogramos.

Consulte a su médico. Si su diabetes no está controlada o si tiene complicaciones, el ejercicio puede empeorar su estado. Si tiene presión sanguínea elevada, también deberá controlarla primero. Tal vez su médico le aplique una prueba de esfuerzo y querrá juzgar los efectos de cualquier medicamento que usted esté recibiendo.

Ejercicios que no debe hacer. No levante pesas ni haga ejercicios que incluyan empujar o jalar objetos pesados, ya que se eleva el nivel de azúcar y la presión sanguínea, lo cual puede empeorar una enfermedad ocular por diabetes.

Cuide sus dientes. "Un diabético debe mantener su boca absolutamente inmaculada", opina el doctor Roger P. Levin, cirujano dental y presidente de la Academia de Baltimore de Odontología General. "Dado que los diabéticos son muchos más susceptibles a la infección, también lo son a las enfermedades de las encías, que tienen origen bacteriano." Todo lo que debe hacer una persona no diabética para conservar su salud dental, el diabético deberá hacerlo incluso más meticulosamente. Esto quiere decir hacer visitas más frecuentes al dentista y sobre todo el uso más cuidadoso del cepillo e hilo dentales para controlar la placa y sarro. (Véase Sarro y placa dentales en la página 611).

Un ajuste perfecto es importante. "Las restauraciones deben estar muy bien ajustadas a los contornos bucales del diabético", advierte el doctor Levin. Las dentaduras, puentes y coronas que ajusten deficientemente pueden causar ulceraciones bucales, las cuales constituyen una grave amenaza debido a su mala cicatrización; por ello, el diabético no es candidato para las técnicas innovadoras como son los implantes dentales.

Reduzca la tensión. "La tensión y la ansiedad pueden desestabilizar el control diabético de dos maneras", señala la doctora Hartman-Stein. "El azúcar en la sangre de algunas personas puede saltar tremendamente, y caer muchísimo en otras. Y cuando los diabéticos se encuentran deprimidos o sufren ansiedad, a menudo no se apegan mucho a su régimen" y vuelven a caer en las grasas y los azúcares y en la indolencia de atiborrarse de papas.

La diabetes, con sus constantes exigencias físicas y emocionales, es una enfermedad que genera mucha tensión. "Si una persona está experimentando acontecimientos de la vida que le provocan mucha tensión y le cuesta trabajo encarar o manejar, debe buscar la ayuda de un profesional en la salud mental", recomienda la doctora Hartman-Stein. He aquí algunas maneras para ayudarse usted mismo a aliviar la tensión.

Relájese. La doctora Hartman-Stein puso a prueba la terapia de relajación y la terapia cognitiva para el control de la diabetes y descubrió que esas técnicas "pueden ser útiles". Las técnicas de relajación se centran en la respiración y la visualización controladas, y pueden aprenderse con especialistas o en libros.

Aprenda cómo pensar. La terapia cognitiva le enseña a "reconocer las clases de razonamientos en los que usted se enfrasca y que pudieran estar afectando su estado de ánimo", explica la doctora. "Usted puede estar teniendo pensamientos como 'Mis piernas realmente se han afeado debido a todas las huellas de las inyecciones de insulina' o 'Me siento como un fenómeno cada vez que tengo que examinar mi orina'. Puede dar un giro a esos pensamientos negativos acerca del régimen de modo que resulte una manera más racional de considerarlo. Puede pensar, por ejemplo: 'Nadie más nota las pequeñas señales en mi piel excepto yo', o 'Examinar mi orina es un experimento químico'." La doctora Hartman-Stein recomienda un libro de autoayuda de David Burns intitulado *Feeling Good*. "Es muy bueno para los problemas del estado de ánimo", comenta.

Mejore su perspectiva. Usted es más que un caso de diabetes. "Algunas personas se centran demasiado en ella y se ponen la etiqueta de pacientes de enfermedad crónica y eso lo decide todo", explica la doctora Hartman-Stein. "Bueno, no tiene que arruinarse *todo*. Usted habrá de tener más disciplina en su vida diaria por lo que se refiere a su horario alimenticio; pero eso no tiene por qué causarle problemas. Necesita agregar estímulos a su vida diaria para lograr una mejor perspectiva. Los diabéticos no pueden comer una caja de galletas para sentirse mejor. Una señora me dijo que renta videocintas y se consiente cuando se siente deprimida o tensa. Haga algo que disfrute: cómprese algo nuevo, llame a un amigo con quien no haya hablado en mucho tiempo, proporciónese cualquier placer que no sea costoso y para el cual no tenga que hacer planes con semanas de anticipación, sino que pueda disfrutar a diario o semanalmente."

Ponga su sangre a prueba. Los equipos para prueba de glucosa en la sangre que se venden sin receta médica pueden costar mucho dinero: hasta 750 dólares anuales si usted somete su sangre a prueba cuatro veces al día. "No obstante, son muy convenientes", opina Franz. "La prueba de orina para la diabetes de tipo II es bastante inexacta, porque pueden alcanzarse niveles de azúcar en la sangre muy elevados antes de que el azúcar llegue hasta la orina", sobre todo en la gente mayor. En cambio, la prueba de sangre puede decirle a usted cuándo tiene hiperglucemia (alto nivel de azúcar en la sangre) sin síntomas. Si su diabetes es benigna o está controlada, agrega Franz, tal vez no necesite poner su sangre a prueba hasta cuatro veces diarias; pero sí necesita saber con qué frecuencia y cómo probarla con exactitud.

Tenga cuidado con los productos no éticos. Algunos medicamentos no éticos contienen azúcar y otros ingredientes que pueden perturbar los niveles de azúcar en la sangre. El doctor Mirsky ofrece una advertencia sencilla: "Cuídese de los productos no éticos". Siempre verifique la etiqueta para determinar si hay advertencias para personas diabéticas, pero no se detenga allí. Si tiene dudas, pregunte a su farmacéutico, y cerciórese de vigilar sus reacciones después de tomar cualquier medicamento no ético. Y, desde luego, consulte a su médico.

Estos son algunos de los ingredientes de los que debe cuidarse.

Aspirina. Las cantidades considerables de aspirina tomadas para el dolor crónico pueden bajar los niveles de azúcar en la sangre. Cantidades pequeñas ocasionales, como serían dos tabletas para un dolor de cabeza, no son motivo de preocupación.

Cafeína. El principal ingrediente en los supresores del apetito no éticos es la cafeína, la cual puede elevar los niveles de azúcar en la sangre cuando se toma en grandes cantidades. Muchos medicamentos contra los dolores de cabeza y los resfriados también tienen elevadas cantidades de cafeína.

Efedrina o epinefrina. Se emplean en preparaciones que tratan las enfermedades respiratorias, pero pueden elevar el azúcar en sangre en la gente con diabetes de tipo II. Igual sucede con la fenilefrina, fármaco que se encuentra en los aerosoles nasales y en las preparaciones contra los resfriados.

COMITÉ DE ASESORES

El doctor en medicina podiátrica, **Marc A. Brenner** tiene su consulta privada en Glendale, Nueva York; fue presidente de la American Society of Podiatric Dermatology, y es autor de *The Management of the Diabetic Foot*.

El doctor **Henry Dolger** fue jefe del Departamento de Diabetes en el Centro Médico Mount Sinai en la ciudad de Nueva York.

Marion Franz, dietista y maestra en ciencias, es educadora certificada en diabetes, vicepresidenta de nutrición en el Centro Internacional para la Diabetes en Minneapolis, Minnesota, y presidenta de la junta directiva del Council on Nutritional Sciences and Metabolism de la American Diabetes Association.

La doctora **Paula Hartman-Stein** es psicóloga clínica en los departamentos de medicina y cirugía en el Akron General Medical Center en Ohio, especializada en psicología de la salud con enfoque en la diabetes.

El doctor **Ronald Hoffman** es nutriólogo y director médico del Centro Hoffman para Medicina Holística en la ciudad de Nueva York, anfitrión de un programa semanal de radio en la ciudad de Nueva York y coautor del libro *Diet-type Weight-Loss Program*.

Roger P. Levin, doctor en cirugía dental, es presidente de la Baltimore Academy of General Dentistry e imparte cursos en la Universidad de Maryland en Baltimore.

El doctor **Stanley Mirsky** es médico privado en la ciudad de Nueva York y profesor en la Escuela de Medicina Mount Sinai de la Universidad de la ciudad de Nueva York.

El doctor **Karl Sussman** es jefe del cuerpo de investigación y desarrollo del Hospital Veterans Administration en Denver, Colorado, y profesor de medicina en la Escuela de Medicina del Centro de Ciencias para la Salud de la Universidad de Colorado en Denver. Fue presidente de la American Diabetes Association.

Diarrea

16 remedios para curarla

"La diarrea aguda es uno de los mejores mecanismos de defensa de su cuerpo", explica el doctor Lynn V. McFarland, investigador del Departamento de Química Médica en la Universidad de Washington. "Es la manera como su cuerpo desecha algo perjudicial para su sistema."

Ese conocimiento puede serle de alivio o no en este momento, pero ayuda a explicar por qué los médicos en la actualidad le dirán "aguántese" en vez de tratar de contener la marea de esta enfermedad molesta pero que debe ser de corta duración.

"Antiguamente, cuando alguien padecía de una diarrea", explica el doctor McFarland, "los doctores rápidamente prescribían algún tipo de medicamento antidiarreico. En la actualidad creemos que la mejor medicina es sencillamente dejarle seguir su curso, perdonando el retruécano".

El doctor David A. Lieberman, profesor de medicina en la Escuela de Medicina de la Universidad de Ciencias para la Salud de Oregon secunda esa opinión. "No recomiendo medicamentos antidiarreicos cuando un paciente tiene diarrea aguda, a menos que tenga necesidad urgente de controlarse (como una reunión de negocios muy importante a la que sencillamente no puede faltar). En caso contrario, creo que la purga debe ser benéfica y ayuda a acelerar la recuperación."

Debido a esa manera de pensar, casi todas las sugerencias que siguen están diseñadas para ayudarle a capotear la incomodidad de la diarrea y lograr una recuperación rápida, y no para tratar de detener el curso de la diarrea y arriesgarse a prolongar la enfermedad. Para quienes pueden tener "una urgente necesidad de control" mientras padecen las molestias, hemos listado algunos medicamentos que ayudan a detener la marea mientras usted realiza otras actividades.

Haga la conexión de la leche. "Una de las principales causas de la diarrea en Estados Unidos es la intolerancia a la lactosa", afirma el doctor William Y. Chey, profesor de medicina en la Escuela de Medicina y Odontología en la Universidad de Rochester.

Si bien pocos de nuestros expertos están de acuerdo en que la intolerancia a la lactosa es la causa *principal* (la mayoría sostiene que es infección viral), en cambio todos convienen en que es una causa *importante* de la diarrea entre los adultos incautos.

"La intolerancia a la lactosa puede tener su inicio cuando usted es apenas bebé, o puede surgir de repente durante los años de la edad adulta", explica el doctor Chey. "Usted está bebiendo leche y lo siguiente es ¡purrum!, gases, dolores y diarrea."

Desde luego, la cura consiste en evitar los alimentos que contengan lactosa, lo que significa alejarse de la mayor parte de los productos lácteos, con la excepción del yogur y algunos quesos añejados, como el *cheddar*. "Después de hacer esto", comenta el doctor Chey, "el proceso se detendrá espontáneamente".

Haga la prueba de la tolerancia. Dada la naturaleza relacionada con el grado de intolerancia a la lactosa, al igual que su tendencia a atacar de pronto ¿cómo puede tener la certeza de si los productos lácteos son o no la causa de sus problemas actuales?

"Lo que hago es ordenar a mis pacientes que se abstengan por completo de consumir productos lácteos durante una a dos semanas y que vean si eso les ayuda", agrega el doctor Lieberman.

Si les produce buenos resultados pasar una semana sin leche, continúa, "entonces les hago reincorporar gradualmente los productos lácteos en el entendido de que en algún momento pueden alcanzar un nivel en que regresen los síntomas de la intolerancia".

No obstante, observa, una vez que una persona conoce ese nivel, puede evitar la diarrea ocasionada por la lactosa manteniendo su consumo por debajo de ese nivel. (Para más sugerencias, consulte Intolerancia a la lactosa, página 429.)

Revise los medicamentos que está tomando. Nuestros expertos opinan que tal vez la diarrea que usted padece ahora puede haberse originado en las acedías que tuvo antes en el día. No debido a una conexión directa entre el estómago y el intestino, sino por el antiácido que puede haber tomado para aliviar la sensación de ardor estomacal.

"Los antiácidos son la causa más frecuente de las diarreas relacionadas con fármacos", comenta el doctor Harris Clearfield, profesor de medicina y director de la División de Gastroenterología en el Hospital de la Universidad Hahnemann en Filadelfia, Pennsylvania. "Tanto Melox como Mylanta tienen hidróxido de magnesio, que actúa exactamente como la leche de magnesia, lo cual hace de esos antiácidos una causa habitual de diarreas."

Para evitar futuros ataques de diarrea relacionada con las acedías, Clearfield sugiere probar antiácidos que sólo contengan hidróxido de aluminio, sin magnesio agregado. "Tienen menos posibilidades de causar diarrea", aclara el doctor Clearfield, "pero también resultan menos eficaces".

Además de los antiácidos, los antibióticos, quinidina, lactulosa y colquicina también pueden ocasionar diarrea. Consulte a su médico si sospecha que estos u otros fármacos pueden estar causándole problemas.

Sométase a una dieta transparente. Está bien. Así que no comió una segunda bola de helado y tampoco comió fuera la semana pasada y sin embargo tiene diarrea. Ahora siente hambre y a la vez malestar y sólo quiere saber una cosa: ¿es bueno ingerir alimentos? Sí, declaran nuestros expertos, pero con algunas precauciones.

"Comience con una dieta de 'líquidos transparentes' ", recomienda el doctor Chey. "Por transparentes me refiero al consomé de pollo, gelatinas u otros alimentos y líquidos transparentes." La razón, explica, es que el intestino necesita descansar durante el tiempo que usted tiene la diarrea, "y por eso debe atenerse a una dieta así hasta que el malestar ceda. No querrá forzar su sistema a trabajar más de lo que puede".

Después de que haya probado cómo van las cosas con consomé y gelatina, puede introducir gradualmente arroz, plátano, puré de manzana o yogur conforme mejoran sus síntomas.

ALERTA MÉDICA

Cuando la diarrea exige un médico

Usualmente la diarrea debe desaparecer después de uno o dos días y usted debe quedar sólo ligeramente peor por el desgaste padecido; pero en los bebés, niños pequeños, ancianos o quienes ya se encuentran enfermos o deshidratados por otra enfermedad, la diarrea aguda puede ser particularmente grave y exige pronta atención médica.

La ayuda médica también se necesita si la diarrea no cede en uno o dos días, o si va acompañada de fiebre y calambres abdominales, o si ocurre con sarpullido, ictericia (coloración amarillenta de la piel y esclerótica de los ojos) o debilidad extrema. Si encuentra sangre, pus o moco en las heces, entonces llame a su médico.

"El riesgo más inmediato relacionado con la diarrea aguda es la deshidratación", refiere el doctor Harris Clearfield. "Por tanto, si un individuo tiene una fuerte diarrea y no bebe o come nada durante ese tiempo, se estará frente a un caso de emergencia médica." Busque ayuda, aconseja.

Mantenga altos los niveles de los líquidos. "Realmente no importa demasiado qué tipo de alimento ingiera", afirma el doctor McFarland. "Lo más importante es asegurarse de que mantenga elevado el consumo de líquidos." Aunque muchas personas no se sienten con el ánimo de consumir altas cantidades de líquidos durante los ataques de diarrea, todos nuestros expertos convienen en que el aumento en el consumo de líquidos es vital para protegerse contra la deshidratación.

Los líquidos que contienen sal y pequeñas cantidades de azúcar son particularmente benéficos, ya que ayudan al cuerpo a reemplazar la glucosa y los minerales perdidos durante la diarrea. Es fácil preparar en casa un buen "suero" agregando una cucharadita de azúcar y una pizca de sal a un litro de agua.

Una mezcla más compleja pero más paladeable puede hacerse agregando media cucharadita de miel de abeja o jarabe de maíz y una pizca de sal de mesa a un cuarto de litro de jugo de fruta. Mézclese bien y bébase a menudo.

Para quienes se sienten completamente desganados como para hacerse una preparación, el producto Gatorade tiene las más altas recomendaciones, ya que contiene suficientes cantidades de glucosa y electrólitos para reemplazar las que pierde su cuerpo. (Desde luego, en caso de que pueda encontrar quien corra hasta la tienda para conseguírselo.)

Evite estos alimentos. Si bien el comer puede no ser tan importante como beber para pasar la diarrea de la mejor manera posible, hay algunos alimentos que deben evitarse porque, bueno, este, ahem . . . , son de índole explosiva. Los obvios que deben pasarse por alto incluyen frijoles, col y colecitas de Bruselas.

Otros alimentos que contienen grandes cantidades de carbohidratos que se absorben mal pueden agravar la diarrea. Una lista corta incluye pan, pastas y otros productos de trigo; manzanas, peras, duraznos y ciruelas; maíz, avena, papas y salvado procesado.

Y, en caso de que estuviera pensando en el helado que tiene en el refrigerador, todos nuestros expertos convienen en que debe evitar los productos lácteos durante un ataque de diarrea; hayan sido ellos los causantes del problema o no, tienden a agravar la diarrea una vez que ésta se ha declarado.

Evite el problema de las burbujas. "Yo sugeriría evitar también las bebidas carbonatadas (gaseosas)", declara el doctor Clearfield. "El gas que contienen puede aportar explosividad adicional para una situación que ya es delicada."

Quédese fuera de la cocina. Ya que estamos tocando el tema de la comida, usted o cualquier miembro de su familia que tenga diarrea no debe preparar los alimentos para los demás miembros de la familia sino hasta que cedan los síntomas. Además, si usted y los demás miembros de la familia se lavan bien las manos, ayudarán a evitar el contagio de la infección parásita. (Si su trabajo incluye el contacto con muchas personas o el manejo de alimentos, las leyes sanitarias pueden exigirle que no trabaje en tanto se retiran todos los síntomas.)

Si necesita trabajar, tome algo para contener la marea. Nuestros expertos insisten en que la mejor medicina para la diarrea es "dejarla seguir su curso". Sin embargo, si le es absolutamente necesario ir a algún lugar y tener el control de sus funciones corporales mientras se encuentra allí, tal vez su mejor aliado sería un producto no ético llamado Imodium, disponible en cápsulas o en liquido, para reducir el flujo.

"El Imodium es muy eficaz", comenta el doctor Clearfield. "Actúa haciendo que el intestino se apriete, y, al hacerlo, impide que las cosas se muevan."

El Imodium no es su única posibilidad. Los productos hidrofílicos (compatibles con el agua) como Kaopectate y Pepto-Bismol, pueden resultar útiles en el tratamiento de la diarrea leve.

A diferencia de los antiácidos a base de magnesio, los de hidróxido de aluminio tienen cualidades hidrofílicas y pueden ser eficaces para reducir los síntomas de la diarrea. Dos productos que puede probar son Amphojel y Alternagel.

Diarrea a una edad peligrosa

La diarrea en bebés y en niños pequeños puede ser peligrosa. Los niños se deshidratan fácilmente y no tienen la habilidad de expresarle con exactitud cómo se sienten. Para ayudarle a tratar los casos de diarrea aguda en bebés y menores, consultamos a la doctora Loraine Stern, médico privado de New Hall, California. Estas son sus recomendaciones.

Procúrese lo apropiado. "En realidad el agua y el jugo de frutas no son los mejores líquidos para rehidratar un bebé", dice la doctora Stern. ¿Qué recomienda ella? "Durante la fase aguda de la diarrea es bueno rehidratar a los niños y a los bebés que gatean. Usted puede preparar su propia solución rehidratante (agregue una cucharadita de azúcar y una pizca de sal a un litro de agua), pero si las cantidades no son las apropiadas, puede sobrecargar de sal a su bebé. Si puede comprar los productos comerciales (Pedialyte, ReSol, Lytren, etc.), será mejor. Estos productos se encuentran disponibles sin receta médica."

Siga alimentándolo. "Usted debe seguir alimentando al niño", recomienda la doctora Stern; "aunque tal vez deba evitar la leche durante un día si la diarrea es grave. El alimento que usted dé a la criatura depende de la edad de la misma, pero para niños recomiendo cereal de arroz, puré de manzana y plátanos durante uno a dos días. Estos alimentos tienden a ser un tanto astringentes. Para los niños mayores, limítese a pan tostado simple, galletas saladas simples, pollo sin la piel y otros alimentos blandos"

Remedios alimenticios en los que no debe confiar. Los productos como la pectina, tabletas de acidófilos, polvo de algarrobo, cebada, plátanos, queso suizo y una diversidad de alimentos y bebidas exóticos así como otros remedios populares han sido empleados para tratar la diarrea. "Actúan restringiendo el intestino y frenando el curso de la diarrea", explica el doctor McFarland, "pero eso no es lo que le conviene, pues sencillamente se aumenta el tiempo en que permanece dentro de su organismo aquello que está causando el problema. Lo que realmente necesita es expulsarlo cuanto antes".

Lo mejor, aconseja, es dejar que la naturaleza siga su curso.

Sepa cuándo desistir. "El mayor error que comete la gente es no saber cuándo desistir", añade la doctora Stern. "Los pequeños pueden presentar heces sueltas durante un tiempo después de la enfermedad inicial: tal vez una o dos evacuaciones aguadas al día durante las dos semanas siguientes. Si por lo demás están bien, no es necesario mantenerles bajo una dieta restringida. Hágalo sólo durante dos días."

Pruebe la cura de las zanahorias. "Algunas personas piensan que las zanahorias coladas son lo máximo en el mundo para un niño con diarrea", comenta. "Si lo desea, puede incluirlas en la dieta."(Las zanahorias pueden ayudar a acelerar la recuperación porque pueden reemplazar los electrólitos y minerales perdidos durante la diarrea.)

Devuelva las bacterias. "Después del primer par de días, el yogur tiende a repoblar el intestino con bacterias buenas", agrega la doctora Stern. "No es mala idea darles yogur. Teóricamente, deben bastar unos 100 cc (menos de medio vaso)."

Recuerde el consejo materno. "El caldo de pollo o de res son magníficos para un niño de más de un año de edad", señala la doctora. "Para algunos, el elevado contenido de sal del consomé es bueno porque les hace beber cuando tal vez no quisieran hacerlo. Pero yo no los usaría más de una o dos veces diarias."

COMITÉ DE ASESORES

El doctor **William Y. Chey** es profesor de medicina en la Escuela de Medicina y Odontología en la Universidad de Rochester en Nueva York.

El doctor **Harris Clearfield** es profesor de medicina y director de la División de Gastroenterología en el Hospital de la Universidad Hahnemann en Filadelfia, Pennsylvania.

El doctor **David A. Lieberman** es profesor de medicina en la Escuela de Medicina de la Universidad de Ciencias para la Salud en Portland.

El doctor **Lynn V. McFarland** es investigador del Departamento de Química Médica en la Universidad de Washington en Seattle y director de asuntos científicos de Biocodex, Inc.

La doctora **Loraine Stern** tiene consulta privada en New Hall, California.

Diarrea del turista

24 sugerencias para detener el padecimiento

Ya sabe que se le conoce con muchos nombres: venganza de Moctezuma, mal de Hong Kong, problema de Casablanca, males de Katmandú. Sin embargo los ciudadanos de México, India, Nepal, Marruecos y otros sitios podrían llamarlo maldades de Nueva York, porque también pueden padecerlo al visitar Estados Unidos. Por ahora tendremos que llamarlo mal del turista, denominación comedida para la diarrea del viajero.

"Si planea viajar al extranjero durante cierto tiempo, tal vez llegue a padecer de algunos episodios de diarrea", previene el trotamundos Stephen Bezruchka, médico de emergencias en el Centro Médico Providence en Seattle, Washington. "En teoría, puede impedirse del todo; en la práctica, es raro que no se llegue a tener ocasionales evacuaciones sueltas". De hecho, se tienen hasta 50% de posibilidades de contraer el padecimiento del turista, incluso aunque se sigan las precauciones recomendadas.

La causa más frecuente es la bacteria *Escherichia coli*. Este microorganismo tan diseminado por lo regular reside en los intestinos y tiene un papel en la digestión; pero las versiones extranjeras (y para un extranjero, la versión que tiene usted en su propio país es extranjera) de *E. coli* puede ocasionarle diarrea al producir una toxina que impide que sus intestinos absorban el agua que usted ingiere en forma líquida y combinada con los alimentos.

Por tanto, como la toxina impide la absorción del agua, "a usted le queda todo ese líquido en el organismo, el cual tiene que salir de alguna manera", explica el doctor Bezruchka. "La toxina no se absorbe. Usualmente usted no enferma, aunque podría sentir que tiene que soltar gases. Sólo que no son gases."

Las bacterias *shigella* y *salmonella* también pueden producir el padecimiento del turista, en tanto que un número menor de casos se deben al *rotavirus* y al parásito *giardia*. También se ha inculpado a los cambios en la dieta, fatiga, descompensación por viajar en avión y mal de montaña; pero no se han presentado pruebas suficientes, aparte de que hasta el 50% de todos los casos de la enfermedad del turista quedan sin explicarse.

Por fortuna, señala el doctor Bezruchka, "la diarrea es una enfermedad autolimitante. El cuerpo humano ha existido en su manifestación presente desde hace por lo menos 40 000 años, además de que está diseñado para hacerse cargo de casi todos los problemas que puede encontrar".

La manera como encara la *E. coli* es purgando los intestinos. Por eso, durante uno a cinco días usted tendrá muchas evacuaciones sueltas. Tal vez sienta náusea, o quizá tenga calambres e incluso una ligera fiebre, pero a menudo el único síntoma será la propia diarrea. Y hay modos de ayudar a su cuerpo a combatirla, a detenerla en seco y a disminuir sus posibilidades de padecerla. Lea en seguida cómo.

Beba agua, agua en todas partes. Cuando padece de la enfermedad del turista, sus evacuaciones intestinales serán en gran medida agua. Entonces, ¿por qué el tratamiento más importante es beber muchos líquidos? Porque la deshidratación (la pérdida de agua y electrólitos) puede matar. La diarrea mata a cientos de millares de niños al año, a menudo porque sus padres creen que si les dan líquidos, sólo empeoran sus diarreas.

Así pues, rehidratarse mientras padece de la enfermedad del turista no equivale a llevar hielo al Polo Norte o a atizar una hoguera. "Mucho de lo que usted beba será bombeado inmediatamente al exterior por el otro extremo", explica el doctor Thomas Gossel, profesor de farmacología y toxicología y jefe del Departamento de Farmacología y Ciencias Biomédicas en la Universidad de Ohio del Norte; "pero llegará al punto en que se estabilice y comience a retener el agua. Si no reemplaza sus líquidos, podría llegar a deshidratarse en el curso de un solo día".

La manera más básica de rehidratarse es beber agua, "si es lo único que tiene al alcance", señala el doctor Bezruchka. "Si no puede purificar el agua, de todas maneras bébala. Si está tan deshidratado que se marea al levantarse, es preferible que reponga los líquidos y no que se preocupe acerca de la pureza."

Use la solución SRO. Una mejor manera de rehidratarse es emplear la llamada solución para la rehidratación oral, SRO, progreso logrado en el decenio de 1960 respecto de la rehidratación intravenosa. Una SRO es una bebida que básicamente contiene azúcar y sal, sustancias que ayudan a reemplazar los importantes electrólitos que se pierden por la diarrea. También ayudan a sus intestinos a absorber mejor el agua. De hecho, la SRO es tan benéfica que está salvando millares de vidas en el Tercer Mundo.

Es posible conseguir soluciones para la rehidratación oral sin necesidad de receta médica en cualquier parte, de modo que puede usted hacer una provisión para llevarlas consigo en su viaje. Algunas marcas son Gastrolyte, Pedialyte y Rehydralyte. Unas vienen en polvo, otras como líquidos. Cada producto tiene una fórmula ligeramente distinta; "pero no difieren mucho entre sí", explica el doctor Gossel.

Si no quiere cargar demasiado en su equipaje, entonces todavía puede prepararse su propia SRO, para lo cual necesita lo siguiente.

La mezcla del USPHS. Esta es la receta del Servicio de Salud Pública de Estados Unidos. En un vaso con un cuarto de litro de jugo de fruta agregue media

Cómo no padecer la enfermedad del turista

A veces, sin importar qué haga, de todos modos terminará siendo un anfitrión involuntario de un germen extranjero que causa el padecimiento del turista; no obstante, hay maneras de reducir al mínimo sus posibilidades.

- Evite las verduras crudas, especialmente las ensaladas, frutas que no puedan pelarse, carne semicruda, mariscos crudos, cubos de hielo y bebidas hechas con agua impura (el alcohol en las bebidas no mata el germen de la enfermedad del turista).
- Trate de asegurarse de que los platos y cubiertos que emplee se hayan lavado con agua purificada.
- Beba sólo agua que se haya gasificado (carbonatado) y sellado en botellas o botes. Limpie con agua purificada la parte del recipiente que toque su boca. Hervir el agua durante 3 a 5 minutos la purifica, al igual que el yodo líquido o las tabletas desinfectantes.
- Tome bebidas ácidas como la de cola y jugo de naranja siempre que sea posible. Ayudan a mantener baja la cuenta de las *E. coli*, la bacteria que en mayor medida causa el desorden digestivo.
- Beba leche acidofilus o yogur antes de su viaje. Las colonias de bacterias establecidas en su sistema digestivo antes de su viaje y mantenidas durante él, reducen la posibilidad de un ataque de la enfermedad del turista.

cucharadita de miel de abeja, jarabe de maíz o azúcar y una pizca de sal. En otro vaso tenga un cuarto de litro de agua purificada y un cuarto de cucharadita de bicarbonato de sodio. Beba un par de tragos alternando de cada vaso hasta terminarlos.

La fórmula de la OMS. "La mayor parte de los países del Tercer Mundo ahora comercializan paquetes con la fórmula de la Organización Mundial de la Salud", informa el doctor Bezruchka. El único problema es que tal vez resulten muy caros; pero usted puede fabricar el propio, o puede pedirle a un farmacéutico que se lo prepare. A un litro de agua purificada agregue 20 gramos de glucosa, 3.5 gramos de sal, 2.5 gramos de bicarbonato de sodio y 20 gramos de cloruro de potasio. Beba el líquido.

"Si su única otra posibilidad es comprar un paquete, tendrá que determinar bajo qué nombre se vende en la localidad", advierte. "Se encuentra disponible sin necesidad de receta médica en farmacias y otros sitios en todo el mundo."

ALERTA MÉDICA

Tenga cuidado con la infección

Aunque la mayoría de los casos de la enfermedad del turista son autolimitantes, algunos síntomas indican que se necesita buscar ayuda médica.

- Heces rojas o negras pueden ser signo de sangrado interno o infección parásita, en tanto que las heces blancas o pálidas pueden serlo de enfermedad del hígado.
- La fiebre puede indicar una infección grave. Si tiene sangre en las heces o fiebre, advierte el doctor Stephen Bezruchka, y no puede acudir rápidamente a un médico, es aconsejable tomar el antibiótico TMP/SMZ (que se encuentra en muchos países sin necesidad de receta médica) hasta que pueda obtener ayuda médica.
- La hinchazón abdominal, vómitos y dolor pueden indicar colitis, obstrucción intestinal o apendicitis. El vómito significa que no podrá usted retener sus soluciones de rehidratación.

Si tiene cualquiera de estos síntomas, no tome nada para detener la diarrea, advierten los médicos.

El otro camino

La guía de un sobreviviente

Pues bien. Se encuentra en misión especial. Los rápidos, que van tan velozmente como sus evacuaciones intestinales, se llevaron su Pepto-Bismol, Metamucil, antibióticos, tabletas de yogur y loperamida. ¿Ahora qué debe hacer?

Preguntamos a Thom.s Squier, instructor en adiestramiento para la supervivencia de las Fuerzas Armadas Especiales de Estados Unidos en Fort Bragg, Carolina del Norte, qué indica a sus estudiantes de adiestramiento para sobrevivir. Afirma que ha probado lo siguiente y que resulta eficaz; aunque tal vez usted sólo lo quiera probar como lo hacen los hombres del sargento Squier: como último recurso.

Arcilla. "Les enseñamos a comer arcilla", refiere el sargento Squier. "Muchos fármacos antidiarreicos comerciales, como el Kaopectate, contienen caolín, que es un tipo de arcilla que se encuentra en las riberas de los ríos."

Ceniza. "También les enseñamos a emplear cenizas de fogatas o fragmentos de huesos pulverizados, desecados o quemados. Tienen un efecto astringente, desecante, cuando se cuecen para hacer una infusión."

Acido tánico. Pero ¿y si acaban de terminársele sus provisiones de fragmentos de hueso pulverizado, desecado o quemado? "Todo lo que tenga ácido tánico detendrá las contracciones musculares de los intestinos", explica el sargento Squier. "Pruebe bellotas o la corteza de robles u otras maderas duras, cocidas en infusión."

La no fórmula. Si no puede allegarse alguna solución, beba jugos de frutas transparentes, bebidas gaseosas sin cafeína o té suave sin azúcar. También úselas para suplementar su solución para la rehidratación.

Ponga a prueba su vejiga. Cuanto más amarilla sea su orina, más líquidos necesitará usted. La orina debe ser clara. "Como mínimo", advierte el doctor Bezruchka, "debe vaciar su vejiga dos veces al día, preferiblemente más."

Evite los productos lácteos y los alimentos sólidos. Al menos al principio, porque son muy difíciles de digerir. Y evite el alcohol, que lo deshidrata. Cuando se interrumpa la diarrea, ingiera sólidos de fácil digestión, como plátanos, salsa de manzana, galletas saladas o arroz.

Raíz de zarzamora. "Otro verdadero remedio específico fácil de encontrar en casi todas las zonas templadas del mundo es el de las raíces de zarzamora, también cocidas para preparar una infusión", explica. "Para todo lo anterior, si no tiene agua caliente remójelas en agua fría, aunque tardará más en obtener su mezcla."

Plátano. "El plátano crece casi hasta en los jardines de todas las casas", comenta el sargento Squier. "Tanto la variedad de hoja ancha como la de hoja angosta son fuertemente astringentes. Y la otra mitad del Kaopectate es pectina", anota, que proviene de las manzanas y se usa para producir jaleas. Cocinar cáscaras o mondaduras de manzanas y beber el líquido es otro remedio contra la diarrea."

Arándanos. Por último, los arándanos. "Tal vez sea un cuento, pero uno de los motivos por los que los osos se encuentran tan furiosos en determinadas épocas del año es que han abusado de los arándanos, que los hacen estreñidos", apunta el sargento Squier. "Les dan fuertes cólicos. Un trampero de Alaska me dijo que a veces se puede oír el gruñido de los estómagos de los osos desde bastante lejos. Yo sé que esta fruta es muy astringente porque una vez abusé de ella mientras estaba en Vermont y no pude evacuar mis intestinos en tres días. Los ancianos le recomiendan llevar algunos arándanos secos consigo en su viaje; cinco o seis de ellos curan las diarreas."
¿Tiene preguntas?

Busque algo rosado. El Pepto-Bismol, reconocido medicamento estomacal que se vende y usa sin necesidad de receta médica puede ser el mejor amigo del viajero. Este producto puede disminuir las evacuaciones en alrededor del 60%, da mayor volumen y firmeza a los excrementos y mata las bacterias.

No obstante, algunos expertos creen que disminuir la diarrea significa que los gérmenes permanecerán en el organismo más tiempo. Además, los fármacos antidiarreicos pueden también absorber la solución para la rehidratación; pero en determinado momento tal vez a usted no le importe todo esto. Y no se preocupe si su lengua o diarrea se vuelven negras. Se trata de un efecto natural secundario del Pepto-Bismol. Otros adsorbentes son Donnagel, Kaopectate, Quiagel y Rheaban.

Pase de líquido a sólido. Los laxantes a base de fibras naturales para aliviar el estreñimiento, como Metamucil y Citrucel, también ayudan con la diarrea. Algunos pueden absorber hasta 60 veces su peso en agua para formar un gel en el intestino. "Seguirá perdiendo agua en exceso", comenta el doctor Gossel, "pero su excremento no será tan líquido. Con este método puede reducir su proceso de 10, a 7 u 8 días". Otras marcas son Equalactin, FiberCon y Mitrolan.

Pruebe los opiados para obtener un alivio rápido. Los fármacos antidiarreicos a base de opio inhiben las contracciones intestinales, reducen las evacuaciones intestinales y permiten que se absorban el agua y los electrólitos. Estos fármacos de alta eficacia, que se pueden adquirir sin necesidad de receta médica en muchos lugares, vienen en presentaciones líquida, en tabletas o suspensiones. Entre las marcas tenemos: Banatol, Donnagel-PG y Quiagel PG. La loperamida, que se encuentra en el líquido de marca Imodium AD, es el antidiarreico de tipo opiado más reciente que se vende sin receta médica en Estados Unidos. En algunos lugares está disponible el paregórico también sin necesidad de receta o supervisión médica, que se encuentra en Parepectolin. Estos productos disminuirán el torrente que hay en su intestino.

Una advertencia: como los adsorbentes, la capacidad que tienen los opiados de estreñir puede hacer que su germen del mal del viajero permanezca mucho más tiempo en su sistema.

Opte por antibióticos de fácil acceso. Aunque los antibióticos son fármacos controlados, que se venden sólo con receta y bajo supervisión médica en muchos países, en muchos otros no tienen esas restricciones. "Se han estudiado bastante el TMP/SMZ y la doxiciclina (Vibramicina) y se ha descubierto que son eficaces", relata el doctor Bezruchka. "Cuando los probé, casi siempre me bastó una dosis para producir sus efectos. Creo que lo que se está haciendo aquí es ayudar al organismo matando casi todas las bacterias y dejándolo que él solo se ocupe del resto". Aconseja una píldora de TMP/SMZ o de doxiciclina dos veces al día, hasta detener la diarrea; pero antes de salir de casa, asegúrese de obtener la aprobación de su médico para emplear estos fármacos.

Considere la dosis doble. Su problema intestinal se reducirá muy pronto si toma un antibiótico con un fármaco antidiarreico. Advertencia: los antibióticos son fármacos poderosos y pueden tener graves efectos secundarios, entre ellos sensibilidad al sol, y tal vez abran la puerta a otra invasión de la enfermedad del turista. Como antes, consulte a su médico.

Combata bacterias con bacterias. El doctor Khem Shahani, profesor de ciencia y tecnología alimentaria en la Universidad de Nebraska, y otros, han descubierto que la bacteria lactobacilo puede ser justamente la que necesita su pobre intestino en estas circunstancias. "Alteran favorablemente la microecología del intestino", explica, "y producen sustancias que inhiben el crecimiento de las bacterias que causan la enfermedad".

Y, de acuerdo con el doctor Shahani, "se ha demostrado que es muy bueno seguir la terapia de antibióticos con lactobacilo, porque el sistema gastrointestinal ha perdido casi todos sus microorganismos benéficos".

La mejor forma del lactobacilo parece ser el acidofilus, que se encuentra en la leche acidofilus, seguida de los búlgaros, el tipo que se encuentra en el yogur. Se pueden comprar cápsulas que contienen acidofilus y búlgaros en las farmacias y tiendas naturistas, para llevar consigo; pero no son tan eficaces como el yogur o la leche acidofilus, advierte el doctor Shahani.

Mientras viaja por el extranjero, le será muy fácil encontrar versiones locales del yogur. Por ejemplo, en Japón se llama *yakult*; en Corea, *yaogurt*; en India, *dahi*; en Egipto, *leben* y *lebenraid*; en Turquía, *eyran*; y en Cerdeña, *gioddu*.

COMITÉ DE ASESORES

El doctor **Stephen Bezruchka** es médico de emergencias en el Centro Médico Providence en Seattle, Washington, y autor de *The Pocket Doctor*.

El doctor, investigador y farmacólogo, **Thomas Gossel**, es profesor de farmacología y toxicología en la Universidad de Ohio del Norte en Ada y jefe del Departamento de Farmacología y Ciencias Biomédicas de la Universidad. Es experto en productos que se venden y usan sin supervisión médica ("no éticos").

El doctor **Khem Shahani** es profesor de ciencia y tecnología alimentaria en la Universidad de Nebraska en Lincoln.

Thomas Squier, de las Fuerzas Armadas Especiales de Estados Unidos, es instructor en el Centro y Escuela JFK para Prácticas de Guerra, en el Departamento de Supervivencia-Evasión, Resistencia-Escape/Contraataque Terrorista en Fort Bragg, Carolina del Norte. Es herbolario cheroqui y nieto de un curandero. También escribe una columna periodística intitulada "Living off the Land".

Dientes manchados

7 ideas brillantes

Tiene usted una taza de porcelana fina. Llénela a diario con café y bebidas de cola, sométala al calor y frío, humo y alcohol. Llénela con alimentos de colores intensos. Luego lávela con un detergente áspero. Con el tiempo la superficie de cerámica tendrá ralladuras y manchas, y antes de que pase mucho tiempo y usted se percate de lo que ocurre, la otrora tacita blanca se verá sucia y descuidada.

Sus dientes son como esa hermosa tacita de porcelana. Al principio están relucientes y blancos; pero la cola, el té, el humo, jugos ácidos y los alimentos altamente pigmentados pasan por ellos tres (o más) veces al día. Y sus dientes lo revelan al aparecer las manchas.

No es que se pretendiera que los dientes deban ser totalmente blancos. En realidad, su color natural va de ligeramente amarillo a amarillo rojizo claro, de acuerdo con el doctor en cirugía dental, Roger P. Levin, presidente de la Baltimore Academy of General Dentistry; empero, con la edad los dientes tienden a oscurecerse todavía más.

El esmalte superficial se agrieta y se desgasta, y por tanto queda al descubierto la dentina, el interior menos denso de las piezas dentales, que absorbe el color de los comestibles. Las manchas también se fijan en la placa dental (o "placa dentobacteriana") y el sarro se va acumulando en los intersticios dentales.

"Hay muchas clases distintas de manchas", explica el doctor en medicina dental, Ronald I. Maitland, especialista en odontología cosmética en su práctica en la ciudad de Nueva York. Las manchas pueden deberse a los antibióticos, a peculiaridades en el metabolismo individual, e incluso a veces a la fiebre alta. Todo lo anterior debe ser atendido por un profesional.

No obstante, las manchas más frecuentes (las de la variedad del café y el tabaco) se pueden desvanecer entre visitas al dentista para una limpieza profesional. Entérese cómo.

Lávelos después de cada comida. Si limpia sus dientes con regularidad y a conciencia, la posibilidad de tener manchas será menor, señala el doctor Levin.

Púlalos con bicarbonato de sodio. Mezcle bicarbonato de sodio con suficiente peróxido de hidrógeno para formar una pasta dental, aconseja Levin. Luego cepíllese hasta quitar las manchas.

Verifique su coeficiente de sarro. Enjuáguese con una solución reveladora que muestre dónde queda sarro todavía en sus dientes después de cepillarse. Son los puntos donde se mancharán primero si no mejora su técnica de cepillado, advierte el doctor John D. B. Featherstone, jefe del Departamento de Biología Bucal en el Centro Dental Eastman en Rochester, Nueva York.

Enjuague, enjuague, enjuague. Después de cada alimento, enjuague la comida de entre sus dientes, indica el doctor Maitland. Si no puede ir al sanitario, tome un sorbo de su vaso de agua, luego enjuáguese y trague mientras todavía se encuentra en la mesa.

Electrifique su sonrisa. Un cepillo dental eléctrico, anota el doctor Maitland, quitará más placa recolectora de manchas de sus dientes. Hay estudios que han demostrado que un cepillo eléctrico puede quitar 98.2% del sarro.

Pruebe un solvente de sarro. Los enjuagues que tienen una acción antibacteriana reducen el sarro que retiene las manchas, explica el doctor Featherstone.

No se quite la sonrisa a la fuerza. No ceda a la tentación de recurrir a alguno de los pulidores dentales superblanqueadores, aconseja el doctor Maitland. "Aunque es un remedio rápido, a la larga sería como usar un abrasivo para limpiar la superficie de un mostrador. Si bien quita la mancha, también desgasta el esmalte; a medida que éste se adelgaza más, la dentina quedará más al descubierto. Y como la dentina es más oscura, el diente se verá como si estuviera manchado."

No se cepille en exceso. Tenga presente que más fuerza no necesariamente significa también mejores resultados, advierte el doctor Maitland. Un cepillo de cerdas duras operado con demasiada fuerza puede ser tan desgastador para el esmalte dental como una pasta dental abrasiva.

Diverticulosis

21 técnicas de autocuidado

Hubo una vez —antes del año 1900, digamos— en que la diverticulosis era sólo otra más de las muchas afecciones médicas "raras" de las que habían oído hablar los doctores, pero que rara vez veían. Y en las naciones del Tercer Mundo, la diverticulosis pocas veces se presenta, incluso en la actualidad.

Sin embargo, no sucede así en Estados Unidos, donde la gente puede vivir a base de una dieta de alimentos procesados.

"La diverticulosis es un problema adquirido", afirma el doctor Paul Williamson, cirujano general y de recto y colon en el Centro Médico Regional de Orlando en Florida. "Se origina con el desarrollo de los alimentos procesados, que son alimentos bajos en fibras". (La fibra es importante porque ayuda a reducir la tensión en el colon y le ayuda a ampliarse cuando elimina los desechos.)

Mucho ha cambiado desde el año de 1900. Estudios recientes indican que más de la mitad de la gente que pasa de los 60 años de edad tiene diverticulosis, que se caracteriza por una cantidad de pequeñas bolsitas o sacos (divertículos) como uvas a lo largo de la pared exterior del colon.

Dichas bolsas aparecen en las radiografías, pero mucha gente nunca se hace radiografiar esta zona e incluso ni siquiera sabe que tiene diverticulosis, según el doctor Samuel Klein, profesor de gastroenterología y nutrición humana en la Escuela de Medicina de la Universidad de Texas en Galveston.

Ponga más fibra en su dieta

Usted sabe que consumir suficiente fibra (de 30 a 35 gramos al día) en su dieta es lo más importante que puede hacer para tratar e impedir la diverticulosis; pero tal vez no sepa cuánta fibra contienen los alimentos recomendados o cómo inyectar más fibra en su dieta sin sentarse en una vasija de salvado crudo.

He aquí algunas sugerencias para hacer la transición a una dieta alta en fibras.

- Habitúese a comer pan de granos enteros en vez de pan blanco.
- Consiéntase con postres de frutas: moras, plátanos, duraznos.
- Coma más verduras.
- Deje las cáscaras de las manzanas, duraznos y peras cuando las cocine.
- Agregue frutas secas, como pasas y albaricoques, a sus alimentos.
- Emplee más habichuelas en vez de carne en sus guisados.
- Agregue cebada a sus sopas de verduras.

De los que tienen diverticulosis, comenta el doctor Klein, sólo aproximadamente 10% llegará a tener diverticulitis, inflamación dolorosa que puede volverse grave. Así que tener diverticulosis no significa que está predestinado a dolor agudo y una estancia en el hospital.

Y, por fortuna, usted puede tener un papel activo en el tratamiento y prevención de la diverticulosis. Esto es lo que sugieren nuestros expertos.

Llénese de fibra. El estadounidense promedio recibe alrededor de 16 gramos de fibra al día, es decir, la mitad de lo que debiera, según el doctor Marvin Schuster, jefe del Departamento de Enfermedades Digestivas en el Centro Médico Francis Scott Key en Baltimore, Maryland. "La fibra del salvado parece ser la más eficaz", comenta.

La fibra lleva agua al excremento, lo cual hace que la evacuación sea más suave. El pan de trigo entero y los cereales de salvado puro son fuentes excelentes de salvado. Otra opción consiste en espolvorear salvado crudo en los alimentos.

Las verduras y la fruta son otras buenas fuentes de fibra, agrega el doctor Klein. "Si lo que busca es fibra, coma una manzana en vez de beber jugo de manzana, porque, claro, el jugo no contiene nada de fibra."

Aumente gradualmente su consumo de fibras. "Hágalo gradualmente en el transcurso de seis a ocho semanas", sugiere el doctor Klein. "Usted necesita tiempo para que su sistema digestivo se adapte."

Tal vez durante las primeras semanas presente inflamación y flatulencia, advierte el doctor Schuster, "pero la mayoría de la gente supera esto".

Si no puede obtener suficiente fibra en su dieta, tome un suplemento. "Tome suplementos de semilla de psilio (como Metamucil)", recomienda el doctor Schuster. "También son naturales."

Beba muchos líquidos. "Beba entre seis y ocho vasos de agua diarios", aconseja el doctor Klein, y agrega que el líquido es una ayuda importante para la fibra en el combate contra el estreñimiento, el cual está relacionado con la diverticulosis.

"Si tiene que hacer muchos esfuerzos para evacuar su intestino", añade el doctor Schuster, "entonces tenderá a agrandar los pequeños divertículos a través de las paredes del colon".

Vaya cuando tenga que ir. Si no atiende al llamado de la naturaleza, de nada servirá agregar más fibra a su dieta y beber más líquidos. "No reprima la necesidad de evacuar su intestino", aconseja el doctor Williamson.

ALERTA MÉDICA

De lo benigno a lo serio

Si tiene una vida larga, es probable que llegue a padecer de diverticulosis; pero incluso así, es probable que no llegue a desarrollar la diverticulitis, inflamación dolorosa potencialmente grave. Sin embargo, debe estar alerta a las señales de advertencia.

Fiebre y dolor agudo en la porción inferior izquierda de la región abdominal son buenos indicadores de que la diverticulosis ha progresado hasta la diverticulitis, observa el doctor Marvin Schuster.

Este cambio no debe tomarse a la ligera.

"Puede presentar ruptura o sangrado", explica el doctor Albert J. Lauro. Y si bien no sucede a menudo, la gente puede morir de diverticulitis.

Así que actúe cuando se presenten estas señales de advertencia y vaya cuanto antes a su médico. Conserve la calma; todavía tiene las probabilidades a su favor. "Se parece mucho a una infección", señala el doctor Lauro. "Generalmente puede tratarse con reposo, dieta y antibióticos. Sanará."

Haga ejercicio. Además de favorecer los músculos de sus piernas y cadera, el ejercicio también beneficia los músculos de su colon. "Ayuda a los movimientos intestinales, de modo que no tenga que hacer tantos esfuerzos", agrega el doctor Klein.

No emplee supositorios. Si bien pueden ofrecer una solución rápida al estreñimiento, no son la mejor opción para estimular la evacuación intestinal.

"Su organismo puede volverse adicto a los supositorios", explica el doctor Klein. "Y luego se inicia un círculo vicioso en el cual se necesitan más supositorios."

Vuelva a la naturaleza. "Las ciruelas, jugo de ciruela e infusiones de hierbas son laxantes naturales muy eficaces", refiere el doctor Schuster. En muchas de las tiendas naturistas se pueden encontrar infusiones especialmente formuladas para el estreñimiento.

No fume. Fumar, que de por sí es dañino en muchas maneras, también puede agravar la diverticulosis, advierte el doctor Albert J. Lauro, director de servicios médicos de emergencia en el Hospital Charity en Nueva Orleáns, Louisiana.

Consuma comidas sumamente procesadas sólo con moderación. Este es un consejo para la buena salud general, pero también se aplica al tratamiento de la diverticulosis. Si ingiere muchos alimentos procesados bajos en fibra, previene el doctor Klein, no tendrá espacio para los alimentos ricos en fibras que necesita.

Mastique muy bien las semillas. Los alimentos como las nueces y maíz para palomitas contienen semillas u otras partículas duras que podrían alojarse en los divertículos y causar inflamación, advierte el doctor Klein.

"Y si ha padecido alguna vez un ataque de diverticulitis", agrega el doctor Lauro, "debe evitar todo alimento que contenga semillas".

Beba sólo con moderación. Beber alcohol con moderación (un trago o dos al día) de hecho relajará el espasmo del colon y podría mejorar un poco la situación, según el doctor Schuster.

Evite la cafeína. "El café, chocolate, tés, refrescos de cola, etcétera, todos tienden a irritar", comenta el doctor Williamson.

Busque un patrón. Determinados alimentos pueden alterar sus hábitos de defecación o "soltarle" el intestino, según el doctor Williamson. Trate de identificar esos alimentos y evítelos.

COMITÉ DE ASESORES

El doctor **Samuel Klein** es profesor de gastroenterología y nutrición humana en la Escuela de Medicina de la Universidad de Texas en Galveston. También es asesor editorial para la revista *Prevention*.

El doctor **Albert J. Lauro** es director de servicios médicos de emergencia en el Hospital Charity en Nueva Orleáns, Louisiana.

El doctor **Marvin Schuster** es jefe del Departamento de Enfermedades Digestivas en el Centro Médico Francis Scott Key en Baltimore, Maryland, y profesor de medicina y psiquiatría en la Escuela de Medicina de la Universidad Johns Hopkins en Baltimore.

El doctor **Paul Williamson** es cirujano general y de colon y recto en el Centro Médico Regional de Orlando, Florida.

"Dolor de caballo"

9 maneras de evitar la molestia

Una punzada en el costado —un dolor agudo y temporal— se debe a un espasmo del diafragma. Sucede cuando el diafragma, un músculo entre el pecho y el abdomen, no puede recibir el oxígeno que necesita.

"A veces al correr se puede bloquear el flujo de sangre al diafragma", explica el doctor Gabe Mirkin, médico privado del Sportsmedicine Institute en Silver Spring, Maryland. "Cada vez que se eleva la rodilla, se contraen los músculos del vientre, lo cual aumenta la presión dentro del abdomen. Cuando se respira profundamente, los pulmones se expanden a un tamaño mucho mayor que durante la respiración normal. La doble presión por los músculos contraídos del vientre en la parte inferior y los pulmones expandidos arriba puede interrumpir el flujo de sangre al diafragma". Al no poder obtener todo el oxígeno que necesita, el diafragma padece un calambre y se produce un dolor.

Si no respira acompasadamente puede padecer de punzadas laterales (o "dolor de caballo") cuando corre, camina o incluso si ríe.

En seguida le decimos cómo atender esta situación.

Deténgase. Cuando el dolor ataca, deje de hacer lo que esté haciendo. Necesita relajarse para calmar el músculo que se retuerce.

Oprima allí. Con tres dedos, oprima la zona donde es peor el dolor hasta que se detenga el malestar. O use esos tres dedos para dar un masaje suave a la zona adolorida. A menudo esto basta para aliviar el dolor, señala David Balboa, psicoterapeuta deportivo y codirector del The Walking Center en la ciudad de Nueva York.

Exhale profundamente. Al comenzar a dar masaje al músculo para eliminar el calambre de su diafragma, haga una respiración, luego entreabra sus labios y exhale a través de ellos con tanta fuerza como pueda. Inhale de nuevo y exhale otra vez. La inhalación seguida de la exhalación profunda actúa como la yoga, explica Balboa: dándole un masaje interno a su músculo oprimido.

Inhale, exhale. Prosiga masajeando su costado adolorido y siga trabajando para reducir su respiración hasta que alcance un ritmo regular. Devolver su ritmo respiratorio a un nivel estable le ayudará a detener el dolor.

Desacelere y camine. Si está corriendo y le ataca una punzada en el costado, a veces basta con reducir la velocidad a una caminata para calmar el músculo espástico, interviene la doctora Suki Jay Rappaport, directora del Transformations Institute en Corte Madera, California, y educadora del movimiento. Vuelva a su ritmo normal cuando el dolor desaparezca.

Respire con el abdomen. Antes de salir a caminar o correr de nuevo, necesita saber cómo respirar para impedir que las punzadas ataquen su costado.

Balboa sugiere que haga la siguiente prueba. Observe su pecho; obsérvelo cuidadosamente mientras toma una inhalación profunda. ¿Qué se movió? Si sólo se movió su pecho, está respirando con la cavidad pectoral, y eso no basta. Para combatir las punzadas del costado, su diafragma deberá participar en el ejercicio respiratorio. Una manera de saber si está usando ese músculo es hacer que su pecho y abdomen se muevan cuando respira. Mantenga la vista en su abdomen. Inhale. Exhale. Debe moverse hacia afuera y adentro. La gente necesita dejar de adoptar posiciones militaroides para hacer sus ejercicios cómodamente, indica Balboa. Además, ¿quién va a mirar que saca el estómago cuando camina o corre?

Al practicar su respiración con el abdomen, tome inhalaciones profundas. Exhale profundamente. Vuélvase super alerta a su respiración mientras hace ejercicios y, al cabo de un par de semanas, la respiración diafragmática se volverá un hábito.

Masajee su diafragma. Como cualquier músculo, el diafragma debe calentarse antes de hacer ejercicio. Así pues, antes de estirar sus piernas, dé a su diafragma un masaje respiratorio y póngalo en condiciones para trabajar. Siéntese en el suelo y coloque una mano sobre su pecho, la otra en el abdomen. Al respirar, ambas manos deberán moverse hacia arriba y abajo, indicando que está usando su capacidad respiratoria al máximo y que incluye a su diafragma. Un diafragma al que se ha dado calentamiento tiene menos posibilidades de causar punzadas.

Respire todo el tiempo. La gente retiene naturalmente el aliento cuando tiene temor, si padece de frío o cuando quiere evitar el dolor, observa Balboa. Si se permite sentir sus emociones y no trata de evitárlas reteniendo su respiración, podrá respirar más naturalmente cuando el ejercicio exija un flujo constante de aire, sugiere Balboa.

Deténgase para proseguir. Aunque las punzadas en el costado o dolor de caballo se deben al diafragma oprimido, algunos marchistas y corredores padecen de una sensación similar originada por el gas atrapado, explica la doctora Rappaport.

Toda actividad aeróbica desacelera o detiene el proceso digestivo mientras la sangre se agolpa para ayudar a los músculos, agrega Balboa. Por eso se indica a los corredores que no coman al menos dos horas antes de una carrera. Y por eso a los corredores a veces les da diarrea cuando beben demasiada agua durante una carrera.

¿Qué aconsejan? Tenga cuidado de qué y cuándo come antes de hacer ejercicio. Coma muchas fibras. Trate de evacuar su intestino antes de comenzar cualquier ejercicio si tiende a padecer de punzadas en un costado.

COMITÉ DE ASESORES

David Balboa es psicoterapeuta deportivo y codirector del The Walking Center en la ciudad de Nueva York. Es experto en la práctica de caminata para la buena condición física y en las relaciones cuerpo/mente.

El doctor **Gabe Mirkin** es médico privado en el Sportsmedicine Institute en Silver Spring, Maryland. También es profesor clínico de pediatría en la Escuela de Medicina de la Universidad Georgetown en Washington, D. C. Es autor de varios libros sobre medicina deportiva, entre ellos *Dr. Gabe Mirkin's Fitness Clinic* y columnista de periódicos sindicados y locutor de radio.

La doctora **Suki Jay Rappaport** es directora del Transformations Institute en Corte Madera, California. Además de consultora en condición física, su doctorado es en educación del movimiento y transformaciones corporales.

Dolor de cuello

24 maneras de curar la tortícolis

Tal vez tenga usted un jefe o un cuñado a quien describa como una viva molestia; pero tratándose del dolor de cuello la culpa, al igual que el dolor, tal vez esté instalado sobre los hombros de usted.

"Mantener su cabeza en una posición incómoda (por ejemplo, inclinada hacia adelante, sus orejas frente a sus hombros) durante mucho tiempo hace doler su cuello", explica Joanne Griffin, terapeuta física y terapeuta de dolor de cabeza de pacientes internos en el Centro New England para el Dolor de Cabeza en el Hospital Greenwich en Connecticut. "Eso es lo que sucede con mucha gente que tiene problemas de cuello."

Desde luego, algunas personas, a causa de sus ocupaciones, son más propensas a este dolor que otras. "Por ejemplo, las y los cosmetólogos trabajan inclinándose todo el día", comenta el doctor Robert Kunkel, jefe de la Sección de Dolor de Cabeza en el Departamento de Medicina Interna en la Clínica Cleveland en Ohio.

Sin importar cuál sea su trabajo o estilo de vida, usted puede librarse de la culpa, y mejor aún, del dolor, aplicando unos cuantos métodos validados al paso del tiempo, reemplazando los malos hábitos por otros buenos, y dando a su cuello ejercicio regular. Así que ¡mantenga erguida la cabeza y abra sus ojos! La ayuda ya viene en camino.

Enfríese. Un paquete de hielo o hielo envuelto en una toalla es buena elección cuando comienza a sentirse la rigidez, indica Griffin. Si su cuello ha recibido una lesión leve, el hielo puede ayudar a reducir la inflamación.

Caliéntese. Después de que el hielo haya reducido cualquier inflamación presente, el calor será un magnífico calmante, trátese de un cojincillo calefactor o de una ducha de agua caliente.

Aleje el dolor de cuello mediante ejercicios

En efecto: incluso sus músculos del cuello necesitan estirarse y fortalecerse. Estos son algunos ejercicios para combatir la rigidez e impedir problemas a futuro. Haga cada uno cinco veces, dos ocasiones al día. Haga los tres primeros ejercicios durante dos semanas antes de comenzar con el resto.

- Lentamente incline su cabeza lo más adelante posible. Luego mueva su cabeza lo más atrás posible.
- Incline su cabeza hacia su hombro, mientras mantiene éste inmóvil. Enderécese y luego inclínese hacia el otro hombro.
- Lentamente vuelva su cabeza de un lado a otro hasta donde le sea posible.
- Coloque su mano a un lado de la cabeza mientras empuja con ésta contra la mano. Aguante durante 5 segundos y luego reléjese. Repita tres veces. Haga el mismo ejercicio hacia el otro lado.
- Haga básicamente el mismo ejercicio anterior, pero oponga resistencia ligera contra la frente de su cabeza mientras empuja ésta hacia adelante. Luego oponga resistencia ligera a la nuca, mientras empuja su cabeza hacia atrás.
- Sostenga pesos ligeros de entre uno y dos kilos, por ejemplo ,en las manos mientras se encoge de hombros. Mantenga derechos sus brazos.

Use una fricción calorífera. Estos ungüentos que se venden sin necesidad de receta médica son calmantes pero no tienen verdadero efecto curativo porque en realidad no penetran más allá de la superficie de la piel, señala Steve Antonopulos, entrenador físico en jefe del equipo de futbol americano Broncos de Denver. Nunca los use con cojincillos calefactores, agrega. En el mejor de los casos, proporcionan "beneficio psicológico".

Acuda a los preventivos conocidos. Los antiinflamatorios que se venden sin necesidad de receta médica, como la aspirina o el ibuprofén, ayudan a reducir el dolor y la inflamación. Tome dos pastillas tres a cuatro veces al día.

Siéntese en una silla firme. Puesto que la espina dorsal incluye los huesos en la base del cráneo, el sentarse en una silla que no le proporcione buen soporte para su espalda y cuello aumentará las posibilidades de empeorar sus problemas de cuello y de causarse otros nuevos, advierte el doctor Mitchell A. Price, quiropráctico en Temple, Pennsylvania.

Arroje la toalla. Enrolle una toalla y colóquela en la base de su espalda cuando esté sentado; alineará mejor su columna vertebral y le dará apoyo adicional, aconseja Griffin.

Tómese un descanso. Así como sus pies necesitan descansar si usted está constantemente de pie, el cuello también debe descansar si usted está sentado todo el tiempo. Su cabeza pesa alrededor de 3.5 kilos, observa Griffin, lo cual es mucho peso para el cuello si no recibe una buena ayuda del resto del cuerpo. Así pues, periódicamente levántese y camine un poco.

Levante la frente. Mantenga su cabeza a nivel pero meta la barbilla, recomienda Griffin. También evite bajar su cabeza todo el tiempo cuando trabaje ante un escritorio o esté leyendo, prosigue ella. Esto impedirá que se esfuercen los músculos de la nuca.

El ojo al nivel del monitor. Si trabaja todo el día frente a una pantalla, resulta conveniente colocarla al nivel de la vista. Si tiene que estar dirigiendo la vista hacia arriba y hacia abajo hora tras hora puede torcerse el cuello, advierte Price.

Prefiera no usar tanto el teléfono. Y considere dejarlo en paz. Si usted habla mucho por teléfono, especialmente mientras trata de escribir, pondrá su cuello en una posición incómoda: invitación a la rigidez y el dolor.

Levante las cosas con cuidado. Es muy fácil olvidar que hay una manera correcta y una incorrecta para levantar objetos pesados. La manera

---

ALERTA MÉDICA

Un movimiento brusco de cabeza necesita cuidado médico

Si tuvo un accidente automovilístico y luego ha padecido de intenso dolor en el cuello, tal vez su cabeza tuvo un movimiento muy brusco y debe consultar a un médico, aconseja el quiropráctico Mitchell A. Price. Mientras tanto, sugiere que trate la zona con hielo en vez de con calor porque esto podría inflamar la región lesionada.

Como regla general, el dolor persistente de cuello justifica una evaluación médica profesional. "Aunque es extremadamente remoto, de todos modos es posible que el dolor de cuello pudiera ser signo de que hay un tumor en la espina", advierte la terapeuta física Joanne Griffin.

correcta, según Price, es doblar las rodillas y mantener erecta la espalda mientras coloca el objeto entre sus pies. Los que deben estar tan separados como sus propios hombros. Luego levante el objeto, manteniéndolo lo más próximo posible a su cuerpo.

Duerma sobre un colchón firme. Muchos problemas de cuello se inician, y empeoran, con los malos hábitos de dormir. De acuerdo con Price, tener un colchón firme es muy importante.

No luche contra su almohada. Sencillamente hágala a un lado. "Mucha gente con dolor de cuello siente mejora con el sólo hecho de dormir horizontalmente, sin almohada", refiere el doctor Kunkel.

Adquiera una almohada cervical. Estas almohadas, disponibles en farmacias y tiendas no especializadas a precios razonables, dan el debido apoyo al cuello, indica Price.

No duerma boca abajo. Esta posición no es mala nada más para su espalda, sino también para su cuello, previene Price.

Duerma como un bebé. En otras palabras, duerma en posición fetal: de costado con las rodillas elevadas hacia el pecho, aconseja Price.

Envuélvase. Cuando hace frío y hay humedad en el ambiente tal vez use sombrero; pero también debe cubrir su cuello. El clima puede agravar la rigidez y el dolor de cuello, comenta el doctor Kunkel.

Relájese. El solo hecho de estar tenso puede endurecer los músculos del cuello y ocasionarle dolor. Si está sometido a mucha presión o siente demasiada tensión, le será útil aprender algunas técnicas de relajamiento, como la meditación o la relajación progresiva. Además, hay cintas magnetofónicas disponibles que pueden enseñarle a relajarse.

COMITÉ DE ASESORES

Steven Antonopulos es entrenador físico en jefe del equipo de futbol americano Broncos de Denver.

Joanne Griffin es terapeuta física y terapeuta de tratamiento contra dolor de cabeza para pacientes internos del Centro New England para el Dolor de Cabeza en el Hospital Greenwich en Connecticut.

El doctor **Robert Kunkel** es jefe de la Sección de Dolor de Cabeza en el Departamento de Medicina Interna de la Clínica Cleveland en Ohio. También es vicepresidente de la National Headache Foundation.

El doctor **Mitchell A. Price** es quiropráctico privado en Temple, Pennsylvania.

Dolor de espalda

24 ideas para quitar el dolor

Rara vez se oye hablar de esta ley de la física: los objetos más pesados necesitan cambiarse de lugar con más frecuencia. He aquí otra: las cosas se ven mejor justo en el sitio más alejado del lugar donde las puso usted primero.

Tratar de mover el objeto que repentinamente se ha vuelto inamovible es la principal causa de problemas de espalda en Estados Unidos. Hace que usted empuje, se tuerza, se doble: levante, golpee, jale y se estire en modos que jamás creyó posibles. A menudo el resultado es dolor de espalda, y no es fácil librarse de él. Algunos expertos en la materia aseveran que el 80% de los estadounidenses experimentan dolor de espalda en algún momento de sus vidas. Y las lesiones relacionadas con la espalda cuestan a la industria más de 10 000 millones de dólares al año en indemnizaciones a los trabajadores.

De modo que si usted ha estado tratando inútilmente de cargar cosas pesadas y lo que se ha ganado es un intenso dolor, puede seguir los siguientes consejos para aliviarlo.

ALIVIO DE UN DOLOR DE ESPALDA

Los especialistas afirman que el dolor de espalda se presenta de dos maneras: agudo y crónico. El dolor agudo se presenta repentina e intensamente; es el tipo de dolor que por lo regular siente al realizar algo que no debió haber hecho o que hizo mal. El dolor puede deberse a esguinces, distensiones o a tirones en los músculos dorsales. Puede doler horriblemente durante varios días, pero los médicos afirman que puede dejar de sentirlo sin otros efectos duraderos si observa las siguientes indicaciones.

Descanse los pies. Su espalda se lo agradecerá. "Para un problema agudo", declara el cirujano ortopedista Edward Abraham, profesor clínico en el

205

Haga ejercicio para alejar el dolor

Tal vez el ejercicio sea lo último en que usted quisiera pensar cuando le duele la espalda; pero los especialistas sostienen que hacer ejercicio es lo mejor para el dolor crónico de espalda.

"Para la gente que sufre de dolor cotidiano de espalda, en especial si el dolor sufre cambios durante el día, el ejercicio puede ser muy benéfico", explica el doctor Roger Minkow, especialista en espalda y fundador de Backworks en Petaluma, California.

Si usted está bajo cuidado médico para su dolor de espalda, asegúrese de obtener la aprobación del especialista antes de comenzar a hacer ejercicios. Estos son algunos de los que recomiendan los doctores.

Haga medias "lagartijas". "Las medias lagartijas consisten en colocarse boca abajo en el piso, con la pelvis pegada al suelo, arqueando la espalda a medida que las manos contra el piso van elevando los hombros", aconseja el doctor Minkow.

Esto ayudará a fortalecer la parte baja de la espalda. El doctor Minkow recomienda hacer el ejercicio una vez por la mañana y otra por la tarde.

Haga una semiabdominal. Mientras todavía se encuentra en el piso, ruédese para quedar sobre su espalda y haga una semiabdominal. Colóquese boca arriba, con ambos pies sobre el piso, doblando sus rodillas. Cruce los bazos y ponga sus manos sobre los hombros. Eleve cabeza y hombros despegándose del suelo tanto como pueda mientras mantiene la parte baja de la espalda sobre el piso. Manténgase en la posición durante un segundo, y repita el ejercicio.

California College de Medicina en la Universidad de California en Irvine, "lo primero que debe hacerse es ir a la cama a reposar". De hecho, tal vez sea lo único que usted quiera hacer. Todo acto físico, incluso levantarse para ir al baño, puede reactivar el dolor. Por ello, durante el primer o segundo día, reduzca sus actividades al mínimo.

No repose demasiado. El tiempo que permanezca en reposo dependerá de la intensidad de su dolor, explica el doctor Abraham. "Por ejemplo, si todavía tiene dolor después de dos días, no le hará daño guardar cama un día más; pero es mejor dejar la cama cuanto antes. Deje que el dolor le indique lo que hay que hacer."

"Casi toda la gente piensa que una semana en cama acabará con el dolor", agrega el doctor David Lehrman, jefe de cirugía ortopédica en el Hospital St. Francis y fundador del Lehrman Back Center en Miami, Florida. "Sin embargo no

Nade en tierra firme. No necesita usted una alfombra gruesa para nadar sobre el piso. Acuéstese boca abajo y eleve el brazo izquierdo y la pierna derecha. Conserve esta posición durante un segundo y luego alterne con la pierna izquierda y el brazo derecho, como si estuviera nadando.

Esto extenderá y fortalecerá la parte baja de su espalda, señala el doctor Minkow.

Vaya a la piscina. "Nadar es un excelente ejercicio para la espalda", informa el doctor Milton Fried. "Un buen ejercicio para el dolor agudo de espalda es meterse a nadar en una piscina de agua caliente y nadar."

Pedalee erecto. "Haga ejercicio en bicicleta fija con un espejo enfrente para que pueda verse", indica el doctor Minkow. "Asegúrese de sentarse erecto, sin jorobarse. Si necesita encorvarse, eleve el manubrio de modo que no tenga que inclinarse hacia adelante."

Recuerde: Si no hay dolor no hay ganancia . . . ¡Ni cerebro! El doctor Minkow recomienda que al hacer estos u otros ejercicios tenga cuidado e identifique su límite: "Si el ejercicio que está realizando le produce dolor o agrava su estado, suspéndalo. No va a mejorar nada si aprieta la mandíbula y hace una ronda más. Si al día siguiente o a los dos días se siente bien después de hacer sus ejercicios, entonces sabrá que puede continuar con ellos".

es así. Por cada semana de reposo en cama, la rehabilitación se llevará dos semanas."

De hecho, los estudios realizados en el Centro de las Ciencias para la Salud de la Universidad de Texas lo comprueban. Los investigadores de ese centro estudiaron a 203 pacientes que llegaron a una clínica de consulta externa quejándose de dolor de espalda agudo. Se ordenó a algunos que reposaran durante dos días completos y a otros se les indicó descansar una semana. En ninguno de los dos grupos hubo diferencia en el tiempo que tardó el dolor en disminuir, informó el doctor Richard A. Deyo, uno de los investigadores y ahora director de investigación de servicios sanitarios en el Centro Médico Seattle Veterans Administration. Y quienes suspendieron el reposo a los dos días volvieron mucho antes al trabajo.

"La duración del reposo en cama realmente no afecta la recuperación", explica el doctor Deyo. "Para algunas personas es remedio sólo durante los dos primeros días."

Enfríe su dolor. La mejor manera de enfriar un ataque agudo es con hielo, recomienda el investigador canadiense sobre el dolor, doctor Ronald Melzack, profesor de la Universidad McGill. Le ayudará a reducir la inflamación y la distensión en sus músculos dorsales. Para obtener mejores resultados, afirma, intente el masaje con hielo. "Cubra con una compresa helada o paquete de gel congelado el sitio adolorido y masajee el punto durante 7 u 8 minutos." Haga esto durante uno o dos días.

Pruebe con calor. Los médicos recomiendan que cambie a calor después del primer o segundo día de hielo, señala el doctor Milton Fried, fundador de la Clínica Milton Fried en Atlanta, Georgia. Tome una toalla suave y póngala en una vasija de agua bastante caliente. Exprímala bien y alísela para quitarle las arrugas. Recuéstese boca abajo con almohadas bajo su cadera y tobillos y doble la toalla sobre la parte de la espalda que le duela. Acomode una envoltura plástica sobre la toalla y luego ponga un cojincillo eléctrico ajustado para calor medio sobre el plástico. De ser posible, coloque algo sobre el cojincillo de modo que haga presión, como por ejemplo un directorio telefónico. "Esto crea calor húmedo y ayudará a reducir los espasmos musculares", explica el doctor Fried.

ALERTA MÉDICA

Algunas espaldas necesitan el cuidado de un doctor

¿Cuándo necesita su espalda ayuda médica? Cuando se encuentra usted en cualquiera de las siguientes condiciones:

- Dolor de espalda que se presenta de pronto, sin razón aparente.
- Dolor de espalda acompañado por otros síntomas como fiebre, retortijones, dolor de pecho o dificultad para respirar.
- Ataque agudo que dure más de dos a tres días sin alivio en el dolor.
- Dolor crónico que dure más de dos semanas sin alivio.
- Dolor de espalda que radia por su pierna hasta la rodilla o pie.

No siempre debe suponer que el dolor de espalda sea señal de que algo anda mal sólo con su espalda, señala el doctor Milton Fried. Podría ser signo de algún otro trastorno.

Aplique calor y frío. Para aquellos que no se deciden entre el calor o el frío, pueden utilizar ambos métodos, indica el doctor Abraham. Incluso puede tener un beneficio adicional: "Un régimen intermitente de calor y frío en realidad lo hará sentir mejor", declara el doctor Abraham. "Aplique frío durante 30 minutos seguidos por 30 minutos de calor, y repita el ciclo."

Estírese para relajar el espasmo. Estirarse cuando la espalda está adolorida de hecho aumenta el proceso de recuperación", refiere el doctor Lehrman. "Una buena estirada para el dolor de la parte baja de la espalda consiste en elevar suavemente las rodillas despegándolas de la cama hasta el pecho. Una vez allí, aplique un poco de presión en las rodillas. Estírese, luego relájese. Repita el proceso.

"Estirarse ayuda al músculo a relajarse en vez de sólo esperar a que lo haga por sí mismo", comenta el doctor Lehrman.

Ruédese para salir de la cama. Cuando ya tenga que levantarse, siga el consejo médico de rodar para salir de la cama con cuidado y lentamente.

"Usted puede reducir el dolor al mínimo cuando salga de la cama si se desliza hasta el borde", indica el doctor Lehrman. "Una vez allí, mantenga rígida la espalda y permita que sus piernas salgan primero. Ese movimiento hará las veces de trampolín y elevará la parte superior del cuerpo."

ALIVIANDO UN DOLOR QUE DURA Y PERDURA

Para ciertas personas, el dolor de espalda forma parte de su vida cotidiana. Por alguna razón, duele y duele durante lo que puede parecer una eternidad. Algunas personas sufren de dolor recurrente; cualquier ligero movimiento puede ocasionarlo. A esto se le llama dolor crónico. Las siguientes sugerencias resultan particularmente útiles para quienes lo padecen, aunque los que sufren de dolor agudo también pueden beneficiarse.

Al ataque con madera. Poner una tabla de madera bajo el colchón de la cama ayudará a la región lumbar. "El objeto es tener una cama que no se hunda en la parte media cuando se recueste", explica el doctor Fried. "Una pieza de *triplay* entre el colchón y el *box spring* dará fin al problema de los hundimientos."

Ahogue el dolor en una cama de agua. "Una moderna cama de agua, ajustable y que no haga muchas ondas, es excelente para casi todos los tipos de molestias de espalda", comenta el doctor Fried.

El doctor Abraham está de acuerdo: "En las camas de agua se obtiene un

La comodidad en el asiento del auto

¿Le duele intensamente la espalda cada vez que sube al coche? Tal vez se deba a que está sentándose sobre la base del problema.

"Si tiene problemas de espalda, tal vez la raíz del problema sea el asiento del auto", indica el doctor Roger Minkow, especialista en espalda y fundador de Backworks en Petaluma, California, quien rediseña asientos para fabricantes de autos y aviones. "Los automóviles alemanes pueden ser los peores en cuestión de espaldas y respaldos", señala. "Por lo general los coches estadounidenses también son malos, pero al menos pueden arreglarse. Por otra parte, los autos japoneses tienen los mejores asientos, seguidos por los autos suecos de las marcas Volvo y Saab."

La próxima vez que planee comprar un automóvil, recuerde la sugerencia del doctor Minkow de que pruebe la comodidad de los acojinamientos y la que ofrece en viajes largos. Las siguientes sugerencias lo ayudarán a tomar una decisión más atinada.

Sienta el asiento del coche nuevo. "Busque un asiento con soporte lumbar ajustable y colóquelo lo más bajo posible", indica. "Pruebe cómo se siente, y si necesita ajustarlo, hágalo desde el nivel más bajo."

Proporciónese a sí mismo la comodidad. Si el asiento de su auto no le viene bien a su espalda y maneja un automóvil de manufactura estadounidense, tal vez pueda corregir la situación por sí mismo con un poco de esfuerzo. Casi todos los automóviles estadounidenses tienen un cierre de cremallera en la base del cojín del respaldo. "Basta con que abra el cierre e inserte un soporte lumbar hecho en casa", comenta Minkow. Hágalo de esta manera:

Consiga un cojín de espuma de gran elasticidad, lo que significa una espuma de 2.5 a 3.5 libras con deflexión de carga por indentación de entre 30 y 45 libras. Corte con un cuchillo eléctrico una tira de espuma de unos 13 a 15 cm de ancho por 3 centímetros de espesor. Luego corte para obtener una longitud que corresponda al ancho del respaldo del asiento de su coche; asegúrese de biselar el borde de modo que cuando el cubreasientos se mueva, el cojín no cambie de posición. Inserte el cojín recién hecho bajo el cubreasientos y luego haga los ajustes necesarios elevándolo o bajándolo de modo que ajuste arriba de la línea de la cintura en su espalda. Vuelva a cerrar el cierre de cremallera del cubreasientos.

"Se lleva 15 minutos, cuesta unos 3 dólares, y es tan eficaz como un soporte lumbar de 80 dólares", comenta el doctor Minkow.

cambio igualado de presión en las distintas partes del cuerpo", explica. "Por este motivo puede permanecer en una sola posición toda la noche."

Vuélvase un dormilón en "S perezosa". A las espaldas lastimadas les molesta estar boca abajo. "La mejor postura para quien descansa en cama es la que llamamos S perezosa", indica el doctor Abraham. "Ponga una almohada bajo la cabeza y la parte alta del cuello; mantenga su dorso relativamente llano sobre la cama, y luego ponga una almohada bajo sus rodillas."

Cuando endereza las piernas, se extienden sus músculos tendinosos de la corva y ejercen presión en la parte baja de la espalda, explica. Mantener dobladas las rodillas relaja dichos músculos y elimina la presión de su espalda.

Desarrolle la atracción fetal. Dormirá como bebé si lo hace de costado en posición fetal. "Es buena idea poner una almohada entre sus rodillas cuando duerma de costado", aconseja el doctor Fried. "La almohada impide que las piernas se deslicen hacia abajo y hagan rotar la cadera, lo cual incrementa la presión en su espalda."

Tome una aspirina al día. Puede mantener alejado el dolor de espalda, afirman los expertos. A menudo el dolor de espalda se presenta con inflamación alrededor del lugar del dolor, refiere el doctor Fried, lo cual puede aliviarse mediante simples medicamentos antiinflamatorios que se venden sin receta médica, como la aspirina y el ibuprofén. "Incluso puede ayudar en casos de inflamación bastante considerable", afirma.

El acetaminofén no resulta tan eficaz porque no es un medicamento antiinflamatorio.

Ataque con una corteza apropiada. Si busca un antiinflamatorio natural, pruebe con un poco de corteza de sauce blanco, que puede encontrarse en cápsula en tiendas de alimentos naturistas, recomienda el doctor Fried. "Es un salicilato natural, ingrediente activo que da su poder antiinflamatorio a la aspirina", comenta el doctor Fried. "Tomadas después de los alimentos, no deberán lastimar su estómago, y actúa muy bien en dolores de espalda suaves a moderados. Sin embargo, no deben tomarlas quienes sufren de úlceras o acedías."

Visualícese sin dolor. El peor momento para el dolor puede ser a media noche, cuando el dolor lo despierta y no lo deja dormir. "Recurrir a la visualización es particularmente útil en estos momentos", afirma el profesor Dennis Turk, director del Instituto para la Evaluación y Tratamiento del Dolor en la Escuela de Medicina en la Universidad de Pittsburgh.

"Cierre sus ojos e imagine un limón en un plato de porcelana blanca. Visualice un cuchillo al lado. Véase tomando el cuchillo y cortando el limón. Escuche el ruido que se hace al cortar. Huela el aroma. Acerque el limón a su rostro e imagine su sabor."

"Este es solamente un ejemplo de cómo puede emplear sus sentidos para la visualización", explica el doctor Turk. "La idea es incorporar el mayor detalle posible a la imagen. Cuanto más minuciosa sea la imagen, más participará usted y más pronto podrá distraerse del dolor."

Ponga de cabeza su dolor. "La inversión de la gravedad opera maravillas en el dolor de espalda", comenta el doctor Fried. En este tratamiento el paciente se amarra a un dispositivo especial que se inclina hacia atrás y le permite colgarse cabeza abajo. "Realizar la tracción por inversión gradual con un aparato apropiado y seguro durante 5 o 10 minutos diarios realmente ayudará a aliviar el dolor de la parte baja de su espalda", explica. No obstante, es necesario obtener la aprobación de su doctor para aplicarse esta clase de tratamiento, sobre todo si tiene problemas de discos. Y quienes tienen peligro de padecer glaucoma no deben emplearlo en absoluto.

Intente el T'ai chi para desatar los nudos musculares. El T'ai chi es una antigua disciplina china de movimientos lentos y fluidos. "Es un magnífico método de relajación que ayuda a los músculos de la espalda", afirma el doctor Abraham, quien emplea personalmente el método. "Hay muchos ejercicios de respiración y actividades de estiramiento que favorecen la armonía dentro del cuerpo."

Se necesitan tiempo y autodisciplina para aprender el T'ai chi, pero el doctor Abraham considera que bien vale la pena. "Sé que es extraño que un cirujano ortopedista diga eso, pero se trata de una manera inteligente de vivir y ayudará muchísimo a la gente con problemas de espalda."

COMITÉ DE ASESORES

El doctor **Edward Abraham** es médico privado en Santa Ana, California, y profesor clínico de ortopedia en el California College de Medicina en la Universidad de California en Irvine. Es quien inició la terapia de espalda para pacientes externos en Estados Unidos y es autor de *Freedom from Back Pain.*

El doctor **Richard A. Deyo** es director de investigación de servicios de salud en el Centro Médico Seattle Veterans Administration y profesor de medicina y servicios de salud en la Escuela de Medicina de la Universidad de Washington, en Seattle. También tiene una maestría en salud pública.

El doctor **Milton Fried** es fundador y director de la clínica Milton Fried en Atlanta, Georgia. También tiene títulos en terapia quiropráctica y física.

El doctor **David Lehrman** es jefe de cirugía ortopédica en el Hospital St. Francis de Miami,

Florida, y fundador y director del Lehrman Back Center, institución residencial en Miami para quienes padecen de dolor.

El doctor **Ronald Melzack** es profesor de psicología en la Universidad McGil de Montreal y vicepresidente de la International Pain Foundation e investigador sobre el dolor.

El doctor **Roger Minkow** es especialista en espalda, fundador y director de Backworks, institución para rehabilitar personas con lesiones en la espalda, ubicada en Petaluma, California.

El doctor **Dennis Turk** es profesor de psiquiatría y anestesiología en la Escuela de Medicina en la Universidad de Pittsburgh en Pennsylvania y director del Instituto para la Evaluación y Tratamiento del Dolor en la misma universidad.

Dolor de espinillas

13 maneras de aliviar el dolor de piernas

Lo curioso acerca de los dolores de espinillas es que casi todo mundo sabe cuándo los padece; pero muy pocas personas, entre ellas los expertos, parecen saber exactamente qué son. Casi todos los médicos prefieren los términos *tendinitis*, o *periostitis*, aunque no pueden decir a ciencia cierta cuál de los términos describe de hecho el mal.

"El dolor de espinillas podría ser una diversidad de cosas", comenta Marjorie Albohm, entrenadora atlética titulada y directora adjunta del International Institute of Sports Science and Medicine en la Escuela de Medicina de la Universidad de Indiana. "Mucha gente afirma que se trata de la etapa inicial de un desgarramiento por tensión; otros que se debe a una irritación muscular. Otros más señalan que se trata de una irritación del tendón que une el músculo al hueso. El problema en su tratamiento se inicia en la dificultad para definir exactamente cuál es el trastorno.

Eso puede explicar por qué esta afección asuela a tanta gente activa de ambos sexos y de todas las edades. El dolor de espinillas es uno de los males más frecuentes e incapacitantes en la danza aeróbica (cerca de 22% de los estudiantes y 29% de los instructores lo padecen), y los corredores de fondo (cerca del 28%) tal vez lo han padecido desde que se pavimentó el primer camino.

Lo que se sabe es que las superficies rígidas pueden producir dolor de espinillas en un instante, y esto se aplica a las personas que caminan sobre concreto al igual que a quienes hacen ejercicios en él. Entre otras causas del dolor de espinillas están las posturas indebidas, zapatos inadecuados, arcos caídos, insuficiente calentamiento, mala mecánica al correr, mala mecánica al caminar, sobreentrenamiento y demás. No es difícil contraer este padecimiento.

Los síntomas son vagos y a menudo se confunden con los de desgarre por tensión (véase "Cuando el dolor de espinilla no es una molestia menor" en la página 216); sin embargo, por lo regular este trastorno incluye dolor en la espinilla de una o ambas piernas, aunque puede haber o no una zona específica de sensibilidad. El dolor se siente en la parte delantera de la pierna después de la actividad, aunque puede ocurrir durante la actividad a medida que empeoran los síntomas.

Los remedios siguientes fueron diseñados para ayudar a evitar que el padecimiento progrese hasta el punto de un desgarre por tensión y para que usted pueda continuar su estilo de vida activo sin causarse daño innecesario. Los remedios que requieren estiramiento o ejercicio de los músculos de la pantorrilla pueden ser benéficos para impedir la recurrencia. Como siempre, permita que el dolor lo oriente. Si algo de lo recomendado aquí causa mayor incomodidad, ¡no lo haga!

Comience en el suelo. "Comience estudiando la superficie", aconseja Albohm. "Si camina, corre, baila, juega baloncesto u otro deporte sobre la superficie rígida, entonces necesitará cambiar algo allí."

En quienes practican danza aeróbica son más frecuentes las lesiones en los pisos de concreto forrados de alfombra, en tanto que los pisos menos dañinos son los de madera con un espacio de aire abajo de ellos. Si tiene que danzar sobre un piso no flexible, asegúrese de que el instructor sólo indique ejercicios de bajo impacto o sobre colchonetas de hulespuma. Para los corredores, escoja césped o tierra de preferencia sobre el asfalto, y prefiera el asfalto sobre el concreto. El concreto es sumamente rígido y debe evitarse a toda costa.

Luego continúe con los zapatos. Si no puede dejar de practicar su actividad en determinada superficie o si ésta no constituye el problema, entonces los expertos indican que es hora de cambiar de calzado. Albohn recomienda inspeccionar el soporte del arco: "Estudie la cualidad absorbente de choques en la suela y en todo el arco. El soporte debe estar allí, y el zapato debe ajustarle apropiadamente".

Para quienes participan en actividades de mucho impacto en la parte delantera del pie, el zapato debe juzgarse por su capacidad para absorber el choque en esa zona. La mejor prueba consiste en probar los zapatos en la zapatería y saltar una y otra vez, tanto sobre las puntas de los pies como sobre toda la planta. El impacto sobre el suelo debe ser firme y no tener un efecto desagradable.

Para los corredores, la selección es un poco más difícil. Por ejemplo, mediante la investigación se ha demostrado que cerca del 58% de todos los corredores que padecen de dolor de espinillas también se causan un movimiento de pronación (o sea que el pie se desplaza hacia dentro). Escoger un zapato para controlar la pronación a veces se traduce en pérdida de la amortiguación, aunque si usted padece de pronación con dolor de espinillas, tal vez lo que necesite sea control.

Cámbielos a menudo. Desde luego, una manera de asegurar que sus zapatos retengan la mayor capacidad de amortiguación posible es cambiarlos con frecuencia. El doctor en medicina podiátrica, Gary M. Gordon, director de los programas de correr y trotar del Centro Médico Deportivo de la Universidad de Pennsylvania en Filadelfia, da este consejo para evitar el dolor por lesión de espinilla: quienes corren 40 kilómetros o más a la semana necesitan nuevos zapatos aproximadamente cada 60 a 90 días; menos distancia que la mencionada significa que se necesitan zapatos nuevos aproximadamente cada cuatro a seis meses. Quienes practican aeróbicos, tenis o baloncesto dos veces a la semana necesitan zapatos nuevos dos a tres veces al año, en tanto que quienes lo hacen hasta cuatro veces a la semana necesitan hacer cambios cada 60 días.

Piense en "RICE". Tan pronto como note el dolor de este padecimiento, siga las reglas de RICE: Reposo, hIelo, Compresión y Elevación durante 20 a 30 minutos. Los expertos aseguran que es lo mejor.

"No subestime el poder del hielo", comenta Albohm, y añade que debe mantener tan sólo la rutina con el hielo. Basta con que eleve la pierna, la envuelva con una venda elástica Ace para comprimirla y colocarle encima un paquete de hielo durante 20 a 30 minutos.

Alterne calor y hielo. Una variación del tratamiento de RICE es el baño de contraste, que parece especialmente eficaz para el dolor de la cara interna de la pierna. Con este método, alterne un minuto de hielo con un minuto de calor. Haga esto antes de cualquier actividad que pueda causar el malestar de dolor de espinilla, y continúelo durante al menos 12 minutos.

Estire esas pantorrillas. "Hemos descubierto que estirar el tendón de Aquiles y los músculos de la pantorrilla es una excelente medida preventiva contra el dolor de espinillas", refiere Albohm. "Si usa usted tacones de 5 centímetros de alto a diario, no está estirando ninguno de ellos."

La razón por la que es útil el ejercicio de estiramiento es que los músculos de la pantorrilla acortados tienden a llevar más peso y tensión hacia adelante, hacia las espinillas. Coloque sus manos sobre un muro, extienda una pierna atrás de la otra y presione el talón de atrás lentamente hacia el piso. Haga esto 20 veces y repita el ejercicio con la otra pierna.

Ahora atienda los tendones. El doctor Gordon ofrece esta sencilla técnica para estirar el tendón de Aquiles: mantenga ambos pies plantados sobre el suelo a unos 15 centímetros de distancia. Luego flexione sus tobillos y rodillas hacia adelante mientras mantiene erguida la espalda. Hágalo hasta sentir el estiramiento y sosténgase así durante 30 segundos. "Debe sentir que realmente se está estirando la parte baja de la pantorrilla", indica. Repita el ejercicio 10 veces.

Aprenda a dominar el masaje. "Para el dolor de espinillas en la parte delantera de la pierna deberá masajear la zona justo cerca del borde de la espinilla, no directamente sobre ella", señala Rich Phaigh, codirector del American Institute of Sports Massage en la ciudad de Nueva York y del Institute of Clinical Biomechanics en Eugene, Oregon, y autor del libro *Athletic Massage*. "Si opera directamente sobre el hueso, empeorará la inflamación."

Para quitar el malestar del dolor de espinilla mediante masaje, siéntese en el piso con una rodilla flexionada y el pie plantado sobre el piso. Comience a masajear ligeramente ambos lados del hueso usando las palmas de las manos, deslizándolas

Cuando el dolor de espinilla no es una molestia menor

Puesto que algunos expertos consideran que el dolor de espinillas de hecho puede indicar desgarres por tensión en una primera etapa, a veces es difícil reconocer la diferencia entre ambos. A pesar de ello, el dolor de espinillas puede traducirse en desgarres declarados por tensión si insiste en aplicarles esfuerzo excesivo. ¿Cómo saber si se ha cruzado la línea? Preguntamos a la entrenadora atlética Marjorie Albohm.

"Cuando hay desgarre por tensión, se tiene un dolor localizado en una zona muy reducida, del tamaño de una moneda", explica. "Si alguien le pregunta dónde le duele, usted puede indicarlo con precisión colocando uno o dos dedos en el punto. Estará justo en una zona ósea o alrededor de ella y no más allá. Un dolor de espinillas se presenta como una incomodidad dolorosa que sube y baja por la pierna, sin afectar el muslo."

atrás y adelante desde la rodilla al tobillo. Repita este movimiento de masaje varias veces. Luego rodee con sus manos la pantorrilla y, empleando las puntas de los dedos, haga movimientos de repaso profundo a ambos lados del hueso desde el tobillo hasta la rodilla. Cubra toda la zona y aplique la mayor presión posible.

"Lo que hará es restaurar la longitud y aliviar la tensión en los tendones en las partes alta y baja de la espinilla", explica Phaigh; observe que un buen masaje también ayuda a mejorar la circulación en la zona.

Corrija los pies defectuosos. Los pies planos y los arcos demasiado altos a veces pueden ocasionar dolor de espinillas, advierte el doctor Gordon. "Si tiene pies planos, el músculo del interior de la pantorrilla tendrá que trabajar más y se fatigará más pronto, lo cual hará que el hueso reciba más golpes", agrega.

Si tiene pies planos, puede necesitar un material amortiguador adicional o un soporte de arco extra en sus zapatos. Puede insertar plantillas en sus zapatos; adquiéralas en las tiendas de artículos deportivos, pero sería mejor consultar a un podiatra antes de usar plantillas por cuenta propia.

El dolor en la cara exterior de la pierna a veces se debe a arcos muy altos, señala el doctor Gordon. "Eso requiere de muchos ejercicios de estiramiento, al igual que fortalecer los músculos y tal vez agregar soportes ortopédicos."

Haga músculo, reduzca el dolor. A veces se puede impedir el dolor de espinillas si se fortalecen los músculos que rodean la espinilla. Estos músculos ayudan a desacelerar el pie y a reducir el choque al caminar o correr. Ayude a fortalecerlos con los siguiente.

- Pruebe practicar ciclismo con los pedales ajustados. Concéntrese en jalar los pedales con los músculos de la espinilla cada vez que pedalee. (El ciclismo también le da buena práctica aeróbica sin agravar su malestar de dolor de espinilla.)
- Para quienes no tienen acceso a una bicicleta, caminar sobre los talones produce un efecto muy similar y lo obligarán a estirar y jalar hacia arriba con los músculos alrededor de la espinilla cada vez que da un paso.
- Si busca un ejercicio acondicionador más extenuante, pruebe lo que sigue. Siéntese sobre el borde de una mesa que tenga la suficiente altura como para que sus pies no toquen el piso. Coloque un calcetín lleno de monedas sobre el pie o llene un bote viejo de pintura con grava hasta que pese cerca de dos kilos y medio (coloque este bote sobre el pie con un zapato, de modo que no le moleste el alambre del bote). Flexione el pie hacia arriba desde el tobillo, luego relájese; flexione de nuevo el pie hacia arriba. Repita esto tantas veces como pueda, apretando los músculos de la espinilla al tiempo que eleva el pie.

COMITÉ DE ASESORES

Marjorie Albohm es entrenadora atlética titulada y directora adjunta del International Institute of Sports Science and Medicine en la Escuela de Medicina de la Universidad de Indiana en Mooresville. Fue integrante del cuerpo médico de los Juegos Olímpicos Invernales de 1980 y los Juegos Panamericanos de 1987.

El doctor en medicina podiátrica **Gary M. Gordon** es director de los programas de carreras y trote en el Centro Médico Deportivo de la Universidad de Pennsylvania en Filadelfia. Se especializa en medicina podiátrica, cirugía de pie y medicina deportiva.

Rich Phaig es codirector del American Institute of Sports Massage en la ciudad de Nueva York y del Institute of Clinical Biomechanics en Eugene, Oregon. También es instructor de masaje en el Colegio East-West de las Artes Curativas en Portland, es autor de *Athletic Massage* y ha trabajado con estrellas de la pista como son Alberto Salazar y Joan Samuelson.

Dolor de muelas

13 sugerencias para aliviar el dolor

Los dolores de muelas pueden causar mucho sufrimiento. Se padece al reír, hacer gestos, comer o beber, cuando se aprieta o afloja la mandíbula, cuando se mueve la cabeza en cualquier dirección. A veces incluso duele al respirar porque el aire frío entra de golpe en la boca, rozando la pieza adolorida y . . . ¡aaaaayyyyy!

Un dolor de muelas o de dientes puede ser síntoma de varias causas, explica el doctor en cirugía dental, Philip D. Corn, dentista privado en Filadelfia, Pennsylvania, y director de la Pennsylvania Academy of General Dentistry. Por ejemplo, la pulpa de su pieza o las encías alrededor de la cúspide que le punza pueden estar infectadas. También puede haber materia descompuesta en la pieza dental, tener agrietada su bicúspide o haber sido golpeado en la boca; pero el dolor podría deberse sencillamente a una irritación causada por un pedazo de alimento alojado entre dos dientes, agrega el doctor en cirugía dental, Jerry F. Taintor, jefe de Endodoncia en el Colegio de Odontología de la Universidad de Tennessee. O podría tratarse del efecto secundario de un problema de sinusitis.

Sólo su dentista puede saberlo con seguridad; pero mientras llega el momento en que pueda verlo, querrá detener el dolor. Ahora. He aquí cómo.

Enjuague para quitarse el dolor. Tome un buche de agua (a temperatura corporal) y enjuáguese vigorosamente, aconseja el doctor Taintor. Si su dolor de muelas se debe a un pedazo de comida atrapada, un enjuague con buches vigorosos puede desalojar el problema.

Pásese el hilo con cuidado. Si no sirvió hacer buches vigorosos, trate de quitar los fragmentos de carne o palomitas de maíz de entre sus piezas dentales usando hilo dental, indica el doctor Taintor. ¡Con cuidado! Es posible que sus encías estén irritadas.

Tómese un trago para adormecer el dolor. Mantenga un buche de licor fuerte sobre la pieza adolorida, recomienda el doctor Corn. Sus encías absorberán parte del alcohol y eso adormecerá el dolor. Escupa el resto.

Enjuáguese con agua salada. Después de cada comida y a la hora de ir a dormir, revuelva una cucharadita de sal en un vaso con un cuarto de litro de agua (también a temperatura corporal), prescribe el doctor Corn. Conserve un momento cada buche, pasándolo por toda la boca. Escupa.

Pruebe un masaje manual. Cuando una pieza le molesta, esto puede aliviar el dolor en 50%. Friccione un cubo de hielo en la zona en forma de V donde se unen los huesos del pulgar y del índice. Suavemente pase el hielo sobre la zona durante unos 5 a 7 minutos.

En un estudio, el doctor Ronald Melzack, investigador canadiense y expresidente de la International Association for the Study of Pain, descubrió que el masaje con hielo alivió los dolores de muelas en 60 a 90% de las personas que se lo aplicaron. Su investigación mostró que este procedimiento actúa enviando impulsos de la fricción a lo largo de las vías nerviosas que normalmente recorrería el dolor de muelas. Puesto que estas vías nerviosas sólo pueden transportar una señal a la vez, la fricción supera al dolor.

Acéitese con aceite de clavo. La gente ha estado usando este remedio que no requiere de vigilancia médica durante muchos años, refiere el doctor en cirugía dental, Richard Shepard, dentista jubilado en Durango, Colorado. Casi todas las farmacias venden frascos de este aceite. Ponga una pequeña cantidad directamente en la pieza adolorida, o friccione un poco con un hisopo de algodón y vierta el elixir donde le duela.

No muerda. Si el dolor de las piezas dentales se debe a un golpe al diente, pruebe a no emplear esa zona cuando coma, señala el doctor Corn. Si nada se ha dañado, el reposo para la pieza dental puede restaurar su vitalidad.

Chupe hielo. Trate el problema como lo hace con las magulladuras. Use hielo, aconseja el doctor Corn. Ponga hielo en la pieza adolorida o el carrillo más próximo en intervalos de 15 minutos, al menos de tres a cuatro veces al día.

Mantenga la boca cerrada. Si el aire frío que roza la pieza es un problema, sencillamente interrumpa el flujo, recomienda el doctor en cirugía dental, Roger P. Levin, presidente de la Baltimore Academy of General Dentistry, quien imparte cursos en la Universidad de Maryland.

O consérvela abierta. Algunos dolores de muelas ocurren cuando la mordida de una persona no está bien alineada, en cuyo caso, de acuerdo con el doctor Levin, debe evitarse cerrar la boca tanto como sea posible hasta que el dentista la examine.

Trague una aspirina. No crea en el anticuado remedio de colocar una aspirina directamente en la encía adolorida. Esto puede causar una quemadura por aspirina, advierte el doctor Taintor. Para aliviar el dolor, tome una aspirina cada 4 a 6 horas según lo requiera.

Sea sensible hacia su dentadura

"Si ni siquiera puede tocar su pieza, estamos hablando de verdadero dolor", señala el doctor en cirugía dental, Roger P. Levin. "No obstante, si la pieza sencillamente reacciona al calor o al frío, entonces se trata de un problema de sensibilidad."

Más de 40 millones de estadounidenses tienen "hipersensibilidad de la dentina", la cual se inicia cuando la dentina que se halla bajo el esmalte dental queda expuesta, por lo general en la línea de la encía.

La edad, las encías que se encojen, cirugía y excesivo cepillado con pastas ásperas y cepillos duros pueden exponer la dentina. A veces la placa corroe el esmalte dental y también la deja al descubierto.

El doctor en cirugía dental, Philip D. Corn, recomienda una pasta dental que se vende y usa sin supervisión médica, hecha especialmente para gente que tiene dientes sensibles y se aplica con un cepillo de cerdas de nylon suaves. Este tipo de pastas incluyen a Sensodyne, Promise, Protect, Thermodent y Denquel.

Y si está notando la sensibilidad por primera vez, será muy sensato consultar a su dentista para asegurarse de que no tiene algún otro problema.

Manténgase fresco. Haga que el calor no toque su mejilla adolorida aunque alivie su dolor de muelas, indica el doctor Corn. "Si se trata de una infección, el calor la llevará hacia el exterior de la mandíbula y la situación empeorará."

COMITÉ DE ASESORES

El doctor en cirugía dental, **Philip D. Corn**, tiene su práctica privada en Filadelfia, Pennsylvania. Es director de la Pennsylvania Academy of General Dentistry.

El doctor en cirugía dental, **Roger P. Levin**, es presidente de la Baltimore Academy of General Dentistry e imparte cursos en la Universidad de Maryland en Baltimore.

El doctor en cirugía dental, **Richard Shepard**, es dentista jubilado en Durango, Colorado. Edita el boletín de la Holistic Dental Association.

El doctor en cirugía dental, **Jerry F. Taintor**, es jefe de Endodoncia en el Colegio de Odontología de la Universidad de Tennessee en Memphis. Es autor de *The Oral Report: The Consumer's Common Sense Guide to Better Dental Care*.

Dolor de oídos

12 maneras de detener el dolor

Es un hecho. Los dolores de oídos son *peores* de noche. Y no se debe a que después de que todo mundo se ha retirado a dormir es más difícil encontrar ayuda médica. La obstrucción de las trompas de Eustaquio (que van desde la parte posterior de la garganta hasta el oído medio) es la causa más frecuente de dolor de oídos tanto en niños como en adultos, explica el doctor Dudley J. Weider, otorrinolaringólogo del Centro Médico Dartmouth-Hitchcock en Hanover, Nueva Hampshire. Y usualmente el estado se agrava por una infección de senos paranasales por resfriado o alergia.

Durante el día, usted mantiene su cabeza erguida y sus trompas de Eustaquio drenan de manera natural hacia la parte posterior de su garganta. Además, los músculos de dichas trompas se contraen cuando usted mastica y traga, abriéndolas y permitiendo que entre aire al oído medio.

No obstante, las cosas cambian de noche, al dormir. Usted se duerme sintiéndose de maravilla; pero las trompas ya no drenan de modo natural, y usted no traga con la misma frecuencia, por ende no reciben tanto aire. El que ya se encuentra en el oído medio es absorbido y se produce un vacío, el cual jala el tímpano hacia dentro. Luego, alrededor de la media noche, usted se despierta con la sensación de que alguien ha introducido un atizador de chimenea en su oído.

Hay otros factores que también pueden causar dolores de oídos. Por ejemplo, las infecciones, como la del oído de los nadadores, pueden desencadenar el dolor. La presión atmosférica al viajar en aviones y bucear en el mar también pueden hacer que los oídos duelan. Cosas raras, como pequeños recortes de sus cabellos, pueden caer en el canal auditivo e irritar sus oídos. Y por otra parte se presentan los dolores reflejos (indicadores de problemas que existen en alguna otra parte) que hacen cosquillear sus oídos. Esos dolores de oídos pueden originarse en sus dientes, amígdalas, garganta, lengua o mandíbula.

Cuando le duelan los oídos, debe consultar a su médico; pero mientras eso sucede, considere las siguientes maneras de detener rápidamente el dolor.

Enderécese. Si se endereza unos cuantos minutos bastarán para disminuir la inflamación y para que sus trompas de Eustaquio comiencen a drenar. Tragar ayudará a aliviar el dolor. Si puede, eleve ligeramente su cabeza mientras duerme, para lograr mejorar el drenaje, aconseja el doctor Weider.

Encienda el secador de cabello. El truco que empleaba el abuelo de soplar humo de su pipa en los oídos doloridos tenía una razón práctica. No era el humo lo que aliviaba el dolor, sino el calor del humo, explica el doctor Dan Drew, médico familiar de Jasper, Indiana. Para repetir el mismo truco sin poner en peligro sus pulmones, encienda su secador de cabello en el ajuste bajo y tibio. Luego, mantenga el dispositivo entre 45 y 50 cm de distancia del oído y dirija el aire caliente hacia el oído dolorido.

Mueva la oreja. Aquí sigue una prueba para determinar si usted tiene otitis externa (un problema externo como el del oído de los nadadores) u otitis media (infección del oído medio). Tome su oreja, indica el doctor Donald Kamerer, jefe de la División de Otología en el Instituto para Ojos y Oídos en Pittsburgh, Pennsylvania. Si puede mover la oreja jalándola, sin dolor, el problema tal vez se encuentra en el oído medio. Si mover la oreja produce dolor, entonces la infección quizá se encuentra en el canal auditivo externo.

Caliente un poco de aceite a la temperatura corporal. Coloque una botella de aceite para bebé o aceite mineral en un recipiente con agua a la temperatura del cuerpo, recomienda el doctor Weider. Deje que el aceite permanezca en el agua hasta que adquiera también la temperatura corporal. Póngase una o dos gotas de aceite en el oído; esto ayudará a reducir el dolor. Precaución: jamás se ponga sustancias en su oído si cree que el tímpano puede estar perforado o roto.

Masque una bola de goma de mascar. Casi todo mundo sabe que esta es una manera de abrir los oídos durante un vuelo de avión, pero ¿lo ha considerado a media noche? La acción muscular de mascar resolverá el problema al abrir las trompas de Eustaquio.

Bostece. Bostezar mueve el músculo que abre la trompa de Eustaquio todavía mejor que mascar goma o comer pastillas para el aliento.

Tápese la nariz. Si está volando a casi 10 km de altitud cuando sus oídos comienzan a doler, haga lo que recomienda la American Academy of Otolaryngology/Head and Neck Surgery. Con los dedos, cierre las ventanillas de la nariz. Tome una bocanada de aire y luego, utilizando los músculos de mejillas y garganta, "empuje" el aire a la parte posterior de la nariz como si tratara de superar la presión que ejercen los dedos en su nariz. Un "tronido" característico le indicará cuándo habrá igualado la presión dentro y fuera de sus oídos.

No duerma durante el descenso del avión. Si debe dormitar durante un vuelo, cierre sus ojos al inicio de éste, no al terminar su viaje, recomienda la Academia. Puesto que al dormir no traga con tanta frecuencia, los oídos no se ajustan a los cambios de presión durante el descenso, lo que puede causar dolor.

Evite las molestias. Antes de sentir las molestias, use un descongestionante no ético. Por ejemplo, si debe volar y sabe que sus senos paranasales tal vez se obstruyan y taponen sus oídos, tome un descongestionante o póngase gotas nasales una hora antes de aterrizar, recomienda el doctor Weider. Cuando se encuentre en casa, tome un descongestionante en la noche, antes de meterse en cama con una cabeza congestionada para así evitar un dolor ótico a mitad de la noche.

Quítese la presión de la cara. Al igual que las personas que vuelan y los buceadores con equipo autónomo para respirar deben poder igualar la presión interna de sus oídos con la del agua en que bucean, para no padecer problemas de oídos. El buceo de poca profundidad, según la publicación periódica *The Physician and Sports Medicine* tiene más posibilidad de causar dolor de oído porque "los mayores cambios en el volumen del aire ocurren en aguas relativamente poco profundas (menos de 10 metros)". Evite los tapones de oídos superajustados y los trajes de buceo con caperuzas de ajuste apretado que impiden la igualación de la presión durante el descenso, recomienda el doctor Gary D. Becker, quien trabaja en el Centro Médico Permanente Kaiser en Panorama City, California.

Para los nadadores aficionados, nadar en la superficie impone menos presión en los tímpanos que hacerlo bajo el agua, explica el doctor Drew, quien recomienda a los nadadores no bucear a más de un metro o 1.2 metros de profundidad para no someter los tímpanos a tensión.

Evite el dolor. Si nada más parece funcionar, evite volar o bucear cuando tenga la cabeza congestionada.

Cuente con los analgésicos. No olvide que, por lo regular, los analgésicos no éticos (aspirina, acetaminofén o ibuprofén) pueden darle cierto margen de tiempo hasta conseguir un médico, indica el doctor Kamerer.

COMITÉ DE ASESORES

El doctor **Gary D. Becker** es médico del Centro Médico Permanente Kaiser en Panorama City, California.

El doctor **Dan Drew** es médico familiar en Jasper, Indiana. Es el inventor de la Goggl'Cap, combinación de gorra para nadar y anteojos.

El doctor **Donald Kamerer** es jefe de la División de Otología en el Instituto para Ojos y Oídos en Pittsburgh, Pennsylvania.

También es profesor de otorrinolaringología en la Escuela de Medicina de la Universidad de Pittsburgh.

El doctor **Dudley J. Weider** es otorrinolaringólogo en el Centro Médico Dartmouth-Hitchcock en Hanover, Nueva Hampshire.

Dolor de rodillas

16 maneras de atender la lesión

Llámele error de Dios: de las 187 articulaciones en su cuerpo, tal vez ninguna le produce más sufrimiento que la rodilla.

Ahora que la gente se ha vuelto más activa en todas partes, los problemas de rodillas han aumentado de manera proporcional. Se calcula que unos 50 millones de personas han padecido o padecen dolor o lesiones de rodilla; pero no es necesario que usted sea un fanático de la condición física para saber de esto, pues una de cada tres lesiones en automóviles es en la rodilla. ¿Y quiere saber cuáles otras actividades o ambientes son peligrosos en este sentido? Mire a su derredor: subir escaleras, fregar pisos, las aceras resbalosas. . ., la lista parece interminable.

Parte del problema es de diseño, o más bien de la limitación que tiene el diseño de la rodilla para cambiar siempre que los humanos le imponemos nuevas demandas. "Sin lugar a dudas, está incapacitada para hacer las tareas que le pedimos que haga", observa el doctor James M. Fox, director del Centro para los Trastornos de la Rodilla en Van Nuys, California, y autor del libro *Save Your Knees*. "Por ejemplo, no fue diseñada para el futbol americano, el futbol soccer, los accidentes automovilísticos, la práctica de carpintería, plomería o para estar en cuclillas o de rodillas todo el día. Originalmente estaba bien diseñada, pero no había manera de anticipar todas las cosas que terminaríamos pidiéndole que hiciera." Si usted es uno de los incontables felones que abusan de las rodillas, aquí encontrará algunas cosas que puede hacer para efectuar algunas correcciones.

Retire la carga. "El peso corporal es un contribuyente importante en los problemas de la rodilla", informa el doctor Fox. "Por cada medio kilo de peso, se produce un esfuerzo de unas seis veces más a través de la zona de la rodilla." Por ejemplo, un sobrepeso de unos 5 kilos, equivaldrá a que su rodilla tenga que soportar

ALERTA MÉDICA

Accidentes que requieren del cuidado de un doctor

Ayer usted estaba en el campo de juegos con su balón o tal vez estaba jugando un poco de futbol ligero cuando viró repentinamente y oyó un suave "pop". Usualmente estos sonidos suaves no lo emocionan para nada, pero este ruido provino de su rodilla. Lo siguiente que sabe es que usted estaba revolcándose en el suelo, con la rodilla entre las manos, llorando de dolor.

El día de hoy se despertó con un dolor de inflamación, sensibilidad, dolor radiante, y tal vez algo de decoloración y pérdida de movimiento.

¿Qué clase de daño puede haber ocurrido? Bueno, hay básicamente tres formas comunes de destrucción entre las cuales escoger: cartílago desgarrado, ligamento desgarrado, o ambos.

¿Qué debe hacer al respecto? Fácil: póngala en hielo y vaya al médico. . . ¡Ahora!

---

30 kilos adicionales. Y, como señala el doctor Fox, "usted no coloca un camión de carga de 18 ruedas sobre neumáticos para un carrito compacto".

No piense en soportes. Prácticamente la mayor parte de las tiendas de artículos deportivos venden soportes para las rodillas, pero los expertos a los que consultamos dijeron que conviene dejarlos en donde se encuentran. "Algunos de esos soportes están diseñados para prevenir lesiones, pero por lo regular son muy complejos y se diseñan sobre medida; le pueden costar entre 300 y 1 000 dólares", informa el doctor Fox. "Los soportes elásticos que pueda adquirir en una tienda de deportes sólo deben emplearse para recordarle que tiene una rodilla en mal estado."

Marjorie Albohm, entrenadora atlética titulada y directora adjunta del International Institute of Sports Science and Medicine en la Escuela de Medicina de la Universidad de Indiana es un poco más directa. "Olvide todo dispositivo que pueda comprar sin receta médica", afirma. "Algunos pueden hacer más mal que bien pues empujan la rótula dentro de la articulación."

Pruebe la fricción que alivia. "Algunas lociones de gaulteria producen calor, el cual puede aliviar los síntomas y hacerle sentir más cómodo", refiere el doctor Fox. A veces, al cubrir la rodilla con plástico después de aplicar la loción y envolverla, se puede hacer más caliente el linimento; "pero debe tener cuidado de no quemar la piel o causar irritación", advierte el doctor Fox. "Sin embargo, las lociones no son curativas."

Procúrese un producto que se venda sin necesidad de receta médica. El ibuprofén (Advil, Mediprén, Nuprin, etc.) es el analgésico que se vende sin necesidad de receta médica preferido y recomendado por nuestros expertos. Además de reducir la inflamación, alivia el dolor sin producir los problemas estomacales que causa la aspirina. El acetaminofén (Tylenol) es un magnífico analgésico y ocasiona todavía menos problemas estomacales, pero poco puede hacer para reducir la inflamación.

Mediante estudios recientes se ha demostrado también que el ibuprofén puede mejorar notablemente la movilidad de las articulaciones en las personas que tienen muy dañados los ligamentos de las rodillas. En comparación con la aspirina o el acetaminofén, "el ibuprofén puede ser el mejor de ambos mundos", concluye Albohm.

Fortalézcase con el ejercicio. "Los únicos que mantienen unida la rodilla son los músculos y los ligamentos", explica el doctor Fox. "Fortalecer los músculos resulta fundamental pues se trata de las verdaderas estructuras de soporte. Si no tienen su debida potencia o resistencia, usted tendrá problemas con sus rodillas."

Eso quiere decir que quienes padecen de dolor de rodilla deben practicar determinada cantidad de ejercicio, incluso quienes lo detestan. Los músculos más fuertes le proporcionan una articulación también más fuerte, que puede soportar mejor el esfuerzo considerable que se impone a las rodillas incluso cuando se camina o se suben escaleras. Como señala el doctor Fox: "Usted sólo tiene dos rodillas, y las piezas de repuesto que pueda conseguir no son tan buenas". Así que póngase en marcha. Los siguientes ejercicios no son difíciles y molestan mucho menos que las rodillas adoloridas.

Fortalecedor isométrico de rodillas. "Los músculos que usted debe desarrollar son los cuadriceps y los tendones de la corva", señala el doctor Fox. Para los primeros (los del muslo, al frente), aquí hay un ejercicio que recomienda especialmente el doctor.

Siéntese sobre el piso con la rodilla lastimada frente a usted. Coloque una toalla enrollada bajo el hueco de la rodilla, luego apriete los músculos de la pierna sin mover la rodilla. Mantenga esa contracción y trabaje hasta que pueda mantener tensos los músculos al menos durante 30 segundos, y luego relájese. Repita este proceso de apretar y relajar hasta 25 veces.

Levantamientos de pierna, sentado. La siguiente es la mejor manera de hacer levantamientos de piernas para quienes tienen una rodilla débil.

Siéntese recargándose contra una pared y coloque una almohada en el hueco de su espalda. (Sentarse contra la pared asegura que los músculos de la pierna hagan el levantamiento, aparte de que este tipo de levantamiento no agravará el dolor de espalda.) Una vez así colocado, haga la contracción isométrica descrita arriba contando hasta cinco, luego levante su pierna unos centímetros y manténgala elevada mientras cuenta hasta cinco; después bájela y relájese mientras cuenta hasta cinco. Haga tres series de 10 levantamientos cada una, siempre usando la cuenta hasta cinco para establecer las duraciones.

Ayudante de los tendones de la corva. No nada más tiene que fortalecer los cuadriceps, sino que también deben desarrollarse los tendones de la corva en la parte trasera de los muslos para lograr verdadera fortaleza de la rodilla. "Deben estar balanceados", observa el doctor Fox. "Si solamente desarrolla uno de los dos músculos, entonces la articulación tendrá que hacer el esfuerzo."

Para fortalecer los tendones de la corva, acuéstese boca abajo con la barbilla en el piso. Con un peso en el tobillo (para ello puede usar un bolso de mano; o un calcetín lleno de monedas enredado alrededor del tobillo es excelente) y su rodilla doblada, levante lentamente la pierna (de rodilla a tobillo) entre 15 y 30 centímetros del suelo, luego bájela despacio de nuevo al piso, deteniéndose antes de tocarlo. Repita el movimiento, siempre con lentitud y continuidad durante cada repetición. Procure llegar hasta hacer tres series de la cantidad de levantamientos que pueda hacer con comodidad (lo que está determinado fundamentalmente por la cantidad de peso que use).

Advertencia: "Lo más importante que debe comprender es que si un ejercicio causa cada vez mayor incomodidad o dolor, debe dejar de hacerlo", aconseja el doctor Fox. "Tendrá que prestar atención a su cuerpo y no sencillamente suponer que tiene que seguir trabajando aunque haya dolor hasta que éste desaparezca. Si Dios le dio el dolor, lo hizo por alguna razón."

Trate de modificar. "Si usted es atleta y padece de un problema crónico de rodilla, tendrá que modificar su nivel de entrenamiento o de actividades cotidianas", aconseja Albohm; pero eso no quiere decir que se vuelva sedentario. "Si a usted le gustan los deportes con raqueta y padece de un problema crónico de rodilla empeorado por su deporte, tal vez tenga que abandonar éste", agrega Albohm.

¿Tiene opciones? Pruebe la natación, ciclismo o canotaje, actividades que son benéficas para la salud sin imponer considerable esfuerzo a las rodillas. La clave es una actividad en la que "no tenga que cargar pesos". De hecho, dado que ayudan a fortalecer los músculos del muslo, los ejercicios que no requieren cargar pesos, por ejemplo el ciclismo y el canotaje, pueden mejorar sus rodillas sin sacrificar sus capacidades aeróbicas y de consumo de calorías.

No importa lo que haga, no abandone un estilo de vida sana a causa de un dolor de rodilla. "Nadie debe volverse inactivo", señala Albohm. "Sencillamente, lo que se desea es evitar cualquier cosa que cause dolor en esa rodilla."

Cambie a una superficie más suave de correr. Para el corredor dedicado, primero las malas noticias: "El dolor de muchos corredores se debe a la tendinitis y es el resultado de malos hábitos de entrenamiento", explica el doctor Fox. Ahora las buenas: "No se trata de problemas mecánicos significativos", dice, "y usualmente pueden reducirse al mínimo cambiando los zapatos de correr o la superficie donde se corre".

Luego pasaremos a la cuestión de los zapatos, pero por ahora hablaremos acerca de la superficie donde corre. Básicamente se reduce a esto: corra en pasto de preferencia al asfalto; prefiera el asfalto al concreto. El concreto es la más dura de todas las superficies y debe evitarse como a la plaga. No se habitúe a trotar sobre las aceras, y si encuentra un campo de golf donde pueda correr sin recibir alguna bola perdida, hágalo. "Recuerde que si corre 1 500 metros, su pie golpeará al piso entre 600 y 800 veces", agrega el doctor Fox. Bastante se ha dicho.

Obtenga suficiente "RICE". "Después de cualquier actividad que cause dolor de rodilla", observa Albohm, "inmediatamente repose la zona y aplique hielo, compresas, y elévela de 20 a 30 minutos". A este consejo puede llamársele RICE, por Reposo, hIelo, Compresión y Elevación. Ojalá el acrónimo le sea fácil de recordar.

"No subestime el poder del hielo", advierte Albohm. "Si usted es cuidadoso, tal vez también quiera usar hielo más adelante en la tarde, o a la siguiente mañana, al levantarse. El hielo es un formidable antiinflamatorio y realmente ayudará a aliviar su estado."

Haga simple su rutina del hielo, recomienda Albohm. Cuando haya terminado su sesión de ejercicios, sencillamente eleve su pierna, envuélvala con un vendaje Ace y póngale encima un paquete de hielo de 20 a 30 minutos. "Siempre debe intentar esto primeramente para aliviar el dolor."

Use el calor con precaución. Cuando *no* hay inflamación, usar un cojincillo calefactor antes de cualquier actividad puede permitirle hacer ejercicios con menos dolor. "Pero si hay inflamación", advierte Albohm, "o si sospecha que podría haber inflamación, no use el calor".

Albohm agrega que no debe usar calor después de hacer ejercicio. "Estamos suponiendo que la zona se está irritando por la actividad y lo único que hará el calor será aumentar cualquier irritación que se esté dando."

Actualice sus zapatos. "Si sus zapatos ya no pueden absorber los choques", refiere Gary M. Gordon, doctor en medicina podiátrica y director de los programas de carreras y trote del Centro de Medicina Deportiva de la Universidad de Pennsylvania en Filadelfia, "entonces éstos deberán ser absorbidos en alguna otra parte".

El camino que siguen es a través de su pie, hacia arriba por la espinilla, hasta llegar a la rodilla. A veces continúa su ascenso por la cadera y hasta la espalda.

"Recomiendo a los corredores que si corren unos 40 kilómetros o más a la semana, necesitan nuevos zapatos cada dos a tres meses", declara el doctor Gordon. "Si corren menos que esa distancia, necesitan zapatos nuevos cada cuatro o seis meses. Los que practican ejercicios aeróbicos y los jugadores de baloncesto y tenis que juegan dos veces a la semana tal vez puedan necesitar zapatos nuevos cada cuatro o seis meses. Si practican hasta cuatro o más veces semanales, también necesitarán zapatos nuevos cada dos meses. Casi ninguna persona quiere oír hablar de ello."

Baje la velocidad. Muchos expertos prefieren el ciclismo estacionario o con bicicleta libre, como alternativa al esfuerzo y dolor de rodilla que pueden originarse por correr o trotar; pero el ciclismo sólo es un magnífica manera de mantenerse en forma y de aliviar la carga de sus rodillas si lo practica con precaución. Debe saber que los ciclistas también se dañan las rodillas, sobre todo si piensan que logran mayor ejercicio en la medida que pedaleen más fuerte.

Así pues, según el tipo de ciclismo que usted practique (no se recomiendan las pendientes pronunciadas), su práctica puede resultarle demasiado agotadora. Lo que usted necesita es el rápido pedaleo en engranes que le ofrezcan poca dificultad. "En general, los engranes más bajos (más fáciles de pedalear) son mejores", aconseja Albohm.

Encuentre el punto desencadenador del dolor. "Hay un punto desencadenador en el interior del muslo que contribuye a lo que se conoce como síndrome de la rodilla débil", declara Rich Phaigh, codirector del American Institute of Sports Massage en la ciudad de Nueva York y el Institute of Clinical Biomechanics en Eugene, Oregon, y masajista para estrellas de las carreras como Alberto Salazar y Joan Samuelson. "Ese punto desencadenador también es causa en gran parte del dolor generalizado en el interior de la rodilla."

Para liberarse de ese dolor, mueva su mano directamente hacia arriba unos 7.5 centímetros desde la rótula a lo largo de la cara delantera del muslo, luego muévala hacia el interior entre 5 y 10 centímetros. Usando la yema de su pulgar, oprima firmemente y mantenga la presión hasta que sienta que el músculo libera su tensión. "Eso puede tomar entre 30 y 90 segundos", refiere Phaigh. "Luego libere la presión."

Primeramente, y por último, estírese. Lisa Dobloug es consultora privada en condición física en Washington, D. C. Muchos de sus clientes son ancianos que tienen necesidades especiales cuando se trata de proteger sus rodillas. Lisa pone particular atención en la calidad, no en la cantidad, del ejercicio y la importancia de estirarse.

"Es muy importante calentarse y enfriarse debidamente", señala Lisa. "Tómese unos 10 minutos para hacer un ejercicio de estiramiento muy ligero antes. No se trata de estirarse para lograr flexibilidad, sino sólo estirarse ligeramente. Tal vez repasar los movimientos del ejercicio que practicará en breve, sin estirarse realmente. Luego haga un poco de ejercicios aeróbicos: trotar en un lugar o caminar un poco. Después de que haya terminado sus ejercicios, entonces debe realmente estirarse. Trate de contrarrestar el golpeteo que le haya impuesto el ejercicio a sus rodillas."

Este es un ejercicio de estiramiento que le gusta a Dobloug para la rigidez posterior a los ejercicios: "Acuéstese de espalda y lleve sus rodillas hacia el pecho, luego comience a enderezar una pierna; haga como si tratara de presionar su talón contra el techo". Mantenga el estiramiento mientras cuenta hasta 10, y luego relájese. Repita el ejercicio con la otra pierna.

COMITÉ DE ASESORES

Marjorie Albohm es entrenadora atlética titulada y directora asociada del International Institute of Sports Science and Medicine en la Escuela de Medicina de la Universidad de Indiana en Mooresville. Fue parte del personal médico de los Juegos Olímpicos de Invierno de 1980 y los Juegos Panamericanos de 1987.

Lisa Dobloug es consultora privada en condición física en Washington, D. C., y presidenta de la Scandinavian Fitness Corporation. Muchos de sus clientes son ancianos que desean mantenerse activos, y que aprecian sus buenos consejos acerca de calentarse, estirarse y enfriarse.

El doctor **James M. Fox** es director del Centro para Trastornos de la Rodilla en Van Nuys, California, y autor del libro *Save Your Knees*. También fue parte del personal médico de los Juegos Olímpicos de Verano de 1984.

Gary M. Gordon, doctor en medicina podiátrica, es director del programa de carreras y trote en el Centro de Medicina Deportiva de la Universidad de Pennsylvania en Filadelfia. Se especializa en medicina podiátrica, cirugía de pies y medicina deportiva.

Rich Phaig es codirector del American Institute of Sports Massage en la ciudad de Nueva York y el Institute of Clinical Biomechanics en Eugene, Oregon. También es instructor de masaje en el Colegio East-West de las Artes Curativas en Portland, es autor de *Athletic Massage* y ha trabajado con figuras de las carreras como Alberto Salazar y Joan Samuelson.

Dolor muscular

41 caminos hacia el alivio

HOMBRE: No comprendo (mientras se frota su pantorrilla acalambrada, luego sus tendones de la corva adoloridos, y luego su hombro distendido); hago ejercicios *casi* todos los sábados. Softbol, basquetbol, futbol ligero. Mis músculos debieran estar acostumbrados a este ritmo.

CASI TODOS LOS MÚSCULOS DE SU CUERPO: Danos un descanso. No dejas de usar el elevador. Lo único a lo que estamos acostumbrados es al dolor. Debiéramos hacerte arrestar por descuidar tus músculos.

Entra en escena el doctor Ted Percy, profesor de cirugía ortopédica y jefe de la Sección de Medicina Deportiva en el Colegio de Medicina en la Universidad de Arizona, en el Centro de Ciencias de la Salud de Arizona: "Exceso. . . esa es la palabra clave. Hacer demasiado, *demasiado pronto*".

MUJER: Se supone que estoy en magníficas condiciones. Camino 10 kilómetros a diario. ¡Sin embargo mis piernas me están matando!

SUS FURIOSOS MÚSCULOS DE LAS PIERNAS: ¡*Nos* estás matando! Nunca te das un descanso. Deberíamos hacer que te arrestaran por abusar de tus músculos.

Entra en escena el doctor Percy: "Exceso. . . esa es la palabra clave. Hacer demasiado, con *demasiada frecuencia*".

Allí tiene las razones más frecuentes por las que padece de dolor: el terrible trío de demasiado, demasiado pronto y demasiado frecuente.

En seguida le damos algunas sugerencias de tratamiento que necesita conocer para las ocasiones en que sus músculos lo han sentenciado al dolor: trátese de un calambre, una distensión o adolorimiento general.

Tómelo con calma. "Cada vez que hace ejercicio, sus músculos se lesionan", explica el doctor Gabe Mirkin, quien practica la medicina deportiva en el Sportsmedicine Institute en Silver Spring, Maryland. "Los músculos tardan 48 horas en curarse después del ejercicio. El adolorimiento significa daño, y usted debe dejar de hacer ejercicio cuando sienta dolor."

Desde luego, no necesita estar corriendo en una competencia ni jugando un encuentro de tenis para lesionar sus músculos. Por ejemplo, el trabajo en su jardín, caminar todo un día o sencillamente sentarse en una posición nueva o incómoda para usted, o en la misma posición durante mucho tiempo, pueden causarle problemas musculares.

Cuánto descanso deba darle a sus músculos depende de la gravedad de la lesión y del caso, señala el doctor Allan Levy, director del Departamento de Medicina Deportiva del Hospital Pascack Valley en Nueva Jersey.

Un calambre puede necesitar apenas unos cuantos minutos de descanso, en tanto que una distensión grave tal vez exija varios días o incluso semanas; pero a veces tal vez no pueda darse el lujo de descansar el músculo todo el tiempo que se necesita. "Si va en una caminata, por ejemplo, y se distiende un músculo (lo que es igual que tener una torcedura), al menos descanse durante unas dos horas, y luego estire cuidadosamente ese músculo", antes de intentar seguir adelante, aconseja el doctor Levy.

Por sobre todas las cosas, no subestime el valor del descanso.

Póngase en hielo. Sigue siendo la primera línea de defensa contra la hinchazón y debe usarse inmediatamente después de la lesión, aconseja Carol Folkerts, coordinadora ortopédica de terapia física en el Hospital de la Universidad de Maryland en Baltimore. Ella recomienda usar paquetes de hielo o envolver hielo en una toalla o bolsa de plástico y aplicarlo durante 20 minutos en cada ocasión durante todo el día.

Reitre el hielo de la zona afectada al menos durante el tiempo que lo coloca allí. "El hielo cierra los vasos sanguíneos, y tenga presente que no es bueno cerrarlos demasiado tiempo", advierte Folkerts. "Si se descuida, podría matar tejidos viables en esa zona." La gente con enfermedades del corazón, diabetes y trastornos vasculares resulta especialmente vulnerable, de modo que "deben usar el hielo con cuidado y sólo con la aprobación de sus médicos".

Envuélvase en sí mismo. No se envuelva como momia a partir de su

ALERTA MÉDICA

Cuando el dolor es signo de enfermedad

Un calambre repentino, distensión o incluso adolorimiento muscular extremo puede lanzarlo a alturas insospechadas de dolor. A veces duele tanto, que usted piensa que jamás se sentirá bien de nuevo.

Casi siempre el dolor es mucho más grave que la lesión; pero no siempre.

Por ejemplo, los calambres podrían deberse a una lesión en un nervio, explica el doctor Allan Levy. O en casos raros, podrían estar causados por flebitis, inflamación de una vena. La flebitis puede volverse grave si se trata de una vena profunda, pero por lo regular no lo es cuando la inflamación se encuentra en una vena superficial.

Una distensión puede no ser incluso lo que parece. "Esto sucede muy pocas veces", declara el doctor Levy, "pero tuve un paciente que creía que se había distendido gravemente un músculo del muslo en una bicicleta fija. Nunca mejoró, y por último tuvimos que recurrir a la cirugía. Tenía un inmenso tumor maligno en el músculo".

No se trata de asustalo aquí, sino de recordarle que los problemas musculares que presentan características anormales y no se resuelven *pueden* ser más graves. Consulte a su médico.

---

pantorilla adolorida o tobillo distendido: más bien envuélvala en una venda elástica para seguir reduciendo la hinchazón; sin embargo, tenga cuidado, advierte el doctor Levy, de no vendarse demasiado apretadamente, pues esto puede causar hinchazón por debajo de la zona lesionada. La compresión también puede detener los calambres, pero el doctor Levy advierte que resulta más bien dolorosa.

Eleve los pies. Este es el consejo si lesionó su pie o pierna. Específicamente, eleve la parte lesionada del cuerpo más arriba que el corazón para impedir que la sangre se agolpe en el sitio y ocasione hinchazón, indica Bob Reese, entrenador en jefe de los Jets de Nueva York y presidente de la Profesional Football Athletic Trainers Society.

Enciéndase. "Después de iniciarse con hielo, puede cambiar a calor para los casos de dolor o distensión agudos", recomienda Folkerts. "Por lo general la gente prefiere el calor porque relaja más, dilata los vasos sanguíneos y acelera la curación."

Los baños calientes, baños con turbulencias de agua y cojincillos calefactores son eficaces analgésicos temporales para adolorimiento, distensiones y calambres, pero use los tratamientos calóricos con prudencia.

Nada más recuerde no cambiar de hielo a calor demasiado pronto, pues de lo contrario la zona lesionada puede hincharse. "Y no es indispensable que cambie al calor, a menos que quiera hacerlo", sugiere Folkerts. "Bien puede quedarse sólo con el hielo."

Use con cuidado las fricciones de calor penetrante. No hay aquí
un acuerdo total. "Todas las fricciones que producen calor penetrante son convenientes", señala el doctor Levy, "porque mantienen elevada la temperatura de la zona afectada".

Sin embargo, en su mayoría, los entrenadores físicos se muestran menos entusiastas acerca de estos populares analgésicos que se venden sin receta médica. "Pueden irritar la piel", advierte Mike McCormick, director de medicina deportiva en la Universidad DePaul. "Esas fricciones dan una sensación falsa de seguridad: calientan, pero se trata de calor superficial. No calientan los músculos."

Póngase alguna crema a base de aspirina. También se venden sin
necesidad de receta médica, pero ofrecen una posibilidad distinta de las fricciones de calor. "No tienen grasa y es menos probable que irriten la piel, aparte de que no producen sensación de calor como muchas otras fricciones", refiere McCormick. Actúan como la aspirina, reduciendo el dolor y la inflamación.

Llame al equipo A-I. Este es el equipo antiinflamatorio: "Aspirina,
ibuprofén: cualquiera de los productos no esteroidales que se venden sin necesidad de receta médica", indica el doctor Percy. "Ayudarán a reducir el dolor."

E-s-t-í-r-e-s-e. Contra calambres y espasmos "estire gradualmente el
músculo y logrará relajarlo", señala el doctor Levy.

"Y los ejercicios de estiramiento pueden mejorarlo de su adolorimiento actual, así como prevenirlo en el futuro", agrega McCormick. Estirarse es importante porque los músculos lesionados durante el ejercicio se acortan durante el proceso de curación, explica el doctor Mirkin. Y a menos que los músculos se alarguen luego, se mantendrán tensos y con mayor posibilidad de lesionarse o rasgarse. (Para instrucciones acerca de los ejercicios de estiramiento, consulte "Estírese para fortalecer sus músculos".)

Dé un masaje a sus músculos. Sería conveniente tener un o una
masajista personal junto a usted a toda hora del día, y en cierta manera los tiene: es

Estírese para fortalecer sus músculos

Dé a sus músculos la atención que necesitan, y tenderán a hacer su tarea silenciosamente. Páselos por alto, y le arrebatarán su atención. . . hacia la pierna, o el brazo.

Cuando eso sucede, podrá aquietarlos de nuevo con un poco de estiramiento simple; pero si quiere que se mantengan silenciosos, tal vez tenga que hacer del estiramiento una parte regular de su vida.

He aquí algunas sugerencias provenientes de médicos, entrenadores y terapeutas físicos para ayudarle a mantener su atención en su trabajo y en el deporte, no en el dolor muscular.

Estire la toalla. Para estirar y fortalecer los músculos del tobillo, siéntese en el piso y pase una toalla por el talón, al tiempo que retiene sus extremos en ambas manos. De manera alternada apunte sus dedos hacia arriba y hacia abajo mientras estira la toalla hacia su cara y mantiene rectas las piernas. Repita varias veces con ambos pies.

Otra vez estire la toalla. Sólo que esta vez no mueva los dedos de los pies. Recuéstese hacia atrás con la toalla alrededor de su pie hasta que sienta que estira el músculo de la pantorrilla. Consérvese así durante 15 segundos y repita el ejercicio varias veces.

Póngase de puntas. Para fortalecer las pantorrillas, levántese y lentamente elévese sobre los dedos de los pies, y luego gradualmente vuelva a la posición inicial. Haga esto al menos 10 veces.

Métase en cama. Siéntese con una pierna estirada en la cama y deje que la otra pierna cuelgue al lado. Luego estírese hacia adelante hasta que sienta el estirón en su tendón de la corva (la parte trasera del muslo) y mantenga la posición entre 10 y 15 segundos. Repita el ejercicio varias veces y luego cambie la posición y estire el otro tendón de la corva.

usted. Basta con que frote con suavidad y, como con el ejercicio, deténgase si duele, aconseja el doctor Levy. También tal vez deba calentar la zona adolorida antes de darle masaje.

Agregue ropa caliente. Si está haciendo ejercicios en clima frío y siente que se está poniendo tieso y un poco adolorido, caliéntese agregando más ropa, con eso detendrá los problemas musculares en el acto.

"En clima frío usamos pantalones apretados de deportista bajo los uniformes

Imite a los flamencos. Para estirar sus músculos cuadriceps (al frente del muslo), párese sobre una pierna y doble la rodilla de la otra pierna de modo que el tobillo toque su nalga. Manténgase así durante 10 segundos. Repita el ejercicio cinco veces con cada pierna.

Invierta la sentadilla convencional. Para una manera más segura de fortalecer los músculos abdominales, recuéstese con sus brazos a los lados o sus dedos de las manos sobre su estómago. Luego doble las rodillas y elévelas arriba de su pecho. Baje las piernas lentamente mientras se concentra en sus músculos abdominales. Repita de entre 5 a 10 veces.

Estírese hacia atrás. Para lograr un buen estiramiento de espalda, coloque un brazo, con el codo doblado, detrás de su cabeza, y empleando la mano opuesta, jale suavemente su codo atrás de su cabeza.

Estírese en redondo. Otro buen ejercicio de estiramiento de hombros consiste en mantener un brazo, codo doblado, a través de su diafragma y emplear la mano opuesta para jalar suavemente el brazo frente a su cuerpo.

Practique el levantamiento del teclado. Es importante fortalecer los músculos que trabajan en el teclado todo el día. Siéntese frente a una mesa y sostenga un peso ligero, por ejemplo de uno a dos kilos, en su mano con su palma hacia arriba, el antebrazo apoyado en la mesa y la muñeca sobre el borde. Levante con lentitud el peso, flexionando la muñeca. Repita con cada muñeca entre 10 y 20 veces.

Ahora con las palmas hacia abajo. Este es otro buen ejercicio para las muñecas que se practica sentado. Practique el ejercicio anterior de muñeca como se indica, excepto que debe volver la palma de la mano hacia el piso. Como antes, use pesos ligeros y repita el ejercicio de 10 a 20 veces.

de los jugadores para retener el calor", interviene Reese. "A los jugadores les gusta la sensación de compresión que les da esta ropa apretada que ayuda a sostener un poco los músculos."

Afloje su ropa. Pero si siente que un calambre está próximo a atacar, tal vez deba quitarse la ropa apretada para dar un poco más de espacio a sus músculos.

Cambie de posición. Ya se encuentre usted sobre un teclado o pedaleando una bicicleta, sus muñecas y antebrazos pueden acalambrarse y doler, señala el

Un calambre nocturno en su vida

Está durmiendo a pierna suelta, soñando felizmente.

"¡Aaaaaaayyyyyyy! ¡*&%$###**&!, grita, cogiéndose la pantorrilla, obviamente despierto del todo en una verdadera pesadilla de calambres nocturnos en la pierna.

¿Qué sucedió? Básicamente, su músculo de la pantorrilla se ha trabado. Los músculos de la pierna se contraen cuando se da la vuelta en la cama o al estirarse durante el sueño. Cuando un músculo se mantiene contraído, puede producirse un calambre repentino.

Esta es la manera de detener los calambres nocturnos y, en el mejor de los casos, impedir que vuelvan a presentarse más adelante en la noche.

Agarre alguna pared. Párese aproximadamente a un metro o metro y medio de una pared, con los pies bien plantados en el piso y las piernas derechas. Recárguese hacia la pared frente a usted mientras se apoya con las manos. Conserve la posición durante 10 segundos y repita el ejercicio varias veces.

Mime a su pantorrilla. Dé masaje a la pantorrilla "friccionando hacia arriba desde el tobillo hacia el corazón", aconseja Carol Folkerts, coordinadora ortopédica de terapia física. Si los calambres nocturnos constituyen un problema constante, tal vez deba hacer esto incluso antes de acostarse, agrega.

Afloje las cobijas. La presión de las cobijas pesadas en sus piernas podría ser parte de la causa, señala Folkerts.

Use ropa amplia de dormir. Lo que menos deberá usar al ir a la cama es ropa de dormir que le quede tan ajustada como los pantalones de mezclilla.

Electrifique su cama. El cobertor eléctrico en su cama puede hacer más que mantenerle caliente todo el cuerpo durante las frías noches invernales; también puede mantener calientes y libres de dolor sus músculos de la pantorrilla, observa Folkerts.

Duerma como un bebé. Dormir boca abajo con las piernas extendidas y las pantorrillas dobladas es una invitación a los calambres, advierte el quiropráctico Scott Donkin. "Trate de dormir de costado con las rodillas dobladas hacia arriba y una almohada entre éstas."

Piense en tomar más calcio. "La deficiencia del calcio puede hacer que los músculos se vuelvan desenfrenados y las contracciones en ellos se hagan más fuertes", comenta el doctor Donkin. Desde luego, es necesario que consulte a su médico antes de introducir cambios apreciables en su dieta o de agregar un suplemento.

quiropráctico Scott Donkin, del Rohrs Chiropractic Center en Lincoln, Nebraska.

No obstante, hay una importante diferencia entre el ciclista y el oficinista: aquél siempre tiene la oportunidad de escoger la bicicleta que mejor le sirva. En cambio, los y las oficinistas, que tienen dedos y manos de todos los tamaños posibles, por lo regular emplean el mismo equipo de oficina.

"La muñeca y las manos siempre deben usarse en lo que se conoce como la posición neutral", según el doctor Donkin. "En ésta, la muñeca no se dobla hacia adelante, o atrás, adentro, o afuera."

Si tiene manos y dedos largos, puede reducir la tensión ajustando el teclado a una posición más horizontal (plana respecto a la superficie de trabajo) mientras no tenga que colocar sus brazos u hombros en una posición forzada.

Para los de manos y dedos cortos, inclinar más el teclado, máquina de escribir o la calculadora permitirá alcanzar con más facilidad las teclas.

Levántese. Es simple, y tal vez sea todo lo que necesita para detener un calambre en una pierna o pie, indica el doctor Levy.

Repita al día siguiente la actividad que le produjo el dolor. ¿Que qué? "Repita la misma actividad justo al siguiente día", sugiere Reese, "pero con mucha menos intensidad. Esto ayudará a eliminar algo del adolorimiento".

Luego siga un patrón de trabajo duro-fácil/duro-fácil. Esto es aconsejable dado que se requieren 48 horas para que se recuperen los músculos, explica el doctor Mirkin. "Todos los atletas serios entrenan de esa manera."

Alterne. Tal vez esta sea una idea todavía mejor que la de la rutina de duro-fácil, opina Mirkin. Por ejemplo, si usted es un marchista que sufre de dolor en los músculos de la pierna, él sugiere que combine con algo de natación o ciclismo (que ejercitan los músculos del muslo) de modo que pueda seguir haciendo ejercicios mientras va curándose.

Pierda peso. Si los músculos adoloridos y las distensiones musculares han llegado a ser un problema crónico, el peso extra que les impone puede tener al menos parte de la culpa.

Acepte la verdad. Si correr le produce dolores, por ejemplo, entonces tal vez tenga que buscar otro ejercicio. "Correr es uno de los ejercicios más peligrosos para las lesiones", advierte el doctor Mirkin.

Frene poco a poco en vez de hacerlo de repente. Después de hacer ejercicios o trabajo físico intensos, el torrente sanguíneo se encuentra cargado de ácido láctico, que se acumula cuando falta oxígeno, explica el doctor Mirkin. Cuando el ácido llega a altos niveles, altera las reacciones químicas normales de los músculos y puede causar dolor muscular.

"La manera más eficaz para limpiar el torrente sanguíneo es seguir haciendo ejercicio pero a un ritmo más lento, reducido", aconseja el doctor Mirkin, y agrega que esto puede aminorar el adolorimiento inmediato pero no lo protegerá contra el del día siguiente. Ese adolorimiento, agrega, se debe a las fibras musculares rotas.

Cambie sus zapatos. Si usa la clase indebida de zapatos o si no le quedan bien, podría ser la causa de sus dolores de pie, pierna e incluso espalda que ha estado sintiendo cuando hace ejercicios, explica McCormick.

Fortalézcase. Los músculos débiles pueden ser el motivo de las distensiones crónicas, pero también de la rigidez. Si bien los hombres por lo regular son más rígidos que las mujeres, "tendemos a insistir en que a menudo las mujeres necesitan ganar cierta fuerza. Recalcamos tanto a los hombres como a las mujeres que deben desarrollar fuerza y flexibilidad", recomienda McCormick. (Vea "Estírese para fortalecer los músculos" en la página 236, acerca de ejercicios sugeridos para el fortalecimiento.)

Tenga paciencia. Cuanto más grave sea la lesión (por ejemplo, un tendón de la corva sumamente distendido) más requerirá usted de esta virtud para lograr una recuperación libre de recaídas.

Beba. La deshidratación a menudo aumenta los calambres, advierte McCormick. "Insistimos mucho en la necesidad de tomar líquidos, en especial antes, durante y después de la actividad física. Y por buenas razones."

COMITÉ DE ASESORES

El doctor **Scott Donkin** es quiropráctico y socio del Rohrs Chiropractic Center en Lincoln, Nebraska. También es consultor industrial que sugiere ejercicios para reducir la tensión en usuarios de terminales de trabajo para computador. Es autor de *Sitting on the Job.*

Carol Folkerts es coordinadora ortopédica de terapia física en el Hospital de la Universidad de Maryland en Baltimore.

El doctor **Allan Levy** es director del Departamento de Medicina Deportiva en el Hospital Pascack Valley en Nueva Jersey. También es médico del equipo de futbol americano Gigantes de Nueva York y del equipo de baloncesto New Jersey Nets.

Mike McCormick es director de medicina deportiva en la Universidad DePaul en Chicago, Illinois, y entrenador físico titulado.

El doctor **Gabe Mirkin** es médico privado en el Sportsmedicine Institute en Silver Spring,

Maryland. También es profesor clínico de pediatría en la Escuela de Medicina de la Universidad de Georgetown en Washington, D. C. Es autor de varios libros sobre medicina deportiva, entre ellos *Dr. Gabe Mirkin's Fitness Clinic* y también es un columnista de periódicos y comentarista de radio.

El doctor **Ted Percy** es profesor de cirugía ortopédica y jefe de la Sección de Medicina Deportiva en el Colegio de Medicina en la Universidad de Arizona, en el Centro de Ciencias de la Salud de Arizona en Tucson.

Bob Reese fue entrenador en jefe de los Jets de Nueva York y presidente de la Professional Football Athletic Trainers Society.

Dolores de pies

18 maneras de consentir sus pies

¡De veras que hay que compadecer a sus pies! Usted jamás dejará de tratar a sus perros con respeto, acariciándolos, abrazándolos, consintiéndolos como si fueran miembros de la realeza. Jamás los oprimiría para forzarlos a entrar en un sitio estrecho, no los forzaría a caminar con tacones altos ni los haría caminar en plan de compras hasta que cayeran de cansancio. Jamás les haría caminar en sólo cinco días lo que caminarían normalmente en un mes, con tal de pasear por un nuevo país. Jamás los pisotearía día tras día.

¡Pero a sus pies! ¡Bueno, esa es otra cosa! En efecto, usted no es la única persona que jamás presta atención a sus pies. Pocos pensamos en nuestros pies, excepto cuando comienzan a doler. Y el resto del tiempo sencillamente los usamos como si no fuéramos a necesitarlos mañana.

Así pues, ¿qué puede hacer al final de un largo y pesado día cuando sus pies piden un descanso? Sencillamente no puede tirarlos a la basura y pedir un nuevo par. No, señor. A cada cliente se le concede sólo un par, y usted ya tiene el suyo. Por tanto, si espera que duren tanto como usted mismo, mejor siéntese y preste atención a los consejos de los expertos.

Ponga en alto a sus consentidos. "Lo mejor que puede hacer por sus pies cuando llegue a casa del trabajo es sentarse, elevar sus pies y mover sus dedos para restablecer su circulación", recomienda el doctor Gilbert Wright, cirujano ortopedista de Sacramento, California, y vocero de la American Orthopedic Foot

---

ALERTA MÉDICA

Vaya al consultorio de su doctor

Según Mark D. Sussman, doctor en medicina podiátrica, definitivamente debe ver a su doctor si:

- El dolor en sus pies empeora durante el día.
- Sus pies se hinchan hasta el punto de no poder ponerse los zapatos.
- Al levantarse tiene problema para caminar ("los tres o cuatro primeros pasos del día son la muerte").

También percátese de que una sensación de ardor doloroso en los pies puede ser señal de mala circulación, pie de atleta, un nervio pellizcado, diabetes, anemia, enfermedad de la tiroides, alcoholismo u otros problemas.

---

and Ankle Society. Luego eleve sus pies formando un ángulo de 45° con respecto a su cuerpo y relájelos durante 20 minutos.

Remójelos. Un revitalizador probado y comprobado es remojar sus pies en una vasija de agua caliente que contenga de 1 a 2 cucharadas de sal de Epsom, recomienda Mark D. Sussman, doctor en medicina podiátrica de Maryland. Enjuáguese con agua limpia y fresca, séquese los pies a golpecitos y masajéese hasta hacer penetrar un gel o crema humectante.

Caliéntese y enfríese. El doctor Sussman recomienda un popular tratamiento en los baños termales europeos: siéntese en el borde de la bañera y exponga sus pies al agua del chorro durante varios minutos, alternando varias veces agua confortablemente caliente durante un minuto con un minuto de agua fría y terminando con agua fría. Los baños contrastantes vigorizarán todo su sistema. Si tiene un dispositivo para ducha (regadera) móvil, úselo para lograr un efecto aún más estimulante. Pero como siempre, si padece de diabetes o problemas de circulación, no exponga sus pies a temperaturas extremas.

Encuentre la esencia del relajamiento. Una variación a esta técnica la propone la aromaterapeuta Judith Jackson de Cos Cob, Connecticut. En su tina de baño remoje sus pies durante 5 minutos en poca agua caliente con 6 gotas de aceite de eucalipto y 6 gotas de aceite de romero. Mueva sus pies dentro del agua y deje que la esencia de eucalipto lo relaje. Luego drene el agua y vierta un poco de agua fría sobre sus pies. En seguida póngalos bajo el chorro de agua caliente de la llave y luego deje que les caiga agua fría. Por último, para lograr una experiencia completamente distinta, emplee 6 gotas de aceite de enebro y 6 más de esencia de limón en el baño inicial. (Busque los aceites esenciales en las tiendas de productos naturistas.)

O piense en infusiones. Si no tiene aceites esenciales, recomienda Jackson, haga una infusión fuerte de menta o manzanilla. Ponga cuatro bolsitas de té en dos tasas de agua hirviendo. Agregue al cocido cuatro litros de agua caliente. Remoje sus pies como antes, y luego alterne los enjuagues de agua fría y caliente.

Masajéese para hacer desaparecer los dolores. "Algo realmente agradable es hacer que alguien masajee sus pies con aceite para bebés", aconseja el doctor Sussman. Si no puede encontrar un compañero dispuesto a compartir esta acción, tome el asunto en sus manos. Ya sea antes o durante el enjuague, indica Jackson, dé un buen masaje a sus pies. Recórralos integralmente, oprimiendo sus dedos con gentileza y luego haciendo un movimiento circular con presión en toda la planta del pie. Un movimiento realmente eficaz es deslizar su pulgar con la mayor fuerza posible por el arco del pie.

Alíviese con hielo. Otra manera de refrescar los pies cansados es envolver unos cuantos cubos de hielo en una toallita húmeda y frotarla sobre sus pies y tobillos durante unos cuantos minutos. El hielo alivia cualquier inflamación y también sirve como ligero anestésico, explica Neal Kramer, doctor en medicina podiátrica de Bethlehem, Pennsylvania. Luego seque sus pies y fróteles agua de hamamelis, agua de colonia, alcohol o vinagre para obtener un efecto refrescante y ayudar a secar.

¡Haga ejercicio! Pero no nos referimos a aeróbicos u otras actividades intensas, sino a lo que recomiendan muchos médicos: ejercitar durante todo el día los músculos de pies y piernas para impedir dolores y mantener la circulación. Ponga en práctica estas ideas de los expertos de la Kinney Shoe Corporation.

- Si siente sus pies tensos y acalambrados en cualquier momento durante el día, deles una buena sacudida, como lo haría con sus manos si las sintiera acalambradas. Concéntrese en un pie a la vez, y luego relaje y flexione sus dedos arriba y abajo.
- Si es necesario que permanezca de pie durante largos periodos, camine en su

sitio siempre que pueda. Cambie continuamente su postura y ocasionalmente trate de descansar uno de los pies sobre un banquillo o un escalón. De ser posible, párese sobre una alfombra o una estera esponjosa o acojinada.

- Para aliviar la rigidez, quítese los zapatos, siéntese en una silla y estire sus pies. Haga círculos con ambos pies desde los tobillos 10 veces en cada sentido, luego 10 veces en el sentido contrario. Apunte los dedos de sus pies lo más abajo posible, luego dóblelos lo más alto posible. Repita el ejercicio 10 veces. Ahora tome sus dedos y jálelos suavemente hacia atrás y adelante.
- Para lograr un agradable minimasaje, quítese los zapatos y ruede cada pie sobre una bola de golf, de tenis o un rodillo de cocina durante uno a dos minutos.

Lia Schorr, especialista en cuidados de la piel, de la ciudad de Nueva York, recomienda estos ejercicios para reavivar los pies:

- Disperse algunos lápices por el piso y recójalos con los dedos de los pies.
- O bien, recomienda Lia, ponga un puñado de frijoles secos en zapatillas de tipo mocasín, póngase las zapatillas y camine por la habitación varias veces: con ello recibirá un masaje en las plantas de sus pies.

Cuide sus plantas. Trate de utilizar zapatos con suelas gruesas y absorbentes para proteger sus pies contra las superficies ásperas y los pavimentos ásperos. No deje que sus suelas se adelgacen o se desgasten demasiado, pues en ese caso no realizarán su tarea apropiadamente. Según el doctor Wright, los zapatos de mujer con sus suelas delgadas y tacones altos y puntiagudos son los villanos clásicos. Por eso, si necesita utilizar este tipo de calzado para el trabajo, al menos disminuya la tensión aplicada a los pies usando zapatos para caminar o para hacer deporte al ir y regresar del trabajo y reserve los tacones altos sólo para la oficina.

Cambie las alturas de los tacones. Usar tacones altos aprieta los músculos de la pantorrilla, lo cual produce fatiga en los pies, explica el doctor John F. Waller, cirujano asistente en cirugía ortopédica en el Hospital Lenox Hill en la ciudad de Nueva York. Por eso es excelente la idea de cambiar los tacones altos a bajos durante el día.

Use plantillas. Una desventaja adicional de los tacones altos, según el doctor Waller, es que hacen que su pie se deslice hacia adelante al caminar, imponiendo presión dolorosa en la bola del pie, abajo del dedo gordo. Con el fin de impedir esta incomodidad, use media plantilla en su zapato, para ayudarle a conservar el pie en su sitio. Y asegúrese de llevar consigo sus plantillas cuando vaya a comprar zapatos nuevos y cerciorarse así que los nuevos le quedarán cómodos y bien.

Estire sus zapatos. Cuando ponga plantillas en zapatos que ya tiene, aconseja el doctor Sussman, asegúrese de que no causen opresión en sus dedos. Si el zapato le queda apretado, tal vez pueda estirar los zapatos para que las plantillas ajusten bien. Llene un calcetín con arena, métalo apretado en la parte de los dedos de los pies del zapato y envuelva éste en una toalla húmeda. Deje que seque durante 24 horas. Repita una o dos veces, en caso necesario.

COMITÉ DE ASESORES

Judith Jackson es consultora en salud y belleza en Cos Cob, Connecticut. También es aromaterapeuta con título en masaje y aromaterapia y autora de *Scentual Touch: A Personal Guide to Aromatherapy*

Neal Kramer, doctor en medicina podiátrica, tiene su consulta privada en Bethlehem, Pennsylvania.

Lia Schorr es especialista en cuidado de la piel en la ciudad de Nueva York y autora de *Lia Schorr's Seasonal Skin Care*.

Mark D. Sussman es doctor en medicina podiátrica en Wheaton, Maryland y coautor de *How to Doctor Your Feet without the Doctor* y de *The Family Foot-Care Book*.

El doctor **John F. Waller** es cirujano ortopedista especializado en el pie y el tobillo; además, es cirujano asistente en cirugía ortopédica en el Hospital Lenox Hill de la ciudad de Nueva York.

El doctor **Gilbert Wright** es cirujano ortopédico en Sacramento, California, y vocero para la American Orthopedic Foot and Ankle Society. También es director de la Clínica Ortopédica para Pies de Sacramento.

Dolores de cabeza

40 sugerencias para decapitar el dolor

"Esta noche no, querido, me duele la cabeza."

Esa frase se ha vuelto el punto final del romance de alcoba. Cierto, a veces es mentira; pero en muchos casos la cefalalgia es real. Y observe que ni esposos ni esposas llegan a decir: "Esta noche no, querido, me duele el dedo del pie". Los dolores de cabeza o cefalalgias se han ganado un doloroso respeto mutuo.

"Verdaderamente es muy rara la persona que jamás ha experimentado un dolor de cabeza", declara el doctor Seymour Solomon, director de la Unidad de Dolores de Cabeza del Centro Médico Montefiore en el Bronx, Nueva York, y profesor de medicina en el Colegio de Medicina Albert Einstein en la Universidad de Yeshiva.

Aproximadamente 90% de todas las cefalalgias se clasifican como contracción muscular, o más a menudo, "dolores de cabeza tensionales", según la National Headache Foundation. Se trata de los golpeadores de cabeza que casi todos atribuimos al trabajo, facturas y discusiones acaloradas.

Por lo general el dolor abarca toda la cabeza. Puede tratarse de un dolor sordo o tener una sensación de opresión y quizás experimentar "una sensación de aturdimiento", comenta el doctor Fred Sheftell, director del Programa de Tratamiento del Dolor de Cabeza de Nueva Inglaterra en Stamford, Connecticut. "Casi toda la gente describe que siente como si tuviera una faja apretándole la cabeza". Sin embargo, el doctor Sheftell agrega: "No estamos seguros de que la contracción muscular siempre sea la causa real de lo que llamamos dolor de cabeza tensional".

"Algunas personas nacen con una biología que las hace propensas a los dolores de cabeza", explica el doctor Joel Saper, director del Instituto Michigan de Neurología y Dolor de Cabeza en Ann Arbor. "No todo mundo sujeto a tensión padece de dolor de cabeza."

246

Sin embargo, más de 45 millones de estadounidenses padecen de dolores de cabeza recurrentes. Para estas personas, los dolores de cabeza son un problema crónico; además, se calcula que entre 16 y 18 millones de ellos padecen de migrañas, que por derecho propio tienen una reputación aún peor que los dolores de cabeza tensionales.

Las migrañas son parte de la familia de los dolores de cabeza vasculares y con mayor frecuencia atacan al sexo femenino, al punto que 70% de quienes las padecen son mujeres.

Ejercite su rostro

Todo lo que necesita es su bello rostro, un espejo y estar listo para practicar un poco de calistenia facial y de cuero cabelludo, cortesía del doctor Harry C. Ehrmantrout, autor de *Headaches: The Drugless Way to Lasting Relief*. Los ejercicios están orientados a relajar los músculos de cara y cuero cabelludo y enseñarle el control consciente sobre estos músculos, de modo que pueda actuar a la primera señal de un dolor de cabeza.

Resumiendo, aquí están 11 ejercicios calisténicos para cara y cuero cabelludo que recomienda el doctor Ehrmantrout:

- Cejas arriba y a su posición inicial: eleve ambas cejas rápidamente, luego relájese y déjelas caer.
- Ceja derecha arriba y a su posición inicial: este movimiento puede ser difícil. Comience deteniendo con una mano la otra ceja en su lugar y luego eleve la ceja derecha, como el movimiento previo.
- Ceja izquierda arriba y su posición inicial.
- Cierre ambos ojos forzando y afloje: haga esto rápidamente, mantenga la posición y descanse.
- Cierre con fuerza el ojo derecho y descanse: apriete el lado derecho de su cara con la fuerza suficiente para hacer que se levante la comisura de su boca.
- Cierre con fuerza el ojo izquierdo y descanse.
- Frunza el entrecejo fuertemente y afloje: mueva ambas cejas hacia abajo y hacia el puente de la nariz.
- Bostece ampliamente y cierre: lentamente abra la boca bajando gradualmente la mandíbula hasta una posición bien abierta. Luego cierre lentamente
- Abra la boca, mueva la mandíbula a derecha e izquierda: abra la boca ligeramente y deslice la mandíbula de derecha a izquierda, y luego de izquierda a derecha.
- Frunza la nariz: arrugue la nariz hacia arriba, como si estuviera oliendo algo pestilente.
- Haga gestos: improvise en este ejercicio, igual que en su infancia. Y no se preocupe: no se quedará así por el resto de su vida.

"Las migrañas pueden incapacitar", afirma la doctora Patricia Solbach, directora del Centro de Investigación de Dolores de Cabeza y Medicina Interna en la Clínica Menninger en Topeka, Kansas. Tanto es así, que los pacientes de migraña pierden más de 57 millones de días de trabajo al año.

Por lo regular las migrañas producen dolor agudo, palpitante en un lado de la cabeza (pero en 40% de los casos el dolor se presenta en ambos lados). A menudo al dolor le acompañan náuseas y vómitos y tal vez temblores y vértigos. Algunas personas también experimentan síntomas de advertencia previa a la migraña, entre ellos visión borrosa, imágenes visuales "flotantes" y adormecimiento o insensibilidad en un brazo o pierna.

Por desgracia, incluso los doctores que operan las clínicas de dolores de cabeza no pueden asegurar un diagnóstico de qué tipo de dolor de cabeza padece un paciente. "No existe prueba de laboratorio que pueda determinar que un paciente específico tiene migraña, y otro paciente tiene tensión", explica el doctor Jerome Goldstein, médico privado y director de la Clínica para el Dolor de Cabeza en San Francisco, California. Por lo común, la diagnosis se basa en el historial del paciente.

De ese modo, independientemente de la denominación de sus dolores de cabeza (tensión, migrañas, diversas palabrotas) usted es quien está en la mejor posición para reconocer qué hábitos y factores inician sus dolores de cabeza. Y

¡Retírate, jaqueca!

Pero por favor no regreses otro día. Por desgracia, las jaquecas tienden a regresar, incluso después de largos periodos de remisión. Estos dolores de cabeza, que afectan a cerca de un millón de personas en Estados Unidos (y del cual cerca de 90% son hombres) atacan al desafortunado enfermo con dolor intenso, por lo general alrededor o atrás de un ojo.

Los ataque de jaqueca pueden ocurrir a diario durante semanas, o incluso meses. Aunque se desconoce su causa, "tal vez sea de origen hormonal o genético", indica el doctor Seymour Solomon. Actualmente se está estudiando la hormona masculina testosterona para determinar si existen posibles conexiones con las jaquecas.

Mientras tanto, los médicos han notado un común denominador: "Por razones que no comprendemos del todo, los hombres que padecen de jaquecas por lo regular fuman mucho", refiere el doctor Solomon.

Así que ahora tiene una razón más para dejar de fumar, o al menos para reducir su tabaquismo drásticamente. Y no tome siestas, aconseja el doctor Joel Saper. Entonces, tal vez, cuando las jaquecas desaparezcan, sea para siempre.

ALERTA MÉDICA

Cuando los dolores de cabeza pueden ser indicio de problemas graves

"La persona promedio", declara el doctor Seymour Diamond, "habitualmente tiene un dolor de cabeza tensional", lo cual no es motivo de alarma y tampoco representa un problema grave; pero ocasionalmente los dolores de cabeza son advertencia de enfermedades serias. Estas son las señales de peligro.

- Usted tiene más de 40 años y jamás ha tenido antes dolores recurrentes de cabeza.
- Los dolores de cabeza cambian de lugar.
- Se intensifican.
- Atacan con mayor frecuencia.
- No se ubican dentro de un patrón reconocible; es decir, no parece haber nada específico que los desencadene.
- Han comenzado a alterar su vida; no ha asistido al trabajo en varias ocasiones.
- Van acompañados de síntomas neurológicos, como adormecimiento, vértigo o mareos, visión borrosa o pérdida de la memoria.
- Coinciden con otros problemas médicos o dolor.

Si experimenta estos síntomas, consulte a su médico.

---

usted es responsable de hacer todo lo que esté a su alcance para prevenirlos o para tratarlos. Así que para tener mejor posibilidad de alejar mañana el dolor, lea esto hoy.

Tome dos, no diez. Para ese dolor de cabeza tensional que se presenta una o dos veces al mes, la aspirina o cualquiera de los muchos antiinflamatorios que se venden sin receta médica puede servir. Ciertamente muchos de nosotros lo creemos: nada más en Estados Unidos se gastan más de 4 mil millones de dólares anuales en estos productos.

No obstante, el abuso de estos fármacos sencillamente causa más dolor. "Es como rascarse cuando hay comezón", comenta el doctor Saper. "Cuanto más se rasque, más comezón tendrá."

No se demore. Si decide usar aspirina para un dolor de cabeza, "tómela de inmediato, al comenzar el dolor", recomienda la doctora Solbach. En caso contrario, tal vez no le haga mucho efecto.

Haga ejercicio para impedir sus dolores. "El ejercicio es útil como medida preventiva", agrega el doctor Solomon. "Así se libera de la tensión."

Haga ejercicios cuando tenga el dolor. Si el dolor de cabeza no es demasiado grave, "creo que el ejercicio ayudará a aliviarlo", agrega la doctora Solbach. "Si tiene un ligero dolor de cabeza tensional, tal vez se le quite haciendo ejercicios."

Pero no haga ejercicios si el dolor es agudo. Sólo logrará empeorar su dolor, especialmente si está sufriendo una migraña.

Duerma. Mucha gente prefiere dormir hasta que desaparezca el dolor de cabeza, comenta el doctor Ninan T. Mathew, director de la Clínica para el Dolor de Cabeza, en Houston, y presidente de la American Association for the Study of Headache.

Pero no duerma en exceso. Es tentador, pero "evite dormir demasiado durante el fin de semana", aconseja el doctor Mathew. "Es más probable que despierte con dolor de cabeza."

No duerma siesta. Si bien puede librarle de un dolor de cabeza, no duerma siesta si no padece del dolor en el momento. "Las siestas pueden causar migrañas", explica el doctor Seymour Diamond, director de la Clínica Diamond para Dolor de Cabeza y la unidad de pacientes internos con dolor de cabeza en el Hospital Louis A. Weiss Memorial en Chicago, Illinois.

Duerma derecho. Dormir en una posición rara, o incluso boca abajo, puede hacer que los músculos de su cuello se contraigan y desencadenen un dolor de cabeza. "Es mejor dormir boca arriba", recomienda el doctor Diamond.

Camine erecto, siéntese derecho. Aquí se aplica el mismo principio. "También", agrega el doctor Diamond, "evite recostar o poner su cabeza en una dirección".

Busque el frío. "Algunas personas gustan de la sensación del frío contra sus frentes o cuellos y parece que les rinde resultados", comenta la doctora Solbach.

Caliéntese. "Pero otras personas", agrega la misma doctora, "prefieren duchas calientes o aplicar calor en sus cuellos".

Respire profundamente. La respiración profunda es magnífica para aliviar las tensiones. "La está practicando de manera correcta", indica el doctor Sheftell, "si su estómago se mueve más que su pecho".

Practique la exploración corporal. El doctor Sheftell sugiere que se explore usted mismo para determinar si presenta signos de que se está tensionando e invitando al dolor de cabeza: mandíbulas apretadas, puños apretados, hombros encorvados.

Aprenda la biorretroalimentación. Se ha demostrado mediante estudios que la biorretroalimentación es eficaz tanto para los dolores de cabeza tensionales como para las migrañas, afirma la doctora Solbach. Y aprender esta técnica no hace que el dolor de su cabeza se traslade a su cartera, porque "hay toda clase de cursos gratuitos que se imparten en centros comunitarios o tal vez incluso en el lugar de trabajo", informa Solbach.

Emplee sus manos. Tanto el automasaje como la presopuntura pueden ser útiles, señala el doctor Sheftell. Dos puntos claves para reducir el dolor con la presopuntura son el músculo de unión entre el pulgar y el índice (oprima allí hasta que sienta dolor) y bajo los bordes óseos en la nuca (emplee ambos pulgares para aplicar presión allí).

Haga de cuenta que es una rosa. "Ponga un lápiz entre sus dientes, pero no lo muerda", indica el doctor Sheftell. "*Tiene* que relajarse, para poder hacer eso."

Use una banda para la cabeza. "La vieja costumbre de la abuela de amarrarse apretadamente una tela alrededor de la cabeza tiene cierto mérito", comenta el doctor Solomon. "Disminuirá el flujo sanguíneo al cuero cabelludo, con lo cual disminuirán las punzadas y el golpeteo de la migraña."

Diga "no" a las colonias. "Los perfumes fuertes pueden desencadenar la migraña", advierte la doctora Solbach.

Sea gentil. Aunque usted no lo crea, si no tiene dolores de cabeza y "está de humor", podría darle dolor de cabeza al hacer el amor. "Se considera un dolor de cabeza del tipo causado 'por esfuerzo'", explica el doctor Robert Kunkel, jefe de la Sección de Dolor de Cabeza del Departamento de Medicina Interna en la Clínica de Cleveland en Ohio. "Es más frecuente en personas que padecen migrañas que en quienes sólo tienen dolores de cabeza tensionales."

Busque el silencio. El ruido excesivo es un desencadenador frecuente de los dolores de cabeza tensionales.

Proteja sus ojos. La luz brillante (solar, de alumbrado fluorescente, televisión o pantallas de computadoras), puede hacer que se entrecierren los ojos, causar cansancio ocular y, por último, dolor de cabeza. Los anteojos para el sol son buena idea si va a salir; pero si está trabajando bajo techo, "proporciónese descansos alejándose de la pantalla de la computadora y también use alguna clase de anteojos con cristales de color", sugiere el doctor Diamond.

Cuide su consumo de cafeína. "Si no consume su dosis diaria de cafeína, se dilatarán sus vasos sanguíneos", y esto posiblemente le producirá dolor de cabeza, advierte la doctora Solbach; pero también el exceso de cafeína le causará dolor de cabeza, así que trate de limitarse a dos tazas (o un tazón) de café al día.

No masque goma. "El movimiento repetitivo de mascar puede apretar los músculos y producir un dolor de cabeza tensional", previene el doctor Sheftell.

Consuma poca sal. En algunas personas el alto consumo de sal puede desencadenar las migrañas.

Coma a sus horas. Omitir o retrasar las comidas puede producir dolores de cabeza en dos maneras. Por una parte, un alimento omitido puede causar tensión muscular, y cuando el nivel de azúcar en la sangre desciende como consecuencia de la falta de alimento, los vasos sanguíneos del cerebro se estrechan. Al comer de nuevo, se dilatan, y esto produce dolor de cabeza.

Nan Finkenaur, que en otros tiempos padecía de dolores de cabeza crónicos, relata: "Me di cuenta de que padecía de dolores de cabeza si no comía con frecuencia. Ahora hago muchas pequeñas comidas y esto parece ayudarme".

Conozca sus alimentos peligrosos. Para Finkenaur, la leche era una de las culpables. Entonces redujo su consumo de leche y sus dolores de cabeza disminuyeron; pero hay otros alimentos que ocasionan dolores de cabeza.

Omita la mostaza. . . y los embutidos. Ciertamente no perderá un producto nutritivo y en cambio puede ahorrarse un dolor de cabeza. Tanto los embutidos como la mayoría de las carnes frías y curadas contienen nitratos, los cuales dilatan los vasos sanguíneos, y esto puede producir un fuerte dolor de cabeza, explica el doctor Mathew.

Evite las comidas chinas. Confucio nunca dijo nada acerca de que los sabios no debieran ingerir glutamato monosódico (GMS), pero algunas personas que no lo absorben bien dicen que les produce dolores de cabeza con punzadas. Tenga presente que muchos platillos chinos y japoneses contienen elevadas cantidades de este producto.

Diga no al chocolate. Además, de todos modos hace engordar. También contiene tiramina, fuerte sospechoso de ocasionar dolores de cabeza. Las buenas nuevas son que muchos jóvenes superan esta reacción química. "Parece que el cuerpo desarrolla tolerancia al chocolate", comenta el doctor Diamond.

Y a las nueces. Y a los quesos añejos también. Tanto las nueces como los quesos añejos contienen tiramina.

No fume y maneje. No debe fumar, definitivamente. Pero fumar con los vidrios del coche abiertos mientras maneja en tránsito pesado le proporcionará una doble dosis de monóxido de carbono, gas que parece afectar adversamente el flujo sanguíneo al cerebro, según el doctor Saper.

Frene los cocteles. Tal vez una bebida alcohólica no lo perjudique, pero no se sirva demasiadas bebidas en las rocas. Tenga presente que algunos licores también contienen tiramina.

Evite también los conos. Tal vez recuerde que en más de una ocasión que comió un gran cono de helado a los pocos segundos sintió un intenso dolor de cabeza.

Coma su helado lentamente, aconseja el doctor Saper, "de modo que su paladar se enfríe gradualmente en vez de recibir un choque de frío".

Vaya con la corriente. Tal vez a mucha gente de edad le va mejor. "Observamos más dolores de cabeza en los individuos más jóvenes", declara el doctor Diamond. "Y se encuentran sometidos a mayor tensión, tratando de ganarse la vida, sosteniendo una familia; pero es importante no excederse."

Tampoco perjudicaría si disminuye sus expectativas, tanto de sí mismo como de los demás, agrega el doctor Sheftell.

Relájese con la imaginación. "Imagine las fibras musculares de su cuello y cabeza todas estrujadas", indica el doctor Sheftell. "Luego comience a *alisarlas* mentalmente."

Tenga sentido del humor. "Si se toma la vida demasiado en serio", advierte el doctor Sheftell, "puede ver quiénes son esas personas: van por la vida con la cara tensa". Y tal vez se estén preguntando por qué tienen de nuevo dolor de cabeza.

Para las mayores alturas, tome vitamina C y aspirina. Las mayores alturas pueden desencadenar dolores de cabeza; pero tomar vitamina C y aspirina tanto antes como durante su siguiente viaje de recreo para esquiar puede ayudarle a ajustarse, recomienda el doctor Solomon.

El doctor Solomon aconseja tomar de 3 000 a 5 000 miligramos de vitamina C el día previo a la partida y diariamente durante el viaje. Además, tome dos tabletas de aspirina al día a partir de un día antes de iniciar su viaje (pero primero consulte a su médico; siempre debe obtener su aprobación antes de tomar dosis elevadas de cualquier vitamina).

COMITÉ DE ASESORES

El doctor **Seymour Diamond** es director de la Clínica Diamond para Dolor de Cabeza y la unidad de dolor de cabeza de pacientes internos en el Hospital Louis A. Weiss Memorial en Chicago, Illinois. También es director ejecutivo de la National Headache Foundation. Es coautor de varios libros sobre los dolores de cabeza.

El doctor **Harry C. Ehrmantrout** es autor de *Headaches: The Drugless Way to Lasting Relief*.

El doctor **Jerome Goldstein** es médico privado y director de la Clínica para el Dolor de Cabeza en San Francisco, California.

El doctor **Robert Kunkel** es jefe de la Sección de Dolor de Cabeza del Departamento de Medicina Interna en la Clínica de Cleveland en Ohio. También es vicepresidente de la National Headache Foundation.

El doctor **Ninan T. Mathew** es director de la Clínica para el Dolor de Cabeza, en Houston, Texas. También es presidente de la American Association for the Study of Headache.

El doctor **Joel Saper** es director del Instituto Michigan de Neurología y Dolor de Cabeza en Ann Arbor. También es autor de *Help for Headaches*.

El doctor **Fred Sheftell** es director del Programa de Tratamiento del Dolor de Cabeza de Nueva Inglaterra en Stamford, Connecticut.

La doctora **Patricia Solbach** es directora del Centro de Investigación de Dolores de Cabeza y Medicina Interna en la Clínica Menninger en Topeka, Kansas.

El doctor **Seymour Solomon** es director de la Unidad de Dolor de Cabeza del Centro Médico Montefiore en el Bronx, Nueva York. También es profesor de medicina en el Colegio de Medicina Albert Einstein en la Universidad de Yeshiva de la ciudad de Nueva York.

Dolores menstruales

13 antídotos fáciles

"Muchas mujeres todavía sufren innecesariamente de cólicos menstruales", declara la doctora Penny Wise Budoff, directora del Centro Médico para Mujeres en Bethpage, Nueva York.

Los dolores menstruales (o dismenorrea, en la jerga de los médicos) son un problema de química, explica la doctora Budoff. Cada mes, el recubrimiento del útero de la mujer produce sustancias químicas llamadas prostaglandinas, que ayudan a los músculos uterinos a contraerse y expulsar tejido y líquidos durante la menstruación. Los elevados niveles de las prostaglandinas causan contracciones del músculo uterino, o cólicos abdominales.

No toda mujer los padece; pero si a usted sí le sucede, estos remedios de autoayuda podrían proporcionarle algún alivio.

Adopte un régimen balanceado. "Muchas mujeres tienden a omitir alimentos y a consumir cantidades excesivas de dulces y alimentos salados justo cuando debieran ser muy cuidadosas acerca de sus selecciones dietéticas", advierte la doctora Budoff. Si bien una dieta más sana no *curará* los cólicos, sí puede obrar maravillas para mejorar el sentido global de bienestar, agrega. Reduzca los alimentos chatarra salados y dulces, que pueden hacerla sentirse inflada y pesada. Mejor coma más verduras, fruta, pollo y pescado, y trate de ingerir estos alimentos en varias pequeñas comidas durante el día en vez de hacerlo sólo en tres grandes comidas.

Tome sus vitaminas. Muchas de sus pacientes informan que padecen de menos problemas de cólicos cuando reciben una dosis sana de vitaminas y minerales, señala la doctora Budoff. Tome un suplemento multivitamínico y de minerales, de preferencia alguno que contenga calcio y que venga en pequeñas dosis que usted pueda tomar dos veces al día después de los alimentos, aconseja Budoff.

Piense en sus minerales. Los minerales de calcio, potasio y magnesio también pueden tener un papel importante en el alivio, hace notar la doctora Susan Lark, directora del Centro de Autoayuda de SPM en Los Altos, California. Declara haber descubierto que las mujeres que consumen calcio sufren menos dolor por los cólicos abdominales que las que no lo hacen. También señala que el magnesio es importante porque ayuda al cuerpo a absorber el calcio con más eficiencia. La doctora Lark sugiere que se incremente el consumo de calcio y magnesio antes y durante el periodo.

Suspenda la cafeína. La cafeína en el café, té negro, refrescos de cola y chocolate puede contribuir a la incomodidad de la menstruación al volverla nerviosa, explica la doctora Budoff. Evítela. Además, los aceites en el café también pueden irritar sus intestinos.

Absténgase del alcohol. Si tiende a retener agua durante su periodo, el alcohol sólo complicará su problema, advierte la doctora Lark. Por eso aconseja evitar la bebida. Si tiene que hacerlo, entonces limítese a uno o dos vasos de vino ligero.

Evite los diuréticos. Muchas mujeres creen que los diuréticos son magníficos para reducir la inflamación menstrual; pero la doctora Lark aconseja que se eviten. Los diuréticos eliminan importantes minerales del cuerpo junto con el agua. Mejor, aconseja, reduzca su consumo de sustancias que retienen agua, como la sal y el alcohol.

Caliéntese. El calor aumenta el flujo de la sangre y relaja sus músculos, lo que es de especial importancia en su zona pélvica dolorida y congestionada, comenta la doctora Budoff. Beba muchas infusiones de hierbas o limonada calientes. También ponga un cojincillo calefactor o una bolsa de agua caliente sobre su abdomen durante unos minutos en cada ocasión.

Tome un baño mineral. Cree su propio "baño de aguas minerales" para relajar sus músculos y aliviar sus cólicos, sugiere la doctora Lark. Agregue una taza de sal de cocina (de mar) y una taza de bicarbonato de sodio al agua del baño. Remójese durante 20 minutos.

Haga caminatas vigorizantes. Camine o realice alguna forma de ejercicio moderado en todo momento, pero especialmente antes de su periodo. Se sentirá mejor cuando éste se presente, agrega la doctora Budoff.

El otro camino

El alivio para el dolor puede estar en los pies

El alivio contra los cólicos abdominales pudiera ser cosa de un mero toque terapéutico, señala Alexis Phillips, instructora de masaje médico y supervisora de la clínica Peter Ling del Swedish Institute en la ciudad de Nueva York.

El pie contiene puntos para presopuntura, o desencadenadores, que se cree están conectados a lo largo de caminos internos de energía a su zona pélvica, explica Phillips. Busque estos puntos al tacto (que según ella serán sensibles durante el periodo) en las depresiones a ambos lados arriba del talón. Oprima suavemente con el pulgar y yemas de los dedos. Haga lo mismo a lo largo de los lados del tendón de Aquiles, moviendo hacia arriba, hacia el músculo de la pantorrilla.

Pruebe esta técnica de presopuntura durante unos minutos en cada pie.

Estírese con la yoga. Los ejercicios de estiramiento de yoga durante su periodo también pueden serle útiles, interviene la doctora Lark. Este es un ejemplo. Arrodíllese en el piso y siéntese sobre sus talones. Baje la frente hasta el piso y coloque sus brazos sobre el piso contra su cuerpo. Cierre sus ojos. Mantenga esa posición durante tanto tiempo como le sea cómodo.

Haga el amor. La unión sexual que culmina con el orgasmo es magnífica para aliviar los cólicos abdominales, explica la doctora Lark. La acción muscular vigorosa hace circular la sangre y demás líquidos alejándolos de los órganos congestionados y aliviando el dolor.

Tome una pastilla. La aspirina y el acetaminofén son magníficos para aliviar los cólicos abdominales. Sin embargo, son todavía más eficaces los medicamentos que se venden sin necesidad de receta médica como Advil, Haltran, Medipren y Nuprin, indica la doctora Budoff. Estos productos contienen una sustancia química llamada ibuprofén, que tiene la capacidad de inhibir las acciones de las prostaglandinas. Tome uno de estos medicamentos (junto con algo de leche o alimento para evitar la irritación al estómago) cuando se inicien sus dolores abdominales y siga tomándolo hasta que cedan.

Endometriosis

14 técnicas para hacerle frente

Durante años, el dolor se ha arrastrado por el transcurso de sus días como un intruso, despojándola de tiempo, tranquilidad mental y felicidad. Muchos días la parte baja de la espalda le duele sin razón aparente. Tanto el defecar como sus relaciones sexuales son dolorosos. Durante el primero o segundo día de su periodo menstrual, intensos calambres la retienen en cama, en decúbito, doblada por el dolor.

Su ginecólogo ha llamado endometriosis a este intruso insidioso. El tejido del endometrio, que se supone recubre el interior del útero y que supuestamente debe ser desechado cada mes en el ciclo menstrual, está creciendo fuera de su útero, en los ovarios, alrededor de las trompas de Falopio, o a través de los ligamentos que sostienen al útero. Donde llega a detenerse teje cicatrices como una malla al anclarse en los tejidos internos. Luego, igual que el tejido endometrial normal, se inflama y sangra durante la menstruación, lo cual deja una descarga que no puede salir del cuerpo y que tal vez cause inflamación y cicatrices.

Tal vez su médico pruebe alguno de los distintos tratamientos médicos para controlar su endometriosis. Mientras tanto, puede hacer lo siguiente para ayudarse a aliviar la incomodidad.

Comparta su dolor. Llame a alguna organización femenina de su localidad y encuentre un grupo de apoyo, recomienda Mary Lou Ballweg, cofundadora de la Endometriosis Association, de carácter internacional, con oficinas en Milwaukee,

Los efectos del embarazo

Los médicos afirman que se ha demostrado que el embarazo y la lactancia producen cambios hormonales en las mujeres que padecen endometriosis y, durante cierto tiempo, pueden interrumpir algunos de los síntomas de la dolorosa enfermedad uterina; pero los estudios demuestran que las mujeres con endometriosis tienen más probabilidades de no ser fértiles que las por lo demás sanas. Las que conciben pueden tener un índice más alto de abortos y también de embarazos ectópicos, en los que el huevo fertilizado se implanta fuera del útero.

Y aunque los síntomas de la endometriosis pueden desaparecer durante el embarazo, a menudo recurren después del nacimiento del bebé, según la Endometriosis Association.

Wisconsin. Ella fundó la asociación cuando necesitó ayuda para hacer frente a la endometriosis.

"A veces basta con saber que no está totalmente sola, saber que otras mujeres están pasando por lo mismo", declara la enfermera titulada Mary Sinn, coordinadora de WomanCare en el Hospital Gnaden Huetten en Lehighton, Pennsylvania. "También es una fuente de información. No todo sirve a todo mundo, aunque hay ideas nuevas que deben ponerse a prueba. Algunas mujeres afirman: 'He probado ese analgésico y de veras me sirvió'."

"Tendrá que trabajar para adquirir y acumular sus propios conocimientos acerca de su enfermedad", comenta Ballweg. "Si se apoya únicamente en su médico, no logrará muchos avances. Las mujeres que buscan soluciones por sí mismas parecen obtener los mejores resultados."

Las mujeres con problemas de fecundidad causados por la endometriosis pueden encontrar ayuda adicional de los grupos de apoyo para los infértiles, agrega Sinn.

Lleve un calendario. Haga una gráfica de su ciclo. Note cuándo empeoran sus síntomas y cuándo apenas son notables. Observe su dieta y actividad. Luego considere cómo lo que come y los ejercicios que hace afectan su ciclo, aconseja Kay Evans, psicoterapeuta de Littleton, Colorado, que padece endometriosis. Podrá controlar algunos de sus síntomas si evita lo que le causa dolor y si aprecia qué la hace sentir mejor.

Bloquee la prostaglandina. Una de las razones de los calambres, sobre todo durante su periodo, es que su cuerpo produce demasiada prostaglandina, hormona en el recubrimiento del útero que sobreestimula sus músculos uterinos, forzándolos a trabajar horas extras. Y, como cualquier músculo que trabaja demasiado, se acalambran. La aspirina, fármaco antiinflamatorio, puede aliviar los calambres; pero los mejores analgésicos no éticos para este caso son las antiprostaglandinas como Adyil, Mediprén o Nuprin. Tome dos tabletas a la vez, prescri-be el doctor Camran Nezhat, ginecólogo y especialista en fertilidad de Atlanta, Georgia, que además es consejero de la Endometriosis Association.

Coma más pescado. Agregue una antiprostaglandina natural a su dieta con pescado, aconseja el doctor Nezhat. El pescado contiene ácidos grasos omega-3, que suprimen la producción de prostaglandina.

Agregue algo de calor. Algunos de los remedios antiguos contra los calambres menstruales y el dolor en la parte baja de la espalda darán alivio a las mujeres con endometriosis, promete Sinn. Pruebe el reposo en cama, calor húmedo o un cojincillo calefactor y bebidas tibias para relajar los músculos acalambrados en su abdomen.

Pruebe un paquete de hielo o compresa helada. Si no resulta eficaz el calor, tal vez usted sea una de las mujeres que encuentra más alivio en el frío que en el calor, agrega Sinn. Coloque el paquete de hielo o de gel congelable sobre la parte inferior de su zona abdominal.

Haga ejercicios para encontrar alivio. El ejercicio reduce los niveles de estrógeno, lo que puede disminuir el crecimiento de la endometriosis. El ejercicio también aumenta la producción corporal de las endorfinas, sustancias naturales que bloquean el dolor. Haga la prueba con un ejercicio suave como caminar, porque los ejercicios que producen agitación pueden desprender las adhesiones y el tejido cicatrizal.

Nancy Fletcher, a quien en 1980 se le diagnosticó endometriosis y se encuentra en la coordinación del programa de apoyo y desarrollo para la Endometriosis Association, camina unos 3 kilómetros diarios y corre unos 6 kilómetros tres veces a la semana. Encuentra que el ejercicio, junto con una perspectiva positiva de la vida, influyen en el alivio de sus síntomas.

Suspenda la cafeína. La cafeína, ya sea en las bebidas gaseosas embotelladas, en el té o el café, parece agravar el dolor en algunas mujeres, según el doctor Nezhat, quien aconseja a las mujeres evitar la cafeína.

No ponga impedimentos. Dejar libre el flujo menstrual puede ayudar a impedir la endometriosis, explica el doctor Nezhat. Los tampones pueden contribuir a los calambres menstruales debido a que taponan la vagina como si fueran corcho. Use toallas sanitarias en vez de tampones, sobre todo si su vagina o apertura vaginal son estrechas.

Adopte una nueva posición. Es posible que las mujeres que padecen endometriosis tengan el útero inclinado y a menudo sienten dolor durante el coito, comenta el doctor Nezhat. En este caso, el pene empuja contra el útero, el cual golpea los nervios. La solución es probar nuevas posiciones, aconseja. Una posición que sugiere, y que permite la penetración indolora, es con el hombre de rodillas atrás de la mujer, la cual se coloca sobre rodillas y manos.

Use un lubricante natural. Quizá necesite lubricación adicional para evitar que el coito resulte doloroso, indica el doctor Nezhat. Además, las mujeres que tengan dificultad para embarazarse, problema frecuente en la endometriosis, deben emplear claras de huevo en vez de petrolato. "El petrolato podría matar el

---

El otro camino

Una sugerencia de los chinos

Algunas mujeres informan que una técnica curativa china puede aliviar los dolorosos síntomas de la endometriosis, afirma la psicoterapeuta Kay Evans, quien también padece la enfermedad.

El método se conoce como moxibustión, y en seguida le indicamos cómo se aplica: varas de moxa —artemisa enrollada apretadamente para formar un cigarro en forma de varita— se encienden por un extremo hasta producir un tizón. Luego esta varita de hojas en combustión se acerca lo suficiente a los puntos de presopuntura que corresponden a las zonas dolorosas, hasta que la piel se vuelve rosada y se siente muy caliente mas no se quema.

Según las mujeres que han empleado este tratamiento, el alivio dura horas. Pero antes de poner este método en práctica, debe aprender dónde colocar las varitas de moxa y cómo emplearlas apropiadamente, advierte Evans. Las varas se pueden encontrar en algunas tiendas naturistas y en las que venden artículos orientales. Cualquier acupunturista puede darle información sobre la instrucción adecuada.

esperma", advierte "cosa que no hacen las claras. De hecho, las claras pueden facilitar la carrera de los espermatozoides hacia el óvulo".

Pida ayuda. Para obtener información de autoayuda o encontrar un doctor experimentado o un grupo de apoyo, llame a su Asociación de Endometriosis local.

Oprima cuando duela. La presopuntura alivia el dolor sin fármacos, lo que es importante para Susan Anderson, presidenta de la organización local de Los Ángeles, California, de la Endometriosis Association. Cuando se inicia el dolor, ella se presiona dos puntos para obtener alivio.

El primero se encuentra localizado en la cara interna de su pierna, aproximadamente a 5 centímetros del hueso de su tobillo. Sabrá que ha encontrado el punto apropiado si se siente un poco sensible, explica Anderson. El otro punto de presopuntura se encuentra en la base donde se encuentran los huesos de su pulgar y dedo índice. Presione lo más fuerte que pueda.

COMITÉ DE ASESORES

Susan Anderson es presidenta de la organización local de Los Ángeles, California, de la Endometriosis Association.

Mary Lou Ballweg es cofundadora de la Endometriosis Association, organización de autoayuda en Milwaukee, Wisconsin. Es autora de *Overcoming Endometriosis*.

Kay Evans es psicoterapeuta en Littleton, Colorado. Padece endometriosis y fue funcionaria de la organización local de San Diego, California, de la Endometriosis Association.

Nancy Fletcher es la coordinadora del programa de apoyo y desarrollo para la Endometriosis Association. En 1980 se le diagnosticó endometriosis.

El doctor **Camran Nezhat** es ginecólogo y especialista en fertilidad en Atlanta, Georgia, y director del Centro de Fertilidad y Endocrinología de esa localidad. Ha sido consejero de la Endometriosis Association desde 1985.

La enfermera titulada **Mary Sinn** es coordinadora de la unidad WomanCare en el Hospital Gnaden Huetten en Lehighton, Pennsylvania.

Enfisema

24 remedios para facilitar la respiración

Cuando su doctor se lo dijo, para usted fue un golpe bastante fuerte. Enfisema. El diagnóstico cayó como una oscura cortina a su alrededor, separándolo de lo que ama hacer, de las personas a quienes ama, de la sensación de que, para bien o para mal, puede contar con su cuerpo.

De lo que se enteró después no ayudó mucho. El enfisema muy pocas veces se presenta sin otras complicaciones. Por lo general se complica con bronquitis crónica o asma, y no hay cura médica para el enfisema, no hay manera de revertir el daño causado en las vías respiratorias. En resumen, no puede desprenderse de esos pulmones que han envejecido más que usted mismo.

Eso fue lo peor.

Sin embargo, después descubrió algo más acerca de sí mismo. Usted es más fuerte que su enfisema, más listo que su enfermedad; así que tomó una decisión.

Este es el año en que tomará el control de su salud, aprenderá a trabajar con más juicio, y vivirá de manera más sencilla. De ahora en adelante, ahorrará su energía para aquello que quiere hacer.

Aquí le decimos cómo lograrlo.

Deje de fumar ¡ahora! Sí, su médico ya se lo dijo; pero nunca se puede insistir demasiado.

"Nunca es demasiado tarde para dejar de fumar", declara el doctor Henry Gong, profesor de medicina en la Universidad de California en Los Ángeles, y jefe de la División Pulmonar en el Centro Médico UCLA, "Incluso aunque deje de fumar cuando ya haya cumplido o rebasado los 50 o 60 años de edad, ayudará a disminuir el deterioro de sus pulmones". Y una ventaja adicional: de inmediato puede aumentar su capacidad para hacer ejercicios.

La principal teoría sobre cómo el tabaquismo causa el enfisema es la siguiente: el humo del cigarrillo incita a los neutrófilos, los guerreros de los glóbulos blancos de la sangre que combaten las enfermedades, a migrar de modo selectivo a los pulmones. "Aparentemente los neutrófilos expulsan sus enzimas, las cuales pueden digerir el tejido pulmonar", explica el doctor Gong. "En la gente normal hay un equilibrio entre la enzima y la antitripsina, que la bloquea."

Pocas veces los no fumadores también llegan a padecer de enfisema. En su calidad de víctimas de un extraño trastorno hereditario de las proteínas, carecen de suficientes niveles de antitripsina.

Manténgase lejos del humo "pasivo". El humo de sus propios cigarrillos puede dañarlo; por lo tanto, también puede afectarlo el del cigarrillo de su cónyuge o el aire lleno de humo de un salón de baile. Un cónyuge no fumador puede presentar cáncer de pulmón por inhalar el humo de los cigarrillos del cónyuge fumador después de muchas décadas de convivencia, advierte el doctor Gong.

Evite los alergenos. Si padece alergias identificadas y afectan su respiración, será doblemente importante que se aleje de los alergenos si padece de enfisema, aconseja el doctor Gong. (Para más material acerca del control de alergias, véase Alergias, página 14.)

Controle lo que pueda. Usted no puede reparar sus vías respiratorias. En cambio, lo que sí puede hacer, según el neumólogo Robert Sandhaus, consultor del Centro Judío Nacional de Inmunología y Medicina de Vías Respiratorias y otras instituciones sanitarias en Denver, Colorado, es aumentar la eficacia con la que respira, usar sus músculos y aplicarle un enfoque a su trabajo. Por ejemplo, si puede rearreglar su cocina de modo que pueda hacer en cinco pasos lo que antes hacía en diez, las cosas le resultarán mejor, aconseja.

Ejercítese. Todos nuestros expertos están de acuerdo en que el ejercicio regular es vitalmente importante para el paciente de enfisema. ¿Cuál es el más efectivo?

"Caminar es tal vez el mejor ejercicio global", afirma el doctor Robert B. Teague, médico privado y profesor de medicina en el Colegio Baylor de Medicina. "También debe ejercitarse para entonar los músculos de sus extremidades superiores. Pruebe a emplear pesas de manos de medio kilo o un kilo y trabaje los músculos del cuello, parte alta de los hombros y pecho." Esto es importante, comenta, porque la gente con enfermedades pulmonares crónicas usa los músculos del cuello y parte alta de los hombros más que el resto de la gente.

Las personas que tienen asma y enfisema realmente se benefician de la natación porque esta actividad les permite respirar aire muy humidificado, agrega el doctor Teague.

Coma un poquito, a menudo. Conforme progresa el enfisema y se obstruye más el flujo de aire, los pulmones se agrandan por el aire que queda atrapado. Esos pulmones hipertrofiados presionan hacia abajo en el abdomen y dejan menor espacio para que se extienda el estómago.

Por eso seis comidas discretas lo harán sentir mejor que tres abundantes. Lo mejor que puede hacer, recomienda el doctor Teague, es preferir alimentos que contengan muchas calorías en un volumen pequeño como las selecciones altas en proteínas.

También tenga presente que la digestión prolongada lleva sangre y oxígeno al estómago y la aleja de otras partes del cuerpo, que pueden necesitarlos más.

Mantenga su peso corporal ideal. Algunos pacientes de enfisema ganan mucho peso y tienden a retener los líquidos, afirman el doctor Teague. Se necesita más energía para llevar peso corporal adicional. Cuanto más se acerque a su peso ideal, tanto mejor para sus pulmones.

"El verdadero paciente de enfisema tiende a ser muy delgado", agrega el doctor Teague. "Como tienen que respirar con más fuerza, gastan más energía." Si usted está por debajo de su peso ideal, agregue de manera consciente más calorías, aconseja el doctor Teague. Los alimentos altos en proteínas son buena fuente de calorías.

Conviértase en un campeón de la respiración. Para obtener el máximo de aire de cada respiración puede hacer lo siguiente:

Haga uniforme su respiración. Al estudiar 20 pacientes con enfisema avanzado, el doctor Teague y sus colegas descubrieron que incluso bajo condiciones normales sus sujetos tenían "patrones respiratorios muy caóticos. Su respiración abarcaba todas las posibilidades: respiraciones prolongadas, reducidas. Les enseñamos patrones respiratorios normales y mejoraron, al menos en el corto plazo".

Respire desde su diafragma. Esta es la manera más eficiente de respirar. Los bebés lo hacen de modo natural. Si los observa, verá que sus vientres suben y bajan con cada respiración.

¿No sabe a ciencia cierta si está respirando desde su diafragma o desde su pecho? El doctor Francisco Pérez, profesor de clínica de neurología y medicina física en el Colegio Baylor de Medicina, indica a sus pacientes recostarse boca arriba, colocar sobre sus vientres dos libros gruesos y, al respirar, ver qué le sucede a esos libros.

Mantenga despejadas las vías respiratorias. Usted puede fortalecer sus músculos respiratorios si espira lentamente frunciendo los labios durante 30 minutos cada día, recomienda el doctor Gong. Trate de exhalar el doble del tiempo que le tomó inhalar, lo cual le ayudará a librar sus pulmones del aire viciado y en su lugar entrará aire fresco.

También puede comprar un dispositivo que ofrece resistencia al soplar dentro de él. "Se parece a una pequeña boquilla plástica con un anillo en el extremo", explica el doctor Sandhaus. "Cuando da vuelta al anillo, la abertura en la boquilla cambia de tamaño. Se comienza con la máxima abertura, se hace una inhalación profunda y luego exhala. Una vez que domine un ajuste, puede pasar hacia el inmediato inferior."

Tome sus vitaminas C y E. El doctor Sandhaus aconseja a sus pacientes de enfisema tomar un mínimo de 250 miligramos de vitamina C dos veces al día y 800 unidades internacionales (UI) de vitamina E también dos veces al día. (Desde luego, no practique esta o ninguna clase de terapia vitamínica sin la aprobación y vigilancia de su médico.)

El doctor Sandhaus sostiene que la terapia de las vitaminas no ha sido comprobada, pero que no puede causar daño. Considera que las vitaminas C y E tal vez resulten útiles porque son antioxidantes. "Sabemos que los oxidantes en el humo de los cigarrillos son lo que daña los pulmones", declara.

Permítase el dolor. Su vida con enfisema no será lo mismo que antes. Otórguese permiso de recorrer cada etapa del proceso del dolor, recomienda Pérez. "Habrá algunas pérdidas; pero luego reconocerá que lo tiene bajo control."

"La última etapa en la adaptación es el compromiso", refiere. "Eso implica un dar y recibir a cambio, en vez de sólo ver las cosas en blanco y negro."

Relájese. "Si cognitivamente considera su enfermedad como una amenaza, pondrá en acción determinados mecanismos fisiológicos que pueden empeorar su enfisema", advierte el doctor Pérez. "Cuando usted se encuentra en un estado de constante alarma, consume mucho oxígeno en el proceso. La alarma se crea mediante el proceso del pensamiento, que usted puede controlar. Eso quiere decir que también puede controlar los mecanismos fisiológicos."

Cambie su foco de atención al presente. Cuando lo acometan sentimientos de culpa por haberse causado su enfermedad, cambie su orientación al presente y concéntrese en lo que está sucediendo ahora, sugiere el doctor Pérez. "Ya no puede cambiar el pasado: sólo puede aprender de lo acontecido."

El enojo y la autocensura son normales, declara. Lo mejor que puede hacer es hablar del asunto y dejarlo pasar luego.

Fíjese pequeñas metas. Una manera de cambiar su atención de "el enfisema resulta incapacitante" a "el enfisema es algo sobre lo que tengo control" es fijarse pequeñas metas realistas para sí, recomienda el doctor Pérez.

El ejercicio es una gran manera de impulsar su confianza, comenta. "Establezca alguna meta objetiva y realista con base en las evidencias físicas. Utilice tablas y gráficas para medir su progreso. Esto le dará una medida muy objetiva de su capacidad para hacer algo."

Únase a un grupo de rehabilitación. Considere unirse a un grupo de rehabilitación pulmonar, aconseja el doctor Gong. Si no puede encontrar uno en la localidad, póngase en contacto con la Asociación Pulmonar o de Cardiología más cercanas. Un grupo podrá ilustrarlo acerca de su estado y proporcionarle apoyo social. "Las estadísticas muestran que estos programas pueden disminuir el número de hospitalizaciones", explica el doctor Gong.

Haga que uno de los miembros de su familia desempeñe el papel de "entrenador". Haga que su media naranja se convierta en su entrenador y le ayude a pasar los momentos en que le falte el aire, sugiere el doctor Pérez. "Un entrenador puede ayudarlo mediante la técnica de relajación básica. Sentándose junto a usted y preguntándole cuáles han sido sus procesos de pensamiento justo antes y después del ataque. Psicológicamente, los pacientes de enfisema son muy normales", agrega. "Una vez que ponen con palabras lo que están pensando, pueden ver que es bastante ridículo. Cuando comienzan a reír, se relajan y vuelven a respirar normalmente."

No se aísle socialmente. "Debe evitar las generalizaciones acerca de la falta de aire", aconseja el doctor Teague. "Algunos pacientes de enfisema piensan: 'Bueno, tal vez no pueda yo hacer esto', y se aíslan. Como temen salir a cualquier parte y quedarse faltos de aliento, dejan de visitar lugares en los que normalmente disfrutarían." No deje que el enfisema lo aísle.

Fíjese su ritmo. "Los pacientes de enfisema también tienen que aprender a tomarse su tiempo", afirma el doctor Teague. "En realidad pueden hacer lo que quieran pero a su propio ritmo. Ciertamente, aprender a caminar de nuevo, más lento, resulta difícil."

Trabaje con más sensatez. Los pequeños detalles pueden constituir una gran diferencia. ¿Puede arreglar su espacio de trabajo de modo que pueda rendir más con menos esfuerzo? ¿Qué posibilidad hay de poner la mesa sacando los platos directamente del escurridor en vez de guardarlos en una alacena?

La American Lung Association también sugiere un carrito de mano de tres repisas para ayudarle a realizar sus labores domésticas. Pequeñas diferencias como éstas son las que le reditúan energía adicional.

Coordine su respiración con sus levantamientos. De acuerdo con la American Lung Association, el trabajo doméstico se facilita si se acuerda de exhalar con los labios fruncidos cuando levante algo. Inhale mientras está en reposo. De manera similar, si necesita subir una escalera, suba mientras exhala a través de sus labios fruncidos e inhale cuando descansa.

No emplee aerosoles innecesarios. No necesita empeorar sus problemas respiratorios inhalando sustancias desconocidas, declara la American Lung Association. Para su cabello use fijadores líquidos o del tipo de gel y desodorantes sólidos o líquidos con aplicador esférico. Evite los limpiadores domésticos de rocío mediante aerosol.

Afloje. Su ropa, claro. Escoja prendas que permitan a su pecho y abdomen extenderse libremente, lo que quiere decir evitar los cinturones, sostenes o fajas apretados, recomienda la American Lung Association. Las mujeres pueden descubrir que se sienten más cómodas con camisolas o corpiños que con el sostén. Y tanto hombres como mujeres podrían emplear tirantes para pantalones, en vez de cinturones ajustados.

COMITÉ DE ASESORES

El doctor **Henry Gong** es profesor de medicina en la Universidad de California en Los Ángeles, y jefe de la División Pulmonar del Centro Médico de la UCLA.

El doctor **Francisco Pérez** es profesor de clínica de neurología y medicina física en el Colegio Baylor de Medicina en Houston, Texas. Es coautor de una ponencia sobre el manejo de la enfermedad pulmonar crónica.

El doctor en medicina **Robert Sandhaus** tiene su práctica privada en Denver, Colorado. Especialista pulmonar, es consultor para el Centro Nacional Judío de Medicina Inmunitaria y Respiratoria al igual que del Hospital Porter Memorial, el Centro Médico Sueco, el Hospital Craig y el Hospital Littleton en Denver.

El doctor **Robert B. Teague** tiene su consulta privada en Houston, Texas, y es profesor de medicina en el Colegio Baylor de Medicina en Houston. También es coautor de una ponencia sobre el manejo de la enfermedad pulmonar crónica.

Eructos

10 pasos para acallar el problema

Los eructos a menudo se deben a la *aerofagia*, término médico que significa tragar aire. Todo mundo lleva cierta cantidad de aire y otros gases en el conducto gastrointestinal en todo momento. En promedio, dicha cantidad tiende a ser ligeramente menor a una taza completa. Sin embargo, el cuerpo adquiere constantemente aire y otros gases durante el día, toma algo de aire por la boca y produce el suyo propio. En total, produce casi 10 tazas en 24 horas, aproximadamente 9 tazas más de lo que podemos contener; el cuerpo siempre está buscando maneras de aliviar este exceso, y una de ellas es el eructo.

Las bebidas suaves y la cerveza son causas seguras de problemas, pero la saliva también contiene pequeñísimas burbujas de aire que viajan al estómago cada vez que se pasa.

Los que tragamos aire junto con nuestros alimentos estamos buscando dificultades, pero el eructo es un problema que parece infinitamente curable en casa. Con práctica casi todos podemos controlar la cantidad de aire que tragamos y reservar al médico para cosas más importantes.

Percátese del aire. "Usted puede tragar hasta 30 centímetros cúbicos de aire cada vez que deglute", explica el doctor André Dubois, gastroenterólogo en Bethesda, Maryland. "Y la gente nerviosa lo hace con mucha frecuencia."

El doctor Dubois observa que algunas personas son tragadoras compulsivas y crean un problema por el solo hecho de tragar demasiada saliva. "Usted puede mejorar esto aprendiendo a controlar sus reflejos al pasar la saliva, lo cual se logra sencillamente *percatándose* de ello. Pida a sus amigos o parientes que le avisen si notan que usted está tragando demasiada saliva. Tal vez usted ni siquiera lo note."

Algunas veces es mejor eructar

Muchos médicos no ven la necesidad fisiológica de detener un eructo. Simplemente la consideran una función corporal natural más.

"Algunas sociedades piensan que el eructo es bueno para la persona", indica el doctor Richard McCallum, profesor de medicina y jefe de la División de Gastroenterología en el Centro de Ciencias para la Salud en la Universidad de Virginia. "Y unas amistades de la India y otros países orientales me expresan que es perfectamente normal eructar en público."

Bueno, querido doctor, no estamos en Calcuta; pero los sentimientos favorables al eructo resultan comprensibles. Por ello el doctor McCallum y otros podrían sugerirle a usted que recuerde este viejo adagio:

Es mejor eructar
Y soportar la vergüenza
Que acallar el eructo
Y soportar la dolencia.

Una vez que se percate de su hábito de tragar saliva en exceso, automáticamente lo reducirá, afirma el doctor Dubois. También hay algunos hábitos personales que usted puede cambiar para ayudarle a absorber menos aire:

- Evite las bebidas carbonatadas (gasificadas).
- Coma lentamente y mastique por completo su comida antes de tragar.
- Siempre coma con la boca cerrada.
- Evite la goma de mascar.
- No beba directamente de botellas o botes de bebidas, y tampoco beba usando popotes.
- Evite los alimentos con elevado contenido de aire como son cerveza, helado, suflés, omeletes y crema batida.

No al hábito del eructo nervioso. Se ha observado que los tragadores crónicos de aire pueden pasarse la vida eructando pues el eructo tiende a propiciar más eructos. Sin embargo, puede proporcionarse ayuda incluso a los tragadores nerviosos crónicos.

El doctor Marvin Schuster, jefe del Departamento de Enfermedades Digestivas en el Centro Médico Francis Scott Key en Baltimore, Maryland, en ocasiones prescribe un lápiz a quienes tragan aire y comienzan a experimentar inflamación durante las situaciones de tensión.

"Morder con fuerza un lápiz, un corcho o su dedo mantiene abierta su boca y dificulta el tragar", explica Schuster.

Diga adiós a los bocadillos gasificantes. Todos comemos un poco en exceso, algo demasiado rápido y después eructamos, afirma el doctor Samuel Klein, profesor de gastroenterología y nutrición en seres humanos en la Escuela de Medicina en la Universidad de Texas en Galveston. Pero esto es distinto de las personas que eructan hora tras hora, día tras día, a lo cual se le llama eructo crónico.

Para estas personas puede resultar útil disminuir su ingesta de alimentos que producen gas en el sistema digestivo superior. En términos generales, dichos productos incluyen grasas y aceites como el aceite para ensaladas, la margarina y la crema agria.

Deshaga las burbujas con el alivio de simethicone. Para ayudar a aliviar un problema que ya existe, los expertos en digestión a veces recomiendan antiácidos que contengan simethicone, como Mylanta, Mylanta II, Melox Plus o Di-Gel.

"El simethicone descompone en el estómago las burbujas grandes en pequeñas, lo que puede disminuir los eructos", indica el doctor Klein, "pero no reduce la cantidad de gas que haya".

COMITÉ DE ASESORES

El doctor **André Dubois** es gastroenterólogo en Bethesda, Maryland.

El doctor **Samuel Klein** es profesor de gastroenterología y nutrición en seres humanos en la Escuela de Medicina en la Universidad de Texas en Galveston. También es asesor editorial de la revista *Prevention*.

El doctor **Richard McCallum** es profesor de medicina y jefe de la División de Gastroenterología en el Centro de Ciencias para la Salud en la Universidad de Virginia en Charlottesville. Es investigador en afecciones gastrointestinales.

El doctor **Marvin Schuster** es jefe del Departamento de Enfermedades Digestivas en el Centro Médico Francis Scott Key en Baltimore, Maryland, y profesor de medicina y psiquiatría en la Escuela de Medicina en la Universidad Johns Hopkins en Baltimore.

Estreñimiento

18 soluciones para un problema frecuente

Todo lo que sube debe bajar. Así lo demostró sir Isaac Newton, mientras estaba sentado bajo un manzano.

Lo que entra debe salir. Usted demostró esto al sentarse en el excusado esta mañana.

O ¿no fue así?

¿O fue ayer por la mañana cuando evacuó su intestino por última vez? ¿O el día anterior? ¿O algún día frío pero memorable del año pasado?

El estreñimiento o constipación de vientre no es cosa de juego. A veces puede ser doloroso; pero a menudo es fácil encontrar la causa de sus lentos movimientos de intestino. Puede ser falta de fibra en la dieta, insuficiente consumo de líquidos, tensión, medicamentos, falta de ejercicio y malos hábitos intestinales, afirma el doctor Paul Rousseau, jefe del Departamento de Geriatría en el Centro Médico Carl T. Hayden Veterans Administration en Phoenix, Arizona.

Consideremos todos estos factores, así como algunas maneras de remediar la situación.

¿Está *realmente* estreñido? Usted cree que tiene un problema, pero ¿es así? Como a muchos de nosotros, a usted se le ha bombardeado durante casi toda su vida con propaganda sobre laxantes que tratan de darle la impresión de que una evacuación intestinal diaria resulta fundamental para la buena salud, lo cual ciertamente no es así, afirma el doctor Marvin Schuster, jefe del Departamento de Enfermedades Digestivas en el Centro Médico Francis Scott Key en Baltimore, Maryland.

El doctor Schuster sostiene que mucha gente se ve sometida al *estreñimiento percibido*: creen estar estreñidos cuando no es así. En realidad, la necesidad de defecar varía considerablemente según el individuo. Para algunos, tal vez pueda considerarse normal evacuar tres veces al día, en tanto que para otros tal vez basten tres evacuaciones a la semana.

¿Está tomando suficientes líquidos? Nuestros expertos están de acuerdo en que lo primero que debe hacer una persona estreñida es revisar su dieta. Los elementos más importantes en el menú para combatir el estreñimiento son la fibra dietética y los líquidos. Abundantes cantidades de ambos resultan fundamentales para mantener suave el excremento y ayudarlo a pasar por el colon.

¿Cuánto líquido y cuánta fibra necesita usted? Comencemos con el líquido. Un mínimo de seis vasos de líquido, y de preferencia ocho, deben ser parte de la dieta diaria de todo adulto, afirma Patricia H. Harper, dietista titulada en la región de Pittsburgh, Pennsylvania, y vocera de la American Dietetic Association. Cualquier líquido es eficaz, pero "el mejor es el agua", comenta.

Coma mucha más fibra. Muchas personas no ingieren suficiente fibra en sus dietas, declara Harper. La American Dietetic Association recomienda un consumo diario de 20 a 35 gramos de fibra dietética para todos los adultos y al menos 30 gramos para quienes padecen de estreñimiento.

¿De dónde proviene la fibra? "De sus carbohidratos complejos, como los que contienen los granos enteros, fruta, y verduras", explica Harper. No es difícil incluir 30 gramos en la dieta diaria si se escogen con cuidado los alimentos. Por ejemplo, media taza de guisantes verdes le darán 5 gramos; una manzana pequeña proporciona 3 gramos y un plato de cereal de salvado puede darle hasta 13 gramos. Sin embargo, los que más proporcionan fibras son las habichuelas secas cocinadas, ciruelas, higos, pasas, palomitas de maíz, cereal de avena, peras y nueces; pero cabe hacer la advertencia de que debe aumentarse lentamente el consumo de fibras, para evitar ataques de flatulencia.

Dese tiempo para ir al gimnasio. Usted sabe que el ejercicio es bueno para su corazón, ¿pero sabía que también es bueno para su intestino? "En general, consideramos que el ejercicio regular tiende a combatir el estreñimiento porque mueve el alimento más rápido por el intestino", sostiene el doctor Edward R. Echner, profesor de medicina y jefe de hematología en el Departamento de Medicina en la Universidad de Oklahoma.

Salga a caminar, y lleve consigo a su bebé. Cualquier modalidad de ejercicio regular tenderá a aliviar el estreñimiento, pero el mencionado con más

---

El otro camino

Deje de lado la mancha de aceite

Elimine de su dieta todos los aceites que hayan sido extraídos de sus fuentes, como son los vegetales líquidos, el de oliva o de soya, lo cual puede ayudar a aliviar su estreñimiento crónico, indica el doctor Grady Deal, quiropráctico nutricional en Koloa, Kauai, Hawai.

"No es el aceite en sí, sino comerlo en su estado libre lo que causa el estreñimiento y muchos otros problemas de la digestión", agrega el doctor Deal, quien basa su teoría en la obra del reformador en cuestión de salud de principios del siglo, el doctor John Harvey Kellog (hermano del magnate de los cereales para el desayuno).

El problema con estos aceites, explica el doctor Deal, es que forman una película en el estómago, lo cual dificulta la digestión de los carbohidratos y proteínas que se encuentran allí y en el intestino delgado. "La digestión adecuada se retrasa hasta 20 horas, y ocasiona putrefacción, gases y toxinas", que se acumulan en el colon e intestino grueso, comenta.

Sin embargo, los aceites que se comen en su forma natural, presentes en productos como las nueces naturales, aguacates y elote, se liberan lentamente en el cuerpo, de modo que no se forman manchas de aceite que bloqueen la digestión y creen problemas de estreñimiento. Estos aceites, en contraposición con los obtenidos por separación, constituyen "un elemento sano y nutritivo de la comida", afirma el doctor Deal.

---

frecuencia por nuestros expertos es caminar, lo cual resulta particularmente útil para las mujeres embarazadas, pues muchas de ellas padecen de estreñimiento cuando sus vientres se alteran para acomodar al feto que está creciendo.

Todo mundo, incluyendo las futuras madres, debe dar "una buena y saludable caminata de 20 a 30 minutos cada día", sugiere el doctor Lewis R. Townsend, instructor clínico de ginecología y obstetricia en el Hospital de la Universidad de Georgetown en Washington, D. C.; pero las mujeres embarazadas deben tratar de no agitarse demasiado cuando estén caminando.

Adiestre su intestino. Durante todas nuestras vidas, muchos nos acondicionamos a ir al baño no cuando lo requiere nuestro intestino sino cuando lo creemos conveniente. No obstante, si se soslaya la necesidad de defecar, puede llegarse progresivamente al estreñimiento; empero, nunca es demasiado tarde para mejorar los hábitos intestinales, declara el doctor Schuster. "El momento más natural para ir al excusado es después de un alimento", explica. Así que escoja uno,

---

ALERTA MÉDICA

Vaya a la segura; consulte a su médico

Usualmente el estreñimiento en sí no es grave, agrega el doctor Marvin Schuster. Sin embargo, debe consultar a su médico cuando los síntomas sean severos, duren más de tres semanas, causen incapacidad, o si encuentra sangre en sus heces fecales, advierte. Aunque no con frecuencia, el estreñimiento puede ser signo de una grave afección subyacente.

Póngase en contacto con su doctor si además de su estreñimiento padece de distensión abdominal, lo cual puede indicar que hay obstrucción, explica el doctor Paul Rousseau.

---

el que quiera, y diariamente después de ese alimento siéntese en el excusado durante 10 minutos. Con el tiempo, asegura el doctor Schuster, usted acondicionará su colon para que actúe como lo propuso la naturaleza.

Cálmese y tome las cosas con calma. Cuando siente temor o tensión, la boca se le seca y el corazón late con más rapidez. Pero también sus intestinos se paralizan. "Es parte del mecanismo de luchar o huir", explica el doctor John O. Lawder, médico familiar que se especializa en nutrición y medicina preventiva en Torrance, California. Si usted sospecha que la tensión es la causante de su estreñimiento, tómese su tiempo para relajarse, tal vez escuchando cintas de relajamiento.

Ría con ganas. Una buena risa desde el fondo de su vientre puede ayudarlo con el estreñimiento de dos maneras. Tiene un efecto masajeante en los intestinos, lo cual ayuda a estimular la digestión, y es un gran recurso para aliviar la tensión, según la enfermera titulada Alison Crane, presidenta de la American Association for Therapeutic Humor. Así pues, ¿quiere contarnos el mejor chiste sobre estreñimiento que haya escuchado a últimas fechas?

Piénselo bien antes de tomar tabletas laxantes. A menudo los laxantes comerciales hacen lo que pretenden hacer, pero causan una gran dependencia, advierte el doctor Rousseau. Tome demasiados de estos laxantes químicos, "y su intestino se acostumbrará a ellos, con lo que empeorará su estreñimiento".

¿Cuándo debe tomar laxantes comerciales? "Casi nunca", recomienda el doctor Rousseau.

Sepa que no todos los laxantes son iguales. En muchas farmacias, justo junto a los laxantes químicos, encontrará otra categoría de laxantes, a menudo denominados "naturales" o "vegetales", cuyo principal ingrediente casi siempre es la semilla de psilio molida. Se trata de una forma de fibra superconcentrada que, a diferencia de los laxantes químicos, no produce dependencia y por lo general resulta inofensiva, aunque se tome durante periodos prolongados, señala el doctor Rousseau. Sin embargo, advierte que se deben tomar con mucha agua (lea las instrucciones en el empaque), pues en caso contrario pueden aglomerarse en su intestino.

Pruebe la receta especial de un médico. Un problema con muchos de los laxantes a base de psilio es que son caros; pero usted puede elaborar el suyo comprando sus semillas en una tienda de productos naturistas y moliéndolas personalmente. El doctor Lawder sugiere que usted muela dos partes de estas semillas con una parte de lino y una parte de salvado de avena (que también puede encontrarse en las tiendas de productos naturistas) para obtener un producto superconcentrado en fibras. "Mezcle los ingredientes con agua, y tómelo como una papilla alrededor de las 9 de la noche", indica el doctor Lawder.

Obtenga rápido alivio de cuando en cuando. Si en realidad está sufriendo, nada actuará más rápido para aliviar sus intestinos que un enema o supositorio. Para empleo ocasional son perfectamente admisibles, recomienda el doctor Rousseau. No obstante, si se usan con demasiada frecuencia se corre el riesgo de conseguirse un colon perezoso. O sea que podría terminar en peor situación que al principio.

Use sólo agua pura o una solución salina para su enema, y nunca agua jabonosa, que puede irritarle, explica el doctor Rousseau. Y cuando vaya a comprar un supositorio, escoja sólo los que tengan glicerina y evite otros productos químicos más fuertes.

Revise sus medicamentos y suplementos. Hay muchos medicamentos que pueden producir o exacerbar un estreñimiento, advierte el doctor Rousseau. Entre los culpables comunes se encuentran los antiácidos que contienen aluminio o calcio, los antihistamínicos, fármacos contra el parkinsonismo, suplementos de calcio, diuréticos, narcóticos, fenotiazinas, sedantes y antidepresivos tricíclicos.

Cuídese de determinados alimentos. Algunos alimentos pueden estreñir a una persona y a otra no. Por ejemplo, la leche puede ser extremadamente astringente para determinadas personas, en tanto que a otras les ocasiona diarrea. Los alimentos que tienden a producir flatulencia, como las habichuelas, coliflor y lechuga, deberán ser evitados por quienes padecen de estreñimiento como resultado de un colon espástico, advierte el doctor Schuster. Si su estreñimiento es agudamente doloroso, cuidado, puede tratarse de un colon espástico.

Coma poco. Quienes padecen de colon espástico también deben evitar alimentos abundantes que distienden el tubo digestivo, lo cual empeorará el estreñimiento, explica el doctor Schuster.

Tenga cuidado con las yerbas. Abundan los remedios de yerbas para curar el estreñimiento. Entre los más recomendables se encuentran el áloe (jugo, no gel), sen o sena, ruibarbo (medicinal), cáscara sagrada, raíz de diente de león y semillas de plátano. Algunas, como la cáscara sagrada, pueden ser muy eficaces, explica el doctor Lawder, pero es preciso tener cuidado. Determinados laxantes de hierbas, igual que los químicos, no deben emplearse en exceso.

No se esfuerce. Por más que tenga la tentación de pujar para salir de su estreñimiento, no es prudente hacerlo, pues corre el riesgo de producirse hemorroides y fisuras anales, que no sólo resultan dolorosas, sino que también pueden empeorar su estreñimiento al reducir la abertura anal. Además, pujar también puede elevar su presión sanguínea y disminuir su frecuencia cardiaca. El doctor Rousseau afirma que ha sabido de varios pacientes ancianos que se desmayaron y cayeron del excusado, a veces sufriendo de paso alguna fractura, lo que de nuevo nos lleva a sir Isaac Newton y esas inmutables leyes de la gravedad.

COMITÉ DE ASESORES

El doctor **Paul Rousseau** es jefe del Departamento de Geriatría en el Centro Médico Carl T. Hayden Veterans Administration en Phoenix, Arizona. También es profesor en la Sección de Desarrollo del Adulto y la vejez de la Universidad Estatal de Arizona en Tempe.

El doctor **Marvin Schuster** es jefe del Departamento de Enfermedades Digestivas en el Centro Médico Francis Scott Key en Baltimore, Maryland, y profesor de medicina y psiquiatría en la Escuela de Medicina de la Universidad Johns Hopkins en Baltimore.

El doctor **Lewis R. Townsend** es médico privado de Bethesda, Maryland, e instructor clínico de ginecología y obstetricia en el Hospital de la Universidad de Georgetown y director del grupo de médicos en el Centro Médico del Hospital Columbia para Mujeres, ambos en Washington, D. C.

Exantema por el pañal

5 soluciones sencillas

El exantema por el pañal puede interrumpir la rutina pacífica de un bebé que por lo demás no acusa problemas, y también le hará más difícil la vida a usted. Los bebés tienen cierta capacidad para transferir hacia sus mayores sus propios problemas, al grado que si el bebé tiene exantema por el pañal, usted lo tiene también.

Durante los dos a tres primeros años de vida, casi todo padre en el planeta tiene que compartir el exantema por el pañal al menos una vez en la vida. Por fortuna, casi 50% de todos esos exantemas desaparecen por sí mismos al cabo de un día. ¿Y el otro 50%? Pueden durar 10 o más días (aunque pueda parecerle que dura más).

Usted, querido lector, acaso se encuentre compartiendo la experiencia del exantema por el pañal en este momento. Para darle la bienvenida al club, en seguida le proporcionamos algunos datos triviales: ¿sabía que los bebés amamantados padecen menos exantema por el pañal que los alimentados por medio de botella? Todavía más, las investigaciones han demostrado que esta resistencia continúa mucho después de que se ha destetado al bebé.

¿Qué? ¿Su pediatra no le dijo nada al respecto? Bueno, tampoco a nosotros; pero encontramos alguien que sí nos dio información. En seguida le comentamos otras cosas que aprendimos.

Dele un poco de aire. El consejo más viejo a veces sigue siendo el mejor. "Dé al trasero de ese bebé un poco de aire", aconseja Ann Price, coordinadora educativa para la National Academy of Nannies, Inc. (NANI), en Denver, Colorado.

Sencillamente quítele el pañal al bebé y acuéstelo boca abajo, con la cara hacia un lado, sobre toallas colocadas sobre una sábana impermeable. Deje al bebé así durante el tiempo que usted pueda vigilarlo. Recuerde: un bebé sin pañales y sin vigilancia equivale a invitar las dificultades.

Superpañales al rescate. "Los nuevos pañales superabsorbentes parecen ser una buena opción", afirma el doctor Morris Green, jefe del Departamento de Pediatría en la Escuela de Medicina de la Universidad de Indiana. "Creo que son lo máximo para impedir el exantema por el pañal".

Estudios recientes confirman la observación del doctor Green. Se ha demostrado que los pañales que contienen un material de gel absorbente (por ejemplo, Ultra Pampers) reducen de manera significativa la humedad de la piel y la dejan más cerca de su pH normal que cualquier otro pañal, ya se trate de los desechables ordinarios o de los de tela.

Seque al bebé con aire. Conservar limpia la zona del pañal propicia la cicatrización, pero secar con una toalla puede irritar la piel delicada. ¿Opción? "Pruebe una secadora de cabello", recomienda la enfermera pediatra Linda Jonides de Ann Arbor, Michigan. Seque la zona del pañal con un secador de cabello ajustado en "baja", lo que evita abrasar la piel húmeda. Después de secar la zona puede aplicar ungüentos a base de óxido de cinc como A&D o Desitín.

El misterio de "El trasero de bolitas"

Un artículo en una publicación médica periódica explica que hay padres que han estado llamando a sus pediatras para informar de un extraño exantema por el pañal que se presenta como "pequeñas bolitas brillantes" que cubren los traseros de sus bebés. Los pediatras que han investigado el misterioso brote de "traseros de bolitas" descubrieron que los niños afligidos usaban pañales desechables superabsorbentes. ¿Había una conexión?

Sí. En realidad, las "bolitas" son material del gel que hace "súper" a los pañales superabsorbentes. Al parecer es posible que pequeñas cantidades sueltas del material lleguen a pasar por una rotura en la hoja superior del pañal y llegar a la piel del bebé. Los médicos afirman que el material no es tóxico y que no debe causar preocupación.

Enjuague con vinagre los pañales. "Agregar vinagre al enjuague final al lavar los pañales ayuda a nivelar el pH de los pañales de tela con el de la piel del bebé", explica Price, quien observa que las enzimas del exantema por el pañal se encuentran más activas en un ambiente de pH alto, que a menudo se encuentra en los pañales de tela después del lavado. Agregue unos 30 cc de vinagre por cuatro litros de agua para el enjuague final.

"En realidad, creo que se puede decir mucho en favor de los servicios de lavado de pañales", observa Price. "Aparte de que verdaderamente se esmeran por lograr el pH correcto en el producto, no son muy costosos. Si usted emplea pañales de tela y su bebé tiene un caso de exantema por el pañal, recomiendo que haga la prueba con ellos."

La conexión de los arándanos. Cuando la orina y las heces se mezclan en la zona del pañal, el resultado es un pH alto que irrita la piel y produce el exantema por el pañal.

Por más que parezca muy poco ortodoxo, Jonides observa que de 60 a 100 cc de jugo de arándano dado a bebés mayores dejará un residuo ácido en la orina, lo cual ayuda a reducir el pH y en consecuencia la irritación.

COMITÉ DE ASESORES

El doctor **Morris Green** es presidente de la junta directiva del Departamento de Pediatría en la Escuela de Medicina de la Universidad de Indiana en Indianapolis.

Linda Jonides es enfermera pediátrica en Ann Arbor, Michigan.

Ann Price es coordinadora educativa para la National Academy of Nannies, Inc. (NANI), en Denver, Colorado, y coautora de *Successful Breastfeeding, Dr. Mom*, y otros libros.

Excoriaciones

10 maneras de borrarlas

Durante 10 años el equipo titular de lucha de la Universidad Estatal de Ohio usó en sus prácticas camisetas grises de algodón puro.

Luego, en 1987 se cambió el uniforme de entrenamiento del equipo, y se dio a los luchadores camisetas de práctica hechas 50% de poliéster y 50% de algodón. La adquisición parecía buena, porque las camisetas eran gruesas y duraderas, por lo que durarían temporada tras temporada.

Sin embargo, los luchadores se quejaban. Decían que cuando las camisetas se friccionaban contra sus rostros y cuellos les irritaba y excoriaba la piel. Y aunque se lavaran las camisetas a diario, la tela conservaba su aspereza e índole abrasiva. Por otra parte, las abrasiones aumentan las posibilidades de que haya infecciones, de modo que con el tiempo 8 de los 42 miembros del equipo informaron que padecían de un infección de herpes *símplex* en el rostro o en el cuello.

En 1988 se proporcionaron otra vez camisetas de algodón puro a los miembros del equipo, y simultáneamente los luchadores notaron algunos sarpullidos y disminuyeron las infecciones de herpes.

¿Moraleja? Cuando algo lo irrite y le provoque un sarpullido usted puede hacer lo siguiente:

Hágase miembro del equipo de fibras naturales. Los médicos del Colegio de Medicina de la Universidad Estatal de Ohio señalaron que la camiseta de algodón y fibras sintéticas, para uso rudo, fue la culpable en el problema de sarpullido de los luchadores. Cuando el equipo volvió al algodón 100% puro el problema se aclaró.

Lávese antes de usar. Asegúrese de lavar toda prenda nueva deportiva antes de ponérsela, recomienda el doctor Richard H. Strauss, especialista en medicina deportiva en el Colegio de Medicina de la Universidad Estatal de Ohio. A veces el lavado suaviza la tela lo suficiente para disminuir la abrasión.

Envuélvalo. La gente con exceso de peso o grandes muslos, lo que aumenta la posibilidad de excoriación, puede encontrar alivio utilizando vendas elásticas alrededor de las porciones de sus piernas donde hay fricción, afirma el doctor Tom Barringer, médico familiar en Charlotte, Carolina del Norte. Las vendas protegen la piel cuando los muslos se frotan entre sí y en vez de que la piel se friccione contra la piel, la fricción ocurrirá entre tela y tela. Asegúrese de que la venda elástica quede fija en su lugar, sin moverse por sobre toda la piel.

Manténgala apretada. Un par de mallas elásticas atléticas de color eléctrico o fluorescente, o pantaloncillos cortos para ciclistas, hechos de licra, pueden ser ideales porque ajustan bien, son elásticos y no causan fricción contra la piel, indica el doctor Barringer.

Ponga primero el algodón. Cuando su ropa deportiva esté hecha de nylon u otra tela posiblemente abrasiva, asegúrese de ponerse ropa interior de algodón para separar la tela de su piel delicada, recomienda el doctor Strauss. "Muchos atletas varones se ponen ropa interior de algodón y sobre ésta los suspensorios", agrega.

Tírela. En la medida que su ropa sea más áspera, más posibilidad habrá de que le provoque excoriación, indica el doctor Barringer. "He corrido desde cero hasta 80 kilómetros a la semana en distintas ocasiones, según mi calendario de actividades, y he descubierto que cuando algo causa excoriación, a veces lo mejor que puede hacer es sencillamente tirar esa prenda a la basura y buscar algo nuevo."

Engrásese el cuerpo. El petrolato entre sus muslos, alrededor de los dedos de sus pies, bajo sus brazos o en cualquier parte donde usted padezca de excoriaciones actuará como lubricante y hará que la piel no padezca fricción, afirma el doctor Robert Boyce, profesor de fisiología del ejercicio en la Universidad de Carolina del Norte en Charlotte.

Descubra el poder del talco. Un viejo auxiliar reconocido para las excoriaciones. Tal vez su madre utilizó este remedio durante la infancia de usted. El talco actúa como lubricante, igual que el petrolato. Ayuda a la piel a deslizarse sobre otras porciones de ella sin permitir que las superficies se rocen o friccionen entre sí.

Usted puede facilitar la aplicación como sigue: si no le gustan los pisos de baño llenos de talco, ponga talco en el medio de un pañuelo grande, suave y blanco y después una sus bordes. Luego utilice el saco de talco como si fuera una borla, con lo cual éste le quedará sobre el cuerpo, no sobre el piso.

Bloquéelo con una venda. Sencillamente bloquee la parte donde hay fricción con una venda adhesiva. Por ejemplo, las corredoras utilizan una venda sobre los pezones irritados para impedir que aumente la fricción.

Practique otro deporte. Los deportistas excedidos de peso pueden descubrir que las excoriaciones son un problema constante mientras no pierdan un poco del exceso de perímetro, comenta el doctor Boyce. Por eso aconseja que cambie de práctica deportiva mientras su piel se cura. Si tiene puntos irritados causados por caminar, pruebe con la bicicleta fija. Si ésta le causa problemas, trate de nadar, deporte virtualmente libre de excoriaciones.

COMITÉ DE ASESORES

El doctor **Tom Barringer** es médico familiar en Charlotte, Carolina del Norte.

El doctor **Robert Boyce** es profesor de fisiología del ejercicio en la Universidad de Carolina del Norte en Charlotte.

Richard H. Strauss es doctor en medicina deportiva en el Colegio de Medicina de la Universidad Estatal de Ohio en Columbus.

Fatiga

35 sugerencias para una vida de mucha energía

Sea sincero. Cuando usted oyó por primera vez la expresión "crisis energética", ¿pensó en los embargos petroleros árabes, o en usted?

Si pensó en sí mismo —luchando por echar a andar su máquina interna por la mañana, desesperado por mantenerla marchando suavemente después de la comida por la tarde, y por completo dispuesto a dejarla detenerse gradualmente al anochecer— no está solo.

Todo mundo, en uno o otro momento, se siente fatigado. ¿Y a quién no le gustaría tener más energía de la que tiene ahora?

Por desgracia, tener más energía se parece mucho a tener más dinero: es más fácil hablar de él que obtenerlo. Sin embargo, incrementar su energía es más fácil de lo que usted cree. Desde luego, la prescripción generalizada de los médicos sigue siendo la misma: repose mucho, tenga una dieta balanceada y haga ejercicios; pero aquí los médicos y otras autoridades sobre la fatiga van más allá de esas generalidades y ofrecen sugerencias más específicas, de alto octanaje.

Así pues, damas y caballeros, por favor pongan en marcha sus motores.

Caliéntese. "Dese unos 15 minutos adicionales por la mañana antes de iniciar su día", recomienda la doctora Vicky Young, profesora del Departamento de Medicina Preventiva en el Colegio de Medicina de Wisconsin. "De esa manera no comenzará su día sintiéndose apresurado y cansado."

Tome un desayuno de tres ingredientes. Los tres componentes de un buen desayuno son carbohidratos, proteínas y grasas, explica el doctor Rich Ricer,

284

profesor de medicina clínica familiar en el Colegio de Medicina en la Universidad Estatal de Ohio. Desde luego, usted no desea *agregar* grasa a su mesa de desayuno. Obtendrá suficientes grasas, una buena forma de energía almacenable, en las proteínas que ingiere.

No obstante, incluso un cereal (carbohidrato complejo) con leche (fuente de proteína) puede darle un buen inicio a su día. Otras buenas opciones de carbohidratos complejos son el pan tostado de trigo y los panecillos del mismo grano. Para las proteínas, podría usted optar por considerar yogur bajo en grasas y queso tipo *cottage* o una porción pequeña de pescado o pollo.

Mientras tanto, el doctor Ricer le advierte que no ingiera un desayuno ultraalto en carbohidratos cargado de azúcares simples. "De hecho puede sobreactivar su insulina y hacer descender su azúcar en la sangre, con lo cual quedará nervioso." Así que pase por alto la tienda de rosquillas que se encuentra entre su casa y su oficina.

Sepa a dónde va. En caso contrario, tal vez esté demasiado cansado cuando llegue allí. "Tómese su tiempo cada mañana para fijarse metas específicas para el día", recomienda el doctor David Sheridan, profesor en el Departamento de Medicina Preventiva en la Escuela de Medicina en la Universidad de Carolina del Sur. "Determine qué quiere hacer, y no deje que la rutina le domine."

Arreste a los ladrones de energía. "Si es un problema en el trabajo, o si es una lucha familiar encarnizada, debe resolverla", aconseja el doctor M. F. Graham, consultor en Dallas, Texas, de la American Running and Fitness Association y autor de *Inner Energy: How to Overcome Fatigue.*

Pero si no puede resolver su problema, "al menos tómese unas vacaciones respecto de la situación", sugiere el doctor Ricer. De ese modo, si está tratando de desempeñar un segundo trabajo, déjelo o pida una licencia. Y si tiene parientes en casa que han prolongado su visita, cortésmente sugiérales que vuelvan otro día a visitarlo. . . dentro de unos tres años.

Apague para encender. La televisión es famosa —aunque con mala fama— por adormecer a los seres humanos hasta el letargo. "Mejor trate de leer", indica el doctor Ricer. "Eso tiene que darle más energía."

Ejercítese para acelerarse. "El ejercicio de hecho le da energía", explica el doctor Young. Estudio tras estudio apoya estas palabras, entre ellos uno de la Administración Nacional del Espacio y Aeronáutica (NASA) de Estados Unidos. Más de 200 empleados federales fueron sometidos a un programa de ejercicios regulares y moderados, con el resultado de que 90% declaró que nunca se había sentido mejor. Casi la mitad afirmó que sentían menos tensión, y casi un tercio expresó que dormía mejor.

El doctor Young recomienda darse una dosis de ejercicio energético; caminar apresuradamente basta: tres a cinco veces a la semana, durante 20 a 30 minutos en cada ocasión y a más tardar hasta dos horas antes de ir a dormir.

Recuerde: la sinceridad es la mejor política. Por muy benéfico que sea el ejercicio, puede volverlo adicto y sobredosificarlo si no escucha lo que su cuerpo le está diciendo.

"Tengo que trabajar diciéndome que será bueno para mí tomarme un descanso", afirma Mary Trafton, excursionista, maratonista y esquiadora que trabaja para el Appalachian Mountain Club en Boston, Massachusetts.

Ataque una cosa a la vez. "Haga listas", aconseja el doctor Sheridan. "Muchas veces, la gente se siente fatigada porque piensa: 'Tengo tanto que hacer que no sé por dónde comenzar'." Al fijar prioridades y graficar el progreso conforme avanza en su lista, puede mantenerse centrado y lleno de energía.

Tómese una al día. Si es culpable de omitir alimentos, hacer dietas o de no comer de manera apropiada, advierte la doctora Young, deberá tomar un suplemento de multivitaminas y minerales al día. "La carencia de buenos nutrientes puede causar la fatiga, y un suplemento puede ayudarlo a compensar los nutrientes faltantes; pero no pretenda que las vitaminas le den energía instantánea", comenta el doctor Ricer.

"Es mentira que cuando se siente fatigado basta con tomar más vitaminas para sentirse mejor", agrega el doctor Ricer. Esto sólo se logra comiendo adecuadamente.

Enseñe a su cuerpo a reconocer la hora. Los ritmos circadianos actúan como los relojes internos de nuestros cuerpos, elevando y reduciendo la presión arterial y la temperatura corporal a distintas horas del día. Esta acción química produce las "oscilaciones" que experimentamos: desde sentirnos alertas hasta física y mentalmente embotados.

Así pues, ¿por qué las horas pico naturales de algunas personas son tan inconvenientes: como a mitad de la noche? "Creo que a veces la gente, tal vez incluso sin saberlo, se impone un ciclo particular de tiempo", refiere William Fink, fisiólogo de ejercicios y asistente del director del Laboratorio de Actuación Humana en la Universidad Estatal de Ball.

ALERTA MÉDICA

Cuando el cansancio significa enfermedad

La fatiga puede ser tan sólo una señal de que necesita manejar mejor su vida, o que está a punto de padecer un catarro o un resfriado.

Sin embargo, también puede ser un signo de advertencia de una enfermedad grave. "Cualquier cosa crónica —diabetes, enfermedad pulmonar, anemia— causa fatiga", señala el doctor Rick Ricer.

La fatiga también es un síntoma de muchas otras enfermedades, entre ellas hepatitis, mononucleosis, trastorno de la tiroides y cáncer. Así pues, si persiste su estado de cansancio, no trate de autodiagnosticarse. Consulte a su médico.

Fink sugiere cambiar su horario de la manera más práctica posible para complementar sus ritmos circadianos, lo cual puede lograrse simplemente levantándose un poco más temprano o un poco más tarde (digamos 15 minutos) hasta que se sienta bien. Mantenga su práctica hasta que alcance su horario deseado.

Apague el fuego. Los doctores siempre aconsejan dejar de fumar, pero agregue lo siguiente a la lista de razones: fumar afecta el suministro de oxígeno a los tejidos. ¿Resultado? Fatiga.

Sin embargo, recién deje de fumar no espere un impulso inmediato de energía, pues si por una parte la nicotina actúa como estimulante, abstenerse de fumarla puede causar cierto cansancio temporal.

Haga que el ejercicio constituya una actividad de todo el día. Si hace sus ejercicios al empezar el día, a la hora de comer, al atardecer o anochecer, no reserve el ejercitarse a un sólo bloque de tiempo. "Levántese y vaya por aquí y por allá al menos cada par de horas", sugiere el doctor Sheridan.

Las opciones son ilimitadas: el ejecutivo que hace ejercicio en una bicicleta fija en la privacidad de su oficina, el residente médico que corre escaleras arriba en su hospital y la investigadora que realiza ejercicios isométricos sentada ante su escritorio.

Sencillamente diga no. "Aprenda a delegar", aconseja el doctor Sheridan. Si está fatigándose porque tiene demasiadas obligaciones o compromisos, aprenda a decir: "No voy a participar en ese comité".

Deseche. Como si se tratara de kilos. "Si usted es obeso (es decir, si necesita perder 20% o más de su peso corporal) perder peso será de gran ayuda", comenta Fink. Desde luego, asegúrese de seguir una dieta sensata combinada con el ejercicio. Perder mucho peso rápidamente no es sano, aparte de que le causará desgaste.

Duerma menos. Puede estar exagerando, aunque se trate de algo benéfico, por ejemplo el sueño. "Si duerme de más, se sentirá adormilado todo el día", advierte Fink. "Usualmente bastan de 6 a 8 horas cada noche para la mayoría de la gente."

Apague la vela. Quemar la vela por sus dos extremos (no ir a dormir antes de las 2:00 A.M. y levantarse a las 5:00 A.M., por ejemplo) le dejará con la sensación de que se le acabó la energía. No se dé cantidades engañosamente cortas de sueño.

Vaya a dormir. Las siestas no son para todo mundo, pero pudieran ayudar a recargar a la gente de más edad que no duerme tan bien como solía, indica el doctor Ricer. Los jóvenes con horarios agitados y noches breves también podrían pensar en tomar siestas. Si decide tomarlas, trate de hacerlo a la misma hora cada día y durante no más de una hora.

Respire hondamente. Es una de las mejores maneras de relajarse y llenarse de energía al mismo tiempo, según médicos y atletas.

Tome sólo uno. El alcohol es depresivo, observa el doctor Ricer, y lo calma, no lo acelera. Limite su consumo de alcohol a un solo trago, sugiere el doctor Ricer, o, mejor aún, no beba nada.

Haga comidas ligeras. Algunos médicos aconsejan comidas ligeras para evitar un caso grave del síndrome de "después de cada comida sólo quiero dormir". Y para algunas personas, tal vez se trate del consejo que deben seguir. La sopa, la ensalada y un pedazo de fruta son ligeros, pero también nutritivos.

Haga de la comida del medio día la más importante. Si la sopa, la ensalada y la fruta no le satisfacen, el doctor Young sugiere que haga al medio día su comida más fuerte, y que después haga una caminata de 20 minutos. Tomar casi todas sus calorías temprano en el día le dará el combustible que necesite para seguir funcionando. Pero debe ser selectivo acerca del tipo de combustible que escoge. Por ejemplo, los carbohidratos se queman con rapidez. Por otra parte, la grasa se quema lentamente, lo que significa que también lo hará bajar su velocidad.

Diga adiós. "En muchos casos tomar vacaciones casi es obligatorio", declara el doctor Ricer. "Si no ha tomado vacaciones durante mucho tiempo, disfrutar de unas puede ser el estímulo perfecto para su energía". Ese es un consejo *verdaderamente* bueno.

Reoriente su energía. Las emociones fuertes agotan mentalmente, pero también pueden agotarle su físico, advierte el doctor Young. Reoriente sus emociones fuertes, como la ira, y aplique esa energía a su trabajo o a sus ejercicios.

Abra su mente a la energía

Su cuerpo va a donde lo lleva su mente. En la actualidad se acepta de manera generalizada que la mente puede influir en el cuerpo; pero, ¿usted lo ha aceptado? ¿Se ha percatado de que sus pensamientos pueden tener mucho que ver con su cansancio?

Bueno, esto puede suceder. Por tanto, en seguida le sugerimos algunas actitudes benéficas que pueden modificar su nivel de energía.

Piense de manera positiva. Los campeones, los ejecutivos exitosos de las grandes corporaciones lo hacen, y usted debiera hacerlo.

"Es importante pensar positivamente", recomienda Mary Trafton, excursionista y maratonista. "Si mientras voy de excursión me meto en un inmenso charco, no pienso, '¡Ah!, ahora me voy a resfriar y cansar'. Mejor pienso en los calcetines de lana que uso para protegerme y mantenerme caliente."

Esté motivado. Cuando lo piensa, se percata de que es difícil hacer algo si no está motivado. Pero es casi imposible realizar tareas que requieren megaenergía si no tiene puesto su espíritu en ello.

Tome el ejemplo de E. Drummond King. Participa en las agotadoras competencias triatlónicas en Hawai, en las que los competidores nadan, andan en bicicleta y corren largas distancias durante horas sin fin. Declara que cuando se ha encontrado muy rezagado para ganar dentro de su grupo de edades (50-54 años), ha terminado la carrera caminando en vez de corriendo. Sin embargo, cuando ha habido la posibilidad de ganar, o cuando se ha tratado de una apuesta sobre cuánto tiempo le toma cubrir la competencia, de alguna manera encuentra la energía para seguir corriendo.

Tenga confianza. Es posible que si siente que *puede* hacerlo, tendrá la energía para hacerlo. Y una vez que se haya demostrado que tiene la energía, ganará todavía más confianza.

Así se sienten en la Universidad de Miami, donde se espera que ganen en el campo de futbol. "Alentamos a nuestros atletas diciéndoles que están en mejor forma que sus oponentes y que el cuarto final es nuestro", refiere Bill Foran, entrenador en jefe de fuerza y acondicionamiento en la universidad.

Llene su mundo de color. "Si vive en una casa oscura, oscura, se sentirá fatigado", advierte el doctor Ricer. Él sugiere un poco de luz de sol: literalmente o en sentido figurado. Varios estudios han demostrado que mucho color y mucha variedad son importantes para mantener altos los niveles de energía. Por ejemplo, el rojo es bueno para un estímulo energético a corto plazo, en tanto que el verde es bueno para eliminar las distracciones y mantener la atención durante largos periodos.

Entónese. La música puede avivar su fuego, indica el doctor Ricer. Escuche a los mejores baladistas de su gusto, lo que sea y quienquiera que le levante el ánimo.

Fíjese un objetivo. Algunas personas sencillamente necesitan plazos para mantenerse en movimiento, explica el doctor Sheridan. Si a usted le gusta eso, póngase plazos cortos y largos, de modo que no se vuelvan rutinarios.

Échese agua. Cuando la fatiga hace presa de un corredor de bolsa de Nueva York, no compra ni vende. Se detiene lo suficiente para salpicarse con agua fría.

No obstante, si estuviera en casa, tal vez una ducha con agua fría restauraría todavía mejor su energía. El agua en cascada emite iones negativos al aire que rodea el cuerpo. Se considera que los iones negativos hacen sentir a algunas personas más felices y más llenas de energía.

Beba. Pero no alcohol, sino agua. El día anterior a estar al sol y físicamente activo (por ejemplo, en el zoológico con sus nietos) siga el consejo que dan los médicos de beber bastante agua y seguir haciéndolo el día de la actividad. Esto lo protegerá contra la deshidratación, que a su vez puede causar fatiga.

E. Drummond King, triatleta de más de 50 años de edad, aprendió a las malas que es mejor comenzar a beber muchos líquidos el día anterior al que su cuerpo lo necesitará.

"El principal problema es la deshidratación y la fatiga que entraña", comenta. "Ahora paso el día anterior caminando por todos lados con una botella de agua en la mano."

Reconsidere sus medicamentos. ¿Realmente necesita tomar todos esos fármacos éticos y no éticos? En caso contrario, tal vez le sorprenda saber qué puede significarle eliminar o reducir las dosis de determinados medicamentos.

Por ejemplo, las píldoras para dormir son famosas por sus efectos de cruda el día siguiente; pero, según los médicos, entre los villanos también se encuentran las medicinas para la hipertensión arterial, para los catarros y la tos.

Si sospecha que sus medicamentos son culpables de robo de energía a gran escala, platíquelo con su médico. Tal vez pueda cambiarle su receta; o, todavía mejor, suspenderle la medicina del todo; pero jamás deje de tomar medicamentos sin obtener el previo consentimiento de él.

Si le gustan, tómelos. No se puede negar los placeres de los masajes, baños con burbujas o torbellinos de agua y baños de vapor. "Es difícil estudiar científicamente si disminuyen la fatiga o no", declara Fink; "pero hay quienes juran que sí. Yo también estoy convencido: si la gente se siente mejor, se desempeñará mejor".

Cambie y explore. A veces la fatiga puede deberse a la rutina. Incluso los cambios más simples, señala el doctor Ricer, pueden hacer la diferencia. Por ejemplo, si siempre comienza el día leyendo el periódico, trate de leer algo que lo inspire. Si siempre come pescado los lunes, cambie a pollo la siguiente semana. Si corre a diario, trate de insertar algunos paseos ciclistas por algún paisaje.

Frene la cafeína. Una o dos tazas de café pueden despertarlo por la mañana, comenta el doctor Ricer, aunque usualmente sus beneficios terminan allí. Demasiada cafeína es tan mala como cualquier exceso en cualquier otro sentido. En realidad, beber café durante todo el día para obtener un impulso de energía puede resultarle contraproducente.

La cafeína es un mago, agrega el doctor Ricer. "Lo hace sentir que tiene más energía, aunque en realidad no es así."

El doctor Ricer aconseja al menos reducir la cafeína para disminuir el efecto de montaña rusa. "Si alguien busca un impulso a su energía", observa Fink, "yo dudaría en recomendarle la cafeína".

COMITÉ DE ASESORES

William Fink es fisiólogo del ejercicio y asistente del director del Laboratorio de Actuación Humana en la Universidad Estatal de Ball en Muncie, Indiana.

Bill Foran es entrenador en jefe de fuerza y acondicionamiento en la Universidad de Miami en Coral Gables, Florida.

El doctor **M. F. Graham** es pediatra de Dallas, Texas, y consultor para la American Running and Fitness Association. También es autor de *Inner Energy*: How to Overcome Fatigue.

E. Drummond King es triatleta y abogado en Allentown, Pennsylvania.

El doctor **Rick Ricer** es profesor de medicina clínica familiar en el Colegio de Medicina en la Universidad Estatal de Ohio en Columbus.

El doctor **David Sheridan** es profesor en el Departamento de Medicina Preventiva en la Escuela de Medicina de la Universidad de Carolina del Sur en Columbia.

Mary Trafton es excursionista, maratonista y esquiadora, especialista en información para el Appalachian Mountain Club en Boston, Massachusetts.

La doctora **Vicky Young** es profesora en el Departamento de Medicina Preventiva en el Colegio de Medicina de Wisconsin en Milwaukee.

Fatiga visual

10 sugerencias para evitarla

"Alrededor de los 40 a 45 años de edad comienza a perder su capacidad para enfocar sus ojos y esto puede producir fatiga visual", explica el doctor Samuel L. Guillory, oftalmólogo de la ciudad de Nueva York y profesor de clínica en el Centro Médico Mount Sinai de la Universidad de la ciudad de Nueva York. "Es un proceso gradual que le sucede a todo mundo."

Sin embargo, puede padecer de fatiga visual a *cualquier* edad si se pasa todo el día mirando fijamente una pantalla de computadora (VDT, por su sigla en inglés).

Si siente que sus ojos se fatigan al leer sus tarjetas de felicitación por su cumpleaños o una pantalla de VDT, le será útil conocer las siguientes sugerencias.

Ponga atención a la iluminación. "Aunque sus ojos no se lastiman por leer bajo luz tenue, su visión puede fatigarse si la luz no proporciona suficiente contraste", comenta el doctor Guillory. "Cuando lee, emplee una luz suave que dé contraste, pero no brillo deslumbrante, y no lámparas que reflejen la luz directamente hacia sus ojos."

Pruebe unos anteojos para leer. Puede pedírselos a su médico o incluso obtenerlos en comercios no especializados. "Si tiene buena visión para la distancia en ambos ojos y sólo tiene dificultad para ver de cerca, vaya a su tienda local y compre lentes para leer que tengan a la vista", recomienda el oftalmólogo David Guyton, profesor de la Escuela de Medicina de la Universidad Johns Hopkins. "Se venden

---

ALERTA MÉDICA

Problemas que necesitan un doctor

A veces la causa de la fatiga visual es mucho más grave que el sólo pasar su cumpleaños número 40. "La visión fatigada también puede deberse a mala alineación de los ojos, lo cual causa que uno se desvíe hacia afuera o hacia adentro", indica el doctor David Guyton. "De ser así, el problema debe ser tratado por un oftalmólogo, quien puede sugerir ejercicios específicos, prescribir anteojos especiales de prismas o, de ser necesario, incluso realizar cirugía de los músculos oculares con el objeto de realinear los ojos."

Todos los expertos están de acuerdo en que si tiene dolor en el ojo o es sensible a la luz, necesita consultar con su oftalmólogo de inmediato.

---

en muchos lugares, cuestan desde 3 hasta 20 dólares, son resistentes a los golpes y su buena calidad le ayudará."

Escoja el alcance adecuado. Usted es el mejor juez acerca de cuáles anteojos para leer le servirán mejor. "Escoja los menos potentes que le permitan leer a la distancia que desea", aconseja el doctor Guyton. "Si los compra demasiado potentes, su visión será magnífica a corta distancia, pero más allá las cosas se verán borrosas."

Interrumpa su trabajo. Reserve y almacene lo que se encuentra en su pantalla de VDT cada cierto tiempo. "Si emplea su computadora durante 6 a 8 horas diarias", recomienda el doctor Guillory, "tómese un descanso cada 2 a 3 horas. Haga algún otro trabajo, vaya por café o vaya al sanitario; lo importante es que retire los ojos de la pantalla por lo menos durante 10 a 15 minutos". También considere trabajar sobre la impresión en papel (*printer*) de los datos de su pantalla de despliegue visual.

Oscurezca su pantalla. Lo que ve en su pantalla no son nada más letras y dígitos, sino también pequeñísimas fuentes de luz que envían la luz directamente a sus ojos. Debe reducir la potencia de iluminación. "No haga demasiado brillantes los caracteres de la pantalla", aconseja el doctor Guillory. "Baje el brillo hasta un nivel tenue y luego ajuste el contraste para realzar la diferencia." Una sugerencia

El otro camino

Yoga... y más allá

Para Meir Schneider, la yoga no fue nada más la clave para lograr la introspección espiritual. También fue la llave para sencillamente obtener su visión. "La yoga me ayudó a curar mi ceguera", afirma Schneider, quien nació ciego. Schneider atribuye a los ejercicios diarios de yoga el haberle ayudado a recuperar su visión, la cual ahora, afirma, es de 20/60. "Y sigue mejorando."

Las técnicas que enseña Schneider en su Centro de Autocuración en San Francisco, California, y en su libro *Self Healing: My Life and Vision*, han sido influidas por la controversial obra realizada por el oftalmólogo de principios de siglo y proponente de los ejercicios oculares: el doctor William Bates. "Tomé el método de Bates y le agregué un poco de mi cosecha", comenta Schneider. Si bien equivaldría a llevar la ciencia hasta sus límites al afirmar que cura la ceguera, algunas de sus técnicas pueden ser útiles para manejar la fatiga visual.

Dese un descanso para una infusión. Pero no la beba; mejor póngasela en los ojos. "Tome una toalla y remójela en infusión de eufrasia", recomienda Schneider. "Recuéstese y coloque la toalla tibia sobre sus ojos cerrados y déjela durante 10 o 15 minutos. Hará que desaparezca la fatiga de sus ojos." Pero tenga mucho cuidado en no verter la infusión en sus ojos, y también déjela enfriarse un poco después de que haya hervido, antes de remojar la toalla en la infusión.

Pruebe una coordinación distinta de ojo y mano. Si quiere ayudar a sus ojos, agrega Schneider, pruebe darles una mano. "Frótese las manos vigorosamente hasta que se calienten. Luego cierre sus ojos y ponga sus palmas sobre las órbitas de los ojos. No presione sus ojos, sólo cúbralos. Respire honda y lentamente y visualice el color negro. Haga esto durante 20 minutos cada día."

Haga "ojitos". Los ojos tienen sus propios masajistas: los párpados. "Propóngase deliberadamente parpadear sus ojos 300 veces diarias y no mire con los ojos entrecerrados ni fuerce la vista", aconseja Schneider. "Cada parpadeo limpia sus ojos y les da un pequeño masaje." Y es gratuito.

más: tome un lápiz y haga una marca en el dial que acaba de ajustar, y luego haga una marca correspondiente en la computadora de modo que pueda reajustar el contraste a su gusto en caso de que alguien más lo cambie mientras usted se ausenta.

Trabaje en la sombra. Cuando se trata de aliviar la fatiga ocular, es mejor mantener su computadora a oscuras. "Haga sombra a su pantalla poniéndole una caperuza", sugiere el doctor Guillory. "Acuda a una tienda que venda artículos de arte y compre una hoja de cartulina negra gruesa. Colóquela arriba de su pantalla y dóblela a ambos lados, lo que le permitirá deslizar la cartulina hacia atrás y adelante. Básicamente, lo que acaba de hacer es guardar su máquina en una caja negra. De este modo, ahora puede disminuir el brillo hasta un nivel muy bajo."

Apague la luz, cerrando sus ojos. Nuestros expertos sostienen que la mejor manera de aliviar la fatiga visual es descansar sus ojos. "Y eso es más fácil de lo que usted cree. Puede hacerlo mientras se encuentra hablando por teléfono", indica el doctor Guillory. "Si no necesita leer o escribir, sólo cierre sus ojos mientras está hablando. Según cuánto tiempo pase al teléfono cada día, puede descansar sus ojos durante casi una a dos horas diarias. La gente que practica esta técnica declara que realmente sienten mejor sus ojos, y les ayuda a librarse de la fatiga ocular."

COMITÉ DE ASESORES

El doctor **Samuel L. Guillory** es oftalmólogo y profesor de clínica de oftalmología en el Centro Médico Mount Sinai de la Universidad de la ciudad de Nueva York .

El doctor **David Guyton** es oftalmólogo y profesor de oftalmología en la Escuela de Medicina de la Universidad Johns Hopkins en Baltimore, Maryland.

Meir Schneider es director del Centro de Autocuración en San Francisco, California y autor de *Self Healing: My Life and Vision*.

Fiebre

26 tácticas para hacerle frente

"¡Vaya que estás caliente!"

En algunos círculos eso constituye un halago, pero por el momento aquí no es más que un hecho frío y complicado. Su temperatura está alta, y usted se siente bastante incómodo (comparado con usted ahora el diablo es un tipo bastante fresco); pero antes de que tome medidas para apagar el fuego, escuche lo que dicen los médicos.

Asegúrese de que de veras tiene fiebre. Aunque se considera que la norma es de 37 °C, ese valor no está esculpido en piedra. La temperatura "normal" varía de una persona a otra y fluctúa ampliamente durante el día. La comida, el exceso de ropa, las emociones y el ejercicio vigoroso pueden elevar la temperatura, previene el doctor Donald Vickery, consultor de salud corporativa y profesor de clínica en la Escuela de Medicina en la Universidad de Georgetown. "De hecho, el ejercicio vigoroso puede elevar la temperatura corporal hasta los 39.4 °C. Aún más, los niños tienden a tener temperaturas más altas que las de los adultos y variaciones diarias más amplias.

"Así que esta es una regla general: si su temperatura se encuentra entre los 37.2 y los 37.7 °C, comience a pensar en la posibilidad de que se trate de fiebre. Si está en los 37.7 o más arriba, es fiebre", advierte.

El doctor Leonard Banco, profesor de pediatría en la Escuela de Medicina en la Universidad de Connecticut, agrega que a menudo el aspecto de una persona es un mejor indicador de su estado que los números fríos. "El niño con temperatura alta que se ve enfermo necesita atención más pronto que el que se ve y actúa bien."

No la ataque. Si tiene fiebre, recuerde esto: la fiebre en sí no es una enfermedad, sino un síntoma. De hecho, es uno de los mecanismos de defensa

296

ALERTA MÉDICA

Conozca los signos de peligro

El doctor Donald Vickery recomienda que consulte a su médico en caso de:

- Fiebre en un bebé de menos de 4 meses de edad.
- Fiebre relacionada con cuello rígido.
- Fiebre arriba de los 40.50 °C si el tratamiento doméstico no logra reducirla al menos parcialmente.
- Fiebre arriba de los 41°C bajo cualquier condición.
- Fiebre que dura más de cinco días.

El doctor Stephen Rosenberg advierte que en los niños menores de 6 años la temperatura oral de 38.8 °C o más puede desencadenar convulsiones. Y los adultos con enfermedades crónicas, como las cardiopatías o los trastornos respiratorios, tal vez no tengan la capacidad de tolerar las fiebres altas prolongadas.

---

corporales contra la infección, señala el doctor Stephen Rosenberg, autoridad en salud pública y profesor de salud pública clínica en la Escuela de Salud Pública en la Universidad de Columbia. La fiebre puede incluso tener un propósito útil al abreviar una enfermedad, aumentar el poder de los antibióticos y hacer que la infección sea menos contagiosa. Estas posibilidades deben ponderarse frente a la incomodidad que entraña permitir que una fiebre ligera siga su curso, comenta.

Si siente la necesidad de alivio adicional, pruebe los siguientes pasos.

Licue sus activos. Cuando tiene calor o está caliente, su cuerpo suda para enfriarlo; pero si pierde demasiada agua (como podría suceder con una fiebre alta) su cuerpo cierra sus conductos sudoríparos para impedir la pérdida adicional de agua, lo que dificultará a su organismo hacer frente a la fiebre. La moraleja de esta historia es: ¡Beban, compañeros, para impedir que el barco se hunda! Además del agua simple, los médicos recomiendan lo siguiente:

Jugos de frutas y verduras. Son ricos en vitaminas y minerales, señala la doctora Eleonore Blaurock-Busch, consejera en nutrición y presidenta y directora de Trace Minerals International en Boulder, Colorado. Ella recomienda particularmente los jugos ricos en nutrientes de betabel o remolacha y el de zanahoria. Si tiene deseos de tomar jugo de tomate, señala el doctor Thomas Gossel, profesor en farmacología y jefe del Departamento de Farmacología y Ciencias Biomédicas de la Universidad de Ohio del Norte, escoja uno que sea bajo en sodio.

La infusión botánica de un médico. Aunque cualquier infusión o té proporcionará el líquido necesario, varios resultan particularmente apropiados para la fiebre, explica la doctora Blaurock-Busch. (Busque las siguientes y poco conocidas plantas en las tiendas de alimentos naturistas.) Una mezcla que ella prefiere combina partes iguales de tomillo, flores de tila y de manzanilla, todo seco. El tomillo tiene propiedades antisépticas, la manzanilla reduce la inflamación y el tilo o tila promueve la sudación, afirma. Cueza una cucharadita de la mezcla en una taza de agua hirviendo durante 5 minutos. Cuélela y bébala tibia varias veces al día.

Infusión de tilo. Esta infusión sola es buena también, agrega, y puede producir sudación para acabar con una fiebre. Emplee una cucharada de las flores en una taza de agua hirviendo. Prepare como se señaló arriba y bébala caliente, a menudo.

Corteza de sauce. Esta corteza es rica en salicilatos, compuestos relacionados con la aspirina, y se considera el "medicamento de la naturaleza contra la fiebre", señala la doctora Blaurock-Busch. Cueza para hacer una infusión y bébala en pequeñas dosis.

Saúco negro. Otro tratamiento antiguo contra la fiebre, el saúco negro es preferible a la corteza del sauce si no puede tolerar la aspirina, recomienda. Como antes, cueza para producir una infusión y beba a discreción.

Hielo. Si tiene demasiadas náuseas para beber, puede chupar hielo. Para tener variedad, congele jugo de frutas en una charola para cubos de hielo. Para seducir el gusto de un niño con fiebre, meta una uva o pasa en cada cubo.

Obtenga alivio comprimido. Las compresas húmedas ayudan a reducir el aumento de la temperatura corporal, explica la doctora Blaurock-Busch. Irónicamente, afirma, las compresas calientes y húmedas puede cumplir esa función. Cuando el paciente comienza a sentirse caliente hasta la incomodidad retire esas compresas y aplique otras, frías, a su frente, muñecas y pantorrillas. Conserve cubierto el resto del cuerpo.

No obstante, si la fiebre se eleva más allá de los 39.9 °C, advierte la doctora,

Los termómetros por dentro y por fuera

Su madre podía medir su temperatura con sólo palpar su frente. Si usted no heredó esta habilidad (o si no tiene mucha confianza en este enfoque manual) necesitará confiar en las lecturas termométricas. He aquí cómo obtener los resultados más exactos:

- Antes de emplear un termómetro de vidrio y mercurio, sujételo por la parte superior (no por el bulbo) y sacúdalo con un movimiento rápido de la muñeca hasta que el mercurio se encuentre abajo de los 35 °C. Si le preocupa dejar caer y romper el termómetro, realice la operación sobre una cama, indica el doctor Stephen Rosenberg.
- Espere al menos 30 minutos después de haber comido, bebido o fumado antes de tomar una lectura oral, recomienda. Estas actividades alteran la temperatura de la boca y producen lecturas inexactas.
- Coloque el termómetro bajo la lengua en una de las "bolsas" ubicadas a cada lado de la boca, en vez de justo al frente. Estas bolsas se encuentran más próximas a los vasos sanguíneos que reflejan la temperatura corporal básica.
- Mantenga el termómetro en su sitio con los labios, no con los dientes. Respire por la nariz, no por la boca, de modo que la temperatura ambiente no afecte la lectura. Deje el termómetro en su sitio al menos 3 minutos (algunos expertos prefieren de 5 a 7 minutos).
- En niños de menos de 5 años, tome lecturas rectales en vez de las orales. La temperatura rectal generalmente es medio grado más alta que la oral. Reconozca los termómetros rectales por sus bulbos más cortos y redondos.
- Para emplear un termómetro rectal, coloque a su niño boca abajo, sobre su regazo y mantenga una mano sobre las nalgas para impedir movimientos, señala el doctor Donald Vickery. Lubrique el extremo del termómetro con petrolato. Inserte cuidadosamente el termómetro entre 2 y 3 centímetros, pero nunca lo haga a la fuerza. El mercurio comenzará a elevarse a los pocos segundos. Quítelo cuando el mercurio ya no siga subiendo, alrededor de 1 a 2 minutos después.
- Si un termómetro se rompe en la boca o recto, no se deje llevar por el pánico. El mercurio no es venenoso, y por lo general el único daño que se produce es un rasguño superficial de la boca o mucosa del recto; pero llame al médico si no puede encontrar todos los pedazos del vidrio.
- Después de emplearlo, lave el termómetro con agua fría jabonosa. Nunca emplee agua caliente. Y nunca lo guarde cerca de una fuente de calor.
- Use el termómetro digital de acuerdo con las instrucciones que lo acompañan. Posteriormente lave la punta con jabón y agua tibia o con alcohol para fricciones. No sumerja completamente el instrumento ni le salpique agua en la parte donde se despliegan los números; puede dañar el termómetro. Prepárese a cambiar la batería cada dos años.

no emplee compresas calientes. Mejor aplíquelas frías para impedir que la fiebre se eleve más. Cámbielas cuando se calienten hasta la temperatura corporal y continúe haciéndolo hasta que la fiebre baje.

Use una esponja. La evaporación también tiene un efecto refrescante en la temperatura corporal. Mary Ann Pane, enfermera clínica titulada de Filadelfia, Pennsylvania, recomienda agua del grifo para ayudar a la piel a disipar el excedente de calor. Aunque puede mojar con una esponja todo el cuerpo, recomienda la enfermera Pane, ponga especial atención a los puntos donde generalmente el calor es mayor, como las axilas y la zona de la ingle. Exprima una esponja y limpie una parte a la vez, manteniendo cubierto el resto del cuerpo. El calor corporal evaporará la humedad, de modo que no será necesario secar con toalla.

Los médicos advierten que aunque el alcohol se evapora con más rapidez que el agua, tal vez resulte desagradable para alguien que tenga fiebre. Más aún, existe el peligro de inhalar los vapores o incluso absorberlos a través de la piel.

Sumérjase. "A menudo, cuando tengo fiebre, comienzo a temblar", refiere el doctor Gossel. "En esas condiciones, me siento más cómodo metiéndome en una tina de baño con agua caliente."

El doctor Banco aconseja baños a temperatura ambiente para los bebés, y observa que otro tratamiento consiste en hacer un emparedado del niño entre toallas mojadas y cambiárselas cada 15 minutos.

No sufra. Si está muy molesto, tome un analgésico. Para los adultos, el doctor Vickery recomienda dos tabletas de aspirina o de acetaminofén cada 4 horas. Afirma que la ventaja del acetaminofén es que menos personas son alérgicas a él.

Ya que la aspirina y el acetaminofén ejercen sus efectos de maneras ligeramente distintas, agrega el doctor Vickery, tal vez sea preferible combinarlos si uno solo de los dos fármacos no es eficaz para controlar la fiebre. Tome dos aspirinas *junto con* dos pastillas de acetaminofén (cuatro tabletas en total) cada 6 horas. O alterne los medicamentos de modo que tome dos aspirinas una vez y dos acetaminofenes 3 horas más tarde. No deje de obtener la aprobación de su médico para aplicarse esta terapia.

Dé acetaminofén a los niños. Evite la aspirina en casos de personas menores de 21 años de edad, porque puede desencadenar el síndrome de Reye, enfermedad neurológica potencialmente mortal en niños con fiebre. En su lugar, declara George Sterne, pediatra de Nueva Orleáns, y profesor de clínica de pediatría en la Escuela de Medicina de la Universidad de Tulane, administre de 5 a 7 miligramos de acetaminofén por cada medio kilo de peso corporal. Repita cada 4 horas. "No hay razón para administrarlo con más frecuencia", comenta. "Y las dosis excesivas durante un periodo prolongado son peligrosas."

Cubra la parte. Use el sentido común respecto a las prendas de vestir y la ropa de cama, hace notar Pane. Si tiene mucho calor, quite las cobijas y ropa excedentes de modo que el calor corporal pueda evaporarse en el aire; pero si tiene escalofrío, arrópese hasta que se sienta bien.

Tenga especial cuidado de vigilar a los niños, los cuales no pueden desnudarse por sí solos si se acaloran mucho, advierte el doctor Sterne. De hecho, agrega, cubrirlo demasiado o dejarlo en un sitio caliente (como dentro de un coche) puede físicamente causarle fiebre.

Cree una atmósfera que propicie la curación. Haga lo posible por que el cuarto del enfermo ayude a la curación, recomienda la doctora Blaurock-Busch. No lo caldee demasiado. Por lo regular los médicos alemanes recomiendan que la temperatura del cuarto no exceda los 18.3 °C, señala. Permita que entre la cantidad justa de aire fresco para propiciar la recuperación, pero no cree una corriente, y mantenga baja la iluminación, de modo que resulte apropiadamente relajante.

Coma. . . si quiere. No se preocupe acerca de si debe comer o dejar de comer durante su fiebre. Algunos médicos como la doctora Blaurock-Busch, prefieren el ayuno a base de jugos hasta que la fiebre se ha reducido casi hasta la normalidad. Otros creen que se debe comer durante la fiebre porque la mayor temperatura del cuerpo consume calorías. Desde luego, en última instancia usted es quien debe elegir, y su decisión depende de su apetito. Sólo recuerde que debe mantener su consumo de líquidos.

COMITÉ DE ASESORES

El doctor **Leonard Banco** es profesor de pediatría en la Escuela de Medicina de la Universidad de Connecticut en Farmington. También es director de servicios ambulatorios pediátricos y director adjunto del Departamento de Pediatría en el Hospital Hartford en Connecticut.

La doctora **Eleonore Blaurock-Busch** es presidenta y directora de Trace Minerals International, Inc., laboratorio de química clínica en Boulder, Colorado. También es consejera en nutrición especializada en el tratamiento de alergia y enfermedades crónicas en el Centro Quiropráctico Alpine de esa localidad, y autora de The No-Drugs Guide to Better Health.

El doctor **Thomas Gossel**, titulado en farmacología, es profesor de farmacología y toxicología en la Universidad de Ohio del Norte en Ada y presidente del Departamento de Farmacología y Ciencias Biomédicas de la universidad. Es experto en productos no éticos.

Mary Ann Pane es enfermera clínica en Filadelfia, Pennsylvania. Está afiliada a la Community Home Health Services, agencia que atiende las necesidades de gente que requiere cuidados especializados de salud en sus hogares.

El doctor **Stephen Rosenberg** es profesor de salud pública clínica en la Escuela de Salud Pública de la Universidad de Columbia en la ciudad de Nueva York. Es autor de *The Johnson & Johnson First Aid Book*.

El doctor **George Sterne** es pediatra privado en Nueva Orleáns, Louisiana, y también profesor clínico de pediatría en la Escuela de Medicina de la Universidad de Tulane de esa localidad.

El doctor **Donald Vickery** es presidente del Center for Corporate Health Promotion en Reston, Virginia. También es profesor de clínica de medicina familiar y comunitaria en la Escuela de Medicina de la Universidad de Georgetown en Washington, D. C., y profesor de clínica de medicina familiar en el Colegio de Medicina de Virginia en Richmond. Es autor de *Life Plan for Your Health* y coautor de *Take Care of Yourself*.

Fisuras

14 soluciones calmantes

Las similitudes entre las fisuras anales y las hemorroides son, en su mayor parte, superficiales. Por lo general, las hemorroides son venas inflamadas; en contraste, las fisuras son úlceras, o grietas en la piel, que se dan en la misma zona general.

Las fisuras son muy parecidas a las rupturas dolorosas que a veces se dan en las comisuras de los labios, afirma el doctor J. Byron Gathright, Jr., presidente del Departamento de Cirugía de Colon y Recto en la Clínica Ochsner en Nueva Orleáns, Louisiana, y profesor de cirugía en la Universidad de Tulane. Tanto la variedad oral como la anal ocurren donde la piel se encuentra con la delicada membrana mucosa. En el ano, una causa frecuente de semejantes rupturas es el paso de excrementos grandes y duros, explica el doctor Gathright.

Si usted tiene fisuras, sabe que estas pequeñas llagas pueden hacerle la vida (al menos su vida sedentaria), desgraciada. Arden, pican, a menudo sangran. A continuación los expertos le indican cómo llegar al fondo del problema con la mayor rapidez posible.

ALERTA MÉDICA

Signos de que algo anda mal

Generalmente las fisuras no son peligrosas. "El verdadero riesgo con las fisuras consiste en no hacerlas desaparecer para siempre pues una úlcera que no sana puede ser un cáncer", advierte el doctor Lewis R. Townsend, instructor clínico de ginecología y obstetricia en el Hospital de la Universidad de Georgetown en Washington, D. C.

"Si tiene fisuras que no sanan dentro del plazo de cuatro a ocho semanas, haga que se le evalúen", aconseja el doctor Townsend. "Recuerde que una llaga o úlcera que no sana es una de las siete señales clásicas de advertencia de un cáncer."

Además, si nota una descarga mucosa del ano, haga que su doctor la estudie. "Los abscesos pueden ser muy graves en esa zona", declara el doctor John O. Lawder.

Diga *no* a los excrementos duros con fibras y líquidos. La abertura anal no fue diseñada con el propósito de que por allí pasaran excrementos grandes y duros. Las heces duras como roca, por lo regular consecuencia de la dieta occidental que carece de fibras, lastiman y rasgan el conducto anal, lo que puede producir fisuras y hemorroides.

¿La solución?: adáptese a una dieta alta en fibra y líquidos que produzca heces suaves. Comer más fruta y verduras, granos enteros y beber de seis a ocho vasos de agua diarios es "el mejor remedio y medida preventiva" que usted puede emplear para las fisuras anales, señala el doctor Gathright. Una vez que su excremento sea suave y flexible, sus fisuras anales deberán comenzar a sanar solas.

Pruebe la solución del petróleo. Comer más fibras suavizará su excremento, pero también puede proteger su conducto anal lubricándolo antes de cada evacuación. Un trocito de petrolato insertado entre 1.5 y 2 centímetros en el recto puede ayudar al excremento a pasar sin producir más daño adicional, comenta el doctor Edmund Leff, proctólogo privado en Phoenix y Scottsdale, Arizona.

Talquéese. Después de cada ducha o evacuación intestinal, espolvoréese talco para bebé, lo que ayudará a mantener seca la zona y a su vez reducirá la fricción durante el día, refiere el doctor Marvin Schuster, jefe del Departamento de Enfermedades de la Digestión en el Centro Médico Francis Scott Key en Baltimore, Maryland, y profesor de medicina y psiquiatría en la Escuela de Medicina en la Universidad Johns Hopkins.

Cuidado con la diarrea. Aunque parezca extraño, no nada más los excrementos duros del estreñimiento pueden empeorar las fisuras anales, lo mismo puede suceder con la diarrea. Las heces aguadas pueden suavizar los tejidos a su alrededor, y también contienen ácido que puede quemar la zona anal viva y darle una forma de "exantema por el pañal" para aumentar las desgracias de su estado, agrega el doctor Schuster.

Cuidado con sus uñas. Las fisuras anales pueden causarle comezón. No ceda al impulso de rascarse, pues al pasar sus uñas afiladas por el ano delicado puede rasgar un tejido que ya de por sí se encuentra dañado, advierte el doctor Lawder.

Deshágase de los kilos de más. En la medida que cargue más peso, más posibilidad habrá de que sude. El sudor entre sus nalgas solamente frenará la velocidad de recuperación de sus fisuras, observa el doctor Lawder.

Úntese un poquito. Las cremas tópicas que se venden sin receta médica y que contienen hidrocortisona pueden ser muy útiles para reducir la inflamación que a menudo acompaña las fisuras anales, indica el doctor Gathright.

Pruebe una crema vitaminada. Particularmente útiles para aliviar el dolor y ayudar a curar las fisuras son los ungüentos no éticos que se venden sin receta médica en las farmacias y que contienen vitaminas A y D, explica el doctor Schuster.

Métase a la tina con agua caliente. Siempre que pueda, darse un baño de bañadera o de asiento con agua caliente logrará relajar los músculos del esfínter anal y con ello reducirá buena parte de la incomodidad de las fisuras, prescribe el doctor Leff.

Evite del todo determinados alimentos. Si bien ningún alimento causa fisuras, algunos pueden causar irritación o incomodidad excesivos en el conducto anal a su paso por el intestino. Evite los alimentos picantes, condimentados y los encurtidos, recomienda el doctor Schuster.

Cómprese una almohada especial. Sentarse sobre fisuras anales causa molestias, para llamarlas de una manera amable. Usted puede ayudar a aliviar el dolor escogiendo una de entre una diversidad de almohadas en forma de rosquilla o llenas de líquidos y que se adquieren en muchas farmacias y tiendas de suministros médicos, recomienda el doctor Lawder.

Límpiese con mucha delicadeza. El papel higiénico áspero y la exageración en la limpieza impiden la curación de las fisuras. Por eso debe limpiarse con delicadeza y no ahorrar al escoger su papel higiénico por marca y suavidad. Sea especialmente delicado para escoger tratándose del color (sólo el blanco) y fragancia (no debe ser perfumado). Tanto los perfumes como los colorantes pueden causar irritación en una zona ya de por sí irritada, advierte el doctor John O. Lawder, médico familiar de Torrance, California, que se especializa en nutrición y medicina preventiva. Humedezca en agua cada bola de papel antes de limpiarse, para eliminar la mayor parte de las asperezas, aconseja el doctor Lawder.

Ofrézcase lo mejor. El Rolls Royce de los papeles higiénicos no es un papel higiénico en absoluto. Las toallitas faciales cubiertas con una loción humectante ofrecen la menor fricción a su trasero afectado por las fisuras, agrega el doctor.

Pruebe el papel higiénico líquido. Tallar papel higiénico seco sobre un trasero delicado puede ser una experiencia por demás desagradable; pero ya hay una alternativa.

La empresa Hepp Industries de Seaford, Nueva York, ofrece ClenZone, un pequeño dispositivo que desvía agua de la llave de agua del lavamanos hacia la parte inferior de su asiento de inodoro. Un delgado chorro de agua, dirigido justo a donde usted lo necesita más, realiza toda la limpieza que usted necesita. No se requiere papel higiénico, excepto por una o dos hojitas para secarse a golpecitos.

"Es un magnífico dispositivo pequeño que ofrece una manera verdaderamente agradable de lograr limpieza después de una evacuación intestinal", explica el doctor John A. Flatley, cirujano de colon y recto en Kansas City, Missouri, e instructor clínico de cirugía en la Escuela de Medicina en la Universidad de Missouri-Kansas City. El doctor Flatley, quien usa ClenZone en su propio hogar, afirma que este producto, diseñado tanto para hemorroides como para fisuras, "no cura", aunque sí ofrece "una manera suave y calmante de limpiar. Yo lo recomendaría para todo mundo".

Flatulencia

5 ideas para eliminar el gas

Es difícil conservar la compostura cuando se trata de la flatulencia, aunque prometamos intentarlo. Es difícil, porque incluso los científicos que estudian la materia hacen chistes a costa de su propia investigación y escriben en los informes sobre sus experimentos fracasados que terminaron "sin siquiera un rastro de perfume de éxito".

En efecto, la imagen es deliberada y resulta de muy mal gusto; pero así es la naturaleza de la ciencia, incluso en sus niveles más altos. Escuchemos al doctor Michael D. Levitt, uno de los más altos investigadores en este campo. Sus colegas lo conocen como "el hombre que aportó estatus a los flatos y clase a los gases". En sus propias palabras, el doctor Levitt describe su obra como "un intento por bombear algunos datos en un campo lleno mayormente de aire caliente".

Aire caliente, tal vez, y una historia colorida también. Hipócrates investigó extensamente la flatulencia y los antiguos médicos que se especializaron en el tema se les conoció como "pneumatistas". En la historia inicial de Estados Unidos, hombres tan destacados como Benjamin Franklin esforzaron sus mentes en la búsqueda de una cura para "el viento que escapa".

En tiempos más recientes el doctor Stephen Goldfinger, experto en enfermedades de la digestión, escribió que "mirar airadamente al de junto, cuando todo lo demás ha fallado, puede hacer más fácil la vida". Sí, es difícil conservar la compostura acerca de la flatulencia, pero prometemos intentarlo. Siga leyendo.

Aléjese de la lactosa. "Si no tolera la lactosa, podría tener problemas de flatulencia por comer alimentos lácteos", advierte el doctor Dennis Savaing, profesor de ciencia y nutrición en la Universidad de Minnesota-Minneapolis. (Para más sugerencias, véase Intolerancia a la lactosa, página 429.) La gente que no tolera la lactosa tiene bajo nivel intestinal de la lactasa enzima que se necesita para digerir la lactosa, el tipo de azúcar que se encuentra en muchos alimentos lácteos.

Sin embargo, no es necesario que se le diagnostique intolerancia a la lactosa para tener repercusiones indeseadas. Por ejemplo, algunas personas sólo pueden digerir determinadas cantidades y distintas clases de productos de leche. Si usted o su doctor sospechan que su producto lácteo favorito está causándole su problema, trate de comerlo en menores cantidades o junto con un alimento durante un día o dos hasta que note cuándo comienza a ser un problema el gas.

Cocina de frijoles: Sacándole el gas

Si le gustan mucho los frijoles y legumbres pero odia vivir con las consecuencias, aquí le tenemos una solución.

Es claro que los frijoles y legumbres causan flatulencia, aunque el problema disminuye en la medida que estén mejor cocinados. En efecto, en agua los frijoles parecen perder muchas de sus propiedades generadoras de gases. Mediante estudios se ha demostrado que al remojarlos durante 12 horas o germinarlos en toallas de papel húmedas durante 24 horas se les reduce considerablemente la cantidad de compuestos productores de gases. De hecho, en un estudio, el remojar seguido de 30 minutos de cocido al vapor a presión a 15 libras por pulgada cuadrada [1.05 kilos por centímetro cuadrado] produjo la reducción de los compuestos hasta en 90%.

Evite los alimentos que producen gases. La principal causa de la flatulencia es la incapacidad del sistema digestivo para absorber determinados carbohidratos, afirma el doctor Samuel Klein, profesor de gastroenterología y nutrición humana en la Escuela de Medicina de la Universidad de Texas en Galveston.

Aunque probablemente usted bien sabe que los frijoles producen gases, mucha gente no está enterada de que la col, brócoli, colecitas de bruselas, cebollas, coliflor, harina de trigo integral, rábanos, plátanos, albaricoques, ciertas galletas saladas y muchos alimentos más también pueden ser altamente flatogénicos.

Luche contra el flato causado por la fibra. "Aunque a menudo recomendamos incluir fibra en la dieta para tener una buena digestión, algunas verduras y frutas altas en fibras pueden aumentar los gases", explica el doctor Richard McCallum, profesor de medicina y jefe de la División de Gastroenterología en el Centro de Ciencias para la Salud en la Universidad de Virginia.

Si agrega fibra a su dieta por razones de salud, comience con una pequeña dosis de modo que el intestino se acostumbre a ella. Eso disminuye el flato, y los doctores han descubierto que la producción de éste en casi toda la gente vuelve a la normalidad al cabo de unas cuantas semanas de haber agregado la fibra.

Use carbón para ayudarle a alcanzar su meta. Algunos estudios han demostrado que las tabletas de carbón activado son eficaces para eliminar el gas excesivo. "El carbón absorbe los gases y puede ser útil para la flatulencia", comenta el doctor Klein. "Tal vez constituya el mejor tratamiento disponible, después de haber hecho los cambios dietéticos apropiados y de que se hayan tratado o descartado otras enfermedades gastrointestinales." Si está tomando alguna clase de medicamento coméntelo con su médico porque además de los gases, el carbón puede absorber su medicina.

Obtenga rápido alivio con los productos populares que se venden sin receta médica. Si bien muchos médicos están recomendando el carbón activado para aliviar las molestias del gas intestinal, según los farmacéuticos los productos que contienen simeticón todavía son los más populares entre los consumidores. Entre los favoritos se encuentran Gas-X, Melox Plus, Mylanta II y Mylicon.

A diferencia de la acción absorbente del carbón activado, la acción desespumante del simeticón alivia la flatulencia al dispersar e impedir la formación de bolsas de gas rodeadas de moco en el estómago e intestinos.

Flebitis

10 remedios para mantenerla bajo control

Flebitis. Quizá para la poca gente enterada de la existencia de la enfermedad, lo único conocido sea que el otrora presidente de Estados Unidos Richard Nixon, la padeció, y que tiene que ver con los vasos sanguíneos de las piernas.

Aunque ambas cosas son ciertas, quienes han padecido esta enfermedad saben que significa mucho más: que es una enfermedad dolorosa, angustiante, que puede costarle la vida a una víctima sin advertencia por la vía de un coágulo sanguíneo alojado en las venas pulmonares.

La flebitis se conoce más correctamente como tromboflebitis. "Trombo" en este caso se aplica al coágulo que distingue a la enfermedad y que constituye un grave peligro. Hay dos tipos básicos de flebitis: tromboflebitis de vena profunda o TVP, la más peligrosa, y la flebitis superficial, el tipo de aflicción que trataremos aquí.

El doctor Michael D. Dake, especialista vascular del Miami Vascular Institute en Florida, explica la diferencia. "Flebitis significa sólo inflamación de las venas, y puede tratarse de las venas superficiales cerca de la piel o de las venas profundas de las piernas."

"La tromboflebitis de las venas profundas es algo contra lo que estamos siempre en guardia", prosigue, "porque quienes la padecen pueden desarrollar un coágulo sanguíneo móvil que tendría acceso directo a los pulmones si se desprende y viaja por el sistema. Usualmente la TVP requiere de hospitalización y tratamiento con anticoagulantes. En cambio, el bloqueo que ocurre en la tromboflebitis superficial tiende a no desprenderse".

Por ese motivo las sugerencias que ofrecemos aquí sólo deben seguirlas las personas a las que se ha diagnosticado flebitis superficial y están bajo cuidados médicos. Estas sugerencias están diseñadas para ayudar a aliviar el dolor sin medicamentos que requieren de receta médica y para ayudar a reducir las posibilidades de una recurrencia.

Deje la píldora. "Si tiene antecedentes de flebitis o coágulos sanguíneos, definitivamente no debe usar anticonceptivos orales", advierte el doctor Jess R. Young, jefe del Departamento de Medicina Vascular de la Cleveland Clinic Foundation en Ohio. La incidencia de tromboflebitis de venas profundas en las mujeres que toman anticonceptivos orales se calcula en tres o cuatro veces más alta que en las que no las toman. Una tasa tan alta de coágulos en venas profundas también coloca al paciente de flebitis no superficial en un riesgo inaceptablemente elevado de recurrencia.

Dele calidez y reposo. "La flebitis superficial se puede tratar elevando la pierna y aplicando calor tibio y húmedo", recomienda el doctor Dake. Si bien no es necesario guardar cama, el reposo, con la pierna elevada entre 15 y 30 centímetros más arriba del corazón, parece ayudar a acelerar la curación. La inflamación de la flebitis superficial usualmente desaparece en el plazo de una semana a 10 días, aunque puede tardar entre tres y seis semanas en ceder por completo.

Conozca sus riesgos. Una vez que ya padezca de flebitis, tiene mayor riesgo de padecerla de nuevo. Cuánto, puede depender mayormente de las cosas que usted pueda controlar o no. "En general", explica el doctor Young, "se le debe poner a usted en un estado en que tenga mayor riesgo de padecerla, como en cirugía o reposo absoluto prolongado".

Si bien usted no podría impedir el reposo absoluto prolongado después de una lesión o enfermedad graves, se pueden evitar determinados tipos de riesgos, como la cirugía electiva, si usted es una persona de edad y propensa a trastornos de coagulación. Consulte a su médico acerca de factores de riesgo específicos, pero recuerde que levantarse y caminar puede ayudarle a reducir los riesgos de desarrollar flebitis después de la cirugía.

Investigue sobre la aspirina. Algunos estudios han indicado que las propiedades anticoagulantes de la aspirina pueden ayudar a reducir la flebitis al impedir la formación rápida de coágulos en personas propensas a la enfermedad. Estos estudios aconsejan que tome aspirina antes de someterse a periodos prolongados de reposo en cama, viajes o cirugía, todos los cuales tienden a hacer más lenta la circulación y a aumentar la posibilidad de formación de coágulos. Si bien una recomendación simple como esta parece atractiva, los doctores no están muy seguros de su eficacia. "No estoy seguro de que la aspirina brinde tanta protección contra los coágulos", comenta el doctor Dake. Incluso si decide probar la aspirina, se trata de un tratamiento *médico*, por lo que primero debe consultar a su médico.

Camine cuando tenga que viajar. ¿Planea un viaje largo en coche? Si ya ha padecido de flebitis, entonces asegúrese de que sus ruedas no sean lo único que se mueva. "Lo principal es detenerse con frecuencia para hacer ejercicios", recomienda el doctor Dake. "Y no nada más se detenga una sola vez durante el día y camine un kilómetro o dos; mejor deténgase cuatro a cinco veces y camine menores distancias en cada ocasión."

Lo que usted debe hacer, señala, es impedir que la circulación se vuelva lenta como resultado de sentarse inmóvil durante largos periodos. "Su circulación sanguínea entra en un estado de flujo lento bajo esas condiciones, lo que puede traducirse en un coágulo", advierte el doctor Dake.

Una razón más para dejar el tabaco. "Si usted padece de casos recurrentes de flebitis y su médico no puede determinar una razón para ello", comenta el doctor Young, "entonces debe dejar de fumar. Es posible que usted padezca de un caso de enfermedad de Buerger que sencillamente no haya viajado todavía a las arterias". La enfermedad de Buerger se caracteriza por dolor agudo y coágulos sanguíneos, usualmente en las piernas. Está directamente relacionada con el fumar, y la única cura es abandonar todas las formas del tabaquismo. "De cuando en cuando la enfermedad de Buerger se inicia como flebitis", explica el doctor Young. Es posible que esta afección se diagnostique erróneamente como flebitis, en cuyo caso el tabaquismo continuado podría ser *muy* peligroso para su salud.

Aunque el doctor Young reconoce que es una posibilidad remota, en todo caso vale la pena tomarla en cuenta si su médico no ha podido explicar ataques recurrentes de flebitis. "Aparte de ello, no parece haber conexión entre el tabaquismo y la flebitis", agrega.

Haga ejercicios. "El ejercicio, principalmente el caminar, tiende a mantener vacías las venas", explica el doctor Robert Ginsburg, director del Centro para Terapia Vascular de Intervención en el Hospital de la Universidad de Stanford en California.

ALERTA MÉDICA

Signo de infección

A menudo la gente se preocupa cuando se le dice que tiene flebitis y cree que los coágulos pueden desprenderse y causarle la muerte. Aunque esto raramente sucede, la flebitis puede traducirse en una infección que amenace la vida si no se atiende.

Si los síntomas de flebitis (dolor, enrojecimiento, sensibilidad, comezón e inflamación) van acompañados de fiebre y no desaparecen al cabo de alrededor de una semana, consulte a su médico. Podría tratarse de una señal de infección. Su médico puede eliminarla mediante antibióticos.

Mantener lo más vacías posible las venas es una buena manera de impedir que recurra la flebitis, comenta. "Las venas son un sistema de baja presión, y si las válvulas que impiden que la sangre refluya en las venas no operan de manera apropiada, como con las venas varicosas, entonces sólo caminando puede impedirse que la sangre se acumule."

Levante los pies cuando se recueste. "Si ha padecido de flebitis y tendrá que guardar cama durante cierto tiempo", advierte el doctor Young, "eleve el pie de la cama 10 o más centímetros para incrementar el flujo de sangre por sus venas".

El doctor Young también sugiere que ejercite sus piernas tanto como le sea posible mientras se encuentra en cama. "Si quiere puede tomar aspirina", agrega, "aunque no se cuenta con buenos estudios que demuestren que impida las recurrencias".

Use medias de soporte para dar alivio. Algunos médicos aconsejan que use medias elásticas para impedir una recurrencia de la flebitis, en tanto que otros no las recomiendan. Si bien no existe evidencia documentada que demuestre que las medias elásticas son útiles para *prevenir* la flebitis, sí parecen aliviar el dolor y hacer sentir mejor a ciertas personas. ¿Cuál es el mejor consejo? Use medias elásticas si cree que le hacen sentir mejor; pero si le hacen sentir peor, no debe seguir usándolas para impedir una recurrencia.

Tenga cuidado con los cielos azules. La bibliografía científica está llena de informes de personas atacadas de trombosis de vena profunda después de un viaje largo en aeroplano. Aunque nadie parece saber a ciencia cierta por qué (por la presión de la cabina, inmovilidad, consumo de alcohol, etc.), el estado es tan común que ahora se conoce como "Síndrome de la Clase Económica", porque rara vez parece atacar a los pasajeros que ocupan los amplios asientos de primera clase.

"Los viajes largos por avión o coche, o bien todos los periodos prolongados de inactividad, pueden aumentar el riesgo de trombosis", previene el doctor Young; "pero en aviones se tiende a estar confinado en un asiento durante mucho más tiempo que cuando se viaja en coche. Así que, si tiene flebitis, este es un caso en que debe ponerse sus medias elásticas antes de abordar el avión; levántese de su asiento y camine por el pasillo aproximadamente cada 30 minutos después del despegue".

Para ayudar a mantener las buenas relaciones con sus vecinos, recomienda, "convendría que solicite un asiento junto al pasillo".

COMITÉ DE ASESORES

El doctor **Michael D. Dake** es especialista vascular en el Miami Vascular Institute en Florida.

El doctor **Robert Ginsburg** es director del Centro para Terapia Vascular de Intervención en el Hospital de la Universidad de Stanford en California.

El doctor **Jess R. Young** es jefe del Departamento de Medicina Vascular en la Cleveland Clinic Foundation en Ohio.

Fobias y temores

12 medidas para enfrentarse a ellos

Las fobias son muy antiguas, como lo ilustra la siguiente narración de una de tantas, descrita por un médico famoso: "La flautista lo asustaba: en cuanto oía la primera nota de la flauta en un banquete, el terror se apoderaba de él". Al temor a la flauta se le conoce como aulofobia, y el médico que lo describió aquí fue Hipócrates.

La sección de alientos de una persona puede hacer que otra tiemble de miedo. Siguiendo un rumbo distinto en el terreno de los temores, a nadie le gusta el óxido, tal vez salvo a los dueños de los talleres de reparación de carrocerías de coches; pero quizá el extremo del miedo al óxido (iofobia) lo representen quienes llevan consigo un bote de aceite lubricante a donde quiera que van.

Échele la culpa a sus oídos

Justo cuando piensa que su fobia puede ser cuestión puramente mental, se presenta el doctor Harold Levinson, quien afirma que no es algo mental, sino que en realidad su origen se encuentra localizado en su oído interno.

El doctor Levinson, psiquiatra y neurólogo de Great Neck, Nueva York, coautor del libro *Phobia Free*, se especializa en trastornos del oído interno. Tiempo atrás, mientras trataba a pacientes suyos con problemas de oído interno, comenzó a notar otros cambios. "No nada más mejoraron los problemas del oído interno, sino también sus problemas de fobias", refiere.

Gracias a su peculiar formación profesional que combina la psiquiatría y la neurología, pudo llegar a esta conclusión. "Un número apreciable de mis pacientes con problemas de oído interno tenían también fobias idénticas a las de los pacientes que yo estaba tratando en mi práctica psiquiátrica."

Después de 20 años de investigación en más de 20 000 pacientes, el doctor Levinson cree que 90% de toda la conducta fóbica es resultado de un mal funcionamiento subyacente del sistema del oído interno.

"Los mecanismos en el oído interno no funcionan correctamente", explica. "Por ejemplo, el oído interno controla el equilibrio. Si aquél no funciona en forma correcta y su equilibrio se altera, usted puede temer a las alturas, caer o tropezarse."

El doctor Levinson reconoce que su opinión corresponde a la minoría. Sin embargo, los millares de testimonios de resultados exitosos no pueden tomarse a la ligera. El doctor Levinson está convencido de que una visita a un especialista en oído bien vale la pena para quienes padecen de alguna fobia.

Desde luego, los que padecen de agorafobia rara vez salen a algún lado. Padecen del miedo a quedar separados de personas y sitios seguros, al punto que algunos ni siquiera salen de sus casas. Por otra parte, los claustrofóbicos detestan estar confinados mientras que los panófobos temen a todo.

"Hay de todo", afirma la maestra en psicología, Jerilyn Ross, especializada en fobias y presidenta de la Phobia Society of America. "Hay tantas clases distintas de fobias como tipos diferentes de personas."

Las fobias se clasifican en tres tipos: simples, sociales y agorafobias. La gente que padece fobias simples experimenta pavor a determinado objeto, lugar o situación. Las fobias sociales corresponden a las personas que evitan situaciones públicas, como las fiestas, por el temor a hacer algo que les avergüence. Y los que padecen de agorafobia son víctimas de un fenómeno complejo basado en el temor a lugares extraños.

ALERTA MÉDICA

Cuándo debe consultar al especialista

Nadie sabe a ciencia cierta qué causa una fobia. Algunos expertos creen que es psicológica; otros, que tiene orígenes biológicos. No obstante, más y más evidencia indica que se trata de una combinación de ambos.

Lo que se sabe es que tiende a ser hereditaria. Si alguno de los padres tuvo una fobia, es posible que los hijos estén predispuestos a una, aunque no necesariamente la misma. Con mayor frecuencia, las fobias atacan a la gente que ha tenido antecedentes de ansiedad por separación y perfeccionismo.

Algunas fobias son más graves que otras. Si la suya interfiere con su vida, debe buscar ayuda profesional. A quién usted elija es tan esencial como el acto mismo de buscar ayuda. "Es importante que la persona obtenga ayuda de una persona que comprenda las fobias", observa la maestra Jerilyn Ross. "Muchos enfermos de fobias terminan yendo de un médico a otro y de hospital en hospital, por lo que es importante encontrar un especialista en fobias y trastornos relacionados con la ansiedad."

En Estados Unidos y Canadá hay varios cientos de profesionales que tratan a estos enfermos. Se puede obtener una lista de ellos y más información acerca de las fobias enviando una tarjeta postal con su nombre y dirección a:

The Phobia Society of America
133 Rollins Avenue, Suite 4B
Rockville, MD 20852-4004
U.S.A.

Y referente a quienes padecen de agorafobia: no deben sentirse excluidos de las actividades sociales porque no pueden salir de sus casas. La Clínica para las Fobias en el Centro Médico White Plains en Nueva York tiene lo que se conoce como auxiliares contra las fobias, personas capacitadas que irán a su casa a ayudarlo. Muchas otras clínicas y profesionales también prestan servicios de apoyo por teléfono.

"La gente no va de un temor simple a mucho miedo, y de ahí a una fobia en toda su magnitud", declara Ross. "No se trata de algo que progrese. Por lo general a las personas que padecen fobias les ocurre esto en áreas donde antes no tenían miedos."

Sin embargo, ¿qué es exactamente una fobia? En el sentido clásico, una fobia es "una reacción de miedo irracional, involuntaria e inapropiada que generalmente conduce a evitar lugares, objetos o situaciones comunes cotidianos", explica Ross.

Sin embargo, en el sentido real una fobia es un temor al miedo mismo. "Una fobia es el temor a los impulsos propios", define Ross. "Es el miedo a tener un ataque de pánico y perder el control. En esencia, es un miedo al propio yo y a perder el control."

Quienes padecen fobias se conocen a sí mismo. "Siempre reconocen que su miedo es inapropiado para la situación", comenta Ross. "Por ejemplo, si usted vuela en avión durante una tormenta, sentir miedo será normal; pero si su jefe le dice que tendrá que hacer un vuelo de negocios dentro de un par de semanas y de inmediato comienza usted a preocuparse de tener un ataque de pánico a bordo del avión", continúa, "entonces se tratará de algo inapropiado para la situación. Una fobia siempre es irracional".

¿Le parece que reconoce esto como algo que ha experimentado? En caso afirmativo, en seguida le damos algunos consejos racionales contra la conducta irracional para quienes encaran diariamente el problema.

Invierta el pensamiento negativo. En una situación de fobia, la persona experimenta pensamientos negativos e imágenes atemorizantes, los que a su vez inician los síntomas físicos, explica el doctor Manuel D. Zane, fundador y director de la Clínica para las Fobias en el Centro Médico del Hospital White Plains en Nueva York y profesor clínico de psiquiatría en el Colegio de Medicina de Nueva York. Debe permitirse la expresión del temor, pero también debe tratar de cambiar de pensamientos negativos ("Ese perro va a morderme") a algo realista y positivo como: "El perro está bien sujeto y no puede escaparse".

Encare el temor. Evitar al temor le impedirá vencerlo, advierte el doctor Zane. Es preferible lograr el control deseado mediante un proceso que se conoce como tratamiento de exposición, en el cual usted se expone al objeto de sus temores poco a poco y aprende que lo que imagina y espera que suceda de hecho no ocurre. Esta exposición graduada puede ayudarle a acostumbrarse, señala. Por ejemplo, supongamos que tiene miedo a las arañas. En el tratamiento mediante la exposición puede comenzar a enfrentar su miedo, usualmente en presencia de otra persona, mirando imágenes o fotografías de arañas. Cuando aprenda a dominar esto, puede proceder a mirar una araña muerta, luego una viva... y puede incluso llegar hasta el punto de sostener una en la mano. Aunque cada vez siga teniendo cierto grado de temor, con esta exposición aprenderá que las cosas horribles a las que teme no ocurren.

Practique juegos mentales. "Cuando sienta que el miedo se apodera de usted, haga prácticas de concentración como contar de tres en tres desde el 1 000, o leer un libro, hablar en voz alta, o respirar profunda y pausadamente", recomienda el doctor Zane. "Si se concentra en algo en este momento, reduce su participa-

Cómo luchar contra un ataque de pánico

"Me sentía como si estuviera en medio de una carretera de seis carriles con coches viniendo hacia mí desde ambas direcciones." Así se sentía la joven Tanis de 26 años siempre que trataba de salir de casa. Tanis padece de la más frecuente de todas las fobias: agorafobia, miedo a alejarse de una persona o sitio seguros.

El solo pensamiento de aventurarse fuera de su casa en Virginia le producía un ataque paralizante. "En un momento se siente usted bien, y al siguiente es como si fuera a morir", refiere Tanis. "Físicamente, mi corazón se aceleraba, sentía náusea y comenzaba a temblar y a sentir como si fuera a desmayarme." Para Tanis, estas eran las señales de una fobia en toda su magnitud; pero logró salir de su casa para buscar terapia, con lo que logró superar sus problemas. Ahora se aventura a salir de su casa en todo momento, y trata de ayudar a quienes todavía no pueden hacerlo. En seguida aparecen algunas tácticas que aprendió Tanis en su terapia y que la ayudaron a liberarse.

Reconozca el ataque. "Si le asalta un ataque de pánico, reconózcalo como tal", indica Tanis. "Ya los ha padecido antes, de modo que sabe que no va a morir. También sabe que lo ha superado antes, y puede hacerlo de nuevo. La clave es aceptarlo."

Sea considerado hacia usted mismo. "Los enfermos de fobias por lo general son perfeccionistas y muy exigentes consigo mismos; pero no deben ser así", señala Tanis. "Cuando usted se someta a un tratamiento de exposición (encarando su miedo por etapas), no se exija mucho. Reconózcase el crédito debido por haberlo hecho, aunque esto haya causado un ataque."

Vaya despacio. "Comience despacio, pero sométase a un poco de tratamiento por exposición a diario. Fíjese metas; fíjese una meta para un plazo de ocho semanas y otra para uno de 16 semanas. Al comenzar a encarar su fobia una y otra vez, se dará cuenta de que empieza a acondicionarse. Por más que esto le parezca imposible al enfermo de fobia, puede volver a hacer las cosas como una persona normal."

Créale. Cuando la visitamos la primera vez para entrevistarla, nos dijeron que Tanis "había salido de casa".

ción en los pensamientos e imágenes que generan los miedos. El resultado es que su cuerpo se aquieta y usted conserva el control."

Mida su miedo. Clasifique su miedo en una escala desde el cero al diez, sugiere el doctor Zane. Descubrirá que la gravedad de su miedo no es constante, sino que sube y baja; haga una lista de los pensamientos o actividades que lo hacen aumentar o disminuir. Al saber qué lo inicia, aumenta y disminuye, puede aprender a controlarlo.

Sea optimista. Tenga pensamientos, fantasías y actividades que le hagan sentir bien para alejarse de los pensamientos atemorizantes, aconseja el doctor Zane. Por ejemplo, piense más en las altas probabilidades de un vuelo seguro y en los placeres de descansar en una playa del mar como Acapulco o Cancún en vez de centrar su atención sólo en los peligros improbables del vuelo y en sus reacciones a ellos.

Felicítese. Funcionar con éxito en un nivel de temor constituye un gran logro, declara el doctor Zane. Salir airoso de la prueba es mucho más plausible y realista que tratar de borrar su miedo por completo. Cada encuentro que usted supere en su tratamiento de exposición debe considerarse como una victoria personal y puede aumentar su autoconfianza de que será capaz de controlar la situación.

Evite la cafeína. "La gente que padece de ataques repetidos de pánico puede ser muy vulnerable a la cafeína", explica el doctor David H. Barlow, director de la Clínica para los Trastornos de Fobia y Ansiedad y profesor de psicología en la Universidad del Estado de Nueva York en Albany. "La cafeína recrea algunos de los síntomas que ocurren durante los ataques de pánico. La gente propensa a ellos hará bien en omitir la cafeína de sus dietas."

Cuando mire a la sobrecargo venir hacia usted por el pasillo del avión empujando el carrito de las bebidas para ofrecerle algo de beber, recuerde que no sólo el café contiene cafeína; también se encuentra en el té negro y en determinadas bebidas gaseosas embotelladas, como las colas, y en el chocolate.

Queme esa adrenalina. "En los ataques de pánico se genera un exceso de adrenalina en el organismo; y cuando hay actividad, la quema", señala el doctor Christopher McCullough, director del Centro de Recuperación de las Fobias en San Francisco, California. Tratar de sentarse quieto y relajarse es un error. Necesita moverse para quemar la adrenalina, así que conviene que durante un ataque camine o haga ejercicios.

Practique juegos musculares. "Si no se puede mover libremente, lo mejor que puede hacer entonces es comenzar a tensar y relajar diversos músculos de su cuerpo. "Tense los músculos grandes de su muslo, luego reléjelos rápidamente", sugiere el doctor McCullough. "Esta clase de tensión y relajamiento rítmicos también quema la adrenalina."

Forúnculos

13 sugerencias para detener una infección

Los forúnculos o furúnculos son los volcanes del cuerpo humano. Hacen explosiones como el Popocatépetl y erupción como el Etna, sus cascadas son como las del Kilauea y dejan cráteres parecidos al Krakatoa (al este de Java). Pero en ningún momento tienen la apariencia esplendorosa del Fuji.

La explicación biológica escueta de los forúnculos es la siguiente: bacterias de estafilococos invaden a través de una ruptura de la piel e infectan una glándula sebácea o folículo piloso. El sistema inmunitario del cuerpo envía leucocitos para matar a los invasores: la batalla (inflamación) produce detrito (pus). Un absceso lleno de pus comienza a crecer bajo la superficie de la piel, es de color rojo y duele. A veces el cuerpo reabsorbe el furúnculo: otras veces éste se inflama hasta producir una erupción, drena, y luego cede.

Los forúnculos son dolorosos y de mal aspecto. A veces dejan cicatrices. En ocasiones pueden ser peligrosos; pero pueden ser tratados en su mayoría y con seguridad en casa. Estas son las indicaciones:

ALERTA MÉDICA

Los puntos de ebullición de la dificultad

Si las bacterias de un forúnculo invaden el torrente sanguíneo, pueden causar envenenamiento de la sangre. Por eso puede ser peligroso exprimirse un forúnculo cercano a sus labios o nariz porque puede llevarse la infección al cerebro. Otras zonas peligrosas son axilas, entrepierna y las mamas de una mujer que esté amamantando.

Si el forúnculo se encuentra sumamente sensible o bajo piel gruesa como la de la espalda, o si la víctima del forúnculo es muy joven, viejo o está muy enfermo, haga que un médico lo atienda, aconseja el doctor Rodney Basler. Si tiene líneas rojas que radian desde el forúnculo o si la persona siente síntomas corporales generales como fiebre y escalofríos o inflamación de los nódulos linfáticos, agrega, consulte a un médico porque la infección puede haberse extendido. Los diabéticos son especialmente propensos a tales forúnculos peligrosos, advierte el doctor Adrian Connolly, y pueden necesitar un tratamiento de antibióticos. A veces los forúnculos recurrentes pueden ser síntomas de enfermedades más graves.

Empiece por la cabeza. "Una compresa caliente es lo mejor que puede usted hacer para combatir un forúnculo", comenta el doctor Rodney Basler, dermatólogo y profesor del Colegio de Medicina en la Universidad de Nebraska. "Esto le producirá una cabeza, lo hará drenar y sanar mucho más pronto."

Al primer signo de un forúnculo, coloque una compresa (que puede consistir en una simple toallita caliente y húmeda) sobre el forúnculo durante 20 a 30 minutos tres a cuatro veces al día. Cámbiela unas cuantas veces durante cada sesión para mantenerla caliente. "No es poco frecuente que se lleve entre cinco y siete días" hasta que el forúnculo se rompa por sí mismo, explica el doctor Basler.

Invierta tiempo adicional en la compresa. "Es importante mantener calientes las compresas durante tres días más después de que se abra el forúnculo", recomienda el doctor Basler. "Es necesario drenar todo el pus fuera del tejido." También le convendrá cubrir con algún protector el forúnculo para mantenerlo limpio, "pero no es indispensable. El objetivo de la venda es que el producto drenado no manche su ropa".

Continúe el ataque. Cuando el forúnculo ha evolucionado hasta una cabeza llena de pus, y si es pequeño y no muestra señales de extender la infección, advierte el doctor Basler, "resulta aceptable esterilizar con flama una aguja y

---

El otro camino

Remedios populares de la cocina

El alimento no sólo sirve para comer. La sabiduría popular afirma que los remedios caseros para los forúnculos se encuentran a su alcance, en el depósito de verduras de su cocina. Todas las recomendaciones siguientes, aportación de Michael Blate, fundador del Instituto G-Jo en Hollywood, Florida, son variaciones de la compresa con toalla caliente descrita al principio de este capítulo. Deben cambiarse en intervalos de pocas horas.

- Una rebanada caliente de tomate rojo.
- Una rebanada de cebolla cruda.
- Ajo macerado.
- Las hojas más externas de una lechuga.
- Una bolsita de té negro.

---

hacerle una pequeña perforación en la cabeza. Es bueno exprimirlo".

A menudo los doctores temen que exprimir los forúnculos pueda llevar la infección a partes más profundas dentro de la piel, extendiéndola así a través del sistema linfático. El doctor Basler comenta: "pero en realidad eso sólo sucede algunas ocasiones. En el consultorio nos limitamos a exprimirlos". Dejarlos hacer erupción por su propia cuenta puede crear "más problemas", previene, porque a menudo se abren mientras la persona duerme. Si los ciudadanos de Pompeya hubieran podido abrir un agujero en el Vesubio. . .

Si quiere use un antiséptico. De hecho no es necesario tratar con antiséptico un forúnculo abierto. "Casi no sirve de nada porque la infección está localizada", explica el doctor Basler. "Lo importante es mantenerlo drenando"; pero el doctor Adrian Connolly, profesor clínico en la Universidad de Medicina y Odontología de Nueva Jersey, recomienda aplicar un ungüento antibiótico que se puede obtener sin necesidad de receta médica (como Bacitracin Sterile o Neosporín) para resguardarse contra la infección.

No tenga miramientos con los estafilococos. Si es propenso a los forúnculos, podrá disminuir su frecuencia, según la opinión del doctor Connolly. "No creo que pueda evitarlos del todo, pero sí puede limpiar su piel con un jabón antiséptico como el Betadine", que le ayudará a mantener baja la población de estafilococos. Otra sugerencia de prevención: por lo regular los furúnculos son quistes que se han infectado. "Entrometerse con un quiste es la mejor manera de ganarse un forúnculo", advierte el doctor Basler. Deje los quistes en paz, o hágalos extirpar por un doctor.

No los disperse. Cuando un furúnculo está drenando, conserve limpia la piel que lo rodea, aconseja el doctor Connolly. Dese baños en regadera, no en tina, para reducir la posibilidad de extender la infección a otras partes del cuerpo. Después de tratar un forúnculo, lave bien sus manos antes de preparar alimentos, pues las bacterias estafilocócicas pueden provocar intoxicación por alimentos.

Aplique los remedios de los viejos. El doctor Varro E. Tyler, profesor de farmacognosia en la Universidad de Purdue, menciona remedios populares como las cataplasmas de leche tibia y pan, hojas de bardana o lampazo, o el lodo de un avispero (lo cual reconoce que es un poco riesgoso si las avispas no se encuentran trabajando o de vacaciones). Cualquiera de éstos se aplican como compresas para hacer que el forúnculo presente una cabeza y tal vez sean tan eficaces como la toallita caliente y húmeda, comenta el doctor Tyler.

Póngale lodo. "Pueden conseguirse en las farmacias sin necesidad de receta médica", señala el doctor Basler, "se supone que el lodo deseca los forúnculos. Se aplica al primer signo de forúnculo, y es de esperarse que produzca una cabeza con más rapidez".

COMITÉ DE ASESORES

El doctor **Rodney Basler** es dermatólogo y profesor de medicina interna en el Colegio de Medicina de la Universidad de Nebraska en Lincoln.

Michael Blate es fundador y director ejecutivo del Instituto G-Jo de Hollywood, Florida, organización para la salud con cobertura nacional en Estados Unidos que promueve la acupuntura y la medicina oriental tradicional.

El doctor **Adrian Connolly** es profesor de medicina clínica en la Universidad de Medicina y Odontología de Nueva Jersey en Newark.

El doctor **Varro E. Tyler** es profesor de farmacognosia en la Universidad de Purdue en West Lafayette, Indiana, y autor de *The Honest Herbal*. También es asesor de la revista *Prevention*.

Garganta irritada

27 maneras de apagar el fuego

Tragarse su orgullo puede ser bastante doloroso; pero cuando el mero hecho de *tragar* resulta doloroso, entonces estamos hablando de un problema real. Después de todo, es difícil pasar siquiera 15 segundos sin tragar al menos una vez. Y conforme más trata de *no* hacerlo, más lo hará. Combine una garganta irritada con una tos seca y sabrá lo que es la tortura.

Las gargantas irritadas a menudo son signos iniciales de resfríos o de gripe; pero pueden irritarse independientemente de alguna otra infección viral o bacteriana. A veces se trata nada más de irritaciones menores causadas por la baja humedad invernal o por gritar demasiado en un partido de su deporte favorito. Cualquiera que sea la causa, lea en seguida lo que recomiendan los médicos para pasar lo mejor posible un estado delicado.

Mordisquee trociscos. Si su garganta irritada se debe a una infección viral, los antibióticos no le serán útiles; en cambio sí pueden serle de alguna utilidad las pastillas o trociscos medicados que contengan fenol, indica el doctor especialista en oídos, nariz y garganta de Venice, Florida, Hueston King. El fenol puede matar los gérmenes superficiales y mantener a raya a los invasores hasta que su cuerpo tenga la oportunidad de crear resistencia. Además, su suave acción anestésica adormece las terminales nerviosas irritadas, de modo que no sentirá la garganta tan rasposa. Estos trociscos actúan con distintos grados de eficacia, así que deben seguirse las indicaciones del empaque.

Retire el dolor con un rocío. Siguiendo el mismo lineamiento, los rocíos para la garganta que contienen fenol también pueden proporcionar alivio tópico; pero como señala el profesor de farmacología de la Universidad de Ohio del Norte,

Thomas Gossel, doctor e investigador en farmacología, la duración del contacto entre el rocío y los tejidos irritados es relativamente breve. Sencillamente los trociscos duran más.

Pruebe el cinc. Los trociscos de cinc pueden ayudar al tipo de garganta irritada cuya causa es un resfrío, según el doctor Donald Davis, investigador científico del Clayton Foundation Biochemical Institute en la Universidad de Texas en Austin. "Dimos a los sujetos de estudio una tableta de 23 gramos de gluconato de cinc cada 2 horas, pero les indicamos que la disolvieran lentamente en la boca en vez de sólo tragarla. El cinc alivió sus gargantas irritadas junto con varios otros síntomas de catarro."

Remedios teatrales

Los actores no pueden darse el lujo de suspender su actuación por una garganta irritada. Así que preguntamos a algunos profesionales cómo logran sus actuaciones cuando sus gargantas están haciendo su papelito.

- Varios mencionaron el tradicional tratamiento de jugo de limón y miel en té o agua caliente, sorbido durante el día.
- Todos mencionaron algún trocisco o pastilla favoritos. El actor, director y autor, George Wolf Reily, prefiere las pastillas de menta Ricola producidas en Suiza. "Son magníficas cuando hay que hacer dos actuaciones al día y la garganta está muy irritada."
- El cantante Geoffrey Moore prefiere las pastillas Mento-Lyptus de Halls. "No contienen ningún anestésico que adormezca las sensaciones en mi garganta."
- El actor Norman Marshall prefiere las pastillas Vocalzone para el alivio inmediato. "Estos trociscos negros de sabor fuerte fueron elaborados para Caruso hace muchos años, y los actores los tomamos desde entonces."
- Otro remedio favorito de Marshall es una cucharada de bicarbonato de sodio en un vaso grande de agua. "Sorbo esto durante el día cuando mi garganta está irritada o siento que me voy a resfriar."
- La actriz Elf Fairservis humidifica su garganta irritada con un sauna facial. "Sencillamente inhalo el vapor durante unos 10 minutos. Si dispongo del tiempo necesario, lo hago tres veces al día hasta sentirme mejor."
- Desde un punto de vista preventivo, el actor y cantante William Perley protege su garganta "manteniéndome lo más sano que puedo y comiendo muchas zanahorias por su vitamina A. Mis profesores de canto me han dicho que no irrite mi garganta carraspeando tanto".

No obstante, el doctor Davis advierte que debe tenerse cuidado con el consumo de cantidades elevadas de cinc durante más de siete días, porque puede interferir con otros minerales en el cuerpo. Si a usted no le gusta el sabor del cinc, busque trociscos que contengan dicho mineral.

¡Haga gárgaras! Si le duele la garganta al tragar, la zona irritada puede estar en la parte superior de la garganta y las gárgaras pueden bañarla y calmarla, explica el doctor King. Así pues, haga frecuentes gárgaras con una de las soluciones indicadas en seguida; pero tenga presente que si está ronco o tiene tos, el punto irritado está mucho más abajo, de modo que las gárgaras no le serán útiles.

Agua salada. Mezcle una cucharadita de sal de mesa en medio litro de agua tibia o a temperatura ambiente, indica el doctor Gossel. Esa cantidad basta para imitar el contenido natural salino del cuerpo, de modo que le será sumamente calmante. Úsela aproximadamente cada hora, pero no se trague el líquido si le preocupa su consumo de sodio.

Infusión de manzanilla. La doctora Eleonore Blaurock-Busch, consejera en nutrición de Colorado y presidenta y directora de Trace Minerals International, laboratorio químico clínico en Boulder, recomienda la infusión de manzanilla para aliviar las membranas irritadas. Cueza una cucharadita de manzanilla en una taza de agua caliente. Cuele. Deje enfriar hasta que esté tibia y haga gárgaras según lo necesite.

Jugo de limón diluido. La doctora Blaurock-Busch también sugiere un poco de jugo de limón exprimido en un vaso grande de agua tibia.

Espirituosos. "A veces agrego una cucharada de borbón o whiskey a un vaso grande de agua tibia y lo uso para hacer gárgaras", refiere el doctor Gossel. "Contienen suficiente alcohol para ayudar a calmar una garganta irritada."

Humedezca el ambiente. A veces una garganta irritada en la mañana se debe a haber dormido con la boca abierta. De ordinario, su nariz humedece el aire dirigido a su garganta y pulmones; pero si respira por la boca el aire no pasa por ese proceso, lo que reseca e irrita su garganta.

El otorrinolaringólogo de Nueva Jersey, Jason Surow, recomienda un humidificador de ambiente para volverlo agradablemente húmedo. "Use un modelo pequeño que se instale junto a su cama incluso aunque su sistema de calefacción central doméstica tenga su propio humidificador", indica. "Las unidades incorporadas sencillamente no hacen tan buen trabajo, en especial si tiene un sistema de calefacción de aire forzado, que de por sí reseca el ambiente."

ALERTA MÉDICA

Garganta infectada y otros problemas

Una garganta infectada puede dar problemas repentinamente y doler a más no poder. Si no se atiende, puede producir problemas más graves como fiebre reumática y enfermedad cardiaca de origen reumático. Dado que muchos virus y bacterias distintos pueden causar infecciones de garganta, para identificar el agente infeccioso se requiere un cultivo de moco de garganta. Por fortuna, señala el doctor Hueston King, estas infecciones son bacterianas y responden bastante bien a los antibióticos adecuados.

Otras razones para consultar a un médico, declara el doctor Jerome C. Goldstein, incluyen:

- Gargantas gravemente irritadas, por periodos prolongados, o de manera recurrente.
- Dificultad para respirar, tragar o abrir la boca.
- Dolores de articulaciones, de oídos, o una tumoración en el cuello.
- Erupción o fiebre arriba de los 38.3 °C.
- Ronquera que dure dos o más semanas.
- Saliva o flema sanguinolenta.

Llénese de vapor. Ante una situación de garganta seca o irritada peor que lo normal, suplemente el humidificador de su recámara con inhalaciones de vapor, sugiere el doctor Surow. Abra la llave del agua caliente en el lavamanos del cuarto de baño y deje que corra a la mayor temperatura posible para llenar la habitación con vapor. Mientras corre el agua agáchese sobre el lavamanos, envuelva una toalla sobre su cabeza para atrapar parte del vapor e inhale profundamente por boca y nariz durante 5 a 10 minutos. Repita el procedimiento varias veces al día si es necesario.*

Ábrase la nariz. Si parte de la razón por la que respira por la boca es que su nariz está taponada, interviene el doctor Surow, ábrala con un rocío nasal descongestionante que se venda y use sin receta médica, como por ejemplo Afrín; pero limite su uso a uno o dos días y siga cuidadosamente las indicaciones, advierte, porque estos rocíos pueden causar hábito.

——— * Si al lector preocupado por cuestiones de ecología y de suministro de agua le parece que esta sugerencia desperdicia mucha agua, pero al mismo tiempo quiere ponerla a prueba, entonces puede calentar agua a alta temperatura en una olla grande y hacer una especie de tienda con una toalla para inhalar de ella; hay quienes agregan hierbas curativas a esta agua. (N. del T.)

Inhale las brisas marinas. Si no puede trasladarse a algún sitio húmedo como el océano, obtenga el mismo tipo de atmósfera salina con algún rocío nasal salino que se puede obtener en cualquier farmacia. Cuando inhale el rocío, puntualiza el doctor Surow, el líquido que contiene algo de sal humidificará su nariz y hará que el moco escurra por la parte posterior de su garganta para ayudar a aumentar la humedad allí. Entre las marcas disponibles se encuentran Ocean Mist, NaSal y Ayr. A diferencia de los rocíos nasales descongestionantes, las fórmulas salinas no causan hábito.

Y considere la aspirina. A casi nadie se le ocurre que la garganta irritada es un dolor como cualquier otra molestia física, hace notar el doctor Gossel. Por eso la aspirina, el acetaminofén y el ibuprofén logran combatir eficazmente la incomodidad. (No se debe administrar la aspirina a nadie de menos de 21 años por el riesgo de ocasionar el síndrome de Reye, enfermedad neurológica que pone en peligro la vida.)

Aumente su consumo de líquidos. Tomar la mayor cantidad de líquidos que pueda ayudará a hidratar los tejidos resecos de su garganta, explica el doctor Surow. Aunque realmente no importa *qué* beba, afirma, tal vez deba evitar determinados líquidos. Por ejemplo, las bebidas espesas y lechosas recubrirán su garganta y pueden producir moco y hacerlo toser e irritarle todavía más los tejidos: el jugo de naranja puede quemar los tejidos ya de por sí inflamados; las bebidas con cafeína tienen un efecto diurético contraproducente.

Envuélvase la garganta. Según la doctora Blaurock-Busch, una cataplasma tibia de manzanilla, aplicada directamente a la garganta, alivia el malestar. Para hacer la cataplasma, agregue una cucharada de hojas secas de manzanilla a 1 o 2 tazas de agua hirviendo. Deje cocer unos 5 minutos antes de colar. Remoje una tela o toalla limpia en este té; exprima el excedente y aplique a la zona afectada. Déjela allí hasta que la tela se enfríe. Repita el procedimiento si es necesario, con más líquido caliente.

Llénese de ajo. "El ajo es uno de los mejores antibióticos y antisépticos naturales", interviene la doctora Blaurock-Busch, quien recomienda tomar cápsulas de aceite de ajo (15 granos) seis veces al día; pero si esto le causa reacciones adversas, pruebe algún otro remedio.

Pruebe un remedio ruso. Esta candente idea proviene del doctor Irwin Ziment, director de terapia respiratoria y jefe de medicina en el Centro Médico

Olive View en Sylmar, California. Mezcle una cucharada de rábano largo puro, una cucharadita de miel de abeja y una cucharadita de clavos molidos en un vaso de agua tibia y mezcle bien. "Sorba la mezcla lentamente, mezclando en forma continua pues el rábano largo tiende a asentarse, y tenga pensamientos agradables", aconseja. O use la mezcla para hacer gárgaras. El doctor Ziment refiere que es su remedio ruso favorito.

Tome vitamina C. La vitamina C puede ayudarle a fortalecer sus tejidos para combatir los gérmenes que están irritando su garganta. "Usualmente le digo a la gente que doble el requerimiento mínimo diario recomendado de 60 miligramos", relata el doctor King.

Deseche su cepillo de dientes. Aunque no lo crea, dice el doctor en cirugía dental, Richard T. Glass, jefe del Departamento de Patología Bucal del Colegio de Medicina de la Universidad de Oklahoma y del Colegio de Odontología, su cepillo de dientes puede estar perpetuando, o incluso ocasionando, su garganta irritada. Las bacterias se acumulan en las cerdas del cepillo, con lo que cualquier lesión a las encías durante el cepillado las inyecta en el sistema de su cuerpo.

"En cuanto comience a sentirse mal, tire su cepillo dental. A menudo esta acción basta para parar en seco la enfermedad", comenta; "pero si continúa enfermo, reemplace su cepillo de *nuevo* cuando comience a sentirse mejor. Eso evitará que se reinfecte a sí mismo".

Desde un punto de vista preventivo, el doctor Glass recomienda cambiar su cepillo de dientes mensualmente y también guardarlo fuera del cuarto de baño que por lo regular es húmedo y propenso a criar bacterias. Si cree que es caro comprar tantos cepillos de dientes, agrega, considere el costo de una sola consulta a su médico. A la larga le será mejor mantenerse en buen estado de salud.

Póngase a la altura de las circunstancias. Además de dormir con la boca abierta, otra causa de la garganta irritada por la mañana es la acumulación de jugos gástricos en su garganta durante la noche. Estos ácidos son extremadamente irritantes para los tejidos sensibles de la garganta, advierte el doctor Jerome C. Goldstein, vicepresidente ejecutivo de la American Academy of Otolaryngology y profesor visitante de otorrinolaringología y jefe de cirugía de cabeza y cuello en la Escuela de Medicina de la Universidad Johns Hopkins. Evite el problema inclinando su cama de modo que la cabecera quede 10 a 15 centímetros más alta que la piesera. (Trate de usar tabiques.) Sin embargo, no se limite sencillamente a poner más almohadas bajo su cabeza, pues pueden hacer que su cuerpo se flexione por el centro, aumentar la presión en su esófago y empeorar el problema. Como precaución adicional, no coma o beba desde una o dos horas antes de ir a dormir.

COMITÉ DE ASESORES

La doctora **Eleonore Blaurock-Busch** es presidenta y directora de Trace Minerals International, Inc., laboratorio químico clínico en Boulder, Colorado. También es consejera en nutrición especializada en el tratamiento de alergia y enfermedades crónicas en el Alpine Chiropractic Center de esa localidad; además es autora de *The No-Drugs Guide to Better Health*.

El doctor **Donald Davis** es investigador científico en el Clayton Foundation Biochemical Institute en la Universidad de Texas en Austin. Es editor del *Journal of Applied Nutrition*.

Elf Fairservis es actriz en la ciudad de Nueva York que ha participado en producciones fuera de Broadway y en anuncios publicitarios.

El doctor **Richard T. Glass** es jefe del Departamento de Patología Bucal en el Colegio de Medicina de la Universidad de Oklahoma y en el Colegio de Odontología en la ciudad de Oklahoma.

El doctor en cirugía dental, **Jerome C. Goldstein**, es vicepresidente ejecutivo de la American Academy of Otolaryngology en Washington, D. C. También es profesor visitante de otorrinolaringología y cirugía de cabeza y cuello en la Escuela de Medicina de la Universidad Johns Hopkins en Baltimore, Maryland.

El doctor e investigador en farmacología, **Thomas Gossel**, es profesor de farmacología y toxicología en la Universidad de Ohio del Norte en Ada y jefe del Departamento de Farmacología y Ciencias Biomédicas de esa universidad. Es experto en productos que se venden y usan sin necesidad de receta médica.

El otorrinolaringólogo privado **Hueston King** es especialista en oídos, nariz y garganta en Venice, Florida. También es profesor clínico de otorrinolaringología en el Centro Médico de la Universidad de Texas Southwest en Dallas.

Norman Marshall es actor y ha trabajado en telenovelas, películas y teatro infantil. Formó el No Smoking Playhouse en la ciudad de Nueva York y lo dirigió durante 11 años.

Geoffrey Moore es cantante profesional semirretirado que vive en Ridgewood, Nueva Jersey Tiene un programa de un solo personaje que hace sus representaciones en asilos.

William Perley es actor y cantante. Durante los más recientes veranos ha sido la estrella en la obra *The Mark Twain Drama* en Elmira, Nueva York, que se ha transmitido por el sistema PBS.

George Wolf Reily es actor, director y autor que ha participado en obras fuera de Broadway.

El doctor **Jason Surow** es otorrinolaringólogo privado que tiene consulta tanto en Teaneck como en Midland Park, Nueva Jersey. Trabaja en los hospitales Valley en Ridgewood, Nueva Jersey, y Holy Name en Teaneck.

El doctor **Irwin Ziment** es director de terapia respiratoria y jefe de medicina en el Centro Médico Olive View en Sylmar, California.

Gingivitis

21 remedios para detener la enfermedad de las encías

Hubo tiempos, tal vez quizás apenas el año pasado, en que el sarro o placa dental era uno de esos términos médicos que el dentista empleaba y usted ignoraba.

El dentista decía: "Tiene que cepillarse y usar su hilo dental con más cuidado. Tiene mucho sarro".

Y usted contestaba, "Ajá. Sí. Tiene razón, lo haré", y al regresar a casa se cepillaba y pasaba el hilo dental fielmente durante dos días; pero a la semana de esta rutina volvía a su hábito pernicioso y así seguía hasta la siguiente visita al dentista.

Hoy día las cosas han cambiado.

El dentista dijo: "Sus encías están inflamadas y enrojecidas. Cuando las limpié hace rato, sangraron. Tiene gingivitis. Y si no hace algo al respecto, perderá sus dientes".

¡Epa! Cayó en su propia trampa.

Pero consuélese: no está solo. Una encuesta referida en el *Journal of the American Dental Association* mostró que la mayoría de los adultos tiene señales prematuras de enfermedad periodontal. La gingivitis es el *primer* signo de enfermedad periodontal y la enfermedad de las encías es la principal razón por la que los adultos pierden sus dientes.

Sin embargo, no se desespere. Dentro de la terrible noticia que le dio su dentista hay cosas buenas. Usted es el que puede salvar sus dientes. Y los tratamientos no son tan difíciles. Esto es lo que tiene que hacer.

En lo sucesivo no tome sólo 30 segundos. Si quiere librarse de la gingivitis, tendrá que tomarse tiempo para usar su hilo y el cepillo dental correctamente. Tendrá que reservar un espacio de tres a cinco minutos dos a tres veces diarias para lograr una buena higiene dental, aconseja Robert Schallhorn, cirujano dentista de Aurora, Colorado, y ex presidente de la American Academy of Periodontology.

Cepíllese en la línea de la encía. La zona que atrapa el sarro alrededor de la línea base de la encía es donde se inicia la gingivitis, y es la que más olvidamos cuando nos cepillamos, afirma Vincent Cali, doctor en cirugía dental, dentista de la ciudad de Nueva York y autor de *The New Lower-Cost Way to End Gum Trouble without Surgery*. Coloque su cepillo formando un ángulo de 45° respecto de sus dientes, de modo que la mitad de su cepillo limpie sus encías mientras que la otra mitad cepilla sus dientes. Luego, mueva su cepillo en oscilaciones, no talle.

Tenga dos cepillos de dientes. Altérnelos, aconseja el doctor Cali. Permita que uno se seque y ventile mientras emplea el otro.

Consígase una herramienta eléctrica. Los estudios muestran que un cepillo dental eléctrico por lo regular retira 98.2% de la placa, contra 48.6% eliminada mediante el cepillado manual.

Ahorre algo de hueso. La gingivitis es el inicio de lo que el doctor Cali llama osteoporosis periodontal. Al igual que los huesos en el resto de su esqueleto, que se pueden encoger y volver frágiles, su mandíbula puede padecer suerte parecida. Fortalezca sus huesos con bastante calcio (que se encuentra en productos lácteos, salmón, almendras y verduras oscuras), ejercicio, y sin fumar.

Pruebe el masaje a las encías. Oprima sus encías entre pulgar e índice (el índice en la parte exterior) y frótese, sugiere Richard Shepard, cirujano dentista jubilado en Durango, Colorado. Declara que esto aumentará la circulación sanguínea saludable en sus encías.

Provéase de vitamina C. La vitamina C no cura la gingivitis, pero sí puede ayudar a detener el sangrado de las encías, según un estudio del Centro de Investigación Nutricional del Oeste del Departamento de Agricultura de E.U. en San Francisco, California.

Maneje un cepillo de proxa. Los cepillos de proxa están diseñados especialmente (y se encuentran en muchas farmacias), con la forma de escobillones para botellas muy pequeñas. Se desliza entre sus piezas dentales o bajo su corona o puente para alcanzar los sitios más inaccesibles, explica Roger P. Levin, doctor en cirugía dental, presidente de la Baltimore Academy of General Dentistry.

ALERTA MÉDICA

No les haga caso...
¡y se irán!

¿Qué sucede si descuida sus encías irritadas, sangrantes, signo de gingivitis? Corre el riesgo de padecer de una enfermedad periodontal más grave y la posible pérdida de sus dientes.

Estos son algunos signos que pueden advertirle que su gingivitis está empeorando. Si tiene cualquiera de ellas, consulte a su dentista.

- Tiene mal aliento que no se quita después de 24 horas.
- Sus dientes se ven más largos, resultado de que sus encías se están retrotrayendo de sus dientes.
- Su boca se siente desalineada cuando la cierra porque sus dientes ya no se encuentran igual que antes.
- Sus dentaduras parciales han cambiado sus ajustes.
- Se forman bolsas de pus entre los dientes y las encías.
- Sus dientes están flojos o se caen.

Además, si sus encías siguen sangrando cuando se cepilla los dientes y siguen irritadas e inflamadas a pesar de sus esfuerzos por lograr buena higiene bucal, necesita consultar de nuevo a su dentista.

Use Listerine. En un estudio mencionado en el *Journal of Clinical Periodontology*, se demostró que el enjuague bucal Listerine es eficaz para inhibir el desarrollo de sarro y reducir la gingivitis.

Estudie la etiqueta. Cuando compre un enjuague bucal genérico, busque los componentes químicos cloruro de cetilpridinio o bromuro de domifén en la etiqueta. La investigación ha demostrado que se trata de los ingredientes activos en los enjuagues bucales que reducen la placa dental.

Examine su estilo de vida. ¿Demasiada tensión? ¿Muy poco relajamiento? ¿Trabaja cerca de productos químicos tóxicos? Cualquiera de estos factores puede afectar adversamente sus encías. El doctor Cali sostiene que la gente debe examinar todos los aspectos de su estilo de vida para determinar los cambios que conducen a una vida más saludable.

Suspenda sus vicios. El exceso en el fumar o beber puede drenar las vitaminas y minerales de su cuerpo, vitales para la boca sana, advierte el doctor Cali.

Cepille su lengua Retire las bacterias y toxinas que se esconden allí. El doctor Cali señala que no importa con qué se raspe, mientras no tenga filos. Recomienda una cucharita, una ficha limpia para póker, el palito de una paleta, un abatelenguas o su propio cepillo de dientes. Raspe de atrás hacia adelante entre 10 y 15 veces.

Haga una pausa. No trate de realizar todas estas abluciones orales en un solo día. Masajee sus encías un día y raspe su lengua el siguiente, recomienda el doctor Cali. Si hace algo distinto después de cepillarse y pasarse el hilo dental, no se aburrirá con su aseo.

Disfrute de H_2O_2. Compre una solución de peróxido de hidrógeno al 3%, mézclelo a partes iguales con agua, y haga buches con el líquido durante 30 segundos. No lo trague. Aplíquese este enjuague tres veces a la semana para inhibir las bacterias, aconseja el doctor Cali.

Lávese con una unidad para riego oral. Use un dispositivo de riego oral para llevar agua con qué lavar a chorro alrededor de sus dientes y encías, recomienda el doctor Cali. Para emplearla correctamente, dirija el chorro del agua entre sus dientes, no hacia sus encías.

Lleve consigo un irrigador de bolsillo. Cuando viaje, lleve una jeringa para oídos (bulbo de caucho con una nariz larga). Llénela con agua, luego lave a chorro sus dientes, indica el doctor Cali.

Use un estimulador de encías. Con el propósito de masajear las encías, un estimulador de encías triangular de caucho o uno especialmente diseñado es mejor que un palillo para dientes, afirma el doctor Cali. El estimulador tiene la ventaja de que también limpia las superficies entre sus dientes. Coloque la punta de caucho de modo que se apoye entre dos dientes. Dirija la punta hacia la superficie de masticación hasta que el estimulador se encuentre formando un ángulo de 45° respecto de la encía. Aplique un movimiento circular durante 10 segundos, luego pase a la siguiente pieza.

Coma una verdura cruda al día. Mantendrá lejos la gingivitis, señala el doctor Cali. Los alimentos duros y fibrosos limpian y estimulan los dientes y encías.

Pruebe la solución del bicarbonato y agua. Tome bicarbonato común, mézclele un poco de agua y aplíquela con sus dedos a lo largo de la línea de la encía en una sección pequeña de su boca. Luego cepíllese. Con ello limpiará, pulirá, neutralizará los desperdicios ácidos bacterianos y se desodorizará, todo de un golpe, agrega el doctor Cali.

Pida áloe (sábila) a su farmacéutico. Algunas personas cepillan sus dientes con un gel de áloe, comenta Eric Shapira, cirujano dentista privado en El Granada, California, y profesor auxiliar de clínica en la Escuela de Odontología de la Universidad del Pacífico. "Es cicatrizante y reduce algo del sarro en su boca", afirma.

COMITÉ DE ASESORES

El doctor en cirugía dental **Vincent Cali** es dentista en la ciudad de Nueva York y autor de *The New Lower-Cost Way to End Gum Trouble without Surgery*. También tiene un posgrado en nutrición clínica del Instituto Fordham Page en la Universidad de Pennsylvania en Filadelfia.

Roger P. Levin, doctor en cirugía dental, es presidente de la Baltimore Academy of General Dentistry e imparte clases en la Universidad de Maryland en Baltimore.

El doctor en cirugía dental, **Robert Schallhorn**, tiene su consulta privada en Aurora, Colorado, y fue presidente de la American Academy of Periodontology.

El doctor en cirugía dental, **Eric Shapira**, tiene su consulta privada en El Granada, California. Es profesor de clínica e imparte cursos en la Escuela de Odontología de la Universidad del Pacífico en San Francisco, California, y tiene una maestría en ciencias y bioquímica.

El doctor en cirugía dental, **Richard Shepard**, es dentista jubilado en Durango, Colorado. Edita el boletín de la Holistic Dental Association.

Gota

17 ideas para enfrentarse a ella

La gota es un tipo de artritis que ataca como un relámpago sin previo aviso. Su dolor agudísimo, punzante, a menudo ataca de noche, enrojece y caldea la piel y deja la articulación afectada hinchada y sensible. Peor todavía, un ataque puede durar varios *días*.

Considerada en otros tiempos aflicción de la realeza, la gota se debe al muy plebeyo ácido úrico, que todos tenemos en el torrente sanguíneo; pero si usted sufre de gota, "lo produce en exceso o en una cantidad normal y no lo excreta lo suficiente", explica el doctor en farmacología, Branton Lachman, profesor clínico de farmacología en la Escuela de Farmacología en la Universidad de California del Sur. En todo caso, el exceso se transforma en pequeñísimos cristales que causan dificultades e inflaman sus articulaciones.

A menudo el dedo gordo del pie es el objetivo primordial, aunque casi cualquier articulación puede ser atacada. Y si bien cualquier persona puede padecer gota, la víctima típica es el hombre de edad media que tal vez tiene sobrepeso y antecedentes familiares de la enfermedad. Si actualmente padece gota (o puede padecerla), atienda a los siguientes consejos de los expertos:

Repose. Durante un ataque agudo, mantenga la articulación elevada y en reposo, recomienda la doctora Agatha Thrash, patóloga de Alabama y cofundadora del Uchee Pines Institute, centro no lucrativo de adiestramiento para la salud en Seale, Alabama. Tal vez tenga poca dificultad en seguir este consejo, a causa de la intensidad del dolor. Durante esta fase, recomiendan los médicos, casi ningún paciente puede soportar incluso el peso de una sábana sobre la articulación sensible.

El poder de las cerezas y el carbón

Cerezas. Aunque no hay evidencia científica contundente de que las cerezas ayudan a aliviar la gota, mucha gente considera que son benéficas. No parece importar si usan las variedades dulces o ácidas o si se encuentran en conserva o naturales. Las cantidades mencionadas varían desde un puñado (alrededor de 10 cerezas) diario hasta un cuarto de kilo. La gente también recomienda como efectiva una cucharada de concentrado de cerezas al día, comenta la doctora Agatha Thrash.

Cataplasma de carbón. La doctora Thrash recomienda cataplasmas de carbón, el cual tiene la capacidad de extraer las toxinas del cuerpo. Mezcle media taza de carbón activado en polvo con unas cuantas cucharadas de semilla de linaza (pulverizadas en la licuadora) y suficiente agua bastante caliente como para formar una pasta. Aplíquela a la articulación afectada. Cubra con una tela o plástico para conservar la cataplasma en su lugar. Cambie cada cuatro horas o déjela durante toda la noche. El carbón mancha, así que tenga cuidado de que no toque las sábanas u otra ropa.

Baño de carbón. También puede mezclar carbón en un baño para remojar su pie, aconseja la doctora Thrash. Use una vasija vieja que no le importe manchar. Mezcle media taza de carbón en polvo con agua para formar una pasta. Luego gradualmente agregue suficiente agua caliente de modo que se sumerja su pie. Remoje durante 30 a 60 minutos.

Carbón oral. El carbón activado tomado oralmente puede ayudar a reducir los niveles de ácido úrico en la sangre, afirma la doctora Thrash. Tome de media a una cucharadita cuatro veces diarias como sigue: al levantarse, a media mañana, a media tarde y al acostarse.

Tome ibuprofén. Lo que cause el dolor es la considerable inflamación alrededor de la articulación dolorida. Así que cuando necesite un analgésico, observa el doctor Jeffrey R. Lisse, profesor de reumatología en la Escuela de Medicina de la Universidad de Texas en Galveston, asegúrese de que puede reducir la inflamación, o sea ibuprofén. Siga las indicaciones en la etiqueta; pero si las dosis recomendadas no le dan alivio, advierte, consulte a su médico antes de elevarlas.

Evite la aspirina y el acetaminofén. No todos los analgésicos tienen la misma composición. Por eso, la aspirina puede empeorar la gota al inhibir la excreción de ácido úrico, advierte el doctor Lisse. Y el acetaminofén no tiene suficiente capacidad antiinflamatoria para producir mucho beneficio.

Aplique hielo. Si la articulación afectada no está demasiado sensible al tacto, aplique una bolsa de hielo quebrado o un paquete de gel congelado, recomienda el doctor John Abruzzo, director de la División de Reumatología en la Universidad Thomas Jefferson. El hielo tiene un efecto calmante y entumecedor. Colóquelo sobre la articulación que presente dolor y déjelo allí durante unos 10 minutos. Acojine todo con una toalla o esponja. Reaplíquelo conforme lo necesite.

Evite los alimentos ricos en purina. "Los alimentos ricos en la sustancia llamada purina contribuyen a elevar los niveles de ácido úrico", declara el doctor Robert Wortmann, profesor de medicina y codirector de la División de Reumatología en el Colegio de Medicina de Wisconsin. Por eso es prudente evitar dichos alimentos.

Los alimentos que tienen más posibilidad de *inducir* la gota contienen cantidades de purina que oscilan entre los 150 y 1 000 miligramos por cada porción de 100 gramos. Incluyen productos animales ricos en proteínas como anchoas, sesos, consomé, salsa de carne, corazón, arenques, riñones, hígado extractos de carne, picadillo, mejillones, sardinas y mollejas.

Limite otros alimentos que contienen purina. Los que pueden *contribuir* a la gota tienen un cantidad moderada de purinas (desde 50 hasta 150 miligramos por porción de 100 gramos). Limitarlos a una porción diaria es necesario para quienes padecen de casos graves de gota. Estos alimentos incluyen espárragos, frijoles, coliflor, lentejas, hongos, harina de avena, chícharos, mariscos, espinaca, cereales de grano entero, panes integrales y levadura.

En la misma categoría se encuentran pescados, carnes y aves. Limítelos a una porción de 100 gramos cinco veces a la semana.

Beba mucha agua. Las grandes cantidades de líquidos pueden ayudar a depurar el exceso de ácido úrico de su sistema antes de que llegue a causar daños. El doctor Robert H. Davis, profesor de fisiología en el Colegio de Medicina Podiátrica de Pennsylvania, recomienda la vieja H_2O. "La mayoría de las personas sencillamente no bebe suficiente agua", afirma. "Para obtener los mejores resultados tome de cinco a seis vasos diarios."

Como beneficio adicional, beber agua en abundancia también puede ayudar a desalentar los cálculos renales a los que son tan propensos los gotosos.

Considere las infusiones de hierbas. Otra buena manera de consumir suficiente líquido es con las infusiones de hierbas. No contienen cafeína ni calorías, de modo que las grandes cantidades no lo pondrán nervioso ni lo harán aumentar de peso. La doctora Eleonore Blaurock-Busch, asesora en cuestiones de nutrición de Colorado, presidenta y directora de Trace Minerals International, recomienda especialmente la zarzaparrilla, milenrama (altarreina), brezo y menta. Prepárelas como es usual y beba a menudo.

No beba alcohol. "Evite el alcohol si tiene antecedentes de gota", recomienda Gary Stoehr, doctor en farmacología y profesor de farmacología en la Escuela de Farmacología de la Universidad de Pittsburgh. El alcohol parece incrementar la producción del ácido úrico e inhibir su secreción, lo que puede traducirse en ataques de gota en algunas personas. La cerveza puede ser particularmente indeseable porque tiene mayor contenido de purina que el vino y otras bebidas alcohólicas, advierte la doctora Blaurock-Busch.

Si "empina el codo" en ocasiones especiales, reduzca al mínimo su riesgo de reacción siguiendo esta sugerencia del doctor Felix O. Kolb, profesor de la Escuela de Medicina en la Universidad de California, en San Francisco. "Beba lentamente y suavice el vino con carbohidratos de fácil absorción como son las galletas saladas, fruta y quesos."

Controle su presión arterial. Si además de la gota tiene hipertensión, tiene dos problemas, porque determinados fármacos que se prescriben para reducir la presión, como los diuréticos, en realidad elevan los niveles de ácido úrico, refiere el doctor Lachman. Así que tomar medidas para disminuir su presión arterial de manera natural sería sensato. Trate de disminuir su consumo de sodio, perder sobrepeso y hacer ejercicios; pero jamás interrumpa ningún medicamento prescrito sin consultar a su médico.

Tenga cuidado con las dietas de moda. Si tiene sobrepeso, será imperativo que lo reduzca. La gente con sobrepeso tiende a presentar niveles elevados de ácido úrico; pero no siga las dietas de moda, que tienen la reconocida mala fama de desencadenar ataques de gota, previene el doctor Lisse. Esas dietas, que incluyen el ayuno, hacen que las células se descompongan y liberen ácido úrico. Así que trabaje con su doctor para diseñar un programa de pérdida gradual de peso.

Consulte a su médico en lo referente a posibles suplementos. Tenga cuidado cuando tome vitaminas, advierte la doctora Blaurock-Busch, porque demasiado de determinados nutrientes puede empeorar su gota. Particularmente, el exceso de niacina y vitamina A puede desencadenar un ataque, agrega. Así que siempre consulte a un médico antes de incrementar su ingesta de vitaminas.

No se lastime. Por alguna razón desconocida, la gota a menudo ataca las articulaciones que anteriormente han sido traumatizadas. "Así que trate de no golpear su dedo gordo del pie o de herirse de alguna otra manera", recomienda el doctor Abruzzo. "Y no use zapatos apretados, que también pueden predisponer sus articulaciones a lesiones menores."

COMITÉ DE ASESORES

El doctor **John Abruzzo** es director de la División de Reumatología y profesor de medicina en la Universidad Thomas Jefferson de Filadelfia, Pennsylvania.

La doctora **Eleonore Blaurock-Busch** es presidenta y directora de Trace Minerals International, Inc., laboratorio de química clínica en Boulder, Colorado. También es consejera en nutrición, especializada en el tratamiento de alergia y enfermedades crónicas en el Centro Quiropráctico Alpine de esa localidad, y autora de The No-Drugs Guide to Better Health.

El doctor **Robert H. Davis** es profesor de fisiología en el Colegio Pennsylvania de Medicina Podiátrica en Filadelfia.

El doctor **Felix O. Kolb** es profesor clínico de medicina en la Escuela de Medicina en la Universidad de California en San Francisco.

El doctor en farmacología, **Branton Lachman**, es profesor clínico de farmacología en la Escuela de Farmacología de la Universidad del Sur de California en Los Ángeles. También es vicepresidente de servicios clínicos de Lachman Medicai en Corona, California.

El doctor **Jeffrey R. Lisse** es profesor de reumatología en la Escuela de Medicina en la Universidad de Texas en Galveston.

El doctor en farmacología, **Gary Stoehr**, es profesor de farmacología en la Escuela de Farmacología de la Universidad de Pittsburgh en Pennsylvania.

La doctora **Agatha Thrash** es patóloga que imparte cursos en todo el mundo. También es cofundadora del Uchee Pines Institute, centro no lucrativo para adiestramiento en cuestiones de salud en Seale, Alabama, y autora de Charcoal.

El doctor **Robert Wortmann** es profesor de medicina y codirector de la División de Reumatología en el Colegio de Medicina de Wisconsin en Milwaukee. También es jefe de medicina en el Centro Médico Clement J. Zablocki Veterans de esa ciudad.

Goteo posnasal

13 sugerencias para bloquearlo

Por lo que a usted respecta, quien quiera que haya usado el término "goteo" en combinación con "posnasal" tenía algo torcido el sentido humor. Mejor, según usted, el término más apropiado debe ser "catarata incontenible".

Y a fin de cuentas, ¿de dónde proviene todo este líquido? Bueno, comencemos por el principio. En el curso de un solo día, por la nariz de un adulto circulan alrededor de 9 500 litros de aire. Y sin importar su temperatura, fría o caliente, la nariz debe mantener el aire a 37 °C de temperatura y a 100% de humedad antes de completar su viaje de 20 centímetros hasta los pulmones. Si el aire no está debidamente humidificado y caldeado, puede lesionar el tejido pulmonar.

La humidificación apropiada depende fundamentalmente de glándulas en el recubrimiento de sus cavidades nasales y de los senos. Cada día, dichas glándulas producen alrededor de 2 litros de líquido para lubricar la membranas mucosas en sus senos, nariz, boca y garganta.

"Normalmente, esas secreciones fluyen hacia abajo por la parte trasera de la nariz y garganta, barridas por los cilios", explica el doctor Gilbert Levitt, otorrinolaringólogo e instructor clínico de otorrinolaringología de la Escuela de Medicina de la Universidad de Washington, residente en Puget Sound, Washington. Los cilios son células como hilos que ondulan hacia atrás y hacia adelante sobre parte del tejido de la superficie. Ayudan a mantener despejadas las vías nasales de la materia que se halle allí en forma de partículas.

De cuando en cuando, sobre todo en el invierno, el moco se seca; comienza a volverse espeso, gomoso, lo que frena la actividad de los cilios. Además, los virus pueden hacer que ésta se detenga por completo. Cuando los cilios dejan de ondular, las secreciones se acumulan en la parte trasera de la nariz, la consistencia se espesa y de pronto tiene usted goteo posnasal.

¿Cómo hace para que su moco adquiera de nuevo su naturaleza acuosa ordinaria sin secar por completo su conducto respiratorio superior?

Nuestros expertos aconsejan lo siguiente.

Suénese la nariz regularmente. Esto puede ser tan obvio que tal vez lo pase por alto, señala el doctor Jerold Principato, otorrinolaringólogo privado en Bethesda, Maryland, y profesor clínico de otorrinolaringología en la Escuela de Medicina de la Universidad George Washington. El simple acto de sonarse elimina algo del drenaje posnasal excesivo de la parte delantera de su nariz.

Sin embargo, no exagere la nota. Jamás debe insertar hisopos de algodón y tampoco pañuelos desechables, advierte.

Lave a chorro con agua salina. El agua de sal y un aspirador para uso infantil son todo lo que necesita para terminar con la sensación de taponamiento por moco, así como el mal aliento que a menudo lo acompaña.

La receta del doctor Principato es como sigue: disuelva media cucharadita de sal en un cuarto de litro de agua tibia. (Limítese a un tercio de cucharadita si usted es hipertenso.) Jale el agua hacia el aspirador y ponga la punta de éste en su fosa nasal. Mantenga la nariz recta y hacia atrás, y el aspirador perpendicular a su cara y paralelo a su paladar. Y luego inhale para "jalar" el agua hacia su fosa nasal.

Aunque al principio pueda sentirse incómodo, verá que lo hace con mayor facilidad con la práctica. Repita con la otra fosa nasal y escupa el agua en el lavamanos. Tal vez necesite hacer esto varias veces antes de lograr una sensación de alivio. Cuando haya terminado, suénese la nariz para eliminar la descarga acuosa.

El doctor Principato sugiere que se irrigue las fosas nasales tres veces al día durante cinco días, cuando sea necesario.

Haga gárgaras con agua salada. Use la misma solución de media cucharadita de agua salada (o un tercio de cucharadita para los hipertensos) en un cuarto de litro de agua tibia. De acuerdo con el doctor Principato, esto lo ayudará a despejar sus problemas de garganta y de la cavidad de la voz creados por el drenaje posnasal excesivo.

Basta de picantes. Tal vez le enloquezca el sabor de los alimentos muy condimentados o con mucho chile; pero si padece de un problema de goteo posnasal, debe evitar estos alimentos por ahora. "Los irritantes en alimentos: chiles y especias como el curry, pueden causar problemas nasales crónicos", advierte el doctor Principato.

Pase la leche por alto. Tal vez quiera probar la eficacia de lo siguiente, sugiere el doctor John A. Henderson, otorrinolaringólogo y alergólogo privado de

San Diego, California, y profesor clínico de cirugía en la Escuela de Medicina de la Universidad de California en San Diego. Algunos expertos en alimentos creen que los productos lácteos como la leche y el helado estimulan la producción excesiva del moco. Otros no están tan seguros.

"La leche de vaca es una sustancia totalmente distinta de la leche humana", explica el doctor Henderson. "El problema es que está llena de azúcar. Y ésta, llamada lactosa, alimenta las bacterias y mohos que medran en nuestras gargantas y conductos intestinales." El crecimiento excesivo de estos organismos puede afectar nuestro sistema inmunitario.

Descanse. La tensión es una causa importante de la enfermedad nasal crónica, según el doctor Principato. ¿Por qué? De la tarea de calentar y mantener un recubrimiento apropiado para la nariz se ocupa el sistema nervioso parasimpático, "al cual afecta considerablemente la tensión", señala. La tensión puede forzar demasiado al proceso y hacer que el recubrimiento nasal produzca más moco del necesario.

Si determina que su goteo posnasal es peor cuando se encuentra sometido a la tensión, considere que las técnicas de relajación como la relajación muscular progresiva o la meditación pueden ayudarle a mejorar globalmente.

Beba muchos líquidos. Para que los cilios puedan hacer bien su trabajo es necesario que el recubrimiento mucoso se conserve húmedo. Por eso es útil beber muchos líquidos, lo que ayuda a lubricar el moco que se encuentra atorado en la parte alta de la faringe, según el doctor Alvin Katz, otorrinolaringólogo privado en la ciudad de Nueva York y cirujano en jefe del Hospital Manhattan para Ojos, Oídos, Nariz y Garganta.

"Las infusiones de hierbas con limón y miel, o el agua tibia sola con limón son excelentes", agrega el doctor Levitt. "Ayudan al drenaje posnasal a ir hacia abajo en vez de luchar contra él al aclarar la garganta. Todo lo que se encuentre en la secreción es destruido por el ácido clorhídrico en el estómago, por lo que no hay nada qué temer."

Encienda su humidificador. Un buen humidificador, uno que requiera de muchos litros de agua para llenarse, puede ayudar a mantener húmedos sus pasajes nasales durante los meses secos invernales. Y esto puede ayudar a evitar que el moco se seque y se espese tanto que usted llegue a notarlo.

"Use agua destilada para llenar el humidificador, con lo que no tendrá impurezas", recomienda el doctor Katz. Asegúrese de limpiar semanalmente la unidad con agua mezclada con un poco de vinagre blanco, aconseja. Con eso se evitan los hongos y la lama.

El otro camino

Aliste su neti

Si tiene esperanzas de lograr absoluta pureza en su nariz, haga lo que los yoguis. Use una ollita neti a diario para lavar sus pasajes nasales con agua salada. Una ollita neti se parece a una pequeña tetera pero con un pico prolongado. Por lo regular puede retener varios centilitros de agua.

Los estudiantes de yoga creen que si las vías respiratorias corporales se mantienen sin moco seco se puede ayudar a aumentar la vitalidad en todo el sistema. Además, los partidarios de esta creencia afirman que si se hace de esto una práctica puede ayudarle a liberarse de todos los problemas de senos que surgen por las obstrucciones nasales.

¿Cómo se usa una olla neti? Esto afirma un vocero del Instituto Himalayo Internacional:

Llene la ollita con agua tibia y una pizca de sal. Use la suficiente para que la proporción de sal con agua se parezca a la de las propias lágrimas. Si la solución causa ardor, es porque hay demasiada sal.

Ladee su cabeza sobre el lavamanos, ponga el pico de la ollita en una fosa nasal, y vierta agua hasta usar todo el líquido que contiene la ollita. El líquido deberá salir por la otra fosa.

Rellene la ollita, incline su cabeza hacia el otro lado e irrigue la otra fosa. Puede requerirse de cierta práctica para hacerlo bien.

Luego de que termine, suénese libremente la nariz soplando por ambas fosas.

Se puede practicar el proceso dos veces cada día, si se desea.

"Realmente es divertido y fácil", declara el vocero. "En la actualidad lo uso dos veces al día, y así lo he hecho durante más de una década. El procedimiento elimina los bloqueos de moco en el portal más importante del cuerpo: el sitio donde se obtiene el aire. Cuando este portal está obstruido por el moco, afecta drásticamente su sistema."

No abuse de los anticongestivos. "Si está usando gotas nasales para controlar el drenaje posnasal, entonces las está usando de manera inapropiada", advierte el doctor Principato. Lo mejor es usarlas cuando hay una infección confirmada de senos, indica. También conviene con otros expertos acerca de advertirle que nunca use gotas o rocíos nasales durante más de unos cuantos días seguidos.

Tal vez sea su estómago. Lo que usted cree que es excesivo goteo posnasal en realidad podría ser reflujo esofágico, más comúnmente conocido como acedía. "Ésta da los síntomas de un goteo posnasal", indica el doctor Mark Baldree, otorrinolaringólogo privado de Phoenix, Arizona, y médico de la División de

Otorrinolaringología del Hospital St. Joseph's en Phoenix. "Algunas de las nuevas medicinas antihipertensivas pueden causar en la gente síntomas de goteo posnasal cuando lo que en realidad hay es acedía."

Considere su nivel de estrógeno. La hormona estrógeno afecta el recubrimiento mucoso de la cavidad nasal. Algunos anticonceptivos orales tienen elevados niveles de estrógeno. Aumentar la cantidad que circula en el cuerpo puede hacer que el recubrimiento nasal se vuelva más grueso y produzca exceso de moco.

Si tiene un problema de goteo posnasal y toma píldoras anticonceptivas, consúltelo con su ginecólogo. Tal vez le recete algo con una dosis menor.

Olvídese de los antihistamínicos. "Usualmente no son tan útiles", advierte el doctor Baldree. "No son tan eficaces y ocasionan somnolencia. Es mejor usar un descongestionante común."

COMITÉ DE ASESORES

El doctor **Mark Baldree** es otorrinolaringólogo privado en Phoenix, Arizona. Trabaja en el Departamento de Cirugía de la División de Otorrinolaringología, en el Hospital St. Joseph's en Phoenix.

El doctor **John A. Henderson** es otorrinolaringólogo y alergólogo privado en San Diego, California. También es profesor clínico de cirugía en la Escuela de Medicina de la Universidad de California, en San Diego.

El doctor **Alvin Katz** es otorrinolaringólogo privado en la ciudad de Nueva York y cirujano en jefe del Hospital Manhattan para Ojos, Oído, Nariz y Garganta de esa localidad. Fue presidente de la American Rhinologic Society.

El doctor **Gilbert Levitt** es otorrinolaringólogo de la Group Health Cooperative en Puget Sound, Washington. También es instructor clínico de otorrinolaringología en la Escuela de Medicina de la Universidad de Washington en Seattle.

El doctor **Jerold Principato** es otorrinolaringólogo privado en Bethesda, Maryland. Es profesor clínico de otorrinolaringología en el Departamento de Cirugía en la Escuela de Medicina de la Universidad George Washington en Washington, D. C. También es instructor de la American Academy of Otolaryngology.

Gripe

21 remedios para vencer al virus

¿Se siente como si le hubiera arrollado un camión, varias veces? ¿Está usted tan mal que tiene miedo de morir? Para ser más específicos, ¿se siente tan enfermo que tiene miedo de *no* morir?

Si su cabeza golpetea, sus músculos le duelen y su frente arde por el fuego, tal vez le ha mordido el bicho de la gripe. Y seguirá haciéndolo hasta que se le detenga.

Este virus insidioso debería llamarse el monstruo de las mil caras, pues pese a que sólo hay tres tipos principales (influenza A, B y C), tienen ilimitada habilidad de mutar en formas diferentes. Así pues, aunque es cierto que un ataque con una variedad le da inmunidad a ese virus específico, su descendencia mutante puede afectarlo gravemente al año siguiente, o incluso más adelante en esta misma temporada.

¿Hay escapatoria posible? Depende. Sí, hay ciertas precauciones que puede tomar para reducir la susceptibilidad a futuro (vea "Gánele al bicho de la gripe" en la página 347); pero no cuando la gripe se ha declarado; en este caso usted ya perdió la batalla.

Si cuenta con los antibióticos para el alivio, no tendrá suerte. Eso se debe a que la gripe es una infección viral, y sencillamente los antibióticos no pueden matar virus. Lo mejor que puede hacer es pasarla lo menos mal posible. He aquí cómo.

Quédese en casa. La gripe es una enfermedad muy infecciosa que se dispersa como un incendio sin control, explica el doctor Pascal James Imperato, profesor y jefe del Departamento de Medicina Preventiva y Salud de la Comunidad en el Centro de Ciencias para la Salud de la Universidad Estatal de Nueva York en el Colegio Brooklyn de Medicina.

Así que no actúe como un maniaco del trabajo o un mártir. Tómese un descanso del trabajo (y de cualquier otra cosa) al menos hasta un día después de que su

Hechos escuetos acerca de la gripe

¿Cómo puede usted distinguir entre un resfriado y una gripe? No se trata de una adivinanza. O tal vez sí. Aunque existen similitudes entre las dos enfermedades y entre sus respectivos tratamientos cada una de ellas se debe a organismos enteramente distintos. La peor parte de un resfriado podría durar más tiempo, pero generalmente la gripe causa más incomodidades. Aquí, según el doctor Thomas Gossel, profesor de farmacología y toxicología de la Universidad de Óhio del Norte, hay semejanzas entre los síntomas y diferencias compartidos, según se deban a un resfriado o a una gripe.

Fiebre. Con la gripe, es característica y ataca de repente; en un catarro no es frecuente.

Dolor de cabeza. Es un síntoma prominente de la gripe, pero no aparece a menudo en un resfriado.

Dolores generalizados. En la gripe, hay dolores y a menudo graves; en un resfriado, son leves.

Fatiga. La fatiga es extrema en la gripe y puede durar de dos a tres semanas; el catarro lo deja ligeramente fatigado.

Nariz que escurre. A veces la nariz escurre cuando se tiene gripe, pero cuando hay resfriado el escurrimiento es natural.

Garganta irritada. La gripe a veces va acompañada de una garganta irritada; se trata de un síntoma habitual del resfriado.

Tos. Es común con la gripe y puede ser grave; en un resfriado se da una tos seca de moderada a fuerte.

temperatura haya vuelto a lo normal. Si los enfermos son sus hijos manténgalos en casa, lejos de la escuela, hasta que se hayan recuperado completamente.

¡Descanse un poco! No debe tener mucho problema para hacer caso a este consejo, ya que probablemente se encuentra demasiado enfermo para hacer nada. El reposo en cama es esencial, afirma el doctor Imperato, porque permite a su cuerpo invertir toda su energía en el combate a la infección de la gripe. Mantener su actividad mientras todavía está enfermo debilita sus defensas y lo deja vulnerable a posibles complicaciones.

Beba muchos líquidos. Si tiene fiebre, los líquidos resultan especialmente importantes pues puede padecer de una deshidratación. Además, pueden proporcionarle los nutrientes necesarios cuando está demasiado enfermo para comer. Los caldos son buenos, igual que los jugos de frutas y verduras. La doctora y consejera en nutrición Eleonore Blaurock-Busch, presidenta de Trace Minerals International en Boulder, Colorado, recomienda los jugos de betabel y de zanaho-

Gánele al bicho de la gripe

La inmunidad individual y la variedad específica del virus de la gripe que se encuentra circulando en determinado año son factores importantes para determinar quién caerá víctima de la gripe; pero puede hacer algo para reducir su susceptibilidad a este virulento bicho.

Inyéctese contra la gripe. Cada año los científicos crean una vacuna contra la variedad de más reciente circulación del virus de la gripe. "Así pues, lo mejor que puede hacer para protegerse contra la gripe es vacunarse en el otoño o cuando se inicia el invierno", aconseja la epidemióloga Suzanne Gaventa, quien recomienda particularmente las inyecciones para los residentes de asilos, los que padecen estados crónicos de enfermedad como las pulmonares y las cardiopatías, todos los mayores de 65 años de edad y casi todo el personal médico.

En los casos en que la inyección no impide la gripe, de todos modos disminuye considerablemente la gravedad de la enfermedad. No espere a que la gripe se manifieste para comenzar a prevenirse porque la vacuna tarda unas dos semanas en actuar. Y si tiene alergia a los huevos no se inyecte en contra de la gripe, pues la vacuna se elabora a partir de éstos.

Evite las multitudes. Dada la facilidad con que se contagia el virus de la gripe, aléjese de las salas de cine, teatros, centros comerciales y otros sitios aglomerados durante las epidemias, recomienda el doctor Pascal James Imperato. Y también guarde su distancia respecto de quienes estornudan o tosen, aunque eso signifique bajarse del elevador o perder su asiento en un autobús.

Guárdese del frío. La exposición prolongada al clima húmedo y frío disminuye su resistencia y aumenta el riesgo de infección.

Abandone los malos hábitos. El tabaquismo y el alcoholismo también pueden reducir su resistencia. El tabaquismo en particular lesiona el conducto respiratorio y lo vuelve mucho más sensible a la gripe, advierte el doctor Imperato.

Bese bajo su propio riesgo. Besar es una de las maneras más eficaces de contagiar la gripe. Y el solo hecho de dormir en la misma habitación con su cónyuge agripado invita dificultades. Por tanto, de ser posible, múdese a otra habitación mientras dura la enfermedad, aconseja el doctor.

Conserve su fortaleza. No se canse o fatigue. Pinte su sala, haga la limpieza de cosas viejas o una reparación mecánica mayor *en algún otro momento*, no durante la temporada de la gripe.

ria, los cuales son ricos en vitaminas y minerales.

El doctor Jay Swedberg, profesor de práctica familiar en el Colegio de Ciencias para la Salud en la Universidad de Wyoming recomienda diluir el jugo de fruta con una cantidad igual de agua. "Un poco de azúcar proporciona la glucosa necesaria, pero demasiada puede producir diarrea si usted está enfermo", advierte Swedberg. "También diluya *ginger ale* y otras bebidas gaseosas endulzadas con azúcar y permita que pierdan todo el gas carbónico antes de beberlas porque sus burbujas pueden crearle gas en el estómago, empeorando sus náuseas."

Busque alivio para el dolor. La aspirina, acetaminofén o ibuprofén pueden reducir la fiebre, el dolor de cabeza y los dolores corporales que tan a menudo acompañan la gripe. Tome dos tabletas cada 4 horas, indica el doctor Donald Vickery, consultor en salud corporativa de Virginia y profesor de clínica en la Escuela de Medicina en la Universidad de Georgetown. Tomando en cuenta que con frecuencia los síntomas son más pronunciados en la tarde y al anochecer, señala, tome el medicamento regularmente en este periodo.

No dé aspirina a los menores. Procure no dar aspirina o medicamentos que la contengan a toda persona menor de 21 años que tenga gripe, recomienda la epidemióloga Suzanne Gaventa de los Centros de Control de Enfermedades en Atlanta, Georgia. Mediante estudios se ha demostrado que en niños con gripe la aspirina incrementa el riesgo de desarrollar el síndrome de Reye, enfermedad neurológica que pone en peligro la vida. Dé acetaminofén a los niños, según la prescripción de su médico.

Piénselo dos veces antes de administrarse otros fármacos. Los fármacos contra el catarro que se venden sin necesidad de receta médica podrían darle cierto alivio temporal contra los síntomas, declara el doctor Imperato. Por ejemplo, los antihistamínicos pueden secar una nariz que gotea, pero debe tener cuidado porque también pueden suprimir sus síntomas hasta el extremo de tener la falsa sensación de que está recuperándose. Reiniciar prematuramente sus actividades normales puede traducirse en una recaída o desencadenar complicaciones graves.

Haga gárgaras con agua salada. Su gripe puede ir acompañada de garganta irritada. Obtenga cierto alivio (y expulse mediante lavado cualesquiera secreciones que se estén acumulando en ella) haciendo gárgaras con una solución de agua salada (suero fisiológico), aconseja Mary Ann Pane, enfermera clínica titulada de Filadelfia, Pennsylvania. Disuelva una cucharadita de sal en medio litro de agua caliente. Esta concentración se aproxima al nivel del pH de los tejidos corporales y es muy calmante, explica ella. Haga gárgaras con ella tantas veces como sea necesario; pero no trate de tragar el suero porque su contenido en sodio es muy alto.

Piense en algo dulce. Disolver lentamente en su boca pastillas de dulce duro o trociscos también puede mantener húmeda su garganta de manera que se sienta mejor, recomienda Pane. Además, estos productos contienen calorías que su cuerpo puede emplear cuando probablemente no esté comiendo mucho.

Humedezca el aire. Elevar la humedad de su dormitorio ayudará a reducir la incomodidad de la tos, garganta irritada o pasajes nasales secos. "Un humidificador o vaporizador también puede ser útil si hay congestión en el pecho o si tiene la nariz tapada", señala el doctor Calvin Thrash, fundador del Uchee Pines Institute, organismo educativo sin fines de lucro para la salud en Seale, Alabama.

Consienta a su nariz. Si se ha estado sonando mucho la nariz, tal vez ya la tenga muy irritada. Por eso le conviene lubricar a menudo sus fosas nasales para disminuir la irritación, aconseja Pane. En este caso es preferible un producto como la jalea K-Y en vez del petrolato, pues éste se seca con rapidez.

Apliquese calor. Una característica de la gripe es músculos cansados y doloridos. Caliéntelos y alivie el dolor usando un cojincillo calefactor o un parche poroso, indica Pane.

ALERTA MÉDICA

No subestime a la gripe

La influenza puede ser tan mortal en la actualidad como lo era en 1918, cuando la influenza española mató a más de 20 millones de personas en todo el mundo. Por tanto, aconseja el doctor Pascal James Imperato, consulte a su médico si:

- Su voz se hace ronca.
- Siente dolores en el pecho.
- Tiene dificultades respiratorias.
- Comienza a expectorar flemas amarillentas o verdosas.

También tenga presente que el vómito frecuente o prolongado puede producir deshidratación, la cual resulta especialmente grave en los muy jóvenes y en los ancianos, explica Mary Ann Pane, enfermera titulada. Un dolor abdominal puede ser señal de otro problema, como apendicitis. Si el dolor o los vómitos no ceden después de un día, consulte a su médico.

Caliente sus pies. Remojar sus pies en agua caliente puede ayudarle si tiene dolor de cabeza o congestión nasal, recomienda el doctor Thrash.

Respire aire fresco. Asegúrese de que su cuarto de enfermo tenga un buen suministro de aire fresco en todo momento, observa el doctor Thrash; pero evite los chiflones e impida los enfriamientos con ropa de cama caliente y ajustada.

Fricciónese bien. Una fricción en su espalda puede ayudar a activar el sistema inmunitario para combatir a la gripe, indica el doctor Thrash. Y es muy estimulante.

Coma poco y con prudencia. Durante la peor fase de la gripe tal vez no tenga nada de apetito; pero cuando esté listo para hacer la transición de líquidos a alimentos más sustanciales, prefiera alimentos suaves y ricos en almidones, aconseja el doctor Swedberg. "Los asados en seco son apropiados. También son buenos los plátanos, salsa de manzana, queso tipo *cottage*, arroz blanco cocido, budín de arroz, cereal cocido y papas horneadas, que se pueden adornar con yogur." Para un postre refrescante, pele y congele plátanos muy maduros, y hágalos puré en su procesador de alimentos.

COMITÉ DE ASESORES

La doctora **Eleonore Blaurock-Busch** es presidenta y directora de Trace Minerals International, Inc., laboratorio químico clínico en Boulder, Colorado. También es consejera en nutrición especializada en el tratamiento de alergia y enfermedades crónicas en el Alpine Chiropractic Center de esa localidad, y autora de *The No-Drugs Guide to Better Health*.

Suzanne Gaventa es epidemióloga en la División de Enfermedades Virales de los Centros de Control de Enfermedades en Atlanta, Georgia.

El doctor y farmacólogo titulado **Thomas Gossel** es profesor de farmacología y toxicología en la Universidad de Ohio del Norte en Ada y jefe del Departamento de Farmacología y Ciencias Biomédicas de esa universidad. Es experto en productos que se venden sin necesidad de receta médica.

El doctor **Pascal James Imperato** es profesor y jefe del Departamento de Medicina Preventiva y Salud Comunitaria en el Centro de Ciencias para la Salud de la Universidad Estatal de Nueva York en el Colegio Brooklyn de Medicina. Es editor del *New York State Journal of Medicine* y autor de *What to Do about the Flu*. Ha sido Comisionado de Salud de la ciudad de Nueva York.

La enfermera titulada **Mary Ann Pane** es enfermera clínica en Filadelfia, Pennsylvania. Está afiliada a Community Home Health Services, agencia que atiende a gente que requiere de cuidados especializados de salud en sus hogares.

El doctor **Jay Swedberg** es profesor de práctica de medicina familiar en el Colegio de Ciencias de la Salud en la Universidad de Wyoming, en Laramie.

El doctor **Calvin Thrash** es el fundador del Uchee Pines Institute, organismo no lucrativo para la educación de la salud en Seale, Alabama. También es coautor de *Natural Remedies: A Manual*.

El doctor **Donald Vickery** es presidente del Centro de Estímulo a la Salud en Reston, Virginia. También es profesor de clínica de medicina familiar y comunitaria en la Escuela de Medicina de la Universidad de Georgetown en Washington, D. C. y profesor de clínica de medicina familiar en el Colegio de Medicina de Virginia en Richmond. Es autor de *Life Plan for Your Health* y coautor de *Take Care of Yourself*.

Hemorragia nasal

17 sugerencias para detener el flujo

Nada como la hemorragia nasal para darle alguna idea acerca de la cantidad de sangre que habitualmente lleva usted en su cabeza. Nada más en la nariz circulan grandes cantidades en sus capilares.

Incluso Holden Caulfield, el memorable cínico de *The Catcher in the Rye*, sabía lo suficiente como para sentirse impresionado. El puñetazo que le propinó en la nariz su compañero de cuarto no lo asombró tanto como ver la sangre que corría a chorros por su cara.

"Jamás se vio semejante sangría", dijo el exagerado joven héroe. "La sangre me cubría toda la boca y barbilla e incluso mi pijama y bata. En parte me asusté y en parte me sentí fascinado. Tanta sangre y toda la situación me daban apariencia de rudo."

¡Y vaya que era rudo! Caulfield escogió un remedio casero poco común: un juego de canasta con el vecino Ackley. Nuestros expertos tienen ideas más prácticas.

Las sugerencias que ofrecen pueden ayudar contra casi cualquier hemorragia nasal, trátese de la originada por la resequedad invernal, un efecto secundario de hipertensión arterial o arteriosclerosis, o un niño curioso que inserte un dedo donde no corresponde.

Suénese para arrojar el coágulo. Antes de que intente detener su hemorragia nasal, dese "una buena, vigorosa sonada" de nariz, recomienda el doctor Alvin Katz, otorrinolaringólogo privado de la ciudad de Nueva York y cirujano en jefe en el Hospital Manhattan para Ojos, Oídos, Nariz y Garganta. Al sonarse la nariz quitará cualesquiera coágulos que mantengan abiertos los vasos sanguíneos. Los coágulos actúan como "cuñas en la puerta", explica el doctor Katz. "Los vasos sanguíneos tienen fibras elásticas. Si se expulsa el coágulo, puede hacer-

---

ALERTA MÉDICA

Cuando su hemorragia nasal necesita un médico

Ya taponó con algodón su nariz, aplicó presión y esperó el tiempo supuesto; pero sigue sangrando.

¿Qué hacer ahora? Vaya a una sala de emergencias o diríjase sin tardanza al consultorio de su médico. Las hemorragias nasales pueden matarlo si se prolongan el tiempo suficiente. En raras ocasiones, el sangrado continuo indica la presencia de un tumor.

Si es usted anciano y padece de endurecimiento de las arterias, no debe esperar más de 10 minutos para buscar ayuda médica.

También diríjase a la sala de emergencias si su hemorragia nasal se inicia en el fondo de la nariz. Eso puede suceder si se tapona la nariz y siente que la sangre corre hacia abajo por el fondo de su garganta. A menudo las hemorragias nasales posteriores deben taponarse desde la boca y requieren de habilidad profesional para hacerlo bien.

---

se que las fibras elásticas se contraigan alrededor de esa pequeñísima abertura."

Esto "verdaderamente es útil", agrega el doctor John A. Henderson, otorrinolaringólogo, alergólogo y profesor de clínica de cirugía en la Escuela de Medicina de la Universidad de California, en San Diego. "Ahorra mucho tiempo y molestias."

A veces el sonarse la nariz y aplicar un poco de presión bastan para detener cuanto antes el sangrado.

Tapone el lado sangrante con algodón húmedo. ¿Con qué humedecer el algodón? Varios de nuestros expertos mencionaron descongestionantes que se venden sin receta médica como Neo-Sinefrina y Rocío Nasal Afrin.

Sin embargo, el doctor Jerold Principato, otorrinolaringólogo privado de Bethesda, Maryland, y profesor clínico de otorrinolaringología en la Escuela de Medicina y Ciencias de la Salud de la Universidad George Washington, recomienda el vinagre blanco. El ácido del vinagre cauteriza suavemente, explica. Los descongestionantes sólo dan control temporal: si se abusa de ellos, puede dañarse el recubrimiento nasal.

La gasa simple también es útil. Si no tiene algodón a mano, use gasa estéril simple, recomienda Christine Haycock, doctora privada en Newark, Nueva Jersey, y profesora de cirugía clínica en la Universidad de Medicina y Odontología de Nueva Jersey en la Escuela de Medicina de Nueva Jersey. Humedezca la gasa antes de ponérsela en la nariz. (Cuando la saque, ahueque sus dos manos, llénela de agua y moje la gasa. Esto bastará para aflojarla lo suficiente como para extraerla.)

Pellizque la parte carnosa de su nariz. En cuanto se haya sonado la nariz y la haya taponado con algodón o gasa, use su pulgar e índice para pellizcar la parte suave de la nariz cerrándola. Aplique presión continua durante 5 a 7 minutos. Si la hemorragia no se detiene, aplique un nuevo tapón y pellizque de nuevo durante otros 5 a 7 minutos. El sangrado deberá haberse detenido para cuando haya terminado esta segunda operación.

"Deje el algodón durante 20 minutos adicionales antes de sacarlo", aconseja el doctor Mark Baldree, otorrinolaringólogo y miembro de la División de Otorrinolaringología del Departamento de Cirugía del Hospital St. Joseph's de Phoenix, Arizona.

Siéntese derecho. Si se recuesta o echa la cabeza atrás, sólo tragará la sangre, advierte el doctor Katz.

Pruebe una compresa de hielo. "A veces una compresa de hielo puede ayudar bastante", comenta la doctora Haycock. El frío estimula el estrechamiento de los vasos sanguíneos y reduce el sangrado.

No se escarbe. La rotura en el vaso sanguíneo que causó la hemorragia nasal requiere de 7 a 10 días para sanar por completo. El sangrado se detiene después de formado el coágulo pero éste se vuelve una escara o costra conforme continúa la cicatrización. Si se escarba la nariz durante la siguiente semana y arranca la escara, se producirá otra hemorragia nasal, previene el doctor Principato.

Aplique un ungüento antibiótico/de esteroides. "Si aplica un poco de este ungüento dentro de la nariz de dos a tres veces diarias, destruirá las bacterias de estafilococos", explica el doctor Gilbert Levitt, otorrinolaringólogo de Puget Sound, Washington, e instructor clínico de otorrinolaringología en la Escuela de Medicina de la Universidad de Washington. Esto detendrá la comezón e impedirá que se forme una costra de moco que pudiera hacerlo escarbarse la nariz.

Tome hierro. Si usted es propenso a padecer de hemorragias nasales, considere los suplementos de hierro para ayudar a su cuerpo a reemplazar rápidamente el suministro de sangre, declara el doctor Levitt. El hierro es un componente vital de la hemoglobina, sustancia clave en los glóbulos rojos.

El remedio junto al encordado

En los combates profesionales de boxeo se cuenta con exactamente un minuto entre dos asaltos para detener una hemorragia nasal.

Angelo Dundee, entrenador de Miami Beach, Florida, manejador de 11 boxeadores a nivel de campeonato mundial, entre ellos Muhammad Alí y Sugar Ray Leonard, domina la siguiente técnica.

¿Qué hace?

"Ni siquiera inserto un hisopo de algodón en el sitio", refiere Dundee. "Tomo un pedazo de algodón y con él formo una mecha. La sumerjo en Adrenalina 1:1000 y la inserto con un movimiento de tornillo en la cavidad nasal. Luego aplico presión a ese lado de la nariz."

"Si la hemorragia fluye desde ambas fosas nasales atornillo una mecha de algodón en cada fosa nasal e indico al muchacho: 'Respira por la boca para darle a la sangre una oportunidad de coagularse'. Luego tomo un cojincillo de gasa y lo oprimo con fuerza en la parte baja central de la nariz, o sea donde las fosas se unen en la base de la nariz. Allí se puede oprimir con toda la fuerza que se quiera sin producir dolor. Esta operación parece detener la hemorragia."

La adrenalina 1:1000 sólo puede obtenerse mediante receta médica. Su ingrediente principal es la epinefrina, que también es un componente de varios productos nasales que se venden sin receta médica.

Vigile su consumo de aspirina. La aspirina puede interferir con su mecanismo de coagulación. Si usted es propenso al sangrado por la nariz, los expertos le aconsejan que no tome aspirina si no la necesita.

También cuide su consumo de salicilatos. El doctor Henderson aconseja a sus pacientes que eviten los alimentos con alto contenido de salicilatos, sustancia parecida a la aspirina y que se encuentra en el café, té, casi todas las frutas y algunas verduras. Los alimentos en esa lista incluyen el aceite de gaulteria, los albaricoques (chabacanos), almendras, clavo de olor, cerezas, ciruelas, duraznos, manzanas, menta, todas las moras, pasas de Corinto (grosella), pepinos, pepinos curtidos, pimientos dulces, tomates, uvas y uvas pasas.

Controle su presión arterial. Las personas con hipertensión son propensas a padecer de sangrado nasal. Por eso deben seguir una dieta baja en grasa y en colesterol, recomienda el doctor Levitt. "Si tiene hipertensión y se le revienta un vaso sanguíneo, es mejor que esa rotura ocurra fuera y no dentro de la cavidad craneana. En caso contrario podría ocurrir un ataque cerebral. Es como si Dios nos hubiera dado una válvula de seguridad."

Humidifique el aire. Cuando respira, su nariz tiene que trabajar para asegurarse de que el aire llegue a sus pulmones bien humidificado. De aquí se sigue que cuando el ambiente está seco su nariz tiene que trabajar más. En este caso puede ser útil un buen humidificador de ambiente, en particular el que necesite de varios litros de agua para llenarse.

El doctor Katz recomienda que llene el humidificador con agua destilada para protegerse contra las impurezas que pueda contener el agua de la tubería. También asegúrese de limpiar adecuadamente la unidad, de acuerdo con las instrucciones del fabricante, al menos una vez por semana. Llene el dispositivo con partes iguales de agua y vinagre blanco y opérelo durante al menos 20 minutos.

Ingiera su dosis apropiada de vitamina C. La vitamina C es necesaria para formar el colágeno, sustancia esencial para la salud de su tejido corporal, indica el doctor Henderson. El colágeno en el tejido de su conducto respiratorio superior ayuda al moco a pegarse donde se supone que debe hacerlo y crea un recubrimiento húmedo y protector para sus senos paranasales y su nariz.

Tenga cuidado al escoger los anticonceptivos orales. El estrógeno influye en la producción de moco. Todo lo que cambie el balance del estrógeno en su cuerpo (entre ello la menstruación en las mujeres) puede hacerle más propenso a los sangrados nasales. Determinados anticonceptivos orales también alteran el balance. Si los sangrados nasales son un problema para usted, asegúrese de mencionarlo a su médico cuando escoja su píldora para el control natal.

No fume. Debe conservar húmeda su cavidad nasal. Fumar la reseca mucho, advierte el doctor Baldtree.

COMITÉ DE ASESORES

El doctor **Mark Baldtree** es otorrinolaringólogo privado en Phoenix, Arizona. Pertenece a la División de Otorrinolaringología del Departamento de Cirugía del Hospital St. Joseph's en Phoenix.

Angelo Dundee, de Miami Beach, Florida, es entrenador de boxeo y ha sido manejador de 11 campeones mundiales de boxeo en peso completo, entre ellos Muhammad Ali y Sugar Ray Leonard.

La doctora **Christine Haycock** tiene su práctica privada en Newark, Nueva Jersey. Es profesora de cirugía clínica en la Universidad de Medicina y Odontología de Nueva Jersey en la Escuela de Medicina en Newark.

El doctor **John A. Henderson** es otorrinolaringólogo y alergólogo privado en San Diego,

California. También es profesor clínico de cirugía en la Escuela de Medicina de la Universidad de California en San Diego, California.

El doctor **Alvin Katz** es otorrinolaringólogo privado en la ciudad de Nueva York y cirujano en jefe del Hospital Manhattan de Ojos, Oídos, Nariz y Garganta de esa localidad. Fue presidente de la American Rhinologic Society.

El doctor **Gilbert Levitt** es otorrinolaringólogo de la Group Health Cooperative en Puget Sound, Washington. También es instructor clínico de otorrinolaringología en la Escuela de Medicina de la Universidad de Washington en Seattle.

El doctor **Jerold Principato** es otorrinolaringólogo privado en Bethesda, Maryland. Es profesor clínico de otorrinolaringología en el Departamento de Cirugía en la Escuela de Medicina y Ciencias de la Salud de la Universidad de Washington, D. C. También es instructor en la American Academy of Otolaryngology.

Hemorroides

18 remedios para aliviarlas

¿Cómo localiza las cremas para hemorroides en su supermercado o farmacia local? Busque a todos los compradores que llevan gabardinas, anteojos oscuros y bigotes falsos.

Para muchas personas las hemorroides son una cuestión sumamente embarazosa, pero no es necesario que ocurra así. Las hemorroides se encuentran entre los más frecuentes de todos los padecimientos de salud, ya que atacan a cerca de ocho de cada diez personas durante la vida. Incluso Napoleón sufrió hemorroides. Se dice que el dolor agobiante de las hemorroides imperiales contribuyó a su aplastante derrota en Waterloo.

Sin embargo, las hemorroides no tienen que ser el Waterloo *de usted*, pues aunque de manera muy parecida a las venas varicosas, estas venas inflamadas en el ano son parcialmente hereditarias, también pueden deberse a cuestiones como la dieta y los hábitos sanitarios, y es posible curarlos también por ellos.

Así que deje de sonrojarse, siéntese sobre una almohada cómoda y lea lo que dicen los expertos acerca de este problema frecuente.

ALERTA MÉDICA

Hemorroides que necesitan ayuda

Si siempre ha gozado de salud en su trasero y repentinamente experimenta incomodidad, bien puede tratarse de hemorroides, aunque también podría ser algo más. Si a la incomodidad le acompaña la comezón y recientemente volvió de un viaje por otro país, por ejemplo, sería posible que tenga parásitos, en cuyo caso necesitará de tratamiento médico para librarse de ellos.

El sangrado del recto siempre exige una visita al médico, advierte el doctor Edmund Leff. "Las hemorroides nunca pueden volverse cancerosas, pero sangran, y el cáncer también", explica el doctor Leff.

Otras veces una vena crecida en el ano puede taponarse y producir una zona grande, azul, inflamada y dura, muy dolorosa", explica el doctor John O. Lawder. En casi todos los casos un médico puede extraer muy fácilmente el coágulo.

Luche por conseguir que su excremento sea suave. La estrategia más eficaz contra las hemorroides es ir justo a la fuente del problema. Con mucha frecuencia, sobre todos los problemas de las hemorroides se encuentra sentada una persona que gruñe y sufre. Si para usted es una novedad que no se supone que la defecación sea un asunto largo y penoso probablemente tiene hemorroides. Pujar y padecer en el excusado proporciona justo la clase de esfuerzo que se necesita para hinchar e inflamar las venas en su recto. Entonces el duro excremento empeora las cosas porque raspa la zona que ya está castigada. ¿Cuál es la solución? Beba muchos líquidos, coma muchas fibras y recurra a menudo a los siguientes remedios.

Aceite su maquinaria interna. Una vez que haya aumentado el contenido de fibra y líquidos en su dieta, su excremento deberá suavizarse y pasar con menos esfuerzo. Además puede ayudar a que su excremento se mueva con mayor facilidad aun lubricándose el ano con un poco de petrolato, aconseja el doctor Edmund Leff, cirujano de colon y recto que tiene su consulta privada en Phoenix y Scottsdale, Arizona. Usando un hisopo rectal de algodón o su propio dedo apliquese el petrolato adentrándolo un centímetro y medio en el recto.

Límpiese con suavidad. Su responsabilidad hacia sus hemorroides no debe concluir cuando haya terminado de evacuar el intestino; es muy importante que se limpie de manera apropiada y con suavidad, recomienda el doctor John O. Lawder, médico familiar especializado en medicina preventiva y nutrición en

Torrance, California. El papel higiénico puede ser áspero, aparte de que algunos tipos contienen irritantes químicos. Compre sólo papel higiénico blanco, no perfumado, y humedézcalo en la llave del agua antes de cada limpieza.

Escoja un papel higiénico más suave. Si nunca ha oído hablar de papel higiénico lubricado, es porque todavía no se vende. Pero puede encontrar toallas faciales cubiertas con cremas humectantes, las que, según el doctor Lawder, ofrecen el trato más gentil disponible en el mercado para la limpieza de hemorroides.

No se rasque. Las hemorroides pueden dar comezón, y rascarse puede hacerlas sentir mejor; pero *no ceda* al impulso de rascarse. "Se puede dañar las paredes de estas delicadas venas", y empeorarse mucho más, advierte el doctor Lawder.

Hoy no levante pianos. Levantar objetos pesados y hacer ejercicio fatigoso pueden actuar de manera muy parecida al pujar en el excusado, explica el doctor Leff. Si tiene propensión a las hemorroides, haga que un amigo le ayude o contrate a alguien para que mueva ese piano o juego de sala.

Váyase a mojar. El baño de asiento (sentarse con las rodillas levantadas en unos 10 centímetros de agua caliente en una tina de baño) es un remedio que todavía está a la cabeza de la lista de casi todos los expertos como manera de tratar las hemorroides. El agua caliente ayuda a acabar con el dolor al tiempo que incrementa el flujo sanguíneo a la zona, lo que puede ayudar a encoger las venas hinchadas, señala el doctor J. Byron Gathright, Jr., jefe del Departamento de Cirugía de Colon y Recto en la Clínica Ochsner en Nueva Orleáns, Louisiana, y profesor de cirugía en la Universidad de Tulane.

Aplique medicamento para las hemorroides. Hay muchas cremas y supositorios para hemorroides en el mercado, y si bien generalmente no harán que desaparezca su problema (contrario a lo que pueden afirmar sus anuncios publicitarios), la mayor parte están formulados como analgésicos locales y pueden aliviar algo de la incomodidad, comenta el doctor Gathright.

Escoja una crema. Seleccione una crema para hemorroides de preferencia sobre un supositorio, aconseja el doctor Leff, ya que estos últimos son "absolutamente inútiles" para las hemorroides externas, e incluso para las internas, pues los supositorios tienden a flotar demasiado lejos hacia arriba del recto como para hacer algún bien, añade.

Logre maravillas con hamamelis. Un poco de agua de hamamelis aplicada al recto con una bolita de algodón es uno de los mejores remedios disponibles para las hemorroides externas, especialmente si hay sangrado, recomienda el doctor Marvin Schuster, jefe del Departamento de Enfermedades Digestivas en el Centro Médico Francis Scott Key en Baltimore, Maryland, y profesor de medicina y psiquiatría en la Escuela de Medicina en la Universidad Johns Hopkins. "Los peluqueros usan hamamelis cuando lo rasuran, porque hace que los vasos sanguíneos se reduzcan y contraigan", declara.

Si bien cualquier cosa fría, incluso el agua, puede ayudar a aliviar el dolor de las hemorroides, dé a las suyas un trato especial sumergiendo una botella de agua de hamamelis en un cubo con hielo, como lo haría con una botella de champaña. Luego tome una bolita de algodón, remójela en el agua de hamamelis y aplíquela contra sus hemorroides hasta que ya no esté fría, y repita el procedimiento, sugiere el doctor Schuster.

El otro camino

Collinsonia, ¿la solución de herbolaria?

"Tengo un paciente que descubrió que la *collinsonia* es lo único que puede controlar sus hemorroides", declara el doctor en quiropráctica, Grady Deal, quiropráctico nutricional y psicoterapeuta en Koloa, Kauai, Hawai. La collinsonia es un antiguo remedio de la herbolaria, muy conocida en el siglo pasado aunque todavía puede encontrarse en algunas tiendas naturistas de la actualidad.

En el *New Age Herbalist* de Richard Mahey se describe a la *Collinsonia canadensis* o *stoneroot* como una hierba cuyo "principal uso es fortalecer la estructura y función de las venas. Es particularmente buena para el tratamiento de las hemorroides". El doctor Deal afirma que actúa como astringente que puede ser útil para las hemorroides.

"Tome dos cápsulas (cada una con 375 miligramos) dos veces al día con un vaso completo de agua entre las comidas para los problemas agudos. Algunas personas necesitan tomar una dosis de mantenimiento de dos tabletas diarias por tiempo indefinido para controlar los síntomas", indica el doctor Deal. (Pero primero consulte a su médico.) "Yo tengo este producto a mano todo el tiempo para los pacientes de hemorroides."

Cuide su peso. Ya que soporta más peso en la extremidades inferiores, la gente con sobrepeso tiende a tener más problemas con las hemorroides, al igual que con las venas varicosas, explica el doctor Lawder.

Controle su consumo de sal. Es cierto que a usted le gustan sus patatas fritas cubiertas de sal, pero eso puede empeorar sus hemorroides. El exceso de sal retiene los líquidos en el sistema circulatorio, lo cual puede ocasionar que sus venas del ano y otras partes se abolsen, advierte el doctor Lawder.

Evite determinados alimentos y bebidas. Ciertos alimentos, que tal vez no empeoran sus hemorroides, pueden contribuir a su padecimiento anal al crear mayor comezón en su tránsito por el intestino. Cuídese del exceso de café, especias fuertes, cerveza y bebidas de cola, aconseja el doctor Leff.

¿Embarazada? Alivie la presión. Las embarazadas son particularmente propensas a las hemorroides, en parte porque el útero está justo sobre los vasos sanguíneos que drenan las venas hemorroidales, explica el doctor Lewis R. Townsend, instructor clínico de ginecología y obstetricia en el Hospital de la Universidad de Georgetown en Washington, D. C. Un remedio especial contra las hemorroides si usted está embarazada es que se recueste sobre su costado *izquierdo* durante unos 20 minutos cada 4 a 6 horas, recomienda el doctor Townsend. Al hacerlo, disminuirá la presión en la vena principal que drena la parte inferior del cuerpo.

Empújelo. A veces la palabra hemorroide no se refiere a una vena hinchada sino a un desplazamiento descendente del recubrimiento del canal anal. Si usted tiene una hemorroides protuberante de ese tipo trate de empujarla de vuelta al canal anal, recomienda el doctor Townsend. Las hemorroides que se dejan colgar son las candidatas principales para producir coágulos.

Siéntese en una rosquilla. Estamos hablando de un cojín con forma de rosquilla, disponibles en farmacias y tiendas de suministros médicos y que pueden ser útiles para los pacientes de hemorroides que tienen que pasar mucho tiempo sentados, señala el doctor Townsend.

Pruebe el ClenZone. Este pequeño dispositivo se fija en su asiento de excusado y rocía un delgado chorro de agua hacia su recto después de cada evacuación de intestino. Así queda usted superlimpio y sirve como un refrescante minibaño de asiento al mismo tiempo.

ClenZone se puede conseguir de Hepp Industries, Inc., 687 Kildare Crescent, Seaford, NY 11783. El costo es de unos 22 dólares.

Herpes

14 sugerencias para combatir el dolor

Un dolor agudo, candente, recorre su cuerpo como una descarga eléctrica siguiendo una ruta nerviosa en su cuerpo. Pocos días más tarde furiosas ampollas rojas hacen erupción en el sitio del dolor. Cuando su erupción produce ampollas y éstas se vuelven turbias, se percata de que no es una erupción ordinaria.

Padece de herpes, infección viral de un nervio.

Échele la culpa a la varicela que padeció en su infancia. El virus zóster de la varicela (VZ), el mismo invasor que le ocasionó tanto padecimiento antes, realmente jamás salió de su sistema. Hasta ahora, su sistema inmunitario ha logrado magníficos resultados desactivando por completo al virus VZ. E incluso en la actualidad, ese poderoso sistema inmunitario que usted tiene está impidiendo que el virus cause estragos en todo su sistema; pero eso le producirá poco consuelo frente al dolor que está sufriendo. Según la gravedad de su caso de herpes (zóster), el dolor puede continuar incluso después de que sanen sus ampollas.

Este virus VZ, también conocido como herpes zóster, es miembro del clan del herpes, que tan mala reputación tiene. La palabra "zóster" significa cinturón en griego, y tal vez sólo hasta que padezca de herpes apreciará lo apropiado de esta denominación.

¿Qué puede hacer para sentirse lo mejor posible mientras su cuerpo sana?

AL INICIO

Nuestros expertos recomiendan lo siguiente para las etapas iniciales del herpes.

Busque alivio al dolor. El doctor Jules Altman, médico privado de Warren, Michigan, y profesor clínico de dermatología en la Universidad del Estado de Wayne, recomienda el analgésico Tylenol extrafuerte, sustituto de la aspirina.

Proporciónese un estimulante. Tanto su sistema inmunitario como sus nervios se beneficiarán de recibir dosis adicionales de vitamina C y complejo de la vitamina B, explica el dermatólogo John G. McConahy, de New Castle, Pennsylvania. Él aconseja a sus pacientes de herpes que tomen 200 miligramos de vitamina C de cinco a seis veces al día para fortalecer su poder inmunitario y un suplemento de complejo de vitamina B para regenerar y reconstruir las células nerviosas. (Desde luego, no tome esta o cualquier otra terapia de vitaminas sin la aprobación y supervisión de su médico.)

El doctor McConahy también indica a sus pacientes que tomen una tableta de multivitaminas que contenga cinc.

Pruebe la lisina. Una serie de estudios demuestra que el aminoácido lisina puede ayudar a inhibir la dispersión del virus del herpes. Sin embargo, no todos los estudios sobre la lisina apuntan a dicha conclusión.

Tomar suplementos de lisina al principio del herpes no puede perjudicar y tal vez ayude, comenta el doctor Leon Robb, director del Robb Pain Management Group en Los Ángeles, California.

PARA LAS AMPOLLAS DEL HERPES

Una vez que aparezcan las ampollas, hay varias maneras de obtener alivio.

No haga nada. Deje las ampollas en paz a menos que su erupción realmente sea muy fuerte, recomienda el doctor Robb. "Usted puede retardar la curación si irrita la piel aplicando demasiadas cremas y ungüentos."

ALERTA MÉDICA

Impida el daño irreversible de los nervios

Si su dolor por herpes es insoportable, consulte a su médico. Tenga en cuenta que este no es el momento para ser estoico. Si no atiende su incomodidad, puede terminar padeciendo de daño irreversible a sus nervios con años de dolor, advierte el doctor Leon Robb.

Recuerde que el herpes no es un mal de la piel sino una infección viral de un nervio.

Por lo regular los médicos tratan las etapas iniciales de herpes con aciclovir o un fármaco esteroide. El aciclovir reduce la reproducción del virus zóster de la varicela y el curso de la infección. Lo que no parece impedir es la neuralgia posherpética, el dolor de nervios que persiste después de que la piel ha sanado. Algunos médicos creen que los fármacos esteroides como la prednisona pueden impedir ese dolor;otros no están muy convencidos.

El doctor Robb está a favor de la técnica que consiste en inyectar un bloqueo nervioso en el sitio apropiado. "Si bloquea los nervios simpáticos que transmiten el dolor de la zona, se puede producir alivio definitivo y notable a más del 75 a 80% de los pacientes", agrega.

Sin embargo, los pacientes crónicos de la neuralgia posherpética pueden mejorar. Un método consiste en implantar un pequeño dispositivo eléctrico en la médula espinal que puede producir un choque contra el dolor al sitio apropiado cuando lo estimula un transmisor externo.

Haga un linimento de calamina. Esta receta es del doctor James J. Nordlund, profesor y jefe del Departamento de Dermatología del Colegio de Medicina de la Universidad de Cincinnati. Tal vez pueda conseguir que su farmacéutico local se la prepare.

A la loción de calamina agrege 20% de alcohol isopropil, 1% de fenol y 1% de mentol. Si el fenol es demasiado fuerte o si el mentol es demasiado frío, diluya el linimento con partes iguales de agua.

"Úselo con la frecuencia que desee en el curso del día hasta que las ampollas se sequen y estén cubiertas de escaras", aconseja el doctor Nordlund. "Luego deje de usarlo por completo." Y entonces cambie a una loción que contenga mentol y fenol, como Nutriderm.

Pruebe una pasta de cloroformo/aspirina. El doctor Robb prescribe este remedio que proviene del doctor Robert King, de Syracuse, Nueva York.

Muela dos tabletas de aspirina (no sustitutos de ella) hasta hacerlas polvo.

Agregue dos cucharadas de cloroformo y mézclelo. Ponga la pasta con golpecitos sobre la zona afectada con una borla de algodón limpio. Se puede aplicar la pasta varias veces al día. También puede pedir a su farmacéutico que se la prepare.

¿Cómo actúa? Se dice que el cloroformo disuelve el residuo del jabón, los aceites y las células muertas en la piel, lo que permite a la aspirina penetrar en los pliegues de la piel y desensibilizar las terminales nerviosas afectadas. Debe comenzar a sentirse mejor en 5 minutos. El alivio puede durar varias horas y a menudo incluso días.

Aplique un vendaje húmedo a las erupciones graves. Tome una toallita de baño o una toalla común, sumérjala en agua fría, exprímala y aplíquela a la zona afectada, indica el doctor Nordlund. "La mejor sensación la produce el agua más fría. Es lo mismo que poner hielo cuando se quema", comenta.

No avive las llamas. Evite cualquier cosa que caliente más su piel ampulada. El calor sencillamente macerará su piel, advierte el doctor Robb.

Sumérjase en un baño de almidón. Si tiene herpes en la frente, pase esta sugerencia por alto; pero si su problema está abajo de su cuello, puede ayudarle. Sencillamente ponga un puño de almidón de maíz o harina de avena coloidal, como Aveeno, en su agua de baño en la bañera y prepárese para darse un buen remojón, aconseja el doctor Nordlund; "pero tenga especial cuidado de no resbalarse en el piso de la bañera".

"Esto es útil, aunque el alivio puede no durar mucho", agrega. "A menudo recomiendo a mis pacientes que hagan lo anterior 20 minutos antes de ir a dormir, y que luego tomen algo contra el dolor para ayudarse a conciliar el sueño."

Ataque la infección con agua oxigenada. Si las ampollas se infectan, aplíqueles agua oxigenada. No hace falta diluirla. Se puede usar directa del envase, explica el doctor Robb.

O use un ungüento antibiótico. Tenga cuidado con el que usa. La neomicina y el neosporín tienen mala fama porque sensibilizan la piel, advierte el doctor Nordlund. Mejores opciones las constituyen el polisporín y la eritromicina.

Use Zostrix después de que desaparezcan las ampollas. Usualmente esto tarda unos dos meses. Zostrix es un remedio contra el dolor de herpes que no requiere receta ni supervisión médica. Su ingrediente activo es la capsaicina, un derivado del chile que se emplea para fabricar polvo de chile y pimienta de cayena. Los científicos creen que actúa bloqueando la producción de una sustancia química necesaria para transmitir los impulsos dolorosos entre las células nerviosas.

Usar este ungüento tópico en la piel ampulada es "como poner chiles picantes en el herpes activo", señala el doctor Altman. "La idea de Zostrix es su efecto contrairritante. Sirve para piel no abierta pero que tiene sensaciones dolorosas, no para infecciones abiertas, que rezuman líquido."

CUIDADO DESPUÉS DE LAS ÁMPULAS

Tal vez se sienta un poco mal incluso después de que desaparezcan las ampollas. Puede hacer lo siguiente.

Enfríese con hielo. Si todavía tiene dolor después de curadas las ampollas, ponga hielo en una bolsa plástica y pásela con vigor sobre la piel, recomienda el doctor Robb. "Lo que aquí se trata de hacer es confundir los nervios. Se ha descubierto que resulta benéfico."

Juegue al investigador privado. A veces, para algunos pacientes, el dolor duradero por el herpes puede apuntar a alguna necesidad emocional más oculta que no se está satisfaciendo, indica el doctor Altman. ¿Hay algún dolor que está distrayendo su atención de algún otro problema? ¿O el dolor es una manera en la que usted está llamando la atención? Es algo que debe tomarse en consideración, sugiere Altman; deberá comentarlo con su médico.

COMITÉ DE ASESORES

El doctor **Jules Altman** es médico privado en Warren, Michigan, y profesor clínico de dermatología en la Universidad del Estado de Wayne en Detroit.

El doctor **John G. McConahy** es dermatólogo privado en New Castle, Pennsylvania.

El doctor **James J. Nordlund** es profesor y jefe del Departamento de Dermatología en el Colegio de Medicina en la Universidad de Cincinnati en Ohio.

El doctor **Leon Robb** es director del Robb Pain Management Group en Los Ángeles, California, donde trata a pacientes de herpes y practica investigaciones. Anestesiólogo durante 25 años, fue jefe de anestesia en el Centro Médico Presbiteriano de Hollywood.

Herpes genital

17 estrategias para controlarlo

Estuvo jugando ruleta sexual rusa y perdió. Ahora sus genitales presentan llagas que arden. Tiene fiebre y debilidad. El doctor realiza unos cuantos exámenes y declara que usted tiene herpes genital, también conocido como herpes *símplex* II. Afirma que la enfermedad es incurable (usted la tendrá para siempre). Ahora se siente como si acabara de comprar un boleto de viaje sin retorno al infierno.

Sin embargo, no es así, de modo que deje de sentirse tan mal. De hecho, aquí le proporcionamos su boleto de vuelta a casa.

Arriba el ánimo. ¿Por qué? En primer lugar, si usted es como la mayoría de la gente, después de iniciado y terminado su ataque de herpes (usualmente en dos a tres semanas), los subsecuentes serán ocasionales y por lo general no tan graves como el primero. En segundo lugar, si se encuentra entre aquellos a quienes el herpes parece destinado a hacerlos sentirse desgraciados, ahora hay un medicamento ético llamado acyclovir que puede reducir la frecuencia de los ataques hasta en 90%. En suma: "ya sea por la progresión natural de la enfermedad o por intervención terapéutica, el herpes dista de ser un estado sin esperanza", declara el doctor Will Whittington, investigador de la División de Enfermedades Sexualmente Transmitidas en los Centros de Control de Enfermedades en Atlanta, Georgia.

Fortalezca su sistema inmunitario. Los expertos no saben con exactitud qué hace que el virus del herpes permanezca adormecido durante largos periodos y luego abruptamente despierte para crear un caos; pero muchos consideran que un sistema inmunitario debilitado, como un alguacil borracho en un pueblo del Viejo Oeste, invita a los pequeños bandidos a volver.

Por fuerte que pueda ser esta conexión, sería prudente que mantenga sobrio a su sistema inmunitario y que lo arme con una dieta bien balanceada, mucho reposo y relajación, y ejercicio regular.

La conexión mente/cuerpo

¿Por qué algunas personas portan el virus del herpes durante años sin sufrir un ataque, en tanto que otras portadoras del virus experimentan ataques regulares?

La respuesta yace en gran medida en la mente, afirma el doctor Christopher W. Stout, de Denver, psicólogo clínico especializado en psiconeuroinmunología. "La gente que se halla más tensa, deprimida, que se encuentra abrumada por la hostilidad y que se encoleriza más fácilmente parece sufrir erupciones más frecuentes", refiere el doctor Stout. "Se considera que estas clases de actitudes suprimen el sistema inmunitario del cuerpo."

La enfermera titulada Judy Hurst señala: "Sin importar cuánta investigación se lleve a cabo en el próximo milenio, estoy convencida de que la tensión siempre será el factor número uno".

Sin embargo, si usted no estuvo sometido a tensión *antes* de saber que tenía herpes, ciertamente ahora la padecerá, lo cual puede crear un estado en que su tensión contribuye a los brotes, lo que contribuye a la tensión, lo cual. . . etcétera. La pregunta es, ¿cómo se sale ahora de este círculo vicioso?

Aprenda todo lo que pueda. Lea acerca del herpes, hable con su doctor, trate de entenderlo lo más que pueda y aprenda a dominar la situación lo más posible, aconseja el doctor Stout.

Únase a un grupo de apoyo. Se encuentran en muchos lugares, para ofrecer camaradería, apoyo emocional y un sitio donde hablar confidencialmente y compartir información, observa Hurst. En Estados Unidos, la American Social Health Association puede ayudarlo a encontrar un grupo local. LLame al teléfono (919) 361-2742.

Considere tomar terapia a corto plazo. Después de saber que tiene herpes, tal vez experimente tristeza, depresión, enojo y culpa. En sólo unas cuantas sesiones, un buen psicoterapeuta deberá ayudarle a lograr cierta perspectiva, recomienda el doctor Stout.

Aprenda técnicas de relajación. Las técnicas son muy variadas, entre ellas la meditación, terapia de relajación, visualización y retroalimentación biológica. Encuentre un enfoque adecuado que le sirva, señala el doctor Stout.

Use agua y jabón. Su primera intención al descubrir las llagas en sus genitales puede ser bombardearlas con todo lo que tenga en su gabinete médico. No lo haga. Como sucede con las llagas, no necesita preocuparse por adquirir una infección secundaria (bacteriana); pero lo único que necesita emplear para mantener la zona libre de gérmenes es agua y jabón, aconseja el doctor Whittington. De

---

ALERTA MÉDICA

Un fármaco que ayuda en la cicatrización

Si tiene un caso terco de herpes o si está experimentando muchas recurrencias, tal vez quiera pedirle a su médico que le recete acyclovir, fármaco que ha demostrado acelerar el tiempo de cicatrización y limitar la gravedad del ataque, explica el doctor Stephen L. Sacks. Si está padeciendo su primer ataque o si sus recurrencias son frecuentes, o si *cree* que lo son, muy probablemente su doctor podrá ayudarle.

Si está embarazada, es muy importante que informe a quienquiera que esté atendiendo su embarazo, ya que el herpes puede infectar a los recién nacidos, advierte el doctor Sacks.

En otros tiempos se sospechó que había una fuerte relación entre el herpes genital y el cáncer cervical, aunque en la actualidad ya no se tiene tanta sospecha al respecto; pero todavía sería prudente que las mujeres con herpes se practiquen la prueba de Papanicolaou anualmente, recomienda el doctor Will Whittington.

---

todos modos, nada de lo que tenga en su gabinete médico matará el virus, y en cambio puede contener muchas cosas que empeoren la situación. "El *único* medicamento que ha demostrado tener claros beneficios para la gente con herpes es el acyclovir", explica el doctor Whittington.

Evite los ungüentos. Las llagas genitales necesitan mucho aire para sanar. El petrolato y los ungüentos antibióticos pueden bloquear este aire y frenar el proceso de cicatrización, afirma el doctor Stephen L. Sacks, profesor de medicina en la Universidad de Columbia Británica y fundador y director de la Clínica UBC Herpes. *Jamás* emplee una crema de cortisona, pues puede inhibir su sistema inmunitario y de hecho alentar el crecimiento del virus, advierte.

Combata la incomodidad con calor. Durante el primer ataque o los molestos ataques secundarios, un baño o una ducha para mojar con agua caliente la zona genital, de tres a cuatro veces diarias, puede resultar calmante. (Lo es para la mayoría de los enfermos, aunque a algunas personas no les gusta.) Cuando termine su baño, seque la zona genital con un secador de cabello ajustado en baja temperatura o frío; tenga cuidado de no quemarse. El aire del secador también será calmante y tal vez acelere el proceso de cicatrización al ayudar a resecar las llagas, declara el doctor Sacks.

Use ropa interior holgada, de algodón. El aire es fundamental para la cicatrización; por ello, use sólo ropa interior que permita a su piel respirar, es decir, algodón, no fibras sintéticas, recomienda la enfermera titulada, Judith M. Hurst, coordinadora y consejera médica del Toledo HELP, grupo de apoyo para personas que padecen herpes en la región de Toledo, Ohio. Si emplea pantimedias de nylon, asegúrese de que la zona de la entrepierna esté hecha de algodón. Si quiere usar un traje de baño sin sacrificar la moda, considere cortar la entrepierna de algodón de unas pantimedias y coserla al traje de baño, aconseja Hurst.

Alivie la micción dolorosa. La micción para la gente con su primer brote de herpes puede producir intenso dolor cuando la orina ácida pasa por las llagas abiertas, lo cual es particularmente aplicable a las mujeres. Trate de alejar el chorro de orina de las llagas mediante un poco de papel higiénico enrollado, sugiere el doctor Sacks. O bien procure orinar en la bañadera cuando haya terminado de bañarse, recomienda Hurst.

El otro camino

¿Puede atacar con aceite de ricino al herpes?

¿Aplicar compresas de aceite de ricino a su abdomen? ¿Por qué? Porque un sistema inmunitario fortalecido puede evitar que el virus del herpes actúe, y las compresas de aceite de ricino fortifican su sistema inmunitario.

Eso afirma el doctor C. Norman Shealy, jefe del Instituto Shealy para el Dolor General y Cuidados de la Salud en Springfield, Missouri. El doctor Shealy basa su teoría en los escritos del sanador psíquico, ya fallecido, Edgar Cayce, y sostiene su tesis en una investigación reciente todavía no publicada, realizada en una destacada universidad estadounidense.

Para el máximo fortalecimiento de su sistema inmunitario, recomienda el doctor Shealy, comience con una taza de aceite de ricino, con el cual se empapan completamente dos pedazos de franela. Coloque las telas saturadas sobre su estómago y cúbrase con plástico. Sobre el plástico aplique un cojincillo eléctrico calefactor ajustado a la temperatura más alta posible, y déjeselo durante una hora. Inicialmente, haga esto una vez cada día durante un mes. Continúe los tratamientos tres veces por semana, y aumente la aplicación de los paquetes durante un ataque de herpes.

No se toque. Aunque a esta enfermedad se le llama herpes *genital*, es posible contagiar el virus a otras partes del cuerpo si se toca una llaga abierta y luego se toca otra parte, por ejemplo la boca u ojos, con los mismos dedos. Por ese motivo es importante no tocarse las llagas, señala Sandy Moy, coordinadora del Herpes Resource Center en la American Social Health Association (A. S. H. A.). Si cree que puede rascarse durante la noche, cubra sus llagas con material protector poroso como una gasa, aconseja ella.

Considere estos suplementos. Algunas personas e incluso algunos médicos comentan que productos como el cinc en ungüento o cápsulas, el amino-ácido lisina, o el aditivo para alimentos hidroxitolueno butilado (BHT) tomado como suplemento, pueden contrarrestar los ataques de herpes; empero, pese a estudios aislados acerca de su eficacia, son remedios cuyo valor no ha sido demos-trado, según afirma la mayoría de los médicos. Si decide probar cualquiera de éstos, sepa que las dosis elevadas pueden ser peligrosas y que sólo deben tomarse bajo la supervisión de un médico.

Pida auxilio. Si tiene preguntas acerca de su estado, puede contar con ayuda, informa Moy. A. S. H. A opera dos líneas abiertas que ofrecen consejos gratuitos para la gente que padece herpes. En Estados Unidos puede llamar a Herpes Hotline en el (415) 328-7710 de lunes a viernes entre las 12:00 y 16:30 P.M. (tiempo del Pacífico); o a STD Hotline en el 1-800-227-8922, de lunes a viernes, de 5:00 a 20:00 horas (hora del Pacífico).

. Pida ayuda por escrito. También puede suscribirse a *The Helper,* publi-cación trimestral de A. S. H. A. sobre todos los aspectos del herpes, escribiendo a Subscriptions, H. R. C./A. S. H. A. P. O. Box 13827, Research Triangle Park. NC 27709. (Moy asegura que toda la bibliografía proveniente del Herpes Resource Center se envía en sobres comunes, sin marcas de identificación.)

No dañe a otros. Recuerde cómo se contagió del herpes. Ahora usted tiene la responsabilidad de proteger a los demás. Cuando tiene llagas, es altamente contagioso: evite tener relaciones sexuales. Cuando no se presenten llagas tal vez no contagie el virus, pero deberá emplear condón para asegurar mayor protección y tranquilidad de conciencia. A propósito, el hecho de que ya tenga herpes no quiere decir que no pueda contagiarse de otra manifestación de la enfermedad. Aunque esto no sucede a menudo, el herpes genital puede recurrir con más de una variedad del virus, advierte el doctor Sacks.

Herpes labial

17 sugerencias para curar el herpes *símplex*

Ese cosquilleo que siente usted justo arriba de su labio superior es inconfundible. ¡Oh, no! Ya sabe lo que es: el inicio de otro herpes labial, vesícula febril o fuego.

Ya antes ha pasado por esto. Primero la zona se enrojece, luego quema, da comezón y se revienta. Cuanta más agua reúna el ámpula, más grande se hará y más incómodo se sentirá usted.

Por alguna razón no puede dejar de mirarse en el espejo. (Cada vez que se mira ese fuego quizá espera contra toda lógica que haya desaparecido, que sólo existiera en su imaginación; pero, lamentablemente, no hay tal.) ¿Por qué, se pregunta, me tiene que suceder a mí?

El herpes labial o fuegos es causado por el virus del herpes *símplex*. Muy probablemente, algún pariente lo infectó durante su infancia a través de un beso, en una época cuando su herpes *símplex* era contagioso.

El virus marchó directamente hacia su boca y buscó una célula huésped, tal vez una célula nerviosa que permitió al virus instalarse como inquilino. Entonces el virus "ordenó" al ADN de su célula huésped que produjera más virus exactamente como el invasor.

En su mayor parte, estos virus son seres hogareños a los que les gusta pasar inadvertidos; pero de cuando en cuando a la familia de los virus le gusta salir de vacaciones, para lo cual recorre las autopistas nerviosas hasta alcanzar la superficie de la piel. Y cuando esto sucede, usted comienza a sentir esa horrible sensación de cosquilleo que indica el inicio de otros fuegos.

¿Qué puede usted hacer al respecto?

Mantenga limpio y seco el herpes labial. "Si su herpes labial no molesta realmente, déjelo en paz", recomienda el doctor James F. Rooney, virólogo clínico en el Laboratorio de Medicina Oral en los Institutos Nacionales para la Salud. "Asegúrese de mantener su fuego limpio y seco. Si empieza a aparecer pus — lo cual rara vez sucede— busque atención médica para cerciorarse de que la infección bacteriana se trate adecuadamente."

Reemplace su cepillo de dientes. Su fiel cepillo de dientes puede alojar el virus del herpes durante muchos días, reinfectándolo después de que sane el fuego que ahora tiene.

Los investigadores de la Universidad de Oklahoma expusieron un cepillo de dientes estéril al virus durante 10 minutos. Siete días después todavía estaba presente la mitad de los virus productores de la enfermedad, relata el cirujano dental Richard T. Glass, jefe del Departamento de Patología Oral en el Colegio de Medicina y el Colegio de Odontología de la Universidad de Oklahoma.

¿Cómo contrarrestar el cepillo de dientes infeccioso? Deshágase de él. El doctor Glass recomienda que deseche su cepillo de dientes cuando note que comienza a afectarse por el virus. Si a pesar de ello todavía llega a aparecerle un fuego, tire el cepillo de dientes después de que se desarrolle el ámpula. Eso puede impedir que se presenten fuegos múltiples. Y luego que el herpes labial haya sanado por completo, vuelva a reemplazar el cepillo de dientes. El doctor Glass comentó que sus pacientes que intentaron este método comprobaron que se redujo la cantidad de fuegos que por lo regular padecían en el año.

No conserve su cepillo de dientes en el cuarto de baño. Un lindo cepillo de dientes mojado y en un ambiente húmedo como el cuarto de baño son las condiciones ideales que pueda desear el virus del herpes *símplex*. Esa humedad ayuda a prolongar la vida del virus del herpes en el cepillo de dientes. Por eso el doctor Glass recomienda que lo guarde en algún sitio seco.

Utilice tubos pequeños de pasta dental. La pasta dental también puede transmitir la enfermedad, agrega Glass. Piense cuán a menudo puso el cepillo dental que ya ha tenido en su boca contra la abertura del tubo de la pasta. Si utiliza tubos pequeños de pasta, los reemplazará con frecuencia.

Proteja con petrolato. Puede proteger su fuego cubriéndolo con petrolato, declara el doctor Glass. Asegúrese de no volver a meter en el frasco el mismo dedo que utilizó para tocar su herpes labial. Mejor utilice un nuevo hisopo de algodón.

Ataque con cinc. Varios estudios muestran que una solución de cinc a base de agua, aplicada al momento en que comience a sentir el cosquilleo, ayuda a acelerar el tiempo de curación.

En un estudio realizado en Boston a 200 pacientes a quienes se siguió durante un periodo de seis años, se descubrió que una solución de sulfato de cinc al 0.025% en agua alcanforada resultó muy eficaz. Los fuegos sanaron en un promedio de 5.3 días. La solución se aplicó cada 30 a 60 minutos durante el inicio del fuego.

Un grupo de investigadores en Israel también descubrió que una solución de cinc al 2% a base de agua, aplicada varias veces al día fue muy útil, afirma el doctor Milos Chvapil, profesor de cirugía y jefe de la Sección de Biología Quirúrgica en el Colegio de Medicina de la Universidad de Arizona.

¿Cómo ayuda el cinc? El doctor Chvapil sostiene que los iones de cinc se relacionan de manera cruzada con la molécula de ADN del virus del herpes e impiden que se divida la doble hélice. Eso quiere decir que el virus no puede obtener la ayuda del ADN para multiplicarse.

El doctor Chvapil indica que el gluconato de cinc es más suave para la piel que el sulfato de cinc. El mineral puede conseguirse en tiendas naturistas.

Golpéelo con lisina. El dermatólogo Mark A. McCune, jefe de dermatología del Hospital Humana en Overland Park, Kansas, aconseja a los pacientes que tienen más de tres ataques de herpes labial anuales suplementar sus dietas diarias con 2 000 a 3 000 miligramos del aminoácido lisina. También recomienda que dupliquen la dosis cuando sientan las señales de comezón y cosquilleo que anuncian la salida de un nuevo fuego. (Desde luego, no utilice este o cualquier otro suplemento sin el consejo y consentimiento de su médico, sobre todo en mujeres embarazadas y madres lactantes. Algunos estudios en animales han mostrado que el exceso de lisina puede interferir con el crecimiento normal.)

No todos los estudios han determinado que la lisina sea útil para los pacientes de herpes labial; pero en un estudio de 41 pacientes, el doctor McCune y sus colegas descubrieron que una dosis diaria de 1 248 miligramos de lisina ayudó a los sujetos a reducir el número de fuegos que padecían al año.

Las buenas fuentes de lisina incluyen los productos lácteos, papas y levadura de cerveza.

Identifique la secuencia. ¿Qué estaba sucediendo en su vida justo antes de que padeciera su último ataque de herpes labial? ¿Qué ocurría cuando apareció el anterior a ése? Si la hace de detective en su vida pasada, tal vez identifique lo que inicia un herpes labial para usted. Si puede encontrar el factor desencadenante, tome lisina adicional cuando tenga más propensión a los fuegos, recomienda el doctor McCune.

Congélelo. Algunos de los pacientes del doctor Rooney se aplican hielo a la primera sensación de cosquilleo. "No estoy seguro de que sirva, pero si se trata de especular, diría que el hielo sí disminuye la inflamación. Y si alguna sustancia inflamatoria ayuda al proceso de reactivación, este remedio podría resultar útil."

Apííquele hamamelis. "Algunos pacientes aseveran que abrir un fuego y aplicarle hamamelis o alcohol realmente ayuda a resecarlo", refiere el doctor Rooney.

Suavícelo con un producto no ético. Hay muchos productos que afirman curar los fuegos. En general, contienen algún emoliente para reducir el agrietamiento y suavizar las costras, y un agente adormecedor como el fenol o alcanfor.

El fenol puede tener algunas propiedades antivirales, agrega el doctor Rooney. "Si desnaturaliza las proteínas, teóricamente sería posible que el fenol mate el virus."

Protéjase del sol (o viento). Proteger sus labios de lesiones por insolación o exposición al viento fue considerado por todos nuestros expertos como fundamental para impedir el herpes labial.

Evite los alimentos ricos en arginina. El virus del herpes necesita arginina como aminoácido esencial para su metabolismo. En consecuencia, elimine los alimentos ricos en arginina como el chocolate, cola, guisantes, cereales de grano, maní o cacahuate, gelatina, anacardo o nuez de acajú y cerveza.

Perfeccione sus habilidades para hacer frente a la situación. Los estudios han demostrado que la tensión puede desencadenar recurrencias del virus del herpes *símplex*, aunque los elevados niveles de tensión no necesariamente son los culpables, explica el doctor Cal Vanderplate, psicólogo de Atlanta que se especializa en trastornos relacionados con la tensión. "Cómo se hace frente a la tensión (cómo se le percibe) es lo que importa. La tensión no es algo tangible, sino un concepto."

El principal desactivador de la tensión para el doctor Vanderplate es "mantener un sistema basado en la buena disposición hacia los demás. Esto es lo primero que puede hacer para protegerse contra una fuerte tensión", declara. "Algo también muy importante es un sentido de control. Si usted asume una actitud positiva hacia su salud, podrá influir más en sus síntomas."

Relájese. "Para cuando aparecen los síntomas, es demasiado tarde para intervenir en la reducción de la tensión", agrega el doctor Vanderplate. "Pero usted podría reducir la gravedad practicando algún ejercicio de relajación." Vanderplate recomienda las técnicas de relajamiento muscular profundo, biorretroalimentación, visualización y meditación.

Haga ejercicio. "Hay cierta evidencia en el sentido de que el ejercicio de hecho ayuda a fortalecer el sistema inmunitario", explica el doctor Vanderplate. Y a mayor fortaleza de dicho sistema, mejor podrá defenderlo contra los virus. El ejercicio es también una excelente manera de relajarse, afirma.

Corrija su percepción. A nadie le gusta tener fuegos; pero si ya tiene uno, concentrarse en él y preocuparse sobre cómo se ve puede empeorarlo. "Reduzca al mínimo toda percepción negativa que tenga al respecto", aconseja el doctor Vanderplate. "Dígase: 'esto sólo es un barro y no interferirá de ninguna manera en mi vida'."

El doctor **James F. Rooney** es virólogo clínico y experto del Laboratorio de Medicina Oral en los Institutos Nacionales para la Salud en Bethesda, Maryland.

El doctor **Cal Vanderplate** es psicólogo clínico especialista en trastornos relacionados con la tensión. Forma parte del profesorado de la Universidad Estatal de Georgia y de la Escuela de Medicina de la Universidad de Emory, ambas en Atlanta.

Hiedra venenosa y árbol de las pulgas

19 remedios contra el sarpullido

Si usted es como la mayoría de la gente alérgica a las plantas venenosas genéricamente conocidas como zumaque venenoso o hiedra venenosa y árbol de las pulgas (la alergia más frecuente en Estados Unidos, al punto que ataca al menos a la mitad de su población), tal vez incluso ni siquiera sepa que se ha envenenado sino hasta el día siguiente, cuando se esté rascando como un sabueso con un ataque de exquisita comezón.

La molesta comezón y el revelador enrojecimiento del sarpullido se deben a la toxina aceite de urusiol, que se encuentra tanto en la hiedra venenosa como en el árbol de las pulgas. Algunas personas son más sensibles a él que otras. Y algunas no lo son para nada, por lo que literalmente pueden rodarse sobre esas plantas venenosas sin padecer ninguna reacción; pero nuestros expertos no aconsejan a los pocos afortunados por su inmunidad a que tienten a la suerte. Se sabe que se puede desarrollar la sensibilidad al urusiol en cualquier momento. Las soluciones contra el veneno de la hiedra venenosa y el árbol de las pulgas son sustancias que aniquilan al urusiol; pero recuerde: lo que es útil para alguien más puede no serle útil a usted, y en casos graves tal vez no le sirva de nada.

PARA MATAR LA COMEZÓN

Si ha estado metido en una zona venenosa, pronto sabrá si usted es inmune o

Aceite de urusiol: maligno y persistente

El aceite de urusiol, ingrediente activo en la hiedra venenosa y el árbol de las pulgas, es "una de las toxinas externas más poderosas que conocemos", declara el doctor William L. Epstein. "La cantidad necesaria para causar un sarpullido en la gente muy sensible se mide en nanogramos, y basta con apenas uno; pero casi toda la gente sensible reacciona con cantidades aproximadas a los 100 nanogramos." Considere que un nanogramo es nada más un *mil millonésimo* de gramo: o sea que bastarían menos de 7 gramos de urusiol para causar un sarpullido en todas las personas de la Tierra. Cinco mil personas presentarían comezón si se les contaminara con la cantidad que basta para cubrir la cabeza de un alfiler.

"Me sorprende que no se haya usado como arma no mortal en la guerra química", comenta el doctor James A. Duke, cuyo interés en "esta planta maligna" se inició con "una aplicación prematura etnobotánica del árbol de las pulgas como sustituto de papel sanitario".

Su comezón le atormenta; su longevidad puede engañarlo. El doctor Duke afirma que "unos especímenes de varios siglos de antigüedad" han ocasionado dermatitis en personas sensibles.

"Cuando los japoneses restauraron la hoja de oro en el Templo Dorado en Kioto, incorporaron urusiol a la laca para preservar y mantener el oro", refiere el doctor Epstein. "El principal mensaje transmitido al turista estadounidense es: 'No trate de robar este oro'." Le sorprenderán con las manos rojas . . . y no precisamente por la vergüenza.

no. Y por más feo que se vea el sarpullido, realmente será la comezón la que lo matará. Usted puede hacer lo siguiente contra el envenenamiento, comenzando con el remedio universal.

Haga amistad con la querida calamina. El venerable apoyo en el tratamiento contra este envenenamiento es la loción de calamina, popular protector de la piel con acción calmante "que refresca y alivia a su piel de la sensación de comezón", observa el doctor Robert Rietschel, jefe del Departamento de Dermatología en la Clínica Ochsner de Nueva Orleáns en Louisiana, y profesor clínico de dermatología en la Escuela de Medicina de la Universidad del Estado de Louisiana. "En la hiedra venenosa y el árbol de las pulgas, los vasos sanguíneos presentan vacíos que permiten escapar líquido a través de la piel, lo cual causa ampollas que rezuman líquido", explica. "Cuando se enfría la piel, los vasos se retraen y no permiten que salga mucho líquido."

ALERTA MÉDICA

Señales de emergencia

Aproximadamente 15% de los 120 millones de estadounidenses alérgicos a la hiedra venenosa y al árbol de las pulgas son tan sensibles que inician su sarpullido y comienzan a hincharse en 4 a 12 horas en vez de las 24 a 48 horas normales. Sus ojos pueden llegar a hincharse tanto que se cierren y su piel llenarse de ampollas.

"Esta es una de las verdaderas emergencias en la dermatología", declara el doctor William L. Epstein. "Vaya a un hospital tan pronto como pueda. Una inyección de corticosteroides reducirá la inflamación."

La loción de calamina también deja un residuo polvoso que absorbe el líquido rezumado, produce una costra y evita que se pegue a la ropa, señala el doctor Rietschel, quien sugiere aplicar la loción de calamina de tres a cuatro veces al día. Para evitar que su sarpullido se reseque demasiado y empeore la comezón, suspenda la calamina cuando deje de rezumar el líquido, aconseja.

No agregue aditivos. A menudo se agregan antihistamínicos como el Benadryl y analgésicos como la benzocaína y lidocaína a determinados productos de loción de calamina. "Aunque pueden ser útiles para determinadas personas", explica el doctor William L. Epstein, profesor de dermatología en la Escuela de Medicina de la Universidad de California, en San Francisco, "en realidad no agregan mucho alivio en comparación con el costo, aparte de que se corre el riesgo de desarrollar sarpullido alérgico por los aditivos".

Tome una pastilla. Sin embargo, con los antihistamínicos no hay problema. De hecho, se encuentran a la cabeza de la lista del doctor Rietschel. Hay dos productos que se venden sin receta médica entre los cuales puede escoger: Cloro Trimeton, que contiene el ingrediente activo maleato de clorfeniramina, y Benadryl, que contiene el ingrediente activo, clorhidrato de difenhidramina. "De hecho, podría tomar su medicina contra la fiebre del heno, si se trata de un antihistamínico", indica el doctor Rietschel.

Pruebe otros agentes secantes. "Aunque no son tan populares y calmantes como la calamina, hay otros calmantes de la piel que pueden ser igualmente eficaces. Sin embargo, algunos a menudo tienen mucho alcohol y tienden a producir ardor, advierte el doctor Rietschel. Úselos como si fuera calamina hasta que el ámpula deje de segregar líquido. En caso contrario el sarpullido puede resecarse demasiado, agrietarse y provocar todavía más comezón. Entre los agentes tópicos secantes comunes se encuentran el óxido de cinc, agua de hamamelis, solución de Burow (acetato de aluminio) y bicarbonato de sodio.

Cubra con una compresa. Ponga una tela de algodón remojada en agua fresca sobre el sarpullido y diríjale el chorro de aire de un ventilador eléctrico, aconseja el doctor Riestschel. El efecto refrescante/evaporador actúa igual que la loción de calamina, aunque no quede un residuo que recoja el líquido rezumado.

Irrítelo hasta la distracción. "Los contrairritantes como el mentol y fenol confunden a las terminales nerviosas de la piel y dan una sensación refrescante", agrega el doctor Rietschel; "pero pueden causar ardor y a veces no bastan para darle el alivio buscado". Las cremas contra la comezón contienen mentol y fenol.

Contraataque a tiempo con cortisona. Las cremas con cortisona que se venden sin necesidad de receta médica son demasiado débiles y "absolutamente inútiles para acabar con un sarpullido fuerte", advierte el doctor Rietschel, "pero pueden aliviar la comezón mínima". El doctor Epstein las recomienda como "bastante buenas cuando el sarpullido ya tiene unas dos semanas, cuando ya está sanado, se está descamando y produce comezón".

Pruebe un ataque de harina de avena. La harina de avena coloidal reseca las ampollas que rezuman. El producto se encuentra en tiendas naturistas. Aplíquelo con una tela a las ampollas o úselo en el baño si no le importa lo pegajoso y que su bañera quede muy resbalosa.

O pruebe remedios populares de hierbas. El tratamiento más popular a base de hierbas es con Santa Catalina o balsamina, declara el profesor de farmacognosia de la Universidad de Purdue, autor de *The Honest Herbal*, doctor Varro E. Tyler. "Aunque se ha realizado poca investigación definitiva, en una prueba clínica actuó tan bien como las cremas de cortisona que se venden con receta médica", comenta. Se puede abrir el tallo y aplicar la savia en el sarpullido. El botánico económico del Departamento de Agricultura de Estados Unidos, doctor James A. Duke, refiere que usa la balsamina para evitar que se desarrolle el sarpullido. "Hago una bola con la planta completa y formo una especie de estropajo con ella con la que quito la savia venenosa", indica.

Aplique pociones de plantas. Se considera que otro remedio natural es la hoja de la planta solano o hierba mora (que no se debe confundir con la mortal belladona). "Pique, muela o macérela, mézclela con leche o crema y aplíquela al sarpullido", aconseja el doctor Tyler, quien agrega que otras personas han tenido éxito usando la savia del algodoncillo. "Basta con dejar gotear el látex lechoso en el sarpullido."

Dele lustre. Tal vez no sea tan natural el lustre para calzado blanco, que, según el doctor Tyler, contiene arcilla de pipa cuyos efectos son similares a los de la calamina. Aplíquelo como si fuera calamina. Según él la arcilla de pipa se puede encontrar en la presentación "anticuada del tipo 'agítese antes de usarse'" de los lustres para calzado. Otro ingrediente en el lustre para calzado que tiene el mismo efecto es el óxido de cinc.

¡NUNCA, NUNCA MÁS!

Puede tratar de evitar el árbol de las pulgas y hiedra venenosa con sólo mantenerse alejado de esa planta; desde luego, si conoce su aspecto. Por lo general las plantas tienen grupos de tres hojas brillosas, lo que sugeriría un consejo: "Hojas triates no toques". Sin embargo, en las distintas regiones geográficas se dan variedades diferentes. Y en ciertas épocas del año pueden desaparecer las hojas, aunque el veneno se mantiene agazapado en los tallos y raíces, esperando el momento oportuno para asaltar a su víctima. Además no olvide a su perro y gato, Capulín y Micho, que pueden llevar el veneno en su pelo hasta la sala misma de su casa.

Por fortuna, tanto la Madre Naturaleza como la industria farmacéutica y la de los cosméticos proporcionan sustancias que pueden impedir que la sustancia venenosa, el urusiol, cause un sarpullido incluso después de exponerse a la planta.

Fricciones para expulsar al villano. Lavar la piel expuesta en *mucho* alcohol para fricciones después de que haya terminado sus juegos en el árbol de las pulgas retirará el aceite de urusiol de su piel, asegura el doctor Epstein; pero no se aplique el alcohol con una toalla o trapo "porque recogerá con la tela el aceite de urusiol y lo dispersará por toda su piel", advierte el doctor Epstein.

Espere a que ya no esté expuesto. Jamás se friccione el alcohol *mientras* se encuentre en su excursión o paseo, porque con ello se quitará sus aceites protectores de la piel y empeorará su exposición al veneno en la siguiente oportunidad.

Enjuáguese bien. "El agua desactiva al urusiol", explica el doctor Epstein.

El otro camino

Todo se va en un tris

Orina de caballo. Solvente de pintura. Acetona. Amoniaco. Barniz transparente de uñas. Ablandador de carnes. ¿Le parece apetitoso? No se preocupe, no necesita beberlos. Todos se han empleado con éxito para tratar la piel expuesta al árbol de las pulgas o hiedra venenosa porque eso ha sido lo que tuvo la gente a mano en distintas instancias.

"Los solventes orgánicos como el amoniaco, solvente de pinturas y acetona son muy buenos para expulsar el aceite de urusiol de la piel antes de que se presente el sarpullido", indica el doctor William L. Epstein. Otros solventes útiles son el hiposulfito, que se usa en los cuartos de revelado de películas fotográficas, y el blanqueador, agrega. Sin embargo, advierte que sólo se deben usar como último recurso. "Poner solventes en la piel por lo regular no se recomienda. No obstante, si es lo único que tiene, es mejor que nada. No los use a diario porque pueden causarle un sarpullido peor que el originado por el árbol de las pulgas o hiedra venenosa. Los solventes también eliminan todos los aceites naturales protectores de la piel."

Sin embargo, nada es mejor que los solventes para quitar el aceite de urusiol de sus herramientas, vestidura del coche y demás sitios de los que sospeche que están contaminados.

Y el jabón es innecesario; pero después de estar expuesto al veneno, debe empaparse *de inmediato* con agua corriente. "El mejor tratamiento posible es alcohol seguido de agua", aconseja. Como antes, recuerde no usar ninguna tela o toalla para lavar.

Lave todo. Eso quiere decir todo lo que pudo haber estado en contacto con la planta venenosa: su ropa, su perro, su mochila. El doctor Epstein refiere que un paciente manejó su coche de vuelta a su casa después de manipular un árbol de las pulgas, y "durante muchas semanas siguió envenenándose con sólo tocar el volante de su coche".

Rocíe antes de jugar. Casi todos los desodorantes contienen una arcilla orgánicamente activada conocida como arcilla orgánica para mantener en suspensión los demás ingredientes; casi todos los antitranspirantes tienen la arcilla además de clorhidrato de aluminio. El doctor Epstein descubrió que ambos productos son altamente eficaces para neutralizar el urusiol.

Ya que en Estados Unidos los productos elaborados para impedir el envenenamiento por la hiedra venenosa y el árbol de las pulgas son estudiados cuidadosamente por la Administración de Alimentos y Medicinas (FDA), el doctor Epstein
sugiere que mientras llega su aprobación usted rocíe su desodorante o antitranspirante favorito en brazos, piernas, ropa y mascotas antes de ir a jugar en su zona
favorita de la planta mencionada. Agrega que los mejores son los antitranspirantes
porque contienen ambos ingredientes. "Las sales de aluminio son más eficaces que
las arcillas orgánicas, pero son irritantes; por tanto no debe rociar antitranspirante
en su rostro o en los pliegues de la piel", advierte.

Levante un escudo. Multi-Shield es una crema para la piel que forma una
barrera y se ha usado en la industria como defensa contra los aceites y solventes que
los empleados manipulan en su trabajo. Y ahora se está probando su eficacia como
protector contra la hiedra venenosa y el árbol de las pulgas. El doctor Epstein
realizó "pruebas muy limitadas" y la encontró satisfactoria. Actúa en casos benignos
de envenenamiento. Se puede adquirir en Estados Unidos a través de Interpro, Inc.,
PO Box 1823, Haverhill. MA 01831.

No piense en incinerar. No trate de librar su jardín del árbol de las pulgas
o hiedra venenosa incinerando sus plantas; el aceite de urusiol se dispersa con el
viento si hay fuego. Y en ese caso es posible que usted inhale gotitas del aceite y se
ocasione una grave infección pulmonar, fiebre y sarpullido en todo el cuerpo. Por
eso tampoco deberá rondar donde haya un incendio forestal.

COMITÉ DE ASESORES

El doctor **James A. Duke** es botánico económico para el Servicio de Investigación Agrícola
del Departamento de Agricultura de Estados Unidos.

El doctor **William L. Epstein** es presidente emérito y profesor de dermatología en la Escuela
de Medicina de la Universidad de California en San Francisco.

El doctor **Robert Rietschel** es jefe del Departamento de Dermatología en la Clínica Ochsner
en Nueva Orleáns, Louisiana, y profesor clínico de dermatología en la Escuela de Medicina de la
Universidad del Estado de Louisiana y de la Universidad de Tulane en Nueva Orleáns.

El doctor **Varro E. Tyler** es profesor de farmacognosia en la Universidad de Purdue en West
Lafayette, Indiana, y autor de *The Honest Herbal*. También es asesor de la revista *Prevention*.

Hiperventilación

8 tácticas para vencerla

La primera vez que le sucedió, Gary Varner pensó que estaba sufriendo un ataque cardiaco. "Mi corazón latía aceleradamente y me sentía como si todo en mí, mi cuerpo, mi pecho, vibrara y sentía que algo cosquilleaba."

Comprensiblemente, estaba asustado. Pero en el hospital, los médicos de la sala de emergencias dijeron que su corazón estaba en excelentes condiciones. Su diagnóstico: hiperventilación.

Expresado en forma simple, la hiperventilación es "respirar rápido", o respirar demasiado, explica el doctor Stephen J. Harrison, residente médico de emergencia en el Centro Médico de Delaware en Wilmington.

"La ansiedad es una causa frecuente", explica el doctor Gabe Mirkin, experto en medicina deportiva de Silver Spring, Maryland, y profesor clínico en la Escuela de Medicina de la Universidad de Georgetown. "Cuando algunas personas se asustan, respiran rápida y profundamente, aunque no necesitan el oxígeno adicional. Esto los hace exhalar grandes cantidades de bióxido de carbono, y la pérdida excesiva de este elemento vuelve alcalina la sangre. A la vez, esto causa los síntomas de un ataque de pánico."

Los episodios de hiperventilación pueden durar horas, aunque por lo regular sólo permanecen 20 o 30 minutos; empero, a los pacientes que tienen dificultades para respirar puede parecerles como si fueran horas.

Desde luego, Varner se sintió aliviado de saber que no padecía de un ataque cardiaco; pero su experiencia con la hiperventilación apenas comenzaba; los ataques repetidos no son poco frecuentes, pero, por otra parte, Varner aprendió qué puede hacerse para detener los ataques e impedirlos.

Respire dentro de una bolsa de papel. Este ha sido durante mucho tiempo el tratamiento primario para la hiperventilación, bajo el supuesto de

ALERTA MÉDICA

Deje que su doctor diagnostique

En un momento usted está respirando normalmente y, de repente, respira rápido, sin control; su corazón golpetea, sus dedos cosquillean y las palmas de sus manos sudan. Siente como si fuera a morir, pero muy probablemente estará vivo para presentar su declaración de impuestos del siguiente año.

En casi todos los casos, la hiperventilación se debe a la ansiedad; pero si nunca la ha experimentado, "tal vez debiera verle un médico", recomienda el doctor Stephen J. Harrison.

Aunque es rara, la hiperventilación podría relacionarse con una afección pulmonar, infección sanguínea, neumonía, incluso envenenamiento. También es posible que lo que se siente como un ataque cardiaco sea un ataque cardiaco.

Desde luego, tal vez no se trate de algo tan serio; pero deje que el diagnóstico lo haga el médico.

que respirar dentro de una bolsa de papel permitirá a la persona reemplazar el bióxido de carbono exhalado mientras está hiperventilada.

"Respirar en una bolsa de papel es muy bueno", opina el doctor Harrison, "si tiene antecedentes de hiperventilación, si un médico lo ha evaluado y si tiene la certeza de que nada serio ocurre". Casi todas las personas que padecen hiperventilación presentan las anteriores condiciones, pero unas cuantas pueden tener problemas más graves. (Véase: "Deje que su doctor diagnostique" en el recuadro anterior.)

Varner afirma que la bolsa de papel no nada más le ayudó a detener los ataques, sino que también puede haber impedido algunos, de paso. "Cuando batallaba a diario con este problema, llevaba conmigo una bolsa de papel a toda hora", declara. "Y el sólo saber que la tenía conmigo me ayudó mucho."

Siéntese, cálmese, relájese. Necesita relajar su respiración, señala el doctor Mirkin. Cuanto más tenso esté, más rápida será su respiración.

Practique a respirar de manera natural. No respire para sofocarse y tampoco respire débilmente; haga respiraciones normales, o sea una respiración cada seis segundos, o 10 por minuto. Hágalo dos veces diarias, 10 minutos por sesión, aconseja el doctor Mirkin.

Piense más allá de usted mismo. "Después de que tuve la experiencia de la primera hiperventilación, me consumía el temor de padecer otras. Y así me sucedió varias veces", comenta Varner. Así que aunque centre su atención en su respiración durante las sesiones de práctica, el doctor Mirkin sugiere que no invierta todo su tiempo pensando en respirar y la posibilidad de la hiperventilación.

"Después de todo", agrega el doctor Harrison, "respirar es algo natural".

Haga ejercicios. "Disminuyen la ansiedad y ayudan a la gente a encarar mejor los problemas", explica el doctor Harrison, "especialmente si logra aumentar su frecuencia cardiaca". Y tenga presente que jadear un poco al respirar es bueno durante el ejercicio.

Evite las situaciones incómodas. Para Varner, eso significa no mezclarse en una multitud donde tenga que estar quieto, sentado o de pie, durante largos periodos. Identifique las situaciones que desencadenan la hiperventilación y elimínelas o redúzcalas. "Si, por ejemplo, su temor a los gatos negros lo hace hiperventilarse, entonces aléjese de ellos", aconseja el doctor Mirkin.

Suspenda la cafeína. Es un estimulante, o sea un desencadenador potencial para la hiperventilación, observa el doctor Harrison. Cuídese del café, té, bebidas con cola y chocolate.

No fume. La nicotina también es un estimulante.

COMITÉ DE ASESORES

El doctor **Stephen J. Harrison** es residente médico de emergencia en el Centro Médico de Delaware en Wilmington.

El doctor **Gabe Mirkin** es médico privado en el Sportsmedicine Institute en Silver Spring, Maryland. También es profesor clínico de pediatría en la Escuela de Medicina de la Universidad de Georgetown en Washington, D. C. Es autor de varios libros sobre medicina deportiva, entre ellos *Dr. Gabe Mirkin's Fitness Clinic* y columnista de periódicos sindicados y locutor de radio.

Hipo

17 curas domésticas comprobadas

Hipar es una experiencia verdaderamente inútil, aunque la mayoría de nosotros lo hicimos antes de nacer y seguiremos haciéndolo en ocasiones, y, además, por el resto de nuestras vidas.

¿Por qué? Nadie lo sabe a ciencia cierta. Algunos científicos creen que se trata del último vestigio de un reflejo primitivo que en otros tiempos cumplió algún propósito útil, pero no más. ¿Qué lo produce? Las explicaciones casi son infinitas, aunque la mayoría de los expertos inician sus listas de los pecados del hipo con comer demasiado rápido y tragar demasiado aire. Parece un buen punto de partida.

Tal vez recuerde la ocasión en que hipó durante varios minutos e incluso sintió ganas de vomitar ¿Cree que en esa ocasión le fue mal? Realmente no lo fue tanto: Charles Osborne de Anthon, Iowa, *de veras* la pasó mal. Osborne comenzó a hipar en 1922 y siguió hipando durante los 65 años siguientes: ¡430 millones de veces!

Las curas contra el hipo datan de la antigüedad y suman cientos, tal vez millares. La meta general de todas las curas contra el hipo es elevar los niveles de bióxido de carbono en la sangre o desequilibrar o vencer los impulsos nerviosos que causan el hipo. ¿Funcionan? Algunos médicos sostienen que realmente no importa; de todos modos casi todos los hipos se detienen por cuenta propia después de unos cuantos minutos. Pero seguramente es lo que se le dijo a Charles Osborne.

En todo caso siga leyendo. Tal vez alguna o algunas de las que siguen constituya(n) su cura infalible.

La infalible cura azucarada del doctor Dubois. "Una cura que me parece eficaz es una cucharadita de azúcar, tragada sin agua", recomienda el doctor André Dubois, gastroenterólogo de Bethesda, Maryland. "Con mucha frecuencia eso detiene el hipo en cuestión de minutos. Tal vez el azúcar actúe en la boca para

La lista de la lavandería

Hay que reconocer la verdad. Los médicos atacan los hipos no persistentes exactamente como usted: recorriendo una lista de tratamientos favoritos hasta encontrar uno que funcione.

Ponderadamente, el *Journal of Clinical Gastroenterology* publicó una lista de curas sugeridas contra el hipo para ayudar a los médicos cuyas listas personales eran un poco escasas. Estas son las recomendaciones de la publicación.

- Jale la lengua con fuerza.
- Levante la úvula o campanilla, al fondo de su garganta, con una cuchara.
- Haga cosquillas en su paladar con un hisopo de algodón en el punto donde se encuentran el paladar duro y el blando.
- Mordisquee y trague pan seco.
- Chupe un pedazo de limón remojado en amargo de Angostura.
- Comprima el pecho jalando las rodillas hacia arriba o agachándose
- Haga gárgaras con agua.
- Retenga la respiración.

Otros dos tratamientos que no listó la publicación pero que podrían merecer la prueba son:

- Chupe hielo quebrado.
- Ponga una bolsa de hielo en el diafragma justo abajo de las costillas.

modificar los impulsos nerviosos que bajo circunstancias ordinarias ordenarían a los músculos diafragmáticos contraerse espasmódicamente", explica.

"He recurrido a esa cura desde mi niñez", declara Steve Lally, editor asociado de la revista *Prevention*. "Nunca me ha fallado"; pero Lally recomienda una cucharada de azúcar, lo que puede ser cuestión de gusto personal. En todo caso, algunos médicos parecen creer que el azúcar es una cura infalible. (Padres, tomen nota: media cucharadita de azúcar disuelta en 100 cc de agua puede obrar de maravilla en el hipo del bebé.)

La receta garantizada de McCallum. "Yo me curo el hipo llenando un vaso con agua, agachándome sobre él y bebiendo el agua de cabeza", declara el doctor Richard McCallum, profesor de medicina y jefe de la División de Gastroenterología en el Centro de Ciencias para la Salud de la Universidad de Virginia.

"Eso siempre funciona y lo recomiendo con toda convicción a mis pacientes que normalmente son sanos."

Esa cura resultó útil para el músico Mark Golin, quien se vio afectado por hipo después de una actuación ya avanzada la noche en la ciudad de Nueva York. "Una mujer me dijo que me agachara y bebiera agua desde el lado opuesto del vaso", refiere. "Me funcionó en ese momento y así ha sido docenas de veces a partir de entonces."

El desinflador de Dreisbach. Como muy activa investigadora de una destacada empresa editora del noroeste de Estados Unidos, Christine Dreisbach sabe lo que es omitir la comida para seguir trabajando y a veces sufrir las consecuencias: un grave ataque de hipo. "Solía tratar de retener el aliento", comenta, "pero desde hace poco comencé a soplar el aire en forma lenta y continua". Por simple que parezca, "parece ser eficaz para mí", señala.

La recomendación de Betty Shaver. "Cuando coma, sencillamente hágalo en silencio", aconseja Betty Shaver, conferenciante sobre remedios a base de hierbas y otras curas caseras del New Age Health Spa en Neversink, Nueva York. "Así no tendrá hipo."

Probablemente se trate de un consejo sabio, pero para los que ya tienen hipo, Shaver ofrece este remedio: "Aguante el aliento lo más posible y trague en el momento que perciba que se acerca la sensación de hipo. Hágalo dos a tres veces, luego inhale profundamente y repita el procedimiento. Eso debe bastar", agrega.

Esa cura ha sido maravillosa para una afamada autora que padecía de ataques de hipo cuando se le hacía leer en voz alta frente a sus compañeros de clase en la escuela primaria, y que ha sufrido incesantemente a partir de entonces cada vez que hace presentaciones en público. "Siempre necesité algo que actuara con rapidez, porque no comenzaba a hipar sino hasta que el chico adelante de mí se levantaba para leer", relata. "Tragar es lo único que me permitió progresar en las lecturas de libros infantiles en público."

El auxiliar contra el hipo de medio minuto. Daun Horvath puede diagnosticar alteraciones digestivas con gran destreza. Es una investigadora igual que Dreisbach, y esa profesión parece no conocer el fin de los malestares alimentarios.

El remedio de Horvath es el siguiente: "Llene una tacita con agua y colóquela sobre un mostrador, luego oprima sus oídos con sus dedos índices. Agáchese flexionando la cintura y levante la taza con el meñique y pulgar de cada mano y, mientras retiene el aliento, beba toda el agua en uno o dos tragos".

El ayudante infantil. Cuando tiene un salón lleno de chiquillos corriendo y riendo por todas partes en la guardería infantil, puede apostar a que antes de que termine el día más de uno estará sufriendo de hipo.

"Les hago cosquillas al tiempo que retienen el aliento, y tratan en serio de no reírse", afirma Ronnie Fern, directora del ACJC Day-Care Center en Easton, Pennsylvania. "También es eficaz", declara. "Supongo que hace a uno resollar y el diafragma vuelve a cumplir su función". Tal vez, pero en todo caso parece divertido.

Embólselo. Íbamos a pasar por alto la antigua sugerencia de respirar dentro de una bolsa de papel, bajo el supuesto de que todo mundo ya la conoce y, peor todavía, jamás se benefició de esa receta; pero entonces comenzamos a oír relatos acerca de Pat Leayman, encargada de correspondencia de una importante empresa en el corazón de la zona industrial de Estados Unidos. Parece que Pat ha curado a muchos de sus compañeros de trabajo que padecen hipo (tal vez tenga que ver con algo en las estampillas) utilizando ¡ni más ni menos que nuestra conocida bolsa de papel!

"Estriba en la técnica", interviene Leayman, tratando de anticiparse a nuestro escepticismo. "Tiene que inhalar y exhalar exactamente 10 veces; pero debe hacerlo con verdadera intensidad, hasta enrojecer la cara. También debe hacerlo rápido, y formar con la bolsa un buen sello alrededor de la boca de modo que no le entre aire. Si sigue cuidadosamente estas instrucciones, "la bolsa le servirá de maravilla".

COMITÉ DE ASESORES

El doctor **André Dubois** es gastroenterólogo de Bethesda, Maryland.
Ronnie Fern es directora de la guardería ACJC Day-Care Center en Easton, Pennsylvania.
El doctor **Richard McCallum** es profesor de medicina y jefe de la División de Gastroenterología en el Centro de Ciencias para la Salud en la Universidad de Virginia en Charlottesville. Hace trabajo de investigación sobre problemas gastrointestinales.
Betty Shaver dicta conferencias sobre remedios caseros y con hierbas en el New Age Health Spa en Neversink, Nueva York.

Impotencia

14 secretos para tener éxito

Claro, jamás olvidará esa noche. Por todas las cosas que fallaron.

Fue una semana difícil, en la que trabajó intensamente en la presentación de negocios y en todo ese tiempo no pudo llegar a casa ni una sola vez antes de la media noche. Así que planeó ponerse al corriente esa noche con su esposa.

Compró un bello ramo de flores; ella descorchó una botella del vino favorito de usted. Después de cenar, cuando usted descolgó el teléfono, ella se acercó por atrás y le besó la nuca justamente en la manera como le vuelve loco. Todo parecía desarrollarse perfectamente de acuerdo con sus planes.

Todo, desde luego, excepto cierta parte de su anatomía. Cierta parte decisiva.

Y eso le dejó muchas inquietudes: ¿Qué carambas pasó? ¿Me volverá a ocurrir? ¿Qué puedo hacer al respecto?

Bastante. Primero, entérese de que usted no es el único hombre a quien le ha sucedido esto. "De ser honestos, cada hombre le diría que ha padecido al menos un episodio de impotencia alguna vez en su vida", declara el doctor Neil Baum, director de la organización de Nueva Orleáns de la Clínica de Infertilidad Masculina y profesor auxiliar de urología en la Escuela de Medicina de la Universidad de Tulane. "No todo encuentro amoroso merece un diez de calificación."

"Cuando ocurre puede ser algo terrible", comenta. "Todo el concepto de masculinidad de un hombre puede venirse abajo."

Los expertos dicen que aproximadamente unos 10 millones de hombres padecen de impotencia, término empleado cuando un hombre no puede lograr y mantener la penetración hasta eyacular.

Hasta los inicios del decenio de 1970, los expertos creían que casi todos los problemas de erección tenían orígenes psíquicos subyacentes, pero en la actualidad la comunidad médica reconoce que casi la mitad de todos los hombres impotentes tienen un problema físico o estructural que al menos comparte la responsabilidad.

¿Qué puede hacer para mantener controlados los problemas de erección? Nuestros expertos aconsejan lo siguiente.

Dese tiempo. "Conforme envejece, el hombre puede necesitar más tiempo de estímulo genital para lograr una erección", explica el doctor Baum. "Los hombres entre 18 y 20 años pueden lograr una erección en unos cuantos segundos; entre los 30 y 40 o poco más, tal vez en uno a dos minutos; pero si un sexagenario no logra una erección después de este periodo, no quiere decir que sea impotente. Sólo tarda más."

El periodo entre la eyaculación y la siguiente erección también tiende a aumentar con la edad. Por ejemplo, en algunos hombres entre 60 y 70 años puede requerirse todo un día o más para volver a tener una erección. "Es una consecuencia normal del envejecimiento", comenta el doctor Baum.

Revise los medicamentos que toma. Las medicinas prescritas por su médico podrían ser la base del problema, o los antihistamínicos, diuréticos o sedantes que utiliza, y que compró sin receta médica. Desde luego, percátese de que lo que afecta a su vecino no necesariamente lo afectará a usted.

Se han identificado más de 200 productos médicos como causantes de problemas. Por otra parte, la impotencia inducida por medicamentos es más frecuente en hombres de más de 50 años, según el doctor Baum. De hecho, en un estudio de 188 hombres efectuado por el *American Medical Journal* se encontró que el 25% de las veces sus problemas eran causados por los fármacos.

Si sospecha de sus medicinas, consulte a su médico o farmacéutico, quienes tal vez le cambien la dosis o la medicina. Sin embargo, no trate de hacerlo por cuenta propia.

Tenga cuidado con las drogas recreativas. Las causantes de problemas, listadas por el doctor Richard E. Berger, urólogo del Centro Médico Harborview en Seattle, Washington, en su libro *BioPotency: A Guide to Sexual Success* incluyen cocaína, mariguana, opiáceos, heroína, morfina, anfetaminas y barbitúricos.

Tómese su alcohol con calma. Shakespeare fue rotundo cuando dijo en *Macbeth* que el alcohol despierta el deseo pero adormece la acción. Eso se debe a que el alcohol es un depresor del sistema nervioso, inhibe los reflejos y crea un estado que es el opuesto a la excitación, declara el doctor Berger. Incluso dos bebidas durante la hora del coctel puede ser causa de preocupación, agrega.

Al pasar el tiempo, demasiado alcohol puede causar desequilibrios hormonales.

"El abuso crónico del alcohol puede ocasionar daño hepático y nervioso", advierte el doctor Baum. "Cuando hay daño en el hígado, puede producirse una dinámica en que el hombre tiene un exceso de hormonas femeninas en su cuerpo". Para que todo funcione apropiadamente debe tenerse la proporción correcta de testosterona.

Sepa que lo que es bueno para las arterias es bueno para el pene. "En los cinco años pasados ha quedado bien claro que el pene es un órgano vascular", señala el doctor Irwin Goldstein, codirector del Centro de Reproducción Masculina en el Centro Médico de Nueva Inglaterra de la Universidad de Boston en Massachusetts. Precisamente lo mismo que obstruye sus arterias (colesterol dietético y grasas saturadas) también afecta el flujo sanguíneo al pene. De hecho, según el doctor Goldstein, todos los hombres de más de 38 años de edad tienen cierto estrechamiento de las arterias que van al pene.

Así que vigile lo que come. "Probablemente una de las causas principales de la impotencia en los países occidentales sea el elevado colesterol", observa el doctor Goldstein, "pues parece afectar el tejido eréctil".

No fume. Los estudios han demostrado que la nicotina puede comprimir los vasos sanguíneos, advierte el doctor Baum. Un estudio de perros adultos cruzados en la Universidad de California en San Francisco demostró que la inhalación de humo de solamente dos cigarrillos bastó para impedir que cinco perros lograran erección total y que el sexto la mantuviera. Los investigadores creen que la inhalación del humo del tabaco bloquea la erección porque inhibe la relajación del músculo liso del tejido eréctil.

Haga lo que necesite para sentirse bien con su cuerpo. ¿Piensa en quitarse los "kilitos" de más? ¿Estudiar karate? ¿Iniciar un programa de levantamiento de pesas? Hágalo. "El sexo es cuestión de contacto corporal", señala el doctor James Goldberg, director de investigación de la Clínica Crenshaw de San Diego en California. "En la medida que la persona se sienta mejor acerca de su cuerpo, mejor se sentirá yendo al acontecimiento."

No se exceda con el ejercicio. Si hace demasiado ejercicio, estimulará los opiáceos naturales de su cuerpo: las endorfinas. "No sabemos a ciencia cierta cómo actúan, pero tienden a disminuir la sensación", explica el doctor Goldberg. "A corto plazo, el ejercicio puede ser bueno para usted: pero más allá de determinado punto, el cuerpo se habitúa a protegerse."

Espere a que pase el dolor. Su cuerpo también produce sus propios opiáceos cuando usted tiene dolor, agrega el doctor Goldberg. Estos opiáceos pueden apagar cualquier estímulo sexual. "No puede hacerse mucho en ese caso", señala, excepto esperar una mejor ocasión.

Relájese. Un estado mental relajado es fundamental por lo siguiente: su sistema nervioso opera de dos modos. Cuando la red nerviosa simpática domina, su cuerpo literalmente está "alerta". Las hormonas adrenales lo preparan para combatir o para huir. Los nervios desvían la sangre del sistema digestivo y pene hacia los músculos.

Se puede activar el sistema nervioso simpático con sólo sentirse demasiado ansioso, observa el doctor Baum. "Para algunos, el temor al fracaso es tan abrumador que inunda el cuerpo con la norepinefrina, una hormona adrenal; justamente la opuesta a la necesaria para lograr una erección."

La clave aquí es relajarse y dejar que su sistema nervioso parasimpático se haga cargo. Las señales que viajan por esta red ordenarán a las arterias y senos del pene que se expandan y permitan que fluya más sangre.

Evite estimulantes de todo el cuerpo. Es decir, la cafeína y determinadas sustancias cuestionables anunciadas como estimulantes de la potencia. "Lo principal durante las relaciones sexuales es el relajamiento", agrega el doctor Goldberg. "Los estimulantes tienden a tener un efecto global: estrechan el músculo liso que debe dilatarse antes de que pueda ocurrir una erección."

Reoriente su atención. Una manera de relajarse es centrarse con su pareja en los aspectos más sensuales de la intimidad. Jueguen y disfrútense mutuamente, sin preocuparse acerca de esa erección.

"La piel es el órgano sexual más extenso del cuerpo", indica el doctor Goldberg, "no el pene. Así que no se deje llevar por él. Todo el cuerpo debe reaccionar".

Planee con anticipación. El doctor Berger considera que es buena idea decidir por anticipado qué hacer si no logra una erección. "¿Cuáles son sus otras posibilidades?" Si no se concentra tanto en la erección misma, ésta regresará más fácilmente.

Háblelo con su compañera. No se arriesgue a aumentar la tensión en la recámara manteniendo un silencio lóbrego. Juntos pueden jugar a ser detectives y determinar qué está ocurriendo. ¿Presiones en el trabajo? ¿Preocupaciones por la enfermedad de un hijo? ¿Alguna cuestión delicada que no han resuelto?

"Si comprenden algunas de las cosas que pueden causar la impotencia, también encontrarán una manera de explicarla sin atribuirla a algo que no está presente", señala el doctor Berger. "Y deben hablar acerca de sus otras posibilidades. Por ejemplo, ¿continuarán su encuentro amoroso de alguna otra manera? No permita que su erección, o la falta de ella, interfiera con su intimidad."

COMITÉ DE ASESORES

El doctor **Neil Baum** es director de la Clínica de Infertilidad Masculina de Nueva Orleáns, profesor clínico de urología en la Escuela de Medicina de la Universidad de Tulane y urólogo del Touro Infirmary en Nueva Orleáns, Louisiana.

El doctor **Richard E. Berger** es urólogo del Centro Médico Harborview en Seattle, Washington. Es autor de *Biopotency: A Guide to Sexual Success*.

El doctor **James Goldberg** es director de investigación de la Clínica Crenshaw en San Diego, California, y farmacólogo de investigación clínica.

El doctor **Irwin Goldstein** es codirector del Centro de Reproducción Masculina de Nueva Inglaterra en el Centro Médico de la Universidad de Boston en Massachusetts y profesor de urología en la Escuela de Medicina de la Universidad de Boston.

Incontinencia

20 sugerencias para hacerle frente

La incontinencia urinaria es un síntoma, no una enfermedad; pero las consecuencias de orinarse involuntariamente pueden debilitar la autoestima, vida social y trabajo de quien la padece.

"Afirmo que la incontinencia es una enfermedad social", declara el doctor Robert Schlesinger, profesor auxiliar de cirugía en la Escuela de Medicina de Harvard y codirector del Centro para el Tratamiento de Incontinencia del Hospital Faulkner en Boston, Massachusetts. "La gente casi puede llegar a cualquier extremo con tal de adaptar sus vidas a la incontinencia. Por ejemplo, tuvimos una mujer que no salió de su casa durante tres años por la vergüenza que sentía."

Observe que el doctor Schlesinger dijo que la gente "adapta sus vidas a la incontinencia"; pero no tiene que ser así. Él y otros expertos están enviando un mensaje claro de que la gente no debe estigmatizarse por la incontinencia, afirma

Katherine Jeter, doctora en educación y fundadora de Help For Incontinent People (HIP: Ayuda para la Gente que padece Incontinencia) y profesora de clínica de urología en el Colegio de Medicina de la Universidad de Medicina de Carolina del Sur. "Casi todo mundo puede mejorar o curarse." Eso ya es decir algo, especialmente si se considera que nada más en Estados Unidos hay 10 millones de incontinentes.

En casi todos los casos, la incontinencia es cuestión de grado. Y debe rechazarse la idea de que es parte normal del envejecimiento, comenta el doctor Neil Resnick, jefe de servicios geriátricos y director del Centro para la Continencia en Brigham del Hospital para Mujeres en Boston, Massachusetts, y profesor en la Escuela de Medicina de Harvard. "No es inevitable y tampoco irreversible". A veces basta con un esfuerzo mínimo para reducir, incluso impedir, el problema. Por tanto se puede adaptar la incontinencia a la vida, no al revés. He aquí algunas maneras como puede proporcionarse autoayuda.

Lleve un diario de su vejiga. Durante una semana escriba "qué comí, qué bebí, cuándo fui al baño y con qué frecuencia oriné", sugiere la doctora Jeter. El diario ayudará a usted y su médico a encontrar la causa.

No tome demasiado líquido. El diario de su vejiga puede revelar que ha estado bebiendo demasiados líquidos, agrega la doctora Jeter. "Usualmente se debe a que la persona está sometida a una dieta que requiere beber grandes cantidades de líquido. Si bebe un poco menos, su problema de incontinencia puede aliviarse." Un buen momento para disminuir la cantidad de líquidos bebidos es antes de ir a dormir.

Pero no demasiado poco. Reducir su consumo de líquidos por debajo de los niveles normales sin la aprobación de su médico puede traducirse en deshidratación, lo cual empeora los problemas urinarios y quizás incluso causar enfermedades graves.

Evite el alcohol. El alcohol es un gran estímulo para acelerar las visitas al inodoro.

Evite la cafeína. La cafeína es otro reconocido diurético. Al igual que el alcohol, no nada más se encuentra en bebidas, sino también en fármacos. Su diario le ayudará a reconocer si las bebidas que consume le ocasionan la incontinencia.

Evite el jugo de toronja. El jugo de toronja también es un famoso diurético, razón por la que fue la base para una dieta popular en otros tiempos.

Prefiera el jugo de arándano. El jugo de arándano es ácido y tiene bajo contenido en ceniza, además de reconocido por sus beneficios para la vejiga.

Manténgase sin carga extra. El estreñimiento puede contribuir a la incontinencia, de modo que debe preferir una dieta alta en fibras, acompañada de cantidades adecuadas de líquidos. La receta de una clínica de incontinentes: ¡consuma rosetas de maíz a diario!

No fume. La nicotina irrita la superficie de la vejiga; además, si su incontinencia se debe a la tensión, la tos puede desencadenar el escurrimiento de orina.

Pierda el sobrepeso. Las cartas dirigidas a la Fundación Simon para la Continencia en Wilmette, Illinois, informa su presidenta Cheryle Gartley, demuestran que la gente que pierde incluso unos cuantos kilos puede reducir su incontinencia.

Intente "vaciar doblemente". Al orinar, permanezca en el inodoro hasta que sienta que su vejiga está vacía. Luego levántese y siéntese de nuevo, agáchese ligeramente hacia adelante doblándose por las rodillas e intente orinar de nuevo.

Acuda cuando tiene que hacerlo. "Es una muy buena idea vaciar su vejiga con regularidad", recomienda la doctora Jeter. Por ejemplo, no se quede en la mesa hasta que termine la comida por vergüenza de ir al baño pues la retención prolongada puede producir infección de la vejiga y estirarla exageradamente. Además, si su vejiga está demasiado llena y tiene débil el músculo del esfínter, prosigue la doctora Jeter, muy probablemente comenzará a pasar orina sólo al toser, estornudar o reír. Lo mejor que puede hacer: vacíe su vejiga antes y después de sus alimentos, y a la hora de ir a dormir.

Habitúese. Primero, vacíe su vejiga a intervalos cortos regulares (por ejemplo, cada hora es un buen comienzo) y aumente gradualmente el intervalo. En determinados tipos de incontinencia, este método puede ser sumamente eficaz, aunque nadie sabe por qué. "No sabemos si en verdad readiestra a la vejiga para que funcione normalmente", señala el doctor Resnick, "o si adiestra al cerebro para que atienda una disfunción persistente de la vejiga".

Propóngase de 3 a 6 horas. Un intervalo promedio entre visitas al sanitario es de 3 a 6 horas, indica la doctora Jeter. Procure alcanzar este rango de intervalos en el transcurso de varias semanas.

Compense el efecto de los años. "Lo normal es lo que siempre ha hecho, más un tiempo adicional para compensar las debilidades debidas al envejecimiento", explica la doctora Jeter. "Conforme envejece, pasa más tiempo entre que su vejiga ordene ir al baño y que usted llegue al lugar." En otras palabras, trate de dormir y pasar más tiempo cerca de un baño que cuando todavía corría los 100 metros planos.

Prepárese para las emergencias. Conserve un cómodo o bacinica al alcance de su cama.

Practique ejercicios especiales. Se trata de los ejercicios Kegel, desarrollados a fines del decenio de 1940 por el doctor Arnold Kegel, para ayudar a las mujeres con incontinencia por tensión durante y después del embarazo. Según los expertos, pueden reducir y tal vez impedir algunas manifestaciones de incontinencia en ambos sexos y a todas las edades. En seguida aparecen los lineamentos de la HIP.

Sin tensar los músculos de las piernas, nalgas o abdomen, imagine que intenta impedir una defecación apretando el esfínter del ano. Este ejercicio identifica la parte trasera de los músculos pélvicos.

Luego, cuando esté orinando, trate de detener el flujo y luego reiniciarlo. Esto identifica la parte delantera de los músculos pélvicos. (Para las mujeres: imagine que está tratando de retener un tampón que resbala hacia fuera.)

Ahora ya puede realizar el ejercicio completo: trabajando de atrás adelante, apriete los músculos mientras cuenta lentamente hasta el cuatro; luego aflójelos. Haga esto durante dos minutos, al menos tres veces al día, lo cual significa al menos 100 repeticiones.

Anticipe los accidentes. Si sabe que va a estornudar, toser, levantar un peso o rebotar, apriete el esfínter antes y evite un accidente.

No se llene de pánico si no percibe una advertencia. Si tiene incontinencia de urgencia, entonces casi no tendrá advertencia de la necesidad de orinar. No se asuste. Mejor, a la primera señal, relájese. Luego apriete su esfínter. Después relaje sus músculos abdominales. Al cesar la sensación de urgencia, camine lentamente, sin sentir pánico, hasta el sanitario más próximo.

Compre suministros especiales. Hay varias marcas de productos absorbentes que se usan como calzoncillos, toallas o protectores. Los nuevos productos absorben de 50 a 500 veces su peso en agua, neutralizan el olor y congelan el líquido para impedir fugas. El tipo que usted necesite depende de su anatomía y la clase y grado de incontinencia que padezca. Aunque es comprensible el sentimiento de vergüenza al comprarlos, trate de encontrar un farmacéutico que lo comprenda y que le prepare su compra para cuando pase a recogerla.

COMITÉ DE ASESORES

Cheryle Gartley es presidenta de la Fundación Simon para la Continencia en Wilmette, Illinois, y editora de *Managing Incontinence*.

La doctora en educación, **Katherine Jeter**, es fundadora y directora de Help for Incontinent People (HIP). Es profesora clínica de urología en el Colegio de Medicina de la Universidad de Medicina de Carolina del Sur en Charleston y afiliada en terapia enterostomal en el Centro Médico Regional de Spartanburg, Carolina del Sur.

El doctor **Neil Resnick** es jefe de servicio geriátrico y director del Centro para la Continencia en Brigham, del Hospital para Mujeres en Boston, Massachusetts, y profesor en la Escuela de Medicina de Harvard en esa ciudad.

El doctor **Robert Schlesinger** es profesor de cirugía en la Escuela de Medicina de Harvard en Boston, Massachusetts, y codirector del Centro para el Tratamiento de la Incontinencia en el Hospital Faulkner de esa ciudad.

Infección de oídos

10 ideas para aliviar los síntomas

El bebé se rueda por toda su cuna en un sueño inquieto. Usted mira su reloj; las doce de la noche. Suspira y jala sus cobijas más arriba y con fuerza tratando de volver a dormir.

El bebé patea el extremo de su cuna, reacomoda su cuerpo con un ronquido, un suspiro y un golpe más fuerte que lo usual. Gime sin despertarse.

Usted oye todo. No duerme, y muy en el fondo se pregunta si logrará dormir de alguna manera esa noche. En vez de contar ovejas, cuenta pequeñas sensaciones de culpa. ¿Qué podría haber hecho para ayudar a mi bebé a dormir mejor?

"Mamitaaaaaaaaaa. Papitooooooo." Sus gritos anuncian que se inicia la depresión de media noche causada por infección de oídos.

Los niños contraen infecciones en el oído medio por varias razones.

Sus trompas de Eustaquio, los conductos que van desde la parte posterior de la garganta al oído medio, son más anchas y cortas que en los adultos. Por otra parte, los nervios en la zona pueden no estar completamente maduros, lo que también puede afectar las trompas de Eustaquio. Así mismo, los niños que se hallan en centros de cuidado infantil diurno pueden estar más expuestos a resfríos, los cuales pueden traducirse en infecciones de oído.

Y sencillamente estar durmiendo en una cama en vez de una cuna no le da derecho a creer que sea inmune a esta afección. Por ejemplo, un adulto con senos paranasales congestionados que deba viajar en avión o un goteo nasal descuidado durante un par de días de más y ¡Pum!: infección instantánea de oído.

Los síntomas usuales de infección del oído medio son dolor y pérdida de la audición pero los adultos y los niños pueden padecer de infecciones sin sufrir dolor, afirma el doctor George W. Facer, otorrinolaringólogo de la Clínica Mayo en Rochester, Minnesota. Una vez que se presenta la infección, la mejor cura consiste en antibióticos, aunque algunas infecciones ceden por sí solas. Sus oídos estarán como nuevos de una semana a 10 días.

Pero, ¿qué puede hacer esta noche? ¿Y cómo puede impedir la siguiente infección de oídos?

AMOR TIERNO Y CUIDADOSO

Cuando su hijo tiene dolor, usted busca el alivio. Esto es lo que aconsejan los expertos.

Pruebe con el acetaminofén. Esta clase de analgésico (Tylenol, Panadol, Tempra) es la primera elección de los médicos. Una dosis a la hora de dormir puede bastar para poner el dolor a dormir mientras usted o su hijo sueñan. (No debe administrarse aspirina a nadie menor de 21 años por el riesgo del síndrome de Reye, enfermedad neurológica que pone en peligro la vida.)

Mantenga alta la cabeza. Cuando su cabeza se encuentra erguida, las trompas de Eustaquio se despejan de manera natural, explica el doctor Dudley J. Weider, otorrinolaringólogo del Centro Médico Dartmouth-Hitchcock en Hanover, Nueva Hampshire. Esta es una de las razones por las que los niños con infección de oído no parecen padecer dolor durante el día. Dado que se encuentran ocupados jugando y corriendo por todas partes, sus trompas de Eustaquio drenan hacia la parte posterior de sus gargantas.

Tome una bebida. Sorber (y tragar) agua desencadena la acción muscular que ayuda a sus trompas de Eustaquio a abrirse y drenarse, indica el doctor Weider. Y las trompas abiertas y despejadas significan menos dolor.

ALERTA MÉDICA

No espere al dolor

Si ha perdido la audición o si sus oídos se mantienen tapados durante más de un par de días después de un resfriado, consulte a su médico. Tal vez ya tenga una infección ótica o líquido en el oído medio, advierte el doctor George W. Facer.

Si se deja sin atender, la infección del oído puede causar pérdida permanente de la audición en niños y adultos, advierte. El tratamiento usual consiste en entre 10 y 14 días de antibióticos.

Descongestiónese a la hora de ir a dormir. Los niños y los adultos que contraen muchas infecciones del oído pueden mejorar con una dosis de un descongestionante oral no ético justo antes de ir a la cama. Si hay líquido dentro de sus oídos esperando atormentarlos, la medicina lo secará y lo ayudará a dormir.

Rocíe su nariz, seque sus oídos. Los adultos tal vez deseen probar un rocío nasal descongestionante antes de ir a la cama, además de un descongestionante oral o un antihistamínico, comenta el doctor Facer; pero aplique gotas nasales sólo durante uno o dos días, pues si lo hace excesivamente puede crear un efecto de rebote, empeorando la congestión de la nariz.

CUIDADO PREVENTIVO

Si bien usted no puede impedir las infecciones de oídos, sí hay algo que puede hacer para ayudar a disminuir las posibilidades de padecerlas.

Amamante a su bebé. Algunos expertos creen que esto disminuirá las posibilidades de que su bebé padezca de problemas de oído.

Un estudio de 237 niños en Helsinki, Finlandia, mostró que 6% de los bebés amamantados y 19% de los alimentados con botella habían presentado infecciones del oído medio a finales del primer año. Hacia los tres años, sólo 6% de los amamantados contrajeron infección, comparados con 26% de los alimentados con botella.

¿Por qué la gran diferencia? Los investigadores consideran que los infantes amamantados tienen respuestas fortalecidas de sus sistemas inmunitarios contra las infecciones respiratorias.

Deje de fumar. Fumar puede llevar a un adulto con problemas de oído hacia una infección porque contamina el aire con irritantes, lo que a su vez puede causar congestión de las trompas de Eustaquio, advierte el doctor Weider. El humo de otros fumadores, que también está lleno de contaminantes, puede resultar igualmente nocivo para los niños propensos a los problemas del oído.

Apague el fuego de su calefactor al aire libre. Por la misma necesidad de aire limpio por la que debe dejar de fumar, deberá apagar el fuego de su chimenea o cualquier sistema que queme madera o carbón a cielo abierto. El tizne y humo del fuego cargarán el aire con toxinas difíciles de respirar y de tolerar.

Escoja cuidadosamente la guardería de su hijo. Los niños expuestos a grandes grupos de otros niños tienen más posibilidad de entrar en contacto con los insectos que causan las infecciones del oído. Los padres que necesiten de una estancia de cuidado infantil para un niño propenso a las infecciones de oído tal vez deban escoger un ambiente de grupo pequeño, como sería un hogar familiar de cuidado infantil, hasta que el pequeño deje de padecer las infecciones del oído, recomienda el doctor Weider.

Tenga paciencia. Algunos niños superan las infecciones de oído hacia los tres años, declara el doctor Facer. Entonces, ambos podrán dormir.

COMITÉ DE ASESORES

El doctor **George W. Face**r es otorrinolaringólogo de la Clínica Mayo en Rochester, Minnesota.

El doctor **Dudley J. Weider** es otorrinolaringólogo del Centro Médico Dartmouth-Hitchcock en Hanover, Nueva Hampshire.

Infecciones de la vejiga

11 remedios para un problema irritante

Hace un buen rato que está buscando el sanitario. Le *urge* mucho ir. Pero cuando llega. . . bueno, no sucede mucho, y cuando sucede *aaaarrdeeeee*.

¿De qué estamos hablando? De un problema de salud que ha hecho miembros de una especie de asociación femenina a muchas mujeres: en Estados Unidos, cinco de cada 10 presentará alguna infección de vejiga en algún momento en sus vidas. (Aunque los hombres también pueden contagiarse, les sucede tan ocasionalmente que las infecciones de la vejiga, también conocidas como infecciones de las vías urinarias, se consideran una enfermedad femenina.)

"Se trata de una de las infecciones más frecuentes que tratan los médicos", afirma el doctor David Staskin, profesor de urología en la Escuela de Medicina de la Universidad de Boston.

"Tal vez 50% de todas las mujeres tienen al menos una infección de vejiga en algún momento de sus vidas, y 20% o más tendrá infecciones múltiples; no es poco frecuente que muchas tengan una o dos al año."

¿Qué las causa?

Las infecciones de vejiga se deben a bacterias conocidas como *E. coli* que adoptan por residencia la vagina y por tanto se abren camino hasta la uretra, el conducto por el cual fluye la orina, explica el doctor Elliot L. Cohen, profesor de urología clínica en la Escuela Mount Sinai de Medicina en la Universidad de la ciudad de Nueva York. Las bacterias no representan un problema en la vagina. Las dificultades comienzan sólo cuando entran en las vías urinarias.

"Se trata de bacterias que normalmente están presente en todas las mujeres. Y las que contraen infecciones de las vías urinarias, no son anatómicamente distintas de las mujeres que no las contraen. Pero por razones que no comprendemos, resultan más sensibles a la infección", agrega el doctor Cohen.

Las infecciones de la vejiga son en realidad infecciones de la orina misma, según el doctor Staskin, y por lo regular el efecto en la paciente es relativamente menor. "Las bacterias irritan la pared de la vejiga", explica. "En casi todos los casos es equivalente en la vejiga a una fuerte insolación."

No obstante, las infecciones arden, causan escozor y generalmente producen incomodidades quienes sufren estas afecciones. Sin embargo, hay buenas noticias. Usted puede hacer mucho por disminuir las molestias de las infecciones del conducto urinario y salir de ellas cuanto antes. Las siguientes sugerencias probadas por los doctores le dicen cómo.

Beba muchos líquidos. Esta es tal vez la sugerencia más importante, por dos razones: comodidad y salud.

"Algunas mujeres contraen una infección en las vías urinarias y piensan, '¡Ah!, sólo arde cuando voy al baño' ", señala el doctor Cohen. "Entonces razonan que no tendrán que orinar si no beben líquidos, así que se abstienen de beberlos; lo cual sin duda es lo peor que pueden hacer."

El otro camino

¿Cura de jugo de arándano diluido?

Muchas mujeres que han tenido una infección de las vías urinarias — y todo hombre que las haya acompañado en su molestia— han oído hablar de la cura con jugo de arándano. La pregunta es, ¿funciona? La respuesta depende de con quién se hable. Algunos miembros de la comunidad médica dicen que sí, pero casi la mayoría dice que no. Con el transcurso de los años se han realizado varios estudios documentando su efecto; pero persiste la controversia de *por qué* puede ser eficaz.

"Creo que tal vez tenga tanto que ver con aumentar el consumo de líquidos como cualquier otra cosa", comenta el doctor David Staskin. "Sencillamente no creo que el jugo de arándanos tenga nada de especial para producir un efecto."

El doctor Joseph Corriere está de acuerdo. . . hasta cierto punto. "Tiene ácido quinólico (que se convierte en ácido hipúrico en el hígado) y está fortalecido con vitamina C. Se ha demostrado que tanto el ácido hipúrico como la vitamina C combaten la infección", indica el doctor Corriere. "El problema es que se requieren *decilitros* diarios del jugo para obtener suficientes productos activos para lograr algún beneficio."

Aunque hay fuertes sospechas de que el jugo de arándano cure su infección, ciertamente no tiene nada de malo probarlo; pero recuerde que si no le cura, tampoco le causará daño.

La razón: conforme cualquier cantidad de orina permanezca más tiempo en la vejiga, más bacterias contendrá; la *E. Coli* duplica su población aproximadamente cada 20 minutos, según el doctor Staskin. Más bacterias significan más dolor.

"No cabe duda, lo mejor que puede hacer cualquier mujer para combatir el ardor es beber líquidos para arrojar las bacterias que están ocasionando la inflamación", recomienda el doctor Cohen.

"Hay un sólido argumento a favor de beber más líquidos tanto para impedir como para tratar las infecciones de las vías urinarias", explica el doctor Staskin. "Se han realizado estudios donde se introdujeron mecánicamente bacterias en vejigas de voluntarias. Se demostró que el solo vaciar la vejiga únicamente dos veces *esterilizaba* la vejiga de manera eficaz."

Mensaje: a mayor cantidad de líquidos que beba, más pronto se detendrá el dolor. Y una sugerencia: si su orina es clara, está bebiendo suficiente; si tiene color, le faltan líquidos.

Tome un baño caliente. "Esto ayuda a muchas mujeres a aliviar el dolor", refiere el doctor Richard J. Macchia, profesor y presidente del Departamento de Urología en el Centro de Ciencias para la Salud en la Universidad Estatal de Nueva York en el Colegio de Medicina Brooklyn. "No creo que nadie haya investigado los mecanismos exactos del caso, pero a menudo un baño caliente parece ayudar cuando hay inflamación."

Tome aspirina o acetaminofén. "Son antiinflamatorios, y ayudan a algunas personas", declara el doctor Macchia. "Reducen la inflamación en la vejiga; y a menor inflamación, menos ardor."

Tome vitamina C. "Alrededor de 1 000 miligramos tomados durante el día acidifican lo suficiente la orina para interferir con el crecimiento bacteriano", indica el doctor Macchia. "Esta es una buena idea si usted está teniendo problemas con una reinfección o si presenta recurrencia de improviso en un sitio donde no haya rápido acceso a ayuda médica." Advertencia: algunos antibióticos prescritos para las infecciones de vejiga no actúan bien en la orina ácida, así que informe a su médico si está tomando vitamina C y cuánta está tomando. La vitamina C no es tóxica, pero se considera que 1 000 miligramos es una dosis fuerte y debe usted tener la aprobación de su médico.

De adelante hacia atrás. Limpiarse de adelante hacia atrás ayuda a impedir que la infección recurra, indican los médicos; hacerlo en sentido opuesto es una de las causas más frecuentes de infección y una buena manera de hacer que

ALERTA MÉDICA

Signos de algo grave

Hay cuatro síntomas importantes que deben enviar cuanto antes al médico a cualquier persona con infección de vejiga (trátese de la primera o la quinta infección, no importa):

- Sangre en la orina
- Dolor en la parte baja de la espalda o flanco
- Fiebre
- Náusea o vómitos

"Aproximadamente 90% de las mujeres que contraen infección de vejiga se libran de las bacterias a la primera o segunda píldora antibiótica, pero a menudo los síntomas duran dos o tres días", explica el doctor David Staskin. "No obstante, algunas pueden presentar problemas más graves en los riñones. Si experimentan cualquiera de los síntomas mencionados, deben consultar inmediatamente al médico."

Los síntomas relacionados con una infección de vejiga pueden parecerse a otra enfermedad —como cáncer (en especial si hay sangre en la orina)— así que *siempre* resulta importante buscar asesoría médica.

las infecciones se repitan. Resulta cuestión de sentido común, pues usted quiere que las bacterias se *alejen*, no que se aproximen a la vagina y la abertura de la uretra.

Vaya al baño antes del coito. Esto ayuda a eliminar las bacterias que pueden estar presentes en la vagina, señalan los expertos, bacterias que de otro modo durante el coito podrían ser llevadas a la vejiga.

Vaya al baño después del coito. Aquí se inicia el mito de la participación de su compañero; y, como casi todos los mitos, éste tiene su parte de verdad, según el doctor Staskin. El pene del hombre puede introducir por masaje las bacterias presentes en la abertura de la uretra hacia la vejiga. Vaciar la vejiga "enjuaga" la vejiga.

"No cabe duda que las infecciones del conducto urinario son más frecuentes en las mujeres sexualmente activas", afirma el doctor Cohen, "pero esto se debe más al desconocimiento de cómo protegerse que a la actividad sexual misma. Si se les ha hecho llegar hasta la vejiga, el acto de la micción eliminará la mayor parte de dichas bacterias".

Reconsidere si el diafragma le conviene. "Se ha demostrado que los diafragmas son los principales causantes de las infecciones persistentes en vejiga", declara el doctor Staskin. "Tal vez se deba a dos mecanismos: las bacterias colonizan el propio diafragma, que luego se inserta profundamente en la vagina e interfiere con el desalojo de la vejiga, lo cual significa que las bacterias que ya se encuentren allí no son expulsadas al orinar".

Si la descripción anterior coincide con su caso particular tal vez resulte conveniente hablar con su médico acerca de otro método anticonceptivo.

Utilice toallas sanitarias en vez de tampones. "Nadie sabe absolutamente a ciencia cierta por qué ciertas mujeres parecen más sensibles a la reinfección, aunque se supone que cierta clase de manipulación vaginal (coito, insertar un diafragma o un tampón) siempre parece precederla", explica el doctor Joseph Corriere, director de la División de Urología en el Centro de Ciencias para la Salud de la Universidad de Texas en Houston.

"A mis pacientes que experimentan infección crónica cuando menstruan les aconsejo que dejen de utilizar tampones y usen toallas", comenta.

Practique una buena higiene. Una buena higiene significa utilizar pantaletas de algodón que la mantengan seca, no emplear pantalones apretados que disminuyan la ventilación y sobre todo, mantenerse limpia, pero *sensatamente* limpia.

"Si no se baña para eliminar las bacterias que se encuentran en la región del perineo (entre la vagina y el recto), correrá el riesgo de que la infección repita", advierte el doctor Staskin; "pero un exceso de higiene puede resultar tan malo como practicar demasiada poca. Ducharse constantemente puede introducir bacterias a la vagina y también eliminar las bacterias vaginales "amistosas" normales, no infecciosas, las cuales luego son reemplazadas por las *E. coli* que sí infectan. La uretra puede irritarse, lo cual puede producir síntomas parecidos a otra infección del conducto urinario. Los jabones bactericidas fuertes pueden hacer lo mismo, cambiar tanto la flora vaginal que vuelven a la persona más susceptible a infectarse.

Moraleja: Sea limpia, mas no obsesiva.

COMITÉ DE ASESORES

El doctor **Elliot L. Cohen** es profesor de urología clínica en la Escuela Monte Sinaí de Medicina de la Universidad de la ciudad de Nueva York.

El doctor **Joseph Corriere** es director de la División de Urología en el Centro de Ciencias para la Salud de la Universidad de Texas en Houston.

El doctor **Richard J. Macchia** es profesor y presidente del Departamento de Urología en el

Centro de Ciencias para la Salud de la Universidad Estatal de Nueva York en el Colegio de Medicina Brooklyn

El doctor **David Staskin** es profesor de urología en la Escuela de Medicina en la Universidad de Boston en Massachusetts.

Infecciones vaginales e intestinales causadas por hongos

26 antídotos naturales

La *Candida albicans* es un hongo que crece natural e inofensivamente en la vagina y en los intestinos tanto de mujeres como de hombres.

"Son la flora natural. Viven allí igual que las bacterias en la boca", explica el doctor Michael Spence, ginecólogo y obstetra de la Escuela de Medicina de la Universidad Hahnemann. "Si hay un desequilibrio en el balance o ecología de la zona por tomar antibióticos, o si tiene diabetes, por ejemplo, entonces aumenta la población de hongos y se contrae una infección vaginal."

Otras causas de infección causada por hongos incluyen el embarazo, píldoras anticonceptivas, hormonas para la menopausia, lavados vaginales, espermicidas, lesiones menores en la pared vaginal originadas por uso de tampones, poca lubricación durante el coito o relaciones sexuales con alguien que haya estado infectado por hongos.

Si contrae una infección de este tipo, el médico confirmará el problema mediante el examen de una muestra de flujo bajo el microscopio. Luego prescribirá un medicamento que mate el excedente de hongo en la vagina.

Aunque parece sencillo, las mujeres que contraen una infección por hongos saben que no es así. Estos microorganismos, que producen comezón, ardor, olor a levadura y flujo blanco, como queso, se las arregla para regresar. Algunas personas son propensas a este tipo de infecciones.

Tres maneras de acabar con una infección

Artículo noticioso: *Boise, Idaho (UPI) .- Los bomberos participaron en una peculiar redada de pantaletas cuando una mujer llamó al departamento de bomberos e informó que había humo en su ático.*

Cuando los bomberos llegaron al lugar, descubrieron que la fuente del humo era un par de pantaletas en el horno de microondas.

La mujer, cuyo nombre no fue revelado, declaró a los bomberos que metió sus pantaletas de nylon en el horno de microondas para librarse de una infección causada por hongos.

Para su información, el horno de microondas puede ser una magnífica manera de cocinar comestibles, pero no una manera sensata de curar una infección vaginal causada por hongos, como lo prueba la noticia que acabamos de comunicarle.

La "cura" por microondas es resultado de un estudio efectuado por investigadores de la Universidad de Florida y el Colegio de Baylor, quienes descubrieron que el microorganismo que causa el hongo, *Candida albicans*, puede ser eliminado mediante la radiación de un horno de microondas. Los científicos señalaron que las mujeres infectadas dejan esporas de hongos en sus pantaletas. El lavado normal no los mata; empero, demostraron que el horno de microondas sí. También causa incendios.

Meter sus pantaletas en el horno de microondas no es buena idea, advierte la doctora Marjorie Crandall, especialista en dichos microorganismos, quien escribió un folleto intitulado *How to Prevent Yeast Infections*. Crandall hace notar que lo que demostraron los investigadores es que la *Candida albicans* sobrevive a los ciclos normales de lavado y secado una vez que se ha instalado en las pantaletas femeninas, o sea que puede reinfectar a quien las usa; pero la mayoría de las mujeres no quiere correr el riesgo de tener una redada de pantaletas en su cocina.

Así pues, ¿cuál es la respuesta?

Dé una tallada adicional a sus pantaletas. Como protección, talle la entrepierna de sus pantaletas con detergente neutro antes de meterlas con el resto de la ropa para el lavado, recomienda la doctora Crandall. Evite el blanqueador, agrega, así como el suavizante de telas, que irritan la piel delicada.

O hierva al hongo hasta matarlo. Otro estudio de lavandería y ropa interior señala que para matar la *Candida* puede hervir las pantaletas o remojarlas en blanqueador durante 24 horas antes de volver a ponérselas. Lave con jabón neutro antes de usarlas.

Mátelo con calor. También se puede matar a la *Candida* retocando las pantaletas con una plancha caliente.

La doctora Marjorie Crandall, especialista en estos microorganismos y fundadora de la Yeast Consulting Services en Torrance, California, comprende por qué las mujeres están dispuestas a probar casi cualquier cosa para aliviarse de la incomodidad: durante 20 años luchó contra infecciones crónicas causadas por hongos que le hicieron la vida imposible. En la actualidad no las padece más, amén de que es una de las máximas autoridades sobre las maneras de controlar el problema.

Estas son sus recomendaciones y las de otros expertos, para quienes padecen de infecciones causadas por dichos hongos.

Duerma como Eva. El hongo prolifera en atmósferas cálidas y húmedas, observa el doctor Spence, de modo que una de las mejores medidas preventivas que puede tomar contra él es mantener ventilada su zona vaginal: es decir, fresca y seca. Duerma desnuda o quítese las pantaletas bajo su camisón de dormir luego de acostarse y dé a su cuerpo 8 horas de alivio sin estorbos.

Use ropa holgada. Durante el día, evite la ropa de ajuste estrecho y las prendas hechas de fibras que no permitan la buena circulación del aire. Esto incluye las telas plásticas, de poliéster y cuero, indica el doctor Spence. También reduzca el número de capas de ropa que use. No use pantaletas bajo sus pantimedias; tampoco debajo de pantalones apretados de tipo vaquero. Cuando llegue a casa, quítese las capas sobrantes, como las pantimedias, y deje que su cuerpo respire. Use faldas siempre que pueda.

No use talco. El almidón es el medio perfecto para cultivar los hongos, advierte el doctor Spence. Ya que la mayor parte de los talcos para después del baño tienen base de almidón, al usar talco estará alentando una infección. Conserve el talco lejos de sus pantaletas.

Use un medicamento vaginal que se venda sin receta médica. Hay algunos sitios en los que sencillamente no puede rascarse (al menos si está en público), y este es uno de ellos. Mientras el medicamento recetado por su médico actúa eliminando el hongo, usted puede reducir la comezón mediante un producto que no requiere receta médica para su venta, como Benadryl o Cortaid. Para mitigar la comezón, frótese una crema alrededor de la vulva y de la abertura vaginal, que tenga base de hidrocortisona y que no requiera de receta médica para su venta; pero no se aplique nada antes de consultar al médico porque pueden encubrir una infección e impedir un diagnóstico apropiado.

Use un lubricante natural. El aceite mineral, petrolato, claras de huevo y yogur común son buenas sustancias para lubricarse durante el coito, indica la

---

ALERTA MÉDICA

Deje que su médico haga el diagnóstico

Los médicos a menudo toman un cultivo o examinan la descarga vaginal al microscopio porque no todas son causadas por un hongo relativamente inofensivo. Cualquier trastorno, desde un tampón olvidado hasta la enfermedad pélvica inflamatoria, que pone la vida en peligro, puede ocasionar síntomas similares: comezón y flujo de olor extraño.

Otras causas incluyen la gardnerella vaginalis, infección bacteriana; tricomonas, infección parasitaria; y la clamidia, gonorrea y sífilis. Así que no juegue al médico. Obtenga un diagnóstico profesional.

---

doctora Crandall, porque químicamente no irritan, a menos que usted sea alérgica a ellas (pero no debe usar el petrolato con los condones, porque produce perforaciones en el hule). Tampoco use aceite para bebés, porque el perfume que contiene puede causarle irritación.

Diga no a las preparaciones químicas. Una manera segura de agravar algo que de por sí ya es delicado es agregar sustancias químicas a su infección causada por hongos que espera la oportunidad de mostrarse en todo su esplendor. Evite los productos para lavados vaginales, jaleas, espumas y rocíos anticonceptivos, tabletas para exterminar hongos y desodorantes femeninos, recomienda la doctora Crandall.

Prepárese un baño sanador. Una posibilidad distinta al lavado vaginal es el baño de asiento. Llene su bañera a medias (justo hasta la cadera) con agua tibia, y luego haga lo que sigue:

- Agregue sal (suficiente para darle un sabor salado, alrededor de media taza) como para que sea igual al estado salino corporal natural.
- Agregue vinagre (media taza) para ayudar a rebalancear el pH vaginal a 4.5.

Ahora siéntese en la bañera con las rodillas separadas, hasta que el agua se enfríe. El baño hará la limpieza.

Ponga los espermicidas en su lugar. Los espermicidas son otro producto químico que debe mantener fuera de su vagina, en especial si es propensa a las infecciones. Si planea usar un espermicida durante el coito, póngalo dentro de la punta de depósito del condón, donde hará la tarea que se supone que debe hacer, puntualiza la doctora Crandall.

Suprima los perfumes. Escoja productos personales sin perfumes. Tanto los perfumes como los desodorantes en los tampones y toallas sanitarias pueden irritar o desencadenar otro episodio de vaginitis.

Lávese con agua. El jabón, champú, sales y aceites para el baño eliminan las grasas naturales que protegen su piel y le dejan residuos irritantes. Lávese la zona vaginal con agua simple y fricciónese cuando se lave en la ducha. Una cabeza de regadera de extensión, que puede sostenerse en la mano, es perfecta para dirigir el chorro rociado.

Prefiera el algodón. Escoja pantaletas de algodón porque se llevan la humedad de su piel. Por el contrario, el nylon retiene tanto el calor como la humedad, lo que invita al desarrollo del hongo. Si prefiere la sensación del nylon sobre su piel, escoja sus pantaletas con entrepierna incorporada de algodón. Si éstas no la tienen, entonces un buen sustituto puede ser un forro para sus pantaletas o minitoallas.

Siempre use pantimedias con entrepierna de algodón, de modo que pueda pasar el aire a través del algodón, refrescando y secando su vagina. Y recuerde que ¡no necesita usar pantaletas si usa pantimedias! Cuantas menos capas de ropa use, más ventilación logrará.

Use papel sanitario incoloro. El colorante es otro producto químico con potencial para irritarla. Por eso, la doctora Crandall sugiere que evite la irritación innecesaria usando papel higiénico blanco, sin perfumes.

Conserve los gérmenes en su sitio. Límpiese de adelante hacia atrás después de cada evacuación intestinal. Lave todo lo que entre en contacto con el ano antes de tocar la vagina.

Lávese antes del coito. Si usted y su compañero son escrupulosamente limpios, habrá menos posibilidad de que transfieran los gérmenes del hongo a su vagina. Lávese las manos y los genitales antes del coito.

Enjuáguese sólo con agua. La vagina se limpia de manera natural, aunque algunas mujeres sienten que deben darse duchas vaginales. Si usted se lava de ese modo, la doctora Crandall le recomienda una ducha suave con agua fresca ocasionalmente, porque este tipo de lavado es el menos irritante que pueda practicar.

No se duche durante su menstruación, cuando se encuentre abierto el cuello del útero: el flujo ascendente podría empujar la infección hacia el interior del útero. Además, nunca lave la vagina durante el embarazo, a menos que su médico se lo indique.

Lávese con vinagre. El vinagre tiene aproximadamente la misma acidez que la vagina. Por eso a veces se sugiere una mezcla tibia de vinagre y agua (a razón de cuatro cucharaditas de vinagre por medio litro de agua) como líquido para su lavado vaginal. Algunos médicos sugieren que una vagina con balance adecuado de pH tiene menos posibilidades de favorecer el desarrollo excesivo de hongos.

También hay soluciones de vinagre y agua mezclados para las mujeres que no desean realizar por sí mismas esta preparación.

Evite el coito cuando padezca de vaginitis. El coito puede aumentar todavía más la inflamación causada por una infección de hongos. Aparte, puede contagiar a su compañero, quien puede reinfectarla después, advierte la doctora Crandall.

Orine antes y después. Tanto los hombres como las mujeres deben lavarse y orinar tanto antes como después de la unión sexual para lavarse a chorro los gérmenes de la uretra y evitar infecciones de vejiga, aconseja la doctora Crandall.

Use condón. Un condón sin corrugaciones y sin lubricante la irritará menos. También evita que los compañeros sexuales se transmitan los hongos.

Controle los hongos y los mohos. Las mujeres con infecciones recurrentes de hongos pueden volverse alérgicas a alimentos que contengan levaduras y mohos. Evite los alimentos y bebidas como los panes, rosquillas, cerveza, vino, vinagre, encurtidos, alimentos fermentados, queso, hongos y jugos de frutas.

Mantenga controlado el nivel de azúcar en la sangre. Los hongos se multiplican en el azúcar, de acuerdo con un estudio efectuado en el Hospital Mount Sinai en Hartford, Connecticut. El elevado consumo de azúcar contribuye a las infecciones de hongos porque les proporciona alimento. Por su parte, los diabéticos, quienes son más propensos a este tipo de infecciones, deben vigilar sus niveles de azúcar en sangre. Además, el exceso de lactosa en productos lácteos y edulcorantes artificiales aumenta la probabilidad de dichas infecciones.

Eleve su resistencia. Una persona sana combate las infecciones con más facilidad que quienes no están en buenas condiciones de salud. Fortalezca su inmunidad: haga ejercicios regularmente; coma de manera apropiada; duerma lo suficiente; no fume; no consuma otros narcóticos; beba con moderación y tome poco café.

Prefiera las fibras naturales. Use tampones de algodón en vez de los hechos con fibras sintéticas. Los tampones superabsorbentes y los que se dejan más de 12 horas impiden el drenaje natural y alientan el crecimiento bacteriano. Otra idea: de noche use toallas o almohadillas, y tampones de día.

COMITÉ DE ASESORES

La doctora **Marjorie Crandall** es especialista en *Candida* y fundadora de Yeast Consulting Services en Torrance, California. Escribió un folleto de autoayuda, *How to Prevent Yeast Infections.*

El doctor **Michael Spence** es ginecólogo y obstetra de la Escuela de Medicina de la Universidad Hahnemann en Filadelfia, Pennsylvania.

Infertilidad

18 indicaciones para ayudar a la concepción

Ya decidieron ser padres. En un ambiente de celebración hace varios meses, destruyeron sus últimos condones en el curso de una batalla con globos rellenos de agua, desecharon sus reservas de espermicida y retiraron el diafragma. A partir de entonces han estado disfrutando de coitos maravillosos, sin anticonceptivos.

Sin embargo hay un problemita. Sus encuentros para hacer el amor no están haciendo bebés, lo que comienza a preocuparles. Entonces, ¿cuánto tarda este asunto de la concepción? ¿Qué pueden hacer para ayudar a la naturaleza a seguir su curso?

ALERTA MÉDICA

Cuando la cigüeña necesita algo más que un empujoncito

Usted quisiera tener un hijo, pero su cuerpo no coopera. ¿Debe esperar un poco más de tiempo? ¿O ya es hora de consultar a un especialista en fertilidad?

De acuerdo con nuestros expertos, debe consultar a su médico si:

- Sus periodos menstruales son escasos o irregulares, y no cambia su moco cervical. Tal vez no esté ovulando.
- Ha usado un equipo que se vende sin receta médica para detectar la ovulación durante tres ciclos, pero jamás le ha dado indicación de que esté ovulando.
- Tiene menos de 35 años y no ha podido concebir a pesar de que ha pasado un año durante el cual ha practicado el coito sin tomar precauciones anticonceptivas, o tiene más de 35 años y no ha podido concebir después de seis meses.
- Está produciendo leche, o tiene un patrón de crecimiento masculino de vello en el pecho, labio superior o barbilla. Tal vez tenga un desequilibrio hormonal.
- Usted o su compañero han padecido de clamidia, enfermedad transmitida sexualmente que puede destruir las trompas de Falopio en las mujeres e inflamar y producir cicatrices en el sistema de los conductos masculinos.
- Su historia médica incluye infecciones pélvicas, endometriosis, enfermedad ovárica poliquística, cirugía abdominal o del conducto urinario, lesiones en el perineo, fiebres excesivamente elevadas, parotiditis (paperas) o sarampión.
- Ha usado un dispositivo intrauterino (DIU)
- Usted o su compañero sospechan que han estado expuestos a alguna sustancia como el plomo, de la que según se sabe obstaculiza la fertilidad.

PARA PAREJAS

Esto es lo que aconsejan los expertos para las parejas que comienzan a preocuparse por su falta de éxito para concebir.

Concedan hasta un año. Si tienen menos de 28 años, su vida sexual es maravillosa y nada de sus historias médicas sugiere un posible problema reproductivo, nuestros expertos recomiendan que sigan haciendo la lucha durante un año.

"Cerca del 60% de las parejas conciben dentro de los seis meses y 90% dentro del año", explica el doctor Mitchell Levine, gineco-obstetra del WomenCare en

Cambridge, Massachusetts. "Naturalmente, al envejecer la fertilidad disminuye un poco."

Incluso las mujeres menores de 30 años no ovulan mensualmente, agrega el doctor en medicina Joseph H. Bellina, director del Omega International Institute, clínica para la fertilidad en Nueva Orleáns, Louisiana. En la siguiente década de vida comienza a reducirse la posibilidad de la ovulación mensual: por esa razón, a mayor edad, tendrá que consultar a un especialista.

Hable de ello. ¿Están seguros de que quieren ese bebé, o uno de ustedes no lo está tanto? Nuestros expertos han conocido muchos casos de parejas que lo han intentado sin verdadera voluntad durante muchos años y que no concibieron sino hasta después de que se resolvió la incertidumbre del indeciso.

"Conocí una pareja en que el hombre era mayor, tenía hijos de otro matrimonio y no estaba seguro de querer nuevos hijos en ese momento específico de su vida", refiere el doctor Levine. "Después de un par de sesiones de hablarlo sinceramente, le emocionó la posibilidad de volver a ser padre, y entonces la pareja logró concebir."

"Es algo misterioso", agrega la doctora Marilyn Milkman, gineco-obstetra de San Francisco y miembro del profesorado clínico de la Universidad de California en San Francisco. "Cuatro de mis pacientes vinieron a hacerse pruebas de infertilidad, salieron por esta misma puerta, y al cabo de un mes ya estaban embarazadas."

Déjese arrebatar por la pasión. Olvídense de las gráficas de ovulación, gráficas de moco y coitos planeados hasta llegado el momento en que deban preocuparse al respecto. Si tienen tiempo, "déjense arrebatar por la pasión", recomienda la doctora Milkman. "A menudo resulta la mejor cura."

Relaje su plan de trabajo. La adicción al trabajo y la presión constante pueden afectar la fertilidad, señala el doctor Levine. "Atiendo a muchos profesionales y les indico que 'consideren el mensaje que están dando a su cuerpo'." Según el doctor Levine, desde el punto de vista de la evolución resulta explicable: su organismo sabe que un periodo de tensión extremada no es el tiempo ideal para un embarazo.

Adopte la posición común para esta misión en los días en que sospeche que la mujer es fértil. La mejor posición es con el hombre arriba durante el coito, indica el doctor Bellina. Además, la mujer debe permanecer quieta en cama durante 20 minutos después de la eyaculación de su compañero.

El otro camino

Adiós, Jalea K-Y,
Hola, clara de huevo

Muchas cejas se alzaron cuando el doctor Andrew Toledo, especialista en fertilidad de la Universidad Emory y profesor del Departamento de Ginecología y Obstetricia, sugirió que las parejas empleen clara de huevo como lubricante vaginal para inducir la concepción.

"No se trata de ninguna clase de varita mágica", advierte el doctor Toledo. "Sólo es útil como lubricante para las parejas que tienen problemas de resequedad."

Aconseja a las parejas que empleen la clara de huevo sólo durante los pocos días del mes que la mujer es fértil: el resto del mes deben emplear el lubricante que prefieran.

¿Por qué la clara de huevo?

El doctor Toledo explica que le intrigaron los resultados de un estudio efectuado en Canadá que determinaron que dicha sustancia tenía el menor efecto sobre la movilidad y supervivencia de los espermatozoides.

Tiene sentido, afirma. La clara es proteína pura. Y la mayor parte de los espermatozoides es de naturaleza puramente proteínica. "A los espermatozoides no les va bien en un medio de estructura distinta de la propia."

"Fue útil para las seis, siete u ocho parejas que me dijeron que necesitaban usar algún tipo de lubricante." Varias parejas que la probaron lograron concebir.

Sin embargo, advierte que no se debe usar la clara si se tiene alergia a ella. Si va a hacerlo, saque con anticipación el huevo del refrigerador para que no esté frío, separe la clara de la yema. No importa si aplica la sustancia al glande del pene o a la vagina.

"Aconsejo a las parejas que practiquen el coito en esas noches y que después duerman", declara.

Deje de fumar. Los cigarros pueden obstaculizar la fertilidad tanto en hombres como en mujeres. Mediante estudios se ha demostrado que los fumadores tienen más posibilidad que los no fumadores de que sus cuentas de espermatozoides sean menores al rango normal, y que la movilidad de éstos sea inferior. Por otra parte, un estudio llevado a cabo en Inglaterra en 17 032 mujeres demostró que a mayor cantidad de cigarros que fume una mujer, menor posibilidad de fertilidad tiene. Los investigadores sospechan que el tabaquismo puede alterar los niveles de las hormonas en el organismo femenino.

SÓLO PARA MUJERES

Las siguientes son algunas medidas útiles que puede emplear una mujer para ayudarse a incrementar las posibilidades de un embarazo.

Asegúrese de que está ovulando. ¿Tiene periodos regulares? En caso contrario, tal vez no ovule.

"Una clave para la ovulación son los cambios notables en el moco cervical a la mitad del ciclo", explica la doctora Milkman. "El moco se adelgaza, se vuelve acuoso y transparente." Otras señales incluyen sensibilidad en las mamas, calambres premenstruales y lo que en alemán se conoce como *mittelschmerz*: dolor por la ovulación, agrega la doctora.

Otra manera de probar la ovulación es con los equipos que se adquieren en las farmacias, pero que, aunque determinan los niveles de la hormona de liberación de la ovulación en la orina, sólo tienen 50% de eficacia cuando se usan en la mañana y en la noche, advierte el doctor Bellina. Los equipos que sólo se encuentran en el consultorio de su médico tienden a ser más exactos. La mejor hora para hacer la prueba es entre las 10:00 A. M. y el medio día.

Si obtiene un resultado positivo al primer mes de uso del equipo, ¡magnífico! Si pasan tres ciclos sin darle un resultado positivo, esto podría significar que el equipo no tiene sensibilidad suficiente o que usted no está ovulando. En ambos casos, consulte a su médico.

Si quiere ser una diosa de la fecundidad, trate de parecerlo. Algunas mujeres pueden inducir la ovulación ganando o perdiendo un poco de peso. En general, lo mejor es aproximarse más a su peso ideal listado en las tablas de las compañías aseguradoras. Lo ideal es el rango desde el 95 hasta no más del 120% de ese ideal.

Los investigadores han determinado que la grasa corporal físicamente puede producir y almacenar estrógeno, hormona que prepara al cuerpo para el embarazo. Cuando la cantidad total de estrógeno corporal es demasiado elevada o demasiado baja, puede desequilibrarse el sistema; a mayor gordura, más cantidad de estrógeno producida.

En un estudio efectuado por el doctor G. William Bates, endocrinólogo en reproducción, profesor de ginecología y obstetricia y decano del Colegio de Medicina de la Universidad de Medicina de Carolina del Sur, 29 mujeres delgadas y que no ovulaban lograron la ovulación cuando ganaron suficiente peso como para estar al 95% del ideal. Al cabo de tres años de entrar en el programa, 24 de las 29 se embarazaron. En otro estudio efectuado por Bates, 11 de 13 mujeres con sobrepeso y que no ovulaban volvieron a ovular después de haber perdido peso; 10 concibieron.

Haga ejercicio con moderación. Hay dos razones para ello. Si el ejercicio le hace perder grasa corporal en exceso, puede dejar de ovular; pero incluso aunque conserva el peso corporal normal, todavía puede correr riesgos si pasa más de una hora diaria en actividades intensas como correr, esquiar a campo traviesa o nadar.

En un estudio de 346 mujeres con disfunción ovulatoria, la doctora Beverly Green, especialista en cuidados maternal e infantil en Silverdale, Washington, descubrió cierta evidencia de que las mujeres que jamás han estado embarazadas y que hacen ejercicios vigorosos durante más de una hora diaria aumentan su riesgo de infertilidad. El estudio determinó que el ejercicio influye en la fertilidad por una vía no relacionada con su capacidad para propiciar la pérdida del peso.

¿Qué ocurre aquí? La doctora Green no lo sabe, en tanto que el doctor Bellina sospecha que las endorfinas, sustancias químicas liberadas por el cerebro durante el ejercicio vigoroso, pueden, al igual que la morfina, afectar los niveles femeninos de prolactina. Los niveles altos de prolactina pueden interferir con la ovulación.

En todo caso, la doctora Green, corredora de maratones y quien no tuvo dificultad para tener hijos, advierte que no debe exagerarse el significado de su estudio. ¿Qué aconseja a las atletas asiduas? "Trate de reducir la intensidad de los ejercicios para ver si con eso obtiene un resultado diferente."

Hágalo en el momento justo. Si la ovulación está presentándose de manera normal, tal vez sencillamente no esté haciendo el amor cuando es fértil. Podría ser así de simple, según el doctor Levine.

"A veces se trata de dos profesionales que tal vez practican el coito sólo una o dos veces a la semana, y sencillamente no lo están haciendo cuando es conveniente", declara.

¿Cómo se remedia esto? Trate de pronosticar cuándo ocurrirá la ovulación. Si no quiere hacer demasiados cálculos, pronostique la fecha de su siguiente periodo y cuente 14 días hacia atrás. Entonces puede hacer el amor cada noche desde el día 11 hasta el 16. O puede comprar un equipo que no necesite de receta médica para su venta y cuya función sea determinar cuándo ocurre la ovulación, y que le advertirá con 24 a 36 horas que ya se acerca. Cuando la prueba indique ovulación, haga el amor esa noche y la que le sigue, aconseja el doctor Bellina.

No se aplique lavados. Cualquier cosa que interfiera con el nivel del pH vaginal puede dificultar la vida a los espermatozoides. Eso incluye los lavados, agentes lubricantes y jaleas. "Recomiendo a las mujeres que no se practiquen lavados", comenta la doctora Milkman. "Si deja la vagina en paz, se limpiará sola muy bien."

Tenga cuidado con la cafeína. Más de una taza diaria de café puede afectar su posibilidad de embarazarse, lo cual también sucede si ingiere la cantidad equivalente de cafeína en productos como el chocolate, bebidas embotelladas u otras bebidas cafeinadas.

En un estudio de 104 mujeres que intentaban embarazarse, los investigadores del National Institute of Environmental Health Sciences encontraron que quienes bebían más cafeína que el equivalente contenido en una taza diaria de café tuvieron la mitad de posibilidades de embarazarse que quienes consumían menos.

SÓLO PARA HOMBRES
Y ahora, más consejos para la parte masculina de la pareja.

Dé a sus espermatozoides un poco de tiempo para realinearse. Toda enfermedad viral relacionada con fiebre puede deprimir la cuenta de espermatozoides hasta durante tres meses, refiere el doctor Neil Baum, director de la Clínica para la Infertilidad Masculina en Nueva Orleáns, Louisiana, y profesor clínico de urología en la Escuela de Medicina de la Universidad de Tulane. El mismo efecto puede ocurrir con los resfriados fuertes.

¿Por qué es tan duradero el efecto? Según el doctor Baum, el ciclo normal para producir espermatozoides es de 78 días; se necesitan 12 días adicionales para que el espermatozoide madure. Por cierto, el semen sano contiene más de 20 millones de espermatozoides por cucharadita. Si mirara una muestra al microscopio, le parecería que más del 60% nadan hacia adelante.

Si su cuenta de espermatozoides es buena, tal vez un resfriado o gripe no la reducirá por debajo del nivel de fertilidad; pero cualquier enfermedad puede afectarla en caso de que la cuenta esté en el nivel crítico.

Diga no a los esteroides. Los esteroides anabólicos pueden bloquear la glándula pituitaria y alterar el equilibrio hormonal natural del cuerpo, advierte el doctor Baum. "No es raro que los atletas tengan problemas de infertilidad", agrega. "El uso prolongado de los esteroides puede dañar permanentemente los testículos."

Tenga cuidado con los fármacos y el alcohol. Diversos fármacos que se venden con y sin receta médica pueden deprimir la cuenta de los espermatozoides. Si no está seguro acerca de las medicinas que emplea, consulte a su médico o su farmacéutico. Por ejemplo, un producto contra la úlcera, Tagamet, es uno de los que debe cuidarse. Otros incluyen los agentes quimioterapéuticos y determinados antibióticos. Y diversos estudios en el transcurso de los años muestran que el alcoholismo crónico y el uso habitual de la mariguana también pueden ser causantes de estos problemas.

Consérvelos frescos. La manera como la naturaleza conserva la temperatura de sus testículos un poco más baja que en el resto del organismo es alojarlos fuera de su cuerpo; pero si usted eleva demasiado esa temperatura corporal, o si calienta los propios testículos, puede afectar la producción de los espermatozoides.

Si quiere procrear, el doctor Baum aconseja que tenga cuidado con la actividad física excesiva, extremos de temperatura, baños calientes y ropa interior ajustada.

Recuerde que la abstinencia hace que los espermatozoides se fortalezcan. Si lo que quiere es un bebé, entonces el coito cotidiano tal vez resulte contraproducente porque puede disminuir la cuenta de sus espermatozoides.

"Esto no importa para la pareja ordinaria", explica el doctor Levine; "pero en un caso crítico, puede constituir la diferencia". Casi todos los expertos recomiendan que se abstenga durante dos días antes del periodo de fertilidad femenino para que aumente su número de espermatozoides, y que luego haga el amor en días alternos.

COMITÉ DE ASESORES

El doctor **G. William Bates** es endocrinólogo en reproducción, profesor de ginecología y obstetricia, y decano del Colegio de Medicina en la Universidad de Medicina del Sur en Charleston.

El doctor **Neil Baum** es director de la Clínica de Nueva Orleáns para la Infertilidad Masculina, profesor clínico de urología en la Escuela de Medicina de la Universidad de Tulane y urólogo del Touro Infirmary en Nueva Orleáns, Louisiana.

El doctor en medicina **Joseph H. Bellina** dirige la clínica de fertilidad Omega International Institute cuya sede se encuentra en Nueva Orleáns, Louisiana. Es consejero nacional del Consejo de Desarrollo Infantil y Humano de los National Institutes of Health.

La doctora **Beverly Green** trabaja en salud preventiva infantil y medicina familiar con la Cooperativa de Salud de Grupo Puget Sound en Silverdale, Washington. Se especializa en salud materna e infantil.

El doctor **Mitchell Levine** es ginecólogo y obstetra del WomenCare en Cambridge, Massachusetts.

La doctora **Marilyn Milkman** practica ginecología y obstetricia en San Francisco, California. Es miembro del profesorado clínico de la Universidad de California en San Francisco.

El doctor **Andrew Toledo** es endocrinólogo en reproducción y profesor del Departamento de Ginecología y Obstetricia en la Universidad Emory en Atlanta, Georgia.

Insomnio

19 pasos para una noche de buen dormir

Fue un largo día que lo dejó muerto, completamente exhausto. Sin embargo está sucediendo de nuevo: yace en cama despierto a mitad de la noche. Hace ya tres horas que se acostó a dormir, pero sin importar sus esfuerzos por conciliar el sueño, no hay manera de lograrlo.

Su mente trabaja a gran velocidad, al tiempo que su reloj despertador continúa su marcha inexorable, inexorable, inexorable, hacia la hora en que usted debe levantarse. ¡Cuánto diera por poder dormir bien una noche! . . . ¡Y cuánto más dieran otros millones que, como usted, padecen insomnio!

Las causas más frecuentes por las que las personas solicitan servicios médicos son el resfriado, los trastornos estomacales y los dolores de cabeza; el cuarto lugar lo ocupa el insomnio. En una encuesta realizada por la empresa especialista Gallup con más de 1 000 adultos, un tercio de ellos se quejaron de que se despertaban a media noche y no podían volver a dormir.

Hubo vez en que los médicos hubieran prescrito automáticamente una píldora o dos para facilitarle su llegada a los brazos de Morfeo, pero en la actualidad ya no se procede así. Tanto los investigadores como los médicos están aprendiendo más acerca del sueño cada año, lo que ha ampliado su conocimiento sobre cómo hacer frente a sus problemas relacionados.

En efecto, hay algunos enfoques de sentido común que puede emplear para tratar de corregir el problema usted mismo. Tal vez sólo requiera una terapia; tal vez una combinación. En todo caso, la clave para el éxito es la disciplina. Como dice el doctor Michael Stevenson, psicólogo y director clínico del Centro North Valley para Trastornos del Sueño en Mission Hills, California: "El sueño es un fenómeno fisiológico natural, pero también es una conducta adquirida."

ALERTA MÉDICA

Algunos insomnes necesitan ayuda

Las dificultades graves para conciliar el sueño a veces pueden traducirse en lo que los expertos llaman insomnio crónico, cuyas causas pudieran tener profundas raíces como perturbaciones psiquiátricas, problemas respiratorios o movimientos inexplicados de piernas durante la mitad de la noche. Los especialistas concuerdan en que si usted no puede conciliar fácilmente el sueño o dormir durante toda la noche durante un mes, entonces puede ser hora de consultar a un experto.

De acuerdo con la American Sleep Disorders Association, primero debe usted explicar sus problemas a su médico personal. Si éste no puede ofrecer ningún consejo, entonces haga que le recomiende un especialista en trastornos del sueño.

Establezca un programa rígido de sueño siete días a la semana. "El sueño es un intervalo inevitable en el día de 24 horas", afirma el doctor Merrill M. Mitler, director de investigación para la División de Medicina de Tórax, Cuidado Intensivo y de Sueño en la Clínica y Fundación para la Investigación Scripps en La Jolla, California. "Insistimos en que la gente trate de tener la mayor regularidad posible en sus hábitos."

La clave es obtener suficiente sueño para que durante el día funcione sin somnolencia. Para ayudar a lograr esa meta, trate de ir a la cama a la misma hora cada noche, de modo que pueda fijar el ritmo circadiano de su sistema, el llamado reloj corporal que regula casi todas las funciones internas. De igual importancia es levantarse a la misma hora cada mañana.

Fíjese un perido de dormir, por ejemplo de 1:00 a 6:00 A. M. Si duerme profundamente en ese periodo de cinco horas, agregue 15 minutos cada semana hasta que se levante a mitad de la noche. Procure superar esta interrupción antes de agregar otros 15 minutos. Reconocerá que ha llegado al punto en que ha dormido suficiente cuando se despierte refrescado, lleno de energía y preparado para encarar el día.

Si se despierta durante la noche y no puede volver a dormir en 15 minutos, no se tense al respecto, aconseja el doctor Mitler. Mejor permanezca en cama y escuche la radio hasta que vuelva a sentir sueño.

Una vez más, asegúrese de despertar a la hora decidida por la mañana: no siga durmiendo para tratar de recuperar el sueño "perdido", lo cual se aplica también a los fines de semana. No duerma hasta tarde las mañanas del sábado y domingo, pues si lo hace, puede tener dificultad tratando de conciliar el sueño la noche del domingo, lo cual puede hacerlo iniciar el lunes en muy malas condiciones.

No desperidice su tiempo en cama. A medida que pasan los años, su cuerpo necesitará menos sueño. Casi todos los recién nacidos duermen hasta 18 horas diarias, pero para cuando cumplen 10 años, usualmente reducen su periodo de sueño a 9 o 10 horas.

Los expertos están de acuerdo en que no existe ninguna cantidad "normal" de sueño para un adulto; el promedio es de 7 a 8 horas, pero algunas personas la pasan bien con apenas 5; en tanto que otras necesitan hasta 10. La clave es volverse lo que los expertos llaman un durmiente eficiente.

Vaya a la cama sólo cuando tenga sueño, aconseja el doctor Edward Stepanski, director de la Clínica de Insomnio del Centro para Trastornos e Investigación del Sueño del Hospital Henry Ford en Detroit, Michigan. Si no puede conciliar el sueño en alrededor de 15 minutos, levántese para hacer algo placenteramente monótono. Lea un artículo de revista, no un libro que pudiera embeberle. Teja o zurza, vea la televisión o saque el saldo de su chequera. No juegue juegos con computador que lo emocionen ni realice tareas orientadas a alcanzar una meta como la lavandería o el quehacer doméstico.

Cuando sienta que el sueño vuelve, regrese a la cama. Si todavía no puede dormir, repita el procedimiento hasta lograrlo; pero recuerde: siempre debe levantarse a la misma hora por la mañana.

Dedique unos minutos a la reflexión antes de ir a dormir. "Algunas personas están tan ocupadas que la hora de ir a dormir es también la primera hora del día en que tienen la oportunidad de pensar en lo ocurrido esa jornada", refiere el doctor David Neubauer, psiquiatra del Centro para los Trastornos del Sueño de la Universidad Johns Hopkins en el Centro Médico Francis Scott Key en Baltimore, Maryland.

Alrededor de una a dos horas antes de ir a la cama, siéntese durante al menos unos 10 minutos. Reflexione acerca de las actividades del día y trate de contemplarlas con serenidad. Repase sus causas de ansiedad y tensión, al igual que sus problemas. Trate de buscar soluciones. Planee las actividades del día siguiente.

Este ejercicio ayudará a despejar su mente de las molestias y problemas que pudieran mantenerlo despierto una vez que se halle entre las sábanas. Habiéndose librado de todo podrá programar su mente con pensamientos e imágenes placenteros cuando trata de conciliar el sueño. Si por alguna razón la fría realidad comienza a infiltrarse en su conciencia, exclúyala diciéndose: "¡Vaya!, sé que ya atendí ese asunto y también sé cómo voy a resolverlo".

No convierta su cama en una oficina o estudio. "Si quiere ir a la cama, debe prepararse para dormir", indica el doctor Magdi Soliman, profesor de neurofarmacología del Colegio de Farmacología de la Universidad Florida A&M. "Si tiene que hacer algo más no podrá concentrarse en el sueño."

No mire la televisión, converse por teléfono, discuta con su cónyuge, lea, coma o realice tareas mundanas en la cama. Use su recámara sólo para dormir y para hacer el amor.

Evite los estimulantes después del ocaso. El café, las bebidas de cola e incluso el chocolate contienen cafeína, poderoso estimulante que puede mantenerlo despierto, así que debe tratar de no consumir dichos productos a partir de las 4:00

El otro camino

Ilumine su vida

Los investigadores del National Institute of Mental Health (NIMH) de Estados Unidos están empleando luces brillantes por la mañana para ayudar a las personas que padecen insomnio crónico a fijar sus ritmos circadianos, o "relojes biológicos o corporales", a patrones más regulares.

Según el doctor Jean R. Joseph-Vanderpool, psiquiatra de la rama de psicobiología clínica del NIMH, mucha gente padece lo que él llama síndrome de la fase de sueño retrasada. En términos más llanos, sencillamente no pueden coordinarse al despertar en la mañana.

Por eso, cuando se levantan, por ejemplo alrededor de las 8:00 A. M., se les coloca frente a luces fluorescentes de alta intensidad y espectro total durante 2 horas (luz fuerte que semeja la que se podría encontrar en una mañana veraniega en la ciudad de Washington, D. C.). Dichas luces indican al cuerpo que ya es de mañana y que es hora de comenzar las actividades normales. Luego, al atardecer, usan anteojos oscuros de modo que el cuerpo sepa que es hora de comenzar a disminuir el paso.

Hasta la fecha, el doctor Joseph-Vanderpool ha obtenido buenos resultados de sus pacientes, quienes informan que después de varias semanas de la terapia están más alertas en la mañana y que duermen mejor por la noche.

En el hogar se puede lograr el mismo efecto, comenta Joseph-Vanderpool, si camina por el vecindario, se sienta bajo el sol o se realizan tareas al aire libre de inmediato al levantarse. Durante el invierno, en regiones con baja cantidad de luz de día, podría consultarse a un médico acerca del mejor tipo de luz artificial que se pueda usar.

P. M., recomienda el doctor Mitler. Tampoco fume, pues la nicotina también es estimulante.

Diga no al último trago. Evite el alcohol en la cena y por el resto de la noche, señala el doctor Stevenson. Y tampoco se prepare un "último trago" para relajarse antes de ir a la cama. El alcohol deprime el sistema nervioso central, pero también altera el sueño. En pocas horas, usualmente a mitad de la noche, cesan sus efectos y su cuerpo pasa a un estado en el que la falta de alcohol lo hará despertarse.

Cuidado con sus medicamentos. Determinados fármacos, como los rocíos para el asma, pueden alterar el sueño. Si rutinariamente los toma por receta, consulte a su médico acerca de sus posibles efectos secundarios. Si él sospecha que el fármaco pudiera interferir con su sueño, podrá proporcionarle un sustituto o cambiar la hora del día en que usted lo toma.

Examine su programa de trabajo. Las investigaciones han demostrado que la gente que trabaja en turnos irregulares, que a menudo alternan de día a noche, tienen problemas con el dormir, comenta el doctor Mortimer Mamelak, director del laboratorio de sueño del Hospital Sunnybrook, Clínica de la Universidad de Toronto. La tensión de un horario irregular puede crear a todas horas del día cansancio parecido al desajuste ocasionado por viajar en avión (descompensación), y los mecanismos de sueño pueden descomponerse por completo. Solución: trate de tener un turno fijo, aunque sea el nocturno.

Tome un alimento ligero antes de ir a la cama. El pan y la fruta van muy bien una a dos horas antes de ir a la cama, indica la doctora Sonia Ancoli-Israel, psicóloga y profesora de psiquiatría de la Escuela de Medicina de la Universidad de California en San Diego. Un vaso de leche tibia funciona igualmente bien; pero evite los alimentos azucarados que pueden estimular su sistema, al igual que los alimentos pesados, que pueden tensar su cuerpo.

Advertencia: si es usted una persona de mediana edad no beba muchos líquidos antes de ir a la cama; podría tener que levantarse más tarde en la noche para ir al sanitario.

Cree un ambiente cómodo para el sueño. "A menudo el insomnio puede deberse a la tensión", explica el doctor Stevenson. "En cuanto se mete usted en cama, nervioso y angustiado, el sistema nervioso se excita, lo que interfiere con su capacidad para dormir. Pronto relaciona la recámara con falta de sueño o mal sueño, lo que desencadena una respuesta de fobia."

Usted puede ayudar a que eso cambie creando en su recámara el más cómodo ambiente posible: por ejemplo, redecórela con sus colores favoritos; aíslela contra ruidos e instale cortinas oscuras que bloqueen el paso de la luz.

Compre una cama cómoda. No importa si tiene resortes, si es una cama de agua, vibratoria, o si se trata de una colchoneta colocada sobre el piso. Si se siente bien en ella, úsela. Póngase ropa de cama holgada. También asegúrese de que la temperatura de su recámara sea la apropiada: ni demasiado caliente ni demasiado fría. Cerciórese de que no haya un reloj a la vista que pueda distraerlo durante la noche.

Apague la mente. Evítese la repetición de todas las preocupaciones que tuvo durante el día centrando sus pensamientos en algo pacífico y tranquilizante, aconseja el doctor Stevenson. Ponga música suave y relajante para caer dulcemente en sueños, o algún sonido ambiental, como podría ser el sonido de una cascada, oleaje en la playa o el de la lluvia en un bosque; pero observe la única regla: asegúrese de que el sonido no lo distraiga o interrumpa.

Emplee auxiliares mecánicos. Los tapones para los oídos pueden bloquear el ruido indeseable, sobre todo si vive en una calle muy transitada o cerca de un aeropuerto, recomienda la doctora Ancoli-Israel. Puede usar cubreojos para bloquear la luz y un cobertor eléctrico puede ayudarle a mantenerse caliente, en especial si usted es de los que siempre parecen estar al borde de los escalofríos.

Aprenda y practique técnicas de relajación. Cuanto más intente dormir, más probabilidades habrá de que termine rechinando sus dientes toda la noche en vez de lograr un buen sueño. Por eso es importante que se relaje una vez que esté en cama.

"El problema del insomnio es que la gente a menudo se concentra demasiado en su dormir, y se presiona demasiado", comenta el doctor Stevenson. "La clave para lograr dormir con éxito es reducir su centro de atención y no caer en un frenesí."

Los ejercicios de biorretroalimentación, respiración profunda, estiramiento muscular o yoga pueden ayudarlo. Hay grabaciones especiales en cinta magnética que pueden enseñarle cómo relajar progresivamente sus músculos.

Tal vez al principio tenga un poco de dificultad, pero como agrega el doctor Neubauer, "es como hacer dieta: debe trabajarse en ello todo el tiempo. Aunque tardará un poco en lograr resultados, si se atiende a su propósito y sigue sus prescripciones, los resultados serán benéficos".

Aquí hay dos técnicas que según los médicos son particularmente útiles.

- Reduzca su ritmo respiratorio e imagine el aire moviéndose lentamente hacia su cuerpo y saliendo de él mientras usted respira desde su diafragma. Practique esto durante el día de modo que le sea fácil hacerlo antes de ir a la cama.

- Prográmese para eliminar pensamientos desagradables cuando se entrometan en su mente. Para hacerlo, piense en experiencias placenteras que haya tenido. Tenga pensamientos gratos acerca de buenas experiencias, fantasee o juegue juegos mentales. Trate de contar ovejas o de contar desde el mil al uno, de siete en siete.

Salga a caminar. Practique algún ejercicio avanzada la tarde o temprano al anochecer, sugieren los doctores Neubauer y Soliman. No debe ser demasiado intenso; una caminata alrededor de la cuadra sería muy buena. No nada más fatigará sus músculos, sino que elevará su temperatura corporal. El ejercicio también puede ayudarle a lograr el profundo sueño reparador que tanto ansía el cuerpo para recuperarse.

Pruebe a hacer el amor antes de ir a la cama. Para mucha gente es una manera placentera, física y mentalmente relajadora antes de ir a dormir. En efecto, algunos investigadores han descubierto que los mecanismos hormonales desencadenados durante la actividad sexual ayudan a estimular el sueño.

No obstante, como en otras ocasiones, depende de la persona, según el doctor James K. Walsh, polisomnógrafo clínico que dirige el Centro para los Trastornos del Sueño en el Hospital Deaconess en San Luis, Missouri.

"Si la actividad sexual causa ansiedad y problemas, no será tan buena idea practicarla", comenta; "pero si para usted es placentera, podrá ayudarle mucho".

Dese un baño caliente. Una teoría que sostienen los expertos en el sueño es que las temperaturas corporales normales determinan el ritmo cardiaco corporal. Dichas temperaturas son bajas durante el sueño y alcanzan su punto máximo durante el día.

Siguiendo este razonamiento, se considera que el cuerpo comienza a adormilarse al caer su temperatura. En consecuencia, un baño caliente tomado alrededor de 4 a 5 horas antes de ir a la cama elevará la temperatura, y cuando ésta comience a descender, usted se sentirá más cansado, lo cual facilitará que concilie el sueño.

COMITÉ DE ASESORES

La doctora **Sonia Ancoli-Israel** es psicóloga y profesora del Departamento de Psiquiatría de la Escuela de Medicina en la Universidad de California en San Diego.

El doctor **Jean R. Joseph-Vanderpool** es psiquiatra en la rama de psicobiología clínica del National Institute of Mental Health en Bethesda, Maryland.

El doctor **Mortimer Mamelak** es director del laboratorio del sueño en el Hospital Sunny-brook, Clínica de la Universidad de Toronto y autor del folleto *Insomnia*.

El doctor **Merril M. Mitler** es director de investigación para la División de Medicina de Tórax, Cuidado Intensivo y Sueño en la Clínica y Fundación de Investigación Scripps en La Jolla, California. También es profesor clínico de psiquiatría en la Universidad de California, San Diego.

El doctor **David Neubauer** es psiquiatra general en el Departamento de Psiquiatría de la Universidad Johns Hopkins en Baltimore, Maryland. También trabaja en el Centro para Trastornos del Sueño en la Universidad Johns Hopkins en el Centro Médico Francis Scott Key en Baltimore.

El doctor **Magdi Soliman** es profesor de neurofarmacología en el Colegio de Farmacología de la Universidad de Florida A&M en Tallahassee, Florida.

El doctor **Edward Stepanski** es director de la Clínica para el Insomnio en el Centro para los Trastornos del Sueño e Investigación del Hospital Henry Ford en Detroit, Michigan.

El doctor **Michael Stevenson** es psicólogo y director clínico del Centro North Valley para Trastornos del Sueño en Mission Hills, California.

El doctor **James K. Walsh** es polisomnógrafo clínico acreditado por la American Sleep Disorders Association. También es director del Centro para Trastornos del Sueño en el Hospital Deaconess en San Luis, Missouri.

Intolerancia a la lactosa

15 ideas para contrarrestarla

Cuando bebe un vaso de leche, ¿se inflama con suficiente gas como para dar la vuelta al mundo en 80 días acompañado por Fineas T. Fogg? Cuando come helado, ¿sus consiguientes tronidos intestinales podrían emplearse en vez de los timbales en la Obertura de *1812*? ¿Una pizza de queso en su estómago produce diarrea en cantidad suficiente como para ameritar un estudio de laxantes?

En caso afirmativo, tal vez tenga intolerancia a la lactosa, o sea que su intestino delgado no produce suficiente lactasa, enzima que usted necesita para digerir la lactosa, azúcar natural que se encuentra en los productos lácteos; pero no tema porque no es peligroso.

Tampoco es usted el único que la padece pues la mayoría de los humanos adquieren cierto grado de intolerancia a la lactosa para cuando han cumplido 20 años, afirma Seymour Sabesin, gastroenterólogo y director de la Sección de Trastornos Digestivos en el Centro Médico Rush-Presbyterian-St. Luke's en Chicago, Illinois. Es probable que 30 millones de estadounidenses adultos tengan algún grado de intolerancia a la lactosa; pero aquí hay buenas noticias: puede tener su helado, y comérselo también. Aquí le decimos cómo.

Hágase la prueba de intolerancia. Puesto que el grado de intolerancia de cada persona es distinto, querrá saber cuánto puede comer de algo bueno antes de dejar de disfrutarlo, indica el doctor Theodore Bayless, director de la clínica de gastroenterología en el Hospital de la Universidad Johns Hopkins en Baltimore, Maryland.

Lo obvio es disminuir la cantidad de leche y productos lácteos que come hasta que desaparezcan sus síntomas.

"Algunas personas sufren las consecuencias con apenas un cuarto de vaso de leche", comenta. "Y alrededor del 30% de las personas intolerantes a la lactosa presentan síntomas sólo después de ingerir cerca de un litro, en tanto que tal vez entre 30 y 40% padezcan con sólo un vaso."

No olvide su calcio. "Los productos de leche son una fuente importante de calcio", advierte el doctor Bayless. "Casi todo mundo debe obtener el calcio equivalente a dos vasos de leche al día". Si la leche es su fuente principal de calcio y la reduce, entonces debe suplementar su dieta con sustitutos "como Tums, sardinas con espinas, espinacas o brócoli", aconseja. Los suplementos de calcio son otra posibilidad, al igual que las enzimas de lactasa, píldoras o leche tratada con lactasa.

Jamás beba la leche sola. "Los síntomas de algunas personas desaparecen si consumen sus productos lácteos con los alimentos", agrega el doctor Bayless.

Inocúlese. Puede ser conveniente que pruebe a tomar apenas una pequeña cantidad de productos lácteos a diario, poco a poco aumentando la dosis para incrementar su tolerancia, sugiere el doctor Bayless. Dé marcha atrás si reaparecen los síntomas.

Coma yogur. Los organismos que dan al yogur su naturaleza también producen la lactasa para digerir la lactosa que contiene éste, explica el doctor Naresh Jain, gastroenterólogo privado de Niágara Falls, Nueva York. "Además, también es posible que las propias bacterias descompongan la lactosa de la leche. Casi toda la gente que presenta intolerancia a la lactosa no la tiene muy grave", observa el doctor Jain. "Tal vez entre 70 y 80% de las personas que de ordinario serían intolerantes a la lactosa tolerarán bastante bien el yogur."

El doctor Sabesin señala que "el yogur sólo tiene 75% de la lactosa de una cantidad igual de leche". Según el doctor Sabesin, esa diferencia puede ser todo lo que necesite para poder tolerar la lactosa. Para mantener alejado el gas intestinal le basta con alrededor de 120 a 180 cc.

Estas son algunas otras sugerencias acerca del yogur.

Prefiera el común al congelado. El único problema con el yogur congelado sería si se ha repasteurizado, informa el doctor Jain. El yogur se produce con leche pasteurizada, pero a veces el fabricante repasteuriza el yogur antes de congelarlo. "Con esto se matan los organismos benéficos que producen la lactasa", explica. Así pues, trate de encontrar un yogur que no se haya repasteurizado.

Escoja el que no contenga grasas. "La grasa frena el vaciado gástrico", agrega el doctor Jain. "El yogur que contiene grasa permanece más tiempo en el estómago, lo cual quiere decir que el jugo gástrico puede tener mayores posibilidades de matar los organismos."

Y como la digestión de la lactosa ocurre en el intestino delgado, querrá que sus organismos lleguen hasta allí lo antes posible, aunque sus jugos gástricos no los maten. Esto aún es teoría, observa el doctor Jain, pero tal vez sea mejor preferir el yogur sin grasas.

Bébalo a diario. "Le dimos yogur diariamente y de manera regular a nuestros sujetos de estudio", refiere el doctor Jain, "y demostramos que lograron mejoras en su digestión".

Beba yogur antes de comer helado. Según el doctor Jain, "si bebe yogur de 5 a 15 minutos antes de comer helado (u otros productos lácteos), probablemente se reducirán todos los síntomas de intolerancia a la lactosa".

Agregue su propia lactasa. Hay fabricantes de enzima de lactasa que agregan ésta a la leche. O puede comprarla en forma líquida y agregarla por cuenta propia. Lactaid, empleando investigación que realizaron los doctores Bayless y David Paige en el Hospital de la Universidad Johns Hopkins, en Baltimore, Maryland, produce tabletas que pueden tomarse al mismo tiempo que se ingieren alimentos con lactosa. Unas cuantas gotas de lactasa líquida en un litro de leche hacen que ésta no produzca flatulencia y le proporciona un sabor ligeramente más dulce.

"El único problema es si se agrega suficiente lactasa", comenta el doctor Sabesin. "Cada persona tiene un grado distinto de intolerancia a la lactosa, de modo que cada quien debe determinar su cantidad necesaria de modo empírico". Las tabletas y gotas pueden adquirirse sin receta médica en farmacias, en tanto que hay supermercados que ofrecen leche lactaid, lista para su consumo, y en algunas regiones hay queso y queso tipo *cottage* tratados con lactasa.

Pruebe suero de la leche. "El suero de la leche o leche cortada debe serle bastante tolerable", indica el doctor Jain. (Además, el suero de la leche tiene menos grasas y menos colesterol que incluso los productos que sólo contienen 2% de leche.)

Y queso, también. "El queso tiene menos lactosa que la leche", señala el doctor Jain. Los mejores son los quesos fuertes, según el doctor Bayless, porque son los más fermentados. Y el doctor Sabesin agrega que "el queso suizo y el queso *cheddar* extra fuerte contienen muy poca lactosa y por ello es menos probable que produzcan alteración digestiva".

Sepa que la leche de acidofilus no ayuda. Aunque los organismos de *acidofilus* son muy benéficos para la digestión, colonizan el intestino *grueso*, como lo observa el doctor Jeffrey Biller, gastroenterólogo del Centro de Gastroenterología y Nutrición Pediátrica en Boston, Massachusetts. La digestión de la lactosa sólo ocurre en el intestino *delgado*, de modo que el acidofilus sólo pasa a toda velocidad frente a la lactosa.

Tenga cuidado con los llenadores. La lactosa es un llenador muy común en muchos tipos de fármacos y suplementos de la nutrición. "En algunas píldoras y para algunas personas", advierte el doctor Jain, hay suficiente lactosa para causar síntomas de intolerancia a ella. Lea las etiquetas con mucho cuidado. Pregunte a su farmacéutico si los fármacos que emplea tienen rellenos de lactosa.

Consulte por teléfono. En Estados Unidos puede hacer sus consultas telefónicas referentes a la intolerancia a la lactosa, sin cargo por la llamada telefónica. El teléfono es 1-800-257-8650.

COMITÉ DE ASESORES

El doctor **Theodore Bayless** es director de gastroenterología clínica en el Hospital de la Universidad Johns Hopkins en Baltimore, Maryland.

El doctor **Jeffrey Biller** es gastroenterólogo del Centro de Gastroenterología y Nutrición Pediátrica en Boston, Massachusetts.

El doctor **Naresh Jain** es gastroenterólogo privado de Niágara Falls, Nueva York.

El doctor **Seymour Sabesin** es gastroenterólogo y director de la Sección de Trastornos Digestivos en el Centro Médico Rush-Presbyterian-St. Luke's en Chicago, Illinois.

Intoxicación por alimentos

23 métodos de control

¡Qué magnífico día de campo! Apenas pudo esperar a que terminara el juego de pelota para poder entregarse al seductor festín desplegado en la asoleada mesa veraniega de campo: el pollo asado al carbón, con especias, los camarones y ostiones en salsa de tomate, la ensalada de papas y, para terminar, el postre de crema de leche con vainilla.

Ahora han pasado algunas horas, y siente como si le hubieran dado un fuerte pelotazo en el vientre. Siente vértigos y tiene náuseas. Vomita. Tiene diarrea. Definitivamente tendrá que calentar la banca durante el resto del día.

¿Qué sucedió? Posiblemente la comida que ingirió contenía bacterias tóxicas de alguna clase, y lo que le sucede comúnmente se conoce como envenenamiento o intoxicación alimentaria. Tal vez la persona que preparó la ensalada de papas tenía las manos sucias y transfirió bacterias de estafilococo a su comida. O quizás el pollo no se cocinó el tiempo suficiente para matar los organismos contaminantes de salmonela. ¿Y el delicioso postre de crema de leche que tomó un buen y prolongado baño de sol? Puede haber servido de magnífico caldo de cultivo para que allí se multiplicaran sus bacterias.

En todo caso, una vez dentro del organismo, estos bichos malignos atacan sus intestinos, y durante aproximadamente un día su estado es pésimo al tiempo que su cuerpo trata de dar la batalla. Esto es lo que los expertos recomiendan para ayudar a su cuerpo a luchar contra un caso de envenenamiento alimentario.

Llénese de líquidos. Las bacterias irritan su conducto intestinal y desencadenan una gran pérdida de líquidos, tal vez por ambos extremos. Deberá beber

ALERTA MÉDICA

Algunas personas necesitan cuidado especial

En un caso normal de intoxicación alimentaria los síntomas (calambres, náusea, vómito, diarrea, vértigo) desaparecen en uno a dos días, refiere la doctora Lynne Mofenson; "pero para los muy jóvenes, ancianos o quienes padecen de estados crónicos o un trastorno del sistema inmunitario, la intoxicación alimentaria puede ser muy grave. Esta gente debe ponerse en contacto con un médico a las primeras señales de envenenamiento por alimentos".

Incluso aunque usted no caiga en esta categoría, llame a su médico de inmediato si sus síntomas también van acompañados de:

- Dificultad para tragar, hablar o respirar; cambios en la visión, debilidad muscular o parálisis, en especial si esto ocurre después de comer hongos, alimentos enlatados o mariscos.
- Fiebres arriba de 37.7 °C.
- Vómitos graves: lo que significa que usted ni siquiera puede retener líquidos.
- Diarrea grave durante más de uno a dos días.
- Dolor abdominal persistente y localizado.
- Deshidratación: si tiene sed extrema, boca seca, disminución en su cantidad de orina normal, y si pellizca el dorso de su mano la piel se mantiene levantada.
- Diarrea sanguinolenta.

muchos líquidos para impedir la deshidratación. El agua es el mejor líquido de reemplazo, seguida de otros líquidos transparentes como el jugo de manzana, caldos y consomés de pollo y de res. Las bebidas gaseosas embotelladas también son buenas, siempre que ya hayan perdido todo su gas, advierte el doctor Vincent F. Garagusi, profesor de medicina y microbiología y director del Servicio de Enfermedades Infecciosas en el Hospital de la Universidad de Georgetown en Washington, D. C. En caso contrario, el gas carbónico puede irritar el estómago todavía más. Y por razones que todavía no se conocen, la Coca-Cola a la que se ha quitado el gas tiene una virtud adicional: asienta el estómago.

El doctor Garagusi afirma que puede eliminarse rápidamente el gas de las bebidas gaseosas al verter el líquido varias veces entre dos vasos.

Sorba un poco, lentamente. Tratar de beber mucho a grandes tragos a la vez puede desencadenar más vómitos, previene el doctor Garagusi.

¡No permita que vuelva a suceder!

No puede echarle siempre la culpa de sus problemas de estómago al restaurante que visitó la última vez. La verdad, según el doctor Daniel Rodrigue, "muchos casos de intoxicación alimentaria tal vez se inicien en los descuidos domésticos". Siga estas reglas que dicta el sentido común, y disminuirá sensiblemente sus posibilidades de intoxicarse por los alimentos.

- Lávese las manos antes de preparar alimentos, para así evitar transmitir las bacterias del tipo estafilococo (que normalmente se encuentran en la piel y en la garganta) o shigela (que se transmite vía materias fecales). Lávese de nuevo después de manipular carne y huevos crudos.
- No coma alimentos proteínicos crudos como pescado, aves, carne, leche o huevos. Evite el sushi, ostiones en su concha, ensalada César hecha con huevos crudos y rompope no pasteurizado. No emplee huevos cuyo cascarón se encuentre agrietado. Los alimentos crudos pueden albergar bacterias.
- Caliente o enfríe los alimentos crudos. Las bacterias no pueden multiplicarse arriba de los 65.5 °C ni abajo de los 4 °C.
- Cocine la carne hasta que desaparezca su color rosado, las aves hasta que sus articulaciones no estén rojas y el pescado hasta que se descame. La única manera de asegurar que hayan muerto todas las bacterias potencialmente dañinas es con el cocinado completo.
- Use un termómetro para carnes especialmente cuando hornee con microondas trozos grandes de carne y aves. Esto también asegura que se cocinen por completo.
- No pruebe la salsa para cocido de carne de puerco cruda, el caldo de pescado crudo o incluso la masa para galletas antes de hornear.
- No deje que el jugo de carne cruda gotee en otros alimentos, pues puede contaminar comestibles que de ordinario serían inocuos.

Pruebe un coctel contra el envenenamiento por alimentos. El vómito y la diarrea pueden hacer perder importantes electrólitos: potasio, sodio y glucosa. Usted puede reemplazarlos sorbiendo productos de electrólitos comercialmente preparados como Gatorade, sugiere la doctora Lynne Mofenson, jefa de sucursal para investigación clínica en los Institutos Nacionales de Salud. O pruebe esta receta para la rehidratación. Mezcle un jugo de fruta (que le dará el potasio) con media cucharadita de miel de abeja o jarabe de maíz (para tener glucosa) y una pizca de sal de mesa (cloruro de sodio).

- Emplee una tabla de picar y utensilios separados cuando maneje carne cruda y lávelos cuidadosamente con agua jabonosa o blanqueador de cloro después de emplearlos. Esto impedirá la contaminación entre alimentos.
- Cepille bien los abrelatas y superficies de trabajo de la cocina, y siempre limpie donde haya grietas y ranuras. Con esto impedirá que las bacterias se escondan en esos sitios.
- Reemplace a menudo sus esponjas de lavar y emplee toallas de papel para limpiar las superficies de trabajo.
- No deje alimentos a temperatura ambiente durante más de 2 horas, y no coma nada que sospeche haber permanecido sin refrigerar durante ese lapso. Las bacterias pueden multiplicarse en alimentos proteínicos calientes hechos con carne o huevos, pastas rellenas de cremas, *dips*, ensalada de papas, etc.
- Descongele la carne en el refrigerador. Tenga presente que las bacterias pueden multiplicarse en las superficies de los alimentos aunque sus centros se encuentren todavía congelados.
- Refrigere de inmediato los sobrantes de las comidas, incluso aunque todavía estén calientes. Enfríe los cocidos voluminosos refrigerándolos en porciones menores.
- Nunca recoja y coma hongos silvestres, pues algunos contienen toxinas que atacan el sistema nervioso central y pueden ser mortíferos. La recolección de hongos silvestres debe dejarse a los expertos.
- Jamás pruebe alimentos enlatados en casa antes de haberlos hervido durante 20 minutos. Si no se enlatan debidamente, las bacterias propias de los alimentos pueden producir peligrosas toxinas.
- No pruebe alimentos que no se vean o huelan bien. Evite los frascos agrietados así como las latas o tapas hinchadas, golpeadas, líquidos transparentes que se hayan vuelto turbios o latas y frascos de vidrio que burbujean o que tienen olor desagradable al abrirse. Todas estas conservas podrían contener bacterias peligrosas. En consecuencia, asegúrese de eliminar todos esos productos cuidadosamente de modo que sus mascotas no puedan tocarlos o comerlos.

Reserve los antiácidos para la acedía. Pueden reducir los ácidos en su estómago y debilitar su defensa contra las bacterias. "Tal vez", advierte la doctora Mofenson, "las bacterias podrían multiplicarse en mayores números y con mayor rapidez si toma un antiácido".

No interfiera con el progreso. Su cuerpo trata de arrojar a chorro fuera de su cuerpo el organismo tóxico, explica el doctor Daniel Rodrigue, epidemiólogo médico de los Centros de Control de Enfermedades en Atlanta, Georgia. "En algunos casos, tomar productos antidiarreicos (como Imodium o Lomotil) puede interferir con la capacidad corporal de luchar contra la infección". Por eso debe evitar esos productos y dejar que la naturaleza siga su curso. Si siente que es necesario tomar algo, consulte primero a su médico.

No induzca el vómito. No permita que las palabras intoxicación o envenenamiento lo asusten y luego quiera meter su dedo por la garganta, aconseja Bonnie Dean, directora adjunta del Centro de Control de Envenenamiento Pittsburgh del Hospital Infantil de Pittsburgh, Pennsylvania. "Sencillamente no necesita hacerlo."

Reintroduzca los alimentos blandos. Usualmente en un periodo que va desde unas cuantas horas hasta un día después de que han cedido la diarrea y los vómitos, ya podrá comer comida "buena"; pero tómelo con calma. Su estómago fue atacado, de modo que está débil e irritado. "Comience con algunos alimentos de fácil digestión", sugiere la doctora Mofenson. Pruebe cereales, budines, galletas saladas o consomés. Evite los alimentos altos en fibras, condimentados, picantes, ácidos, grasosos, azucarados o lácteos que podrían empeorar la irritación de su estómago. Debe hacer esto durante uno o dos días; después el estómago estará preparado para volver a su rutina.

COMITÉ DE ASESORES

Bonnie Dean es directora adjunta del Centro de Control de Envenenamiento Pittsburgh del Hospital Infantil de Pittsburgh, Pennsylvania.

El doctor **Vincent F. Garagusi** es profesor de medicina y microbiología y director del Servicio de Enfermedades Infecciosas en el Hospital de la Universidad de Georgetown en Washington, D. C.

La doctora **Lynne Mofenson** es jefa de sucursal para investigación clínica en los Institutos Nacionales de Salud. Anteriormente fue comisionada de la División de Control de Enfermedades Transmisibles del estado de Massachusetts, Departamento de Salud Pública de Massachusetts.

El doctor **Daniel Rodrigue** es epidemiólogo de la Rama de Enfermedades Entéricas del Centro de Enfermedades Infecciosas, Centros de Control de Enfermedades en Atlanta, Georgia.

Labios agrietados

12 consejos para detener la resequedad

Los labios agrietados dan un nuevo significado a la expresión "sonrisa congelada". Cuando sus labios se encuentran adoloridos, enrojecidos y pelándose, incluso una leve sonrisa puede abrirles grandes grietas. Por eso no es de extrañar que usted se sienta (y parezca) como una mala caricatura. Por tal motivo debe hacer volver sus labios a su tono rosado normal, lo cual ayudará a devolverle una sonrisa de felicidad a su rostro.

¿Palmeras o bálsamo?; opte por una de dos soluciones. "Lo que se puede hacer para combatir los labios agrietados es evitar el clima seco y frío que puede causarlos en primer lugar", indica el dermatólogo Joseph Bark, de Lexington, Kentucky. "Sin embargo, como para la mayoría de la gente no es demasiado práctico dirigirse a tierras tropicales para este caso, en vez de ello diríjase a la farmacia."

Antes de que salga (y varias veces mientras se encuentra fuera) cubra sus labios con un bálsamo para los labios. Ya que los labios no acostumbran retener demasiado bien nada que se les aplique, es necesario reaplicar el bálsamo cada vez que coma, beba algo o se los limpie.

Utilice un filtro solar. "También recuerde que el sol fríe los labios en cualquier época del año", advierte el doctor Bark. "Así pues, conviene que escoja un producto que contenga filtro solar."

El doctor Nelson Lee Novick, profesor de dermatología en la Escuela de Medicina Mount Sinai de la Universidad de la ciudad de Nueva York, está de acuerdo. "El daño a los labios debido al sol puede causar resequedad y escamación, del mismo

437

modo como puede dañar el resto de su piel. En su manifestación más simple puede dañar el labio inferior, el cual recibe toda la carga de los rayos ultravioletas."

Por eso la gente no debiera utilizar sólo bálsamo para los labios, sino uno que contenga un filtro solar, como PreSun 15, Sunblock 15 de Chap Stick o Eclipse Lip Protectant.

Use lápiz labial. Además de un filtro solar, "un lápiz labial cremoso ayudaría a aliviar los labios que ya estén agrietados". Observa Glenn Roberts, director de belleza creativa de Elizabeth Arden en la ciudad de Nueva York. "De hecho, el solo utilizar un lápiz labial da cierta protección y puede ayudar a impedir el agrietamiento desde el principio."

"Ya que el lápiz labial es opaco, filtra toda la luz, incluida la luz visible dañina", explica el doctor Bark: "Además, creo que el usar lápiz labial es una de las razones por las cuales las mujeres rara vez padecen de cáncer en los labios. En mis 14 años de práctica profesional, tal vez he tratado una o dos mujeres de cáncer de labios, contra literalmente cientos de hombres".

Alivie y cure. "El peligro con los labios agrietados es que pueden infectarse", advierte la dermatóloga Diana Bihova, instructora clínica en la Escuela de Medicina de la Universidad de Nueva York. "Para impedir la infección, aplique un ungüento antibiótico no ético como Bacitracin o Polysporin. Los ungüentos con hidrocortisona que se expenden sin necesidad de receta médica también pueden ayudar a combatir los labios agrietados, pero no pueden impedir la infección. Si sus labios se encuentran gravemente agrietados, tal vez quiera emplear ambos productos. Aplique uno de ellos por la mañana y el otro por la noche."

Sea prudente. "Las deficiencias nutricionales (como del complejo vitamínico B y el hierro) pueden causar en buena medida la descamación de sus labios. Por tanto, asegúrese de que no tiene carencias en ese aspecto y ayúdese con un suplemento multivitamínico", declara el doctor Novick.

Beba. Humedezca sus labios desde su interior bebiendo cantidades adicionales de líquidos durante el invierno. "Recomiendo varios decilitros de agua en intervalos de unas cuantas horas", afirma la doctora Bihova. "A medida que pasan los años, también disminuye su capacidad celular para retener la humedad, por lo cual su problema de resequedad de hecho puede aumentar cada nuevo invierno. Otra manera de ayudar a hacer frente a los labios resecos del invierno es humidificar el aire tanto en la casa como en la oficina."

Recuerde su cera de abeja. "En mi opinión, el mejor producto para los labios agrietados es Carmex, viejo producto que se presenta en una latita y contiene entre otras cosas, cera de abeja y fenol", indica el doctor Rodney Basler, profesor del Colegio de Medicina de la Universidad de Nebraska. "Ningún producto ético es mejor que éste."

Chuparse es empeorarse. "Los labios agrietados constituyen un problema de deshidratación", declara el doctor Basler. "Cuando los chupa, les aplica humedad por un momento, la cual se evapora y deja sus labios con una sensación de más resequedad que antes. Además, la saliva contiene enzimas digestivas que, pese a no ser demasiado fuertes, tampoco le harán ningún bien a sus labios lastimados."

"Lamerse los labios puede producir algo que se conoce como dermatitis del lamedor de labios", advierte el doctor Bark. "Suele presentarse en niños pero también ocurre en los adultos." Lo que sucede cuando se lame los labios es que les quita cualquier cantidad de aceite que pudieran tener, proveniente de las zonas circundantes. (Los labios mismos no contienen glándulas sebáceas). Pronto usted no estará lamiendo nada más los labios, sino también la región que los rodea, y con el tiempo terminará con un anillo rojo de dermatitis alrededor de la boca. Moraleja: En primer lugar, no comience a relamerse.

Si *siente* tentación de relamerse los labios, recuerde lo que el doctor Basler llama jocosamente "el viejo tratamiento de Nebraska, excremento de pollo aplicado a los labios. Aunque no los mejora, ciertamente impide que usted se los relama".

Olvide la pasta dental. "La alergia y la sensibilidad a los agentes saborizantes en la pasta dental, dulces, goma de mascar y enjuagues bucales pueden agrietar los labios de algunas personas", afirma el dermatólogo Thomas Goodman, Jr., profesor en el Centro para las Ciencias de la Salud en la Universidad de Tennessee. "Mi dentista dice que las nuevas pastas dentales para controlar el sarro son todavía peores resecadores de los labios que las pastas normales. Por eso recomiendo a la gente que deje de usar pastas dentales. Basta con utilizar el cepillo dental solo o cepillarse empleando bicarbonato de sodio."

Ayúdese con el cinc. "Ciertas personas tienden a babear durante el sueño, lo cual puede resecar los labios o agravar los que ya están agrietados", explica el doctor Novick. "Si esto le ocasiona problemas, puede aplicarse diariamente un ungüento de óxido de cinc al ir a la cama por la noche. Actuará como barrera para proteger los labios."

Ponga un dedo junto a su nariz. "A los campesinos que trabajan al aire libre y no tienen algo más a la mano", comenta el doctor Bark, "les recomiendo que se pongan un dedo junto a la nariz y luego froten el dedo por los labios. Con esta acción se recoge un poco del aceite natural que se encuentra en la nariz. En todo caso, se trata de la clase de aceite que necesitan los labios, y por lo general lo obtienen por contacto con la piel cercana. Este es el mejor remedio casero que se puede encontrar".

La otra posibilidad. Mucha gente afirma categórica que ciertos productos veterinarios son también excelentes para la salud humana. Entre ellos se encuentra el denominado Ungüento Veterinario de la Tía, del que se afirma que por su contenido de extracto de sábila y su base grasosa espesa es magnífico como protector y agente curativo.

COMITÉ DE ASESORES

El doctor **Joseph Bark** es dermatólogo privado en Lexinton, Kentucky, y autor de *Retin-A and other Youth Miracles* y *Skin Secrets: A Complete Guide to Skin Care for the Entire Family.*

El doctor **Rodney Basler** da consulta privada como dermatólogo y es profesor de medicina interna en el Colegio de Medicina de la Universidad de Nebraska en Lincoln.

La doctora **Diana Bihova** es dermatóloga en consulta privada e instructora clínica de dermatología en el Centro Médico de la Universidad de Nueva York en la ciudad de Nueva York. Es coautora de *Beauty from the Inside Out.*

El doctor **Thomas Goodman, Jr.**, es dermatólogo privado y profesor de dermatología en el Centro para las Ciencias de la Salud en la Universidad de Tennessee en Memphis. Es autor de *Smart Face* y *The Skin Doctor's Skin Doctoring Book.*

El doctor **Nelson Lee Novick** es profesor de dermatología en la Escuela de Medicina Mount Sinai en la Universidad de la ciudad de Nueva York y autor de *Super Skin* y *Saving Face.*

Glenn Roberts es director de belleza creativa en "Elizabeth Arden" en la ciudad de Nueva York.

Lactancia

15 ideas para una lactancia libre de problemas

Wanda crió tres bebés con leche de fórmula antes de embarazarse de Julián; pero cuando se enteró de todas las maravillas que significa la lactancia para ellos decidió ponerla en práctica.

Está feliz de haberlo hecho.

"De haber sabido que era así de fácil, lo hubiera hecho con todos", declara.

Amamantar es fácil una vez que se sabe cómo hacerlo, indica Julie Stock, enlace de información médica para La Leche League International, grupo de apoyo para mujeres que amamantan. Aunque lo hará con más frecuencia, cuando considere el tiempo que invierte en comprar y preparar las botellas de leche probablemente encontrará que ambos procedimientos son iguales, agrega.

¿Cómo puede lograr que su lactancia no presente dificultades? Nuestras expertas aconsejan lo siguiente.

Acomode bien a su bebé. Nuestras expertas estuvieron de acuerdo en que esta es la clave para no tener problemas. ¿Cómo se hace?

La enfermera Kittie Frantz, directora de la Clínica de Lactancia en el Centro Médico de la Universidad del Sur de California en Los Ángeles, lo explica de esta manera: "Su bebé debe estar de frente a usted: cabeza, pecho, genitales, rodillas. Sostenga a su bebé de modo que tenga sus nalgas en una mano y la cabeza se encuentre en el doblez de su codo. Deslice su otra mano bajo su mama, sosteniéndola con los cuatro dedos. Pero no ponga sus dedos sobre la areola (la zona más oscura alrededor del pezón).

"Ahora estimule el labio inferior del bebé con su pezón para que abra por

Escoja un buen sostén para lactancia

La mejor manera de escoger un sostén para lactancia es buscar un tamaño de copa una talla mayor y un sostén un número más grande que el que usa para su embarazo, recomienda Julie Stock de La Leche League International.

"Yo aconsejo que no se compren demasiados sostenes desde el principio", comenta. "Es mejor esperar a ver cómo evolucionan las cosas. Así, para el tercer o cuarto mes ya podrá ponerse sus sostenes para el embarazo."

Estas son otras sugerencias para escoger un buen sostén.

- Prefiera algodón puro, no nylon.
- Asegúrese de que la abertura para lactar tenga el suficiente tamaño para que no comprima la mama, pues esto podría obstruir los ductos.
- Asegúrese de que puede abrir y cerrar fácilmente el sostén con una sola mano, en aras de la discreción.
- Evite los cierres de Velcro en las aletillas porque hacen demasiado ruido.
- Cerciórese de que los tirantes sean cómodos y que el sostén no la apriete sobre el pecho.

completo su boca. Cuando ésta se abra bien, acerque rápidamente el cuerpo del bebé hacia usted, de manera que la boca se fije a la areola".

El pezón debe alojarse lo más profundo hacia la garganta del bebé, agrega la doctora Carolyn Rawlins, obstetra de Indiana y miembro de la junta directiva de La Leche League International. "De esta manera el pezón no se mueve cuando el bebé mama."

Respete su cuerpo. "Por lo general no es necesario que una madre lactante padezca dolor", señala Stock. "Hágase a la idea de que no aceptará el dolor. Si hay molestias o incomodidad, atienda el asunto de inmediato."

Si el bebé mama de manera incorrecta, use su dedo para interrumpir la succión y reacomódelo.

Interrumpa al bebé hasta que aprenda. Si el bebé se confunde al pasar del pecho a un chupón o una botella, puede no fijarse al pezón a toda la profundidad que debiera. Entonces, cerciórese de que la boca de su bebé está bien abierta antes de darle el pecho; en ese caso debe fijarse al pezón de modo que se encuentren al menos entre dos y tres centímetros de la areola dentro de su boca.

Deje al bebé fijarse a la mama en tanto esté succionando bien, lo cual significa que traga después de cada una o dos succiones. Si ve que su bebé se retira, hágalo eructar, despiértelo y páselo al otro lado. Déjelo mamar del segundo lado todo el tiempo que quiera. En general, el tiempo de lactancia varía entre 20 y 30 minutos, indica Stock.

Amamante de ambos lados durante cada sesión. Amamante de un lado hasta que parezca que su bebé está perdiendo interés, recomienda Stock. Luego ofrezca a su bebé el otro lado. Y la siguiente vez que amamante, comience con el mismo lado con el cual terminó la ocasión anterior.

Amamante a menudo. "A menudo las mujeres se sorprenden de la frecuencia con que un bebé quiere mamar. Casi todos los doctores dan instrucciones más apropiadas para la alimentación con botella", afirma Stock. Tal vez usted amamante de 8 a 12 veces diarias durante las primeras semanas.

La leche materna está constituida de modo que el bebé necesite alimentarse con frecuencia, explica la doctora Rawlins, lo que crea una mejor unión entre la madre y su bebé.

No endurezca los pezones. Los ejercicios o manipulación para endurecer los pezones no son útiles y podrían llegar incluso a producir cierto daño, advierte la doctora Rawlins. "Si su bebé está colocado de manera correcta, usted no sufrirá ninguna irritación."

Use una concha de mama para pezones invertidos. Es mejor comenzar a utilizarla durante el sexto o séptimo mes del embarazo. La succión suave del dispositivo ayudará a jalar el pezón hacia afuera. Pero no la emplee durante más de 15 a 20 minutos diarios, aconseja la doctora Rawlins.

No enjabone sus pezones. "Queda terminantemente prohibido enjabonar los pezones, ya que se resecan por completo", advierte la doctora Rawlins. "¿Percibe pequeños abultamientos alrededor de la areola? Se trata de glándulas que producen aceite y que contienen un antiséptico. No necesita usar jabón."

Deje que sus pezones se sequen al aire. Asegúrese de secar al aire los pezones antes de cubrirlos, aconseja Stock. Y no utilice cojincillos para las mamas que retengan la humedad, como los que tienen plástico.

Use su leche para ayudar a sanar los pezones irritados. "Sin duda 95% del problema con la irritación de los pezones proviene de la manera como mama el bebé", explica Stock. El dolor cesa después de que usted corrige el

ALERTA MÉDICA

Haciendo frente a la mastitis

Si siente su mama inflamada, calentura o si tiene síntomas como de gripe, llame a su médico. Podría tratarse de mastitis, un tipo de infección de mama.

La mastitis por lo regular se trata por medio de antibióticos. Si eso es lo que prescribe su doctor, asegúrese de consumir toda su medicina incluso aunque desaparezcan los síntomas, pues esto ayuda a evitar las infecciones recurrentes.

Mientras tanto, usted puede ayudar a acelerar la curación por cuenta propia "guardando cama, tomando muchos líquidos transparentes y amamantando con mayor frecuencia", recomienda la doctora Carolyn Rawlins.

"La leche no está infectada", agrega. "Además usted proporciona al bebé valiosos anticuerpos con la leche."

Si deja de amamantar mientras padece de mastitis, podría desarrollársele un absceso de mama.

problema, aunque el daño puede tardar un poco más en curarse. Para acelerar la curación, seque al aire los pezones cuando termine de amamantar, saque un poco de leche y frótela en los pezones. El contenido de la leche que queda al final de un amamantamiento es alto en lubricantes y contiene una sustancia antibiótica, indica Stock.

Manténgase alerta ante los ductos obstruidos. Los ductos lácteos pueden obstruirse a causa de ropa apretada, anatomía materna, fatiga o periodos prolongados sin amamantar. Un ducto obstruido también puede ser signo del inicio de una infección si se deja sin atender de inmediato.

"Si siente un punto duro y doloroso al tacto en cualquier parte de su mama, libérese de él utilizando calor", recomienda Stock. Masajee la mama, partiendo de la pared del pecho y descendiendo con un movimiento circular.

Sin embargo, lo más importante es que permita a su bebé mamar de ese lado con frecuencia, indica. "La succión de su bebé ayudará a despejar ese ducto con más rapidez que cualquier otra cosa. Por lo general se despeja del todo dentro de las 24 horas siguientes. La obstrucción puede despejarse antes de que usted tenga evidencia física de que ha desaparecido."

Use la vitamina E para los pezones agrietados. Si nota una grieta en el pezón, puede serle útil la aplicación tópica de una pequeña cantidad de vitamina E. Cuando termine de amamantar, señala Stock, tome una cápsula de vitamina E, perfórela, exprímale una gota y frótela sobre el pezón. El secreto, afirma, es utilizar cantidades mínimas.

Póngase compresas calientes para ayudar en la sobreproducción. Si el bebé no consume lo que usted está produciendo y se está llenando demasiado, aplique compresas calientes y húmedas a la mama, aconseja Frantz, lo cual abrirá los ductos de modo que la leche fluirá más fácilmente. Amamante a su bebé con más frecuencia y durante más tiempo, y beba suficientes líquidos, de modo que orine cada hora.

Controle el goteo con una mano correctamente aplicada. El sistema de producción de la leche es tan sensible a los estímulos que una mujer puede comenzar a gotear leche cuando sale de compras y oye llorar a un bebé, comenta Stock. Si eso sucede, con la parte inferior de la palma de su mano oprima el pezón hacia adentro en el pecho. Si es mucho el goteo, señala, busque unos buenos cojincillos reutilizables para mama que pueda lavar usted misma, de preferencia de algodón puro. "Los pañuelos de algodón para caballero son prácticos para este caso", aconseja.

COMITÉ DE ASESORAS

La enfermera **Kittie Frantz** es directora de la Clínica de Lactancia en el Centro Médico de la Universidad del Sur de California en Los Ángeles y enfermera pediatra. Ha trabajado con madres lactantes desde 1963. También pasó 15 años como dirigente de La Leche League International.

La doctora **Carolyn Rawlins** es obstetra privada en Munster, Indiana, y miembro de la junta directiva de La Leche League International.

Julie Stock es enlace de información médica para La Leche League International, grupo de apoyo para madres lactantes. La oficina principal del grupo se encuentra en P. O. Box 1209, Franklin Park, IL 60131-8209.

Laringitis

16 sugerencias para curarla

Esta mañana tuvo que omitir su acostumbrado cántico a solas mientras se bañaba, porque la canción que apenas logró salir abriéndose paso a arañazos sonaba más como un croar que como un aria. Carraspeó para aclararse la garganta y tratar de cantar de nuevo; pero los sonidos que salieron de su garganta distaron mucho de ser musicales. Si esto sigue así se quedará sin voz.

¿Quiere saber cuál es su problema?

Las malas "vibraciones".

Para que pueda cantar como de costumbre, el aire que exhala por la laringe, la caja de voz que comúnmente se conoce como la manzana o nuez de Adán, tiene que vibrar por medio de las cuerdas vocales en la manera correcta. Cuando las cuerdas se encuentran inflamadas o con cicatrices, no crean el "contenedor" de la forma apropiada para ese aire. Por ese motivo se escapa el aliento.

Incluso un ligero cambio en las cuerdas vocales puede hacer su voz irreconocible. Sus cuerdas vocales contienen un haz muscular central, diversas capas de tejido conjuntivo y una cubierta como de piel llamada mucosa. "Una alteración en cualquiera de estas capas puede afectar la vibración óptima a través del tejido", explica el doctor Scott Kessler, otorrinolaringólogo cuyos pacientes incluyen estrellas de ópera y cantantes de rock. Trabaja en los hospitales Mount Sinai y Beth Israel en la ciudad de Nueva York.

El daño puede ocurrir en una diversidad de maneras. Por ejemplo, el mal uso de la voz puede producir cicatrices temporales en las cuerdas vocales; una infección respiratoria superior o una reacción alérgica puede inflamarlas. Incluso el aire seco puede hacer que el moco se pegue entre las cuerdas. ¿Cuál es el resultado? Laringitis.

ALERTA MÉDICA

Cuando la laringitis amenaza la vida

Si su pérdida de la voz va acompañada de dolor tan intenso, que tiene dificultad para tragar su propia saliva, consulte a un médico de inmediato, aconseja el doctor George T. Simpson II. Al tragarla en la parte superior de su laringe puede bloquear su vía respiratoria.

También debe ponerse en comunicación con su médico si al toser arroja sangre, oye ruidos en la garganta cuando respira o descubre que el reposo continuo de la voz no ayuda en nada a aliviar su ronquera. Cuando persiste la laringitis, puede ser señal de un tumor en la garganta. En todo caso, consulte con su médico si su voz no vuelve a la normalidad en el plazo de tres a cinco días.

¿La mejor manera de recuperar su voz? Esto aconsejan nuestros expertos.

No hable. Sin importar qué causó su laringitis, lo más importante que puede hacer por su voz es darle reposo, recomienda el doctor Laurence Levine, también doctor en cirugía dental y otorrinolaringólogo en Creve Coeur y St. Charles, Missouri, y profesor clínico de otorrinolaringología en la Escuela de Medicina de la Universidad de Washington. Trate de pasarse uno o dos días sin hablar.

Ni siquiera susurre. Si tiene que comunicarse, hágalo por escrito. "El susurrar hace que sus cuerdas vocales se golpeen entre sí con la misma fuerza que si estuviera gritando", explica el doctor George T. Simpson II, jefe del Departamento de Otorrinolaringología en la Escuela de Medicina de la Universidad de Boston, el Hospital University y el Hospital Boston City.

No tome aspirina. Si perdió la voz porque estuvo gritando demasiado fuerte anoche, tal vez haya roto sus capilares, explica el doctor Levine. En consecuencia, evite la aspirina, la cual aumenta el tiempo de coagulación (es anticoagulante), lo que puede impedir el proceso de cicatrización.

Use un humidificador de aire frío. La mucosa que recubre sus cuerdas vocales debe mantener su humedad. Cuando ésta se pierde, el moco puede volverse pegajoso y adherente, una superficie muy atractiva para los irritantes. Combata este estado con un humidificador de aire frío, recomienda el doctor Kessler.

Aléjela con vapor. El vapor también puede restaurar la humedad. El doctor Robert Feder, otorrinolaringólogo de Los Ángeles, California, e instructor de canto, sugiere agacharse sobre un recipiente con agua vaporizante durante unos cinco minutos dos veces al día.

Beba muchos líquidos. El doctor Simpson indica de 8 a 10 vasos al día, preferentemente de agua, y el doctor Feder recomienda jugos y té con miel o limón.

No use hielo. Los líquidos tibios o calientes son los mejores, afirma el doctor Feder. Las bebidas frías tan sólo agravan el problema.

Respire a través de la nariz. "Respirar a través de la nariz resulta un humidificador natural", explica el doctor Kessler: "La gente que tiene tabique nasal desviado respira por la boca mientras duerme, lo que expone la voz al aire seco y frío. Evaluar su manera de respirar es fundamental para comprender lo que es la ronquera".

Diga no a los cigarros. Fumar es causa primordial para resecar la garganta, advierte el doctor Kessler.

Lubríquese con olmo americano. "El té de corteza de olmo americano es un buen lubricante para la parte trasera de su garganta", comenta el doctor Kessler. "Beber no lubricará directamente sus cuerdas vocales porque la epiglotis se cierra sobre ellas como una puerta; beber proporciona más agua para ayudar a las glándulas mucosas en la laringe a proporcionar un recubrimiento suave a las cuerdas."

Seleccione sensatamente sus pastillas para la tos. Evite los productos de menta o mentolados, aconseja el doctor Feder. En vez de ellos, prefiera los de miel o de sabor a fruta para la tos leve.

Cuídese del aire de los aviones. Hablar mientras viaja en avión puede dañar su voz porque el aire presurizado dentro de la cabina es demasiado seco. Para mantener húmedas sus cuerdas, respire a través de su nariz, recomienda el doctor Kessler. Masque goma o chupe trociscos de modo que no haya otra posibilidad más que tener su boca cerrada. Al mismo tiempo, ayudará a aumentar su producción de saliva.

Verifique sus medicamentos. Determinados fármacos recetados pueden causar mucha resequedad, señalan nuestros expertos. Consulte con su médico si tiene dudas acerca de sus medicamentos. Entre los probables culpables se encuentran los productos contra la hipertensión arterial y para la tiroides, así como los antihistamínicos.

No se esfuerce, amplifique. Si su trabajo le exige elevar la voz para hacerse escuchar, ¿por qué no usa algún medio mecánico para que se le oiga mejor? "A menudo no empleamos suficientes sistemas de amplificación para proteger la función de la voz", anota el doctor Levine.

Respete su voz. Si debe hacer una presentación y tiene ronquera, será preferible cancelarla a causar daño a largo plazo a su voz, advierte el doctor Kessler.

Considere la posibilidad de tomar lecciones para educar su voz. Y si se percata de que tiene que hablar mucho, piense en educar su voz. En una voz no educada, los músculos que sostienen la laringe se distienden, explica el doctor Levine. El adiestramiento apropiado de los músculos puede hacer que trabajen armónicamente.

COMITÉ DE ASESORES

El doctor **Robert Feder** es otorrinolaringólogo privado en la zona de Los Ángeles, California. Es profesor de teatro y de otorrinolaringología en la Universidad de California en Los Ángeles. También es profesor de canto en la Escuela de Música de la Universidad del Sur de California en Los Ángeles.

El doctor **Scott Kessler** es otorrinolaringólogo de la ciudad de Nueva York y se especializa en la medicina de las artes de la actuación. Es médico de muchos cantantes de la Ópera Metropolitana y la Ópera de la Ciudad, al igual que de miembros del reparto de obras y centros nocturnos de Broadway. También trabaja en los hospitales Mount Sinai y Beth Israel en la ciudad de Nueva York.

Laurence Levine es doctor en cirugía dental en Creve Coeur y St. Charles, Missouri. También es otorrinolaringólogo profesor clínico de otorrinolaringología en la Escuela de Medicina de la Universidad de Washington en San Luis, Missouri.

El doctor **George T. Simpson II** es jefe del Departamento de Otorrinolaringología en la Escuela de Medicina de la Universidad de Boston, del Hospital University y del Hospital Boston City en Massachusetts. Es médico del Centro Médico del Hospital Infantil y del Hospital Veterans Administration. También es miembro del comité de asesoría científica de la Voice Foundation.

Mal aliento

16 maneras de vencerlo

Acaba usted de comer y se encuentra a mitad de una importante entrevista para conseguir un empleo. Todo marcha de maravilla, usted se desempeña como nunca. Sus respuestas a las preguntas del entrevistador fluyen con facilidad. Ambos ríen. Se sonríen mutuamente. Su lenguaje corporal revela que usted está tranquilo, seguro de sí mismo. Ya se ganó el empleo; así lo cree usted.

Se ponen de pie, se estrechan las manos, y dice usted. "Me dio gusto platicar con usted y espero tener pronto noticias de ustedes."

Malo. Malo. Malo.

Su entrevistador hace el intento de sonreír. Frunce el labio superior y dibuja una sonrisa forzada. Usted se percata de que algo no salió bien. El mal aliento o halitosis de usted lo ha hecho emprender la retirada.

Este no es exactamente el tipo de impresión duradera que usted quería dejar. ¿Fue la comida? Tal vez; pero también podría ser la comida que ingirió *ayer*. Para descubrir la causa (y para evitar esos momentos tan embarazosos) siga leyendo.

No coma con la familia de los ajos. A los alimentos muy condimentados les gusta quedarse durante mucho tiempo después de terminada la fiesta. Las especias tienden a permanecer y recircular a través de los aceites esenciales que dejan en su boca. Según la cantidad de ajo que coma, el olor puede permanecer en su boca hasta 24 horas, sin importar con qué frecuencia se cepille los dientes. Algunos alimentos que debe evitar incluyen la cebolla, chiles o ajíes y ajo.

Deje los embutidos para después. Carnes condimentadas como pastrami, salami y pepperoni también dejan aceites tras de sí mucho después de que han sido ingeridas. Usted respira, y ellas también. Si alguna vez necesita que su aliento sea agradable, lo mejor que puede hacer es evitar esas carnes por lo menos desde 24 horas antes para impedir que hablen por usted.

Cómo poner a prueba su aliento

¿Es muy desagradable su halitosis? Si usted no cuenta con un amigo que le diga la verdad, hay dos maneras de poner a prueba su aliento, dice el dentista Eric Shapira.

Ahueque sus manos. Exhale largamente en el hueco de sus manos con un prolongado ¡aaaaaaaaahhhhh! y luego perciba el olor. Si es fétido, entonces con seguridad resultará de lo más desagradable para quienes se le acerquen, advierte el doctor Shapira.

Use hilo dental. No para limpiar sus dientes, aunque resulta una excelente idea, sino para determinar cuán mal le huele la boca. Pase suavemente el hilo dental entre sus dientes y luego huela algo de los residuos de comida que se haya sacado. Si huele mal, su aliento huele mal.

Diga "sin queso, por favor". A los aderezos de camembert, roquefort y queso azul se les llama fuertes por una buena razón: se quedan en su aliento y no es fácil retirarlos de ahí. Otros productos lácteos pueden tener el mismo efecto.

Los pescados le hacen mala obra. Algunos pescados, como las anchoas en las pizzas o incluso el sandwich de atún pueden dejar una impresión duradera.

Séale fiel al agua. El café, cerveza, vino y whisky se encuentran a la cabeza de la lista de líquidos prohibidos. Cada uno deja un residuo que se puede fijar a la placa dental e infiltrarse en su sistema digestivo. Cada vez que exhala envía al aire partículas de estos alimentos.

Lleve consigo un cepillo dental. Algunos malos olores pueden eliminarse, ya sea de manera temporal o permanente, si se cepilla inmediatamente después de los alimentos. El principal culpable de la halitosis es una película suave y pegajosa de bacterias vivas y muertas que se fija a los dientes y encías, explica el doctor Eric Shapira, profesor y conferenciante en la Escuela de Odontología en la Universidad del Pacífico. A esa película se le llama placa. En todo momento se encuentran unos 50 billones de estos microscópicos organismos deambulando por su boca. Se alojan en todo lugar oscuro, compartiendo cada bocado de alimento que usted pasa por su boca, acumulando pequeños olores y produciendo sus propios

---

ALERTA MÉDICA

La halitosis puede significar problemas graves

El mal aliento persistente no significa que usted coma demasiadas cebollas. La halitosis es señal de una afección importante en las encías, advierte el doctor Roger P. Levin, presidente de la Academia Baltimore de Odontología General.

"También puede deberse a gases y malos olores que provienen de problemas gastrointestinales", continúa el doctor Levin. Si su halitosis dura más de 24 horas sin una causa obvia, consulte a su dentista o doctor.

Algunas enfermedades que también pueden ocasionar el mal aliento incluyen el cáncer, tuberculosis, sífilis, deshidratación y deficiencia de cinc. Así mismo, algunos medicamentos, entre ellos la penicilamina y el litio, pueden causar mal aliento.

---

pequeños malos olores. Cuando usted exhala, las bacterias exhalan también. Así que cepíllese la placa después de cada comida y reduzca en cierta medida el problema del mal aliento.

Enjuague su boca. Cuando no pueda cepillarse, enjuáguese. Vaya al baño después de la comida y haga un buche grande de agua removiéndola bien dentro de toda su boca, para quitar el olor a comida, recomienda el doctor Jerry F. Taintor, presidente de Endodoncia en el Colegio de Odontología de la Universidad de Tennessee. Claro, escupa el agua.

Haga tres comidas al día. La halitosis también puede deberse a la falta de alimento. Uno de los efectos secundarios de hacer dieta o de una alimentación deficiente es el mal aliento.

Enjuague y trague. Cuando usted se encuentre en un restaurante, su cepillo e hilo dental en su casa, y no puede retirarse de la mesa, al menos tome un sorbo del agua de su vaso y haga circular discretamente el agua por sus dientes. Luego trague esos pedacitos potencialmente perjudiciales de comida, aconseja el doctor Shapira.

Haga gárgaras con un enjuague bucal refrescante. Si necesita 20 minutos sin halitosis, hacer gárgaras con un enjuague bucal es una gran idea; pero como la calabaza que se convirtió en el carruaje de la Cenicienta, la magia del producto terminará también al terminarse ese tiempo y usted volverá a hablar detrás de una mano.

Escoja el enjuague bucal por su color y sabor. Los enjuagues bucales de color ámbar y de sabor a medicina contienen aceites esenciales tales como tomillo, eucalipto, menta y gaulteria, al igual que benzoato de sodio o ácido benzoico. Los enjuagues rojos y picantes pueden contener compuestos de cinc. Ambos tipos neutralizan los productos de desperdicio de las bacterias bucales que producen malos olores.

Mastique una pastilla de menta o algo de goma de mascar. Al igual que el enjuague bucal, la pastilla de menta o la goma de mascar con ese sabor sólo es un artificio para aromatizar su aliento, bueno sólo para una breve entrevista, un viaje corto en un auto pequeño o una cita muy breve.

Coma perejil. El perejil agrega más que color a su ensalada: también ayuda a su aliento. El perejil puede refrescar naturalmente su aliento. Así que tome su ramita de perejil y mastíquela bien.

Las especias son buenas. Ciertas hierbas y especias que se encuentran en cualquier cocina ayudan de manera natural a tener buen aliento. Por ejemplo, lleve una bolsita de plástico con clavo de olor o semillas de hinojo o de anís para masticar después de una comida condimentada.

Cepille su lengua. "Casi toda la gente descuida su lengua", comenta el doctor Shapira. "Su lengua está recubierta por proyecciones parecidas a pequeños cabellos, que bajo el microscopio parecen un bosque de hongos. Bajo las capas de hongos hay espacio para alojar placa y parte de lo que comemos. Eso causa el mal aliento."

¿Cuál es su consejo? Cuando se cepille los dientes, también limpie con suavidad su lengua. No deje comida y bacterias que contribuyan al mal aliento.

COMITÉ DE ASESORES

El cirujano dentista **Roger P. Levin** es presidente de la Academia Baltimore de Odontología General y conferenciante invitado en la Universidad de Maryland en Baltimore.

El cirujano dentista **Eric Shapira** ejerce su consulta privada en El Granada, California. Es profesor y conferenciante en la Escuela de Odontología en la Universidad del Pacífico en San Francisco y tiene una maestría en ciencias y bioquímica.

El cirujano dentista **Jerry F. Taintor** es presidente de Endodoncia en el Colegio de Odontología de la Universidad de Tennessee en Memphis. Es autor de *The Oral Report: The Consumer's Common Sense Guide to Better Dental Care*.

Mal olor corporal

12 maneras de sentirse fresco y limpio

Algunos científicos creen que, como el apéndice, el olor corporal es un vestigio de nuestra evolución. O sea que los olores que provienen de ciertas zonas de nuestros cuerpos (primordialmente las axilas y la entrepierna) en otros tiempos pueden haber servido para anunciar nuestra sexualidad, explica el doctor Nathan Howe, médico del Departamento de Dermatología en la Universidad de Medicina en el Colegio de Medicina en Carolina del Sur. "Desde luego", agrega, "sin importar qué propósito haya tenido el olor corporal en ese entonces, para mucha gente hoy día resulta muy molesto".

Acerca de esto último hay poco desacuerdo entre los médicos, o los que no lo son. Si usted quiere ganar amigos e influir en la gente, no apeste.

¿Es más fácil decirlo que hacerlo? En realidad hay una serie de maneras de atacar el mal olor corporal y salir oliendo a rosas.

Tállese. La manera básica de detener el olor corporal es tallarse con agua y jabón, en particular en las zonas del cuerpo que tienen más posibilidad de oler, como las axilas y la entrepierna, recomienda el doctor Kenzo Sato, profesor de dermatología en la Universidad de Iowa.

Las más de las veces, el mal olor corporal se debe a una combinación de sudor y bacterias, afirma. Por eso, tallarse con agua y jabón hará que ambos culpables sean expulsados por el agua.

El mejor tipo de jabón para un problema de mal olor corporal es el desodorante, porque obstaculizará el retorno de las bacterias. La frecuencia con que usted necesite tallarse dependerá de su química corporal individual, sus actividades, su estado de ánimo y la época del año. Si no tiene certeza acerca de si se está lavando bien. . . pregunte a un amigo. Recuerde que tanto las glándulas sudoríparas como las bacterias trabajan lo mismo de noche que de día, lo cual significa que tal vez usted llegue a necesitar baños tanto matutinos como nocturnos.

No nada más lave su cuerpo. Usted puede lavarse hasta que su piel parezca una pasa, pero seguirá oliendo mal si su ropa no está limpia. Una buena manera de ofender a otros es emplear la misma camiseta durante siete días seguidos, dice la doctora Lenise Banse, dermatóloga del Hospital Henry Ford en Detroit, Michigan. ¿Con qué frecuencia necesita cambiar su ropa? Eso depende de usted como individuo. Para la mayoría de la gente debiera bastar un cambio al día, aunque para ciertas personas podría requerirse más de un cambio diario en los días calurosos del verano.

Escoja fibras naturales. Las fibras naturales como el algodón absorben mejor el sudor que los materiales sintéticos. El sudor absorbido puede entonces evaporarse libremente desde la tela.

Juegue a ser doctor. A veces, si usted suda mucho y tiene tendencia a oler mal, el jabón desodorante común tal vez no baste para detener los olores. En ese caso, utilice un producto antibacteriano quirúrgico que se vende en muchas farmacias, aconseja el doctor Howe. Pregunte a su farmacéutico dónde puede encontrarlo.

Los antitranspirantes atacan mejor. Los desodorantes comerciales encubren el mal olor de las axilas que la mayoría de la gente despide, afirma el doctor Hridaya Bhargava, profesor de farmacia industrial en el Colegio de Farmacia en Massachusetts, pues dejan residuos químicos en la piel que matan las bacterias causantes. No obstante, si usted tiene un problema de mal olor corporal conocido tanto por amigos como por enemigos, tal vez necesite un antitranspirante. "Básicamente, son fármacos", explica el doctor Bhargava, que reducen la cantidad de sudor que produce el cuerpo. Muchos antitranspirantes comerciales combinan un antitranspirante con un desodorante; pero estos últimos por sí solos no pueden controlar el sudor.

No se irrite. Si no puede emplear desodorantes o antitranspirantes comerciales sin que le produzcan urticaria, puede intentar una crema antibiótica tópica que se vende en cualquier farmacia. "Hace lo mismo que los desodorantes, pero sin los perfumes que causan las irritaciones", indica el doctor Randall Hrabko, dermatólogo privado de Los Ángeles, California.

Haga contacto en Francia. Otra opción para usted, si no puede tolerar los desodorantes y antitranspirantes comunes es un producto francés llamado Le Crystal Natural, recomienda el doctor Hrabko. Es un pedazo de sales minerales, cristalizado, que ayuda a mantener bajo control a las bacterias sin irritar la piel. Le Crystal Natural es un producto de la empresa French Transit con sede en Burlin-

---

El otro camino

Cierre la fábrica de sudores

La gente con olor corporal excepcionalmente fuerte puede encontrar alivio en un dispositivo electrónico llamado Drionic, que puede llegar de hecho a taponar los ductos sudoríparos hiperactivos y mantenerlos así hasta seis semanas. "Clausurar" sus axilas no es tan terrible como pareciera, además de que pruebas clínicas efectuadas en tres universidades de Estados Unidos demuestran su eficacia para cerrar las glándulas sudoríparas que se comportan como llaves de agua.

El Drionic cuesta 125 dólares, pero le ahorrará el costo de antitranspirantes y el desgaste que la sudación excesiva impone en su ropa, señala Robert Tapper, presidente de la General Medical Company, fabricante del dispositivo.

Para más información consulte a su médico, o comuníquese con la compañía en 1935 Armacost Avenue, Los Ángeles, CA 90025. EUA.

---

game, California, y se encuentra disponible en muchos departamentos que manejan cosméticos y tiendas de alimentos naturales en Estados Unidos.

Siga el ejemplo de la selva. Olvide los perfumes parisinos de moda y siga el ejemplo de los cazadores, que tienen sus propias fragancias. Según algunos, se trata de cubrir toda traza de olor corporal para evitar que el ciervo u oso que se pretende cazar perciba el olor del cazador y huya buscando refugio.

¿Cómo lo hacen los cazadores? Un difundido encubridor de olor corporal es el jabón de pino, disponible en tiendas de suministros para la cacería, afirma Dave Petzal, cazador veterano y editor ejecutivo de la revista *Field and Stream*. El jabón de pino no sólo encubre el olor humano, sino que "lo deja oliendo como bosque de pinos", declara. Si el olor a bosque de pinos no le atrae, entonces haga lo que algunos cazadores, que prefieren el viejo jabón de glicerina.

Cuide lo que come. Los extractos de proteínas y aceites de determinados alimentos y especias permanecen en las excreciones y secreciones de su cuerpo durante muchas horas después de comerlos y pueden propagar su mal olor. Pescado, comino, *curry* y ajo están a la cabeza de la lista, indica la doctora Banse.

Conserve la calma. "La excitación sexual o los sentimientos de ansiedad y nerviosismo le harán sudar más", explica el doctor Bhargava. Si usted anticipa una situación que puede alterarle, sin importar cuánto medite o practique usted la respiración profunda, considere utilizar una dosis adicional de desodorante esa mañana.

Intente el viejo truco del perro. ¿Ha probado usted todo y nada parece servirle? Tal vez no haya probado *todo*. Un antiguo remedio popular para un perro que ha recibido un baño de zorrillo es desodorizarlo usando jugo de tomate. ¿Y qué cree?: ¡también sirve para los humanos!, afirma la enfermera Alice Kilpatrick, del Hospital Veterans Administration en Fort Lyon, Colorado.

Kilpatrick lo probó primero en su perro y luego en su paciente particularmente mal oliente. Y luego en otro. "¡Sirve todas las veces!", comenta. No se necesita llenar una bañera con jugo de tomate puro, "basta con que vierta un par de tazas en el agua del baño y permanezca en ella durante 15 minutos", añade.

COMITÉ DE ASESORES

La doctora **Lenise Banse**, dermatóloga en Detroit, Michigan, es directora de la Clínica para Lunares y Melanomas en el Hospital Henry Ford.

El doctor **Hridaya Bhargava** es profesor de farmacia industrial en el Colegio de Farmacia Massachusetts en Boston. Es consultor para grupos como la Organización Mundial de la Salud y la UNICEF.

El doctor **Nathan Howe** trabaja en el Departamento de Dermatología en la Universidad de Medicina en el Colegio de Medicina en Carolina del Sur, Charleston. Anteriormente fue zoólogo con interés especial en cómo se comunican los animales mediante olores químicos.

El doctor **Randall Hrabko** es dermatólogo privado en Los Ángeles, California.

La enfermera **Alice Kilpatrick** trabaja en el Hospital Veterans Administration en Fort Lyon, Colorado.

El doctor **Kenzo Sato** es profesor de dermatología en la Universidad de Iowa en la ciudad de Iowa.

Mal olor de pies

19 secretos desodorantes

¿Qué *es* ese olor? No serán, eh, sus *pies*, ¿verdad? ¿O sí? No, no, ¡claro que no! Eso sería demasiado embarazoso. Debe ser algo. . . digamos. . . distinto. Tal vez un pedazo de queso muy añejo cayó detrás del diván. . . el año pasado. Sí, eso debe ser. ¡Queso! Detrás del diván. Y ha estado allí mucho tiempo.

Bueno. Gracias al cielo ya se aclaró el asunto. Ahora ni siquiera tendrá que leer estas sugerencias de los expertos para acabar con el mal olor. Ahora ya puede usted volver a lo que estaba haciendo.

Pero primero, ¿querría ponerse otra vez sus zapatos y ver cuáles son los consejos que se proponen?

Lávese, a menudo. Aunque parezca elemental, y los expertos lo reconocen así, es necesario conservar sus pies escrupulosamente limpios. Emplee agua caliente y jabonosa para lavar sus pies con tanta frecuencia como lo necesite —incluso varias veces al día si suda mucho o si nota que despiden olor. Frótese suavemente con un cepillo suave, incluso entre los dedos, y asegúrese de secarlos muy bien.

Talquee sus dedos. Después de lavarse, aplique talco para los pies, fécula de maíz o un rocío fungicida. Otro buen método para conservar los pies frescos y secos, aconseja la doctora en medicina podiátrica Suzanne M. Levine, podiatra privada y podiatra asistente de clínica en el Hospital Mount Sinai en la ciudad de Nueva York, es tratar sus zapatos: rocíe sus interiores con talco o fécula de maíz.

Use un antitranspirante. La clave para controlar el olor es emplear un antitranspirante o un desodorante justo en sus pies. Puede optar por comprar desodorantes específicos para pies o sencillamente emplear la marca que usa para sus axilas; pero debe saber que aunque los desodorantes eliminan el olor, no

458

¿Trabajan más sus pies que usted?

Lo crea o no, afirma Neal Kramer, doctor en medicina podiátrica de Bethlehem, Pennsylvania, a veces los pies sudan mucho sencillamente porque *trabajan* más de lo debido. Un defecto estructural (como pies planos) o una ocupación que le mantiene desplazándose todo el día por todas partes podría ser el culpable subyacente. Cualquiera de estas dos posibilidades aumentaría la actividad de los músculos de sus pies. Y en la medida que trabajen más, más sudarán en un intento de refrescarse.

Aunque los pies sudorosos no necesariamente huelen mal, la humedad es una invitación abierta para las bacterias que sí producen el olor.

"Si corrige la causa subyacente con un soporte de arco o algún otro inserto ortótico para el zapato", explica el doctor Kramer, "de hecho puede reducir la cantidad de sudor producido. Si los músculos no tienen que trabajar tanto, sencillamente no eliminarán tanto calor".

detienen el sudor. En cambio los antitranspirantes se hacen cargo de ambos problemas. La doctora Levine recomienda productos que contengan hexahidrato de cloruro de aluminio.

Sin embargo, no emplee un antitranspirante si tiene lesiones activas de pie de atleta, advierte el doctor en medicina podiátrica Stephen Weinberg, director de podiatría en la Clínica de Medicina Deportiva y de Carreras del Hospital Columbus de Chicago, Illinois, porque puede producirle ardor. "Además, recomiendo productos que se aplican con bolita en vez de los de rocío o aerosoles porque casi toda la acción del aerosol se pierde en el aire. Emplee el producto dos o tres veces diarias al principio, y luego gradualmente reduzca el empleo a una vez al día."

Cambie sus calcetines, a menudo. El enfoque lógico a los pies excesivamente sudorosos y olorosos, aconseja el doctor en medicina podiátrica Glenn Copeland, quien tiene su consulta en el Hospital del Colegio de Mujeres de Toronto, es cambiarse los calcetines con la máxima frecuencia posible, incluso de tres a cuatro veces diarias. Y siempre emplee calcetines hechos de fibras naturales, como algodón, porque son mucho más absorbentes que los materiales sintéticos.

Póngase dos. También puede reducir la transpiración usando dos pares de calcetines a la vez, recomienda el doctor Frederick Hass, médico general en San Rafael, California. A primera vista esta recomendación parecería contradictoria, pero los espacios de aire que se forman entre las dos capas del material en realidad mejoran la ventilación. Use los calcetines de algodón junto a la piel y un par de calcetines de lana en el exterior. Evite los productos sintéticos porque sólo aumentan la transpiración.

Tenga cuidado con los zapatos. "Los zapatos cerrados agravan el estado de los pies sudorosos y establecen el ambiente perfecto para que crezcan las bacterias, lo que ocasiona más olor y más sudor", explica la doctora Levine. Escoja sandalias y zapatos con las puntas descubiertas cuando sea permisible, pero evite los zapatos de materiales como cauchos y plásticos, pues no permiten a los pies respirar fácilmente. Y jamás use los mismos zapatos dos días seguidos, pues tardan al menos 24 horas en secarse por completo.

Duerma con el remedio. El doctor en medicina podiátrica de Maryland, Mark D. Sussman, recomienda este tratamiento nocturno para ayudar a secar los pies: lávese los pies a conciencia con alcohol para fricciones con el objeto de secarlos y refrescarlos. Luego aplique un desodorante de acción intensa como Mitchum a la planta de cada pie. Cúbralo con envoltura plástica (para inducir la sudación de modo que el desodorante pueda penetrar mejor en el pie). Póngase un calcetín sobre la envoltura y duérmase así. Por la mañana lávese el exceso de talco. Repita el procedimiento cada noche durante una semana y luego una o dos veces semanales según lo necesite.

Mójelos a menudo. Diversos agentes líquidos pueden ayudarle a mantener secos los pies, lo que también puede controlar el olor.

Té. El tanino, que puede encontrarse en las bolsitas de té, es un agente secador. Hierva de tres a cuatro bolsitas de té en un litro de agua durante unos 10 minutos y luego agregue suficiente agua fría para darle una temperatura adecuada y lavar en ella sus pies, sugiere la dermatóloga Diana Bihova, instructora clínica de dermatología en el Centro Médico de la Universidad de Nueva York en la ciudad de Nueva York.

Remoje sus pies durante 20 a 30 minutos y luego séquelos y aplíqueles talco para pies. La doctora Bihova sugiere hacer esto dos veces diarias hasta lograr controlar el problema. Posteriormente repítase el procedimiento dos veces a la semana, para evitar que el olor vuelva a presentarse.

Sal kosher. Para pies que sudan mucho, la doctora Levine recomienda remojarlos en una solución de media taza de sal kosher (sal para la cocina o sal de mar), más gruesa que la sal común de mesa, en un litro de agua.

Acetato de aluminio. Trate de remojar sus pies una a dos veces diarias en una solución de acetato de aluminio, que tiene propiedades secantes, en agua fría, recomienda el doctor Hass. Disuelva un paquete de polvo Domeboro o 2 cucharadas de solución de Burow (disponibles sin necesidad de receta médica) en medio litro de agua y luego remoje los pies durante 10 a 20 minutos en cada ocasión.

Bicarbonato de sodio. Esto hace que la superficie del pie sea más acidógena, con lo cual se reduce la cantidad de olor producida, señala la doctora Levine. Disuelva una cucharada de bicarbonato de sodio en un litro de agua. Remoje sus pies en esta solución dos veces a la semana durante unos 15 minutos en cada ocasión.

Vinagre. Otro baño de pies ácido que recomienda la doctora Levine es media taza de vinagre en un litro de agua. Remoje durante 15 minutos dos veces a la semana.

Agua caliente y fría. Alterne baños de pies de agua caliente y agua fría, aconseja la doctora Levine; con este procedimiento se restringe el flujo de sangre a los pies, lo cual reduce la sudación. Luego prepárese un tercer baño de pies con cubos de hielo y jugo de limón. Por último, frote sus pies con alcohol para refrescarlos y secarlos. En clima caliente, cuando sus pies sudan mucho, tal vez pueda hacer esto a diario. Advertencia: los diabéticos y quienes tienen problemas circulatorios no deben aplicarse este tratamiento.

Atienda a la sabia salvia. A veces los europeos rocían la fragante hierba salvia o artemisa en sus zapatos para controlar el olor, señala la doctora Levine. Tal vez una pizca de estas hojas secas, desmenuzadas, le sea útil.

Pruebe con insertos. Algunos insertos para zapatos, como Odor-Eaters de Johnson, contienen carbón activado, que absorbe la humedad y ayuda a controlar el olor. La doctora Levine declara que estos productos han ayudado a algunos de sus pacientes.

Consérvese fresco. Las glándulas sudoríparas de sus pies, parecidas a las de sus axilas y palmas de las manos, responden a las emociones, explica el doctor Richard L. Dobson, jefe del Departamento de Dermatología en la Universidad de Medicina del Colegio de Medicina en Carolina del Sur. La tensión, ya sea del tipo bueno o del malo, puede desencadenar la sudación excesiva, lo que a su vez puede incrementar la actividad bacteriana en sus zapatos y producir más olores. En consecuencia, no se altere.

Cuide lo que come. Por extraño que le parezca, advierte la doctora Levine, cuando ingiere alimentos condimentados, picantes o fuertes (como cebollas, pimientos y chiles, ajo o escaloñas *), el aceite esencial de esos productos puede excretarse a través de las glándulas sudoríparas de los pies. En efecto, ¡sus pies pueden terminar oliendo a lo que usted comió hoy!

---

* Especie de cebolla. (N. del T.)

COMITÉ DE ASESORES

La doctora **Diana Bihova** es dermatóloga privada e instructora clínica de dermatología en el Centro Médico de la Universidad de Nueva York en la ciudad de Nueva York. Es coautora de *Beauty from the Inside Out*.

Glenn Copeland, doctor en medicina podiátrica, es podiatra privado en el Hospital del Colegio de Mujeres de Toronto. También es podiatra consultor para el Canadian Back Institute, para el equipo de beisbol Azulejos de Toronto y autor de *The Foot Doctor*.

El doctor **Richard L. Dobson** es jefe del Departamento de Dermatología en la Universidad de Medicina en el Colegio de Medicina de Carolina del Sur en Charleston.

El doctor **Frederick Hass** es médico general en San Rafael, California. Trabaja en el Hospital General Marin en Greenbrae, y es autor de *The Foot Book* y de *What You Can Do about Your Headaches*.

Neal Kramer tiene su práctica privada de podiatría en Bethlehem, Pennsylvania.

La doctora en medicina podiátrica, **Suzanne M. Levine**, tiene su práctica privada y además es asistente de clínica de podiatría en el Hospital Mount Sinai en la ciudad de Nueva York. Es autora de *My Feet Are Killing Me* y de *Walk It Off*.

El doctor en medicina podiátrica **Mark D. Sussman** es podiatra de Wheaton, Maryland y coautor de *How to Doctor Your Feet without the Doctor* y *The Family Foot-Care Book*.

El doctor en medicina podiátrica **Stephen Wienberg** es director de podiatría en la Clínica de Medicina Deportiva y de Carreras del Hospital Columbus en Chicago, Illinois.

Mala memoria

24 maneras prácticas de mejorar la memoria

¿Tiene dificultad para recordar nombres, números de teléfono, fechas y citas importantes? ¿Constantemente pierde su coche en los estacionamientos? Cuando sale de casa para ir de vacaciones, ¿tiene que regresarse a medio camino para comprobar si desconectó sus aparatos electrodomésticos? ¿A veces olvida cómo deletrear las palabras más comunes? Si responde sí a la mayor parte de estas preguntas, anímese, porque le tenemos muy buenas noticias: ¡la mala memoria es curable!

¡Hum, veamos! ¿Dónde nos quedamos? ¡Ah, sí! Consultamos unos cuantos profesionales expertos en cuestiones de memoria, y unos cuantos más cuyas profesiones requieren de excelentes memorias. Incluso consultamos a un campeón nacional de deletreo escolar de Estados Unidos, de 13 años de edad. Todos compartieron con nosotros sus secretos para lograr una memoria a prueba de fugas.

"Con unos cuantos sencillos consejos, casi toda la gente puede tener la capacidad de adquirir una supermemoria", afirma el doctor Michael Pressley, experto en memoria y profesor de desarrollo humano en la Universidad de Maryland.

¿Qué clases de consejos? Con gusto le diremos.

Reagrupar para recordar. Pongamos por ejemplo que está usted concursando en un programa televisivo y a punto de ganar un viaje por todo el mundo con todos los gastos pagados. Sólo necesita recordar el nombre de la batalla en la que Napoleón fue derrotado. Usted sabe la respuesta. La tiene en la punta de la lengua. ¿Cómo hacerla salir?

ALERTA MÉDICA

Tenga presentes estos síntomas

Si por una parte la mayoría de los tumores de piel no son cáncer, por la otra la mayoría de las fallas de memoria no se deben al mal de Alzheimer. "Pero la gente tiende a exigirse demasiado, en particular en la medida que envejece", explica el doctor Stanley Berent.

¿Es tan grave su mala memoria que debe consultar a un profesional al respecto? El doctor Berent sugiere los siguientes lineamientos:

- ¿Pierde contacto con la realidad? Una cosa es olvidar la fecha del día de hoy y otra olvidar el año. Si pierde la noción de dónde se encuentra, si no puede recordar si es de mañana o tarde, o si ha olvidado el nombre de su cónyuge (en contraposición con alguien a quien acaba de conocer), debe consultar a un médico.
- ¿Se siente incómodo consigo mismo? Si siente angustia acerca de sus recientes lapsos de memoria, no juegue al estoicismo: consulte a su médico.
- ¿Está desempeñando con eficacia sus tareas cotidianas? Si la mala memoria está afectando su trabajo, su papel como padre o abuelo, o cualquiera otra de sus actividades normales, tal vez necesite ayuda.

Por sobre todas las cosas, recomienda el doctor Berent, sepa que no es necesario que su memoria sea perfecta. Algo de mala memoria es sólo parte de la vida.

"Trate de redeclarar tanto como le sea posible acerca de lo que usted sabe alrededor del tema", aconseja el doctor Robin West, profesor de psicología en la Universidad de Florida. De esa manera, Napoleón puede llevarlo a Josefina, a Francia, al Código Napoleón, a las batallas y (en su debido momento) a Waterloo. "Conforme haga más conexiones, mejores serán sus posibilidades de encontrar el camino correcto", declara el doctor West.

Hágase una buena imagen. El ciudadano común, en el curso de toda una vida, pierde *un año completo* buscando objetos mal colocados. ¿Quiere ahorrarse todo un año de su vida? Puede hacerlo. Sencillamente hágase una buena imagen de las llaves al colocarlas sobre la mesa. "Lleve sus manos hasta la altura de sus ojos, como si tuviera una cámara fotográfica en las manos, y oprima el botón disparador", sugiere la doctora Joan Minninger en su libro *Total Recall: How to Boost Your Memory Power.*

¿Hay píldoras contra la mala memoria?

Desde hace mucho tiempo los científicos han buscado relaciones entre los nutrientes y la habilidad cerebral para aprender y recordar. Saben que una falta de determinado nutriente puede causar fallas de memoria y otras deficiencias cognitivas, pero lo que todavía no saben es si los nutrientes suplementarios pueden conducir a una memoria suplementaria.

Las investigaciones durante los años recientes se han centrado en los siguientes nutrientes, los cuales parecen estar relacionados con la memoria: vitaminas B_1 (tiamina), B_6, B_{12} y C, colina, folato, niacina, calcio, cobre, iodo, hierro, magnesio, manganeso, potasio, cinc y, por sobre todas las cosas, lecitina.

Ciertas investigaciones efectuadas en el Instituto de Fisiología en Sofía, Bulgaria, plantean preguntas y esperanzas acerca de un nuevo y exótico nutriente. Los científicos del instituto, experimentando con ratones y ginseng, han determinado que algo en la raíz de la planta china mejora tanto la habilidad del aprendizaje como la de la memoria. Al menos en los ratones.

Así pues, tal vez llegue el día en que se pueda curar la mala memoria con sólo tomar una píldora diaria. Desde luego, inevitablemente algunos de nosotros olvidaremos tomar nuestras píldoras.

Hable consigo mismo. Adelante, no le dé vergüenza. Proporciónese una imagen auditiva además de la visual, con las cuales recordar. Si deja su coche en el extremo del estacionamiento, bajo un inmenso roble, dígase: "Estoy dejando mi coche en el extremo más remoto del estacionamiento, bajo este inmenso roble". Dígalo en voz alta. "Es otra manera de reforzar la memoria", sostiene la doctora en educación Irene B. Colsky, experta en memoria y profesora en el Departamento de Enseñanza y Aprendizaje en la Universidad de Miami.

Ate un listón amarillo alrededor del viejo roble. ¿Teme recordar que dejó el coche bajo un roble, pero que olvidará *cuál* roble? Emplee recordatorios físicos; son "maneras muy eficientes de recordar", comenta el doctor Forrest R. Scogin, profesor de psicología en la Universidad de Alabama. El "listón amarillo" en el roble podría ser igualmente una banda de hule alrededor de su muñeca (para recordarse de comprar pañuelos faciales), su reloj de pulsera en la otra muñeca (para recordarse del cumpleaños de su tía Chuchita). . . o sencillamente cualquier cosa que se le ocurra.

Haga listas. Siempre que pueda, escriba en papel lo que necesita recordar. "Nuestra memoria de corto plazo tiene capacidades limitadas; su espacio disponible

Cómo evitar el pánico escénico

Para la mayoría de nosotros, casi lo único que le exigimos a nuestra memoria a corto plazo es retener cuando mucho una docena de números telefónicos, una ocasional lista de compras y las horas a las que comienzan nuestros programas favoritos de la televisión.

Sin embargo, ¿qué puede hacer si tiene que recordar una presentación de ventas, un discurso, o las líneas de un papel en una obra teatral? ¿O cómo recordar al instante la ortografía de cualquier palabra en, por ejemplo, inglés? El actor shakesperiano profesional Edward Gero y el campeón nacional de Estados Unidos de deletreo escolar, de 13 años, Rageshree Ramachandran de Sacramento, California, le hacen las siguientes sugerencias para recordar palabras y su ortografía.

Sugiere Edward Gero:

- "Antes de memorizar mis líneas, trato de comprenderlas. Por eso leo las líneas de Shakespeare para mí, poniéndolas en mis propias palabras."
- "Busco patrones de ritmo: 'Ser o no ser'. . . pam, param pam."
- "Busco claves alfabéticas. Por ejemplo, en una obra tenía que decir la siguiente línea: 'Pero no tengo ninguna; el futuro rey está adornado con justicia, veracidad, templanza, estabilidad. . .'. En ese caso me fue útil recordar el orden percatándome de que las dos primeras, justicia y veracidad, se encuentran en orden alfabético, en tanto que las dos finales, templanza y estabilidad, se encuentran en orden alfabético inverso."
- "Trato de asociar las líneas con movimientos, de modo que en *El mercader de Venecia* digo: 'y dejad que mi hígado mejor se caldee con vino' al tiempo que alcanzo con la mano una copa de vino."

también está limitado", explica el doctor Scogin. Al hacer listas no sólo se cerciora de recordar lo que escribió, sino que libera la memoria para cosas más importantes.

Haga categorías. Cuando no disponga de lápiz y papel, tendrá que hacer las listas de sus cosas en la mente; pero no lo haga al azar, agrega el doctor Scogin. Si está camino de la tienda de víveres y sabe que necesita 20 artículos, es probable que jamas los recuerde todos, a menos que los agrupe lógicamente. Piense: cinco verduras, cuatro artículos relacionados con el papel, tres frutas, etc.

Haga conjuntos. Es como categorizar, pero con números. Por ejemplo, si tuviera que recordar los dígitos 2, 0, 2, 4, 5, 6, 1, 4, 1, 4, probablemente se le dificultaría. Pero recordar (202) 456-1414 (el número telefónico de la Casa Blanca de Estados Unidos) le resultaría bastante más fácil. Los números telefónicos vienen

De Rageshree Ramachandran:

- "Mucha gente que compite en ortografía trata de memorizar una lista de palabras para las competencias —lo cual no es funcional. No se trata de memorizar, sino de aprender las palabras. Yo hago que cada nueva palabra sea parte de mi vocabulario cotidiano."
- "La ortografía es mayormente lógica. Si una palabra me es desconocida, busco una parte de ella que pueda comprender. Por ejemplo, puedo deletrear *elegiaco* porque sé que proviene de *elegía*. ("Elegiaco" significa que expresa penar.) Puedo deletrear *mhómetro* porque sé que *mho* es el recíproco de *ohm*, y un móhetro mide ohms (medida relacionada con la electricidad)."
- "Mucho de lo relacionado con la memoria es visual. Me ayuda mucho para recordar una nueva palabra si la escribo varias veces."
- "A menudo hay pequeños trucos que pueden ayudar a deletrear una palabra. Por ejemplo, considere *curliewurly* (una forma ligeramente retorcida). Yo tenía que recordar que era curl*ie*wurly en vez de curlywurl*ie*. La solución fue simple: *ie* viene antes de *y* en la palabra, igual que en el alfabeto."

conjuntados de manera natural, al igual que los números del Seguro Social (001-00-1000). Desde luego, usted puede hacer conjuntos libremente, no nada más con estos números, sino con cualesquiera otros que desee.

Invente una historia absurda. Si tiene una serie de cosas variadas que recordar y teme que jamás lo logrará, no se preocupe. Sencillamente invente una historia en la que participen los artículos, recomienda el doctor Pressley. Digamos que va camino del mercado a comprar chuletas de cerdo, manzanas, leche y pan. Relátese un cuento en que un cerdo bebe leche, en un campo de trigo, bajo la sombra de un manzano.

Para recordar nombres, piense en rostros. Tal vez la tarea de memoria más difícil que encaramos es recordar los nombres de la gente que acabamos de conocer, agrega el doctor Scogin. El chiste es grabar en su mente una asociación permanente entre el nombre y el rostro. Mejor aún, encuentre un rasgo prominente en ese rostro y céntrese en él. Por ejemplo, si Juan Cienfuegos, el nuevo compañero de la oficina, tiene su cutis bien terso, visualícelo como un hombre con el rostro cubierto. . . ¡de volcanes que arrojan fuego!

Haga asociaciones con las palabras. Siempre es más fácil recordar nombres si tiene algo con qué asociarlos. Si tiene que recordar el nombre de alguien que no tiene una nariz o lunar grandes, invéntese una pequeña historieta. Imagínese a alguien de nombre Bernabé Solís que *solía* "venir a verlo" (Bernabé). O, si es José Mariscal, imagínelo luciendo un uniforme galonado con los símbolos del rango militar cuyo apellido representa, recomienda el doctor Pressley (de quien usted podrá acordarse cuando escuche una canción de Elvis).

Busque "indicadores". Las cosas que le ocurrieron hace mucho tiempo no sucedieron de manera aislada respecto de otros acontecimientos, refiere el doctor Pressley. Por ejemplo, digamos que olvidó cuándo estuvo usted trabajando con la Constructora AXZ. Piense en cualesquiera indicadores o apuntadores que pudieran ayudar a su memoria. Tal vez recuerde que por esa época salía con la señorita Georgina, y que ambos solían ir a la sala cinematográfica a menudo, y que vieron juntos la película *Tiburón*. Entonces tal vez recuerde (o puede consultarlo en su hemeroteca local, o con un amigo fanático del cine), que *Tiburón* se exhibió en las salas en 1975.

Remarque sus pensamientos. Muchos estudiantes universitarios conocen muy bien los plumones marcadores de colores amarillo, verde y rosa. Y aunque usted no necesita un marcador fluorescente como ésos para hacer destacar sus pensamientos, sí puede hacerlo mentalmente. "Escoja lo que es importante y discrimine lo que no lo es", indica el doctor Pressley. Así tendrá muchas menos posibilidades de olvidar lo que lee, observa.

Lea, lea, lea y lea. Si tiene problemas para recordar palabras, tal vez se deba a que no las usa lo suficiente, explica Frederic Siegenthaler. Como intérprete en las Naciones Unidas, debe almacenar en su memoria un enorme vocabulario y mantenerlo listo para activarlo en cualquier momento. Nada más el inglés (y Siegenthaler también habla francés, alemán, ruso y español fluidamente), dispone de hasta 200 000 palabras, aunque por lo regular se emplean menos de 5 000 a diario. De modo que si parece no encontrar la palabra apropiada, es posible que su vocabulario esté un poco oxidado.

¿Cuál es la solución? "Lea lo más posible", aconseja Siegenthaler. "Recomiendo la buena literatura de ficción, particularmente los clásicos de lengua inglesa, como Charles Dickens, Jane Austen o Somerset Maugham."

Póngase a prueba. "Generalmente las personas no son buenas para evaluar cuán buenas son para recordar", afirma el doctor Pressley. "Con mucha frecuencia alguien piensa que recuerda algo, cuando no sucede así." Tal vez haya pasado por esto a mitad de un examen. La manera de asegurarse que no le suceda de nuevo es plantearse un cuestionario de prueba antes del examen, aconseja el doctor Pressley. "Una prueba para practicar le permitirá saber si ya domina el tema o no."

Conserve la calma. Es claro que la tensión y la ansiedad pueden alterar el desempeño de la memoria, declara el doctor Pressley. "Necesita tener conciencia para codificar las cosas. Tenga presente que la ansiedad destruye esa obra."

Si usted es una persona olvidadiza, puede deberse a que su mente necesita unas vacaciones. Patricia Sze de la Escuela Internacional de Idiomas Berlitz en la ciudad de Nueva York asevera que el éxito de su escuela para enseñar a sus alumnos idiomas extranjeros estriba mayormente en el ambiente no amenazador de colores calmantes, ausencia de calificaciones y de exámenes.

Inspeccione su gabinete de medicinas y su depósito de licores. Docenas de cosas tienen el potencial de contribuir a la mala memoria, advierte el doctor Stanley Berent, director del programa de neuropsicología y profesor en el Departamento de Psicología, Psiquiatría y Neurología en la Escuela de Medicina de la Universidad de Michigan. Tal vez en la raíz de su mala memoria se encuentren el licor que acostumbra o determinados fármacos que toma, tales como píldoras para dietas, medicamentos contra la presión arterial o antihistamínicos.

COMITÉ DE ASESORES

El doctor **Stanley Berent** es director del Programa de Neuropsicología y profesor en el Departamento de Psicología, Psiquiatría y Neurología en la Escuela de Medicina de la Universidad de Michigan en Ann Arbor.

La doctora en educación **Irene B. Colsky** es profesora en el Departamento de Enseñanza y Aprendizaje en la Escuela de Educación en la Universidad de Miami, Florida, donde también imparte "*Brainpower*" un curso popular sobre técnicas de aprendizaje y memoria para estudiantes profesionales y miembros de la comunidad.

Edward Gero es actor profesional que ha interpretado papeles importantes, como *Enrique V* y *Macbeth*, en muchas obras shakesperianas. Actúa en el Shakespeare Theatre en el Folger en Washington, D. C.

El doctor **Michael Pressley** es profesor de desarrollo humano en la Universidad de Maryland en College Park.

Rageshree Ramachandran de Sacramento, California, es el ganador de la competencia de deletreo Scripps-Howard National de 1988, en Estados Unidos.

El doctor **Forrest R. Scogin** es profesor auxiliar de psicología en la Universidad de Alabama en Tuscaloosa, donde imparte cursos de memoria.

Frederic Siegenthaler es intérprete en las Naciones Unidas. Ha sido intérprete profesional durante los últimos 25 años.

Patricia Sze es ejecutiva de la Escuela Internacional de Idiomas Berlitz en la ciudad de Nueva York.

El doctor **Robin West** es profesor de psicología en la Universidad de Florida en Gainesville. West es autor de *Memory Fitness over Forty*.

Malestar matutino

13 maneras de contrarrestar las náuseas

Usted planeaba ser una radiante futura mamá, una de esas mujeres embarazadas que se tornan más bellas con cada mes que pasa. El malestar matutino sencillamente no figuraba en el plan del juego.

La doctora Yvonne Thornton recuerda bien. Profesora auxiliar de ginecología y obstetricia en el Colegio de Medicina de la Universidad de Cornell y madre de dos niños, acostumbraba tomar las quejas de sus pacientes a la ligera hasta que aprendió en carne propia. "¿Qué tanto es sólo un poquito de náusea?, decía. Y entonces me embaracé. ¡Cada cinco minutos corría al sanitario!"

Desde luego, su experiencia con el malestar matutino puede ser muy distinta de la de la doctora Thornton. O de la de otras madres, para el caso. Eso se debe a que el malestar matutino es distinto de una a otra mujer. De hecho, en algunas ni siquiera ocurre por las mañanas, sino que puede suceder a cualquier hora del día. Entonces tal vez se sienta peor al anochecer, después de una larga jornada de trabajo. Tal vez determinados olores lo desencadenen.

Por lo general el malestar matutino se inicia alrededor de la sexta semana del embarazo, aproximadamente al mismo tiempo que la placenta inicia la producción seria de la gonadotropina coriónica humana (GCH), una hormona especial para el embarazo. En casi todas las mujeres, los síntomas alcanzan su máximo durante la octava o novena semana y menguan después de la decimotercera.

La buena noticia es que el malestar matutino parece ser una señal de que el embarazo marcha bien. Un estudio que efectuó el National Institute of Child Health and Human Development en 9 098 embarazadas descubrió que las que vomitaron durante su primer trimestre tuvieron menos posibilidades de abortar o tener un parto prematuro.

Eso le puede alegrar un tanto; pero ¿qué puede hacer para pasarla mejor? Escuche lo que dicen nuestros expertos.

Experimente. Lo que fue útil para su hermana, su mejor amiga y su vecina puede no ser bueno para usted. "Hay tantos remedios como mujeres", declara Deborah Gowen, enfermera partera titulada del WomenCare en Cambridge, Massachusetts. Tal vez tenga que probar un par de estrategias antes de que encuentre la que le conviene.

Aliméntese igual que su bebé. El bebé que se está gestando en su vientre se nutre a base de extraer las 24 horas del día la glucosa que tiene el torrente sanguíneo de usted. Si usted no se preocupa por la manera de reabastecer sus niveles, los de azúcar en la sangre pueden descender abruptamente.

Su mejor táctica, aconseja Tekoa King, enfermera partera de San Francisco, es "cambiar su manera de comer a la del bebé, de poquito a la vez. Ponga glucosa en su sistema con rapidez y sencillez ingiriendo azúcares simples como las de las frutas, sobre todo azúcares que ya estén a medio procesar". Las uvas y el jugo de naranja son excelentes.

Evite los alimentos fritos y grasosos. Aunque puede habérle parecido gran cosa la superhamburguesa con queso y aros de cebolla la semana pasada, esta vez no deberá correr riesgos comiéndose una.

"A menudo cualquier fritura parece empeorar las náuseas de las embarazadas", señala King. El cuerpo tarda más en digerir esos alimentos, agrega, o sea que permanecen mucho más tiempo en el estómago.

Lleve consigo almendras crudas. Gowen es una decidida partidaria de las almendras crudas para las embarazadas. Comerlas a cualquier hora "llena los requerimientos de estar comiendo con frecuencia. Contienen algo de grasa, proteína y mucha vitamina B. También son fáciles de llevar consigo y más sabrosas que las galletas saladas".

Mantenga un bocadito junto a su cama. Si las almendras no le parecen atractivas, mantenga una cantidad de galletas saladas junto a su cama. Tener que ambular con el estómago vacío puede hacerla sentirse peor, advierte King. Así pues, coma algo para elevar su nivel de azúcar antes de salir de la cama por la mañana, o a media noche.

Un bocadillo para alejar también la acedía. "Siempre debe tener algo en el estómago, aunque sólo sea una galleta salada o un pequeño pedazo de dulce", aconseja el doctor Gregory Radio, ginecólogo y obstetra en Allentown, Pennsylvania, y presidente de la junta directiva de endocrinología reproductiva en el Hospital Allentown. "El estómago produce naturalmente más ácidos durante el embarazo. Esos ácidos necesitan algo contra lo cual trabajar."

Beba muchos líquidos transparentes. El doctor Radio también recomienda beber pequeñas cantidades de líquidos transparentes a menudo. Los

---

ALERTA MÉDICA

Cuando el malestar matutino debe ponerla sobre aviso

Consule a su médico acerca de su malestar matutino si:

- Nota que ha perdido de medio a un kilo. Normalmente, la ganancia en peso continúa durante el embarazo aunque usted no esté reteniendo todos sus alimentos en el estómago.
- Se siente deshidratada o no está orinando.
- Encuenta que no puede retener nada: agua, jugos, nada durante un periodo de 4 a 6 horas.

En su caso extremo, el malestar matutino degenera en un estado que los médicos conocen como hiperemesis gravídica. Si no se atiende, puede alterar el balance electrolítico esencial en su cuerpo, causar irregularidades en su pulso y, en su manera más severa, puede producir daño a los riñones e hígado. También pone en peligro al bebé en gestación. las cetonas resultantes cuando el cuerpo descompone las grasas ya almacenadas en él pueden dañar el desarrollo neurológico de su bebé.

Las mujeres con hiperemesis gravídica usualmente son hospitalizadas una noche y se tratan con una solución intravenosa de glucosa, agua y vitaminas.

caldos de res o pollo, agua, jugos de fruta y determinadas infusiones de hierbas cumplen con el requisito. "Con esto no pretendo recomendar determinado producto", declara, "pero Gatorade usualmente es magnífico porque puede ayudarla a mantener sus electrólitos (sustancias que regulan el balance electroquímico de su cuerpo)."

Encuentre alivio en infusión de hojas de frambuesa. Si siente náuseas, tome una taza de infusión de hierbas. La hoja de frambuesa, manzanilla y

---

El otro camino

La presopuntura al rescate

La siguiente vez que su esposo le exprese su interés por su malestar matutino, dígale que puede hacer algo para ayudarla.

Ese algo es un masaje de presopuntura.

Un masaje diario completo es ideal como estrategia preventiva, aconseja Wataru Ohashi, instructor de ohashiatsu y fundador del Ohashi Institute en la ciudad de Nueva York.

Pero si a su esposo no le gusta esto, muéstrele las instrucciones para esta técnica rápida. Puede ayudarle en un instante.

Haga que su esposa se recueste sobre su costado derecho y siéntese tras de ella; sosténgale la espalda con la pierna izquierda. Deslice su brazo izquierdo bajo el de ella y tómela por el hombro izquierdo.

Con su mano derecha, dé masaje a todo el cuello de ella tres veces. Luego coloque la palma de su mano sobre la base del cráneo y jálele la cabeza separándola de los hombros.

Ahora emplee su pulgar para presionar a lo largo de su espalda en los espacios entre el omóplato izquierdo y la espina dorsal y luego alrededor del perímetro del omóplato hacia el exterior a su costado. Mantenga la presión durante 5 a 7 segundos por punto. Si encuentra un punto sensible, suavemente concédale atención adicional. Deslice su pulgar por debajo del omóplato tanto como le sea agradable a su esposa.

Comience con una presión suave y haga que su esposa le indique si quiere más presión. Siempre emplee su peso corporal, no la potencia muscular de su brazo. "La sensación es por completo distinta", señala Ohashi.

"Si usted estimula lo externo, puede eliminar la incomodidad interna", agrega Ohashi. Los puntos desencadenadores que usted emplea en este ejercicio afectan el estómago y el sistema hormonal, señala.

toronjil se encuentran entre las que recomienda el doctor Radio a sus pacientes.

Gowen cree que las hierbas actúan mejor combinadas. Por ejemplo, la manzanilla agregada a la menta es más eficaz que ésta sola, informa Gowen.

Beba una gaseosa de jengibre.

¿En su niñez su madre alguna vez le dio gaseosa de jengibre (*ginger ale*) para "asentarle" el estómago? En todo caso, la doctora Thornton también es una decidida partidaria de esta bebida.

Si está tomando vitaminas prenatales, consulte a su médico.

En algunos casos, pueden llegar a producirle problemas estomacales, afirma Gowen.

Confíe en la sabiduría de su cuerpo.

"Coma cualquier cosa que le atraiga, mientras no se trate de comida chatarra", advierte Gowen. "Evite la cafeína, edulcorantes artificiales y todos los fármacos y drogas; pero si tiene antojo de pastas como el macarrón, cómalas. Realmente es útil que la futura madre preste atención a su cuerpo."

Conserve la calma.

Si sigue ganando peso y no tiene problema de deshidratación, es seguro que todo va muy bien.

"Las mujeres no tienden a perder más peso del que pueden prescindir sus reservas corporales", explica King, quien ha estado ayudando a dar a luz bebés durante 10 años. "Creo que sencillamente no tenemos idea de la magia que ocurre en el interior de la madre. Creo que puede estar muy afectada por el malestar matutino, y sin embargo puede seguir nutriendo muy bien al bebé en gestación."

COMITÉ DE ASESORES

Deborah Gowen, enfermera partera titulada, trabaja para WomenCare en Cambridge, Massachusetts.

Tekoa King, enfermera partera, ha estado ayudando a dar a luz bebés durante 10 años y ha adiestrado a practicantes de enfermería en la Universidad de California en San Francisco. Está afiliada al Bay Area Midwifery Service.

Wataru Ohashi es un maestro internacionalmente reconocido de ohashiatsu y fundador del Ohashi Institute, organización educativa no lucrativa en la ciudad de Nueva York.

El doctor **Gregoy Radio** es ginecólogo obstetra practicante en Allentown, Pennsylvania, y jefe de endocrinología reproductiva en el Hospital Allentown.

La doctora **Yvonne Thornton** es especialista en embriología y profesora de ginecología y obstetricia en el Colegio de Medicina en la Universidad de Cornell en la ciudad de Nueva York. También es directora de diagnosis prenatal y doctora en el Centro Médico del Hospital de la Universidad de Cornell en Nueva York.

Manos agrietadas

24 sugerencias para suavizarlas

¿Qué causó esas asperezas? No las que tiene en sus manos, sino las que *son* sus manos. Tan rojas, secas, agrietadas y adoloridas que no las desearía para su peor enemigo. Las que se inician en otoño y desaparecen a mediados de la primavera. Hay que aceptarlo: las garras del Monstruo de la Laguna Negra son más hermosas que las manos de usted.

¿Cómo le sucedió esto? No es agradable decirlo, pero es muy posible que usted misma se lo haya buscado. En primer lugar, la baja humedad del otoño e invierno reseca e irrita la piel. (¡Claro que no! Esto no es culpa suya.) Segundo, con el paso del tiempo, es natural que su cuerpo produzca menos aceites que conservan la piel suave y flexible. (Lo que tampoco es culpa suya.) Pero los malos hábitos, simplemente el descuido y la falta de disciplina para proteger la piel conspiran para hacer ásperas sus manos y hacerla sentir muy mal. (¡Y de eso sí es culpable usted!)

Así pues, ¿qué puede hacer para aliviar esas manos lastimadas? Esto es lo que recomiendan los expertos.

No se acerque al agua. "El plan básico para hacer frente a las manos agrietadas es evitar el agua a toda costa", afirma el dermatólogo Joseph Bark, de Lexington, Kentucky. "Considere que el agua es como un ácido; lo peor que puede haber para las manos agrietadas. El lavado repetido elimina la capa de aceite natural de la piel, lo cual permite que la humedad dentro de ésta se evapore, y eso ocasione mucha resequedad.

"Para que no se le reseque la piel podría hacer como los franceses", aconseja en broma el doctor Bark. "No se lavan las manos con mucha frecuencia: ¡tan sólo las sacan por la ventana y se sacuden la mugre! Pero, hablando en serio, siempre piénselo dos veces antes de lavarse."

Atienda sólo las palmas. "Cuando deba lavarse las manos con frecuencia, intente lavar sólo las palmas", recomienda la dermatóloga Diana Bihova, instructora clínica en la Escuela de Medicina de la Universidad de Nueva York. "Puede lavarse las palmas de las manos más a menudo que los dorsos, los cuales tienen piel más delgada y se secan con más facilidad."

Use la poción de la loción. "En vez de utilizar jabón, limpie sus manos con un limpiador de piel que no contenga aceite, como Cetaphil o Loción SFC", indica el doctor Bark. "Frótelo en la piel, produzca una espuma y luego quíteselo con un pañuelo facial. Es una maravillosa manera de lavar la piel sin ninguna clase de irritación."

Pruebe el tratamiento del aceite de baño. Llevando un paso más allá el hecho de no utilizar jabón, el doctor Rodney Basler, profesor del Colegio de

Su mejor solución es la prevención

Siempre es más fácil prevenir que curar las manos agrietadas, agrega la doctora Diana Bihova. He aquí algunas maneras de hacerlo:

Aléjese del agua caliente. "Una buena regla empírica es evitar el agua caliente, los detergentes y los solventes domésticos fuertes", comenta la doctora Bihova.

Evite enjabonarse. "Las manos se agrietan cuando el aceite de la piel se agota; por ello, no debe utilizar un jabón excesivamente fuerte o alcalino. Resulta más conveniente un jabón suave, de preferencia con un poco de *cold cream* o crema para la cara. A menudo recomiendo el jabón Dove porque virtualmente es el más suave que existe, agrega el doctor Joseph Bark.

Humedezca el aire. "La piel se humecta de adentro hacia afuera", observa el doctor Rodney Basler. "Si hay humedad en el aire, no saldrá mucha a través de la piel. En consecuencia, es buena idea utilizar un humidificador doméstico."

Consienta sus manos. "Cuando aplique un humectante a su cara por la mañana, de inmediato aplique una porción a sus manos. Haga lo mismo de noche", aconseja la doctora Bihova. "Eso las mantiene flexibles y ayuda a evitar el agrietamiento. Diría que, como obligación, lo practique dos veces diarias. Además, hágalo después de cada lavada."

Medicina en la Universidad de Nebraska, recomienda lavar sus manos con aceite para baño. "Tal vez no las *sienta* realmente limpias como cuando usa jabón, pero en cambio no se resecarán."

Vuélvase tópica. Emplee algún tipo de emoliente tópico cada vez que se lave las manos y cuando vaya a dormir. "La intensidad de la acción del producto dependería de cuán agrietadas se encuentren sus manos", señala el doctor Basler. "Las lociones son las menos humectantes, seguidas por las cremas y luego los ungüentos. Pruebe primero la loción, y si no le basta para protegerle durante todo el invierno, cambie a la crema, y en último caso recurra al ungüento."

No tire la toalla. "Si los sanitarios que se encuentran en su lugar de trabajo tienen un secador a base de aire caliente en vez de toallas, lleve una toalla de manos de su casa", recomienda la doctora Bihova. "Los secadores con aire caliente se han relacionado con las manos agrietadas. Si necesita usar uno de ellos, mantenga las manos al menos a 15 centímetros de la boquilla y séquelas muy bien."

Remoje sus manos. Aunque en general debe mantener sus manos fuera del agua, a veces un remojón terapéutico viene bien. "Una manera económica de lograr los mismos efectos humectantes producidos por las cremas para la piel consiste sencillamente en remojar sus manos en agua tibia durante unos cuantos minutos. Luego sacuda el exceso de agua y aplique un aceite vegetal o mineral a la superficie húmeda para sellar la humedad", indica el doctor Howard Donsky, profesor de medicina en la Universidad de Toronto.

Así mismo, el doctor Basler recomienda remojarlas en una solución de agua y aceite. "Utilice 4 tapitas llenas de aceite para baño con un buen dispersante (el mejor es AlphaKeri) en un litro de agua. Al final del día, remoje sus manos durante 20 minutos para devolver el aceite a la piel. Eso bastará para ayudar a las manos agrietadas."

Pruebe la "Crema C". "Si quiere el remedio casero más económico que existe, utilice Crisco", señala el doctor Bark. "Es un magnífico humectante que cubre la piel y conserva la humedad en su interior. La clave es usar muy poquito y friccionarlo hasta hacerlo penetrar tan bien que sus manos no se sientan grasosas. Su piel sólo necesita el equivalente a dos moléculas de espesor como barrera para protegerla contra la pérdida del agua. A Crisco le llamaban la Crema C en la Universidad de Duke, donde los médicos la preparaban gratis. En verdad funciona."

"No necesita comprar cremas costosas para obtener buenos resultados", conviene el doctor Donsky. "Los sustitutos económicos para la gente con piel seca

Modele sus manos como las de ella

Cuando sus dedos son su fortuna, los cuida con verdadera devoción. Pregunte a Trisha Webster, destacada modelo de manos de la agencia Wilhelmina en la ciudad de Nueva York. Sus manos se aprecian en muchos anuncios de joyería y cosméticos de alta moda. Si no lucen perfectas para las fotografías, Webster pierde su trabajo. ¿Cómo logra que sus manos se sigan viendo juveniles? De la misma manera que usted puede hacerlo.

Detenga los problemas antes de que se inicien. "Yo trato de mantener mis manos fuera del agua a toda costa", declara Webster, "razón por la cual siempre permito que alguien más me lave la loza (bueno, ¡esa es *una* de las razones!). Cuando no puedo evitar que se me mojen las manos, como cuando me doy un baño, siempre las humecto de inmediato al terminar. La humedad acumulada en la piel tarda sólo unos minutos en evaporarse, y cuando eso sucede, las manos quedan más secas de lo que estaban antes."

Protéjase. "Nunca salgo al aire libre durante el invierno sin proteger mis manos. Eso quiere decir ponerles una buena capa de humectante y luego los guantes."

Utilice el sentido común al sol. "Hace mucho tiempo dejé de salir cuando hay sol porque reseca y envejece las manos, de la misma manera como lo hace con su rostro."

Si usted no está preparada para evitar el sol, la doctora Diana Bihova sugiere que utilice un filtro solar humectante en sus manos. "Los filtros solares humectan las manos y las mantiene con su apariencia juvenil, por lo que debe habituarse a usarlos a diario", indica la doctora. "Sólo evite los geles y filtros solares hechos a base de alcohol, porque reseca. Además si tiene piel delicada los productos que contienen el ingrediente activo PABA pueden producirle irritación.

y normal incluyen manteca de cacao, lanolina, jalea de petróleo y aceite mineral ligero."

Duplique. "Cuando se aplique cualquier tipo de loción o crema, use lo que denomino la técnica de aplicación de doble capa de Bark", prosigue el doctor Bark. "Póngase una capa muy delgada y remójela durante algunos minutos. Luego aplique otra capa delgada. Dos capas delgadas actúan mucho mejor que una gruesa sola."

Pruebe la esencia de limón. "Para suavizar y mejorar las manos irritadas, mezcle unas cuantas gotas de glicerina con algunas de esencia de limón (tanto la glicerina como la esencia de limón se encuentran en las farmacias).

"Con esta mezcla masajee sus manos a la hora de ir a dormir", recomienda la especialista en cuidado de la piel de la ciudad de Nueva York, Lia Schorr.

Vístase para matar. Muchas cosas aparentemente inocuas en el hogar pueden actuar como irritantes para las manos agrietadas. "Recomiendo usar guantes de algodón blanco ordinarios para realizar cualquier clase de trabajo seco", comenta la doctora Bihova. "Eso incluye leer el periódico e incluso descargar las bolsas del supermercado. En cualquier momento cuando padezca de fricción contra la piel que ya se encuentre seca, agrietada o enrojecida, las actividades anteriores agravarán su estado. La ventaja de los guantes de algodón es que permiten a la piel respirar y al mismo tiempo absorber cualquier humedad que se acumule, de modo que su piel no se irritará."

"Además", según el doctor Nelson Lee Novick, profesor de clínica de dermatología en la Escuela de Medicina Mount Sinai de la Universidad de la ciudad de Nueva York, "los guantes de algodón mantienen limpia la piel, por ende no tiene que lavarse las manos con tanta frecuencia, lo cual perpetúa el problema".

"Si necesita agarrar bien algo, utilice guantes de cuero", dice la modelo de manos de Nueva York, Trisha Webster.

Combine el caucho con el algodón. "Para los trabajos húmedos, es de extremada importancia utilizar guantes de algodón abajo de los de vinilo", aconseja el doctor Novick. "Si los guantes de algodón se mojan, cámbielos de inmediato. En caso contrario reemplácelos con un par nuevo cada 20 minutos, pues el sudor, lociones y medicamentos en las manos se acumulan dentro de los guantes y pueden volverlos irritantes con mucha rapidez. No recomiendo los guantes de caucho o hule con recubrimiento interno de algodón porque resultan difíciles de lavar; pero puede lavar por separado los guantes de algodón en un detergente suave como Ivory Snow o Ivory Flakes."

La doctora Bihova está de acuerdo. "El mayor error que cometen las mujeres cuando tienen problemas en las manos es usar sólo guantes de caucho, pues eso las empeora. El caucho atrapa la humedad, impide que la piel respire y crea demasiada fricción."

"A veces es posible evitar los guantes", afirma el dermatólogo Thomas Goodman, Jr., profesor en el Centro para las Ciencias de la Salud en la Universidad de Tennessee. "Por ejemplo, si para lavar su loza emplea un cepillo apropiado con mango largo, puede mantener sus manos completamente fuera del agua."

Intérnese elegantemente en la noche. El doctor Goodman recomienda usar ocasionalmente guantes de algodón al ir a dormir con el objeto de obtener un tratamiento calmante adicional. "Humedezca la tela con más o menos una

ALERTA MÉDICA

Manos que necesitan el toque del médico

"Si sus manos se agrietan, tiene eczema de las manos, signo de que debe consultar a un dermatólogo", aconseja el doctor Joseph Bark. "Así mismo, si lo que usted considera manos agrietadas se inició con pequeñas ampollas a lo largo de los lados de los dedos, tal vez sea eczema de las manos y necesitará medicamentos fuertes."

Hay otros signos que tal vez pueden indicar que su afección resulta algo más que un caso de manos agrietadas. Si después de dos semanas de autotratamiento sus manos no se mejoran, debe consultar a un dermatólogo, recomienda el doctor Bark. Quizá tenga una infección de hongos o incluso psoriasis de las manos.

La doctora Diana Bihova advierte que la gente cuyas ocupaciones les exigen sumergir sus manos en agua durante periodos prolongados (como médicos, enfermeras, chefs de cocina y amas de casa), pueden contraer fácilmente paroniquia monilial, molesta infección causada por hongos que se manifiesta en la piel alrededor de la cutícula. "Los cantineros y meseras que manejan cerveza, que tiene levaduras, son particularmente vulnerables. Cuando la infección ataca el doblez protector de la uña, se enrojece, se inflama y produce dolor."

cucharadita de petrolato de modo que los guantes no absorban la crema de sus manos. Luego aplíquese crema de manos al tiempo de ir a dormir y póngase los guantes. Déjeselos puestos toda la noche. Sus manos se mantienen vendadas, en cierta manera, y pueden sanar."

"Lo importante", agrega el doctor Bark, "es no dirigirse automáticamente al lavamanos por la mañana para lavarse la crema. Además, no recomiendo dormir usando guantes de plástico, pues harán que sus manos suden demasiado durante la noche, de modo que la mañana siguiente tendrá el caso más increíble de manos arrugadas que haya conocido".

Recurra a la hidrocortisona. Las cremas y ungüentos con hidrocortisona que se venden sin receta médica resultan útiles para el tratamiento de las manos agrietadas. Utilice Cortaid o cualquier otra crema al 0.5% varias veces al día, aconseja el doctor Goodman. Luego ponga encima un producto más espeso y grasoso. Estas cremas de hidrocortisona no sustituyen el buen cuidado de las manos, pero ciertamente ayudan bastante en el tratamiento. Reaplique el producto en sus manos cada vez que las lave.

Dese un tratamiento de salón de belleza. "Aunque no lo crea, incluso el champú puede empeorar las condiciones de sus delicadas manos", afirma el doctor Stephen Schleicher, codirector del Centro de Dermatología en Pennsylvania del Este e instructor clínico en el Colegio de Medicina Osteopática en Filadelfia. "Haga que alguien dé champú a su cabello; o, si lo hace usted mismo, utilice guantes de plástico."

Ponga sus manos en avena. Para eliminar la capa superior de células muertas de la piel de las manos agrietadas, Schorr recomienda un tratamiento de escaración semanal: "Procese una taza de avena desmenuzada (no instantánea) de la que se acostumbraba antes en la licuadora hasta que obtenga un polvo muy fino. Ponga este polvo en una vasija grande y luego frote sus manos en este polvo, eliminando suavemente la piel seca. Enjuague con agua fría, sacúdalo y aplique en abundancia crema para las manos. Espere dos minutos y aplique más crema".

Contrate una cocinera. "Los jugos de la carne y verduras crudas (como papas, cebollas, tomates e incluso las zanahorias) a veces resultan muy tóxicos para la piel, en especial si ya se encuentra irritada. Así que usted puede contratar una cocinera para que haga todo su trabajo de cocina", declara en tono de broma el doctor Goodman, "o use guantes de plástico desechables cuando maneje la comida".

"Cuando sus manos no estén protegidas, no exprima naranjas, limones o toronjas", agrega el doctor Schleicher. "Son terriblemente irritantes y secarán sus manos aún más."

COMITÉ DE ASESORES

Face y de *The Skin Doctor's Skin Doctoring Book.*

El doctor **Nelson Lee Novick** es profesor de dermatología en la Escuela de Medicina Mount Sinai de la Universidad de la ciudad de Nueva York y autor de *Super Skin* y *Saving Face.*

El doctor **Stephen Schleicher** es codirector del Centro de Dermatología con oficinas en todo el oriente del estado de Pennsylvania. También es instructor de dermatología clínica en el Colegio de Medicina Osteopática en Filadelfia y autor de *Skin Sense.*

Lia Schorr es especialista en el cuidado de la piel en la ciudad de Nueva York y autora de *Lia Schorr's Seasonal Skin Care.*

Trisha Webster es destacada modelo de manos de la ciudad de Nueva York para la agencia de modelaje Wilhelmina, Inc. Tiene una experiencia de casi 20 años en el negocio.

Mareo causado por movimiento

25 curas de acción rápida

El cielo está despejado, las aguas verdes, y usted tiene los ojos brillantes y sus mejillas están encendidas, pero se encuentra en la cubierta de un velero que se menea sobre las olas bañado de sol. Meneándose y hundiéndose y volviendo a emerger; emergiendo, hundiéndose y moviéndose pesadamente; moviéndose y escorando; tirando a la banda y balanceándose: saltando; hundiéndose; salpicando; chocando; agitándose; revolviéndose. Revolviéndose. Revolviéndose... revolviendo, en fin, también su estómago. Y antes de que pueda darse cuenta, usted se encuentra arrojando su desayuno a las aguas verdes brillantes, arqueando y con movimientos convulsos. No cabe duda que se siente mal.

En francés se llama *mal de mer*, e incluso los más veteranos marinos pueden padecerlo. En el aire. En tierra. En los juegos de la feria, en los juegos mecánicos (al menos un visitante al día en las montañas rusas *Space mountain* o *Bio thunder mountain* de Disney World); pero el resultado es el mismo: la sensación de náusea y vómito que generalizadamente se conoce como mareo.

"El mareo es resultado de que el cerebro reciba información equivocada

Este doctor pone la mira en la cura

El mareo se deriva de desequilibrios en el oído interno, según le informará la mayoría de los médicos; pero el doctor en optometría, Roderic W. Gillilan, quien durante más de 24 años ha centrado gran parte de su labor en pacientes que sufren del problema, ve las cosas de manera distinta. "El mareo, y la náusea que le acompaña (al menos en tierra firme), es primordialmente visual", declara.

Entre los pacientes del doctor Gillilan se cuentan desde gente que no puede leer en un coche sin enfermarse (aproximadamente el 30% de las personas), hasta casos extremos que llegan a las náuseas, desvanecimiento o dolores de cabeza con sólo mirar el movimiento rápido de un juego de baloncesto o al caminar por el pasillo de una tienda de alimentos.

El problema "generalmente no tiene nada que ver con la necesidad de usar anteojos o con la visión de la persona", explica el doctor Gillilan, sino que se trata más bien de sensibilidad a los movimientos oculares rápidos y a ver el movimiento.

Para aclarar el problema, sus pacientes son sometidos a varias sesiones de lo que él denomina Terapia Dinámica de Adaptación de la Vista, que consiste en un proceso de desensibilización. "No se trata de fortalecer músculos, sino de aprender a usar los ojos, igual como se aprende a usar esquíes o andar en bicicleta", afirma. Luego que la dominan, las personas usualmente ya no la olvidan, con el resultado de que casi todos sus pacientes quedan libres de síntomas durante muchos años.

El doctor Gillilan ha impartido seminarios sobre terapia de la visión y publicó un manual que describe la técnica para sus colegas. Si tiene interés en recibir el adiestramiento, consúltelo a su optometrista.

acerca del ambiente", explica el doctor Rafael Tarnopolsky, profesor de otorrinolaringología en la Universidad de Medicina Osteopática y Ciencias de la Salud. Para ayudar a conservar el equilibrio en nuestros cuerpos, nuestros sistemas sensoriales recaban continuamente información acerca del entorno y la envían a nuestros oídos internos que, como los computadores, organizan la información y la retransmiten al cerebro.

El mareo puede presentarse cuando nuestro sistema del equilibrio nota una discrepancia entre lo que perciben nuestros oídos internos y nuestros ojos, explica el doctor Horst Konrad, jefe del Comité sobre Equilibrio de la American Academy of Otolaryngology/Head and Neck Surgery. No todo mundo lo padece, pero las señales son bastante claras cuando nos sucede. Sentimos vértigo. Sudamos. Nos ponemos pálidos. Sentimos náusea. Y si las cosas no mejoran, volvemos el estómago.

Una cura de la era espacial que va a los extremos

"... cuatro, tres, dos, uno: ¡despegue!" Con un rugido que sacude las entrañas de la tierra, chorros al rojo blanco impulsan al Spacelab 3 y a sus cuatro tripulantes hacia la estratosfera, donde da la espalda a un mundo que todavía vibra trémulamente. Pero la gente de control desde la tierra no es la única sacudida por la explosión. Apenas han transcurrido siete minutos de vuelo, y ya uno de los miembros de la tripulación tiene su primer "episodio de vómito", incidente que se repite muchas veces durante la misión.

El mareo en el espacio constituye un problema grave para los astronautas. "En cualquier momento toda la tripulación podría quedar incapacitada", observa la doctora Patricia Cowings, directora del Laboratorio de Investigación Psicofisiológica en el Centro Ames de Investigación de la Agencia Nacional Espacial y Aeronáutica (NASA) de Estados Unidos en Moffett Field, California. "Las consecuencias podrían ser desastrosas. Vomitar mientras se lleva puesto un casco podría ser mortal." Y no hay solución simple, ya que los fármacos contra el mareo pueden tener efectos secundarios peligrosos.

No obstante, gracias a un programa de adiestramiento en biorretroalimentación, se están abriendo ahora nuevos horizontes. Durante los pasados 15 años, la doctora Cowings y sus colegas han estado enfermando a algunas personas con el fin de ayudar a los astronautas a sentirse mejor.

"En esencia, nuestra rutina consiste en llevar a alguna persona a nuestro laboratorio y forzarla a volver el estómago", refiere la doctora Cowings, conocida entre sus colegas como la "baronesa Vómito". Un dispositivo tortuoso ayuda en esté proceso: una silla que gira al mismo tiempo que el voluntario mueve su cabeza a distintas inclinaciones, proceso que desequilibra el sentido de equilibrio de su oído interno en unos cuantos minutos. "Funciona casi en todas las personas", comenta la doctora Cowings. "Si una roca tuviera oído interno, este dispositivo la marearía."

Mientras rota, se vigilan las respuestas fisiológicas del sujeto, a saber: frecuencia cardiaca y respiratoria, sudación y contracciones musculares. "No hay dos personas con exactamente las mismas respuestas", explica la doctora Cowings. "En realidad, el mareo es una especie de huella digital exclusiva de cada persona." Además, es posible dibujar con precisión esta huella digital y luego enseñar a cada persona a controlar sus respuestas individuales mediante una combinación de relajación profunda y ejercicio de los músculos; músculos que no sabemos que pueden ejercitarse, como los de los vasos sanguíneos.

Si una persona puede controlar con éxito sus primeras respuestas, entonces podrá impedir que surjan otras, más violentas. "Hemos adiestrado a más de 250 personas, y nuestros resultados han sido bastante buenos", señala Cowings. "Más o menos 60% de estas personas pueden eliminar completamente sus síntomas cuando las volvemos a poner a prueba en la silla. Otro 25% puede disminuir significativamente sus respuestas. Y el adiestramiento sigue siendo eficaz hasta tres años."

Los resultados son bastante prometedores, agrega la doctora, al punto que se avizora en el horizonte una cura para el mareo.

Una vez que siente los síntomas, puede resultar muy difícil detener el mareo, especialmente si usted llegó a su punto específico sin posibilidad de revertirlo: por lo regular cuando la náusea se inicia; empero los siguientes remedios pueden ayudar a aliviar los síntomas y a interrumpirlos. Mejor todavía, pudieran impedir que los síntomas se inicien siquiera; la próxima ocasión usted flotará plácidamente mientras las olas de un bello atardecer suben y bajan una y otra vez.

Piense en el bienestar cuando esté en movimiento. "El mareo causado por el movimiento es parcialmente psicológico", explica el doctor Konrad. "Si cree que va a vomitar, probablemente lo haga." Mejor dirija sus pensamientos a algo muy agradable.

Deje el cuidado de los mareados a otra persona. Es algo frecuente. Usted se encuentra en un bote de pesca. Todo marcha de maravilla hasta que alguien se marea. Usted lo mira con conmiseración, y tal vez incluso le ofrece un hombro de apoyo. Y antes de que se percate, usted es la siguiente víctima. Y alguien más. Se trata de la teoría del dominó. Por más cruel que parezca, haga lo más posible por ignorar a otros que se encuentren mareados, recomienda el doctor Konrad. En caso contrario, usted puede terminar en la misma situación.

Saque la nariz de ahí. Los malos olores, como los humos de los motores, pescado muerto en el hielo de una lancha o el emparedado de sardina que están preparando en la parte trasera de la cocina de la embarcación pueden contribuir al mareo, advierte el doctor Konrad. Dirija su nariz a cualquier otro lado.

Apague su cigarro. Si fuma, tal vez piense que encender un cigarrillo puede calmarle e impedir el mareo. Se equivoca. El humo del cigarro sólo puede contribuir a la náusea inminente, señala el doctor Konrad. Si no fuma, diríjase de inmediato a la sección de no fumadores del aeroplano, tren o autobús si siente que está por marearse.

Viaje de noche. Sus posibilidades de enfermar disminuyen siempre que viaje de noche porque no podrá ver el movimiento con la misma claridad que durante las horas del día, hace notar el doctor en optometría, Roderic W. Gillilan, optometrista privado de Eugene, Oregon, quien ha ayudado a cientos de sus pacientes a superar el problema.

Cuídese de los alimentos dañinos. Si determinados alimentos no se llevan bien con usted mientras se encuentra en condiciones de reposo, io tratarán peor cuando se halle en movimiento. Por más tentadores que puedan parecerle los alimentos abundantes mientras viaja, no se mime demasiado, sugiere el doctor Robert Salada, director del Centro de Cuidados para la Salud de los Viajantes en los Hospitales de la Universidad de Cleveland, Ohio, y profesor de la Escuela de Medicina en la Universidad Case Western Reserve.

¡Adelante! ¡Póngase fresco! Frene el mareo y la consecuente náusea con un aliento de aire fresco, sugiere el doctor Salada. En el coche, abra la ventana; en el mar, vaya a cubierta y aspire la brisa marina. Si viaja en avión, encienda el ventilador que está arriba de su cabeza.

Piense antes de beber. "Demasiado alcohol puede interferir con la manera como el cerebro maneja la información relativa al entorno y desencadenar los síntomas del mareo", advierte el doctor Konrad. Más todavía, el alcohol puede disolverse en los líquidos de su oído interno, lo que tal vez ocasione que la cabeza le dé vueltas. Beba moderadamente mientras viaja en avión o barco.

Duerma lo suficiente. "Sus posibilidades de marearse aumentan con la fatiga", indica el doctor Gillilan. Por tanto, asegúrese de mantener su cuota usual de sueño antes de iniciar un viaje. Si es usted pasajero en un coche o avión, también puede ayudarle el dormir siestas mientras viaja, aunque sólo sea para desviar temporalmente los estímulos potencialmente perjudiciales.

¡Siéntese quieto! Su cerebro ya se encuentra lo bastante confundido sin que usted agregue movimientos adicionales. Por eso es importante que conserve especialmente quieta su cabeza.

Vaya y mire adelante. En un coche, pásese al asiento delantero y concéntrese en el camino adelante de usted o en el horizonte, aconseja el doctor Tarnopolsky. Con esto se equilibrarán las señales de su cuerpo y sus ojos.

Mejor todavía, vaya al asiento del conductor. Si se encuentra manejando, estará observando con atención directo hacia adelante, comenta el doctor Gillilan, con la ventaja adicional de anticipar cualquier cambio repentino en el movimiento.

No ponga al corriente sus lecturas ahora. No lea mientras viaja en coche o durante un viaje turbulento de avión o barco, recomienda el doctor Tarnapolsky. El movimiento del vehículo en que se encuentra hará que el material impreso se mueva, lo que puede marearle mucho.

Las viejas curas todavía se aplican

Tal vez no sean eficaces para todo mundo y tal vez tampoco lo sean *todo* el tiempo, pero los remedios populares contra el mareo tal vez datan de la primera vez que el hombre decidió mirar el paisaje más allá de su propio traspatio. Algunos de estos remedios todavía son populares hoy día y ciertamente merecen probarse.

Raíz de jengibre. Los primeros viajeros que llegaron al Nuevo Mundo pueden haberla tomado para aliviar los malestares causados por su viaje transatlántico. Aunque la tradición data de siglos, un estudio científico reciente aprobó la ingestión de un pedacito de jengibre, cuando un experimento demostró que dos cápsulas de raíz de jengibre en polvo resultaron más eficaces para impedir el mareo que una dosis de Dramamine. El jengibre actúa, en opinión de los investigadores, absorbiendo los ácidos y bloqueando la náusea en el conducto gastrointestinal.

Aceitunas y limones. Las etapas iniciales del mareo le hacen salivar en exceso, y este excedente escurre a su estómago haciéndole tener mareo y náusea, explican algunos médicos. Por otra parte, las aceitunas contienen sustancias químicas llamadas taninos, que resecan la boca. En consecuencia, afirma la teoría, si come un par de aceitunas al primer indicio de mareo puede ayudar a disminuirlo; un efecto parecido se obtiene con un limón bien agrio.

Galletas saladas. Aunque no impiden la salivación, las galletas soda o saladas pueden ayudar a absorber el exceso de líquido cuando éste llega al estómago. Sus "ingredientes secretos" son bicarbonato de sodio o soda y el cremor tártaro.

Jarabe de Coca-Cola. Prescrito a los niños como neutralizador de la náusea ,el jarabe de Coca-Cola puede ser útil si se agrega a agua mineral o de selz. Lo mismo puede ocurrir con cualquier bebida gaseosa de cola. Pruébelo.

Muñequeras de presopuntura. Productos que se pueden obtener en tiendas de enseres marinos y para viaje, estas bandas ligeras para la muñeca tienen un botón de plástico que supuestamente debe colocarse sobre lo que los médicos orientales conocen como el punto de presopuntura Nei-Kuan ubicado dentro de cada muñeca. Dice la teoría que quien las usa queda protegido contra los mareos cuando se ejerce presión con el botón durante algunos minutos.

Pero si debe leer, siempre hay la manera de hacerlo sin tener que enfermarse, señala el doctor Gillilan. Haga lo siguiente:

* Repantíguese en el asiento y mantenga el material de lectura próximo al nivel de los ojos. "No es el material de lectura propiamente dicho lo que le enferma", explica, "sino el ángulo a que lee. Cuando usted mira hacia abajo mientras viaja en coche, el movimiento visible percibido desde las ventanas laterales incide en los ojos bajo un ángulo no común, lo cual desencadena los síntomas. Este método lleva los ojos a la misma posición que si usted estuviera mirando hacia el camino adelante."
* Mantenga sus manos cerca de sus sienes para bloquear la acción o dé la espalda a la ventana que esté más próxima a usted.

Encuentre el centro de máxima resistencia. En un barco, procúrese una cabina próxima al centro de la nave, donde ocurre menor balanceo y rebote, aconseja el doctor Tarnapolsky. Aunque en un barco pequeño puede no encontrar semejante remedio, una cabina de proa puede proporcionarle un viaje más equilibrado que una ubicada cerca de popa.

No se quede abajo. Si se queda al abrigo bajo cubierta en un bote o barco, especialmente en una zona mal ventilada, estará invitando problemas, advierte el doctor Salada. Sálgase, sálgase de donde se encuentre, y vaya arriba.

Fije sus miras en algo estacionario. Le ayudará a volver a equilibrar su sistema sensorial. Sin embargo, si para mirar el horizonte se pone de pie en un barco que esté rebotando en las aguas puede marearse porque la embarcación subirá y bajará al mismo tiempo que usted. Mejor fije su mirada en un punto estacionario del cielo o en la tierra distante.

Tome una pastilla preventiva. Si el mareo le es tan inevitable como las golondrinas en primavera, tal vez prefiera tomar un fármaco que se venda sin necesidad de receta médica, como Dramamine o Bonine. Si lo toma algunas horas por adelantado, puede impedir que ocurran los síntomas en primer lugar, aconseja el doctor Salada. Los efectos de una o dos tabletas duran hasta 24 horas; pero asegúrese de tomarlas anticipadamente, porque no tendrán eficacia si las toma una vez que se inicien los síntomas.

Recuerde: el tiempo cura todas las heridas. Y esto incluye el mareo. Tal vez sienta que va a morir (de hecho, esto puede parecerle como una bendición), pero el mareo no mata. Su cuerpo con el tiempo llegará a ajustarse al ambiente en un barco, aunque tome algunos días, y dejará de reaccionar.

Así que tenga paciencia. Las cosas mejorarán con el transcurso del tiempo.

COMITÉ DE ASESORES

La doctora **Patricia Cowings** es directora del Laboratorio de Investigación Psicofisiológica en el Centro Ames de Investigación de la NASA en Moffett Field, California.

El doctor en optometría, **Roderic W. Gillilan**, es optometrista privado en Eugene, Oregon, donde se especializa en el tratamiento del mareo.

El doctor **Horst Konrad** es jefe del Comité sobre Equilibrio de la American Academy of Otolaryngology, Head and Neck Surgery, y profesor y jefe de la División de Otorrinolaringología de la Escuela de Medicina de la Universidad Southern Illinois en Springfield.

El doctor **Robert Salada** es director del Centro de Cuidados para la Salud de los Viajantes en los Hospitales de la Universidad de Cleveland, Ohio, servicio pionero en su clase que proporciona información sobre la salud e inmunizaciones a viajeros e inmigrantes. También es profesor en la Escuela de Medicina de la Universidad Case Western Reserve en Cleveland.

El doctor **Rafael Tarnopolsky** es profesor de otorrinolaringología en la Universidad de Medicina Osteopática y Ciencias de la Salud en Des Moines, Iowa.

Menopausia

21 maneras de no tener molestias

¿Tiene usted GPM?

No, no SPM o síndrome premenstrual. Cuando se hable de GPM, piense en liberación, no en un riesgo.

GPM significa gusto posmenopáusico. Se trata de una expresión acuñada por la antropóloga Margaret Mead con la intención de que las mujeres comprendan que deben aprovechar esta etapa de la vida para vivirla a plenitud. ¿El motivo?: usted no tiene ya los problemas de los métodos anticonceptivos ni del embarazo, y tampoco de ese ciclo mensual que solía afectar su rendimiento. *Esto*, dice Mead, significa libertad.

"Es tiempo de explorar qué se siente ser una mujer en el sentido humano, no nada más alguien que cría hijos", dice Irene Simpson, médica naturopática en

Arlington, Washington. "Mis amigas y yo estamos en el umbral de la menopausia y encontramos que resulta muy estimulante. Estamos descubriendo el crecimiento personal en la etapa cuando las mujeres solían declinar."

La menopausia se inicia cuando sus ovarios ya no funcionan, cuando se reduce la secreción de estrógeno y luego se detiene, y la menstruación periódica se vuelve irregular para finalmente dejar de presentarse. Por lo regular, las mujeres llegan a la menopausia hacia los 51 años de edad.

Durante los seis meses a tres años de este ciclo de su vida, tal vez sienta algunos de los síntomas tradicionales de la menopausia, entre ellos bochornos o accesos repentinos de calor o escalofrío, menor impulso sexual, resequedad vaginal, alteración emocional y problemas de insomnio. Su ginecólogo puede brindarle ayuda contra estos problemas.

OBTENIENDO UNA MEJOR PERSPECTIVA DE LA VIDA

La arquitectura de este ciclo de la vida puede ser diseñada por usted: la menopausia puede ser agridulce..., o puede ser la época de "GPM", con hincapié en el gusto. He aquí cómo:

¡Diseñe su propio gusto! La educación relativa a los cambios psicológicos y una perspectiva llena de posibilidades puede constituir una gran diferencia en el manejo de la tensión que trae consigo la menopausia, al igual que los cambios en la vida (los hijos abandonan el hogar, los padres propios vienen a vivir con nosotras, por ejemplo) que muchas mujeres experimentan cuando se aproximan y recién rebasan los 50 años de edad, señala Simpson.

La investigación ha demostrado que un tercio de la vida de la mujer contemporánea transcurre después de la menopausia. Así que debe considerarla como un paso adelante en la vida y cambiar positivamente, recomienda Simpson. Vuelva a la escuela. Encuentre una nueva afición. Cambie de carrera. Hágase cargo de su propia salud. ¡Haga de la vida una aventura!

Encuentre apoyo. Los grupos de apoyo ofrecen estímulo en el sentido de que la menopausia es un ciclo natural, explica la doctora Sadia Greenwood, doctora familiar en San Francisco, California, y autora de *Menopause, Naturally*. Las miembros de esos grupos pueden ofrecer técnicas prácticas que han descubierto por sí mismas para hacerle frente a la menopausia, así como brindar apoyo fraternal a las recién llegadas. Puede tratar de encontrar un grupo de apoyo consultando a su ginecólogo, o a amistades que pueden haber llegado antes a esta etapa de la vida. Por el contrario, si no existe uno y desea iniciarlo, anúnciese en el periódico, acérquese a algún grupo voluntario en algún hospital local o ponga su anuncio a la puerta de algún sitio donde se congreguen las mujeres.

Haga ejercicios a diario. Caminar, trotar, andar en bicicleta, saltar la cuerda, bailar, nadar o cualquier otro ejercicio diario puede aliviar mucho los síntomas de la menopausia, según un estudio de la Universidad de Medicina y Odontología de la Escuela de Medicina Robert Wood Johnson de Nueva Jersey. El ejercicio puede ayudar a impedir o disminuir síntomas tales como los accesos repentinos de calor (bochornos) y sudación nocturna, depresión y otros problemas emocionales, al igual que los problemas vaginales.

Desde luego, la mejor condición física es el más obvio resultado del ejercicio; pero éste también mejora la salud psicológica al estimular las concentraciones cerebrales de neurotransmisores como la norepinefrina y la serotonina, según la doctora Gloria A. Bachmann, profesora de medicina en el Departamento de Ginecología y Obstetricia en la Universidad de Medicina y Odontología en la Escuela de Medicina Robert Wood Johnson de Nueva Jersey.

La doctora Bachmann recomienda ejercicios aeróbicos de estiramiento para lograr flexibilidad, fortalecimiento muscular y relajación. Agrega que la yoga también auxilia a la flexibilidad con el beneficio adicional de que mejora la respiración diafragmática, lo cual propicia la relajación y reduce la tensión.

ACABE CON LOS BOCHORNOS

Los bochornos o accesos repentinos de calor son la respuesta del cuerpo a los menores niveles de estrógeno, explica la doctora Greenwood. "Existe una disfunción en la porción reguladora de temperatura del cerebro hasta que el cuerpo se acostumbre a la falta de estrógeno."

Cerca del 80% de todas la mujeres padecen de dichos bochornos. Un bochorno por lo regular dura unos 2.7 minutos. Mientras tanto, el rostro y parte superior del cuerpo se sienten como si se metiera repentinamente en un horno. La cara se enrojece y se transpira fuertemente al tiempo que la temperatura de la piel se eleva repentinamente uno o un poco más de 1 °C. Por lo general vuelve a la normalidad en unos 30 minutos.

La buena noticia es que muchas mujeres sienten la proximidad del acceso repentino de calor justo antes de comenzar a sudar, de modo que pueden prepararse para sobrellevarlo. Aquí les decimos cómo.

Consérvese fresca. La actitud positiva puede ser una herramienta diaria eficaz para combatir los bochornos, declara Marilyn Poland, enfermera titulada y doctora, profesora de ginecología y obstetricia en la Escuela de Medicina de la Universidad de Wayne State.

Cuando sienta que se aproxima un bochorno, recuerde algunas cosas: una, que los bochornos son normales, otra, que no duran mucho, y por último, que usted puede hacer algo al respecto. Casi siempre esa actitud mental positiva puede hacer más soportable el bochorno.

Aprenda a relajarse. Según la doctora Poland, las mujeres que pueden relajarse podrán lograr mejor control. Aprenda a meditar o a hacer yoga; o simplemente siéntese tranquila con los ojos cerrados, diariamente durante un rato, para relajarse.

Controle los desencadenadores. Determine qué da lugar a los bochornos en usted, y luego evite dichos desencadenadores. En algunas mujeres son alteraciones emocionales; otras inician sus bochornos con algún alimento caliente o muy condimentado, una habitación caldeada o una cama caliente.

Otra vez vístase como "cebollita". Acostúmbrese a usar suéteres y chalecos, y vaya quitándose una a una esas prendas cuando amenace un bochorno, sugiere la doctora Poland. Agregue una capa cuando pase el bochorno, pues físicamente su temperatura corporal llega a descender un poco por debajo de lo normal y puede dejarla con una sensación de escalofrío.

Use fibras naturales. Las fibras sintéticas atrapan el calor y el sudor durante el bochorno, lo cual empeora la molestia. En cambio, las fibras naturales como el algodón o lana dan más ventilación al cuerpo y lo conservan más fresco al alejar la humedad del sudor del cuerpo y refrescarlo naturalmente.

Lleve consigo un abanico. Compre uno bonito y téngalo a mano, aconseja la doctora Poland. O compre un pequeño ventilador operado con baterías eléctricas y téngalo cerca de usted. Úselo cuando se inicie su bochorno.

Coma menos más veces. En vez de cargar su sistema tres veces al día, haga cinco o seis alimentos diarios que ayudarán a su cuerpo a regular su temperatura con más facilidad, recomienda la doctora Greenwood.

Beba mucha agua. No olvide refrescarse con agua o jugo frescos, especialmente después de hacer ejercicios, indica la doctora Greenwood. Esto también mantiene controlada la temperatura corporal.

Reduzca la cafeína. Las bebidas que contienen cafeína estimulan la producción de las hormonas de la tensión que desencadena los accesos repentinos de calor o bochornos.

Limite su alcohol. Para algunas mujeres el alcohol es otro desencadenador de bochornos, señala la doctora Greenwood.

Use la toalla. Compre un pequeño paquete de toallas húmedas que pueda llevar consigo a todas partes. Eso engañará al bochorno, comenta la doctora Poland. Tal vez quiera limpiar su entrecejo cuando el calor esté en su máxima intensidad o quizá quiera limpiarse el sudor después de que pase el acceso repentino de calor.

Reduzca el calor. El calor en cualquier forma puede desencadenar los bochornos. En consecuencia, baje el ajuste a su termostato, deje abierta una ventana, evite alimentos y bebidas calientes y condimentados.

Consérvese sexy. Las mujeres que pasan por la menopausia y siguen practicando la unión sexual regularmente (una o más veces a la semana) tienen menos o ningún bochorno comparadas con las que tienen relaciones sexuales esporádicas, según investigaciones efectuadas. La doctora Norma McCoy, profesora de psicología en la Universidad del Estado de San Francisco y el doctor Julian M. Davidson, profesor de fisiología en la Universidad de Stanford, estudiaron a 43 mujeres que comenzaban a entrar en la menopausia. Descubrieron que las relaciones sexuales frecuentes ayudan a moderar el descenso en los niveles de estrógeno, lo que reduce la ocurrencia de bochornos.

La doctora McCoy considera que los altos niveles de estrógeno ayudan a mantener un interés sano en el sexo y que la actividad sexual regular estimula indirectamente los ovarios que comienzan a menguar, lo que a su vez ayuda a moderar el sistema hormonal e impide variaciones extremas en el nivel del estrógeno.

No comparta las sábanas. No es necesario que duerma en una cama separada para así no perturbar a su esposo con las sudaciones nocturnas intermitentes, señala la doctora Poland. Use sábanas separadas en la cama u obtenga una cobija eléctrica con controles dobles, con lo que se sentirá libre de quitarse las sábanas cuando necesite refrescarse.

SUPERANDO LOS PROBLEMAS SEXUALES

Nuestras expertas dieron los siguientes consejos para conservar una vida amorosa satisfactoria durante la menopausia.

Lubrique su amor. La resequedad vaginal por falta de estrógeno disminuye el interés en el coito durante la menopausia, explica la doctora Poland. Un lubricante soluble al agua, como Lubifax o la Jalea K-Y, aceites vegetales y aceites o cremas neutros son buenas posibilidades para la lubricación, indica la doctora Greenwood.

O abra un par de cápsulas de vitamina E y fróteselas como si fuera un lubricante, recomienda Simpson.

Hable. Hable con su compañero, aconseja Simpson. Parte del estímulo a la libido proviene de conversaciones honestas acerca de necesidades y sensaciones.

Lleve novedades a su recámara. Las parejas pueden tratar de encontrar nuevas posiciones para la unión sexual buscando la que les sea más cómoda, refiere la doctora Greenwood. Las caricias pueden ser especialmente importantes en estas ocasiones. La doctora Greenwood sugiere más abrazos y masajes mutuos para lograr más proximidad y placer sensual.

Practique los ejercicios de Kegel. Usted puede fortalecer sus músculos anales, vaginales y urinarios con un ejercicio especial llamado de Kegel, observa Simspon. Los músculos más vigorosos pueden ayudarle a relajarse y a emplearlos con menos dolor y más placer durante el coito. También son buenos para impedir la incontinencia urinaria, problema que experimentan algunas mujeres menopáusicas. En seguida le indicamos cómo hacerlos.

Imagine que quiere interrumpir su flujo de orina repentinamente. Oprima firmemente los músculos de su zona vaginal. Retenga la orina mientras cuenta hasta tres, luego relájese. Practique con rápida alternación entre apretar y aflojar. Usted puede practicar este ejercicio en donde quiera, cuando quiera.

COMITÉ DE ASESORAS

La doctora **Gloria A. Bachmann** es profesora de medicina en el Departamento de Ginecología y Obstetricia en la Universidad de Medicina y Odontología de la Escuela de Medicina Robert Wood Johnson de Nueva Jersey en Piscataway.

La doctora **Sadja Greenwood** es médica familiar en San Francisco, California. Da clases en el Centro Médico de la Universidad de California en San Francisco. Es autora de *Menopause, Naturally*.

La doctora **Norma McCoy** imparte clases de psicología en la Universidad del Estado de San Francisco en California.

Marilyn Poland es enfermera titulada y doctora, profesora de ginecología y obstetricia en la Escuela de Medicina de la Universidad del Estado de Wayne en Detroit, Michigan. Es coautora de *Surviving the Change: A Practical Guide to Menopause*.

Irene Simpson es practicante naturopática en Arlington, Washington.

Mojar la cama

5 opciones para tener buenas noches

Mojar la cama puede ser tanto incómodo como embarazoso para los niños. Por fortuna, casi todos ellos lo superan con el tiempo; aunque, mientras eso sucede, tal vez usted sienta la necesidad de hacer algo al respecto. A continuación aparecen los mejores remedios de que se dispone en la actualidad (sin contar el tiempo) para no mojar la cama.

Sea realista. "No alabe y no castigue", aconseja Ann Price, coordinadora educativa de la Academia Nacional de Nodrizas, Inc. (NANI) en Denver, Colorado. "Sencillamente cambie la cama y no diga una palabra. Es algo que desaparece por sí solo. Los chicos no lo hacen a propósito, así que no los alabe cuando se encuentren secos ni los castigue cuando se mojen."

Cambie para mejorar. Para ayudar a reducir al mínimo la tensión psicológica, Price recomienda disponer la recámara de modo que el niño pueda cambiar las sábanas él solo. "Deje a la mano un protector de hule forrado de fieltro de modo que cuando tenga un accidente pueda ponerlo sobre la parte mojada de la cama. También ponga a la mano una pijama seca que pueda usar en caso necesario. De esa manera al menos no sentirá que se le trata como a un bebé."

No se alarme. "Las alarmas contra las camas mojadas pueden funcionar", afirma el doctor Bryan Shumaker, urólogo del Hospital St. Joseph Mercy en Pontiac, Michigan, "pero mejor ármese de paciencia, pues la alarma es muy sonora y al activarse tal vez despierte a todo mundo en la casa".

Las alarmas contra las camas mojadas emiten un sonido zumbante o de campanilla cuando el niño las moja. La teoría se basa en que el sonido lo condicio-

495

nará a despertarse cuando necesite orinar. Con el tiempo, se inhibirá el mojar la cama y la distensión de la vejiga será la señal para que el niño despierte.

La mayoría de los niños responden a este tipo de estrategia de condicionamiento en un plazo de 60 días, declara el doctor Shumaker. Se considera que el niño está curado cuando la cama permanece seca durante 21 noches consecutivas.

Una nueva generación de alarmas es mucho más pequeña y sensible a la humedad que los voluminosos y complicados cojines y esterillas de otros tiempos. Las alarmas actuales operan con baterías para aparatos de sordera y tienen detectores que se fijan directamente a la ropa interior. Lo mejor de todo es que quienes utilizan las alarmas modernas tienen índices de recaída de sólo 10 a 15% en comparación con el 50% de los modelos más antiguos.

Fortalezca los músculos de la vejiga. "Si el patrón diurno del niño indica que va al baño con relativa frecuencia, entonces pueden ser útiles los ejercicios para estirar la vejiga", indica Linda Jonides, enfermera pediátrica de Ann Arbor, Michigan. Su recomendación: que el niño beba muchos líquidos durante el día y luego practique el control de la vejiga reteniendo la micción el mayor tiempo posible.

Practique la paciencia y el amor. "Comprenda que todos los niños superan el mojar la cama a razón de 15% al año", expresa el doctor Shumaker. "Esto quiere decir que para cuando pasan la pubertad, menos de 1 a 2% todavía mojan la cama. Tenga paciencia y bríndele apoyo. A ningún chico le agrada mojarse, pues además de desagradable, incómodo y frío, 'sólo los bebés hacen eso', y ningún niño quiere ser un bebé. El resultado final se consigue mediante paciencia y apoyo."

COMITÉ DE ASESORES

Linda Jonides es enfermera pediátrica en Ann Arbor, Michigan.

Ann Price es coordinadora educativa de la Academia Nacional de Nodrizas, Inc. (NANI) en Denver, Colorado, y coautora de *Successful Breastfeeding, Dr. Mom* y otros libros.

El doctor **Bryan Shumaker** es urólogo del Hospital St. Joseph Mercy en Pontiac, Michigan.

Molestias en mamas

16 sugerencias para reducir la sensibilidad

Tal vez está usted embarazada y le cuesta trabajo creer que esas mamas exageradamente inflamadas y dolorosas pudieran ser suyas. De noche no puede encontrar una posición cómoda para dormir.

Quizá su periodo esté por llegar y la blusa de seda suave como la mantequilla que se puso por la mañana se siente como papel de lija con el movimiento.

O acaso todavía se encuentre perpleja por el abultamiento duro que encontró durante su autoexamen mensual, aunque el patólogo le asegura que es benigno.

Bienvenida al mundo enredado de los cambios benignos mamarios. No está sola. Se calcula que cerca de 70% de las mujeres estadounidenses sufren cambios mamarios benignos pero molestos durante algún momento de sus vidas.

La sensibilidad que pueda sentir en el embarazo o justo antes de su periodo menstrual ocurre debido a los ciclos naturales de sus hormonas reproductivas, el estrógeno y la progesterona. Estas hormonas avisan a las células de las glándulas productoras de leche que deben crecer, y las zonas alrededor de éstas crecen por la sangre y otros líquidos que nutren las células. Estos tejidos llenos de líquidos pueden estirar las fibras nerviosas, lo que se traduce en dolor.

Los cambios fibroquísticos, que incluyen los abultamientos o tumoraciones y quistes, por lo general afectan las zonas que no trabajan: células de grasa, tejidos fibrosos y otras partes que no participan en la producción o transporte de leche.

Sin embargo, en cualquiera de estos casos, las mismas estrategias pueden ayudarla a encontrar alivio y procurar la curación. Esto es lo que recomiendan nuestros expertos.

ALERTA MÉDICA

¿Benigno?
Sólo su médico sabe a ciencia cierta

Ya se le ha diagnosticado que un tumor de mama era benigno. Su más reciente autoexamen mensual reveló la presencia de otro tumor. ¿Puede suponerse con seguridad que este también es benigno?

No. Aplique esta regla para el autocuidado de sus mamas: siempre que encuentre un nuevo abultamiento o tumor, consulte a su médico. El doctor puede ordenar una biopsia del tumor o emplear una aguja para sacarle líquido al quiste.

Aproximadamente 90% de los tumores de mama no son hallazgo de médicos, enfermeras o mamogramas, sino de las mujeres mismas durante sus autoexámenes de mama, afirma la enfermera titulada Kerry McGinn.

La mejor época para hacer esto es una semana después de iniciado su periodo menstrual, porque los tumores que a veces aparecen justo antes de la menstruación pueden desaparecer con la misma rapidez tan pronto termina el ciclo.

Cambie su dieta. Cambie su dieta a una baja en grasas y alta en fibras, las de los granos enteros, verduras y frijoles o habichuelas. En un estudio realizado en la Escuela de Medicina de la Universidad Tufts se descubrió que las mujeres que mantienen este tipo de dieta metabolizan el estrógeno de manera diferente. Se excreta más estrógeno en las heces fecales, lo cual hace que quede menos estrógeno en circulación por el sistema, explica la doctora Christiane Northrup, profesora clínica de obstetricia/ginecología en el Colegio de Medicina de la Universidad de Vermont. Y eso significa menos estímulo hormonal de las mamas.

Consérvese delgada. O sea que debe mantener su peso dentro del rango apropiado para su estatura. Para mujeres muy obesas, perder peso puede ayudarlas a aliviar el dolor y tumoración de las mamas, comenta la enfermera titulada Kerry McGinn, autora de *Keeping Abreast: Breast Changes That Are Not Cancer*.

En las mujeres, la grasa actúa como una glándula extra, produciendo y almacenando el estrógeno. Si usted tiene demasiada grasa corporal, puede tener más estrógeno del recomendable circulando por su sistema. Y el tejido de las mamas, agrega el doctor Gregory Radio, presidente de endocrinología reproductiva en el Hospital Allentown en Pennsylvania, "es muy sensible a las hormonas".

Tome sus vitaminas. Asegúrese de ingerir muchos alimentos ricos en vita-

---

El otro camino

El aceite de ricino: un alivio

Para obtener alivio de la inflamación de mamas, póngase la compresa de aceite de ricino que recomienda la doctora Christiane Northrup, quien afirma que también ayuda a aliviar pequeñas infecciones de mama.

Necesitará aceite de ricino prensado en frío, una franela de lana, un pedazo de plástico y un cojín calentador.

Doble la tela en cuatro capas y satúrela con el aceite, no mucho para evitar goteo. Ponga la tela sobre el pecho, cúbrala con el plástico y luego aplique el cojín calentador. Ajuste el control de calefacción del dispositivo en el nivel "moderado", y luego en "caliente", si puede soportarlo, indica la doctora Northrup. Déjeselo durante una hora.

El aceite de ricino prensado en frío contiene una sustancia que aumenta la función de los linfocitos T11, explica la doctora Northrup, lo cual ayuda a acelerar la curación de cualquier infección.

Tal vez necesite aplicarse la compresa de tres a siete días para realmente ver resultados. "A menudo esto puede ser muy benéfico para eliminar los dolores", comenta la doctora.

---

mina C, calcio, magnesio y vitaminas B, recomienda la doctora Northrup. Estas vitaminas ayudan a regular la producción de prostaglandina E, que a su vez tiene un efecto inhibitorio sobre la prolactina, hormona que activa el tejido mamario.

Evite la margarina y demás grasas hidrogenadas. Las grasas hidrogenadas interfieren con la capacidad de su cuerpo para convertir los ácidos grasos esenciales de la dieta en ácido linoleico gama (ALG), indica la doctora Northrup. El ALG es importante porque contribuye a producir prostaglandina E, y ésta puede ayudar a conservar bajo control la prolactina, activador del tejido mamario.

Conserve la calma. La epinefrina, sustancia producida por las glándulas suprarrenales durante la tensión también interfiere en la conversión del ALG, advierte la doctora Northrup.

Suspenda la cafeína. No se ha demostrado el papel de la cafeína como contribuyente a las molestias en las mamas, pues aunque algunos estudios indican que sí influye, otros no lo han demostrado de manera concluyente; empero, Thomas J. Smith, director del Centro de Salud de Mama en el Centro Médico de Nueva

Inglaterra en Boston, recomienda que se elimine.

"He visto mujeres con dolor y otros síntomas de cambios mamarios benignos mejorar notablemente después de abstenerse de tomar café. En realidad debe suspenderse el café del todo", aconseja. Y eso quiere decir olvidarse de las bebidas gaseosas embotelladas, chocolate, productos helados, té y analgésicos que contengan cafeína.

También evite la pizza de pimentón. Los alimentos con alto contenido de sal la inflamarán, previene la doctora Yvonne Thornton, profesora de obstetricia y ginecología en el Colegio de Medicina de la Universidad de Cornell. Esto tiene particular importancia 7 a 10 días antes de su periodo menstrual.

No tome diuréticos. Cierto, los diuréticos pueden ayudar a eliminar los líquidos de su sistema, y eso puede ayudar a reducir la inflamación de sus mamas; pero el alivio inmediato resultará contraproducente, afirma la doctora Thornton. El abuso en los diuréticos puede agotar el contenido de potasio en su organismo, desequilibrar su sistema de electrólitos y alterar la producción de glucosa.

Emplee un producto que se venda sin necesidad de receta médica. La doctora Sandra Swain, directora del Servicio General para Mama del Centro Vincent Lombardi para el Cáncer en la Escuela de Medicina en la Universidad de Georgetown, recomienda el ibuprofén (Advil, Nuprin) para aliviar el dolor de mamas. "Evite los antiinflamatorios esteroidales tópicos", advierte. Desde luego, las embarazadas no deben emplear fármaco alguno sin el consentimiento de su médico.

Aplique frío. McGinn comenta que algunas mujeres encuentran alivio sumergiendo sus manos en agua fría y aplicándolas a sus senos.

O calor. Otras mujeres, según McGinn, se sienten mejor después de utilizar un cojín calefactor, una botella de agua caliente o tomando un baño o ducha de agua caliente. Para otras, lo mejor es alternar el calor con el frío.

Busque un buen sostén. Un sostén fuerte, como los que se producen para las mujeres que practican carreras, puede ayudar a impedir que las fibras nerviosas en la mama, ya distendidas por el tejido lleno de agua, se estiren todavía más. Algunas mujeres se sienten bien si se ponen sostén al ir a dormir, según el doctor Radio.

¿Seguir con la píldora? Piénselo dos veces. El nivel de estrógeno en su anticonceptivo oral podría ayudar o frustrar su propósito de sobrellevar sus cambios mamarios benignos, según el estado específico de usted, advierte el doctor Radio. En general, una píldora baja en estrógeno puede contribuir a un estado fibroquístico verdadero pero agravar un fibroadenoma, condición en la cual se presenta una tumoración sólida pero a menudo movible.

Intente el masaje para aliviar la acumulación de líquidos. McGinn comenta que algunas mujeres encuentran alivio con un automasaje suave de mamas, el cual ayuda a que el exceso de líquidos de las mamas regrese a los conductos linfáticos. Una técnica desarrollada por la masajista Carolyn Gale Anderson comprende enjabonar las mamas, rotar los dedos sobre la superficie en círculos del tamaño de una moneda y luego utilizar las manos para oprimir las mamas hacia adentro y luego hacia arriba.

Descubra el mensaje emocional tras de sus síntomas físicos. "Esto es lo primero que debe considerarse", aconseja la doctora Northrup. "Cuando pregunto a mis pacientes '¿qué está ocurriendo en su vida en relación con el asunto de dar vida a un ser o de que se la den a usted?', a menudo la respuesta son lágrimas."

"Las mamas como símbolo de la crianza contienen altos niveles de cargas emocionales para las mujeres", agrega. "¿Ha tenido la sensación de cosquilleo que acompaña la salida de leche? Algunas mujeres que han pasado la menopausia todavía la tienen cuando oyen llorar a un bebé. Allí se aprecia la estrecha relación que existe entre las mamas y las emociones."

COMITÉ DE ASESORES

Kerry McGinn pertenece al cuerpo de enfermería de la Unidad del Hospital Planetree Model en el Centro Médico Presbiteriano del Pacífico en San Francisco y es autora de *Keeping Abreast: Breast Changes That Are Not Cancer.*

La doctora **Christiane Northrup** es profesora clínica de obstetricia/ginecología en el Colegio de Medicina de la Universidad de Vermont en Burlington, y presidenta de la American Holistic Medical Association. Practica la medicina en Women to Women en Yarmouth, Maine.

El doctor **Gregory Radio** es ginecólogo y obstetra en Allentown, Pennsylvania, y presidente de endocrinología reproductiva en el Hospital Allentown.

El doctor **Thomas J. Smith** es jefe de oncología quirúrgica y director del Breast Health Center del Centro Médico de Nueva Inglaterra en Boston, Massachusetts. También es profesor de cirugía en la Escuela de Medicina de la Universidad Tufts en Boston.

La doctora **Sandra Swain** es profesora de medicina en la Universidad de Georgetown y directora del Servicio General para Mama del Centro Vincent Lombardi para el Cáncer en la Escuela de Medicina en la Universidad de Georgetown en Washington, D. C.

La doctora **Yvonne Thornton** es obstetra y profesora de obstetricia y ginecología en el Colegio de Medicina en la Universidad de Cornell en la ciudad de Nueva York. También es directora de diagnóstico prenatal y médica en el Hospital de Nueva York-Centro Médico de la Universidad de Cornell.

Náusea

10 soluciones para aliviar el estómago

Hicimos una encuesta de lo que hace temblar y sacudirse a los estómagos. Y en apenas media hora anotamos huevos, ensalada de huevo, huevos estrellados, agujas hipodérmicas, donar sangre, ver sangre, olores de hospitales, cabellos en la comida, escapes de autobuses, avisos de pago de las tarjetas de crédito, sobrantes de comidas, zanahorias cocidas, ansiedad en la mañana de Navidad, muertes en accidentes de carreteras, una descripción gráfica de una cirugía plástica, olores de hamburguesas grasosas, demasiados tequilas o mezcales, colillas de cigarrillos flotando en una taza de café, tocino que se está friendo, estiércol húmedo o mantillo en el fondo de una pila de hojas viejas de árbol, el olor de castañas asadas en las calles de la ciudad de Nueva York, un pañal debidamente saturado, bolas de pelos de gato, pescado en mal estado y el que otra persona quiera vomitar.

Así que, ¿cómo está su estomaguito, eh? ¿Siente ganas de vomitar? ¿Por qué siente una bola en la garganta? ¿Quisiera que llegara el fin del mundo... y rápido? Bueno, no se preocupe, porque contamos con algunos remedios caseros que le van a quitar la náusea a su estómago antes de que pueda decir "emparedado de lombrices".

Del mismo modo como la belleza es subjetiva, la náusea es función del estómago del que la padece. E igual sucede con los remedios. Siga probando hasta que encuentre el remedio que le sea útil.

Ataque con jarabe. Si no tiene *muchas* ganas de vomitar, "le recomendamos jarabe de Coca-Cola y parece basante eficaz", declara el doctor en farmacología, Roberto Warren, jefe de servicios de farmacología del Hospital Valley Children's en Fresno, California. El jarabe no carbonatado tiene carbohidratos concentrados

---

ALERTA MÉDICA

Podría ser casi cualquier cosa

"Hay al menos 25 enfermedades distintas que podrían causar la náusea crónica", declara el gastroenterólogo Kenneth Koch. "Si su náusea sencillamente no desaparece en uno a dos días, será buena idea consultar a su médico."

---

que pueden ayudar a calmar el estómago. De hecho, explica el doctor Warren, cualquier concentrado líquido de bebida gaseosa o incluso el jarabe azucarado común puede ser útil. La dosis es de una a dos cucharadas para adultos, a temperatura ambiente, según se requiera, y de una a dos cucharaditas para los niños.

U opte por algo distinto. El Emetrol es "un producto que se vende sin necesidad de receta médica y que actúa del mismo modo que el jarabe de Coca-Cola", agrega el doctor Warren, pero es más costoso y no contiene cafeína. Es una solución de carbohidrato fosforatado que contienen los azúcares glucosa y fructosa, y ácido fosfórico.

Vaya por Bonine. Pero esos jarabes ricos en azúcar no son para los diabéticos ni para quien quiera evitar las calorías. En ese caso, el doctor Warren sugiere Bonine como otra posibilidad; se trata de una tableta antihistamínica masticable que no contiene azúcar. Bonine es un fármaco para mareos que actúa en el estómago. (Dramamine, otro medicamento para el mareo, no es eficaz contra otras clases de náusea porque actúa sobre el oído interno). Como con cualquier fármaco, asegúrese de leer primero las advertencias en la etiqueta.

Mantenga las cosas despejadas abajo. Si quiere comida aténgase a líquidos transparentes como el té, infusiones y jugos, recomienda el doctor Kenneth Koch, investigador en náuseas y gastroenterólogo del Centro Médico Hershey de la Universidad del Estado de Pennsylvania. Estos líquidos deben estar tibios o a temperatura ambiente, no fríos, para impedir choques adicionales al estómago. Beba no más de 30 a 60 centímetros cúbicos (un tercio a un cuarto de vaso) a la vez.

Quítele el gas. "Mi mamá me daba 7-Up", refiere el doctor Warren. Otras mamás daban bebidas gaseosas de cola, manzana o ginger ale. Ya que nuestros expertos advierten que no se deben tomar bebidas frías ni gaseosas, haga lo que sugiere el doctor Stephen Bezruchka, médico de emergencias en el Centro Médico

Providence en Seattle, Washington. Deje que las bebidas gaseosas pierdan todo su gas carbónico y lleguen a adquirir la temperatura ambiente.

Coma primero los carbohidratos. Si necesita comer algo, y no siente mucha náusea, coma carbohidratos ligeros en pequeñas cantidades: pan tostado o galletas saladas, por ejemplo, aconseja el doctor Koch. Conforme su estómago deje de sentir náuseas, cambie a las proteínas ligeras, como la pechuga de pollo o pescado. Los alimentos grasosos son lo último que debe agregar a su dieta.

Sálgase de lo rosado. El calmante estomacal Pepto-Bismol y otros como Mylanta y Melox son para malestares estomacales causados por enfermedades, no para las ganas de vomitar. Sin embargo, si su náusea se debe a inflamación o irritación y si no es demasiado grave, recomienda el doctor Koch, "es conveniente usarlos inicialmente"; pero ninguno de nuestros expertos los aconseja porque, como señala el doctor Samuel Klein, profesor de gastroenterología en la Escuela de Medicina de la Universidad de Texas "ninguno de ellos se diseñó específicamen-

---

El otro camino

Pruebe a oprimirse

Los chinos conocen desde hace muchos siglos la acupuntura como una medicina eficaz, indolora, sin fármacos. La presopuntura es acupuntura sin agujas. "La idea es emplearla antes de que comience a vomitar", señala el acupunturista y doctor Joseph M. Helms, médico familiar en Berkeley, California. ¿Quién sabe? Tal vez este método sea eficaz para usted.

Aplique presión a la membrana que se encuentra entre sus dedos pulgar e índice de ambas manos. Presione firme y profundamente y masajee rápido durante varios minutos,* recomienda el doctor Helms. "Quiero decir que no se trata de acariciarla."

Con el mismo tipo de movimiento y presión, indica el doctor Helms, friccione con su pulgar o uña de pulgar en el empeine, entre los tendones de su segundo y tercer dedos.

Sin embargo, quien quiera experimentar más ampliamente con la presopuntura debe saber que la presión se puede aplicar con un movimiento giratorio que puede intensificar o disminuir el efecto de la presión. Así, un movimiento giratorio en el sentido de las manecillas de un reloj estimula lo que se quiere afectar, en tanto que un movimiento giratorio en sentido contrario a las manecillas del reloj calma lo que se quiere afectar. En este caso, si el lector desea usar presopuntura con movimiento giratorio de sus dedos, tal vez encuentre más alivio a su náusea si lo hace con un movimiento giratorio en sentido contrario a las manecillas del reloj. (N. del T.)

te para la náusea", y distan de ser los líquidos transparentes que los médicos recomiendan.

Pruebe la cura del jengibre. El doctor Daniel B. Mowrey, psicólogo y psicofarmacólogo en Lehi, Utah, quien ha realizado investigaciones en medicina herbolaria durante 15 años, es un firme creyente en la raíz de jengibre. "Definitivamente acaba con las náuseas", declara. Tome cápsulas de la raíz pulverizada; la cantidad depende de cuánta náusea tenga usted. "Sabrá que ha tomado suficiente cuando comience a eructar y a tener sabor de jengibre", señala.

Asegúrese de que esté en cápsulas; el jengibre fresco es demasiado fuerte para la mayoría de la gente en las cantidades que deben consumirse para obtener el mismo efecto que con el polvo, comenta el doctor Mowrey. Por otra parte, la bebida de jengibre (ginger ale) o los polvos efervescentes de jengibre pueden ser eficaces si sus síntomas son muy leves.

Acabe con todo. Una de las maneras más eficaces para detener la náusea es permitirse el vómito, aconseja el doctor Koch. La náusea desaparece de inmediato, y tal vez un solo buen vómito acabe con todo para siempre; pero cuando menos, usted tendrá un descanso temporal de esa sensación de náusea. Sin embargo, el doctor Koch no recomienda que se ocasione el vómito.

COMITÉ DE ASESORES

El doctor **Stephen Bezruchka** es médico de emergencias en el Centro Médico Providence en Seattle, Washington, y autor de *The Pocket Doctor*.

El doctor **Joseph M. Helms** es médico familiar en Berkeley, California, y presidente de la American Academy of Medical Acupuncture.

El doctor **Samuel Klein** es profesor de gastroenterología y nutrición humana en la Escuela de Medicina de la Universidad de Texas en Galveston. También es asesor editorial de la publicación periódica *Prevention*.

El doctor **Kenneth Koch** es gastroenterólogo del Centro Médico Hershey en la Universidad de Pennsylvania e investigador dirigente de la NASA en las causas de la náusea.

El doctor **Daniel B. Mowrey** de Lehi, Utah, es psicólogo y psicofarmacólogo que ha investigado durante 15 años el uso de hierbas en la medicina. Es autor de *The Scientific Validation of Herbal Medicine* y *Next Generation Herbal Medicine*.

El doctor en farmacología **Robert Warren** es director de Servicios de Farmacología en el Hospital Valley Children's en Fresno, California.

Oído de nadador

15 curas y medidas preventivas

Si pudiera reducirse al tamaño de una pulga e introducirse al interior del oído de un nadador, probablemente vería un canal auditivo rojo e irritado. Parecería tener comezón, y notaría que tiene muy poca cerilla. Lo sentiría frío y su olor sería húmedo por las bacterias que se entierran y forman túneles en la piel.

Lo que vería en el interior del oído del nadador es un caso clásico de otitis externa, infección también conocida como oído de nadador; lo cual no es de sorprender.

Para padecer un trastorno persistente de oído de nadador sólo necesita un par de orejas y humedad constante. "Es como mantener las manos en el lavaplatos. La piel se macera y se vuelve correosa", explica el otorrinolaringólogo doctor Brian W. Hands, especialista privado de Toronto. "Las orejas se bañan constantemente en agua: al nadar, en la ducha, al lavarse la cabeza. Luego la gente trata de secarse el oído con un hisopo de algodón, lo que quita la capa superior de piel (epidermis), junto con las bacterias protectoras. Es el momento en que las bacterias malas sientan sus reales."

El oído de nadador u otitis externa se inicia como una oreja que produce comezón. Si se deja sin tratamiento tal vez llegue a declararse una infección y el dolor puede ser atormentador. Una vez manifestada la infección, necesitará la ayuda de un médico y una buena dosis de antibióticos para detenerla; pero hay muchas cosas que usted puede hacer para evitar que el dolor empeore, e incluso más para impedir que se inicie.

Seque sus orejas con aire. Elimine la humedad de sus oídos, aconseja el doctor Hands, cada vez que los moje, sin importar si sospecha que hay una infección o no. Jale el pabellón de su oreja hacia arriba y afuera para enderezar el

506

canal auditivo y apunte su secadora eléctrica de cabello hacia el interior de su oído desde 45 a 50 centímetros de distancia. Use aire frío o caliente, lo que prefiera, pero deje que el dispositivo opere durante 30 segundos. Eso secará el oído y eliminará las condiciones húmedas que parecen más atrayentes a hongos y bacterias para proliferar.

Pruebe un remedio que no requiere receta médica. Casi todas las farmacias venden gotas que combaten las bacterias de los oídos y que se venden y usan sin necesidad de receta o supervisión médica. Si la comezón sigue siendo su único síntoma, una de esas preparaciones puede evitar la infección, señala el doctor Dan Drew, fanático de la natación y médico familiar en Jasper, Indiana. Use las gotas cada vez que se moje las orejas.

Tapone el problema. Diga a un fanático de la natación que no puede ir a nadar, y será casi como decirle a alguien que deje de respirar, refiere el doctor John House, profesor de otorrinolaringología clínica en la Escuela de Medicina de la Universidad del Sur de California y otólogo para la institución United States Swimming, que elige a los competidores olímpicos de Estados Unidos. No deje de nadar, agrega, pero use tapones para los oídos y con ellos evite la entrada del agua. En muchas farmacias puede adquirir tapones de cera o silicón que se suavizan y se moldean a la forma del oído del usuario.

Y no olvide ponerse los tapones cuando se lave la cabeza o se duche, recomienda el doctor House. Conservar secos los oídos resulta de especial importancia para la gente propensa a las infecciones.

Nade en la superficie. Aunque esté padeciendo de oído de nadador, puede seguir nadando, observa el doctor Drew. Nade en la superficie del agua, porque así entra menos líquido en el oído que cuando se sumerge abajo de la superficie.

Use un analgésico como medida temporal. Si le duele el oído (lo que indica que hay una infección), un analgésico como la aspirina o acetaminofén lo controlará hasta que pueda ver a su médico, declara el doctor Donald Kamerer, jefe de la División de Otología en el Ear and Eye Institute en Pittsburgh, Pennsylvania.

Calme el dolor con calor. El calor (por ejemplo, una toalla recién salida del secador, una bolsa de agua caliente forrada, un cojincillo calefactor ajustado a baja temperatura) también ayudará a aliviar el dolor.

Desconéctese para apagar la infección

Si usa aparato para sordera, puede padecer de oído de nadador (otitis externa) sin siquiera acercarse a una piscina.

El dispositivo auditivo tiene un efecto de tapón de oído, explica el doctor Brian W. Hands. Además de captar sonidos, capta la humedad que se aloja en el canal auditivo. Y la humedad atrapada puede nutrir los gérmenes que producen la infección.

¿Cuál es la solución? Quítese su aparato para sordera tan a menudo como pueda para dar a su oído la oportunidad de secarse.

Deje la cerilla en paz. La cerilla del oído tiene varios propósitos, entre ellos alojar bacterias benéficas, explican los doctores Kamerer y House. Coopere con sus defensas naturales *no* quitando con algodón la cerilla; ésta recubre el canal auditivo y lo protege contra la humedad.

Manténgalo seco. Puesto que la irritación del oído de nadador desgasta la cera de su interior, usted puede fabricar su versión propia de cera usando petrolato. Humedezca una bolita de algodón con el petrolato, indica el doctor Hands, e insértela con suavidad, como un tapón, justo en el borde de su oído. El tapón absorberá cualquier humedad presente y conservará seco y tibio su oído.

Póngase una gotita. Varios líquidos son magníficos para matar gérmenes y al mismo tiempo secar sus oídos. Si es susceptible al oído de nadador o si pasa mucho tiempo en el agua, debe usar un agente secante cada vez que moje su cabeza. Cualquiera de las siguientes soluciones preparadas en casa es eficaz.

Un chorrito de alcohol para fricciones. Primero, baje su cabeza, con el oído afectado hacia arriba. Jale el pabellón hacia arriba y hacia atrás (para ayudar a enderezar el canal auditivo) y vierta el contenido de un gotero en el canal auditivo. Mueva su oreja para hacer que el alcohol llegue hasta el fondo del canal. Luego incline su cabeza hacia el otro lado y deje que el alcohol escurra hacia afuera.

Una solución de cocina. Las gotas para los oídos hechas de vinagre blanco o partes iguales de alcohol y vinagre blanco matan los hongos y las bacterias, explica el doctor House. Úselas de la misma manera que el alcohol descrito arriba.

Aceite mineral, aceite para bebés o lanolina. Estos productos pueden ser soluciones preventivas antes de nadar. Aplíquelos como lo haría con el alcohol.

Póngase gorra. El doctor Drew inventó una gorra para baño con anteojos incorporados (llamada *Goggl'Cap*) para evitar que se desprendieran al sumergirse los nadadores en la piscina. Luego, refiere, observó un beneficio adicional: la versión en látex de su gorra también cubre los oídos y ayuda a evitar que les entre agua. La combinación ideal es un par de tapones con la gorra sosteniéndolos en su sitio, indica.

Escoja con mucho cuidado su lugar para nadar. Tendrá menos posibilidades de contaminarse con bacterias en una piscina bien tratada que en un estanque, advierte el doctor Drew. No nade en agua sucia.

COMITÉ DE ASESORES

El doctor **Dan Drew** es médico familiar en Jasper, Indiana. Fanático de la natación, inventó la *Goggl'Cap*, una combinación de gorra para nadar y anteojos incorporados.

El doctor **Brian W. Hands** es otorrinolaringólogo privado en Toronto.

El doctor **John House** es profesor de otorrinolaringología clínica en la Escuela de Medicina de la Universidad del Sur de California en Los Ángeles. Es médico del equipo nacional de Estados Unidos de la institución United States Swimming, asociación reguladora nacional para la natación de competencias *amateur* que selecciona al equipo olímpico de dicho país.

El doctor **Donald Kamerer** es jefe de la División de Otología en el Ear and Eye Institute en Pittsburgh, Pennsylvania. También es profesor de otorrinolaringología en la Escuela de Medicina de la Universidad de Pittsburgh.

Ojos enrojecidos

5 maneras de terminar con ellos

¿Las escleróticas (partes blancas) de sus ojos tienen más líneas rojas que un mapa carretero? De ser así, puede hacer lo siguiente.

Anegue sus ojos. "Parece obvio, pero si sus ojos rojos se deben a no haber dormido lo suficiente, encuentre la manera de reponerse en sus horas de descanso", recomienda el doctor Mitchell Friedlaender, oftalmólogo de California y director de enfermedades de la córnea y externas en la División de Oftalmología en la Clínica y Fundación de Investigación Scripps en La Jolla, California. "Cerrar sus ojos durante 7 a 8 horas los ayuda a rehidratarse. Sin haber dormido, los ojos se pueden resecar. Y los ojos secos son ojos enrojecidos."

Busque la insignia roja del envejecimiento

Hay una mancha de sangre en la esclerótica de su ojo, y no puede recordar que algo le hubiera ocurrido. No hay inflamación, dolor, pérdida de visión o cualquier otro síntoma. Tan sólo una mancha roja.

De ser así, entonces reléjese. "Esto ocurre con frecuencia, sobre todo si pasa de los 40 años", explica el doctor Michael Marmor, oftalmólogo y jefe del Departamento de Oftalmología en el Centro Médico de la Universidad de Stanford en California. "La sangre desaparecerá sola, usted nada puede hacer al respecto. Las gotas para ojos no ayudan nada. En cambio, desaparecerá por sí sola en una a dos semanas. Lo más difícil de todo es tratar de inventar una historia para explicar a sus amistades cómo ocurrió esto."

ALERTA MÉDICA

Proteja sus pupilas

Si descubre sangre en la parte blanca de sus ojos no se alarme; pero hágalo si ve que hay sangre cubriendo sus pupilas. "En cualquier momento que haya sangre en el interior del ojo, sobre la pupila, se trata de algo serio y debe acudir al médico de inmediato", aconseja el doctor Michael Marmor, oftalmólogo y jefe del Departamento de Oftalmología en el Centro Médico de la Universidad de Stanford en California.

"Muchas veces físicamente no se ve la hemorragia, pero su ojo duele, su visión se encuentra borrosa, o aparece una película rosada. Si tiene cualquiera de estos síntomas, algo anda mal y necesita tratamiento médico."

Halague sus párpados. Si al despertar tiene los ojos enrojecidos, el problema puede no radicar en sus ojos sino en sus párpados. "Se le conoce como blefaritis, y es una infección de bajo grado de sus párpados", afirma el doctor Friedlaender. "Usted puede tratarla lavando sus párpados con agua tibia de noche antes de retirarse a dormir. Asegúrese de limpiar los párpados de modo que los desechos, grasas, bacterias, cosméticos y caspa en las pestañas sean retirados en su totalidad."

Use las gotas con cuidado. "Las gotas producidas para quitar lo rojo de los ojos contienen un agente que actúa comprimiendo los vasos sanguíneos", explica el doctor Friedlaender. "Quitan el enrojecimiento comprimiendo los vasos sanguíneos de su ojo, lo que lo hace ver más blanco durante cierto tiempo."

"El problema es que casi todas estas gotas de ojos tienen un efecto contraproducente, de modo que cuando desaparece su efecto al cabo de un par de horas, el enrojecimiento se presenta de nuevo, pero peor que al principio."

El mejor consejo: use las gotas muy de cuando en cuando.

Vierta lágrimas de cocodrilo. ¿Llega usted al trabajo con los ojos brillantes, pero los lleva rojos al salir? "El enrojecimiento que se presenta durante el día es causado por la resequedad", comenta el doctor Friedlaender. "En ese caso pueden emplearse lágrimas artificiales no éticas para humedecer sus ojos." Contrario a otras gotas para los ojos, las lágrimas artificiales no comprimen los vasos sanguíneos.

Permita que sus ojos se refresquen. "Tome una toallita facial fría y húmeda, y colóquela sobre sus ojos cerrados", indica el doctor Friedlaender. "El frío comprimirá los vasos sanguíneos sin efectos contraproducentes, además de que el agua agregará humedad a sus ojos."

COMITÉ DE ASESORES

El doctor **Mitchell Friedlaender** es oftalmólogo y director de enfermedades de la córnea y externas en la División de Oftalmología en la Clínica y Fundación de Investigación Scripps en La Jolla, California.

El doctor **Michael Marmor** es oftalmólogo y jefe del Departamento de Oftalmología en el Centro Médico de la Universidad de Stanford en California.

Ojos morados

5 maneras de aclarar el cardenal

¿Cree usted que su ojo morado es una calamidad? ¡Felicítese de no vivir a principios de siglo! "Hace muchos años la gente acostumbraba poner una sanguijuela sobre un ojo morado para que le chupara la sangre", relata el doctor Jack Jeffers, oftalmólogo del Hospital Wills Eye en Filadelfia, Pennsylvania.

Las sanguijuelas fueron desplazadas como tratamiento de elección después de que la gente mostró preferencia por las carnes rojas. "Mi padre utilizaba el filete de lomo", cuenta Jimmy, carnicero de segunda generación en Richard and Vinnie's Quality Meats en Brooklyn, Nueva York. "De niño, a cada rato me conseguía ojos morados, y mi padre me los cubría con filetes porque era carnicero. ¡Y servía!"

Gracias a Dios los médicos ya no utilizan sanguijuelas como tratamiento, y no es necesario desperdiciar un buen filete en su ojo. Las mejores y más eficaces maneras de curar un ojo morado son mucho más sencillas que eso. He aquí cómo.

Congélelo. El papá de Jimmy no andaba tan errado, pero el frío del filete, no la carne en sí, era el agente activo. ¡De hecho, un vegetariano hubiera obtenido los mismos resultados utilizando una lechuga congelada!

ALERTA MÉDICA

¿Cómo está su visión?

Si tiene un ojo morado, consulte cuanto antes a su doctor cuando le cueste trabajo ver a *cualquier* doctor.

"Si su visión ha sufrido daño, si siente dolor en el ojo, si tiene sensibilidad a la luz, si ve doble o borroso, o si percibe cosas que floten frente a su campo visual", advierte el doctor Keith Sivertson, "es hora de que busque atención médica".

"No importa tanto cómo se ve hacia dentro sino cómo se ve hacia afuera", declara.

El frío actúa de dos maneras. Ayuda a limitar la inflamación y, al contraer los vasos sanguíneos, ayuda a disminuir el derrame interno, lo que produce el color negruzco y azulado.

El doctor Jeffers recomienda aplicar una bolsa de hielo durante las primeras 24 a 48 horas. "Si la inflamación del ojo lo cierra, úselo durante 10 minutos cada dos horas el primer día", aconseja. Para hacer una compresa helada ponga hielo triturado en una bolsa de plástico y fíjela con cinta adhesiva a la frente. Esto impedirá que se aplique presión al ojo.

Haga la prueba con el tratamiento de Tyson. El campeón de boxeo Mike Tyson ha dejado muchos ojos amoratados durante su carrera. Uno de los doctores de boxeo que ha examinado a los maltratados oponentes de Tyson dice que los entrenadores de boxeo tienen un truco para tratar los ojos morados que puede emplearse fuera del cuadrilátero.

"Los entrenadores aplican al ojo del boxeador lo que parece una planchita de metal", declara el oftalmólogo Dave Smith, miembro del Consejo de Asesores Médicos del Comité de Control Atlético del estado de Nueva Jersey, quien ha examinado a más de 300 boxeadores por lesiones en los ojos.

"Es extremadamente fría, y la utilizan para controlar la hemorragia inmediata de modo que la hinchazón se reduzca al mínimo. Puede usted emplear la misma clase de tratamiento con un bote de refresco frío y aplicándolo al ojo de modo intermitente (durante 5 a 10 minutos de cada cuarto de hora) hasta que pueda aplicarle hielo", aconseja el doctor Smith. "Asegúrese de que el bote esté limpio y luego aplíquelo ligeramente contra la mejilla, no el ojo. No ejerza presión contra el globo ocular."

Disfrute del espectáculo. Una vez que el ojo se ha amoratado, no puede hacer gran cosa salvo controlar la inflamación. Incluso el maquillaje tal vez no lo encubra por completo. Casi todos los ojos amoratados tardan más o menos una semana en curarse, y se trata de una semana colorida, por cierto.

"La lesión comienza de color negro", explica el doctor Keith Silvertson, director del Departamento de Medicina de Emergencia en el Hospital Johns Hopkins en Baltimore, Maryland. "Después, cuando comienza a sanar, se vuelve verde, luego amarillo, y finalmente desaparece."

Evite la aspirina. La aspirina puede llevar malas noticias para quienes tienen un ojo amoratado. Lo que más recomiendan los doctores es el acetaminofén. "La aspirina es un anticoagulante, lo que significa que la sangre no va a coagular bien. Usted tendrá más dificultad para detener el derrame que cause la decoloración", advierte el doctor Jeffers. "Acabará con un cardenal más grande." Si por alguna razón necesita un analgésico, tome acetaminofén.

No se suene la nariz. Si lo que amorató su ojo fue un golpe fuerte (más que sólo golpearse contra la puerta), sonarse la nariz podría hacer que su cara se hinche como un globo. "A veces la lesión fractura el hueso de la cuenca ocular, y sonarse la nariz puede forzar aire fuera del seno adyacente a la cuenca", advierte el doctor Jeffers. "El aire se inyecta bajo la piel y hace que los párpados se hinchen todavía más. También puede incrementar la posibilidad de infección."

COMITÉ DE ASESORES

Osteoporosis

24 maneras de fortalecer los huesos

Se calcula que unos 24 millones de estadounidenses padecen de osteoporosis. Y muchos de ellos ni siquiera lo saben. Tampoco son demasiado viejos. Ni todos son mujeres.

Cualquiera puede padecer de osteoporosis, aunque las mujeres son mucho más propensas al mal que los hombres. Ellas desarrollan menos masa ósea que los hombres. Además, durante varios años después de la menopausia, también pierden hueso a mayor ritmo porque sus cuerpos producen menos estrógeno.

Sin embargo, esto no debe suceder así. Cualquiera puede tomar medidas importantes para impedir la osteoporosis sin tener que acudir a un médico. Y cualquiera que ya tenga esta enfermedad debilitante de los huesos puede hacer mucho para detener su avance.

Por desgracia, el debilitamiento de los huesos puede ocurrir muy discretamente al paso de los años, incluso de las décadas. En su libro *Preventing Osteoporosis*, el investigador Kenneth Cooper se refiere a la osteoporosis como "el destructor silencioso".

"Casi toda la gente alcanza su máximo de masa ósea en la columna vertebral entre las edades de 25 y 30 años y su máxima masa ósea en los huesos largos, como en la cadera, entre los 35 y 40 años", explica el doctor Cooper. "Después de pasar esta edad de masa ósea pico, y especialmente alrededor de los 45 años de edad, todos los huesos del cuerpo comienzan a perder densidad."

Como a menudo el diagnóstico oficial de la osteoporosis llega demasiado tarde (después de una fractura) la estrategia es comenzar cuanto antes a luchar contra la pérdida de hueso y jamás cejar.

Como está a punto de ver, usted tiene muchas armas en su arsenal.

Mida su riesgo

"Usted puede tomar acciones para eliminar el riesgo (en algunas áreas) y reducir su posibilidad de padecer de osteoporosis", señala el doctor Kenneth Cooper. "Pero, como son todos los aspectos de la salud, hay cosas que *no* puede controlar."
Éstas incluyen:

- Usted tiene antecedentes familiares de osteoporosis o alguna otra enfermedad de los huesos.
- Usted es blanca y sus antecesores provienen de Europa o del Lejano Oriente.
- Tiene piel blanca.
- Sus huesos son pequeños.
- Usted tiene poca proporción de grasa corporal.
- Usted rebasa los 40 años de edad.
- Se le han extirpado los ovarios.
- Nunca tuvo hijos.
- Pasó prematuramente por la menopausia.
- Tiene alergia a los productos lácteos.

Recuerde que estos factores de riesgo no significan que usted padecerá de osteoporosis. Más bien son una advertencia de que debe hacer todo lo posible para que los mismos estén más a su favor.

Ejercítese para crear huesos. "Si usted no hace ejercicios, perderá hueso", advierte el doctor Robert Heaney, profesor de la Universidad John A. Creighton en la Universidad Creighton.

No obstante, hay muchas más razones para hacer ejercicios. "Una serie de estudios apoyan la teoría de que el ejercicio que consiste en soportar pesos de hecho puede *aumentar* la masa ósea", declara el doctor Paul Miller, profesor clínico en la Escuela de Medicina del Centro de Ciencias de la Salud en la Universidad de Colorado.

Uno de esos estudios, proyecto de la Universidad de Stanford, examinó corredores fondistas varones y mujeres y los comparó contra un grupo de personas que no corrían. Los investigadores encontraron que tanto ellos como ellas presentaban cerca de 40% de mayor contenido óseo que los que no corrían.

Incluso caminar ayuda a sus huesos, señalan los doctores. Caminar es una manera excelente, ya no se diga segura, de darle a sus huesos el ejercicio que necesitan. Sugieren caminar al menos 20 minutos por día, tres a cuatro veces a la semana.

Desde luego no siempre se puede apreciar de inmediato la diferencia que acarrea el ejercicio. Así pues, si usted es como Santo Tomás, que "hasta no ver, no creer", observe el brazo fuerte de cualquier jugador de tenis. Con toda seguridad se verá mucho más grande que el brazo "pasivo", prueba visible de que si usted usa sus músculos y somete sus huesos al esfuerzo aumentará su densidad y tamaño.

Y usted jamás será demasiado viejo o vieja para comenzar a hacer ejercicios, interviene el doctor Cooper. Las investigaciones demuestran que las mujeres menopáusicas que comienzan a hacer ejercicios pueden incrementar su densidad ósea.

Incluya suficiente calcio en su dieta. Algunos científicos consideran que una escasez crónica de calcio en la dieta es un factor que contribuye a desarrollar la osteoporosis.

Un estudio yugoeslavo ofrece fuertes evidencias para apoyar la importancia del calcio. En una región de Yugoeslavia, donde no se consumían productos lácteos, las mujeres tenían la mitad de la ingesta de calcio diario correspondiente a las mujeres que viven en otra zona, donde sí se consumen regularmente. Los investigadores descubrieron que las mujeres consumidoras de más calcio tenían una masa ósea mucho mayor y menos fracturas después de pasar los 65 años de edad que aquellas que tenían dietas bajas en calcio.

Los estudios de mujeres estadounidenses con osteoporosis han apoyado ese estudio yugoeslavo anterior, señala el doctor Morris Notelovitz, autor de *Stand Tall! The Informed Women's Guide to Preventing Osteoporosis*. Hoy día la dosis mínima requerida diaria recomendada para Estados Unidos (USRDA) es de 1 000 miligramos de calcio. No basta, dicen el doctor Cooper y muchos otros. Él aconseja hasta 1 500 miligramos al día. "El fosfato de calcio en la leche es una magnífica fuente", agrega.

Sin embargo, no es la única fuente. Los quesos y yogures bajos en grasa también tienen alto contenido de calcio. Y la leche descremada y desgrasada ofrece el mismo calcio que la leche entera, sin la grasa, afirma la doctora Lila A. Wallis, profesora clínica en el Colegio de Medicina de la Universidad de Cornell. Otros alimentos ricos en calcio incluyen el salmón rojo, sardinas, nueces y el platillo japonés tofu. Adicionalmente, algunos jugos de cítricos ahora se venden con calcio adicionado.

Fortifique sus alimentos. Agregue leche desgrasada en polvo a sus sopas, guisados y bebidas, sugiere el doctor Notelovitz en su libro. Cada cucharadita equivale a unos 50 miligramos de calcio. ¡Y sin grasas!

Haga sopa. De acuerdo con el doctor Notelovitz, si cuando prepare caldo con huesos agrega un poco de vinagre, éste les sacará el calcio y lo disolverá. Por lo tanto, medio litro de caldo será igual a aproximadamente un litro de leche por su contenido de calcio.

Ahorre en mantequilla. Tanto por su mejor sazón como por su contenido de calcio, prefiera el queso parmesano como magnífico sustituto de la mantequilla.

Si no puede obtener suficiente calcio en su dieta, tome un suplemento. Los suplementos de calcio pueden obrar pequeñas maravillas,

---

Viviendo con la osteoporosis

Tal vez alguien a quien usted conozca haya padecido de fractura de cadera. En tal caso, y si logró recuperarse, esa persona será muy afortunada.

Cada año ocurren cerca de 250 mil fracturas de cadera relacionadas con la osteoporosis en Estados Unidos. De las personas de 65 y más años que padecen de fractura de cadera, entre el 12 y 20% morirán al cabo de un año.

Así que la osteoporosis puede ser cuestión de vida o muerte.

Para ayudar a que sea cuestión de vida, el doctor Kenneth Cooper, con ayuda del Centro para la Instrucción en Columna Vertebral en Dallas, Texas, ofrece varias sugerencias para impedir caídas y fracturas. He aquí algunas.

Cuando se levante:

- Apóyese en los muebles, como por ejemplo el borde de una mesa, para ayudarse a soportar su cuerpo.
- Use calzado acojinado para lograr protección extra.

Al sentarse:

- Conserve sus rodillas más altas que su cadera. Si esto no es posible, inclínese hacia adelante y sostenga su espalda descansando sus brazos sobre un escritorio o mesa.
- No tuerza su tronco. Si algo se le cae, levántese de su silla para recogerlo.

Además, he aquí algunas sugerencias para su seguridad en casa.

- Evite el uso de recubrimientos inestables en el piso, como tapetes que literalmente podrían arrojarlo al piso.
- Use luces piloto nocturnas de modo que los viajes inesperados de noche al sanitario no se hagan en la oscuridad.
- No junte demasiado los muebles; usted necesita espacio dónde maniobrar.
- Use un bastón o andadera para caminar si siente inseguridad en sus piernas o pies.

sobre todo en las personas que tienen dificultades para absorber las fuentes naturales del calcio. Existe toda una diversidad de esos suplementos de calcio en el mercado, pero lo que es eficaz para la tía Ofe puede no serle útil a usted.

"Sin embargo, el carbonato de calcio se absorbe bien en el estómago de la mayoría de la gente si se toma en dosis divididas y con los alimentos", observa el doctor Miller.

Hay otros suplementos, pero casi todos los médicos recomiendan que pruebe primero el carbonato de calcio porque por lo regular es más económico y ofrece la máxima cantidad de calcio por tableta. Pregunte a su médico si un programa de suplementación de calcio puede serle útil a usted.

Pruebe en casa su suplemento de calcio. "Muchos de los suplementos de marcas genéricas tienen tan malas fórmulas que no se desintegran de manera adecuada", explica el doctor Heaney.

Para poner a prueba su suplemento, el doctor Miller sugiere que disuelva dos de las tabletas en unos 180 centímetros cúbicos (menos de un vaso) de vinagre y que espere 30 minutos, mientras agita cada dos a tres minutos.

"Si las tabletas se descomponen en pequeños fragmentos, probablemente se disuelven bien en el estómago"; "pero si conservan su forma de tableta, olvídese de este producto específico y consiga un nuevo suplemento", recomienda Miller.

Obtenga suficiente vitamina D. "Es esencial para la absorción del calcio", declara el doctor Robert M. Levin, profesor en la Escuela de Medicina de la Universidad de Boston y jefe de la clínica de endocrinología en el Hospital Boston City en Massachusetts.

La vitamina D es importante para el calcio de dos maneras: primera, incrementa la absorción del calcio en los intestinos, comenta el doctor Notelovitz; segunda, aumenta la reabsorción del calcio a través de los riñones.

Si pasa mucho tiempo al sol, tal vez piense que está recibiendo vitamina D en cantidad mayor a la necesaria. "Sin embargo, puesto que usamos ropa", agrega el doctor Miller, "la exposición al sol tal vez sólo cubra 10% de nuestra necesidad de vitamina D".

¿Cuánto necesitamos? Un mínimo de 400 unidades internacionales al día. "La gente de más de 65 años", interviene el doctor Miller, "puede necesitar 800 unidades internacionales al día si no sale al aire libre frecuentemente y si no ingiere productos lácteos".

Se puede obtener vitamina D en los mismos alimentos de que se obtiene el calcio. Por ejemplo, un vaso de leche de un cuarto de litro contiene cerca de 125 unidades internacionales. Sin embargo, salmón, sardinas y atún son nuestras mejores fuentes naturales de vitamina D. Por ejemplo, 120 gramos de salmón enlatado por lo regular contiene más o menos 565 unidades internacionales.

También asegúrese de leer las etiquetas de los suplementos de calcio. Algunos también contienen vitamina D. Y tenga presente que los médicos por lo general no recomiendan los suplementos de vitamina D, ya que los niveles altos de ésta pueden ser tóxicos.

Restrinja el consumo de alcohol. "El alcohol reduce la formación de hueso, advierte el doctor Cooper, y agrega que mediante investigaciones se ha encontrado que los alcohólicos son especialmente propensos a perder densidad ósea. Beba sólo con moderación: no más de una a dos bebidas al día para los hombres, y no más de una al día para las mujeres, aconseja la doctora Wallis.

No fume. Como si necesitara alguna otra razón para no fumar. Sin embargo, esta es: el tabaquismo reduce los niveles de estrógeno, señala el doctor Cooper, y las mujeres con menores niveles de estrógeno tienen mayor riesgo de padecer osteoporosis.

Ponga un límite a su cafeína. "Hemos hecho muchas investigaciones en la cafeína, y parece haber un efecto ligero de pérdida de calcio en la orina", comenta el doctor Heaney, "Pero dos a tres tazas al día no causan problema."

No coma demasiada carne. Esto no quiere decir que suspenda la carne de su dieta, pero tampoco exagere. "Ahora sabemos que la proteína incrementa la excreción del calcio más que aumentar su absorción, con lo que se produce una pérdida global del calcio en el cuerpo", anota el doctor Notelovitz.

Vigile su consumo de fibra. Una dieta alta en fibras puede fijar el calcio en el estómago, lo cual restringe la cantidad del calcio absorbido, explica el doctor Cooper.

"Determinadas clases de fibra pueden fijar el calcio, pero no se sabe cuánto y qué clases de fibra", agrega el doctor Conrad Johnston, Jr., profesor de la Escuela de Medicina en la Universidad de Indiana.

Así que a menos que su dieta contenga cantidades anormalmente altas en fibra (lo que ocurre a relativamente pocos occidentales) no se vaya al otro extremo y reduzca drásticamente su consumo de fibras; limítese a considerar una ligera reducción. Después de todo, "hay muchos efectos positivos relacionados con la fibra", agrega el doctor Levin. "Es buena para la motilidad intestinal y ayuda a reducir el colesterol."

Deje el salero en paz. "Hay una relación directa entre el consumo elevado de sodio y su elevada eliminación; cuanto más sodio se excrete, más calcio se eliminará", advierte el doctor Notelovitz.

"Probablemente lo que sucede es que al irse excretando el calcio en la orina, desciendan los niveles de este mineral en la sangre, lo cual hace que se libere la hormona paratiroidea, que descompone el hueso para recobrar los niveles del calcio."

Vigile su consumo de fosfatos. "Existe la creencia generalizada, pero no demostrada, de que el fosfato, como el que se encuentra en las bebidas gaseosas o carbonatadas, fija el calcio a los intestinos e impide la absorción", refiere el doctor Miller.

En estudios efectuados con animales, elevadas dosis de fosfatos parecieron contribuir a la pérdida de hueso, agrega el doctor Johnston. "No obstante, el gran problema con las bebidas gaseosas", recalca, "es que si la gente las toma todo el día, no beben leche y no ingieren suficiente calcio".

Idealmente, "la relación entre la ingesta del calcio al fósforo debiera ser a partes iguales", señala el doctor Levin. Para lograr esta proporción, necesita en su dieta mucho más calcio que fósforo, porque aquél no se absorbe con la misma facilidad que este último.

COMITÉ DE ASESORES

El doctor **Kenneth Cooper** es investigador médico y presidente y fundador del Aerobics Center en Dallas, Texas, y autor de *Controlling Cholesterol, Preventing Osteoporosis* y otros libros.

El doctor **Robert Heaney** es profesor de la Universidad John A. Creighton, en Omaha, Nebraska.

El doctor **Conrad Johnston, Jr.**, es profesor en la Escuela de Medicina de la Universidad de Indiana en Indianápolis.

El doctor **Robert M. Levin** es profesor en la Escuela de Medicina de la Universidad de Boston en Massachusetts. También es jefe de la clínica de endocrinología en el Hospital Boston City.

El doctor **Paul Miller** es profesor en la Escuela de Medicina del Centro de Ciencias de la Salud en la Universidad de Colorado en Denver.

La doctora **Lila A. Wallis** es profesora en el Colegio de Medicina de la Universidad de Cornell en la ciudad de Nueva York. También es presidenta de la American Medical Women's Association y fundadora y primera presidenta del National Council on Women in Medicine.

Padrastros

7 sugerencias para un dedo impecable

No son la gran cosa, hasta que se padecen y luego se atoran en algo. El problema es que se atoran *en todo*: su cabello, ropa, el periódico, ¡hasta el gato! Cada vez que usa sus manos, pequeñas punzadas le recuerdan su presencia.

¿De dónde provienen los padrastros? Esas molestas pequeñas porciones triangulares de piel alrededor de las uñas no son otra cosa que piel muerta. En esa zona, la piel que por principio de cuentas no tiene un buen suministro de aceite sencillamente se seca.

¿Quién los padece? Son particularmente frecuentes entre las mujeres que sumergen mucho las manos en agua o quienes se muerden las uñas; pero según el doctor Rodney Basler, profesor de medicina interna en el Colegio de Medicina en la Universidad de Nebraska, cualquiera que tenga una ocupación que reseque las manos corre peligro. "Los peores casos de padrastros (al igual que las manos partidas y eczema de manos) ocurren en los clasificadores de cartas. La gente que trabaja el papel todo el tiempo padece de manos terriblemente resecas porque el papel de hecho absorbe el aceite de las manos. A menudo piensan que tienen alergia a la tinta en el papel, pero no es más que el efecto físico de perder el aceite de la piel."

Si sus padrastros le están dando pesadillas, pruebe estas sugerencias.

Hágase un recorte. "Si se le forma un padrastro, recórtelo lo más que pueda y cuanto antes, aconseja el doctor Joseph Bark, dermatólogo de Lexington, Kentucky. "Eso impedirá que empeore, pero no practique cirugía mayor en usted mismo; sencillamente quite las pequeñas protuberancias de piel con unas tijeritas afiladas y esterilizadas."

Trisha Webster, destacada modelo de manos de la ciudad de Nueva York cuya profesión le exige tener manos perfectamente arregladas, agrega: "Antes de recortar un padrastro debe remojarlo en un poco de agua o una solución de agua y aceite para suavizarlo. Muchas personas cometen el error de recortar un padrastro cuando todavía está duro, con el resultado de que rasgan todavía más la piel".

Siga el consejo de mamá. "Aconsejo lo mismo que le recomendaba su madre: no se muerda los padrastros", comenta el doctor Basler. "Si los muerde, terminará teniendo cortaduras relativamente profundas alrededor de sus dedos, y pueden infectársele."

Remójelos. "Remojar su mano en una solución de aceite con agua, como cuando se prepara para un trabajo de arreglo de las manos (manicuro), es muy útil", aconseja el doctor Basler. "Recomiendo a mis pacientes mezclar el contenido de cuatro tapitas de aceite para baño como el Alpha-Keri con medio litro de agua tibia y remojar las puntas de sus dedos en la solución durante 10 a 15 minutos."

Envuelva el problema. "Si está teniendo muchos problemas con los padrastros, fróteles una crema o ungüento emolientes en el dedo afectado a la hora de ir a dormir y envuélvalo en un pedazo de plástico. Asegure el extremo con un pedacito de cinta adhesiva. El plástico conservará la humedad durante la noche; pero asegúrese de quitarse el plástico por la mañana, porque no conviene conservarlo puesto demasiado tiempo", advierte el doctor Basler.

No se lastime. "Si tiende a arrancarse sus padrastros cuando está nervioso, cerciórese de usar ropa con bolsillos", aconseja la doctora Diana Bihova, dermatóloga e instructora clínica de dermatología en el Centro Médico de la Universidad de Nueva York en la ciudad de Nueva York. "Meta una mano en cada bolsillo y déjela allí hasta que pase su impulso."

Haga de la humectación un hábito. Para impedir que se le formen los padrastros, "humecte sus cutículas a diario. Hágalo un hábito, no algo que sencillamente se realiza cuando se le practica un arreglo de las manos", aconseja la doctora Bihova. "Frótese loción para las manos en la piel alrededor de sus uñas para mantener suavizada la zona. Con el objeto de lograr un efecto más suavizante caliente el humectante a 'baño María' (en una cacerola con agua caliente). Cada vez que aplique el humectante a sus manos, tómese un poco de tiempo adicional para frotar una porción en sus cutículas."

Webster agrega: "Procuro frotar aceite de oliva o cártamo en mis cutículas", para ayudar a impedir los padrastros.

Precauciones con la cutícula. Puesto que los padrastros a menudo se forman alrededor de la cutícula, mucha gente trata de evitarlos usando soluciones para quitar ésta, lo cual no es buena idea, afirma la doctora Bihova.

"Muchos de estos productos, preparados para cutículas grandes o irregulares, contienen hidróxido de sodio", explica, "producto químico cáustico que puede destruir el tejido de la piel; por tanto, los productos que lo contienen pueden producir irritaciones si se dejan demasiado tiempo en ella. Use estos productos con medida y siempre siga cuidadosamente las instrucciones del envase. Después de todo, considere que la cutícula cumple la vital función de proteger sus uñas contra bacterias y hongos dañinos.

"Los padrastros se ven muy inocentes", advierte la doctora Bihova, "pero si se infectan, pueden producir serias infecciones de las cutículas y otros tejidos alrededor de las uñas".

COMITÉ DE ASESORES

El doctor **Joseph Bark** es dermatólogo privado de Lexington, Kentucky, y autor de *Retin-A and Other Youth Miracles* y *Skin Secrets: A Complete Guide to Skin Care for the Entire Family*

El doctor **Rodney Basler** es dermatólogo y profesor de medicina interna en el Colegio de Medicina de la Universidad de Nebraska en Lincoln.

La doctora **Diana Bihova** es dermatóloga privada e instructora clínica de dermatología en el Centro Médico de la Universidad de Nueva York en la ciudad de Nueva York. Es coautora de *Beauty from the Inside Out*.

Trisha Webster es una destacada modelo de manos de la ciudad de Nueva York para la agencia de modelaje Wilhelmina Inc. Tiene casi 20 años de experiencia en ese campo.

Picaduras

38 sugerencias para aliviar el dolor

Cuando Hamlet lamentaba "los golpes y dardos de la insultante Fortuna" y "los mil naturales conflictos que constituyen la herencia de la carne", no se quejaba de los abejorros. Ni de las aguamalas o medusas. Pensaba en cuestiones más urgentes y en algunas decisiones delicadas que tenía que tomar; pero si usted acaba de padecer el aguijón de alguna criatura que pica, también deberá tomar una decisión: doler o no doler. He aquí el problema. Escoja no sufrir siguiendo los consejos que damos en seguida.

ABEJAS, AVISPAS Y PARIENTES

Estos insectos inyectan ponzoña en el tejido de la piel cuando clavan sus aguijones, lo cual produce dolor, enrojecimiento e hinchazón en el sitio de la picadura. Las molestias pueden durar desde varias horas hasta un día, según cuál y cuántos insectos lo hayan picado.

Identifique a su atacante. Saber cuál insecto causó el daño puede proporcionar una sugerencia acerca del tratamiento y ayudarlo a evitar más picaduras. Por ejemplo, una abeja ordinaria de cuerpo cubierto con vello café dorado, sólo puede picar una ocasión pues su aguijón con púas se mantiene enterrado en la piel, y la abeja muere.

Los abejorros, avispas, avispones y avispas con pintas amarillas, por otra parte, tienen aguijones lisos que pueden usar repetidamente. Así que prepárese para huir.

Las avispas con pintas amarillas plantean un problema adicional: si aplasta una, puede desatar un ataque a gran escala por parte de sus compañeras de colmena, porque al romper el saco de ponzoña de uno de esos insectos se libera una sustancia química que incita al resto a atacar.

Actúe con rapidez. La clave para el tratamiento eficaz es la acción rápida. Cuanto más rápido pueda aplicar algún tipo de tratamiento de primeros auxilios, mejores serán sus posibilidades de controlar el dolor y la inflamación.

Saque el aguijón. Si lo que le picó fue una abeja, retire el aguijón lo antes posible. Si no lo hace, el saco de ponzoña que tiene unido seguirá bombeando durante dos a tres minutos, impulsando el aguijón y su ponzoña a mayores profundidades en la piel; pero tenga cuidado de no romper el aguijón o el saco, para no vaciar más ponzoña en su sistema.

"La mejor manera de sacar el aguijón es exprimirlo", indica el doctor Edgar Raffensperger, profesor de entomología en el Departamento de Entomología en la Universidad Cornell. Use su uña, una lima para las uñas o incluso el borde de una tarjeta de crédito para presionar suavemente bajo el aguijón y expulsarlo.

Limpie la zona. Las abejas y otros de su especie son barredores, de modo que a menudo tienen bacterias indeseables en su ponzoña, refiere Jeff Rusteen, bombero y paramédico del Piedmont Fire Department en Piedmont, California. Lave bien la picadura con agua y jabón o un antiséptico.

Alivie el dolor. En este momento, su herida todavía estará punzándole, de modo que querrá aliviar el dolor *rápido*. Las siguientes sustancias han probado su eficacia; pero usted debe reaccionar con rapidez después del piquete para que actúen bien.

Frío. Un paquete helado, o incluso un cubo de hielo colocado sobre la picadura puede frenar la hinchazón y evitar que la ponzoña se extienda, de acuerdo con Herbert Luscombe, dermatólogo de Filadelfia, profesor emérito de dermatología en el Colegio de Medicina Jefferson de la Universidad Thomas Jefferson.

Calor. Irónicamente, señala el doctor Luscombe, el calor también puede hacerlo sentir mejor al neutralizar una de las sustancias químicas que produce la inflamación. Basta con que tome un secador de cabello y lo dirija a la picadura.

Aspirina. Una de las cosas más simples y eficaces que puede hacer es aplicar aspirina, aconseja el doctor Luscombe. Humedezca la picadura, luego frote una tableta de aspirina en ella. La aspirina neutraliza determinados agentes inflamatorios en la ponzoña.

Amoniaco. "A veces el amoniaco o agua amoniacal para uso doméstico puede resultar útil", anota el doctor Luscombe. "Si es así, aliviará el dolor con mucha rapidez. Úntelo en la picadura." Para sus paseos al aire libre tal vez deba llevar consigo un producto comercial denominado After Bite, que contiene amoniaco y viene en prácticas toallitas desechables.

Bicarbonato de sodio. Claude Frazier, alergólogo de Carolina del Norte, recomienda aplicar una pasta de bicarbonato de sodio con agua.

Ablandador de carnes. "Un ablandador de carnes a base de enzimas, como los de Adolph o McCormick, descompone las proteínas que forman la ponzoña del insecto", explica el doctor David Golden, profesor de la Universidad Johns Hopkins. Tiene que usarlo de inmediato para que sea eficaz.

Carbón activado. "Una pasta de carbón activado pulverizado saca la ponzoña con mucha rapidez, de modo que la picadura no llegue a inflamarse ni a doler", observa el doctor Richard Hansen, director médico del Poland Spring Health Institute en Poland Spring, Maine. Abra cuidadosamente algunas cápsulas de carbón activado y sáqueles el polvo. Humedézcalo con agua y aplique la pasta a la picadura. Cubra todo con una gasa o una envoltura plástica; el carbón actúa mejor si se mantiene húmedo.

Lodo. Si no tiene otra cosa a mano, interviene el doctor Hansen, entonces puede mezclar un poco de tierra arcillosa y agua para formar una pasta lodosa. Aplíquela como lo haría con el carbón, cubra con un vendaje o pañuelo y déjelo allí hasta que seque el lodo.

Tome un antihistamínico. Un antihistamínico oral que se venda y use sin receta médica puede ayudar a aliviar el dolor. En las clases que Rusteen imparte, a menudo aconseja a los padres que den a sus hijos un jarabe para la tos que contenga un antihistamínico, como por ejemplo Benylin. "El antihistamínico ayuda a sedar un poco a la criatura y también disminuye la hinchazón, las punzadas y el enrojecimiento ocasionados por la ponzoña del insecto. Los adultos también se pueden beneficiar de este tratamiento."

Para empezar, no permita que le piquen. El proverbio de que "más vale prevenir que remediar" puede ahorrarle muchas angustias más adelante. Considere estas maneras de reducir al mínimo las posibilidades de padecer una picadura.

Póngase prendas de color blanco. Los insectos que pican prefieren los colores oscuros, hace notar el doctor Raffensperger. Por eso generalmente los apicultores usan tela de algodón de color blanco u otros colores claros.

No huela demasiado bien. No se ponga perfumes, lociones para después de afeitarse y cualquier otra fragancia que induzca a una abeja a confundirlo con una flor que contenga néctar, agrega.

Aumente su consumo de cinc. Los insectos sienten atracción por la gente que tiene deficiencia de cinc, declara el doctor George Shambaugh, Jr., alergólogo de Illinois, profesor emérito de otorrinolaringología, y de cirugía de cabeza y cuello de la Escuela de Medicina de la Universidad Northwestern. "Le indico a la gente que consuma al menos 60 miligramos de cinc diarios, todo el año. Mi hermana padecía terribles problemas con las abejas hasta que comenzó a tomar cinc. Ahora nunca la pican." (Sólo debe aumentar su consumo de cinc después de haber consultado a su médico y de obtener su aprobación.)

Póngase aceite. Determinados aceites para baño pueden repeler a los insectos que pican, informa el doctor Luscombe. Por ejemplo, Skin-So-Soft de Avon y Alpha-Keri han ayudado a mucha gente. Friccione el aceite en la piel expuesta antes de salir a la intemperie.

Corra a refugiarse. Si le persigue una horda rezumbante, corra a refugiarse bajo techo, salte al agua o diríjase al bosque. Tenga presente que los insectos que pican tienen dificultades para seguir a su presa en la espesura de los bosques, de acuerdo con los investigadores del Servicio de Extensión Cooperativa de la Universidad de Cornell.

Conviértase en pintor. Como última medida, podría convertirse en pintor. Rara vez los pintores sufren de picaduras, acota el doctor Luscombe, porque el aguarrás, o trementina, de las pinturas, repele los insectos que pican.

MEDUSAS O AGUAMALAS

Las medusas o aguamalas y su primo mayor, el buque de guerra portugués, son dos de los animales marinos más comunes que pican. Sus largos tentáculos contienen células que cuando se rozan contra una persona perforan la piel y liberan su veneno. Incluso los tentáculos cercenados o dañados pueden causar lesiones graves. Esto es lo que debe hacer si tiene un mal encuentro con estas criaturas marinas.

¡Enjuáguese! Enjuague inmediatamente la lesión con agua salada, recomienda Arthur Jacknowitz, doctor en farmacología, profesor de farmacia clínica y jefe del Departamento de Farmacia Clínica en la Universidad de West Virginia. *No use agua dulce* porque con ella activará las células picadoras que todavía no se hayan abierto. Por el mismo motivo, no se frote la piel.

ALERTA MÉDICA

Señales de una reacción grave

Las picaduras de abeja causan más muertes que las mordeduras de serpiente, según el doctor Herbert Luscombe. Una picadura de abeja normal produce dolor durante poco tiempo e hinchazón que usualmente se reduce en unas cuantas horas; pero los síntomas más graves pueden indicar que hay una alergia, la cual puede ocasionar un choque anafiláctico mortal. Así pues, esté alerta a una sensación de opresión en el pecho, urticaria, náusea, vómitos, respiración con resuello, ronquera, mareos, lengua o cara hinchadas, desvanecimiento o shock. Y piense que a mayor rapidez de aparición de los síntomas, más amenazarán la vida.

Si aparecen estos síntomas, aconseja el doctor Claude Frazier, use un equipo contra picaduras de insectos y siga las instrucciones incluidas. Luego lleve inmediatamente a la víctima al hospital o médico más próximos. Si no cuenta con un estuche disponible, aplique un paquete de hielo de ser posible y lleve de inmediato a la víctima a un lugar donde la atiendan.

Las picaduras graves de medusas o aguamalas pueden ir acompañadas de dolores de cabeza, calambres musculares, tos, falta de aliento, náusea y vómitos, advierte Arthur Jacknowitz, doctor en farmacología. Si los síntomas persisten o empeoran, comuníquese inmediatamente con un médico o con el servicio médico de emergencias local.

Neutralice las células punzantes. Actúe para aliviar el dolor enjuagando la zona con alguno de los siguientes productos. Y es mejor aplicarlo cuanto antes; empero, aún así el alivio tal vez sólo dure una a dos horas, de modo que debe reaplicar el líquido cuantas veces sea necesario.

Alcohol. Vierta alcohol sobre las zonas afectadas, recomienda el doctor Jacknowitz. Aunque es preferible el alcohol para friccionar, puede usar vino, licor o cualquier otro alcohol que se encuentre disponible.

Vinagre. El doctor Luscombe recomienda salpicar vinagre en la zona en cuanto pueda. (No estará mal llevar consigo una botella grande de vinagre siempre que vaya a la playa.)

Amoniaco. El amoniaco o agua amoniacal también es eficaz, agrega.

Ablandador de carne. El ablandador de carne contiene una enzima que desactiva la proteína de la ponzoña y puede ayudar a impedir la ruptura de las células que causan la picadura, informa el doctor Jacknowitz. Disuélvalo en agua salada y póngalo a golpecitos.

Quite los tentáculos adheridos. Si hay tentáculos que cuelgan de su piel, ahora es el momento de quitarlos; pero no los toque con la mano desprotegida. Mejor pruebe alguna de estas técnicas.

- Envuelva la mano en una toalla o tela y limpie con ella todos los tentáculos adheridos, indica el doctor Stephen Rosenberg, profesor de salud pública clínica en la Universidad de Columbia.
- Aplique crema de afeitar y afeite con suavidad, recomienda el doctor Jacknowitz.
- Si esto no es posible o práctico, agrega, aplique una pasta de arena y agua de mar. Luego quite los tentáculos raspándolos con un cuchillo, tarjeta de crédito de plástico o cualquier otro instrumento filoso.
- O aplique una pasta de bicarbonato de sodio y agua de mar. Arranque los tentáculos como se indica arriba, señala.

Atienda los síntomas. Contrarreste la comezón e inflamación con fármacos específicos, aconseja el doctor Jacknowitz.

- Alivie la piel que tiene comezón con antihistamínicos.
- Reduzca la hinchazón con crema de hidrocortisona.
- Tome un analgésico si persiste el dolor.

Inyéctese contra el tétanos. Aunque el agua de mar limpiará el sitio de la picadura, no basta para esterilizar la herida, advierte el doctor Jacknowitz. Así que asegúrese de que su inmunización contra el tétanos está al día.

Lleve medias o pantimedias de nylon a la playa. Si quiere asegurarse de que las medusas o aguamalas no van a picarle, use medias o pantimedias de nylon cuando vaya a nadar, sugiere el doctor Luscombe. "Realmente son eficaces."

COMITÉ DE ASESORES

El doctor **Claude Frazier** es alergólogo privado de Asheville, Carolina del Norte. Es autor de *Coping with Food Allergies* e *Insects and Allergy and What to Do about Them.*

El doctor **David Golden** es profesor de medicina en la Universidad Johns Hopkins en Baltimore, Maryland.

El doctor **Richard Hansen** es director médico del Poland Spring Health Institute en Poland Spring, Maine. Es autor de *Get Well at Home.*

El doctor en farmacología, **Arthur Jacknowitz**, es profesor de farmacia clínica y presidente de la junta directiva del Departamento de Farmacia Clínica en la Universidad de West Virginia en Morgantown. Ha publicado más de 90 artículos en revistas periódicas especializadas.

El doctor **Herbert Luscombe** es profesor emérito de dermatología en el Colegio de Medicina Jefferson de la Universidad Thomas Jefferson en Filadelfia, Pennsylvania. También es dermatólogo senior en el Hospital de la Universidad Thomas Jefferson en Filadelfia.

El doctor **Edgar Raffensperger** es profesor de entomología en el Departamento de Entomología de la Universidad de Cornell en Ithaca, Nueva York.

El doctor **Stephen Rosenberg** es profesor de salud pública clínica en la Escuela de Salud Pública de la Universidad de Columbia en la ciudad de Nueva York. Es autor del *The Johnson & Johnson First Aid Book*.

Jeff Rusteen es bombero-paramédico del Piedmont Fire Department en Piedmont, California. Enseña tecnología médica de emergencia en el Colegio Chabot en Hayward, California. Es autor de una videocinta y folleto explicativo intitulado *Until Help Arrives*.

El doctor **George Shambaugh, Jr.**, es médico otólogo privado en Hinsdale, Illinois; trabaja en el Hospital Hinsdale y es profesor emérito de otorrinolaringología, y cirugía de cabeza y cuello de la Escuela de Medicina de la Universidad Northwestern en Chicago. Escribe un boletín sobre salud y nutrición que envía a sus pacientes.

Pie de atleta

18 maneras de librarse de él

¿Puede tener pie de atleta el sedentario irredento? ¡Apueste su aparatito de control remoto a que sí! Este hongo es una aflicción que ataca atletas y sedentarios por igual. No le importa si su víctima es el mejor atleta del mundo o un mozo de limpieza, o incluso una gentil damita. (Aunque los hombres tienen más posibilidad de contraer esta molesta infección, las mujeres de ninguna manera son inmunes a ella.)

El pie de atleta se debe a un microorganismo que vive en la piel y se reproduce mejor en condiciones cálidas y húmedas. Aunque tal vez los climas benignos alienten su crecimiento con más frecuencia resulta culpable el calzado que hace sudar los pies. Una vez contraído el contagio, se necesitarán al menos cuatro semanas para lograr algunos progresos, en contra de una afección muy difícil de erradicar. Y lo que es peor, ésta volverá a menos que haga usted desaparecer las condiciones que la originaron; así que en seguida aparecen algunas sugerencias para enfrentar esta infección activa y varias maneras de protegerse contra su recurrencia.

Cuide su pie como a un bebé. El pie de atleta puede presentarse de repente e ir acompañado de piel agrietada, ámpulas que rezuman líquido y una sensación de ardor intermitente, explica el doctor Frederick Hass, médico general en San Rafael, California, EUA. "Cuando sufra esta etapa aguda, cuide sus pies como si fueran un bebé. Mantenga el pie descubierto y en constante reposo, aunque para ello tenga que faltar a su trabajo o no realizar sus tareas domésticas. Pese a que la inflamación en sí no es peligrosa, puede empeorar y dar lugar a una infección bacteriana si no se tiene cuidado."

Dé consuelo a las llagas. Use compresas calmantes para reducir la inflamación, aliviar el dolor, disminuir la comezón y secar las llagas, recomienda el doctor Hass. Disuelva un paquete de polvo de Domeboro o dos cucharadas de Solución Burow en medio litro de agua fría. Remoje en el líquido un pedazo de tela de algodón blanco no usada y aplíquesela de tres a cuatro veces al día durante 15 o 20 minutos.

Busque una solución (salada). Remoje su pie en una mezcla de dos cucharaditas de sal por medio litro de agua tibia, aconseja Glenn Coperland, podiatra de Toronto, Canadá. Haga esto de 5 a 10 minutos cada vez y repita hasta que el problema desaparezca. La solución salina ayuda a proporcionar una atmósfera desagradable para el hongo y disminuye la sudación excesiva. Más aún, suaviza la piel afectada, y por tanto los medicamentos fungicidas pueden penetrar más y actuar con mayor eficacia.

¿Es realmente pie de atleta?

Según el doctor Thomas Goodman, Jr., esa irritación tal vez no sea pie de atleta si:

- Se encuentra en el pie de un niño. (Resulta muy poco frecuente que un niño que no haya llegado a la pubertad tenga una infección micótica en el pie.)
- Se localiza en la punta de los dedos. (Las erupciones en las puntas de los dedos y de los pies tal vez se deban a cierta modalidad de dermatitis por contacto causada por el material del calzado.)
- El pie está rojo, inflamado, presenta dolor y úlceras reventadas. (Quizá se trate de una manifestación aguda de dermatitis, y debe usted consultar a un médico.)

Aplique medicamentos a su pie. Ahora es el momento de aplicar medicamentos fungicidas que se venden sin receta médica. Según el doctor Thomas Goodman, Jr., dermatólogo y profesor en el Centro para las Ciencias de la Salud en la Universidad de Tennessee en Memphis, EUA, los tres tipos principales contienen nitrato de miconazol (que se encuentra, por ejemplo, en los productos Micatín), tolnaftato (Artate o Tinactín) o ácidos grasos (Desenex). Dos a tres veces diarias aplique ligeramente uno de los productos a toda la zona afectada y frote con suavidad para hacerlo penetrar. Continúe haciéndolo durante cuatro semanas (o dos semanas después de que el problema parezca haberse solucionado).

Trate los dedos de sus pies. Para el pie de atleta entre los dedos de sus pies, el doctor Goodman recomienda aplicar una solución de cloruro de aluminio, líquido transparente que no sólo destruye el hongo, sino que también ayuda a secar la zona e inhibe un nuevo crecimiento. Pida a su farmacéutico que le prepare una solución al 25% de cloruro de aluminio en agua. Utilice un hisopo de algodón para aplicar el líquido entre los dedos de sus pies dos o tres veces al día. Continúe durante dos semanas después de que la infección desaparezca.

El doctor Goodman advierte: no utilice el cloruro de aluminio en la piel agrietada o viva; le ardería muchísimo. Primero cure las grietas con un agente fungicida.

Haga penetrar bicarbonato de sodio frotándolo. Para los hongos en sus pies, especialmente entre los dedos, aplique una pasta de bicarbonato de sodio, aconseja la podiatra Suzanne M. Levine, podiatra asistente clínica en el Hospital Mount Sinai en la ciudad de Nueva York. Tome una cucharada de bicarbonato de sodio y agregue un poco de agua tibia. Frote para hacer penetrar esa mezcla en el sitio del hongo y luego enjuague y seque con cuidado. Termine el tratamiento espolvoreando fécula de maíz o talco.

Retire la piel muerta. Cuando ha cedido la fase aguda del ataque, indica el doctor Hass, deberá retirar toda la piel muerta que aloja hongos vivos que le pueden reinfectar. Al bañarse, cepille todo el pie ligera, pero vigorosamente, con un cepillo de cerdas. Ponga cuidado especial a los espacios entre los dedos; utilice un cepillo pequeño o el que se emplea para limpiar tubos de ensayo. "Si cepilla sus pies en la tina, dese entonces un baño de regadera para enjuagar cualquier pedazo de piel que pudiera fijarse en alguna otra parte de su cuerpo y comenzar allí una nueva infección."

Ponga atención a las uñas de los pies. Las uñas de los pies son los sitios que los hongos prefieren para crecer, explica el doctor Hass. Por eso aconseja raspar las partes interiores de las uñas al menos en días alternos a cada dos días. Asegúrese de utilizar un pedazo de palito de naranjo, mondadientes o fósforo de madera en vez de un artículo de metal, pues podría rayar las uñas y proporcionar nichos en los cuales se acumulen los hongos.

Siga aplicando la crema. Una vez despejada la infección, indica el doctor Goodman, puede usted protegerse contra su reimplantación continuando la aplicación (con menor frecuencia) de la crema o loción fungicida que curó su problema. Esto es especialmente recomendable en los climas cálidos. Aplique su propio juicio para fijar un calendario, que puede operar desde diariamente hasta una vez a la semana.

Escoja zapatos apropiados. Evite los zapatos y calzado de plástico que se haya tratado para hacerlo impermeable al agua, recomienda el doctor Copeland, pues retienen la transpiración y crean un punto cálido y húmedo donde puede crecer el hongo.

La dermatóloga Diana Bihova, instructora clínica de dermatología en el New York University Medical Center en la ciudad de Nueva York, recomienda que evite por completo todo calzado apretado, ajustado o no ventilado y que nunca use botas todo el día. "Los materiales naturales como algodón y cuero pueden crear el mejor ambiente para los pies, en tanto que el caucho e incluso la lana pueden inducir la sudación y retener la humedad. Siempre que sea posible, como durante el verano, use calzado ventilado como las sandalias", recomienda la doctora.

Cámbielos a menudo. No use los mismos zapatos dos días seguidos, recomienda Dean S. Stern, podiatra del Centro Médico Rush-Presbyterian-St.

El otro camino

Un poquito de vino no hace mal

"Tengo un amigo que le gusta mucho el vino y jura que este tratamiento es eficaz para el pie de atleta", declara el doctor en podiatría Glenn Copeland. "Mezcla 30 gramos de salvia, 30 gramos de agrimonia y dos tazas de vino blanco. Luego cocina a fuego lento la mezcla en una sartén tapada durante 20 minutos. La deja enfriar y remoja repetidamente el pie afectado." En este punto ya no es tan preciso en lo referente al tiempo requerido, pero supongo que cuando al pie le da hipo, ¡es que ya tuvo suficiente remojo!

ALERTA MÉDICA

Sea prudente ante la infección

Si usted supone que el pie de atleta desaparecerá por sí mismo, puede buscarse un gran problema, advierte la doctora en podiatría Suzanne M. Levine. Una infección no controlada de hongos puede producir grietas en la piel y ocasionar una desagradable infección bacteriana.

El doctor Frederick Hass recomienda que consulte a su médico si:

- La inflamación se traduce en incapacidad.
- Ocurre inflamación en el pie o la pierna en cualquier momento durante el ataque y le sobreviene fiebre.
- Aparece pus en las ámpulas o la piel agrietada.

Luke en Chicago, Illinois. Los zapatos tardan al menos 24 horas en secarse por completo. Si sus pies sudan mucho, cambie sus zapatos dos veces al día.

Manténgalos secos y limpios. Espolvoree a menudo el interior de sus zapatos con un talco o rocío fungicida. Otra buena idea, recomienda el podiatra Neal Kramer, de Bethlehem, Pennsylvania, es rociar algún desinfectante (como Lysol) en un pedazo de trapo y utilizarlo para limpiar el interior de sus zapatos. Eso matará cualquier espora de hongo que viva allí. Haga esto cada vez que se quite los zapatos, indica Kramer.

¡Y ventílelos! El doctor Hass recomienda que deje sus zapatos un rato al sol para ventilarlos. "Quite los cordones de los zapatos y abra éstos lo más posible. Incluso las sandalias deben dejarse al aire libre entre periodos de uso. Y limpie las partes internas de las correas después de cada uso para retirar todo rastro de piel muerta que lleve hongos. La idea es reducir incluso las menores posibilidades de reinfección."

Cubra la infección. Si sus pies sudan mucho, aconseja el doctor Hass, cambie sus calcetines de tres a cuatro veces diarias. Y use sólo calcetines limpios de algodón, no los producidos con fibras sintéticas. Asegúrese de enjuagarlos completamente durante el lavado, porque el residuo del detergente puede agravar su problema de piel. Y para ayudar a matar las esporas del hongo, recomienda el doctor Kramer, lave dos veces sus calcetines en agua muy caliente.

Ponga talco en los dedos de sus pies. Para mantener todavía más secos sus pies, permita que se sequen al aire de 5 a 10 minutos después de su baño y antes de ponerse los calcetines y zapatos, aconseja la doctora Bihova. Para acelerar el secado completo, use una secadora de cabello a unos 15 centímetros de sus pies, mueva los dedos de los pies y seque el espacio entre cada uno. Luego aplique el talco. Para evitar el problema de manchar con el talco suelto, colóquelo en una bolsa de plástico o papel, luego meta su pie en la bolsa y sacuda bien.

Y su calzado. La doctora Levine recomienda además aplicar el talco medicado (como Tinactín, Halotex o Desenex) a sus zapatos antes de ponérselos.

Cúbrase en sitios públicos. Usted puede disminuir su exposición a los hongos, afirma el doctor Goodman, usando zapatillas y calzado para el baño en zonas donde otras personas caminan descalzas, lo que incluye gimnasios, centros deportivos, baños públicos, vestidores e incluso alrededor de las piscinas de natación. Si usted tiene propensión a las infecciones de hongos, puede adquirirlos casi en cualquier sitio húmedo; así que sea prevenido.

COMITÉ DE ASESORES

La doctora **Diana Bihova** es dermatóloga privada e instructora clínica de dermatología en el Centro Médico de la Universidad de Nueva York en la ciudad de Nueva York y coautora de *Beauty From the Inside Out*.

El doctor **Glenn Copeland** es podiatra privado en el Women's College Hospital de Toronto. También es podiatra consultor para el Instituto Canadiense para la Espalda, podiatra para el equipo de beisbol Toronto Blue Jays y autor de *The Foot Doctor*.

El doctor **Thomas Goodman, Jr.**, es dermatólogo privado y profesor de dermatología en el Centro para las Ciencias de la Salud en la Universidad de Tennessee en Memphis. Es autor de *Smart Face* y *The Skin Doctor's Skin Doctoring Book*.

El doctor **Frederick Hass** es médico general en San Rafael, California. Trabaja en el Marin General Hospital en Greenbrae. También es autor de *The Foot Book* y *What You Can Do about Your Headaches*.

El doctor **Neal Kramer** es podiatra con práctica en Bethlehem, Pennsylvania.

La doctora **Suzanne M. Levine** es podiatra privada y asistente podiatra clínica en el Hospital Mount Sinai en la ciudad de Nueva York. Es autora de *My Feet Are Killing Me* y *Walk It Off*.

El doctor **Dean S. Stern** es podiatra en el Centro Médico Rush-Presbyterian-St. Luke en Chicago, Illinois.

Piel grasosa

7 restauradores para tener un rostro más feliz

No es realmente culpa suya. Si tiene que culpar a alguien, culpe a sus ancestros. Es muy posible que provinieran de alguna parte donde la piel grasosa sirviera para algo útil, como combatir los efectos de la excesiva luz solar del Mediterráneo o las lluvias monzónicas. Ahora tiene usted piel grasosa aunque vive en una tierra donde la vergüenza del aspecto de su frente brillosa pesa mucho más que cualquier posible protección que pudiera darle su piel contra el sol quemante o las lluvias tropicales.

La herencia tiene un papel importante en la piel grasosa; pero también lo tienen las hormonas, como corroboran las mujeres embarazadas, que a veces notan que aumenta la grasa de su piel a medida que cambia su actividad hormonal. Lo mismo sucede a las mujeres que usan determinados tipos de píldoras anticonceptivas. Por otra parte, la tensión también puede hacer que las glándulas sebáceas se activen en exceso. Por último, los cosméticos inapropiados pueden agravar fácilmente lo que de ordinario sería un caso benigno de piel grasosa. Si bien algunas de estas causas se encuentran dentro de su facultad para controlarlas, otras en cambio son de tal naturaleza que tendrá que aprender a vivir con ellas.

No existe cura mágica alguna para la piel grasosa, si bien los consejos más recientes de nuestros expertos incluyen mantenerla limpia, y no descuidarla en ningún momento. Por otra parte, nuestras sugerencias le ayudarán a esto último de la mejor manera posible.

Desde el punto de vista positivo, los expertos dermatólogos creen que una piel grasosa puede tener ciertas ventajas, una de las cuales se aprecia con el paso del tiempo inexorable. O sea que la piel grasosa tiende a envejecer en mejores condiciones y arrugarse menos que la piel seca o la normal. La maldición de hoy es la bendición de mañana.

Vuelva al lodo. "Las máscaras de arcilla o de lodo son convenientes", comenta el doctor Howard Donsky, profesor de la Universidad de Toronto y dermatólogo del Hospital General de Toronto; empero, advierte que las máscaras harán sentir y ver mejor la piel sólo temporalmente, de modo que no debe contar con que los efectos sean duraderos.

Por lo general, las arcillas (y lodos) más oscuros absorben más grasa. En cambio, las arcillas blancas o de color rosado son más suaves y actúan mejor en las pieles delicadas.

Las máscaras pueden eliminar la grasa de la superficie de la piel, pero no espere que "limpien profundamente" los poros (el término carece de significado, de acuerdo con algunos expertos) ni que hagan algo más que tonificar temporalmente la piel.

Use espuma caliente. "El agua caliente es buen solvente", indica el doctor Hillard H. Pearlstein, médico privado y profesor de clínica de dermatología en la Escuela de Medicina Mount Sinai en la Universidad de la ciudad de Nueva York. Por ese motivo recomienda que se lave la piel grasosa en agua muy caliente y con bastante jabón. "El agua caliente con el jabón disuelve mejor la grasa de la piel que el agua fría y el jabón", señala, "porque más cosas se disuelven en el calor que en el frío, entre ellas el jabón y la mugre que trata usted de quitar de su piel".

Busque jabones desecantes. "Dada la tendencia actual en el tratamiento de las pieles grasosas, realmente lo único que usted puede hacer es desgrasar la piel", declara el doctor Pearlstein, "repetidamente, con astringentes y con jabones secantes".

Encontrar un jabón secante no es un problema (en cambio, sí lo es encontrar un jabón que *no* seque la piel). Muchos dermatólogos parecen preferir el viejo conocido (en Estados Unidos) Ivory Soap para la piel grasosa, junto con jabones desengrasantes más especializados como el jabón medicado Cuticura Mildly, Clearasil y Neutrogena Oily Skin Formula, por citar algunos.

Sin embargo, en realidad no hay motivo para gastar mucho dinero, comenta el doctor Kenneth Neldner, profesor y jefe del Departamento de Dermatología de la Escuela de Medicina en el Centro de Ciencias de la Salud en la Universidad de Texas Tech. "Algunas personas piensan que los jabones como Safeguard y Dial son relativamente secantes, lo cual debiera bastar para el propósito. Lo importante es asegurarse que se use mucho jabón; fricciónese la piel con energía."

Luego use un astringente. Los astringentes con acetona son lo mejor para el caso, según el doctor Neldner. "La acetona es un magnífico solvente de

Olvide eso de las dietas

Aunque determinadas publicaciones periódicas y libros sobre el cuidado de la piel recomiendan determinadas dietas para reducir los problemas de la piel grasosa (usualmente reduciendo la ingestión de los alimentos fritos y grasosos), nuestros expertos afirman que tal discriminación es pura fantasía y esfuerzo inútil.

"No hay relación entre la dieta y una piel grasosa", señala el doctor Hillard H. Pearlstein. "Este es un estado genéticamente determinado, que se tiene o no se tiene. De hecho no se pueden desconectar las glándulas sebáceas con la dieta; lo único que puede hacerse es limpiar."

El doctor Kenneth Neldner opina igual. "No creo que la dieta afecte de ninguna manera. De ser así, la comunidad médica no sabe nada al respecto. Lo que quiero decir es que si usted tiene piel seca, no puede comer nada que la haga grasosa, de modo que no hay razón para creer que lo opuesto sería válido para la piel grasosa."

grasas, aparte de que casi todos los astringentes contienen algo de acetona. Si los usa regularmente, con seguridad podrá quitar la grasa de su piel."

Aunque casi todos los astringentes contienen alcohol, busque una marca que también contenga acetonas, como el producto SebaNil, aconseja el doctor Neldner. Sin embargo, el alcohol ordinario para fricciones se puede usar como astringente eficaz y económico. Quienes busquen un producto más suave pueden tratar de usar agua de hamamelis, que contiene algo de alcohol y también es eficaz.

Los astringentes sin alcohol contienen mayormente agua y no son tan eficaces como los que contienen alcohol y acetona, aunque pueden ser útiles para quienes tienen piel delicada. Y vale la pena notar que los dermatólogos recomiendan que en vez de lavar la cara varias veces al día, lo que la resecará demasiado y la dejará irritada, es mejor llevar consigo toallitas astringentes y usarlas para limpiarse el rostro.

Escoja sus cosméticos con cuidado. "Los cosméticos se pueden agrupar en dos categorías importantes", observa el doctor Neldner, "con base oleosa y a base de agua. Si usted tiene piel grasosa, use sólo productos a base de agua".

Hay muchos cosméticos formulados para piel grasosa, elaborados de modo que absorban y cubran la grasa para que la piel no se vea tan brillosa; pero ningún cosmético tiene ingredientes mágicos que frenen o detengan la producción de grasa, de modo que no conviene que se sienta tentada a probar productos que hagan semejantes afirmaciones.

Considere ponerse talco. Talco para bebé, desde luego. Para contar con protección adicional contra el brillo de su rostro, algunas mujeres encuentran que los productos simples como el talco para bebé de Johnson & Johnson constituyen magníficos talcos para el rostro cuando se espolvorean suavemente con borla sobre el maquillaje.

COMITÉ DE ASESORES

El doctor **Howard Donsky** es profesor de medicina en la Universidad de Toronto y dermatólogo del Hospital General de Toronto. Es autor de libro *Beauty is Skin Deep*.

El doctor **Kenneth Neldner** es profesor y jefe del Departamento de Dermatología en la Escuela de Medicina en el Centro de Ciencias de la Salud en la Universidad de Texas Tech en Lubbock.

El doctor **Hillard H. Pearlstein** es médico privado y profesor clínico de dermatología en la Escuela de Medicina Mount Sinai en la Universidad de la ciudad de Nueva York.

Piel seca y comezón invernal

10 opciones frente al clima frío

Si usted está leyendo este libro en su casa de la playa tropical, con toda seguridad puede saltarse este capítulo. Salga a asolearse en el cálido aire húmedo. Dé a su piel una buena dosis de humedad tropical. Disfrute de la vida. ¡Que tenga un buen día!

Bueno. Ya se fueron. Ahora, los demás podemos preocuparnos por cuidar que nuestra piel no se caiga en escamas formando montoncitos mientras nos rascamos durante los meses que restan hasta que llegue la primavera. En efecto, quienes vivimos en climas fríos y secos, donde la calefacción trabaja día y noche, somos quienes sabemos de la agonía de la piel seca y la comezón invernal.

Bueno, ¿qué puede hacerse al respecto? Fácil: apague la calefacción y vaya a una playa de moda (Cancún, Acapulco, por ejemplo). ¿Que no puede mudarse? Entonces, al menos baje la temperatura de su calefacción; ese es un gran avance en el camino hacia una piel invernal más sana. Hay muchos más pasos que puede dar, y aquí hemos listado muchos. Sin embargo, todos siguen una premisa básica: la resequedad es resultado de falta de agua —no aceites— en su piel. Téngalo presente mientras lee esto y conforme desarrolle sus actividades diarias durante el invierno; su piel se lo agradecerá.

No trate de beber para eliminar la resequedad. Muchos libros de belleza y publicaciones periódicas sobre belleza recomiendan beber "al menos siete a ocho vasos de agua al día" para mantener hidratada la piel y evitar la resequedad. No lo crea.

"Si está completamente deshidratado, su piel se secará", declara el doctor Kenneth Neldner, profesor y jefe del Departamento de Dermatología en la Escuela de Medicina del Centro de Ciencias para la Salud de la Universidad Tecnológica de Texas; "empero, si está normalmente hidratado, no es posible contrarrestar o corregir la piel seca bebiendo agua".

Ponga el agua donde debe. "La mejor manera de introducir agua en la piel es remojándola", afirma el doctor Hillard H. Pearlstein, profesor de clínica de dermatología en la Escuela Mount Sinai de Medicina en la ciudad de Nueva York. Pearlstein recomienda un remojón de 15 minutos en agua *tibia*, no caliente. Y olvídese de que debe bañarse a diario. La regla empírica para la piel seca es: báñese menos y use agua más fresca.

Lubrique la piel. "Use un humectante después de cada baño", aconseja el doctor Pearlstein. "Toda la humedad que se acumuló en la piel tiende a evaporarse. Si se baña a menudo, tendrá mayor necesidad de un humectante, pues es el producto que ayuda a conservar el agua en el interior."

Según el doctor Pearlstein, mucha gente piensa que la justificación para aplicar humectantes es devolver la grasa a la piel, lo cual no es totalmente cierto. "Tan sólo recuerde que la piel seca es manifestación de pérdida de agua, no de aceite."

"Todo mundo sabe que es más fácil cortar las uñas de manos y pies después de que se han estado remojando en el agua", explica. "Ese es un buen ejemplo de hidratación, de lo que ocurre a la piel cuando usted se baña." Los humectantes aplicados después del baño ayudan a conservar el agua en la piel y por tanto impiden la resequedad.

Séquese de manera que conserve la humedad. "Resulta mucho más eficaz aplicar humectante a la piel húmeda inmediatamente después del baño que ponerla en la piel del todo seca", dice el doctor Neldner.

Eso no quiere decir que deba saltar de su bañera o regadera totalmente empapado y se aplique la loción de inmediato, "pero unos cuantos golpecitos con la toalla le secarán lo suficiente antes de aplicar la loción", agrega. "El objetivo es contener un poco de agua en la piel; esa es la regla fundamental para combatir la resequedad."

No se deje engrasar por los anuncios. "Nada es mejor que el petrolato o aceite mineral como humectante", observa el doctor Howard Donsky, profesor de la Universidad de Toronto y dermatólogo en el Hospital General de Toronto. De hecho, para aquellos a quienes no importa la sensación, virtualmente cualquier aceite vegetal (de girasol, de cacahuate o maní) o aceite hidrogenado (Crisco) puede servir para combatir la piel seca y la comezón invernal. Son eficaces, seguros y lubricantes puros para la piel. Además, son muy económicos.

Sin embargo, estos productos tienen un inconveniente, en el sentido de que todos tienden a ser grasosos. "A la gente le gustan las cosas que huelen bien, se sienten bien y no la hacen sentir engrasada", según el doctor Pearlstein. "Todo depende de cuánto quiere usted invertir, cómo quiere usted oler y cómo se quiere sentir. Todos los humectantes hacen básicamente lo mismo, aparte de que no hay manera científica de demostrar que cualquiera de los productos disponibles comercialmente sea mejor para usted que cualquier otro. Es estrictamente cuestión de decisión personal."

Recurra a la harina de avena. Algunos investigadores creen que la gente descubrió los efectos benéficos de la harina de avena en la piel hace casi 4 000 años. Muchas personas aún están descubriéndolos hoy en día. "La harina de avena puede actuar en el baño como agente calmante", explica el doctor Donsky. Sólo vierta dos tazas de harina de avena coloidal (que se puede adquirir en las farmacias) en una tina llena de agua tibia. El término "coloidal" sencillamente significa que se ha molido la harina para producir un polvillo fino que se mantendrá suspendido en el agua.

"También puede usted utilizar la harina de avena como sustituto del jabón", aconseja. En un pañuelo ponga una cantidad de harina de avena coloidal y amárrelo; sumérjalo en agua, exprímale el exceso de líquido y empléelo como si fuera una toallita para lavarse.

Escoja jabones supergrasosos. "Casi todos los jabones contienen lejía", declara el doctor Pearlstein, "y si bien la lejía es magnífica para limpiar, también es muy irritante para la piel seca". Por eso recomienda a la gente con este padecimiento que evite los jabones fuertes como Dial o Ivory y prefieran los "supergrasosos" como Basis, Neutrogena o Dove. Los jabones supergrasosos tienen cantidades adicionales de sustancias grasas (crema facial, manteca de cacao, aceite de coco o lanolina) agregadas durante el proceso de manufactura.

"Un producto como Dove, por ejemplo, realmente no es un jabón", según el doctor Pearlstein. "Más bien es como una crema facial"; pero así son los tomas y dacas del juego de la piel. Aunque no la limpian tan bien, "los jabones supergrasosos irritan menos la piel seca", dice, "y eso constituye una notable diferencia".

No se enjabone mucho. "Un jabón no tiene nada de terapéutico", comenta el doctor Pearlstein. "La gente se está convirtiendo en una sociedad excesivamente lavada y desodorizada, al grado que los dermatólogos estamos atendiendo más problemas derivados del uso excesivo del jabón que por la falta de aseo." ¿Qué aconseja el doctor Pearlstein? Si la piel no está sucia, no la lave.

Permita que un humificador le ayude. "Parte del problema de la piel seca y la comezón es el calor seco en la época invernal", explica el doctor Pearlstein. El calor caldeado en hornos puede reducir el nivel de humedad dentro de su casa hasta 10% o menos, en tanto que se requiere del 30 al 40% como cifras más próximas al ideal para mantener la humedad de la piel. Por eso, todos nuestros expertos recomiendan usar humidificadores durante los meses invernales; pero con cuidado.

"La gente cree que si coloca un humidificador en su sitio, ya no necesita más", añade el doctor Pearlstein; "pero los humidificadores son como los acondicionadores de aire: de hecho se necesitaría una unidad sumamente grande para cubrir las necesidades de toda una casa. Sin embargo, si se instala una unidad más pequeña junto a la cama, sí obtendrá un beneficio tangible".

"Si pone un humidificador en su recámara", comenta el doctor Neldner, "entonces asegúrese de cerrar la puerta de la recámara para conservar la humedad en el interior".

¿Es útil hacer cosas como dejar abierta la puerta del cuarto de baño mientras se ducha? "Pudiera ayudar un poco, durante un momento", responde el doctor Neldner, "porque cualquier pequeña cantidad de humedad es benéfica. Piense que cuando opera su calefacción en el invierno, en realidad está quitando humedad al aire".

Conserve la calefacción en "fresco". Una buena manera de combatir la comezón invernal es tan fácil como mover su termostato y bajar su nivel de ajuste. "Mantener su casa menos caldeada durante el invierno podría ser útil", añade Pearlstein. "Eso se debe a que el aire frío tiene un efecto anestésico: hace a su piel sentirse bien." Cuando caldea demasiado su casa, explica, hace que los vasos sanguíneos se dilaten, y cuando esto sucede, se inicia el ciclo de comezón/cosquilleo; "pero cuando enfría su piel, ya sea mediante agua o aire fríos, le produce bienestar", observa el doctor Pearlstein. "Y la piel tiende a sentir menos comezón si conserva el termostato en 'fresco'."

COMITÉ DE ASESORES

El doctor **Howard Donsky** es profesor de medicina en la Universidad de Toronto, dermatólogo en el Hospital General de Toronto y autor de *Beauty Is Skin Deep*.

El doctor **Kenneth Neldner** es profesor y jefe del Departamento de Dermatología en la Escuela de Medicina del Centro de Ciencias para la Salud de la Universidad Tecnológica de Texas en Lubbock.

El doctor **Hillard H. Pearlstein** es médico privado y profesor de clínica de dermatología en la Escuela Mount Sinai de Medicina en la Universidad de la ciudad de New York.

Piquetes y mordeduras

37 sugerencias para su tratamiento

Un mosquito dijo a otro, "Oí a un tipo decir que hacía una semana que no lo picaban, así que yo lo piqué".

Es un mal chiste. Pero los piquetes no tienen nada de chistoso para quien los padece. Por fortuna, casi todos los piquetes de insectos no pasan de ser sólo molestias que dan gran comezón y producen pequeños y feos verdugones que desaparecen en uno o dos días. Y los mordiscos amorosos de Solovino y Micifuz a menudo son más un insulto que una lesión real. Así que para cuando el piquete o la mordedura sean algo peor que un ladrido (o un zumbido), los doctores hacen las siguientes sugerencias.

MOSCAS Y MOSQUITOS

Estas molestas criaturas voladoras pueden hacerle bastante difícil la vida cuando deciden comérselo a usted. He aquí lo que debe hacerse:

Desinfecte el piquete. Las moscas y mosquitos pueden contagiar enfermedades. Así que lave cuidadosamente la zona afectada con agua y jabón, recomienda el doctor Claude Frazier, alergólogo de Carolina del Norte. Luego aplique un antiséptico.

Friccione aspirina hasta hacerla penetrar. El doctor Herbert Luscombe, profesor emérito en el Jefferson Medical College de la Universidad Thomas Jefferson, recomienda un tratamiento inusual de aspirina para ayudar a controlar la inflamación. En cuanto sea posible después de recibir el piquete, humedezca su piel y fricciónela con una tableta de aspirina justo sobre la zona afectada.

Alivie la comezón. Los piquetes de moscas y mosquitos pueden producir inflamación e intensa comezón que duran de tres a cuatro días. El doctor Frazier recomienda lo siguiente para controlar estos síntomas.

- Un antihistamínico oral. Escoja una preparación que no requiera receta médica, y que sea indicada para alergias o resfriados.
- Loción de calamina.
- Compresas de hielo.
- Sal. Con agua, humedézcala para producir una pasta y aplíquela a la zona afectada.
- Bicarbonato de sodio. Disuelva una cucharadita en un vaso con agua. Humedezca un trapo en la solución y colóquelo sobre el piquete durante 15 a 20 minutos.
- Sal de Epsom. Disuelva una cucharada en medio litro de agua caliente. Enfríe, y luego aplique como se indicó anteriormente.

Practique la prevención. Usted puede evitar un piquete; en primer lugar utilizando los repelentes que se recomiendan a continuación. Recuerde que las moscas y mosquitos parecen ser más activos conforme aumenta la temperatura. Y los mosquitos, en particular, son los peores en regiones húmedas tales como estanques o pantanos. Algunas especies son particularmente molestas al caer la tarde y son atraídas a las luces exteriores después del anochecer. Así que no baje usted la guardia en el ocaso.

Cloruro de tiamina. Tomada oralmente, esta vitamina B puede repeler insectos al excretarse a través de la piel, explica el doctor Frazier; pero advierte que en algunas personas puede causar comezón, urticaria y sarpullido.

DEET. También recomienda cualquier repelente comercial que contenga N, N-dietil-m-toluamida (DEET). Aplíquelo generosamente sobre toda la piel ex-

Cuando la arañita
se vuelve malita

Aunque las arañitas sean simpáticas, más vale evitarlas pues, según el paramédico Jeff Rusteen, todas ellas son venenosas. Lo que sucede es que casi ninguna tiene el tamaño suficiente o la capacidad necesaria para penetrar la piel y hacer un daño considerable. No obstante, si a usted le pica una araña, advierte el doctor Claude Frazier, siga estas indicaciones:

- Lave la herida y desinféctela con un antiséptico.
- Aplique una compresa helada para reducir la absorción del veneno.
- Neutralice algo del veneno, agrega el doctor Herbert Luscombe, humedeciendo con agua el punto del piquete y frotándole una tableta de aspirina.

Tenga cuidado: la mordedura de una viuda negra puede producir intenso dolor abdominal que podría confundirse con apendicitis. Informe a su doctor si ha recibido picaduras de arañas para que le administre inyecciones de gluconato de calcio, recomienda el doctor Luscombe.

Una picadura de una araña reclusa café también podría producir problemas, agrega. Si aparece un abultamiento intensamente doloroso (a veces incluso semanas después de la lesión), consulte a su médico.

puesta pero tenga cuidado alrededor de los ojos pues puede producir intenso ardor si el sudor lo transporta hasta la parte interna del ojo. Sin embargo, no debe usarse con demasiada frecuencia, sobre todo en niños.

Blanqueador a base de cloro. El doctor Luscombe recomienda baños en una solución muy diluida de blanqueador de cloro antes de salir. Mezcle dos tapitas de blanqueador en una tina de agua caliente. Remójese durante 15 minutos. Tenga mucho cuidado de que la solución no llegue a los ojos o a la región próxima. El efecto del repelente deberá durar varias horas.

Aceite de baño. Determinados aceites de baño, como Alpha-Keri y Skin-So-Soft de Avon tienen efecto repelente, afirma.

Filtro solar. Algunos filtros solares también repelen los insectos. "PreSun, por ejemplo, parece actuar como repelente", indica el doctor Luscombe.

Vick VapoRub. Algunas personas obtienen buenos resultados con este ungüento de fuerte olor, señala.

Cinc. El doctor George Shambaugh, Jr., alergólogo de Illinois y profesor emérito de la Escuela de Medicina de la Universidad Northwestern, recomienda dosis diarias de cinc (al menos 60 miligramos) como repelente natural. Tenga presente que se necesita alrededor de un mes para acumular suficiente cinc en su sistema para repeler a los insectos. (Tome suplementos adicionales sólo con la aprobación y supervisión de su médico.)

GARRAPATAS

Las garrapatas no son quisquillosas acerca del tipo de animal que les proporciona sus alimentos. Por eso, también disfrutan de los humanos. Esto es lo que debe hacer si se le pega una garrapata.

Retire el bicho. Las garrapatas plantean un problema especial porque entierran sus pequeñas mandíbulas en la piel y allí se fijan contra viento y marea. Tratar de retirar una garrapata como lo haría con una mosca no produce resultados, en tanto que sacar el insecto por la fuerza puede hacer que se queden enterradas en la piel sus partes bucales, lo cual prepara la escena para una infección. Estos son algunos métodos más amables para aflojar la mordida de una garrapata.

Extráigala con suavidad. El doctor Luscombe recomienda tomar unas pincillas y muy gentilmente sacarla. "No jale con demasiada rapidez", advierte; "y si no tiene mucho éxito, puede tratar de aplicar algo de calor al dorso de la garrapata. Apague una cerilla o fósforo y con cuidado aplíquelo a la garrapata. El calor puede persuadirla a aflojar su atenazamiento".

Irrítela. El doctor Frazier afirma que una gota de gasolina, kerosén, bencina o alcohol colocada en la región general de la cabeza de la garrapata la hará aflojar. Pero tenga paciencia, pues puede tardar 10 minutos o más para que funcione el tratamiento. Advierte que estas sustancias son inflamables y no deben aplicarse si hay un fósforo prendido.

Sofóquela. Una variación de esta técnica, explica el doctor Frazier, es cubrir la garrapata con una gota de parafina o barniz para las uñas. Ambas sustancias cierran los pequeñísimos orificios respiratorios en su costado y la sofocarán.

Intente el método de Benforado. Cuando el doctor Joseph Benforado, profesor emérito de la Universidad de Wisconsin Madison, era médico de campamentos de Boy Scouts hace algunos años, inventó un método infalible para quitar las garrapatas:

Tome un clavo bien grande y caliente su punta con la flama de un fósforo. Deslice la hoja de una navaja de bolsillo bajo el abdomen de la garrapata. Coloque la punta caliente del clavo en el dorso de la garrapata de modo que ésta quede entre clavo y navaja. Cuando las patas de la garrapata comiencen a agitarse en respuesta al calor, gire la hoja de la navaja 90 grados de modo que la garrapata quede sobre su cabeza. Manteniéndola así atenazada, retire suavemente la garrapata del sitio. Si las patas no se agitan, será porque el clavo no tiene el suficiente calor. Inténtelo de nuevo. "El propósito es molestar a la garrapata, no asarla", explica el doctor Benforado.

Limpie. Luego que haya quitado la garrapata, lave con agua y jabón la zona de la mordedura, recomienda el doctor Frazier. Luego aplique yodo u otro antiséptico para proteger contra una infección.

Manténgase alerta. Aunque junio y julio parecen marcar la parte alta de la temporada de garrapatas, éstas constituyen un peligro desde principios de la primavera hasta el otoño. Si usted pasa cierto tiempo al aire libre, en especial en zonas boscosas o donde hay pastos altos (incluso dunas con pastos) tome las siguientes precauciones.

- Una manera de descubrir si hay garrapatas en una región, advierte el doctor Frazier, es tomar un pedazo de franela blanca amarrada a un hilo y jalarla por el pasto y bajo los arbustos. Examínela con frecuencia: si hay garrapatas, se fijarán a la tela.
- Si se encuentra en una zona de garrapatas, exponga lo menos posible de su piel, aconseja el doctor Benforado. Eso significa utilizar pantalones largos, calcetas largas y mangas largas.
- Antes de meterse en cama por la noche, agrega, inspeccione su cuerpo para encontrar cualquier posible garrapata entrometida. Ciertas especies pueden ser muy pequeñas, y sería insensato no prestarles atención.

PERROS Y GATOS

Esto debe hacer cuando un amigo cuadrúpedo se vuelve agresivo.

Valore el daño. Busque ayuda médica para todas menos las lesiones menores, recomiendan los doctores.

Lave perfectamente la mordida. Las mordeduras de animales, en especial de los gatos, pueden transmitir infecciones, advierte el doctor Stephen Rosenberg, profesor de salud pública clínica en la Escuela de Salud Pública de la Universidad de Columbia. Aconseja limpiar la herida completamente con agua y jabón para eliminar la saliva y cualquier otro contaminante. Siga lavando durante cinco minutos completos.

Humedezca una lesión de perforación. Si tiene usted una lesión per-forada que no sangra, sumérjala en una solución de povidona con yodo (Betadine), aconseja Jeff Rusteen, paramédico de California. "Agregue suficiente Betadine a una vasija con agua caliente hasta que se vuelva rojo oscura. Sumerja la mordedura durante 30 minutos."

ALERTA MÉDICA

Mantenga alta su guardia

Cualquier mordedura puede presentar complicaciones. Manténgase alerta ante estos problemas potenciales:

Infección. Examine periódicamente cualquier herida ocasionada por animal, acon-seja el paramédico Jeff Rusteen. Si enrojece, duele o se siente caliente, es probable que se haya infectado. Obtenga ayuda profesional.

Aplaste la herida. A veces los perros grandes, como el pastor alemán, muerden sin rasgar la piel. Si usted percibe marcas de mordisco a ambos lados de una extremidad, puede haber lesión interna, advierte Rusteen. Si se presenta cosquilleo o si la ex-tremidad cambia de color (por ejemplo, se vuelve azulosa), puede haber daño estructural. Acuda a un hospital o llame a los paramédicos.

Rabia. Todos los animales de sangre caliente pueden portar la rabia, indica el doctor Stephèn Rosenberg. Póngase en contacto con el propietario del animal para saber si se le tiene al corriente en sus vacunas antirrábicas. El tratamiento contra la rabia puede suspenderse sin riesgo mientras el animal no muestre síntomas, afirma, siempre y cuando la mordedura no sea demasiado grave o próxima a la cabeza. Sin embargo, agrega que puede requerírsele que informe de todas las mordeduras a las autoridades. En caso de duda, consulte a la policía.

Fiebre manchada de las Montañas Rocallosas. Si lo mordió una garrapata, puede aparecer una urticaria alrededor de muñecas y tobillos y extenderse al resto del cuerpo, señala el doctor Herbert Luscombe. Después puede presentarse fiebre alta y terribles dolores de cabeza. La enfermedad puede ser mortal, así que si aparecen estos síntomas, recurra a su médico cuanto antes.

Mal de Lyme. También causado por las garrapatas, el mal de Lyme se inicia como una mancha parecida a un gusano anular en el sitio de la mordedura, indica el doctor Luscombe. Aunque es muy grave si no recibe tratamiento, resulta fácil matar al microor-ganismo por medio de antibióticos. Los síntomas pueden tardar varias semanas en presentarse, así que debe mantenerse la zona bajo atención.

Controle el sangrado. Si hay algún sangrado, cubra toda la herida con una gasa estéril gruesa o un cojín de tela limpia, recomienda el doctor Rosenberg. Si no tiene una venda apropiada, limpie cuidadosamente su mano y aplíquela con presión firme contra la herida. También puede poner algo de hielo contra el cojín (no directamente a la piel) y elevar la herida arriba del nivel del corazón para ayudar a detener la hemorragia.

Cubra con venda la zona. Cuando se haya detenido la hemorragia, aconseja el doctor Rosenberg, cubra la mordedura con una venda estéril o una tela limpia. Amarre o fíjela holgadamente con tela adhesiva en su sitio.

Reduzca el dolor. Tome aspirina o acetaminofén para reducir el dolor, recomienda Rusteen. Esto resulta apropiado incluso si la mordedura no rasgó la piel. Eleve la región y aplique hielo si hay inflamación.

Inyéctese contra el tétanos. Cualquier mordedura de animal puede producir tétanos, advierte el doctor Rosenberg. Si no le han aplicado una inyección antitetánica periódica en los pasados 5 a 8 años, aplíquesela ahora.

COMITÉ DE ASESORES

El doctor **Joseph Benforado** es profesor emérito de medicina en la Universidad de Wisconsin-Madison y vicepresidente de la U. S. Pharmacopoeia, que establece los criterios en los fármacos de Estados Unidos. Pasó muchos veranos como médico en un campamento de Boy Scouts en el norte de Wisconsin.

El doctor **Claude Frazier** es alergólogo privado en Asheville, Carolina del Norte. Es autor de *Coping with Food Allergies e Insects and Allergy and What to Do about Them.*

El doctor **Herbert Luscombe** es profesor emérito de dermatología en el Jefferson Medical College de la Universidad Thomas Jefferson en Filadelfia, Pennsylvania. También es dermatólogo en el Hospital de la Universidad Thomas Jefferson en Filadelfia.

El doctor **Stephen Rosenberg** es profesor de salud pública clínica en la Escuela de Salud Pública de la Universidad de Columbia en la ciudad de Nueva York. Es autor de *The Johnson & Johnson First Aid Book.*

Jeff Rusteen es bombero-paramédico del Piedmont Fire Department en Piedmont, California. Imparte tecnología médica de emergencia en el Chabot College en Hayward, California. Es autor de una videocinta y folleto acompañante intitulados *Until Help Arrives.*

El doctor **George Shambaugh, Jr.**, es otólogo y alergólogo privado en Hinsdale, Illinois, trabaja en el Hospital Hinsdale y es profesor emérito de otorrinolaringología, cirugía de cabeza y cuello en la Escuela de Medicina en la Universidad Northwestern. Escribe un boletín sobre salud y nutrición que envía a sus pacientes.

Postración causada por el calor

27 maneras de detener el problema

Cada verano, muchas personas se exponen bajo el sol más allá de todos los límites de seguridad, con toda clase de objetos en mano: desde herramientas para jardín hasta bastones de golf. Por desgracia, son las mismas personas que tienen la suficiente precaución como para llevar paraguas cuando se anuncia lluvia.

El resultado habitual: postración causada por el calor, estado en que la excesiva pérdida de líquidos corporales se traduce en un aumento en la temperatura corporal.

Es importante comprender que nadie está inmune a la postración causada por el calor, incluso los atletas mejor preparados, declara el doctor Richard Keller, médico de la sala de emergencias del Hospital St. Therese en Waukegan, Illinois. Eso es porque conforme nos acaloramos más, más sudamos, y si transpiramos *demasiado*, comenzamos a quedarnos con poca agua.

La postración a causa del calor se debe a la pérdida de agua (deshidratación), o, en raros casos (raros porque típicamente algunas dietas modernas son ricas en sales) al agotamiento de sal. (Cuando sudamos, perdemos sales.)

El primer síntoma puede ser la sed, seguida de pérdida de apetito, dolor de cabeza, palidez, mareo y una sensación general parecida a la gripe que puede incluir náusea e incluso vómito. En casos más extremos, el corazón puede acelerarse y dificultarse más la concentración.

Ojalá usted no se encuentre en ese caso. Pero en seguida le decimos cómo evitarlo, y, de ser necesario, cómo encararlo.

ALERTA MÉDICA

Primeros auxilios para la insolación

La insolación mata, como lo demuestra una gran cantidad de casos bien documentados que concluyeron en una fatalidad, afirma el doctor Larry Kenney.

Desde luego, nadie pasa directamente de sentirse bien a estar al borde de la muerte —sin importar cuánto calor haga. Más bien, la insolación se vuelve mortal cuando los signos del agotamiento producido por el calor, y posteriormente la propia postración, se pasan por alto o se reconocen demasiado tarde, advierte el doctor Richard Keller.

"Y a veces es difícil distinguir entre la postración causada por el calor y la insolación", agrega, por lo que si una persona no responde a las medidas de autoayuda en 30 minutos se le debe llevar a un médico. "Si está postrado por el calor, lo peor que va a sucederle es sentirse aturdido; pero si tiene dificultad para caminar o pierde la conciencia, entonces le está dando insolación."

Esta es una falla generalizada de funcionamiento del sistema de regulación de la temperatura corporal, con lo que la temperatura interna puede subir hasta niveles peligrosos. Los síntomas pueden parecerse a los de la postración causada por el calor: desvanecimiento y náuseas, por ejemplo; además, la persona puede desorientarse mucho e incluso agitarse. Y cuando el cuerpo deja de regular la temperatura, es habitual que la víctima de insolación deja de sudar; pero no siempre.

"Los jóvenes de menos de 30 años pueden sudar todo el día", afirma el doctor Keller, "siempre y cuando se encuentren en buenas condiciones físicas".

El desvanecimiento puede ser señal de insolación o no. "Si se reanima con rapidez (por ejemplo entre 2 y 5 minutos) muy probablemente se trata de postración causada por el calor", explica el doctor Keller, y agrega que el ataque apoplético y el coma son posibilidades adicionales de la insolación.

Es importante llevar cuanto antes a la persona a un médico para que se le administre cuidado de emergencia y observación, aconseja el doctor Kenney, y observa que podrían presentarse complicaciones como shock y parálisis renal.

Y a menos que la insolación ataque mientras la víctima se encuentra en el patio de

Retírese del sol. Además de obvio, este consejo es esencial, en particular para la persona que ya está sufriendo de postración causada por el sol. Si se desoye, la temperatura corporal podría seguir elevándose, aunque la persona esté en reposo y bebiendo agua, advierte el doctor Keller. Agrega que volver al sol durante mucho tiempo, incluso aunque hayan pasado muchas horas, podría causar una recaída en algunos casos.

estacionamiento de un hospital, se necesitará administrar primeros auxilios rápidamente. Así que en seguida damos algunas recomendaciones sobre cómo tratar la insolación mientras llega hasta donde haya un médico.

Enfríe con agua. "De ser posible salpíquele agua a la persona en vez de sumergirla en agua fría", aconseja el doctor Keller. "El agua se evapora de la piel con más rapidez y tendrá un efecto refrescante."

Aproveche la tecnología. De ser posible, mude a la persona a un ambiente con aire acondicionado.

Hágala tomar líquidos. El mejor es el agua, siempre y cuando la persona esté consciente, indica el doctor Keller.

Aplique toallas frías. Como antes, es mejor que sumergir a la persona en agua helada.

Haga conciencia. Algunos de los que se hallan en este trance permiten que el orgullo entorpezca el tratamiento. Por ejemplo, impermeabilizar con alquitrán puede ser un trabajo intensamente caliente. "El alquitrán caliente se encuentra a más de 160 °C cuando se aplica", comenta el director de seguridad de impermeabilización, David Tanner. Agregue el calor del sol y la humedad ambiente y "hemos tenido personas que esperaron demasiado, se volvieron delirantes y comenzaron a correr por los tejados, exponiéndose a caer desde lo alto".

Reconozca quién corre los mayores riesgos y prevéngase. Los niños son más vulnerables, según el doctor Kenney, porque sus glándulas sudoríparas todavía no están completamente desarrolladas. "En general, los ancianos no se hidratan todo lo que debieran", agrega el doctor Keller. "Y determinados medicamentos, como los administrados para la hipertensión, pueden interferir con la hidratación."

Beba agua. El agua sigue siendo la mejor bebida a la cual acudir para la rehidratación, comenta el doctor Keller. Se debe tomar en sorbos —no a grandes tragos—; el doctor agrega que "lo ideal hubiera sido que usted se llenara de agua con anticipación, *antes* de salir al sol".

Coma más frutas y verduras. "Contienen cantidades relativamente altas de agua y un buen balance de sal", explica el doctor Keller.

Consuma bebidas con electrólitos diluidos. El ejemplo mejor conocido es Gatorade, empleada extensamente por los equipos deportivos profesionales. Por ejemplo, los de futbol americano a menudo tienen prácticas dos veces al día durante julio y agosto y los jugadores que más sudan pueden perder mucho potasio y sodio, afirma Bob Reese, entrenador en jefe de los Jets de Nueva York y presidente de la Professional Football Athletic Trainers Society. "Todo el tiempo hay Gatorade y agua en el campo", agrega.

Evite las tabletas de sal. En otros tiempos administradas rutinariamente a atletas y a quien las pidiera, ahora la mayoría de los médicos consideran que estas píldoras son mala medicina. "Hacen lo contrario de lo que se supone que deben hacer", explica el doctor Larry Kenney, profesor de fisiología aplicada en el Laboratorio de Investigación sobre Desempeño Humano en la Universidad Estatal de Pennsylvania. "La cantidad adicional de sal en el estómago retiene los líquidos más tiempo allí, lo que deja menos líquido disponible para la producción necesaria de sudor."

Evite el alcohol. El alcohol acelera considerablemente la deshidratación, advierte Danny Wheat, entrenador auxiliar del club de beisbol Texas Rangers. A menudo el equipo juega en condiciones de temperatura que exceden los 38 °C en Arlington, Texas. "Enfatizamos a los jugadores que la noche anterior a un día de juego deben limitar su consumo de alcohol", declara.

Evite la cafeína. "Como el alcohol, acelera la deshidratación y puede hacerlo sudar más de lo normal", explica el doctor Keller.

No fume. El tabaco puede estrechar los vasos sanguíneos, expresa el doctor Keller, y dañar la habilidad del fumador para aclimatarse al calor.

Aclimátese lentamente. "Usted no puede trabajar y vivir en un ambiente de aire acondicionado todo el tiempo y luego representar el papel de guerrero al aire libre el fin de semana", señala el doctor Keller. "Si se inicia desde el principio de la temporada, debe salir al aire libre a diario para lentamente ir adaptándose a partir de allí."

Vaya más lento. Sin importar qué esté haciendo en el exterior, debe hacerlo más lentamente que lo usual cuando haga calor extremo, sugiere el doctor Keller.

Échese agua fría encima. Remojar su cabeza y cuello con agua fría es útil si hace calor y el aire está seco, recomienda el doctor Kenney, porque el agua se evaporará y le refrescará. "En condiciones de humedad", agrega, "tal vez no obtenga beneficios".

Como marqués, use un abanico. Use un periódico, servilleta o lo que tenga a mano, para mantenerse bajo una brisa fresca.

Hágale trampa al sol. Como es claro que no puede ganarle al sol, practique sus actividades al aire libre temprano en la mañana y avanzada la tarde. "Durante los días cálidos comenzamos a trabajar cuando sale el sol", declara David Tanner, director de seguridad y gerente de proyecto para la empresa impermeabilizadora de techos Tip Top Roofers en Atlanta, Georgia. "Entonces suspendemos el trabajo alrededor de las dos o tres de la tarde."

Vigile su peso. La postración causada por el calor no necesariamente ocurre en un solo día, sino que es posible deshidratarse gradualmente al paso de varios días. "Mientras estamos en el campo de entrenamiento comprobamos los pesos de los jugadores a diario para asegurarnos de que están reponiendo el agua que pierden en las prácticas", indica Reese.

Beba como bebé. La Pedialyte y otras fórmulas rehidratantes para niños son tan eficaces que se dan a los jugadores de los Texas Rangers para su consumo en condiciones de calor extremo, comenta Wheat. Los principales ingredientes son azúcar, sodio y potasio. Beber un litro antes de una carrera o competencia de tenis y otro litro durante o después de una sesión de ejercicios "no sería mala idea", aconseja el doctor Keller.

Dé un poco de crédito al meteorólogo. Es cierto que a veces las pronosticadas lluvias ligeras se convierten en tremendos chubascos, pero tratándose del calor y humedad veraniegos, usualmente el pronóstico es muy exacto. Cuando se pronostique que hará suficiente calor como para freír huevos en el asfalto, no se haga el propósito de comenzar a pintar su casa ese día.

Use un sombrero. De preferencia uno que también sombree el cuello y esté bien ventilado. Por ejemplo, un sombrero de ala ancha con muchos agujeritos sería una buena elección. "Los vasos sanguíneos de su cabeza y cuello están muy próximos a la superficie de la piel, de modo que en esa zona se tiende a ganar o perder calor con mucha rapidez", explica el doctor Kenney. "Y la coronilla es especialmente delicada en los calvos o gente con cabello delgado allí."

No se descubra el pecho. "La exposición al calor radiante se eleva si se quita la camisa", advierte el doctor Lanny Nalder, director del Centro de Investigación sobre el Desempeño Humano y del Centro del Bienestar en la Universidad de Utah.

"Una vez que se comienza a sudar, la camisa puede actuar como dispositivo refrescante cuando sopla el viento", agrega.

Lleve un repuesto. Si su camisa se empapa con el sudor, quítesela y lávela cuanto antes. "La sal seca del sudor obstaculiza la capacidad 'respiratoria' de la camisa", indica el doctor Nalder. Cámbiela y lávela en cuanto pueda.

Use mezclas de algodón y poliéster. Pues respiran mejor que las camisas de algodón puro o de nylon puro de tejido apretado.

Use colores claros. Pues reflejan el calor, recomienda el doctor Nalder, en tanto que los colores oscuros lo absorben.

COMITÉ DE ASESORES

El doctor **Richard Keller** es médico en la sala de emergencias del Hospital St. Therese en Waukegan, Illinois.

El doctor **Larry Kenney** es profesor de fisiología aplicada en el Laboratorio para la Investigación sobre Desempeño Humano en la Universidad Estatal de Pennsylvania en University Park.

El doctor **Lanny Nalder** es director del Centro de Investigación sobre Desempeño Humano y del Centro de Bienestar en la Universidad Estatal de Utah en Logan.

Bob Reese es entrenador en jefe de los Jets de Nueva York y presidente de la Professional Football Athletic Trainers Society.

David Tanner es director de seguridad y gerente de proyecto de la empresa impermeabilizadora de techos Tip Top Roofers en Atlanta, Georgia.

Danny Wheat es entrenador auxiliar del equipo de beisbol Texas Rangers en Arlington, Texas.

Postura perfecta

20 maneras de mantenerse erecto

La postura es parte del lenguaje corporal, una pose que dice al resto del mundo cómo se siente en relación con los demás, con su vida, consigo mismo.

"La postura es personalidad", declara la doctora Suki Jay Rappaport, educadora en movimientos y directora del Transformations Institute en Corte Madera, California. "Y no es coincidencia que empleemos la palabra 'postura' como sinónimo del término 'actitud'."

Entonces, ¿qué dice su postura? ¿Camina desgarbado, agachado? ¿Va por la vida dando una imagen de resignación, con los hombros caídos? ¿Su espalda está tan erecta que la gente cree que usted es inflexible? ¿O se pavonea, frente en alto, espalda derecha, como un pavo real: audaz, sociable, listo para encarar todos los retos?

Tal vez su postura no constituya una actitud intencional, sino que simplemente puede ser resultado de un mal hábito. Incluso en ese caso, puede dar a la gente el mensaje equivocado.

"Trate de adoptar una postura desgarbada mientras dice a alguien que se siente emocionado acerca de algo", indica la doctora Rappaport. "Sencillamente no puede hacerlo. Para sentirse emocionado es necesario enderezarse. La buena postura permite la respiración completa, la inspiración total."

La buena postura también es práctica por otras razones. Por ejemplo, es la manera perfecta de impedir los dolores de espalda. Su columna vertebral o espina dorsal (formada por las 33 vértebras) es la estructura de su cuerpo. La columna vertebral es lo que le permite enderezarse. Aparte de rodear y proteger su médula espinal, es donde se unen los músculos y ligamentos a su espalda. Actúa como un soporte de pesos, a la vez que permite tener flexibilidad en el movimiento, de modo que no tenga que caminar rígidamente, como un zombi.

Los músculos son la clave para la buena postura. Mientras que los de la espalda en el debido estado de salud sostienen la columna desde la parte trasera, los estomacales ayudan a sostenerla desde el frente.

¿Alguna vez se ha preguntado por qué le duelen su cuello y hombros al final de un día de trabajo? Es posible que haya pasado casi todo el día encorvado sobre su escritorio mientras sus músculos en la base del cuello luchaban por mantener erecto su cuerpo.

La mala postura produce desgaste de los discos (los amortiguadores de golpes) en su columna. La mala postura somete los ligamentos a lesiones y los afloja. Además, empuja y jala todos los músculos de manera desigual.

Si siempre camina desgarbado puede padecer fatiga y dolor de cabeza crónicos, y a veces puede desfigurar el cuerpo. No permita que esto le suceda. Las siguientes sugerencias pueden ayudarle a perfeccionar su postura.

Comience balanceado cada nuevo día. Comience cada día alineando su esqueleto, recomienda la doctora Rappaport. Los siguientes son ejercicios básicos de estiramiento que ella enseña en clases de movimientos para ayudar a la gente a encontrar el balance apropiado. Siga esta rutina.

- Extensión total de la columna: manténgase de pie con las rodillas ligeramente flexionadas. Cruce las manos frente a usted. Mientras inhala, estire las manos hacia arriba, con las palmas también hacia arriba y eleve los hombros. Exhale mientras lleva sus hombros hacia abajo, fijándolos firmemente a su cuerpo. Deje que su costillar se asiente en el interior de su columna, con los hombros relajados, conforme baja lentamente sus brazos.
- Flexión lateral: levántese e inclínese hacia la derecha para juntar su oreja con el hombro. Siga más adelante, flexionándose lo más que pueda hacia su cadera. Enderécese de nuevo y repita el ejercicio en la dirección opuesta.
- Repita el ejercicio de la extensión total de la columna.
- Rotación de la columna. Vuelva lentamente su cabeza para mirar sobre su hombro derecho. Voltee lo más posible. Vuelva su cabeza al centro. Gire lentamente su cabeza para mirar sobre su hombro izquierdo. Vuelva la cabeza al centro.
- Repita el ejercicio de la extensión total de la columna.
- Flexión de la columna hacia adelante. Adopte la posición erecta e inclínese hacia adelante, dejando caer cabeza y brazos hacia el piso, curvando y extendiendo su columna.
- Repita el ejercicio de extensión total de la columna.
- Hiperextensión de la columna: siéntese o póngase de pie, coloque sus manos sobre la cadera e inclínese hacia atrás muy suavemente. Su pelvis debe dirigirse hacia atrás.
- Termine con el ejercicio de la extensión total de la columna.

Véase al espejo. Relájese y practique a estar de pie, erecto. Lo que menos deberá adoptar es una rígida posición militar, indica Michael Spezzano, especialista en condición física y director nacional del Programa de Espalda Saludable de la YMCA en Estados Unidos. Esa posición es demasiado rígida, amén de que la parte baja de su espalda estaría demasiado arqueada.

Póngase de pie frente a un espejo de cuerpo completo y verifique su postura. Distribuya de manera uniforme su peso en ambos pies y eche sus hombros hacia atrás, manteniéndolos nivelados. Saque el pecho. Su estómago se meterá naturalmente cuando usted incline ligeramente hacia atrás la parte baja de su pelvis. Observe que sus nalgas se recogerán y que la parte baja de su espalda tendrá un muy ligero arco.

Sabrá que está haciéndolo bien cuando pueda trazar una línea recta imaginaria justo desde atrás de su oreja, pasando por su hombro, atrás de la cadera y rodilla, y a través del tobillo.

Libere la tensión. Puesto que una posición jorobada con los hombros caídos inclina ligeramente su cabeza hacia adelante, sus músculos de hombros y cuello se tensan. Libere esa tensión con movimientos circulares de hombros y cabeza, sugiere la doctora Rappaport.

Comience con los hombros a nivel. Hágalos realizar movimientos circulares hacia adelante de 10 a 15 veces, como si estuviera tratando de remar en un bote. Luego haga el movimiento hacia atrás. En seguida mantenga la cabeza en alto y gírela en dirección de las manecillas del reloj; repita de seis a ocho veces el movimiento, y luego haga círculos en la dirección opuesta.

Pruebe su curvatura. Una espalda perfecta tiene curva. Pruebe la suya parándose recargando espalda y nalgas contra una pared. Deberá poder deslizar su mano entre la cadera y pared, indica Spezzano. Si la mano no puede entrar allí, o si la siente apretada, tal vez su postura sea demasiado derecha y puede tener el problema que se conoce como espalda plana. Si hay demasiada curvatura, o sea, si puede entrar algo más grueso que su mano atrás de su espalda, entonces su estado se conocerá como lordosis.

Incline su pelvis. Usted puede ajustar y fortalecer la curva de su espalda con un sencillo ejercicio conocido como inclinación pélvica. Hay tres maneras de realizar este ejercicio, y cualquiera puede hacer cualquiera de ellas, o las tres.

• Recuéste con las rodillas formando un ángulo de 45 grados y los pies asentados en el piso. Coloque su mano en la parte baja de su espalda. Luego presione la espalda contra la mano contrayendo sus músculos abdominales y empujando sus caderas hacia abajo. Repita este ejercicio varias veces en cada ocasión, dos veces al día.

- Siéntese con los muslos paralelos al piso. Coloque una mano sobre la parte baja de su espalda, la otra frente a su abdomen, justo sobre los huesos púbicos. Inhale. Luego, mientras exhala, meta sus músculos abdominales, haga deslizar la parte baja de su espalda de modo que las caderas se orienten hacia atrás y su hueso púbico se eleve. Exhale. Repita ocasionalmente durante el día si pasa mucho tiempo sentado.

- Mientras prueba la curva de su espalda como se describió anteriormente, coloque un pie sobre el asiento de una silla frente a usted. Su pelvis se inclinará de manera natural hacia arriba y su espalda se enderezará, más cerca de la pared que cuando ambos pies estaban plantados en el piso.

Abandone la postura desgarbada. Cuando sus hombros caen hacia adelante, disminuye su capacidad respiratoria, lo que puede causarle somnolencia y desaliento, advierte la doctora Rappaport. Esta es la manera como usted puede corregir esa postura desgarbada: póngase de pie con los brazos caídos naturalmente a los lados. Cruce sus manos atrás de usted, dejándolas caer hacia las nalgas. Vuelva las palmas hacia abajo para darse apoyo. Levante sus hombros hacia las orejas y luego hacia abajo, tratando de juntar sus codos. Esto hará que sus omóplatos se unan como por un pellizco. Y hará que estire sus músculos a través del pecho, contrayendo los de la espalda. Haga este ejercicio varias veces en cada ocasión, repitiéndolos a menudo durante el día.

Levante una pierna. Si está de pie durante largos periodos, coloque una caja sobre el piso frente a usted y ponga un pie sobre ésta, sugiere la doctora Rappaport. Dicha posición libera la tensión de la espalda.

Siéntese con las rodillas al mismo nivel. Ajuste la silla de su escritorio de modo que pueda más fácilmente sentarse erecto. Hágalo así: ajuste la altura de su silla de modo que los muslos estén paralelos al piso y sus rodillas al mismo nivel o ligeramente más altas que sus caderas. Si no están así, su cuerpo tenderá a inclinarse hacia adelante y su espalda se hundirá al tiempo que sus músculos trabajen tiempo extra para mantener derecha su espalda, explica Spezzano.

Tome una almohada. Procure adoptar una buena postura sentándose en una silla moldeada de modo que su espalda por fuerza tenga que adoptar un arco sano; pero si no puede encontrar una silla de ese tipo, coloque un cojín a la altura de la parte baja de su espalda, entre usted y la silla.

Manténgase a nivel. El consejo acerca del sentarse también se aplica al coche, según Spezzano. Jale su asiento hacia adelante, hacia los pedales, hasta que sus rodillas queden dobladas y ligeramente más altas que sus caderas, y sus muslos estén paralelos al piso. Use un pequeño cojín atrás de la parte baja de su espalda o use el ajuste del asiento disponible en algunos coches para dar apoyo a la curva en su espalda.

Descruce sus piernas. Las piernas cruzadas alteran la alineación de su cuerpo. Esto lo saben los peluqueros y estilistas desde hace muchos años, razón por la cual los buenos profesionales en esta actividad le indicarán que descruce sus piernas antes de cortarle el cabello pues no desean que su trabajo salga mal. Mantenga sus pies bien plantados en el piso, sugiere Spezzano.

Haga lo que las figuras de televisión. ¿Quiere asegurarse de que su postura es perfecta para su próxima entrevista? Siéntese en el borde de su silla, indica Jeff Puffer, instructor de figuras de la televisión de Cedar Rapids, Iowa. Es el consejo que da a directores de noticieros televisivos que desean que sus espaldas se vean derechas mientras se encuentran ante las cámaras. Sentarse en el borde de la silla lo hace mantenerse derecho en vez de permitirle relajarse con los hombros echados hacia atrás contra el respaldo de la silla.

Siéntese bien. Siéntese derecho y acomódese hasta que sienta los huesos de su trasero contra la silla. Si puede sentir sus huesos, ya está a punto de sentarse derecho. Cuando no puede sentir esos huesos, tal vez se haya deslizado hacia abajo y esté hundiéndose en el asiento.

Guarde su distancia. No ceda a la tentación de apoyar brazos y codos sobre su escritorio o mesa. Mejor siéntese a entre 15 y 20 centímetros cuando no esté trabajando: demasiado lejos para sucumbir en la postura de hombros caídos, señala Puffer. Debe estar a la suficiente distancia como para que cuando intente recargar sus brazos, sólo las muñecas se encuentren en el borde de la superficie frente a usted. Si usted se hunde en esta posición, sentirá cuán desbalanceado está de hecho su cuerpo.

Conserve esta distancia para perfeccionar su postura si trabaja ante una terminal de computadora o máquina de escribir casi todo el día.

Adelante el pie apropiado. Otro truco que usan los anunciadores de televisión para mantener derecha la espalda mientras hablan y hacen movimientos frente al público, y que usted puede probar, es éste: mientras está sentado en el borde de su silla, meta un pie bajo la silla y extienda el otro frente a usted para lograr el equilibrio. Su espalda se mantendrá derecha.

Duerma bien. La buena postura durante la noche puede ayudar mucho a tener buena postura durante el día. Dormir en posición indebida puede producir dolor de espalda, lo cual tal vez desequilibre su alineación natural, advierte el doctor Robert Bowden en su libro *Self-Help Osteopathy*. Dormir boca abajo, sobre el estómago, es lo peor que puede usted hacer, porque acentúa la curva en su espalda.

Mejor, aconseja, duerma de costado, con las rodillas dobladas y una almohada de suficiente grosor para hacer que su cabeza esté al mismo nivel que sus hombros. Este nivel mantiene el alineamiento de su cuello con el resto del cuerpo.

También puede dormir boca arriba con una almohada delgada bajo su cabeza y otra almohada pequeña bajo sus rodillas.

Escoja un colchón con suficiente firmeza para evitar hundirse en él al acostarse. Al estar de costado, sus caderas y hombros deben hundirse apenas, lo cual permite que su columna se conserve derecha. Su colchón debe tener la suficiente firmeza para que usted y su cónyuge no rueden hacia el centro.

Manténgase en forma. Camine, corra, nade, ande en bicicleta, haga aeróbicos. Estire sus músculos a diario. La postura será tan buena como el estado en que se encuentren los músculos que lo mantienen en línea. Encuentre alguna clase de actividad física regular, aconseja Spezzano, para mantener fuertes a sus músculos.

Obtenga el máximo alivio. Al final del día o tal vez durante un periodo de descanso, dé reposo a su espalda y mejore su postura al mismo tiempo, recomienda la doctora Rappaport. Recuéstese sobre el piso con las piernas sobre una silla o banco bajos: conserve la postura durante 15 minutos.

Conserve sus pies plantados. Mantenga ambos pies bien plantados en el piso cuando esté de pie, señala Spezzano. El hábito de descargar el peso sobre una pierna mientras está de pie puede dar inicio a una curvatura indeseable de la espalda.

Arquee su espalda. Antes de iniciar su día y de nuevo al terminarlo, arquee su espalda para contrarrestar el hundimiento del cuerpo. Puede usted hacerlo así: póngase a gatas; arquee la espalda hacia arriba, como si fuera un gato furioso arqueando el lomo. Luego baje su espalda para volverla a su nivel.

COMITÉ DE ASESORES

Jeff Puffer es instructor de figuras de la televisión para la empresa Frank N. Magid Associates, en Cedar Rapids, Iowa.

La doctora **Suki Jay Rappaport** es directora del Transformations Institute en Corte Madera, California. Consultora en condición física, tiene doctorado en capacitación en movimientos y transformaciones corporales.

Michael Spezzano es especialista en condición física y director nacional del Programa de Espalda Saludable en la YMCA en Estados Unidos.

Presión sanguínea

17 maneras de mantenerla bajo control

Aproximadamente 30 millones de personas en Estados Unidos padecen de presión alta (hipertensión), según las cifras más recientes del Centro Nacional de Estadísticas de la Salud. Esto la hace la tercera enfermedad crónica de mayor prevalencia en el país, detrás de la sinusitis y la artritis.

Sin embargo, más importante que la clasificación es lo que significa la hipertensión para la gente de más edad. De todos los factores de riesgo para un ataque cardiaco, la presión sanguínea alta mantiene un grado misterioso de exactitud para pronosticar quién padecerá de enfermedad cardiovascular después de los 65 años de edad.

Por el lado positivo, cerca de 70% de los pacientes tienen lo que se conoce como hipertensión moderada, es decir, presión diastólica en algún punto entre 90 y 105 mm Hg. Y para esta población ha habido algunos cambios bienvenidos en el tratamiento. Ahora se hace hincapié en la terapia sin fármacos.

"Para la mayoría de la gente con hipertensión moderada, casi todo mundo ahora está de acuerdo en que no suministrar fármacos debe ser la primera línea de defensa, o al menos es lo que debiera intentarse", afirma el doctor Norman Kaplan, renombrada autoridad en presión sanguínea en el Centro de Ciencias para la Salud de la Universidad de Texas en la Escuela de Medicina Southwestern en Dallas.

Los remedios que aparecen a continuación tienen como propósito ayudar a quienes padecen hipertensión moderada a controlar su estado. Si usted ya está tomando fármacos para su presión sanguínea, puede ser necesario que ajuste los niveles de las dosis, así que consulte a su médico antes de realizar cambios.

Cuide su peso. "Si bien hay muchos hipertensos que no están gordos, la gente obesa tiende a padecer tres veces más hipertensión que la de peso normal", indica el doctor Kaplan.

La obesidad comienza cuando rebasa 20% del peso ideal para su estatura y estructura ósea; pero la gente obesa no necesita perder ese porcentaje para reducir la hipertensión. Por ejemplo, un estudio llevado a cabo en Israel demostró que la gente corpulenta con hipertensión puede lograr presiones normales si pierde sólo la mitad de su exceso de peso, aunque sigan estando "considerablemente obesos".

"Hasta con relativamente poca pérdida de peso puede verse una reducción medible en la presión sanguínea", afirma el doctor Kaplan. "Alentamos a la gente obesa a perder todo el peso posible; pero si no pueden perder mucho, al menos lo que sí pierdan deberá ayudarles de alguna manera en su presión sanguínea."

Quítese el hábito de la sal. Nunca se ha demostrado de modo contundente la relación que hay entre el sodio y la hipertensión, aunque sí se sabe que probablemente existe un subconjunto de hipertensos sensibles a la sal, y usted puede ser uno de los miembros.

"No hay manera de saber si usted es sensible a la sal aparte de que se someta a una dieta baja en sal y vea el efecto que esto produce en su presión sanguínea", señala el doctor Kaplan. "Así que sencillamente pedimos a *todos* nuestros hipertensos reducir su consumo de sal a unos 5 gramos diarios y esperamos que esto tenga un efecto benéfico". Si bien esto corresponde aproximadamente a la mitad de la sal en la dieta típica del estadounidense, el doctor Kaplan observa que "la mayoría de la gente, después de reducir su consumo de sal, no encuentra la necesidad real de consumir tanta sal como antes". Así que reduzca y mantenga bajo su consumo de sal, pero no crea que esta disminución va a resolver el problema.

Reduzca el alcohol. Puesto que se ha demostrado claramente la conexión entre el consumo del alcohol y la presión alta, los hipertensos deben limitar su consumo de bebidas alcohólicas.

¿Por qué los médicos no aconsejan a los hipertensos que simplemente suspendan todo su consumo de alcohol? Tal vez lo hicieran si los estudios no hubieran mostrado que quienes beben una pequeña cantidad de alcohol diaria tienen menor presión sanguínea que quienes beben mucho más, o quienes no beben nada.

"Dos bebidas o menos diarias probablemente no tengan efecto dañino en nuestra presión sanguínea", comenta el doctor Kaplan, "pero cuando excede esa cantidad, es claro que está usted buscándose dificultades".

Por favor, ¿me pasa el potasio? Tal vez mayores niveles de este mineral resulten valiosos para ayudar a controlar la presión sanguínea alta. "La cantidad de hipertensos que responden al potasio parece depender de cuánto tiempo duren los

ALERTA MÉDICA

Hipertensión maligna: una presión mortal

Si se deja sin tratamiento, la presión sanguínea tiende a elevarse lenta y firmemente con el transcurso de los años.

Sin embargo, a veces puede presentarse una presión sanguínea muy elevada, con presiones diastólicas que rebasan los 130 mm Hg durante varias horas o días en cada ocasión. Las presiones sistólicas pueden llegar a 250 mm Hg o más.

Un incremento tan marcado podría señalar el inicio de la hipertensión maligna, que, aunque poco frecuente, es algo muy serio que debe tratar un médico lo antes posible. La hipertensión maligna puede dañar los vasos sanguíneos en riñones, ojos o cerebro. Si se deja sin atender, puede ser mortal en un periodo de seis meses.

Por fortuna la hipertensión maligna puede controlarse con mucha rapidez mediante inyecciones intravenosas de los fármacos apropiados; aunque resulta fundamental contar con diagnóstico y tratamiento rápidos.

estudios", agrega el doctor George Webb, profesor en el Departamento de Física y Biofísica en el Colegio de Medicina de la Universidad de Vermont. "En un estudio de dos semanas, encontramos que tal vez en 30% se presenta una reducción, pero en un estudio de ocho semanas podríamos descubrir que la cantidad se ha elevado a 70%", refiere Webb.

El doctor Webb cree que la cantidad total de potasio que se consume no es tan importante como mantener la proporción correcta sodio-potasio en la dieta. "Creemos que se presenta un claro beneficio cuando usted recibe tres veces más potasio que sodio", explica. "Si usted tiene una dieta baja en sodio y recibe 2 gramos de sodio diarios (los cuales equivalen a 5 gramos de sal de mesa) entonces debe recibir 6 gramos de potasio."

¿Cómo saber si está recibiendo lo suficiente? Bueno: es virtualmente imposible planear una dieta baja en sodio que no sea alta en potasio. "Y es difícil evitar el potasio si come muchos alimentos naturales", añade el doctor Webb. Por ejemplo, las papas, las frutas frescas y los pescados contienen mucho sodio; pero si desea calcular las proporciones tal vez deba consultar las tablas en un libro de referencia sobre nutrición.

Haga contacto con el calcio. "El calcio parece tener un efecto favorable en algunas personas", declara la doctora Roseann Lyle, profesora de promoción y educación de la salud en la Universidad de Purdue. Pero continúa la búsqueda para descubrir exactamente quién responda de manera favorable al calcio.

"Al parecer los hipertensos sensibles a la sal, quienes tal vez sean aproximadamente la mitad de las personas con presión alta, son los mismos que responden bien al calcio", señala el doctor Lawrence M. Resnick, profesor en el Centro Médico de la Universidad de Cornell, Hospital de Nueva York en la ciudad de Nueva York. "Por tanto, si la sal es mala para usted, el calcio le hará bien."

Evite los isométricos. "El ejercicio, como parte de un programa para reducir la hipertensión, parece contribuir al tratamiento", observa el doctor David Spodick, director de cardiología clínica en el Hospital St. Vincent en la Escuela de Medicina de la Universidad de Massachusetts, pero agrega que deben evitarse los ejercicios isométricos como el levantamiento de pesas, pues pueden ocasionar una meteórica elevación temporal de la presión sanguínea.

Mejor pruebe el ejercicio aeróbico. Aunque muchos estudios han demostrado los efectos benéficos del ejercicio aeróbico en la presión sanguínea alta, el consejo primordial para los hipertensos es proceder con precaución.

"Por lo regular hacemos que la gente comience caminando unos 500 metros a paso acelerado", indica el doctor Robert Cade, profesor en el Colegio de Medicina en la Universidad de Florida. "Luego vamos aumentando hasta que la persona pueda caminar rápidamente un kilómetro y medio. Después de ello iniciamos el trote; pero sólo después de un examen físico y tal vez un electrocardiograma de esfuerzo."

El ejercicio resulta útil porque obliga a los vasos sanguíneos a abrirse, lo que hace reducir la presión sanguínea, explica el doctor Cade. "Aunque tiende a volver a subir durante el ejercicio, desciende cuando éste concluye. Luego, cuando vuelve a elevarse, no sube tanto."

Nadar, caminar y andar en bicicleta son buenos ejercicios para la hipertensión. "No es necesario correr", señala el doctor Cade. "Usted realiza más o menos la misma cantidad de trabajo cuando camina, aunque tarda un poco más para hacerlo. La clave es que debe ser una caminata vigorosa: unos 400 metros en 4 minutos al comenzar, y luego 1 600 metros en unos 15 minutos o menos."

Considere las ventajas del vegetarianismo. Los estudios han demostrado que los vegetarianos tienen menor presión sanguínea que la población en general: de 10 a 15 mm Hg menos tanto en la presión sistólica como en la diastólica. Sin embargo, lo extraño es que nadie sabe exactamente por qué.

La reducción en la presión sanguínea

Para algunas personas el problema no es la presión sanguínea alta sino la *baja* (hipotensión), durante la cual pueden sufrir un ataque breve de desvanecimiento (o incluso desmayarse) si se levantan con demasiada rapidez.

Típicamente definida como una caída regular de más de 20 mm Hg en la presión sistólica cuando se mide después de un minuto de estar de pie, en el pasado se creía que la hipotensión afectaba casi a tantos ancianos como la hipertensión. Sin embargo, estudios recientes han mostrado que entre los ancianos sanos, que no utilizan medicamentos, el índice de hipotensión es sólo de cerca del 6% y no aumenta con la edad después de los 55 años.

Al parecer, en muchos casos la hipotensión se debe a los fármacos que toma la gente para reducir la hipertensión, como los diuréticos. También se han mencionado las bebidas alcohólicas, así como ciertos medicamentos para el corazón, tranquilizantes y antidepresivos.

De ser apropiado, y si cree que los fármacos están ocasionándole aturdimiento, debilidad, fatiga, dolores de cabeza o desmayos relacionados con la hipotensión, tal vez necesite pedir a su doctor que cambie sus medicamentos; empero, si esto no es posible, puede usted hacer algo por cuenta propia para ayudar a aliviar ese estado.

Intente un fuerte apretón. Se ha demostrado mediante estudios que las acciones físicas relativamente sencillas que elevan durante un momento la presión arterial pueden compensar la hipotensión. Por ejemplo, dar un apretón isométrico de manos antes de levantarse puede elevar lo suficiente la presión sanguínea para contrarrestar la caída momentánea que ocurre al levantarse.

Realice algunos ejercicios matemáticos mentales. Más sorprendente aún, los investigadores que documentaron el efecto del apretón de manos descubrieron que realizar prácticas aritméticas mentales complejas (por ejemplo, tratar de contar de manera regresiva desde el 100, de siete en siete lo más rápido que pueda), eleva la presión sanguínea y compensa la hipotensión incluso mejor que la actividad física.

Coma menos, con más frecuencia. Si por lo general experimenta hipotensión después de los alimentos, trate de hacer comidas más ligeras y más frecuentes durante el día. También averigüe cuánta sal y líquidos debe consumir de acuerdo con las recomendaciones de su médico. Restringirlos puede contribuir a la hipotensión.

Duerma recostado. La manera como usted duerme también puede ser importante para ayudar a controlar la hipotensión. Intente dormir con la cabecera de la cama elevada entre 20 y 30 centímetros en relación con los pies (emplee tabiques sólidos). Al levantarse, incorpórese lentamente y cuelgue los pies por el borde de la cama durante unos momentos antes de ponerse de pie.

"No obstante, los vegetarianos de hecho tienen menor presión sanguínea", afirma el doctor Kaplan. "Tal vez se deba a que quienes siguen dietas vegetarianas tienden a no fumar, beber alcohol o comer en exceso."

Mida su presión usted mismo. "Debe alentarse la medición de la presión sanguínea en casa", recomienda el doctor Kaplan. "Para toda persona que tenga hipertensión, lo más sensato resulta vigilar constantemente su estado de salud."

Sin embargo, vigilar la presión en casa puede hacer más que sólo llevar un registro de su estado de salud: puede ayudarlo a percatarse más de cómo la dieta, los ejercicios y los medicamentos están afectando su presión sanguínea. También puede ayudarle a superar la reacción a "la bata blanca" que experimentan muchas personas: al entrar en el consultorio médico, se ponen tensos y sus presiones se elevan considerablemente.

Los equipos para medir la presión sanguínea vienen en tres categorías básicas: mecánicos, electrónicos con inflado manual de brazalete y electrónicos con inflado automático. Los dispositivos manuales requieren el empleo de un estetoscopio, los electrónicos no son más fáciles de manejar.

"Creo que los más prácticos son los electrónicos con inflación manual", opina el doctor Kaplan. "Cuestan entre 60 y 70 dólares , pero puede obtener una buena lectura con ellos, sin adiestramiento previo".

Sea una persona feliz. Un estudio efectuado en el Centro Médico de la Universidad de Cornell, Hospital de Nueva York, demostró que las distintas emociones tienen un papel muy específico para señalar cuánto puede subir o bajar su presión arterial.

Mediante monitores de alta tecnología se estudió durante las 24 horas del día la presión de pacientes hipertensos a los que no se administraban fármacos. Los investigadores descubrieron que la felicidad hace bajar la presión sistólica, mientras la ansiedad hace subir la presión diastólica, y que los cambios en la presión sanguínea estaban directamente relacionados con la intensidad emocional, de modo que a mayor felicidad, baja más la presión sistólica de una persona; y, al contrario, a mayor ansiedad, se eleva más la presión diastólica.

Los investigadores descubrieron también que la ansiedad experimentada fuera del hogar hace elevar la presión sanguínea mucho más que la que se padece dentro del hogar. La lección de todo esto podría resumirse como sigue: no se preocupe, sea feliz; pero si necesita preocuparse, hágalo en casa.

Trate de hablar menos. Aunque casi no es de sorprender que discutir con su cónyuge o pelear con su jefe puede hacer saltar la presión arterial, los investigadores han demostrado que virtualmente *cualquier* comunicación puede elevar la presión sanguínea.

Los investigadores de la Universidad de Maryland descubrieron que hablar puede hacer que su presión sanguínea se eleve entre 10 y 50%, y los individuos hipertensos mostraron las mayores elevaciones. Este efecto no está limitado a la palabra hablada, incluso la utilización del lenguaje a señas que emplean los sordos causa aumentos considerables en sus presiones.

Esto ha hecho que algunos científicos especulen acerca de que en los humanos puede haber un "estado de comunicación" general y que de alguna manera puede estar relacionado con el corazón, lo cual aumenta su actividad. De ser así, esta mayor actividad podría traducirse en una elevación de la presión sanguínea durante actividades tan inocentes como platicar con su doctor.

También verifique la presión de su cónyuge. Tal vez haya oído decir que los cónyuges comienzan a parecerse después de varios años de matrimonio, aunque los investigadores han descubierto un fenómeno todavía más extraño: a mayor tiempo de matrimonio transcurrido entre dos personas, habrá más similitud entre sus presiones sanguíneas.

Los investigadores que realizaron el estudio observan que este efecto de imitación podría tener que ver en parte con la tensión u otros factores emocionales compartidos. "La comunicación, en particular manejar el conflicto y expresar las emociones, puede afectar los niveles de la presión sanguínea entre los cónyuges", dice uno de ellos. Así que la siguiente vez que su doctor le informe que ha subido su presión, hágale verificar también la presión de su cónyuge. Si usted pasa de los 60 años, este estudio pronostica que sus presiones diferirán en apenas un punto.

"Tenga un perro y llámeme mañana". Plinio, escritor y filósofo romano, fue el primero en escribir esa receta (o algo parecido) hace muchos siglos, aunque la ciencia moderna está mostrando que es un tratamiento eficaz para la presión alta.

La doctora Cindy Wilson, profesora y directora de investigación en la Universidad de Servicios Uniformados de las Ciencias de la Salud, anotó las presiones sanguíneas de 92 estudiantes universitarios y luego les pidió que leyeran en voz alta, en silencio, o que interactuaran con un perro amistoso. La lectura en voz alta hizo que las presiones se elevaran en tanto que la lectura en silencio o la interacción con un perro produjeron disminuciones.

Su estudio sólo confirma la aceptación acerca de la terapia con mascotas que algunos profesionales de la salud adoptaron hace mucho tiempo. Otra investigación ha demostrado que quienes padecen una enfermedad coronaria y tienen mascotas presentan más posibilidades de sobrevivir un año después de ser dados de alta en una unidad de cuidado coronario que quienes no los tienen. Y estudios realizados en niños muestran que la presencia de una mascota reduce su presión arterial durante la lectura o el reposo.

Por lo tanto, ¿es importante que Plinio escribiera esta receta como cura para las mujeres que padecían dolores abdominales? Gracias a la ciencia moderna, ahora sabemos que las mascotas también pueden ser benéficas en el tratamiento de la hipertensión.

COMITÉ DE ASESORES

El doctor **Robert Cade** es profesor de medicina en el Colegio de Medicina en la Universidad de Florida en Gainesville.

El doctor **Norman Kaplan** es una renombrada autoridad en presión sanguínea del Centro de Ciencias para la Salud de la Universidad de Texas en la Escuela de Medicina Southwestern en Dallas y coautor del libro *Travel Well, The Gourmet Guide to Healthy Travel*.

La doctora **Roseann Lyle** es profesora de promoción y educación de la salud en la Universidad de Purdue en West Lafayette, Indiana, y ha presentado una serie de ponencias científicas acerca del calcio y la hipertensión.

El doctor **Lawrence M. Resnick** es profesor de medicina en el Hospital de Nueva York del Centro Médico de la Universidad de Cornell, en la ciudad de Nueva York, y prominente investigador en hipertensión.

El doctor **David Spodick** es director de cardiología clínica en el Hospital St. Vincent en la Escuela de Medicina de la Universidad de Massachusetts en Worcester.

El doctor **George Webb** es profesor en el Departamento de Física y Biofísica en el Colegio de Medicina de la Universidad de Vermont en Burlington, y coautor de *The K-Factor*, libro sobre la reducción de la hipertensión mediante dietas y ejercicios.

Problemas de las mascotas

33 tratamientos para perros y gatos

Tobi, la adorable, traviesa pastor inglés blanca y negra propiedad de Debbie, otra vez estuvo persiguiendo conejos en la hortaliza; pero los simpáticos conejitos en su huida pasaron por Pueblo Garrapata en su camino hacia Villa Zorra, donde excitaron a su amiguita, Hermila Zorrilla, la representante local de Perfumes Finos, S. A. "¡Ding, dong! ¡Perfumes Finos llama!", anunció Hermila graciosamente alzando y apuntando su colita en dirección de Tobi; y ofreciéndole una muestra gratis de su nueva fragancia 'atrapada'. "¿Te gusta?" Aunque a Tobi no le gustó la fragancia, de todos modos llevó una muestra gratis a casa de Debbie, por si acaso.

Mientras tanto Debbie, después de un día de arduo trabajo en la carnicería, se dejó caer en su diván. Esta fue la señal para iniciar la Carga de la Brigada de las Pulgas, que lograron acceso hasta el castillo de Debbie valiéndose del truco del caballo de Troya en la "persona" del dulce gatito Mermelada. Mientras Debbie se rascaba los tobillos, Tobi, hedionda y llena de garrapatas y abrojos, llegó saltando hasta su regazo.

Mermelada huyó.

Debbie se desmayó.

EL ZORRILLO TRABAJA

Con un perro como Tobi, es difícil saber dónde comenzar, así que podemos principiar por lo más obvio.

Duche al perrito. Una ducha comercial de vinagre y agua es útil en los momentos más difíciles. El vinagre es útil para cubrir el mal olor del zorrillo, afirma

ALERTA MÉDICA

Problemas que necesitan ayuda ¡RÁPIDO!

El problema con perros y gatos es que no pueden hablar, más que con el cuerpo. Por eso no pueden decirle: "Aunque hoy esté vomitando, mañana estaré bien. Tal vez se deba a la basura que comí". Muchos síntomas son comunes tanto en enfermedades serias como en malestares pasajeros inocuos.

Esta guía de alerta médica, con la asesoría de la médica veterinaria, doctora Amy Marden, profesora clínica de la Escuela de Medicina Veterinaria de la Universidad Tufts , le dirá a usted cuándo un síntoma es tan grave que justifique el cuidado de emergencia de un doctor. *Los siguientes síntomas podrían significar que la vida de su mascota literalmente pende de un hilo. Llame a su veterinario de inmediato para que le aconseje al respecto.*

- Sangre en el excremento, sangrado de boca y recto, o vómito y diarrea pueden ser señales de muchas enfermedades, entre ellas una hemorragia interna por envenenamiento.
- Diarrea abundante cada media hora u hora completa, sin comer o beber en los intermedios, puede producir *shock*.
- Dificultad para respirar, especialmente con encías azules, puede ser señal de trastorno cardiaco.
- Inflamación abdominal, con intentos de vomitar, especialmente en las razas caninas de pecho ancho, es síntoma de empastamiento, "una grave emergencia", advierte la doctora Marder, que a menudo requiere cirugía inmediata.
- Beber y orinar con frecuencia, acompañado de depresión, vómito, diarrea y arrojar moco rojizo de seis a ocho semanas después del celo en una perra o gata no esterilizada y virgen son signos de piometra, algo muy frecuente y mortal. Aparece muy lentamente con el transcurso de los meses o años, y también se caracteriza por los periodos irregulares de celo.
- Dificultad para parir es una emergencia. En un alumbramiento normal es natural cierto grado de esfuerzo, pero si hay labor de parto continua sin resultados, podría amenazar la vida.
- Ataques. Deben ser referidos inmediatamente al veterinario. La causa podría ser envenenamiento. No trate de restringir al animal durante las convulsiones.

la técnica veterinaria Mary Ann Scalaro del Hospital Veterinario Hollis en Hollis, Nueva Hampshire; pero debe asegurarse de aplicarlo *externamente*. Viértalo sobre su mascota y frótelo para que penetre. Con una esponja lávele la cara. Use guantes de hule para protegerse contra la peste del zorrillo. No permita que el animal se moje de nuevo, porque el agua retira el vinagre y el mal olor volverá.

Tal vez necesite varias botellas, señala Scalaro, y tendrá que repetir el tratamiento al menos una vez.

Trate a su mascota con jugo. El jugo de tomate actúa casi como el vinagre dada su gran acidez, declara Scalaro. Úselo de la misma manera que el vinagre. Sus inconvenientes son su color rojo (lo que significa que Tobi ahora sería blanca, negra y roja). También es pegajoso. Además, se necesita mucha cantidad; pero todas estas molestias son preferibles a tener que soportar la peste del zorrillo.

Use productos hechos contra el mal olor. El capitalismo nuevamente viene a rescatarle. Es posible conseguir en los mercados al menos dos productos enzimáticos que combaten los olores: Skunk-Off y Odor Mute, cada uno de los cuales tiene su propio olor. Actúan combinándose con el olor puro del zorrillo para crear un olor completamente nuevo que no es tan molesto. "Skunk-Off realmente es muy eficaz", señala la doctora veterinaria Deborah Patt, del poblado de Gilbertsville, Pennsylvania, "y no daña la ropa ni el mobiliario".

Un producto no enzimático es Skunk-Kleen, que no tiene olor propio, no crea uno nuevo al mezclarse con el del zorrillo, y su uso es seguro, dicen sus fabricantes. Otro es Elimin-Odor. Aunque estos productos a menudo requieren de aplicaciones repetidas, deben surtir efecto de inmediato. Las tiendas de productos para mascotas pueden distribuir dichos productos.

AUSENCIA DE PULGAS

Lo retamos a que encuentre una razón verdaderamente buena para que las pulgas existan en un solo mundo. En nueve meses, dos pulgas pueden generar 222 *billones* de descendientes. Pueden vivir dos años, sobrevivir los inviernos más inhóspitos y pasar varios meses sin comer. Pueden causar anemia y transmitir enfermedades y parásitos. Para derrotar la Carga de la Brigada de las Pulgas, Debbie deberá crear una zona de desastre ecológico para las pulgas.

Use baños. Se dice que en lugares como Texas, por ejemplo, las pulgas son tan grandes que tienen sus propios perros. También en Texas, pero del bando contrario al de las pulgas, se encuentra el médico veterinario Marvin Samuelson, director del Hospital Veterinary Teaching en la Universidad de Texas A&M, quien afirma que los tradicionales baños insecticidas son las medidas más poderosas contra las pulgas. "Tienen mejor penetración que los rocíos o polvos", observa. "Y cuando se secan quedan como un polvo que sigue actuando."

Sin embargo, estos baños pueden ser tóxicos, advierte el doctor Samuelson, aparte de que "es bastante frecuente su mal uso. Por eso siga cuidadosamente las instrucciones. Y no aplique estos baños a los gatos". Lo que es bueno para Tobi puede matar a Mermelada.

Sea prudente con los polvos. "Los polvos pueden ser muy útiles pero a menudo se emplean mal", comenta el doctor Samuelson. "El problema radica en el etiquetado, que indica que el producto debe rociarse o espolvorearse en el animal. Bueno: 'rociar' significa una pizca para una persona, y medio bote para otra."

Exorcíselos con rocíos. "Es bastante difícil exagerar la medida con los rocíos porque son los menos tóxicos, lo que por otra parte los hace no muy convenientes para infestaciones fuertes", agrega el doctor Samuelson; "pero pueden ayudar a impedir nuevas infestaciones".

Tenga cuidado con los collares. Los collares tampoco son eficaces para infestaciones fuertes, advierte, "y pueden ser muy tóxicos para la mascota porque la exposición se acumula durante mucho tiempo". No obstante, actúan como los rocíos contra las invasiones nuevas. También pueden ayudar a conservar libre de pulgas a un perro que ya no las tenga.

Enfríelas con linalool. Es comprensible que no le gusten a usted los productos químicos para trabajo pesado. Por eso, puede agradecer al profesor de entomología de la Universidad del Estado de Ohio, doctor Fred Hink, su hallazgo de venenos mortales (para las pulgas) en la cáscara de naranja. Descubrió los más nuevos insecticidas comprobados contra pulgas en el mercado. D-limonene y linalool. Tal vez se trate de los únicos insecticidas disponibles que matan adultas, larvas y huevos, informa. El linalool es más mortífero para las adultas y los huevos que para las larvas, pero es más mortal para las larvas que el D-limonene.

Sin embargo, el linalool tiene sus límites. Por ejemplo, tanto el linalool como el D-limonene no son tan eficaces contra las adultas como los insecticidas tradicionales, aparte de que ninguno de ellos tiene efecto residual (sólo son eficaces cuando el animal está mojado). "Eso dificulta cubrir grandes zonas", explica el doctor Hink; pero quizás usted considere que los aspectos positivos de estos productos (baja toxicidad para las mascotas y alta toxicidad para los huevecillos y larvas) superan los aspectos negativos.

El linalool está disponible como rocío en bomba y un jabón de baño de marca Demize; D-limonene viene en presentaciones de champú y baño.

Atrápelas en la cama. Rocíos, baños, polvos. Sin importar qué use, no basta con aplicar este tratamiento al animal. "Es necesario que también trate la cama de su mascota", aconseja el doctor Hink, "así como la zona inmediata donde se encuentra su mascota, y esto incluye la cama y mobiliario *de usted*. Lo mejor es usar todos estos productos en un espacio pequeño donde se puede lograr cobertura cabal".

"Es importante tratar el entorno y los vehículos al igual que al animal", expresa el doctor Samuelson.

Olvide los artefactos electrónicos. Los novedosos y costosos collares producto de la alta tecnología moderna que contienen un monitor de ultrasonido y parecen signo de bocio en el cuello de su mascota están acaparando mucha atención, pero "no son eficaces", previene el doctor Hink. "No tienen efecto sobre las pulgas adultas. Hasta donde sabemos, tanto las pulgas como otros insectos sencillamente no reciben esas longitudes de onda."

Proteja su hogar contra la invasión. El método menos tóxico desde el punto de vista ecológico es emplear un regulador de crecimiento de insectos que contiene metapreno, por ejemplo bajo la marca registrada Precor. "Este producto inhibe el desarrollo de las larvas de pulgas y bloquea la etapa de pupa", observa el doctor Samuelson. "No mata las pulgas existentes, pero sí detiene su reproducción. No es tóxico para los animales de sangre caliente." El metapreno pierde su eficacia bajo la luz solar, de modo que es útil en la casa donde de todos modos viven casi todas las pulgas, y en el gato, a donde con seguridad tanto usted como su mascota las han llevado. Dé tratamiento a su casa, en especial la cama de su mascota, dos veces al año.

Atáquelas cuando aún son jóvenes. Muchos productos con metapreno también contienen un pesticida que mata las pulgas ya existentes, asegura el doctor Samuelson. Estos productos están señalados con un II; por ejemplo Precor II. Aunque son más tóxicos, actúan con más rapidez. Se pueden usar dentro de la perrera individual o colectiva que no esté expuesta a la luz del sol; pero recuerde que si su animal entra en casa, allí será donde vivan y se procreen casi todas las pulgas.

Trate a los gatos de manera distinta. Puesto que los gatos se acicalan a sí mismos, comen sus pulgas y son más propensos a tener solitarias, que dichas pulgas transmiten. Como los gatos detestan el agua y no sienten afición por los sonidos silbantes, usted comprenderá que a los gatos no les gusten los baños ni los rocíos. Por eso el doctor Samuelson recomienda que use una espuma para baño seco contra pulgas hecha especialmente para tratar gatos. También recuerde que las preparaciones para perro son demasiado fuertes para los gatos.

Avon llama. El aceite para baño de Avon, Skin-So-Soft, ha demostrado su eficacia como repelente contra pulgas. Un grupo de investigadores de la Universidad de Florida bañó y talló con esponja a perros llenos de pulgas con una solución de unos 45 gramos de Skin-So-Soft por más o menos cuatro litros de agua. Un día más tarde las cuentas de pulgas habían disminuido hasta 40%. "Las pulgas tienen un agudo sentido del olfato", informaron los investigadores, y especulan que no les gusta la fragancia de bosques del citado producto. Aunque claramente no es tan eficaz como un baño contra pulgas, declararon, agregar dicho aceite para baño a agua con insecticida ayuda a cubrir el olor del insecticida y da brillo al pelo del animal.

CÓMO SALIR DE DIFICULTADES

Sin importar qué nombre reciba, el eczema del verano puede hacer que su mascota se hiera tratando de aliviarse la comezón. Por tanto usted deberá hacer algo al respecto.

"No existe ninguna enfermedad para perros llamada eczema del verano", declara la doctora Donna Angarano, profesora de dermatología en el Colegio de Medicina Veterinaria en la Universidad de Auburn. La mayor parte del tiempo, lo que se ve en los perros es una alergia activa contra las pulgas. No es el piquete de la pulga sino su saliva lo que casi enloquece a la mascota, y cabe señalar que basta una sola pulga. Es importante que esto lo diagnostique un veterinario, porque otras alergias, parásitos y enfermedades también pueden ocasionar el "eczema del verano".

Mate las pulgas. Si usted sabe que se trata de alergia a las pulgas, sabrá qué hacer después de haber leído hasta este punto. Tiene que atacar a las pulgas. A menudo la alergia empeora con la edad, comenta la doctora Angarano. Y el doctor Samuelson agrega que "no se puede curar la alergia, pero sí se puede eliminar la causa. Algunos estudios relacionan la alergia contra las pulgas a un ciclo de exceso de pulgas y luego ausencia de ellas. Los propietarios permiten que las pulgas se reproduzcan sin control, luego las exterminan, para más adelante permitirles proliferar de nuevo". Así que desde el principio no permita que las pulgas se multipliquen libremente.

Trate la herida. Recorte el pelo alrededor de la zona irritada, lávela con agua tibia y aplíquele un astringente para secarla. La doctora Angarano recomienda el polvo Domeboro. También puede usarse alcohol con buenos resultados, pero produce escozor, de modo que debe diluirse. Aunque el sulfadene también es eficaz, contiene alcohol.

Alivie el ardor. Un producto que contenga áloe vera o sábila puede ayudar a calmar y secar. "Los polvos y ungüentos a menudo empeoran el estado de la piel", advierte la doctora Angarano.

El otro camino

Control natural contra pulgas

Si usted no es partidario de la guerra química, cuente con métodos naturales para controlar las pulgas. Aunque pueden tardar cierto tiempo y requerir cierto esfuerzo, para muchos amantes de los animales constituyen la única manera de atacar las pestes. En seguida damos algunos remedios naturales para controlar las pulgas, recomendados por el médico veterinario Richard Pitcairn.

Cepíllelo a diario. Tal vez esto constituya una tarea pesada para usted si su perro es grande, pero resulta importante si quiere controlar a la población de las pulgas, advierte el doctor Pitcairn. Use un peine de dientes finos contra pulgas si el pelo del animal es suficientemente corto para esta técnica.

Dele un baño de hierbas. Al primer signo de una pulga, bañe a su mascota con un champú natural que contenga hierbas repelentes contra pulgas. Los aceites de poleo o de eucalipto incrementan el poder pulguicida del agua del baño. Un perro muy infestado de pulgas necesitará un baño aproximadamente cada dos semanas; un gato, una vez al mes.

Sea limpio, limpio, limpio. "En el verano, lave la cama de la mascota en agua caliente con jabón una vez a la semana y séquela en una secadora caliente", recomienda el doctor Pitcairn. "También limpie con aspiradora sus alfombras cada dos a tres días; 90% de las pulgas se encuentran donde duerme el animal."

Use polvos naturales. Contienen hierbas como romero, ajenjo, poleo, eucalipto, y citronela o limoncillo, y a veces polvo de tabaco. También puede espolvorearlos, o sencillamente diseminar tierra diatomácea, en todos los rincones y resquicios que no pueda alcanzar usted con la sola aspiradora al vacío.

La tierra diatomácea quita la cubierta cerosa de las pulgas y las reseca, y eso las mata. Precaución: use una mascarilla contra el polvo para no inhalar el polvo de tierra diatomácea pues se emplea en filtros para piscinas; además, tanto el polvo del poleo como el del tabaco en grandes cantidades pueden ser tóxicos para usted y sus mascotas.

Ataque internamente. Por último, agregue ajo y levadura de cerveza a la dieta diaria de su mascota. Incluso trate de friccionar el pelo de su mascota con dicha levadura. Se supone que ambos ingredientes son desagradables a las papilas gustativas de las pulgas. Aunque no hay evidencia científica al respecto, algunos propietarios de mascotas afirman que sí son eficaces.

Manténgala limpia. Una herida abierta como en la urticaria es un lugar natural para una infección bacteriana, de modo que debe vigilar y mantener limpias las heridas.

ES UN MUNDO ENMARAÑADO

Laura Martin sabe de marañas: cría pastores ingleses como Tobi en sus perreras Jen-Kris en North Barrington, Illinois. Laura tiene algunas sugerencias para Debbie.

Corte verticalmente. "Casi toda la gente corta las marañas de pelo horizontalmente, paralelo a la piel", refiere Martin, "lo que desde luego deja grandes agujeros. Lo apropiado es cortar las marañas verticalmente, desde la piel hacia el borde del pelo, alejándose de la base de la maraña. De esa manera se corta el pelo enmarañado que esté horizontal, pero se deja el pelo que todavía esté vertical. Además, se cortarán las marañas grandes en otras sucesivamente más pequeñas, y al final no se tendrá un agujero tan grande como si se procede de otra manera". Use tijeras bien afiladas, pero con puntas romas.

Deje que sus dedos hagan el desenmarañado. Cuando llegue a las marañas más chicas, sepárelas con sus dedos, aconseja Martin, y luego peine o cepíllelas con un peine de dientes metálicos o con un cepillo de alambre.

Rocíelas para alejarlas. Bueno, no exactamente; pero si usa un rocío con proteínas y lanolina, déjelo actuar durante 10 minutos y luego corte, recomienda Martin. "Reducirá el tiempo del procedimiento a la mitad."

Y corte las de los dedos. "Corte horizontalmente y quite todo el mechón", indica Martin con referencia a las marañas localizadas entre los dedos.

HABLANDO DE GARRAPATAS

Las garrapatas son otra forma de vida para la que es difícil descubrir un propósito verdaderamente útil. Chupan la sangre, dispersan la fiebre con manchas de las Montañas Rocallosas la enfermedad de Lyme. Además son muy feas; pero al menos son más fáciles de controlar que las pulgas.

Aléjelas con el buen cuidado. Después de que su perro regrese del campo o bosque, repáselo con un peine de dientes finos para pulgas, aconseja el doctor Richard Pitcairn, del Centro de Salud Natural para los Animales en Eugene, Oregon. Esto ayudará a atrapar las garrapatas que todavía no se hayan fijado en la piel. Concéntrese alrededor del cuello y cabeza, y bajo las orejas.

Arránquelas. Use sus dedos. Póngales mala cara, agárrelas lo más cerca posible a la piel de su mascota, y luego retuerza y jale gradualmente. Luego diga "¡aggggggghhhhh! y ¡puajjjjjjjjj!" y lávese las manos de inmediato. Si jala lentamente, sacará también la cabeza; pero si no lo hace, no se preocupe demasiado, porque si deja la cabeza enterrada se producirá sólo una inflamación menor, que se despejará con rapidez, informa el doctor Pitcairn.

Considere una doble zambullida. Casi todos los baños contra las pulgas también matan garrapatas, señala el doctor Pitcairn. También asegúrese de tratar las infestaciones de garrapatas como lo haría con las de pulgas: de manera ecológica.

ESTRATEGIA CONTRA ESPINAS

Tobi recoge espinas como si en vez de pelambre estuviera cubierta con el material para unir telas llamado Velcro. Por lo regular es fácil quitar las espinas, pero pueden enmarañar la pelambre si no se quitan. Sin embargo, a veces son más peligrosas. Por ejemplo, la carricera o rabo de zorra puede de hecho enterrarse en las orejas y a través de la piel y aberturas en el cuerpo, lo cual ocasionará graves infecciones, advierte el doctor Pitcairn. Por eso es fundamental quitar las espinas.

Peine o cepille para sacar. Use un peine de acero inoxidable con dientes muy separados para jalar las espinas del pelo antes de que se inicie el enmarañamiento, aconseja el doctor Pitcairn. Mantenga el peine contra la piel para simplificar el cepillado.

Use sus dedos. Si sólo hay unas cuantas espinas, o si se encuentran en las orejas o entre los dedos, use sus dedos para jalarlas (al menos no son garrapatas); pero si la espina se encuentra muy dentro en la oreja para apreciarse a simple vista, no trata de quitarla. Considere que este esfuerzo podría impulsar la espina más hacia el tímpano, advierte el doctor Pitcairn. Mejor ponga algo de aceite vegetal o mineral en la oreja para reblandecer la espina y lleve a su mascota con un veterinario lo antes posible.

MASACRE A LOS ÁCAROS DE LAS OREJAS

Los ácaros de las orejas son pequeños bichos que pueden enloquecer a su mascota, perro o gato. Una vez que les ha caído esta maldición, parecen estar condenados a padecerla de por vida. Las orejas que parecen sufrir de mucha comezón y tienen residuos oscuros, como de café, en el fondo, constituyen los signos de advertencia de que tienen visitas indeseables.

Aunque el método normal de ataque consiste en fármacos recetados por un médico veterinario, el doctor Pitcairn recomienda el siguiente remedio natural.

El auxiliar contra los ácaros de oídos. Mezcle unos 15 centímetros cúbicos de aceite de almendra y 400 unidades internacionales de vitamina E en un frasco-gotero, indica el doctor Pitcairn. Una vez al día durante tres días vacíe el contenido de uno o dos goteros en cada oreja y dé un buen masaje a la oreja. Permita que su mascota sacuda la cabeza y luego limpie la abertura con hisopos de algodón. La mezcla oleosa ahogará los ácaros y ayudará a la curación. Entre aplicaciones refrigere la mezcla y caliéntela antes de cada uso.

Deje descansar las orejas de su mascota durante unos tres días mientras usted prepara una nueva dosis de medicina. Agregue medio litro de agua hirviendo a una cucharadita ligeramente copeteada de romaza amarilla. Tape herméticamente y deje reposar durante 30 minutos. Cuele y enfríe. Ponga la mezcla en una botella transparente y consérvela en el refrigerador.

Comience otro tratamiento de tres días como se explica arriba, suspéndalo durante 10 días, y repita otros tres días. Caliente la solución de romaza amarilla antes de usarla en las orejas de su mascota, pues ésta aceptará de mejor grado el tratamiento si la solución no está del todo fría. Asegúrese de que la solución esté tibia, no caliente.

"Si las orejas de su mascota parecen irritadas, ya sea por la infección de los ácaros o por las hierbas, use sólo el aceite de almendras y la vitamina E hasta que desaparezca la irritación", señala el doctor Pitcairn. "Si las orejas están inflamadas y se encuentran muy delicadas, use gel embotellado de áloe vera o sábila en vez del aceite hasta que ceda la inflamación."

COMITÉ DE ASESORES

La doctora **Donna Angarano** es profesora de dermatología en el Colegio de Medicina Veterinaria de la Universidad de Auburn en Alabama.

El doctor **Fred Hink** es profesor de entomología en la Universidad del Estado de Ohio en Columbus.

La doctora **Amy Marder** es profesora clínica en la Escuela de Medicina de la Universidad de Tufts en Medford, Massachusetts. También es presidenta de la American Veterinary Society of Animal Behavior y columnista de la revista *Prevention*.

Laura Martin es criadora de pastores ingleses en North Barrington, Illinois. Se ha dedicado a criar y exponer perros durante 20 años.

La doctora **Deborah Patt** ayuda a operar una pequeña clínica veterinaria, el Hospital Veterinario Patt, con su padre en Gilbertsville, Pennsylvania.

El veterinario **Richard Pitcairn**, del Centro de Salud Natural para los Animales, en Eugene, Oregon, es autor del *Dr. Pitcairn's Complete Guide to Natural Health for Dogs and Cats*.

El doctor **Marvin Samuelson** es director del Hospital Veterinary Teaching en la Universidad de Texas A&M en College Station.

Mary Ann Scalaro es técnica veterinaria en el Hospital Veterinario Hollis en Hollis, Nueva Hampshire.

Psoriasis

19 maneras de combatirla

Georgia Mossman comparte cinco características con millones de otros enfermos de psoriasis.

1. Su psoriasis es como la de ellos porque es diferente, singularmente suya.

2.- Lo que es eficaz para algunos puede no serle útil a ella.

3.- Lo que le es útil a ella puede no serlo para otros más.

4.- Un tratamiento puede ser eficaz una vez, no tanto la siguiente, y luego nada eficaz.

5.- Ella no sabe por qué la padece.

Agregue motivo desconocido, mezcle con cura desconocida y tendrá una receta para la frustración. Es fácil comprender por qué los médicos como el doctor Laurence Miller, consejero de la National Psoriasis Foundation y los National Institutes of Health, declaran: "Tratándose de psoriasis, la medicina moderna es absolutamente inadecuada".

La psoriasis es una enfermedad en que las células de la piel se descarrían. Por lo regular la piel se renueva a sí misma aproximadamente cada 30 días, el tiempo aproximado necesario para que una nueva célula de la piel se abra camino desde la capa más interna de piel hasta la superficie; pero en la psoriasis, esa célula llega hasta arriba en sólo 3 días, como si el cuerpo hubiera perdido sus frenos. El resultado: zonas protuberantes de piel llamadas placas, rojas y a menudo con comezón. Después de que las células llegan a la superficie, mueren como células normales, pero hay tantas de ellas que las manchas levantadas se vuelven blancas por las células muertas que se están descamando.

El gran disimulo

Hollywood al rescate (Burbank, para ser precisos). El cosmetólogo y artista del maquillaje de Hollywood, Maurice Stein, ayuda a los clientes que le envían médicos de todo el país, al igual que a las estrellas, que deben ser perfectas. Estas son algunas de sus recomendaciones.

- Primero que nada, "jamás trate de disfrazar una lesión abierta", advierte Stein, haciéndose eco de los consejos de los médicos.
- "Hay una magnífica crema que se vende sin necesidad de receta médica, se aplica con una esponja para maquillaje, y se puede aplicar al cuero cabelludo para cubrir la descarnación", explica Stein. "Primero que su médico la apruebe. Se llama Couvre, y viene en presentaciones de colores negro, oscuro, medio, café claro y gris. Actúa oscureciendo el cuero cabelludo para hacerlo parecerse al cabello."
- Para codos y rodillas, Stein recomienda tierra de la India mezclada con su emoliente favorito y extendida sobre las placas con una esponja para el maquillaje. La tierra de la India, que consiste en una roca molida hasta tener la consistencia apropiada para un talco facial, se puede conseguir en salones de belleza, tiendas departamentales, farmacias y tiendas naturistas. "Una porción del tamaño de una monedita basta para cubrir todo el cuerpo", señala. El emoliente mantiene húmedas las placas, y la tierra de la India disfraza su apariencia. "Si usted tiene que cubrir las zonas con ropa, seque primero la aplicación con golpecitos para eliminar el exceso", aconseja Stein.
- Si no puede encontrar tierra de la India, "busque una base cosmética con mucho pigmento", recomienda. "El mejor sitio para encontrar y probar estos productos es donde algún cosmetólogo local."

Usualmente la psoriasis pasa por ciclos de erupciones y remisión; lo más usual son los ataques en invierno. A veces desaparece durante meses o años. Y con la edad puede mejorar o empeorar.

Sin causa, no hay cura; pero hay muchas cosas que puede hacer por usted. Sin embargo, debe tener presente que lo eficaz para otra persona puede no serlo para usted. Tendrá que experimentar y diseñar su propio plan de batalla. Estas son algunas estrategias que puede poner a prueba.

Adopte una nueva actitud. El doctor Philip Anderson, profesor y jefe del Departamento de Dermatología de la Escuela de Medicina de la Universidad de Missouri-Columbia, indica que lo más importante es aceptar el hecho de que se padece de psoriasis y centrar la atención en aprender a manejarla e impedir que se vuelva algo grave. "No desperdicie su energía refunfuñando por cada protuberancia", aconseja. "No es buena idea."

El doctor Miller está de acuerdo. "Quizá vea a algunos de mis pacientes de psoriasis dos veces al año", relata. "No existe ninguna ley que diga que toda persona con psoriasis tenga que librarse de todas y cada una de las escamas de su cuerpo. Por eso separo mis manos unos 30 centímetros y les digo, 'Se necesita aproximadamente esta cantidad de esfuerzo para limpiarse a cerca del 80%'. Luego separo mis brazos lo más que puedo y afirmo: 'Para el 20% final, esto es lo que tienen que hacer'. Jamás digo, 'Aprendan a vivir con este mal'. Cuando crea que ha agotado sus tratamientos, cuando haya recorrido todo el alfabeto de las posibilidades, regrese al principio. La psoriasis benigna se puede controlar por completo siguiendo algunos de estos remedios."

Lubríquese. Los emolientes se encuentran a la cabeza de las listas que todos los dermatólogos tienen para tratamientos que no requieren de receta médica. La piel psoriática se encuentra seca y eso significa que puede empeorar a la vez que aumentan la escamación y la comezón. Los emolientes ayudan a su piel a retener el agua; ellos o algo tan mundano como el aceite vegetal o incluso un petrolato pueden ser su aceite corporal no irritante favorito. Son de lo más eficaces aplicados justo después del baño cuando todavía está escurriendo agua. (Por amor a la seguridad, evite bañarse en aceite de baño, que puede volver su bañera tan resbalosa como una pista de patinaje.) El doctor Miller recomienda la loción Sarna, que contiene mentol y alcanfor, para aliviar la comezón.

Busque el sol. El 95% de los pacientes de psoriasis mejora con dosis regulares de sol intenso. (La zona del Mar Muerto alrededor de Israel es famosa por su climatoterapia; al punto que muchas personas viajan regularmente a climas soleados.)

"La enfermedad parece empeorar tanto más en el invierno o en climas variables o húmedos que tal vez le conviniera mudarse a un clima cálido y seco", señala el doctor Anderson. Son las frecuencias ultravioletas las que combaten la psoriasis y de ellas, los rayos ultravioleta son los que actúan con mayor rapidez. Pero tenga cautela: aparte de su naturaleza curativa contra la psoriasis, los rayos ultravioleta de tipo B también son los que causan la quemadura de sol o eritema solar y aumentan los riesgos de padecer de cáncer de la piel. También pueden hacer que un paciente de psoriasis tenga una erupción en zonas que antes no habían sido afectadas.

Sin embargo hay una salida: un filtro solar. "Los beneficios de tomar baños de sol pueden aumentar los riesgos del cáncer de piel y la dispersión de la psoriasis si se emplean filtros solares en los sitios donde no la padece; exponga sólo las zonas afectadas a la fuerza total del sol", hace notar el doctor Miller.

Encienda la lámpara. Consígase una lamparita de rayos ultravioleta de tipo B para tratar las manchas de psoriasis, sugiere el doctor Miller. Como las necesidades de cada persona son distintas, primero consulte a su médico. Tal vez prefiera el tipo de luz ultravioleta de clase A que se encuentra en las salas de bronceado, aunque es más débil y requiere de mucho más tiempo para mostrar sus efectos.

Use brea, pero no se emplume. Hay preparaciones a base de brea o alquitrán que se venden sin necesidad de receta o vigilancia médica y que son más débiles que las versiones que sí las requieren; pueden ser eficaces en casos de psoriasis benigna, comenta el doctor Miller. Se puede aplicar la brea o alquitrán directamente a las placas o usted puede sumergirse en un baño de aceite a base de brea y tratar su cuero cabelludo con un champú de alquitrán. Ya que incluso los alquitranes que se venden sin receta médica pueden manchar e impregnar con su fuerte olor, usualmente se quitan en el enjuague después de determinado tiempo, aunque hay algunas clases que se pueden dejar en la piel para aumentar el efecto de la luz solar o los tratamientos con rayos ultravioleta de tipo B. "El alquitrán lo hace más sensible al sol, así que debe tener cuidado", advierte.

El doctor Miller señala que "se han producido" algunos nuevos productos a base de alquitrán "con más elegancia y cosméticamente aceptables en forma de gel. No huelen a depósitos de alquitrán y se pueden usar a diario y quitar fácilmente con el enjuague". Añade las siguientes precauciones: "Si un producto de alquitrán o brea ocasiona sensación de ardor o irritación, deje de usarlo. Y jamás debe aplicarse sobre piel viva o abierta".

Mójese y caliéntese. "Los baños y piscinas calientes son excelentes para la psoriasis", indica el doctor Miller, porque ayudan a aplastar las placas o reducir la descamación; "pero recuerde que el agua caliente puede empeorar la comezón".

O mójese y enfríese. Un baño con agua fría, tal vez agregándole alrededor de una taza de vinagre de sidra de manzana, es magnífico contra la comezón. "Otra cosa realmente útil es el hielo", aconseja Miller. "Sencillamente ponga unos cubos de hielo en una bolsita de plástico y aplíquelos a la piel afectada."

El otro camino

Zostrix: algo candente contra la psoriasis

Ya que no existe cura contra la psoriasis, la gente recorre el planeta buscando tratamientos dispuesta a probar cualquier cosa, incluyendo fármacos preparados contra otros males. Un buen ejemplo es Zostrix, una crema que se vende sin necesidad de receta médica y que se emplea para tratar el herpes o zóster.

El doctor Joel Bernstein, profesor de farmacología clínica de la Escuela de Medicina Pritzker de la Universidad de Chicago, inventó (y tiene la patente de) Zostrix, crema hecha a base del ingrediente activo en el chile, la capsaicina, que da verdadero significado a la palabra "picante". Esta crema se ha probado en la psoriasis, pero la Administración para Alimentos y Fármacos de Estados Unidos (FDA) sólo la ha aprobado para el herpes, relata el doctor Bernstein. "No cabe duda de que es eficaz", afirma. "Mi única preocupación es que su empleo es un poco delicado. De hecho creo que si se llega a aprobar para la psoriasis, tal vez entonces se vuelva un producto que requiera receta y vigilancia médicas."

La teoría es que Zostrix hace que el cuerpo agote toda su existencia de la sustancia P, una sustancia química que, se cree, causa inflamación y también se encuentra en las placas psoriáticas. Entonces la crema evita que el cuerpo produzca más sustancia P, y también puede impedir la proliferación de los vasos sanguíneos necesarios para alimentar la población de células de piel nacientes en una placa psoriática.

No se debe usar Zostrix de manera irresponsable, advierte el doctor Bernstein. "No es útil si no se usa con frecuencia y asiduidad durante al menos tres semanas." Y además tiene un inconveniente: "este producto pica, al grado de que es mejor prepararse contra esa realidad", previene el doctor Miller. Pica en los dedos, pica en la placa y hará que su rostro le pique si se frota la cara sin haberse quitado la crema de las manos primero, lavándolas; pero la sensación de quemadura disminuye o desaparece si continúa el tratamiento, declara Bernstein.

Nosotros aconsejamos esto: use el producto sólo con la aprobación de su médico y bajo su estrecha vigilancia.

Pruebe la cortisona para zonas pequeñas. "Las cremas de cortisona tópicas que se venden sin necesidad de receta médica son más débiles que los productos 'éticos', pero vale la pena probarlas, y son más seguras para el rostro y zona genital", explica el doctor Miller; "pero si las usa a todas horas en esas zonas perderán eficacia, y cuando deje de usarlas correrá el peligro de recaer. Por eso sólo úselas hasta que perciba cierta mejoría, y luego reduzca gradualmente la cantidad hasta suspenderlas del todo".

Aísle su psoriasis. Los investigadores han encontrado que si se cubren las lesiones con cinta o envoltura plástica durante algunos días o semanas se puede ayudar a limpiar la psoriasis, especialmente si primero se aplica crema de cortisona. "He dormido en la envoltura plástica Saran Wrap y una gorra para baño", declara Mossman con pesar, sin aclarar cómo esta decisión afectó su matrimonio.

"Las células en la superficie realmente quedan muy pastosas y dañadas", explica el doctor Anderson. "Parece que esto frena la proliferación". Sin embargo, el tratamiento sólo es bueno para zonas pequeñas, "no mayores que unos dos centímetros de diámetro. Debe tener cuidado porque la piel se puede volver viscosa e infectarse, lo que empeorará la psoriasis."

No arriesgue una posible lesión. A menudo aparecen nuevas lesiones en la piel ya lesionada, advierte el doctor Anderson. Los investigadores creen que el daño a la piel puede llevar al cuerpo a forzarse de manera incontrolable. "La gente con psoriasis no debe salir a donde haya maleza, igual como un hombre con la espalda dañada no debe ofrecerse a mover objetos pesados", prosigue el doctor Anderson. Puede lesionar la piel con cosas como unos zapatos apretados, correas para reloj, navajas de afeitar sin filo o productos químicos fuertes.

Si tiene sobrepeso, piérdalo. Si bien los científicos no pueden jurar que la obesidad empeora la psoriasis, afirma el doctor Anderson, "es uno de los conectores más confiables. La pérdida de peso ayuda a muchos pacientes de psoriasis. Si usted pierde peso y conserva su peso normal, casi siempre percibirá que su psoriasis mejora".

Reduzca su tensión. "Conocí a una jovencita de 13 años que tuvo una erupción de psoriasis de pies a cabeza después de que murió su padre", informa el doctor Miller. Hay muchísima evidencia en el sentido de que la tensión puede desencadenar la psoriasis, conviene el doctor Eugene Farber, presidente del Psoriasis Research Institute. "Si usted se recuesta en la playa del mar durante una semana, logrará mejorar. Incluso acudir al hospital para someterse a una cirugía puede mejorar su psoriasis. Aunque una cirugía es tensionante, por otro lado usted estará descansando y se le estarán prodigando cuidados. Toda ausencia de sus motivos de tensión cotidianos, durante cualquier tiempo, será útil."

Vaya de pesca. No, no se trata de un alivio contra la tensión; es una manera grata de decirle que pruebe a agregar cápsulas de aceite de pescado que contengan el ácido graso AEP (ácido eicosapentaenoico) a su dieta. El profesor de dermatología y bioquímica, doctor Vincent Ziboh, de la Escuela de Medicina de la Universidad de California en Davis se siente alentado por lo que ha descubierto.

"Aproximadamente 60% de la gente que estudiamos respondió bien", informa. Disminuyeron la zona y el espesor de las placas, junto con el enrojecimiento y la comezón.

No obstante, deben tenerse en cuenta ciertas advertencias importantes. "Un número pequeño de personas no mejora, aparte de que otros tantos empeoran", refiere el doctor Ziboh. "No hay garantías." Su estudio original fue pequeño y a corto plazo, "de modo que los resultados no son concluyentes. No apreciamos efectos adversos, aunque no es imposible que pudieran darse a un plazo más largo". Por ejemplo, el aceite de pescado puede reducir la capacidad coagulante de la sangre, de modo que tal vez multiplique los efectos adelgazantes de la sangre de otros fármacos que se pueden estar consumiendo. "Si toma el aceite de pescado, debe hacer que su médico lo vigile", advierte.

Además, señala el doctor Ziboh, no todos esos aceites son iguales. "Analizamos los aceites de pescado que empleamos y descubrimos que la proporción real del ácido AEP en las cápsulas variaba desde 1 a 10%", comenta. "Debe esperarse cerca del 17%."

Aunque la gente en su estudio tomó de 11 a 14 gramos diarios, relata, "creo que les hubiera ido igual o hasta mejor con la mitad de esas dosis"; pero asegúrese de consultar primero a su médico. Si bien es buena idea comer pescado grasoso, como el salmón o la macarela, agrega, tendría usted que comer al menos de medio a un kilo de pescado para obtener 5 gramos de AEP.

Trate las infecciones. Hay una bien documentada pero inexplicada relación entre las infecciones y el inicio de la psoriasis. También se sabe que la psoriasis empeora cuando una infección ataca. Mossman sufrió un caso de picaduras de insectos en la superficie total de sus piernas, y poco después padeció de su primer ataque de psoriasis: en el cuero cabelludo, codos y rodillas.

"Nos llegan niños con psoriasis cubriéndoles todo el cuerpo dos semanas después de tener un ataque de estreptococos en la garganta", señala el doctor Miller. Entonces, la clave aquí es, según Anderson, el tratamiento oportuno y apropiado contra todas las infecciones, además de prestar atención especial a la psoriasis cuando se tenga cualquier tipo de infección.

COMITÉ DE ASESORES

El doctor **Philip Anderson** es profesor y jefe del Departamento de Dermatología de la Escuela de Medicina de la Universidad de Missouri-Columbia.

El doctor **Joel Bernstein** es profesor clínico de farmacología clínica en la Escuela de Medicina Pritzker de la Universidad de Chicago en Illinois.

El doctor **Eugene Farber** es presidente del Psoriasis Research Institute y antes fue profesor y jefe del Departamento de Dermatología en la Escuela de Medicina de la Universidad de Stanford en California.

El doctor **Laurence Miller** es miembro de la Medical Advisory Board of National Psoriasis Foundation y asesor especial del director del National Institute of Arthritis and Musculoskeletal and Skin Diseases de los National Institutes of Health.

Maurice Stein es cosmetólogo y artista del maquillaje de Hollywood. Es propietario de Cinema Secrets, una casa especializada de maquillajes teatrales en Burbank, California.

El doctor **Vincent Ziboh** es profesor de dermatología y bioquímica en la Escuela de Medicina de la Universidad de California en Davis.

Quemaduras

10 tratamientos para accidentes menores

¡Fuego! ¡Fuego!

¿Qué hacer? ¡Apagar el fuego!

Ese también es un buen consejo para las quemaduras. Si se quema la mano al rozar accidentalmente el calefactor de su horno, se salpica ácido de la batería del coche en el pecho, recibe una bocanada de vapor caliente cuando abre un platillo cocinado en su horno de microondas o se salpica con el limpiador del baño en los ojos, *apague el fuego, ¡cuanto antes!* He aquí cómo.

Extinga la flama. "Lo primero y más importante que debe hacer es detener el proceso de combustión", aconseja el doctor William P. Burdick, profesor de medicina de emergencia en el Medical College de Pennsylvania. Lave sus quemaduras con mucha, mucha agua fría (entre 15 y 30 minutos o hasta que cese la sensación de quemadura), pero no utilice hielo o agua helada pues pueden empeorar su quemadura.

"Si es una quemadura por contacto, sumerja la parte lesionada en agua fría", recomienda el doctor Burdick. "Si se trata de aceite, grasa o material caliente salpicado como el ácido de una batería o sopa, enjuague primero la ropa que está saturada, retire la grasa de la piel y luego vaya al doctor. No trate de quitarse la ropa usted mismo.

Luego que haya apagado el fuego, estará en camino de la curación. Lo fresco impide que la quemadura se extienda por el tejido y actúa como analgésico temporal.

Guarde la mantequilla para su pan. Usted no trataría de sofocar un incendio con un pedazo gigantesco de mantequilla, ¿o sí? Pues lo mismo se aplica a las quemaduras. Los alimentos en las quemaduras pueden retener el calor en el tejido y empeorar la quemadura. También pueden ocasionar infecciones. Tampoco utilice los demás remedios populares antiguos: vinagre, cáscaras de papa o miel de abeja.

Inspeccione y mida su quemadura. Por lo regular usted puede auto-tratarse las quemaduras de primer y segundo grados menores a dos centímetros de diámetro en un niño o a cuatro centímetros en un adulto. Consulte a su médico cuando se trate de quemaduras mayores, en niños de menos de un año de edad o personas de más de 60 años.

Cubra la quemadura. Cubra con cuidado la quemadura con una tela seca y limpia, por ejemplo un cojincillo grueso de gasa.

Luego ya no haga nada. Al menos durante las 24 horas iniciales, deje la quemadura en paz. Debe permitir que las quemaduras inicien su proceso de curación por sí mismas.

Ayúdela a curarse. Después de transcurridas 24 horas, lave con suavidad la lesión con agua y jabón o una solución suave de Betadine una vez al día, recomienda el técnico en emergencias médicas, John Gillies, director del programa para servicios para la salud en la Escuela Colorado Outward Bound en Denver. Manténgala cubierta, seca y limpia entre cada sesión de lavado.

Alivie con áloe. Dos o tres días después de su quemadura, corte un pedazo fresco de áloe o sábila y utilice la humedad curativa natural de la planta, o exprima sobre la lesión una crema comercial que contenga sábila. El áloe o sábila tiene una acción analgésica que mejorará su lesión. No emplee sábila si toma anticoagulantes o tiene antecedentes médicos de problemas cardiacos.

Haga soluciones calmantes. Cuando su quemadura comience a sanar, abra una cápsula de vitamina E y frote el líquido en su piel irritada. Además de

ALERTA MÉDICA

Sepa cuándo su quemadura está demasiado candente para atenderla

Usted mismo puede tratar la mayoría de las quemaduras de primero y segundo grados, afirman los médicos; empero, las quemaduras de tercer grado requieren de atención médica. Esta es la manera como puede valorar el grado de su quemadura.

- Como la mayoría de las insolaciones y escaldaduras, las quemaduras de primer grado se presentan rojas y dolorosas.
- Las quemaduras de segundo grado, entre ellas las insolaciones graves o las quemaduras por breve contacto con parrillas de hornos y estufas producen ampollas, rezuman líquido y son dolorosas.
- Las quemaduras de tercer grado están carbonizadas y su color es blanco o cremoso. Pueden deberse a productos químicos, electricidad o contacto prolongado con superficies calientes. Por lo general no son dolorosas porque se han destruido las terminales nerviosas, pero siempre requieren de cuidado médico.

Otras quemaduras que requieren de la inmediata atención médica incluyen:

- Quemaduras en la cara, manos, pies, zonas pélvica y púbica, o en los ojos.
- Cualquier quemadura de la que no tenga certeza si es de primero o segundo grados.
- Quemaduras que muestren signos de infección, entre ellos una ampolla llena de un líquido verduzco o café, o una quemadura que de nuevo se calienta o enrojece.
- Cualquier quemadura que no sane en 10 a 15 días.

Si va a consultar a un médico en relación con una quemadura, indica el técnico en emergencias médicas John Gillies, lávela pero no use ungüentos, antisépticos o aerosoles; cúbrala con una gasa seca y estéril.

sentirse mejor, le ayudará a evitar cicatrices. O busque un remedio que se venda sin receta médica como Solarcaíne, que refresca las insolaciones.

Aplíquese toques de una crema antimicrobiana. Un ungüento antibiótico que se venda sin receta médica y que contenga los ingredientes activos sulfato B de polimixin o bacitracín combatirá la infección y acelerará su curación.

(Para una lista que compara la eficacia de diversos ungüentos que se venden sin receta médica, véase la página 130.)

No toque las ampollas. Las burbujas de piel son la mejor venda de la propia naturaleza, comenta Gillies, así que déjelas en paz. Si se abre una ampolla, limpie la zona con agua y jabón, luego aplique suavemente un poco de ungüento antibiótico y cúbrala.

COMITÉ DE ASESORES

El doctor **William P. Burdick** es profesor de medicina de emergencia en el Medical College de Pennsylvania en Filadelfia.

John Gillies es técnico en emergencias médicas y director del programa para servicios para la salud en la Escuela Colorado Outward Bound en Denver.

Quemaduras por exposición al sol

37 tratamientos refrescantes

Tal vez quiera azotarse contra la pared por haberse quemado al sol. Y tal vez lo haría si no estuviera padeciendo tanto dolor. En realidad, sabe bien que no debe maltratar su piel de esta manera; sabe todo lo referente a filtros solares y cómo lo protegen contra los estragos de los quemantes rayos del sol; pero, bueno, *se descuidó,* y ahora le toca pagar mucho en términos de incomodidades y sueño perdido. Ojalá haya aprendido su lección: que la siguiente vez no le sorprenda la situación sin su filtro solar. Por ahora, atienda a estos consejos de los expertos.

Busque su analgésico. La venerable aspirina puede ayudar a aliviar el dolor, comezón e inflamación de una quemadura benigna a moderada. "Tome dos tabletas cada 4 horas", prescribe el doctor Rodney Basler, dermatólogo de la

Universidad de Nebraska y profesor de medicina interna. "La misma dosis de Tylenol también puede serle útil; pero si su estómago puede tolerarlo, podría probar a tomar de tres a cuatro tabletas de ibuprofén cada 8 horas."

Prevenga una quemadura. Si sabe que va a exponerse a los rayos del sol demasiado fuerte, pruebe a tomar aspirina *antes* de que aparezca el enrojecimiento. "Algunos médicos recomiendan 650 miligramos de aspirina (dos tabletas) poco después de exponerse al sol. Repita cada 4 horas hasta por seis dosis", indica el doctor e investigador farmacéutico Thomas Gossel, profesor de farmacología y toxicología en la Universidad de Ohio del Norte.

Aplique compresas calmantes. Después de una quemadura, la piel se inflama. Trate de refrescarla con compresas empapadas en cualquiera de las siguientes sustancias. Si lo desea, puede dirigir el viento de un ventilador eléctrico a la zona quemada por el sol para aumentar la acción refrescante.

Agua fría. Use agua simple de la llave o agregue unos cuantos cubos de hielo, recomienda Michael Schreiber, dermatólogo de Arizona que imparte clases en el Departamento de Medicina Interna del Colegio de Medicina de la Universidad de Arizona, Arizona. Sumerja una tela en el líquido y colóquela sobre la quemadura. Repita a intervalos de unos minutos cuando la tela se caliente. Aplíquela varias veces al día durante 10 a 15 minutos en total para cada ocasión.

Leche desgrasada. La proteína de la leche puede ser muy calmante, observa el doctor Schreiber. Mezcle una taza de leche desgrasada en 4 tazas de agua, y luego agregue unos cuantos cubos de hielo. Aplique compresas durante 15 a 20 minutos, y repita cada 2 a 4 horas.

Acetato de aluminio. Si la comezón es intensa, interviene el doctor Gossel, pruebe a mezclar talco antiséptico Buro-Sol o talco Domeboro (que se venden en las farmacias) con agua. El acetato de aluminio en ambos productos evitará que la piel se reseque demasiado o presente mucha comezón. Siga las indicaciones del empaque.

Harina de avena. El doctor Fredric Haberman, dermatólogo e instructor clínico en el Colegio de Medicina Albert Einstein de la Universidad Yeshiva, recomienda agua de harina de avena, que calma el ardor. Envuelva la harina de avena seca en manta de cielo o gasa, vierta agua fría en la tela. Deseche la harina de avena y remoje las compresas en el líquido. Aplíquelo cada 2 a 4 horas.

ALERTA MÉDICA

Vaya al médico

Una quemadura grave puede costarle caro, advierte el doctor Rodney Basler. Consulte a un médico si experimenta náusea, escalofríos, fiebre, desvanecimiento, amputación extensa, debilidad general, manchas de decoloración púrpura o comezón intensa. Y percátese de si la quemadura parece extenderse, pues podría tener una infección que empeorara el problema.

Agua de hamamelis. Humedezca una tela en agua de hamamelis, aconseja el doctor Haberman. Aplique a menudo para obtener alivio temporal. Para zonas más pequeñas, sumerja borlas de algodón en el líquido y aplique con golpecitos suaves.

Remoje para quitar el dolor. Una posibilidad distinta de las compresas, en especial para zonas más extensas, es un baño frío. Agregue más líquido según lo necesite para mantener el agua a la temperatura apropiada. Luego seque la piel con suaves golpecitos empleando una toalla limpia. No friccione la piel porque la irritará todavía más. Las siguientes sustancias pueden reducir el dolor, la comezón y la inflamación.

Vinagre. Mezcle una taza de vinagre blanco en una tina de baño llena de agua fría o fresca, interviene el doctor Carl Korn, profesor clínico de dermatología en la Universidad del Sur de California.

Aveeno. Si la quemadura abarca una zona grande, use las bolsas preempacadas o agregue media taza del polvo Aveeno Bath Treatment, que se produce a base de harina de avena, a una tina de baño llena de agua fresca o fría, agrega el doctor Schreiber. Remójese durante 15 a 20 minutos.

Bicarbonato de sodio. Espolvoree generosamente bicarbonato de sodio en agua de baño tibia, sugiere el doctor Haberman. En vez de secarse con toalla, deje que la solución se seque sola en la piel.

Tenga cuidado con el jabón. El jabón puede secar e irritar la piel quemada. Si debe usar el jabón, advierte el doctor Gossel, use sólo una marca suave

---

El otro camino

Remedios del gabinete de cocina

Los productos básicos de la cocina común pueden ser magníficos calmantes contra las quemaduras causadas por exposición al sol. En una emergencia emplee los siguientes.

Almidón de maíz. Agregue agua suficiente al almidón de maíz para formar una pasta, indica el doctor Fredric Haberman. Aplíquela directamente a la quemadura del sol.

Rebanadas de verduras. Algunas personas obtienen alivio de delgadas rebanadas de pepino o papa crudas, comenta. Producen frescura y pueden ayudar a reducir la inflamación en zonas pequeñas. Las rebanadas de manzana también pueden ser eficaces.

Lechuga. Una solución calmante hecha en casa es contribución de Lia Schorr, especialista en cuidado de la piel de la ciudad de Nueva York. Hierva las hojas de lechuga en agua, cuele y deje enfriar el líquido durante varias horas en el refrigerador. Sumerja borlitas de algodón en el líquido y suavemente oprímalas o páselas en la piel irritada.

Yogur. El yogur común es refrescante y calmante a la vez, señala Schorr. Aplíquelo a todas las zonas quemadas por el sol. Enjuague en una ducha de agua fría y luego seque con cuidado la piel a base de golpecitos.

Bolsas de té. Si sus párpados están quemados, aplique bolsitas de té remojadas en agua fría para disminuir la inflamación y ayudar a mitigar el dolor, recomienda Schorr.

---

y enjuáguelo muy bien. No se remoje en agua jabonosa. Igualmente, evite los baños de burbujas.

Humidifique su piel. Los enjuagues y compresas producen una sensación agradable y dan alivio temporal, declara el doctor Basler; pero pueden hacer que su piel se sienta más seca que antes si no aplica un humectante inmediatamente después. Séquese a golpecitos y luego extienda sobre su piel un poco de aceite para baño.

Deje remojar su piel con el aceite durante un minuto y luego aplique una crema o loción humectante, como Eucerin. Algunas personas prefieren una crema tópica como Cibi, que contiene un poco de mentol calmante.

Enfríe. Para obtener alivio adicional, enfríe su humectante antes de aplicarlo.

Busque alivio en la hidrocortisona. Calme la irritación e inflamación de la piel con una loción, rocío o ungüento tópicos que contenga 0.05% de hidrocortisona, como Cortaid o Cortizone-5, prescribe el doctor Basler.

Diga adiós con la sábila. "Estamos comenzando a ver evidencias en los textos sobre medicina en el sentido de que la sábila o áloe vera, realmente puede ayudar a cura heridas", comenta el doctor Basler. Sencillamente rompa o corte una penca y aplique la savia; pero pruebe primero en una zona pequeña, advierte, para asegurarse de que no tiene alergia a esta planta.

Protéjase contra la infección. Si tiene una infección o teme que puede desarrollársele una, use un ungüento bactericida que se venda y use sin necesidad de receta médica, como Polysporín o Bacitracín Estéril, indica el doctor Schreiber.

Pruebe un anestésico local. Si su quemadura es leve, un anestésico que se venda y use sin necesidad de receta médica puede mitigar el dolor y la comezón, señala el doctor Gossel. Busque marcas que contengan benzocaína, alcohol bencilo, lidocaína o hidrocloruro de difenhidramina. Los aerosoles se pueden aplicar con más facilidad que las cremas o ungüentos, pero nunca rocíe el aerosol directamente en la cara. Rocíe algo de líquido en un pedazo de gasa o borla de algodón y friccione el líquido en el rostro para evitar el contacto en los ojos.

Pruebe un paquete de hielo. Un paquete de hielo también puede proporcionar alivio si la quemadura es leve. Envuélvalo en una tela húmeda y manténgalo sobre la quemadura del sol. Si es necesario improvise, aconseja Haberman. "Incluso podría utilizar una bolsa de verduras congeladas, por ejemplo, y aplicarla como paquete de hielo; pero asegúrese de envolver la bolsa primero, para no colocar el paquete helado directamente contra la piel."

Beba mucho líquido. Es una buena idea beber mucha agua para ayudar a contrarrestar el efecto resecante de una quemadura, recomienda el doctor Gossel.

Coma bien. Coma poco pero con prudencia, agrega. Una dieta balanceada ayudará a proporcionar los nutrientes que necesita su piel para regenerarse.

Eleve las piernas. Si sus piernas están quemadas y sus pies hinchados, eleve las piernas más alto que el nivel de su corazón, recomienda el doctor Basler. Se sentirá mejor.

¿Es usted fotosensible?

No le estamos preguntando si le gustaría tomarse una fotografía. Específicamente la pregunta es si determinados fármacos, jabones o cosméticos aumentan su sensibilidad al sol y le producen una dermatitis parecida a una quemadura.

Los antibióticos, tranquilizantes y fármacos fungicidas pueden ocasionar reacciones, advierte el doctor Rodney Basler. Lo mismo puede suceder con los anticonceptivos orales, diuréticos, productos contra la diabetes e incluso filtros solares que contengan PABA. Siempre pregunte a su médico acerca de los posibles efectos secundarios o colaterales de cualesquiera fármacos orales que pueda estar tomando.

Incluso los alimentos comunes pueden desencadenar una reacción insospechada. "Dos muchachas jóvenes que yo conozco trataron de aclararse el cabello con jugo de limón", relata . "No se percataron de que puede ser un poderoso fotosensibilizante sino hasta que les apareció una terrible dermatitis en cada sitio donde el jugo había escurrido por sus caras y brazos."

Duerma bien de noche. Dormir sobre la zona quemada por el sol puede ser algo insoportable pero por otra parte usted necesita mucho reposo para que el cuerpo se recupere de la quemadura. Así pues, trate de espolvorear talco en las sábanas para reducir al mínimo la excoriación y la fricción, aconseja el doctor Haberman. Para dormir mejor, una cama de agua o una colchoneta de aire también podrían servirle.

Trate con cuidado las ampollas. Si le aparecen ampollas, es porque su quemadura está bastante mal. Si le molestan y sólo cubren una zona pequeña, puede drenarlas con cuidado, indica el doctor Basler; pero no quite la piel que recubre la ampolla; tendrán menos incomodidad y peligro de infección si el aire no toca sus terminales nerviosas sensibles.

Para drenar el líquido, primero esterilice una aguja en la flama de un cerillo o fósforo. Luego perfore el borde de la ampolla y oprima con suavidad por la parte superior para expulsar el líquido. Haga esto tres veces durante las primeras 24 horas, recomienda el doctor Basler. Luego deje las ampollas en paz.

Tenga cuidado con el hielo y la nieve. No se descuide durante el invierno, advierte Butch Farabee, coordinador de servicios de emergencia para el Servicio de Parques Nacionales de Estados Unidos. Puede padecer una feroz quemadura por los rayos del sol reflejados en el hielo y la nieve. "Incluso me he quemado el interior de la boca al ascender en colinas heladas porque respiraba con tanta dificultad que lo hacía con la boca abierta." Por eso debe cubrirse de manera apropiada y usar loción protectora contra quemaduras solares en todas las zonas expuestas.

No cometa dos veces el mismo error. Después de haberse quemado, su piel tardará de tres a seis meses en volver a su estado normal, explica el doctor Schreiber. "Cuando se quema por exposición al sol y pierde la capa superior de la piel, la recién expuesta queda más sensible que nunca. Eso quiere decir que si no tiene cuidado se quemará todavía más pronto que antes."

Siga las reglas. Mientras todavía está fresco el recuerdo de su quemadura, aproveche a actualizar su sentido del sol con estas sugerencias, contribución del doctor Norman Levine, jefe de Dermatología en el Colegio de Medicina de la Universidad de Arizona.

- Aplique un filtro solar aproximadamente 30 minutos antes de salir a la intemperie, incluso aunque el cielo esté nublado. (Los rayos dañinos pueden penetrar la cubierta nubosa.) No olvide protegerse labios, manos, orejas y nuca. Reaplique el filtro en la medida necesaria después de nadar o sudar profusamente.
- Tenga cuidado especial entre las 10:00 A. M. y las 3:00 P. M., cuando el sol brilla con más intensidad.
- Si insiste en broncearse, hágalo de manera muy gradual. Comience con una exposición de 15 minutos y auméntela en sólo unos minutos a la vez.
- Use ropa protectora cuando no esté nadando o asoleándose. Los sombreros, telas de trama cerrada y mangas largas pueden ayudar a que el sol no toque su piel.

COMITÉ DE ASESORES

El doctor **Rodney Basler** es dermatólogo y profesor de medicina interna en el Colegio de Medicina de la Universidad de Nebraska en Lincoln.

Butch Farabee es coordinador de servicios de emergencia para el Servicio de Parques Nacionales de Estados Unidos en Washington, D. C. Tiene 22 años de experiencia en el campo como guardia de campos.

El doctor e investigador farmacéutico, **Thomas Gossel**, es profesor de farmacología y toxicología en la Universidad de Ohio del Norte en Ada y jefe del Departamento de Farmacología y Ciencias Biomédicas de la Universidad. Es experto en productos que se venden y usan sin necesidad de receta médica.

El doctor **Fredric Haberman** es dermatólogo de Bergen County, Nueva Jersey, y la ciudad de Nueva York. También es instructor clínico de medicina en el Colegio de Medicina Albert Einstein de la Universidad de Yeshiva en la ciudad de Nueva York. Es autor del libro *Your Skin: A Dermatologist's Guide to a Lifetime of Beauty and Health.* También es presidente y fundador de Save Our Children's Skin (SOCS), institución dedicada a impedir el cáncer de la piel y otras enfermedades infantiles de la piel.

El doctor **Carl Korn** es profesor clínico de dermatología en la Universidad del Sur de California en Los Ángeles.

El doctor **Norman Levine** es jefe de dermatología en el Colegio de Medicina de la Universidad de Arizona en Tucson.

Lia Schorr es especialista en el cuidado de la piel de la ciudad de Nueva York y autora de *Lia Schorr's Seasonal Skin Care.*

El doctor **Michael Schreiber** es dermatólogo privado de Tucson, Arizona. También imparte clases en el Departamento de Medicina Interna del Colegio de Medicina de la Universidad de Arizona en Tucson.

Resfríos

29 maneras de ganar la batalla

Tarde o temprano, todos y cada uno de nosotros sucumbe al resfriado común. El más valeroso, el más fuerte, la más dulce, la más inteligente..., nuestras virtudes no importan a los virus, que se complacen en reducirnos a sombras de lo que fuimos y que ahora tosen y estornudan.

Y lo que es peor, no hay cura. Por eso, los antibióticos, campeones contra las infecciones bacterianas, pierden la pelea frente a los virus del resfrío. Así pues, no nos queda más que resollar fuerte y repetidamente, tal vez tomar una o dos píldoras para el catarro, y esperar que los síntomas desaparezcan en las acostumbradas una o dos semanas.

Pero en realidad podemos hacer mucho para salir adelante de un resfriado de manera más cómoda, afirman los médicos que se especializan en la medicina de autoayuda. En su opinión, algunos remedios pueden incluso ayudarnos a superar un resfriado con más rapidez. Estos son los mejores remedios que pueden ofrecer los expertos.

Tome vitamina C y se lo agradecerá. "La vitamina C actúa en el cuerpo como barredora, recogiendo toda clase de basura, incluyendo la de los virus", explica el doctor Keith W. Sehnert, médico del Trinity Health Care en Minneapolis, Minnesota. "Puede abreviar la duración de un resfriado de siete días a tal vez dos o tres."

La vitamina C también puede reducir la tos, estornudos, y otros síntomas. En un estudio realizado en la Universidad de Wisconsin, los enfermos de catarro que tomaron 500 miligramos de vitamina C cuatro veces al día padecieron aproximadamente la mitad de los síntomas que quienes no tomaron la vitamina.

Administrar a corto plazo dosis tan elevadas no debe producir efectos secundarios, señala el doctor Sehnert; pero conviene que obtenga la aprobación de su médico antes de iniciar cualquier programa de suplemento. Mejor aún, sencillamente obtenga su vitamina C adicional bebiéndola; los jugos de naranja, toronja y arándanos son fuentes ricas de vitamina C.

Abátalo con cinc. Masticar trociscos de cinc puede reducir los resfriados en un promedio de siete días, concluyeron investigadores en Gran Bretaña y Estados Unidos. Además, el cinc puede reducir considerablemente los síntomas como la garganta seca e irritada, declara el doctor Elson Haas, director de la Clínica Marina de Medicina Preventiva y Educación para la Salud en San Rafael, California. "No a todo el mundo le funciona, pero cuando actúa, lo hace bien", agrega.

El inconveniente es que el cinc sabe feo, aunque en el mercado hay trociscos que contienen miel o ácido cítrico y resultan mucho más fáciles de tragar; pero no tome más de la cantidad recomendada por su médico, pues en grandes cantidades el cinc puede ser tóxico.

Sea positivo. La actitud positiva acerca de la capacidad de su cuerpo para curarse puede en realidad poner en movimiento las fuerzas del sistema inmunitario, afirma el doctor Martin Rossman, médico general en Mill Valley, California. Rossman enseña esta teoría haciendo que sus pacientes practiquen técnicas de imaginería para combatir los resfriados. Después de lograr un estado de relajación profunda, "imagine un huracán blanco que descongestiona sus senos paranasales taponados", sugiere, "o un ejército de sirvientas microscópicas que retiran los gérmenes con cubetas de desinfectantes".

Descanse y relájese. El descanso adicional le permite aplicar toda su energía en sanar. También puede ayudarle a evitar complicaciones como bronquitis y neumonía, comenta el doctor Samuel Caughron, médico familiar especializado en medicina preventiva en Charlottesville, Virginia.

ALERTA MÉDICA

Podría ser algo más que un catarro

Si a su catarro le acompaña uno o más de los siguientes síntomas, consulte a su médico. Su problema podría ser aún más grave que el catarro común.

- Fiebres que se mantienen arriba de los 38.3 °C durante más de tres días, o cualquier fiebre arriba de los 39.4 °C. Los menores con fiebres altas deben ser atendidos por un médico dentro de las primeras 24 horas.
- Cualquier dolor extremo y febril como en el oído, en los senos paranasales o en pulmones o pecho y amígdalas inflamadas.
- Cantidades excesivamente grandes de esputo, o esputo verdoso o sanguinolento.
- Extrema dificultad para tragar.
- Excesiva pérdida del apetito.
- Respiración asmática.
- Falta de respiración.

Deje de ir uno o dos días a su trabajo si se siente realmente mal, aconseja. Como mínimo, reduzca sus actividades cotidianas y reprograme su tiempo. "Tratar de mantenerse al mismo ritmo de su rutina regular puede resultar excesivo porque cuando no se siente bien, su concentración disminuye y tal vez necesite más del doble del tiempo usual para realizar sus tareas", explica.

Olvide las fiestas por ahora. Cuando se encuentra enfermo, tanto las fiestas como otros medios de solaz pueden agotarlo físicamente, obstaculizando su sistema inmunitario y haciendo que su catarro o resfriado permanezca más tiempo, advierte el doctor Timothy Van Ert, médico en San Francisco y Saratoga, California, especializado en autoayuda y medicina preventiva. Deje pasar las reuniones hasta que se sienta mejor.

Caliéntese. Manténgase cobijado contra el frío, aconseja el doctor Sehnert; esto conserva su sistema inmunitario cálidamente centrado en combatir su infección de resfriado en vez de desplazar energía para protegerle del frío y del resfriado.

Dé una caminata. El ejercicio moderado mejora su circulación, lo cual ayuda a su sistema inmunitario a hacer circular los anticuerpos que combaten la

La fría verdad

¿Así que tiene un resfriado que no lo deja, y usted quisiera saber exactamente a quién o qué culpar? El doctor Elliot Dick, virólogo y profesor de la Universidad de Wisconsin-Madison ha investigado durante más de 30 años los mecanismos de transmisión de los catarros y comenta que se ha acusado injustamente a muchos sospechosos, entre los que se incluye:

● Compartir alimentos o bebidas con alguien que tiene un resfriado.
● Besar a alguien que tiene catarro.
● No arroparse contra el frío.
● Exponerse a una corriente de aire.
● Salir al aire libre con el cabello mojado.

Desde luego, el *verdadero* portador es un virus transmitido por el aire, explica el doctor Dick. Uno puede contagiarse cuando el enfermo tose, estornuda o se suena la nariz descuidadamente, haciendo flotar el virus hacia usted.

infección, explica el doctor Sehnert. "Dé algunos saltos ligeros en su casa durante 15 minutos o camine a paso ágil durante media hora", sugiere. Pero evite el ejercicio intenso, advierte, pues podría agotarlo.

Alimente su resfriado . . . con medida. El mero hecho de que tenga un catarro puede indicar en primer lugar que tiene una "dieta demasiado congestionante" que impone esfuerzos pesados en el metabolismo de su cuerpo, señala el doctor Haas. Para contrarrestarla, aconseja comer menos alimentos grasos, productos cárnicos y lácteos, y más frutas y verduras frescas.

Sorba caldo de pollo. Un antiguo remedio popular ahora constituye un hecho demostrado: una taza de caldo de pollo caliente puede ayudar a despejar sus vías nasales. Un grupo de investigadores en el Centro Médico Mount Sinai en Miami Beach descubrió que el caldo de pollo caliente, ya sea por su aroma o por su sabor, "parece tener una sustancia adicional para incrementar el flujo del moco nasal". Estas secreciones (que expulsa cuando se suena la nariz o estornuda) sirven como primera línea de defensa para eliminar los gérmenes de su sistema, indican los investigadores.

Cárguese de líquidos. Beba de seis a ocho vasos de agua, jugos, té y otros líquidos mayormente ligeros cada día, aconseja el doctor Sehnert, lo cual reemplazará los importantes líquidos perdidos durante el resfriado y ayudará a lavar a chorro las impurezas que pueden estar haciendo presa de su sistema.

Apague el cigarro. El tabaquismo agrava una garganta que ya puede sentirse irritada por el resfriado, observa el doctor Caughron. También interfiere en la actividad combativa de la infección de los cilios, "dedos" microscópicos que barren las bacterias fuera de sus pulmones y garganta. De ese modo, si usted no puede dejar del todo el hábito, al menos hágalo mientras padece de su catarro o resfriado.

Alivie con agua salada. Alivie una garganta irritada haciendo gárgaras a mañana, tarde y noche, o siempre que se le presenten las mayores molestias, aconseja el doctor Van Ert. Llene un vaso con agua tibia y mézclele una cucharadita de sal.

Sorba un "caballito". Despeje su nariz taponada y bríndese la oportunidad de un buen sueño: beba un "caballito" o medio vaso de vino antes de ir a dormir, sugiere el doctor Caughron; empero, más cantidad de alcohol que esa puede tensar su sistema, agrega, lo cual dificulta más la recuperación de su enfermedad.

Sumérjase en agua caliente. Tomar un baño bien caliente puede ayudar a despejar la congestión, recomienda el doctor Kenneth Peters, internista especializado en el autocuidado y dolor crónico en Mountain View, California. O bien, ponga a hervir una tetera o vasija de agua en la estufa, apague el fuego, forme una tienda con una toalla sobre su cabeza y el recipiente, e inhale el vapor hasta que no haya más de éste. Esto también alivia sus tos pues humedece su garganta seca, explica.

Busque la grasa. Alivie su nariz pelada por tanto sonarse aplicándole una capa lubricante de petrolato alrededor de sus fosas nasales y ligeramente dentro de ellas con un hisopo de algodón, sugiere el doctor Peters.

Adminístrese los medicamentos de noche. Hay muchos medicamentos para atacar los resfriados y catarros, los cuales pueden adquirirse sin necesidad de receta médica. Algunos tratan síntomas específicos. Otros, como Myquil y Contac, contienen una combinación de fármacos (además de alcohol, en algunos casos) cuyo objetivo es tratar una amplia gama de síntomas. Sin embargo, estos fármacos combinados pueden tener muchos molestos efectos secundarios como náusea y somnolencia, sostiene el doctor Van Ert. "Recomiendo que sólo los tome de noche, ya que así no sentirá los efectos secundarios mientras duerme."

Indica que si necesita tomar medicamentos durante el día, tome sólo los que tratan los síntomas que está padeciendo. Asegúrese de seguir cuidadosamente las indicaciones, aconseja, y dé a los menores de edad sólo dosis para niños. Esto es lo que puede buscar.

- Para alivio de los dolores corporales o fiebre que puede acompañar un resfriado tome *aspirina* o *acetaminofén* (Tylenol). Pero no dé aspirina a menores de 21 años. Lo que usted piensa que es un catarro o resfriado, en realidad podría ser una gripe o varicela, y las investigaciones han demostrado que si se administra aspirina a los menores que padecen ciertas infecciones virales como las mencionadas puede aumentar su riesgo de desarrollar el síndrome de Reye, enfermedad poco frecuente pero potencialmente fatal para el cerebro e hígado. Lo mismo ocurre con los medicamentos contra el catarro que contienen aspirina, entre ellos Alka-Seltzer Plus, las tabletas contra catarro infantil de Bayer; 4-Way de Bristol Myers; Pepto- Bismol en tabletas y suspensión; y aspirina St. Joseph para niños.
- Para detener el estornudo y secar la nariz que gotea y los ojos que lloran, tome un *antihistamínico,* que bloquea la liberación de la histamina corporal, producto químico que causa estos síntomas. Busque productos como: Chlor-Trimatón, Polaraimine, Dimetane y Actidil, aconseja la farmacóloga Diane Casdorph, instructora clínica del Centro de Información sobre Fármacos de la Escuela de Farmacia en la Universidad de West Virginia. Advertencia: a menudo los antihistamínicos ocasionan somnolencia, por lo que deben tomarse sólo al ir a dormir, o al menos cuando no conduzca un vehículo ni haga algo que requiera de coordinación.
- Para destapar su nariz, tome un *descongestionante.* Busque productos que contengan los ingredientes activos fenilproponalamina, fenilefrina o pseudo-efedrina, recomienda Casdorph. Pruebe Sudafed, Actifed, Dristán, Congespirin sin aspirina o Contac.
- Los aerosoles y *gotas nasales* como Afrin, Neosinefrina y Coricidín también resultan descongestionantes eficaces; pero no deben emplearse durante más de tres días, advierte el doctor Peters. El exceso puede producir un "efecto de rebote", o sea que su nariz rebelde se taponará gravemente de nuevo.
- Para aliviar la tos, pruebe *pastillas y jarabes para la tos.* Busque un producto que contenga antitusivos para la tos como dextrometorfán, difenhidramina o noscapina, aconseja Casdorph. Incluyen productos como pastillas para la tos

---

El otro camino

Hierbas e infusiones

Ciertas hierbas e infusiones contienen propiedades especiales que son enemigos naturales de los resfriados, según dos médicos que los recomiendan a sus pacientes.

Ranúncula americana y equinácea. "Recomiendo cápsulas de hierbas como la ranúncula americana y equinácea cuando comienza a aparecer el catarro o resfriado." declara el doctor Elton Haas; la ranúncula estimula el hígado, cuya tarea parcial es despejar las infecciones. También fortalece las membranas mucosas enfermas de su nariz, boca y garganta. La equinácea despeja la sangre y las glándulas linfáticas, afirma, lo cual ayuda a hacer circular los anticuerpos que luchan contra la infección y a eliminar las sustancias tóxicas. Tome una a dos cápsulas de cada una de estas yerbas dos veces diarias en un lapso de hasta dos semanas.

Ajo. Esta conocida planta tiene un efecto antibiótico, sostiene el doctor Haas. "De hecho puede matar los gérmenes y despejar con más rapidez los síntomas del resfriado." Recomienda dos a tres cápsulas de ajo sin aceite tres veces al día.

Las infusiones de yerbas pueden ser igualmente eficaces, explica el doctor Timothy Van Ert. Su receta es la siguiente:

Infusión de raíz de orozuz. El doctor Van Ert afirma que esta infusión tiene un efecto anestésico que calma la garganta irritada y alivia la tos. Bébala a diario.

Otras infusiones. Para dormir bien, hierva una taza de infusiones de lúpulo o hierba o té Celestial Seasonings Sleepytime, todos los cuales tienen un efecto tranquilizante natural. Para lograr todavía mejores resultados, sugiere que agregue una cucharadita de miel de abeja, carbohidrato simple que tendrá un efecto sedante.

Monolauriano. Las investigaciones han demostrado que este ácido graso, disponible en cápsulas, tiene un efecto antiviral, comenta el doctor Van Ert, que ayuda al sistema inmunitario a fortalecerse en la batalla contra el virus del catarro. Van Ert recomienda dos cápsulas tres veces al día tomadas con algún alimento.

Benylin y Conair y el jarabe para la tos Robitussin.
- Las pastillas conocidas como *trociscos* también pueden combatir la tos. Muchas contienen anestésicos locales que adormecen ligeramente su gargan-

ta irritada, explica el doctor Van Ert, lo cual evita la necesidad de toser. Entre los trosciscos descongestionantes para la garganta irritada se cuentan Sucrets, Cepacol, Cepastat y Spec-T.

Las *fricciones de mentol o alcanfor* tienen un efecto calmante y refrescante que puede aliviar la congestión y ayudarle a respirar con más facilidad, en especial al ir a dormir. Aplique Vick Vapo-Rub o un producto similar a su pecho, cúbrase y vaya a dormir tranquilamente.

No disperse sus gérmenes. Cuando necesite toser, hágalo. Cuando necesite sonar su nariz, hágalo. Pero tosa y estornude cubriéndose nariz y boca con pañuelos faciales en vez de mandar los gérmenes al aire, aconseja el doctor Van Ert; luego tire esos pañuelos desechables y lávese las manos. Sus amigos y familiares que no tengan la enfermedad se lo agradecerán.

COMITÉ DE ASESORES

La farmacóloga **Diane Casdorph** es instructora clínica de farmacia en el Centro de Información sobre Fármacos de la Escuela de Farmacia en la Universidad de West Virginia, en Morgantown.

El doctor **Samuel Caughron** es médico familiar que se especializa en medicina preventiva en Charlottesville, Virginia.

El doctor **Elliot Dick** es virólogo y profesor de medicina preventiva en la Universidad de Wisconsin-Madison, y ha investigado el catarro común durante más de 30 años.

El doctor **Elson Haas** es director de la Clínica Marina de Medicina Preventiva y Educación para la Salud en San Rafael, California, y autor del libro *Staying Healthy with the Seasons*.

El doctor **Kenneth Peters** es internista que se especializa en autocuidado y dolor crónico en Mountain View, California.

El doctor **Martin Rossman** es médico general en Mill Valley, California, y autor de *Healing Yourself: A Step-by-Step Guide to Better Health trough Imagery*.

El doctor **Keith W. Sehnert** es médico del Trinity Healt Care en Minneapolis, Minnesota, y autor de varios libros, entre ellos *Selfcare/Wellcare* y *How to be Your Own Doctor. . .Sometimes*.

El doctor **Timothy Van Ert** es médico privado en San Francisco y Saratoga, California, donde se especializa en autocuidado y medicina preventiva.

Ronquido

10 sugerencias para una noche silenciosa

Hay distintos niveles de ronquidos. "Si su esposa se muda fuera de la recámara, entonces usted ronca a un nivel moderado", explica el doctor Philip Westbrook, director de la Clínica Mayo del Centro de Trastornos del Sueño en Rochester, Minnesota; "pero si sus vecinos se mudan, entonces usted ronca mucho".

Los hombres tienen mucha más posibilidad de roncar que las mujeres. En un estudio efectuado en más de 2 000 personas en Toronto, los doctores Earl V. Dunn y Peter Norton, que realizan investigaciones sobre el sueño, descubrieron que 71% de los hombres roncaba, contra sólo 51% de las mujeres. En un estudio italiano la diferencia casi fue de dos a uno a favor de los hombres, o más propiamente, *no* a favor de las mujeres.

Clínicamente, indica el doctor Westbrook, los roncadores moderados son "quienes roncan todas las noches pero tal vez sólo cuando se encuentran boca arriba o parte de la noche".

Roncar puede no ser música para sus oídos, pero el sonido es orquestado por un conjunto de viento localizado en la parte posterior de la garganta. "El tejido en la vía respiratoria superior en la parte posterior de la garganta se relaja durante el sueño", explica el doctor Philip Smith, director del Centro para los Trastornos del Sueño de la Universidad Johns Hopkins en Baltimore, Maryland. "Cuando inhala, hace vibrar este tejido, con un efecto muy parecido al de un instrumento de viento."

Para todo lector cuyo compañero de cuarto no sugiera camas separadas sino recámaras separadas, en seguida le sugerimos algunas maneras de ayudar a acallar la música.

Haga dieta. Casi todos los roncadores tienden a ser hombres de mediana edad y excedidos de peso. La mayoría de las mujeres que roncan han pasado la menopausia. Y adelgazar detiene los ronquidos. "Es muy frecuente que los ronquidos estén relacionados con el sobrepeso", comenta el doctor Dunn del Laboratorio de Estudios sobre el Sueño del Centro Médico Sunnybrook en la Universidad de Toronto. "Hemos descubierto que si un roncador moderado pierde peso, su ronquido se vuelve menos fuerte, y en algunas personas de hecho llega a desaparecer."

"No es necesario pesar 16 toneladas para comenzar a roncar. Basta con un ligero sobrepeso para que se inicie el problema", advierte el doctor Smith. "Los

ALERTA MÉDICA

A más ronquido, mayor problema

"Roncas con claridad. Podrían interpretarse tus ronquidos."

La ciencia moderna ahora está demostrando lo que Shakespeare sabía ya hace más de un siglo cuando escribió esos versos. "Por lo general", señala el doctor Philip Smith, "a mayor volumen de ronquido, más posibilidad hay de que conduzca a un problema de salud".

Uno de los peores problemas relacionados con el roncar es un estado que se conoce como apnea del sueño. "Literalmente la persona deja de respirar", explica el doctor Earl V. Dunn. "Puede suceder que gente que ronca fuerte y deja de roncar por la noche deje de respirar."

Los más propensos a la apnea del sueño son "los hombres de mediana edad con sobrepeso", agrega el doctor Smith. "Si usted está en esta categoría y ronca bastante fuerte, es decir, lo bastante como para que se le oiga fuera de su recámara, tiene bastantes posibilidades de padecer de apnea del sueño. Consulte a su médico."

Este padecimiento puede controlarse usando un dispositivo durante la noche que haga entrar aire bajo presión en la nariz y por la parte posterior de la garganta, lo cual evita que descienda la vía respiratoria. A veces se requiere cirugía para los casos graves.

Si usted ronca fuerte o sospecha que tal vez padezca de apnea del sueño, puede encontrar alivio en una clínica local para trastornos del sueño. Si quiere averiguar donde encontrar clínicas para padecimientos del sueño en el territorio de Estados Unidos, escriba a The American Sleep Disorders Association, 604 Second Street SW, Rochester, MN 55902 hombres con más o menos 20% de sobrepeso respecto del ideal pueden comenzar a roncar. En cambio las mujeres que roncan tienen mucho más sobrepeso, por lo común entre 30 y 40% arriba del peso corporal ideal; pero la posibilidad de que se desplome la vía respiratoria aumenta directamente en proporción con el sobrepeso."

De noche, nada espirituoso. "El alcohol antes de ir a dormir empeora el roncar", previene el doctor Dunn. No beba alcohol antes de acostarse.

Aléjese de los sedantes. Las píldoras para dormir lo hacen conciliar el sueño; pero harán que su compañero de cuarto permanezca en vigilia. "Cualquier cosa que relaje los tejidos alrededor de la cabeza y cuello tenderá a empeorar el roncar. Eso también se explica a los antihistamínicos", agrega el doctor Dunn.

En busca de una cura segura

"No hay manera de determinar por qué un roncador no se puede oír roncar", escribió Mark Twain en *Tom Sawyer en el extranjero*; pero hay varios cientos de maneras de hacer que un roncador deje de roncar. Desde 1874, la oficina de patentes de Estados Unidos ha expedido más de 300 patentes para dispositivos que supuestamente impiden el roncar.

Por ejemplo, considere la patente número 4644330. Consiste en un dispositivo electrónico integrado que se lleva en el oído externo. Incluye un micrófono en miniatura para detectar los sonidos del ronquido y los medios para generar una horrenda señal de audio. Eso quiere decir que cuando usted ronca, una alarma produce un ruido estridente en su oído, despertándolo. (Se basa en la teoría de que las personas despiertas rara vez roncan.)

Y también tenemos la patente número 4669459. Se trata de un dispositivo que se fija a una de sus muelas a cada lado de la boca con un botón conector que "aplica presión al paladar blando para impedir su vibración". O la número 4748702, que consiste en una "almohada antirronquido" de dos canales. El inventor colocó un "objeto relativamente duro" en el canal que sostiene la parte posterior de la cabeza, y un objeto que "no es relativamente incómodo" en la zona donde corresponde el lado de la cara. Parece que puede lograr lo que desea. Si duerme boca arriba sobre la espalda, dormirá sobre una roca: si duerme de costado, hallará algo más suave. Escoja.

Si bien los expertos en sueño afirman que algunos de los inventos pueden basarse en convenientes consejos relacionados con el roncar, también agregan que muchos de esos dispositivos no se han puesto a prueba. "Hay muy poca evidencia científica que los apoye", advierte el doctor Philip Westbrook.

¡Considérese afortunado!

Compadezca a la señora Switzer. Parece que su esposo, Melvin, un trabajador británico de los muelles cuyo peso es de 113.5 kilos, es el rey del ronquido.

Melvin se abrió paso atronadoramente hasta merecer una mención en el *Libro Guinness de Records Mundiales* con un ronquido que registró 88 decibeles, que corresponde aproximadamente a la misma intensidad que un motor de motocicleta acelerada al máximo.

¿Y la señora Switzer? Ahora se ve obligada a dormir con su oído bueno sobre la almohada.

¿Su oído bueno? Por desgracia, el nocturno atronar motociclístico del otro lado de su cama le causó sordera en un oído.

Así pues, cuando a media noche a *usted* le sacuda un atronar nasal hasta despertarle, recuerde a la pobre señora Switzer. . . y alégrese de que el esposo de *usted* no sea una motocicleta Honda.

Apague su cigarrillo. Ahogue el ronquido apagando sus cigarrillos. "Los fumadores por lo regular roncan", interviene el doctor Dunn. "Así pues, deje de fumar."

Boca arriba no. Al dormir, hágalo de lado. "Los roncadores fuertes roncan virtualmente en cualquier posición", comenta el doctor Dunn; "pero los moderados sólo roncan cuando están boca arriba".

Consígase una pelota. De tenis, específicamente. "Cosa una pelota de tenis a la espalda de su pijama", sugiere el doctor Dunn. "De esa manera, cuando se ruede boca arriba, el objeto duro lo hará acomodarse en una posición que no sea precisamente ésa."

Luche contra su almohada. Y luego líbrese de ella. Las almohadas sólo ayudan a elevar su nivel de ronquido. "Cualquier cosa que inserte una deformidad en su cuello", informa el doctor Dunn, "como una almohada grande, empeora el roncar".

Lleve su cama a nuevas alturas. Elevar su cama puede ayudar a minimizar el ronquido. "Eleve la parte alta del tronco, no nada más la cabeza", indica el doctor Westbrook. "Ponga un par de tabiques bajo las patas de la cabecera de su cama."

Culpe a sus alergias. Estornudar y roncar van de la mano. "Roncar puede ser el resultado de alergias o resfríos", explica el doctor Westbrook. "Tome un descongestionante nasal, sobre todo si su ronquido es intermitente y ocurre durante la temporada de la fiebre del heno."

Tapone. Cuando todo lo demás no funcione, señala el doctor Westbrook, el que padezca molestias nasales puede "enchufarse" tapones para los oídos al ir a dormir. Aparte de ser baratos, se pueden conseguir en cualquier farmacia.

COMITÉ DE ASESORES

El doctor **Earl V. Dunn** es profesor de medicina familiar e investigador del Laboratorio de Estudios sobre el Sueño del Centro Médico Sunnybrook en la Universidad de Toronto.

El doctor **Philip Smith** es director del Centro para los Trastornos del Sueño de la Universidad Johns Hopkins en Baltimore, Maryland.

El doctor **Philip Westbrook** es director del Centro para los Trastornos del Sueño de la Clínica Mayo en Rochester, Minnesota, y profesor de medicina en la Clínica Mayo. También es presidente de la American Sleep Disorders Association.

Sarro y placa dental

24 sugerencias para el cuidado de los dientes

Con su uña, rasque suavemente a través del interior de una de sus muelas. Ahora mire su uña. ¿Ve la materia blanca? Eso es el sarro.

La placa es una película pegajosa de bacterias vivas y muertas que crece en sus dientes. Cuando no se elimina, puede endurecerse (50% al cabo de 48 horas) y cobrará la dureza de una roca después de 12 días. Esa roca, llamada cálculo, más comúnmente se conoce como sarro.

Hay muchas razones por las que usted no quiere ninguno de estos recubrimientos en sus piezas dentales. Tanto el sarro como la placa dan mal aspecto a sus dientes, se sienten mal y huelen peor.

¿No le basta con eso? Pues hay más todavía: una incrustación de placa y sarro en sus dientes y encías se traduce en problemas dentales todavía peores como la gingivitis y la enfermedad periodontal.

Usted no puede quitarse el sarro. "Se adhiere como un percebe a un barco", y se necesita ayuda profesional para retirarlo, advierte el doctor en cirugía dental Robert Schallhorn, dentista privado en Aurora, Colorado, y ex presidente de la American Academy of Periodontology; pero sí puede quitarse la placa, y al hacerlo impedirá que el sarro se acumule. Quitarse la placa es fácil. Así pues, límpiese el dedo y siga leyendo.

Cepíllese una y otra vez. Haga de cuenta que su cepillo dental es una espada y el sarro, su enemigo. Lo que debe hacer en este caso es exterminar a su enemigo.

La fricción del cepillo dental altera el crecimiento de la placa bacteriana de los dientes, siempre y cuando lo haga de la manera correcta. Y casi nadie lo hace, comenta el doctor en odontología, William Campoli, dentista privado de Charlotte, Carolina del Norte.

Arriba y abajo o atrás y adelante no es lo correcto. Lo que necesita es colocar su cepillo de modo que las cerdas formen un ángulo de 45 grados con respecto a la zona donde se unen sus dientes o muelas y la encía (la encía alrededor de la pieza dental). Ahora menee rápidamente pero con mucho cuidado el cepillo haciendo pequeños círculos, abarcando uno a dos dientes a la vez.

Ataque por la retaguardia. La parte trasera de su diente es donde puede llegar a esconderse la placa. "Se hace mucho hincapié en el cepillado de las

---

El otro camino

Terapia de la ramita: algo qué masticar

Antes de rezar, decretó el profeta Mahoma, la gente debe limpiarse los dientes con ramitas de miswak. Así, durante siglos, en regiones del Medio Oriente y Asia la limpieza de la dentadura se ha hecho con raíces o ramitas del árbol del miswak.

Ahora, estudios realizados en Egipto demuestran que el uso de estas ramitas no nada más limpia la placa de los dientes, sino que deja un residuo que sigue matando las bacterias incluso después de un par de días. Un enjuague bucal con la esencia de este árbol redujo un tipo de bacterias orales en 75% después de un solo enjuague.

En algunas pastas dentales se incluyen pedacitos del miswak. Si bien las pastas tradicionales se basan en abrasivos y detergentes sintéticos para limpiar, estas pastas dentales que llevan ramitas usan antisépticos e ingredientes antimicrobianos naturales. Además, las ramitas contienen tanino, del que se ha demostrado que reduce el sangrado y la inflamación de encías. En tiendas naturistas se encuentran las ramitas tanto solas como en esas pastas dentales.

Los usuarios afirman que el miswak es un poderoso desmanchador dental y dicen que la gente que utiliza las ramitas en vez del cepillo dental tiene dientes más brillantes y blancos.

Si quisiera probar la fórmula original (la ramita), verá que es fácil, agrega el doctor en cirugía dental, Eric Shapira. Primero mordisquee suavemente la ramita para suavizarla. Luego manipule el palito alrededor de su boca para quitar la placa de sus dientes. Es el aceite en la madera, explica, lo que disminuye la placa. Se necesitan de 5 a 10 minutos para hacer que el palito esté suficientemente flexible como para usarlo, y luego unos 3 a 5 minutos adicionales para quitarse la placa friccionando la ramita alrededor y a través de todos los dientes.

superficies visibles cuando se abre la boca, los dientes superiores que están relativamente accesibles", interviene el doctor Campoli; "pero se pasan por alto las zonas donde los dientes entran en contacto con la lengua y carrillos. Allí es donde usted necesita concentrar sus cuidados".

Requiere dos para limpiarse. Dos minutos, desde luego. "Casi toda la gente cepilla su zona visible y al resto de la dentadura le ofrece un rápido 'luego nos vemos'", hace notar el doctor Campoli. Los estudios han demostrado que casi todos nos cepillamos durante 30 segundos en tanto que los dentistas, los expertos que debieran poder hacerlo con mayor rapidez que nosotros, invierten de 2 a 4 minutos cepillándose sus dientes. ¡Tome las cosas con calma!

Hágalo de noche. No deje que la acumulación de residuos del día lo acompañe durante toda la noche. Si se puede cepillar sólo una vez al día, hágalo de noche o dé a su placa 8 horas ininterrumpidas para preparar su hogar definitivo.

Compre el cepillo adecuado. Piense en pequeño cuando vaya a comprar su cepillo. Deberá alcanzar todos los sitios de sus dientes, entre ellos los que se encuentran en la parte más profunda de la boca, señala el doctor en cirugía dental, Jerry F. Taintor, jefe de endodoncia en el Colegio de Odontología de la Universidad de Tennessee. Un cepillo gigantesco no acelerará su cepillado, aparte de que no alcanzará los pequeños espacios interdentales donde gustan esconderse los pequeños gérmenes molestos para su boca.

Escoja cerdas suaves y redondeadas. Las cerdas suaves de nylon son más gentiles para el esmalte dental pero ásperas para la placa, de acuerdo con el doctor en cirugía dental, Eric Shapira, de El Grenada, California, y profesor en la Escuela de Odontología de la Universidad del Pacífico. Las cerdas deben estar redondeadas, no cortadas, agrega el doctor Campoli. Las cerdas cortadas a menudo tienen filo y pueden producir cortes en sus encías.

Sostenga su cepillo como si fuera una pluma. Los investigadores finlandeses han demostrado que si toma su cepillo como si fuera pluma de escribir, en vez de hacerlo como raqueta de tenis, produce menor abrasión a las encías, que se mantienen en mejores condiciones al tiempo que elimina la placa.

Use bien su hilo dental. Tratándose del control de la placa, el uso del hilo dental es más importante que el cepillado, advierte el doctor en cirugía dental, Richard Shepard, dentista jubilado en Durango, Colorado; pero debe limpiarse correctamente con el hilo. En seguida le decimos cómo. Corte 45 centímetros de hilo y amarre un extremo alrededor del dedo medio de una mano y el otro extremo alrededor del mismo dedo de la otra mano; deje aproximadamente 3 centímetros de hilo entre los dedos. Con un suave movimiento hacia atrás y adelante, pase el hilo entre dos dientes. Cuando llegue hasta la línea de la encía, cúrvelo formando una C contra uno de los dientes y deslícelo entre la encía y diente hasta que pueda sentir cierta resistencia. Ahora cúrvelo contra el otro diente de la misma manera. Pase el hilo para la limpieza de raspado con movimiento hacia abajo en los dientes superiores, y hacia arriba en los dientes inferiores.

Hágalo con cuidado. ¡Alto! ¡No mueva su hilo hacia arriba y abajo, adentro y afuera de sus encías como si quisiera desprender la placa a tirones! Piense que también está atacando el tejido de su encía. Hágalo con calma y tómese su tiempo.

Recuerde que el hilo es hilo. Encuentre un hilo dental que le guste y úselo. Saborizado, sin sabor, encerado, sin cera, en forma de hilo o como un listón o cinta. ¿Es importante qué escoja? Realmente no, comenta el doctor Taintor. El hilo en forma de listón podría ser mejor para las personas que tienen grandes espacios entre sus dientes. Los sabores pueden darle una sensación de mayor frescura.

Use una pasta dental con un fluoruro, que esté recomendada por su asociación dental local, recomienda el doctor John D. B. Featherstone, jefe del Departamento de Biología Bucal en el Centro Dental Eastman en Rochester, Nueva York, quien también afirma que las pastas dentales comunes tal vez no contengan un fluoruro activo o pueden resultar demasiado abrasivas.

Pruebe una fricción con bicarbonato de sodio. El bicarbonato de sodio es un remedio venerable realmente eficaz, señala el doctor Shepard. Sumerja directamente su cepillo de dientes en la caja o mezcle en una taza una cuchara del bicarbonato con una pizca de sal de mesa. Luego humedezca su cepillo y cepíllese.

Use el agua sola. Si se le acaba la pasta, no deje de cepillarse. Humedezca su cepillo y ataque su placa, recomienda el doctor Campoli.

Sea ingenioso Su equipaje va rumbo a las Bahamas mientras usted se encuentra en Acapulco. ¡No hay excusas! Si se quedó sin lo necesario para la operación puede usar hilo ordinario de su estuche de costura para viajes, indica el doctor Schallhorn. (Si usted no tiene un estuche de costura, pida hilo en su aerolínea o en su hotel.) Use el hilo común como si fuera el dental.

Haga buches, buches, buches. Después de cada comida, en especial cuando no puede llevar consigo un cepillo dental, vaya rápidamente al sanitario y tome un buche de agua, hágalo pasar entre sus dientes una y otra vez con fuerza. Un buen movimiento de enjuague de este tipo quita los residuos de comida y puede evitarle la vergüenza de exhibir en los dientes la espinaca que acaba de comer.

Pruebe el Listerine. Se ha demostrado que el Listerine es eficaz para reducir la placa cuando se usa solo o para suplementar el cepillado dental regular, de acuerdo con estudios efectuados en la Universidad de Gotemburgo, Suecia, y en la Universidad de Maryland en Baltimore. Un estudio realizado en 145 adultos en Baltimore demostró que la gente que se enjuaga con Listerine puede reducir la placa en 22% y la gingivitis en 28%.

Haga su propio enjuague bucal. Para prepararse su propio enjuague bucal, le servirá una mezcla a partes iguales de peróxido de hidrógeno al 3% y agua, prescribe el doctor en cirugía dental, Roger P. Levin, de Baltimore, Maryland, y presidente de la Baltimore Academy of General Dentistry.

Ejerza presión. Lave con cuidado a chorro sus dientes y encías con un rocío de agua dental como Water-Pik. Con ello quitará el alimento para la placa. "Pero tenga cuidado", advierte el doctor Campoli. "Es como lavar coches sin usar cepillo. Si aplica mucha presión del agua como para desplazar la placa, podría lastimar sus encías." Sin embargo, recuerde que el uso de un dispositivo de rocío de agua no significa que puede olvidarse de cepillarse y limpiarse con hilo.

Opte por revelar todo. Compare el resultado de su lucha contra la placa empleando una tableta reveladora, que se vende en casi todas las farmacias. Las tabletas contienen un tinte que manchará la placa que se queda en los dientes después del cepillado. Mastique la tableta, luego mírese en el espejo e inspeccione sus dientes. El color es más oscuro cerca de las encías, donde la placa es más gruesa. Cepíllese de nuevo, y cada vez que se cepille asegúrese de dirigir su esfuerzo a las zonas que retienen la placa.

Haga su propio localizador de placa. Es fácil. Primero cubra sus labios con petrolato para no mancharse. Luego ponga una cucharadita de colorante para alimentos en su boca; haga buches y escupa después el líquido, aconseja el dentista inglés John Beresford, autor de *Good Mouthkeeping*. Enjuáguese con agua limpia. Luego mire su placa, manchada por la tintura. Cepíllese. Cada vez que lo haga, ponga especial atención a las zonas manchadas por el tinte.

Por favor pida queso. Evite las frituras y prefiera los bocadillos de queso, sugieren los estudios en el Dow Institute for Dental Research de la Universidad de Iowa. Los investigadores descubrieron que 5 gramos de queso ingeridos antes de las comidas eliminan la producción ácida de la placa; pero debe ser queso añejo, como el de tipo *cheddar* recomienda el doctor James S. Wefel, investigador del Dow. ¿Por qué?

"No se sabe cómo sucede esto", declara el doctor Wefel. "Puede actuar como agente amortiguador"; pero sí se sabe que los quesos frescos no son útiles. "Algo debe pasar en el proceso de añejamiento, aunque por desgracia todavía no lo hemos localizado." El queso añejo, "cuanto más oloroso, mejor", es el que produce mejores resultados.

Haga que la goma sin azúcar sea su último mordisco. Cuando no pueda cepillarse después de un alimento, métase a la boca una pieza de goma de mascar y mastíquela para tener sus dientes más limpios, indica el doctor Wefel. Pase unos 20 minutos masticando la goma sin azúcar después de los alimentos y bocadillos. Mientras mastica, su saliva, un agente amortiguador natural de la boca, lavará sus dientes y neutralizará el ácido en la placa antes de que ataque sus dientes. Además, el movimiento de la goma por toda la boca también puede desalojar la comida atorada entre los dientes, anota el doctor Wefel.

Pruebe un cepillo eléctrico. Olvide los cepillos dentales convencionales que vibran para quitarle la placa de los dientes. Hay una nueva generación de cepillos dentales eléctricos con cerdas que rotan mientras el vástago se mantiene fijo. Hay varias marcas de estos dispositivos a la venta, entre ellas Interplak, Rota-Dent y Superbrush. Todos actúan como los cepillos que usan los higienistas dentales y son el instrumento perfecto para la gente con artritis o para quienes tienen algún impedimento para usar un cepillo dental regular con eficacia. Si alguien no tiene la inclinación por cepillarse bien, "es un artículo novedoso. Así que esas personas pueden usar más esos cepillos", agrega el doctor Campoli.

Según las investigaciones, los nuevos cepillos dentales quitan hasta 98.2% de la placa de las superficies dentales comparado con apenas el 48.6% eliminado mediante el cepillado manual.

COMITÉ DE ASESORES

El doctor en odontología, **William Campoli**, tiene su práctica privada en Charlotte, Carolina del Norte.

El doctor, **John D. B. Featherstone,** es jefe del Departamento de Biología Bucal en el Centro Dental Eastman, en Rochester, Nueva York, y director delegado del Centro de Cariología de

Rochester.

El doctor en cirugía dental **Roger P. Levin,** es presidente de la Baltimore Academy of General Dentistry e imparte cursos en la Universidad de Maryland en Baltimore.

El doctor en cirugía dental **Robert Schallhorn,** tiene su consulta privada en Aurora, Colorado, y fue presidente de la American Academy of Periodontology.

El doctor en cirugía dental **Eric Shapira,** tiene su consulta privada en El Grenada, California. Es profesor clínico en la Escuela de Odontología de la Universidad del Pacífico en San Francisco, California, y tiene una maestría en ciencias y bioquímica.

El doctor en cirugía dental **Richard Shepard,** es dentista jubilado en Durango, Colorado. Edita el boletín para la Holistic Dental Association.

El doctor en cirugía dental, **Jerry F. Taintor,** es jefe de Endodoncia en el Colegio de Odontología de la Universidad de Tennessee en Memphis. Es autor de *The Oral Report: The Consumer's Common Sense Guide to Better Dental Care.*

El doctor **James S. Wefel** es investigador del Dow Institute en la Universidad de Iowa en la ciudad de Iowa.

SAT (Síndrome de la articulación temporomandibular)

15 ideas para reducir la incomodidad

"Hummmmmm. Parece que tiene un caso de síndrome de articulación temporomandibular", señala su dentista.

"¿Guuuuueeee?", contesta usted, todavía su boca abierta por los aparatos y rellena de algodón.

La articulación temporomandibular es sencillamente la articulación de su mandíbula, explica.

"Pero por favor explíqueme, doctor ¿qué es eso de un síndrome?", pregunta usted.

Sin importar la escuela de pensamiento de su dentista, su respuesta sin duda será muy larga y complicada. El síndrome de la articulación temporomandibular sin duda se encuentra entre los más complejos y controvertidos de todos los padecimientos modernos.

Sin embargo, no pretendemos adentrarnos en la controversia de si el SAT es un problema de músculo y ligamento o si de hueso y cartílago. Tampoco discutiremos si la causa primaria es la tensión o piezas bucales desalineadas, o cualquiera otra de las muchas que se señalan. Su única preocupación por ahora es que se le dijo que, en efecto, lo padece, y quiere saber qué hacer al respecto. Esto es lo que nuestros expertos recomiendan hacer en casa para complementar el cuidado que ya recibe de su médico.

Vaya con la corriente. Es decir, haga todo lo que pueda por incrementar la corriente sanguínea a la zona. Tal vez quiera aplicar calor húmedo o hielo, pero no los intercambie. Aplique hielo o calor húmedo a los lados de su mandíbula, indica el doctor en cirugía dental Sheldon Gross, quien imparte cursos en la Universidad de Tufts y en la Universidad de Medicina y Odontología de Nueva Jersey/Escuela de Medicina de Nueva Jersey y presidente de la American Academy of Craniomandibular Disorders. Para algunos es más eficaz el calor; en tanto que para otros el hielo resulta mejor, comenta. Descubra qué es más eficaz para usted, aconseja.

También puede probar el estiramiento y el masaje. Si hace que fluya sangre a la zona, tendrá la posibilidad de aliviar parte de sus síntomas, agrega.

ALERTA MÉDICA

Algunos síntomas son graves

Los signos más frecuentes del SAT (entre ellos los dolores de cabeza, muelas, cuello, hombros o espalda, y ruidos como de tronar o castañetear cuando se abre o cierra la mandíbula), usualmente no son otra cosa que molestias menores a moderadas que desaparecerán cuando se corrija el mal.

No obstante, algunos síntomas se consideran más graves y deben ser revisados por su médico, advierte el doctor en cirugía dental, Harold T. Perry.

"Si no puede abrir la boca, si no puede cepillarse los dientes y si tiene dolores intensos de cabeza, consulte a su médico", aconseja el doctor Perry. Es signo de que su SAT está empeorando.

Soporte su mandíbula. Escoja la clase de protector bucal que se vende en algunas tiendas de artículos deportivos y que se suavizan en agua caliente y luego se muerden con fuerza para darles mejor ajuste en su boca. Usar uno que mantenga fija su mandíbula puede aliviar temporalmente sus síntomas, explica el doctor Gross.

Renuncie a los alimentos duros. Si tiene mucho dolor en la boca y alrededor de ella, considere darse unas vacaciones orales. O sea que debe limitarse a comidas suaves y líquidas durante cierto tiempo para ver si le va mejor, sugiere el doctor en cirugía dental, Harold T. Perry, profesor de ortodoncia en la Escuela Dental de la Universidad Northwestern y editor de una publicación médica dental que se especializa en problemas de SAT.

Tome una aspirina y fricciónese. "La aspirina es una maravillosa medicina para cualquier problema muscular o de articulación", indica el doctor Perry, quien sugiere tomar una tableta y varios minutos después darse un automasaje ligero y rápido en la mandíbula usando una toallita caliente.

Verifique su posición corporal. Si trabaja frente a un escritorio, verifique su posición corporal durante el día. Asegúrese de que usted, y en especial su barbilla, no cuelguen sobre el escritorio, advierte el doctor en cirugía dental, Owen J. Rogal, director ejecutivo de la American Academy of Head, Facial, and Neck Pain, y de Ortopedia de SAT. Su práctica en Filadelfia, Pennsylvania, se especializa en problemas de SAT. Como lineamiento general para sentarse o estar de pie, su pómulo debe estar sobre su clavícula, y sus orejas no deben adelantarse demasiado respecto de sus hombros, recomienda.

Mucha gente con SAT también tiene problemas de espalda. Los dos están relacionados, aclara el doctor Rogal; no son problemas aislados.

Deshágase de sus almohadas. Mejor métase en cama y ponga una toalla delgada arrollada bajo su cuello (aproximadamente del grosor de su muñeca). Coloque otra toalla bajo su espalda y una almohada bajo sus rodillas. Dormir en esta posición (sobre la espalda durante toda la noche) puede relajar mucho su mandíbula y es fundamental para superar el SAT, apunta el doctor Rogal. Pero, ¿y si duerme de costado? Él sugiere que coloque una bolsa rellena de bolitas de poliestireno expandido a cada lado de la cabeza para impedirse rodar hasta la posición de costado.

Limite su movimiento mandibular. No haga como el león que rubrica las películas de la Metro-Goldwyn-Mayer. Si siente que viene un bostezo, restrín-

Siete malos hábitos que debe dejar

Superar el SAT depende en buena medida de lo que usted *no* haga, asevera el doctor en medicina dental, Andrew S. Kaplan. Si tiene cualquiera de los siguientes hábitos, ¡atención! Estas sugerencias pueden serle útiles.

No:

- Se acueste sobre el estómago con la cabeza volteada a un lado.
- Se recueste boca arriba con la cabeza enderezada formando un ángulo agudo para leer o mirar la televisión.
- Acune el receptor del teléfono entre el hombro y la barbilla.
- Apoye la barbilla en una o ambas manos durante mucho tiempo.
- Lleve durante demasiado tiempo una bolsa pesada, colgada de un hombro mediante una correa.
- Haga trabajos, como por ejemplo pintar un cielorraso, que requieran mirar hacia arriba durante largos periodos.
- Use tacones altos.

jalo colocando un puño bajo su barbilla, indica el doctor Andrew S. Kaplan, profesor clínico de odontología en la Escuela de Medicina Mount Sinai de la Universidad de la ciudad de Nueva York y autor del *The TMJ Book*.

Deje de rechinar sus dientes. No cabe duda de que el crujir de dientes, a lo que los médicos llaman bruxismo, puede originar o exacerbar los problemas de SAT. (Consulte "Bruxismo", en la página 58 para más información sobre el tema.)

COMITÉ DE ASESORES

El doctor en cirugía dental, **Sheldon Gross,** tiene su práctica privada en Bloomfield, Connecticut. Imparte cursos en la Universidad de Tufts en Boston, Massachusetts, y en la Universidad de Medicina y Odontología de Nueva Jersey/Escuela de Medicina de Nueva Jersey en Newark. También es presidente de la American Academy of Craniomandibular Disorders y miembro tanto de la American Pain Association como de la American Headache Association.

El doctor en medicina dental, **Andrew S. Kaplan,** es profesor clínico de odontología en la Escuela de Medicina Mount Sinai de la Universidad de la ciudad de Nueva York y autor del *The TMJ Book*. Es director de la Clínica TMJ en el Hospital Mount Sinai en la ciudad de Nueva York.

El doctor en cirugía dental, **Harold T. Perry**, practica la odontología en Elgin, Illinois. También es editor del *Journal of Craniomandibular Disorders-Oralfacial Pain* y fue presidente de la American Academy of Craniomandibular Disorders.

El doctor en cirugía dental, **Owen J. Rogal,** tiene su práctica privada en Filadelfia, Pennsylvania, donde atiende casos de SAT. Es director ejecutivo de la American Academy of Head, Facial, and Neck Pain, y TMJ Orthopedics, trabaja en el Hospital Metropolitano de Filadelfia y es autor de *Mandibular Whiplash.*

Síndrome de las piernas inquietas

20 técnicas calmantes

No hay fiesta. No hay música. No está mirando una película de Fred Astaire; pero mientras yace en su cama, ansiando quedarse dormido, sus piernas *sencillamente se sienten como si estuvieran danzando.*

¿Qué sucede?

Bueno. Tal vez usted haya estado reprimiendo su verdadera vocación: bailar con Rudolf Nureyey; pero es posible por otro lado que usted sea parte del aproximadamente 5% de personas con el síndrome de las piernas inquietas.

Este estado, que también se conoce como síndrome de Ekbom, suele ser una molestia crónica más que el síntoma de un trastorno neurológico grave. Se caracteriza por el impulso irresistible de mover las piernas, "saltar" de piernas y sensaciones profundas de que algo repta en las piernas.

"Por lo regular ambas piernas lo padecen, aunque a veces también pueden afectarse los muslos y hasta los brazos", explica el doctor Lawrence Z. Stern, profesor de neurología y director de la Clínica Mucio F. Delgado para Trastornos Neuromusculares en el Centro de Ciencias de la Salud en la Universidad de Arizona. "No siempre ambos lados son simétricos."

Se desconoce el origen de las sensaciones. Algunos investigadores sospechan que hay un desequilibrio en la química cerebral que puede ser la causa original del problema.

No obstante, sin importar su fisiología, ciertamente el estado no es tan

---

ALERTA MÉDICA

Sea concienzudo: consulte a un médico

Si tiene el síndrome de las piernas inquietas, tal vez no tenga nada de qué preocuparse, excepto por el sueño que a veces pueda perder.

No obstante, si está experimentando síntomas por primera vez, como sensaciones pronunciadas en las piernas, usualmente de noche, consulte a su médico. Los síntomas del síndrome de las piernas inquietas pueden ser signos de advertencia de que tiene graves problemas médicos como una enfermedad pulmonar, afección renal, diabetes, mal de Parkinson y muchos trastornos neurológicos.

Por tanto, por su seguridad, ya no sólo por su tranquilidad mental, permita que su médico haga el diagnóstico.

---

divertido como bailar. Así que aquí le sugerimos algunos pasos que usted puede dar para interferir con el síndrome de las piernas inquietas.

Levántese y camine. El síndrome de las piernas inquietas tiende a atacar de noche, cuando usted se encuentra en reposo. En consecuencia, la manera más rápida de satisfacer el impulso de las piernas por moverse es proporcionarles una caminata por la recámara, aconseja el doctor Ronald F. Pfeiffer, profesor de neurología y farmacología y jefe de la Sección de Neurología del Centro Médico de la Universidad de Nebraska en Omaha.

Desde luego, algunas personas tienen dificultades para dormir incluso sin tener el síndrome de las piernas inquietas. Por eso, si caminar es una buena manera de detener un ataque repentino y grave, también sería buena idea probar lo siguiente.

Camine antes de acostarse. En algunos casos esto reduce notablemente los ataques del síndrome de las piernas inquietas al ir a dormir, comenta el doctor Stern. "El ejercicio altera los equilibrios químicos en el cerebro al liberar endorfinas, y puede promover el sueño más descansado", agrega.

Retuérzase. ¿O debe agitarse? En todo caso, la idea es que mueva sus pies bastante cuando surjan los síntomas.

Cambie de posición. "Algunas personas parecen desarrollar los síntomas más considerablemente si duermen en una posición de preferencia sobre otra", agrega Stern. "Experimente con distintas posiciones al dormir. Aparte de que no produce daño, puede serle útil."

Remoje sus pies en agua fresca. "Es eficaz para algunas personas", señala el doctor Pfeiffer. Pero tenga cuidado de lo siguiente: no siga la teoría de "a mayor cantidad, mejor" y pretenda sumergir sus pies en una cuba de hielo, lo que podría causar daño a los nervios.

Caliéntese. Si bien el frío ayuda a algunas personas, para otras es más calmante y eficaz un cojincillo calefactor, indica el doctor Pfeiffer.

Tome una multivitamina a diario. "La deficiencia de hierro puede ocasionar el síndrome de las piernas inquietas", según el doctor Pfeiffer, quien observa que en varios estudios se ha determinado que están relacionados la deficiencia de hierro y el síndrome de las piernas inquietas. También se ha señalado la deficiencia del folato. Por eso, si sospecha que presenta alguna deficiencia, consulte a su médico.

El otro camino

Distintas rutinas a la hora de ir a dormir

El síndrome de las piernas inquietas puede ser crónico —molesta a algunas personas intermitentemente en el transcurso de muchos años. "Así, mucha gente intenta distintos rituales", comenta el doctor Richard K. Olney. Y algunos de esos rituales, por más extraños que parezcan, son eficaces. . . al menos temporalmente.

¿Por qué son eficaces? Los médicos ni siquiera quieren arriesgar una suposición; pero al mismo tiempo, si estos métodos inusuales no plantean peligros y pueden ser útiles, tal vez usted quiera probarlos.

Use calcetines de algodón al ir a dormir. Tal vez quiera probar esta sugerencia en invierno; al menos calentarán sus pies.

Use pijama de seda. Aparte de que le sienta muy bien, si tiene que levantarse para caminar, ciertamente se verá muy elegante.

Friccione sus piernas con un vibrador eléctrico. Algunas personas dicen que esto reduce los síntomas; pero en algunas personas puede empeorarlos.

El doctor Stern indica que una multivitamina diaria puede protegerlo contra deficiencias de ambos nutrientes.

Tome dos aspirinas antes de ir a dormir. Los médicos no pueden explicar por qué la aspirina es útil, pero aparentemente sí reduce los síntomas en algunas personas.

No cene demasiado ni muy tarde. Cenar demasiado, ya avanzada la noche, puede hacer que las piernas realmente se pongan a saltar. "Tal vez la actividad de digerir una cena abundante desencadene algo que causa los síntomas", apunta el doctor Stern.

Reduzca sus niveles de tensión. Aunque es más fácil decirlo que hacerlo, en verdad vale la pena intentarlo. "Sencillamente la tensión empeora el problema", explica el doctor Stern. Organizarse, darse un poco de tiempo de tranquilidad, hacer respiraciones profundas y practicar diversas técnicas de relajación son buenas maneras de reducir la tensión.

Descanse bastante. Los síntomas pueden ser más graves si llega a cansarse demasiado.

Masajee sus piernas. "Puede ser útil que friccione sus piernas justo antes de ir a dormir", sugiere el doctor Richard K. Olney, profesor de neurología en la Universidad de California, en San Francisco. También podría ser útil estirarse un poco.

Evite los fármacos que hacen dormir. Aunque pueden proporcionar beneficios a corto plazo, mucha gente llega a crear tolerancia a ellos y luego tiene dos problemas: el síndrome de las piernas inquietas *y* la dependencia de estos fármacos, advierte el doctor Stern.

No use el alcohol como un sedante. Como en el caso anterior, así se gesta un problema doble a futuro, indica Stern.

Suspenda o reduzca drásticamente la cafeína. "Algunos estudios han demostrado que hay una relación entre el alivio del síndrome de las piernas inquietas y dejar de tomar café", refiere el doctor Pfeiffer.

Deje de fumar. Una mujer de 70 años de edad que fumaba y que además padeció durante mucho tiempo del síndrome de las piernas inquietas se alivió un mes después de dejar de fumar, según un médico canadiense; cuatro meses más tarde la mujer todavía no experimentaba los síntomas otra vez.

Protéjase del frío. Algunos estudios han señalado la exposición prolongada al frío como causa posible del síndrome de las piernas inquietas.

COMITÉ DE ASESORES

El doctor **Richard K. Olney** es profesor de neurología en la Universidad de California, San Francisco.

El doctor **Ronald F. Pfeiffer** es profesor de neurología y farmacología y jefe de la Sección de Neurología en el Centro Médico de la Universidad de Nebraska en Omaha.

El doctor **Lawrence Z. Stern** es profesor de neurología y director de la Clínica Mucio F. Delgado para Trastornos Neuromusculares en el Centro de Ciencias de la Salud en la Universidad de Arizona en Tucson.

Síndrome de Raynaud

18 sugerencias para entrar en calor

Ya conoce demasiado bien el síndrome de Raynaud. Apenas abre el refrigerador, y en menos que tarda en leer esta línea ya sus manos están frías. O, si está trabajando en el teclado de su computador, observa cambios en sus dedos.

Repentinamente se estrechan los vasos sanguíneos de sus dedos. (A veces también los dedos de sus pies.) Y entonces padece de un espasmo. El flujo sanguíneo se reduce en la zona afectada, y la falta de sangre oxigenada hace que dicha zona palidezca, tal vez incluso tome una tonalidad azulosa. A veces se experimenta una sensación de adormecimiento por la falta de sangre. Los dedos retoman su color rojo cuando vuelve la sangre. En etapas avanzadas del síndrome de Raynaud, el escaso suministro sanguíneo puede debilitar los dedos y dañar el sentido del tacto.

El frío no es el único culpable. Esta extraña pero frecuente aflicción puede deberse a daño a los vasos sanguíneos por las vibraciones de equipos poderosos como son las sierras de cadena y los martillos neumáticos, y a hipersensibilidad a fármacos que afectan los vasos sanguíneos, o a trastornos del tejido conjuntivo. Entre otras causas también se cuentan las afecciones nerviosas.

¿Cómo puede protegerse contra el síndrome de Raynaud? Nuestros expertos aconsejan lo siguiente.

Condiciónese para superar los escalofríos. Adiestre sus manos para calentarse en el frío adoptando la siguiente técnica desarrollada por investigadores del ejército estadounidense en Alaska.

Escoja una habitación cuya temperatura sea cómoda y meta sus manos en un recipiente de agua caliente durante unos 3 a 5 minutos. Luego vaya a una habitación helada y de nuevo sumerja sus manos en agua caliente durante 10 minutos. Normalmente el ambiente frío haría estrechar sus vasos sanguíneos periféricos, pero la sensación del agua caliente los hará abrirse. El adiestramiento repetido de los vasos sanguíneos para que se abran a pesar del frío le permitirá con el tiempo contrarrestar el reflejo de constricción incluso sin el agua caliente.

En los experimentos del ejército, este procedimiento fue repetido en días alternos de tres a seis veces en 150 personas sometidas a prueba. Después de 54 tratamientos, los resultados fueron impresionantes. Sus manos mostraron temperaturas unos dos a tres grados mayores en el frío que antes.

"La gente comienza a adiestrarse mientras se encuentra en las azoteas de la ciudad de Nueva York, en cuartos refrigeradores, en tiendas de víveres y en hospitales y hoteles", declara Murray Hamlet, director del programa de investigación sobre el frío que realiza el ejército.

Gire sus brazos para generar calor. Físicamente puede forzar sus manos a que se calienten mediante un simple ejercicio diseñado por el doctor Donald McIntyre, dermatólogo de Rutland, Vermont. Haga de cuenta que es un lanzador de softbol. Gire su brazo hacia abajo desde atrás de su cuerpo y luego hacia arriba pasando frente a su cuerpo a razón de unos 80 giros por minuto. (Esto no es tan rápido como parece. Pruébelo.)

El efecto de molino de viento, para cuyo modelo el doctor McIntyre imitó el ejercicio de calentamiento de un esquiador, obliga a la sangre a ir hacia los dedos tanto por la fuerza gravitacional como por la centrífuga. Este calentamiento actúa bien para las manos frías sin importar su causa.

Ingiera alimentos ricos en hierro. La falta de hierro puede alterar su metabolismo de la tiroides, que regula el calor corporal. Eso es lo que sospechan los investigadores en el Centro de Investigación en Nutrición Humana de la Administración de Fármacos de Estados Unidos (USDA) en Grand Forks, Dakota del Norte. Esos investigadores midieron los efectos del hierro dietético en seis mujeres sanas al entrar en una cámara fría. Luego las mujeres tomaron apenas un tercio de la cantidad recomendada de hierro durante 80 días y se descubrió que perdieron 29% más de calor corporal que cuando se mantuvieron en una dieta repleta de hierro durante 114 días.

Los alimentos ricos en hierro incluyen las aves, pescados, carne roja sin grasa, lentejas y verduras verdes con hojas. También es bueno el jugo de naranja, ya que aumenta la capacidad corporal para absorber el hierro.

Vista con habilidad para conservar la temperatura corporal central.
Para mantenerse caliente, tiene que usar ropa gruesa. Claro que esto es de sentido común, pero mucha gente puede cubrirse manos y pies sin tomar iguales precauciones para mantener sus temperaturas centrales, lo que realmente tiene mayor importancia.

Escoja telas que drenen el sudor. El sudor constituye una causa todavía más importante de tener manos y pies fríos que la temperatura misma. El sudor es el acondicionador de aire del cuerpo, el cual también puede actuar en el clima frío si no se tiene cuidado. Las manos y los pies son especialmente susceptibles porque tanto las palmas como los talones (junto con las axilas) tienen las mayores cantidades de glándulas sudoríparas del cuerpo. Por eso las gruesas medias de lana y botas forradas con lana para mantener calientes sus pies pueden hacer que suden y se enfríen más.

Use calcetines con mezclas de algodón en vez de algodón puro. Deberá usar calcetines que alejen la humedad de los pies y los aíslen. Los calcetines de algodón puro pueden absorber el total de su sudor y enfriar sus pies. Los hechos con orlón y algodón son la mejor opción.

Cerciórese de ponerse ropa suelta. Ninguna de sus prendas debe ir pegada al cuerpo. La ropa ajustada, ya se trate de nylon, cinturones elásticos, pantalones de mezclilla o zapatos apretados pueden impedir la circulación y eliminar las bolsas de aire aislante.

Vístase en capas. Si va a salir al frío, la mejor medida que puede tomar para conservar el calor corporal es vestirse en capas. Esto ayuda a atrapar el calor y le permitirá irse quitando la ropa conforme cambie la temperatura. Su capa más interna debe consistir en una de las telas sintéticas más nuevas, como el polipropileno, que aleja el sudor de la piel mediante un efecto de mecha. También son aceptables las mezclas de seda o lana. La siguiente capa debe aislarlo no dejando salir el calor corporal. Una camisa de lana sería una de sus mejores opciones.

Impermeabilice su cuerpo. Escoja una chamarra o un rompevientos impermeable pero que respire. La mejor decisión para mantener sus pies calientes y secos son los zapatos y botas Gore-Tex.

Use sombrero. Otro buen artículo para vestir que puede usar para calentar sus manos y pies es un sombrero. Considere que su cabeza es el mayor sitio de pérdida de calor corporal. Los vasos sanguíneos en su cabeza están controlados por la producción cardiaca y no se estrechan como sucede con los de manos y pies.

Si quiere conservar manos y pies calientes, aconseja el doctor John Abruzzo, director de la División de Reumatología y profesor de medicina en la Universidad Thomas Jefferson, tan importante será usar un sombrero como usar guantes y calcetines.

Use mitones. Los mitones lo conservan más calientes que los guantes, porque no dejan salir el calor de toda la mano.

Pruebe el talco para los pies. La ropa no constituye la única manera de conservarse seco. "Los talcos absorbentes para los pies son excelentes para ayudar a mantenerlos secos", indica el doctor en medicina podiátrica, Marc A. Brenner, médico privado en Glendale, Nueva York, y ex presidente de la American Society of Podiatric Dermatology; pero advierte a la gente que tiene graves problemas de pies fríos causados por diabetes y enfermedad vascular periférica que mejor usen talco que se aplique espolvoreándolo y no los de rocío en aerosol, ya que el rocío puede llegar a congelar sus pies.

No fume. Los fumadores se preparan para tener manos y pies fríos siempre que encienden un cigarro. El humo del cigarro lo enfría en dos maneras: primero, ayuda a formar placa en sus arterias, y, más inmediatamente, la nicotina ocasiona espasmos de los vasos que estrechan los vasos sanguíneos pequeños.

Los efectos pueden ser especialmente fuertes para la gente que padece del síndrome de Raynaud. "Los pacientes de esta enfermedad son sensibles incluso al humo de otras personas", señala el doctor Frederick A. Reichle, jefe de cirugía vascular en el Centro Médico de la Universidad Presbiteriana de Pennsylvania.

Cálmese para calentarse. Conservarse fresco y calmado puede ayudar a ciertas personas a mantener su calor. ¿Por qué? Porque la tensión crea la misma reacción en el cuerpo que el frío. Se trata de un fenómeno de luchar o huir. La sangre se retira de manos y pies y va al cerebro y órganos internos para permitirle pensar y reaccionar con más rapidez.

Abundan las técnicas calmantes. Algunas como la relajación progresiva, en la que sistemáticamente se tensan y luego relajan los músculos desde la frente hasta las manos y dedos de los pies, se pueden practicar en cualquier momento, en cualquier lugar.

Tome un alimento caliente y abundante. El mero acto de comer hace que se eleve la temperatura central de su cuerpo. A esto se le llama termogénesis. Así que coma algo antes de salir, para atizar el horno de su cuerpo. Y coma algo caliente para darle un impulso a su acción atizadora. Un buen plato de avena caliente antes de su caminata matinal, una pausa para tomar sopa o una comida caliente ayudará a mantener manos y pies calientitos incluso en clima inclemente.

Beba. La deshidratación puede agravar los escalofríos y la congelación al reducir su volumen sanguíneo. Aleje el resfrío bebiendo muchos líquidos como sidra caliente, infusiones de hierbas o caldos de carnes.

Pero evite el café. El café y otros productos cafeinados estrechan los vasos sanguíneos. Lo último que usted querrá si padece del síndrome de Raynaud es interferir con su circulación.

Evite el alcohol. Tampoco se deje engañar por el atractivo de una bebida alcohólica caliente. El alcohol calentará sus manos y pies temporalmente pero sus efectos negativos superan con mucho sus beneficios como calentador de manos y pies.

El alcohol aumenta el flujo sanguíneo a la piel, dándole la percepción inmediata de calor; pero ese calor pronto se disipa al aire y reduce la temperatura de su cuerpo. En otras palabras, de hecho lo enfría más. El peligro proviene de beber una cantidad no moderada y someterse a frío inesperado durante un periodo prolongado, lo que puede causar graves problemas como la congelación.

COMITÉ DE ASESORES

El doctor **John Abruzzo** es director de la División de Reumatología y profesor en la Universidad Thomas Jefferson en Filadelfia, Pennsylvania.

El doctor en medicina podiátrica **Marc A. Brenner** tiene su consulta privada en Glendale, Nueva York, fue presidente de la American Society of Podiatric Dermatology, y es autor de *The Management of the Diabetic Foot.*

Murray Hamlet es director de la investigación sobre el frío del U. S. Army Research Institute of Environmental Medicine en Natick, Massachusetts.

El doctor **Donald McIntyre** es dermatólogo en Rutland, Vermont.

El doctor **Frederick A. Reichle** es jefe de cirugía vascular en el Centro Médico de la Universidad Presbiteriana de Pennsylvania en Filadelfia.

Síndrome del intestino irritable

22 sugerencias para combatirlo

De la misma manera como ciertas personas son del tipo gruñón e irritable, algunos intestinos también. Exactamente ¿qué significa tener un intestino irritable? Significa que determinados alimentos, bebidas y acontecimientos tensos en su vida, y que normalmente no producen desastres a otras personas, le dan asaltos alternantes de diarrea, estreñimiento y dolor abdominal. A veces se pueden tener los tres al mismo tiempo.

Algunos médicos creen que el síndrome del intestino irritable (también conocido como colon espástico) puede ser superado sólo por el catarro común como la afección más extendida en Estados Unidos. Y ahora su médico afirma que el síndrome del intestino irritable es la fuente de *su* queja. Bueno. Consuélese sabiendo que hay muchas cosas que puede hacer para quitarle lo irritable a su intestino.

Tome las noticias con calma. "Hay una fuerte conexión entre la tensión y un intestino irritable", explica el doctor Douglas A. Drossman, gastroenterólogo y psiquiatra de la Escuela de Medicina de la Universidad de Carolina del Norte en Chapel Hill. Lo que usted no quiere hacer es tensarse *porque* tiene el intestino irritable y crea con ello un "círculo vicioso", comenta. Especialmente durante los ataques de dolor abdominal, es importante "tomar una respiración profunda,

---

El otro camino

Véase libre del dolor

¿Recuerda la última vez que su intestino le dio un ataque de dolor abdominal? Usted se llenó de pánico. Se tensó mucho, ¿verdad? E, irónicamente, al tensarse lo mismo le sucedió a su intestino, y tal vez esto ayudó a incrementar el dolor.

¿Cómo puede romper este odioso círculo vicioso?

Con visualización, señala la doctora Donna Copeland, psicóloga clínica y presidenta de la División de Hipnosis Psicológica de la American Psychological Association. Es "un recurso muy eficaz para hacer frente al dolor y la ansiedad". El aprendizaje de las técnicas de visualización con un profesional es tal vez el mejor camino, aunque no hay nada de malo en intentar algunas por cuenta propia.

La doctora Copeland sugiere lo siguiente: si siente dolor, deje de hacer lo que esté haciendo, encuentre un lugar cómodo donde sentarse o recostarse, cierre sus ojos y, en vez de concentrarse en su dolor, mejor véase:

- Zambulléndose diestramente en el oleaje oceánico de aguas cálidas frente a una hermosa playa de una isla tropical de arena blanca.
- De pie en la cumbre de una elevada montaña coronada por la nieve, aspirando el aire frío y disfrutando del ruido de la nieve aplastada por sus pies.
- Sentado en una gran cuba de madera llena de agua caliente para bañarse, conversando de naderías con algunas de sus amistades.
- Caminando por un frondoso jardín en una lejana isla exótica.

---

pensar en lo que está sucediendo. Reconocer que ha sucedido antes y que ya pasará. Sepa que no morirá, porque la gente no muere de un intestino irritable", agrega.

Vuélvase una persona más relajada. Todo lo que haga para relajarse deberá ayudar a aliviar sus síntomas, afirma el doctor Drossman. Usted puede beneficiarse de técnicas de relajación como meditación, autohipnosis o biorretro-alimentación. Si la tensión en su vida es causa particular de problemas, tal vez necesite ayuda psicológica. La clave es encontrar lo que a usted le es útil.

Lleve un diario de su tensión. Las personas con intestino irritable tienen un sistema intestinal que reacciona con exceso al alimento, la tensión y los cambios hormonales. "Considere que su intestino irritable es como un barómetro que usted lleva: úselo para ayudarse a determinar aquello que causa más tensión en su vida", aconseja el doctor Drossman. Por ejemplo, si tiene dolor estomacal cada vez que habla con su jefe, considérelo como señal de que debe trabajar en esa relación (tal vez comentándolo con su propio jefe, una amistad, un pariente o un terapeuta).

También registre su consumo de alimentos y bebidas. Al igual que la tensión, ciertos alimentos y bebidas pueden activar un intestino irritable, así que también es útil registrar en su diario qué alimentos y bebidas le causan más problemas, recomienda el doctor Drossman. Aunque hay determinados alimentos que probablemente perjudicarán a la mayoría de la gente, considere que cada persona reacciona de manera diferente.

Agregue fibra a su dieta. Mucha gente que padece del síndrome del intestino irritable mejora mucho con el solo hecho de agregar fibra a sus dietas, comenta el doctor James B. Rhodes, profesor de medicina de la División de Gastroenterología del Centro Médico de la Universidad de Kansas en la ciudad de Kansas. La fibra será más eficaz en personas que tienden al estreñimiento y a heces pequeñas y duras, pero también puede ayudarle si padece de diarrea. La mejor fibra que usted puede agregar a su dieta es la del tipo no soluble, la que se encuentra en el salvado, granos enteros, frutas y verduras.

Llame a las semillas de psilio al rescate. Una manera fácil de incrementar su consumo de fibras es ingerir semillas trituradas de psilio, recomienda el doctor Drossman. Se trata de un laxante natural que se vende en farmacias y otros comercios, y, contrario a los laxantes químicos que a menudo se encuentran junto a estas semillas en las tiendas, los laxantes con psilio como ingrediente activo como el Metamucil no producen adicción y por lo general son seguros, aunque se tomen durante periodos prolongados.

Beba muchos líquidos. Para hacer que su intestino se mueva suavemente la fibra sola no basta, sino que también necesita líquidos. Piense que necesita consumir más líquidos durante los días de verano cuando además practica intensas actividades físicas que en invierno, cuando se vuelve más sedentario, pero en general "debe beber entre seis y ocho vasos de líquido diarios", señala el doctor Rhodes.

Cuidado con los producto lácteos. Un líquido cuya ausencia puede serle benéfica es la leche. "Mucha gente que afirma padecer del síndrome del intestino irritable en realidad no tolera la lactosa", observa el doctor William J.

Snape, Jr., profesor de medicina, jefe de la Unidad de Gastroenterología y director del Centro de Trastornos Inflamatorios del Intestino en el Centro Médico Harbor-UCLA en Torrance, California. Eso quiere decir que a su cuerpo se le dificulta absorber la lactosa, enzima que se encuentra en la leche. Su médico puede hacerle pruebas de intolerancia a la lactosa, o usted puede dejar de consumir productos lácteos durante un par de días para determinar cómo le va. En ambos casos, tal vez encuentre que este cambio dietético solo le despejó de todos sus problemas. (Para más sobre la intolerancia a la lactosa, véase la página 428.)

Suspenda las grasas. Hay muchas buenas razones para tener una dieta baja en grasas, y ahora le ofrecemos una más. "La grasa es un importante estímulo para las contracciones del colon", explica el doctor Snape. En otras palabras, puede empeorar su síndrome del intestino irritable. Una buena manera de comenzar a reducir la grasa de su dieta es eliminar las salsas de carne grasosa, alimentos fritos y aceites para ensaladas, recomienda el doctor Snape.

Pase los gases por alto. Algunas personas con síndrome del intestino irritable son particularmente sensibles a los alimentos que producen gases, señala el doctor Rhodes. Si a usted se le aplica esta consideración, encontrará alivio evitando campeones de la flatulencia como son los frijoles o judías, col o repollo, colecitas de Bruselas, brócoli, coliflor y cebollas.

Consuma su salvado con medida. Si agrega fibra a su dieta, como por ejemplo salvado, hágalo paulatinamente para dar tiempo a que su cuerpo se ajuste a ella: demasiada fibra demasiado pronto, puede producir gases, advierte el doctor Rhodes.

Tenga cuidado con los alimentos condimentados. Ciertas personas con síndrome del intestino irritable son sensibles a los alimentos cargados de pimientos, picantes y demás especias, comenta el doctor Rhodes. Trate de comer muchos alimentos muy condimentados durante una semana y muchos alimentos poco condimentados la siguiente, y tome nota de si su estado cambia, sugiere.

Cuídese de los ácidos. Los alimentos ácidos tienden a molestar a cierta gente con el síndrome del intestino irritable, agrega el doctor Rhodes. Nuevamente, durante un tiempo debiera experimentar descartando de su alimento las naranjas, toronjas, tomates y aderezos para ensaladas que contengan vinagre, para ver si las cosas mejoran.

También evite el café. El café es una causa importante de dificultades entre la gente que padece del síndrome del intestino irritable, observa el doctor Snape. En cierta medida, la culpable puede ser la cafeína, pero también pueden serlo las resinas de la propia semilla del café. Tal vez obtenga algo de alivio si cambia a café descafeinado; en caso contrario, trate de suspender el café.

Sepa que algunas bebidas alcohólicas son peores que otras. Las bebidas alcohólicas pueden empeorar sus problemas, pero tal vez no se trate del propio alcohol, explica el doctor Snape. Más bien, probablemente los carbohidratos complejos en la cerveza y el tanino en el vino tinto pueden ser los causantes del mayor malestar. Los bebedores que padecen del síndrome del intestino irritable deben abstenerse por completo de estas dos bebidas, agrega.

Apague ese cigarrillo. "Mucha gente experimenta problemas del síndrome del intestino irritable cuando fuma", hace notar el doctor Snape. Se cree que el culpable más probable sea la nicotina, así que si está tratando de dejar de fumar con ayuda de goma de mascar que contenga nicotina, tal vez no perciba diferencia en sus problemas estomacales.

Escupa esa goma. La goma de nicotina no es el único tipo de goma que puede darle problemas: las gomas y dulces endulzados artificialmente con sorbitol no se digieren con facilidad y pueden empeorar su síndrome del intestino irritable, según el doctor Drossman. Si bien la cantidad de sorbitol que se encuentra en una barra de goma o un caramelo duro no puede afectarle mucho, sí deberá vigilar su consumo de ellos si acostumbra 10 o más piezas por día.

Coma con frecuencia menos cantidad. No es nada más lo *que* come, sino también *cómo* lo hace, lo que puede ofender a un intestino irritable, advierte el doctor Snape. Digerir mucha comida ingerida de una vez sobreestimula el sistema digestivo. Por eso es mucho mejor comer con frecuencia alimentos en menor cantidad que infrecuentes comidas más abundantes.

Salga a correr. "A buen tono muscular, buen tono intestinal", declara el doctor Rhodes. El ejercicio fortalece el cuerpo (del cual forma parte el intestino), ayuda a aliviar la tensión y libera las endorfinas que le ayudan a controlar el dolor. Por todos conceptos, el ejercicio regular calmará más que probablemente su intestino irritable; pero debe tener cuidado de no excederse, pues demasiado ejercicio puede producir diarrea.

Pruebe un analgésico. Los cambios hormonales a veces pueden contribuir a un intestino irritable. Por eso a menudo las mujeres padecen ataques durante su menstruación, observa el doctor Drossman. Los medicamentos a base de ibuprofén como el Advil o Panadol pueden ayudar a inhibir algo de las liberaciones hormonales que se encuentran en la raíz del problema. Para el resto de nosotros, dichos productos pueden ayudar a aliviar el dolor.

Llame a una bolsa de agua caliente al rescate. Si está experimentando un ataque de dolor abdominal, lo mejor que puede hacer es sentarse o recostarse, aspirar profundamente y tratar de relajarse. A algunas personas también les es útil poner una bolsa de agua caliente o un cojincillo eléctrico calefactor sobre el estómago, aconseja el doctor Snape.

COMITÉ DE ASESORES

La doctora **Donna Copeland** es psicóloga clínica y presidenta de la División de Hipnosis Psicológica de la American Psychological Association. También es profesora en pediatría y directora de la Sección de Salud Mental en el Centro para el Cáncer M. D. Anderson de la Universidad de Texas en Houston.

El doctor **Douglas A. Drossman** es gastroenterólogo, psiquiatra y profesor de medicina y psiquiatría de la División de Trastornos Digestivos y Nutrición en la Universidad de Carolina del Norte en la Escuela de Medicina de Chapel Hill.

El doctor **James B. Rhodes** es profesor de medicina de la División de Gastroenterología del Centro Médico de la Universidad de Kansas en la ciudad de Kansas.

El doctor **William J. Snape, Jr.**, es profesor de medicina, jefe de la Unidad de Gastroenterología y director del Centro de Trastornos Inflamatorios del Intestino en el Centro Médico Harbor-UCLA en Torrance, California.

Síndrome del túnel del carpo

15 técnicas para salir de él

Apenas lleva tres párrafos de la carta que está escribiendo a su nieto y el hormigueo doloroso en la mano con la que está escribiendo lo hace dejar la pluma de lado.

Se ha pasado semanas buscamos el color preciso para la pintura de la cocina, y finalmente, después de dar unos cuantos brochazos, el molesto dolor en muñeca y mano lo hace abandonar la brocha en la cubeta. Por la noche se despierta con adormecimiento en su mano y muñeca sin razón aparente.

Si está padeciendo este tipo de molestias, es probable que padezca el síndrome del túnel del carpo.

El síndrome del túnel del carpo no es algo que ocurre de la noche a la mañana, sino una afección de traumatismo acumulativo que se desarrolla con el transcurso del tiempo debido a movimientos tensionales repetitivos de las manos y muñeca.

Considere por un momento el Túnel Holanda en la ciudad de Nueva York. Imagine lo molesto y doloroso que es tratar de recorrerlo a la hora de más tránsito vehicular: muchos carriles de automóviles tratando de meterse en una sola línea. Bueno; su muñeca, conocida como túnel del carpo, se parece mucho al túnel que pasa bajo el Río Hudson durante las horas de más tránsito. Aunque, desde luego, usted no tiene camiones y autos de alquiler transitando por su muñeca, sí tiene un nervio y tendones, y cuando utiliza su mano en movimientos tensionales repetidos (como escribir, mecanografiar o martillar) los tendones se inflaman y comprimen el nervio medio que corre hacia su mano. El resultado es un gran dolor.

En el Túnel Holanda, cuando el tránsito aumenta, las bocinas de los automó-

El beneficio de la B$_6$

Recientes estudios científicos están demostrando que el tratamiento con vitamina B$_6$ supervisado por un médico puede ayudar a aliviar los síntomas del síndrome del túnel del carpo. En un estudio de 12 años realizado en Louisville, Kentucky, el doctor Morton Kasdan descubrió que 68% de sus 494 pacientes de síndrome del túnel del carpo mejoraron mientras tomaban vitamina B$_6$ a diario.

El doctor John Ellis, cirujano y médico familiar en Mount Pleasant, Texas, ha estado prescribiendo la vitamina B$_6$ durante muchos años para tratar el síndrome del túnel del carpo en el Instituto de Investigaciones Biomédicas en colaboración con la Universidad Texas en Austin. El doctor Ellis considera que "el síndrome del túnel del carpo se debe a una deficiencia, pura y simple. En una alta proporción de los casos, los pacientes tienen deficiencia de vitamina B$_6$".

El doctor Ellis comenta que durante los pasados 26 años ha prescrito con éxito, elevadas dosis de B$_6$ al día a cientos de pacientes y "no han mostrado efectos secundarios", añade.

El tratamiento con la vitamina B$_6$ no produce alivio inmediato, advierte. "Debe tenerse paciencia". Agrega que a menudo se necesitan unas seis semanas hasta que los cambios en las enzimas sean suficientes para que poco a poco los síntomas comiencen a ceder. "Entre las 6 y 12 semanas realmente se nota una clara diferencia en sus manos y dedos", afirma. "El adormecimiento, hormigueo, rigidez y dolor en la mano ceden."

El doctor Ellis también sostiene que "a muchas personas vuelve a afectarles el síndrome del túnel del carpo cuando dejan de tomar la vitamina".

Sin embargo, la terapia a base de vitaminas que se aplica al síndrome del túnel del carpo debe emplearse sólo con la supervisión de un médico. A niveles elevados, la vitamina B$_6$ puede resultar tóxica. Las autoridades de salud de Estados Unidos recomiendan que diariamente se consuman 2 miligramos de esta vitamina.

viles producen un ruido infernal. En su muñeca, cuando los tendones se inflaman, producen un dolor infernal.

Las mujeres tienen dos veces más posibilidades de padecer el síndrome del túnel del carpo, y las edades promedio para el inicio de las molestias se encuentran entre los 40 y 60 años. Según el doctor Colin Hall, profesor de neurología en la Escuela de Medicina Chapel Hill en la Universidad de Carolina del Norte, "Por lo regular los síntomas afectan una mano, pero pueden presentarse en las dos. A veces la mano afectada se siente entumida u hormiguea, o se siente como si estuviera 'dormida'. Suele producir la sensación en el pulgar y la zona del dedo índice, pero es posible sentirla en toda la mano."

Cuando se presenta esa sensación, es hora de buscar alivio. He aquí cómo.

Los hechos escuetos
sobre cómo permanecer sin dolor

El National Institute for Occupational Safety and Health estima que el síndrome del túnel del carpo afecta a 23 000 trabajadores al año. Algunos resultan más propensos que otros, en especial los carniceros, cajeros, procesadores de datos, trabajadores de líneas de armado, choferes de camiones de carga y operadores de martillos neumáticos, el tipo de personas que emplean indispensablemente sus manos en el trabajo.

Quienes trabajan en casa también corren riesgos. Se ha sabido que el síndrome del túnel del carpo ataca a amas de casa que pasan mucho tiempo exprimiendo ropa mojada a mano, barriendo con escoba, cortando con cuchillo o incluso pelando guisantes. Hasta quienes gustan de realizar tareas por sí mismos en casa durante los fines de semana pueden ser víctimas de este síndrome. El uso excesivo de una engrapadora durante un fin de semana es suficiente para iniciar la molestia. Pero no tiene que ser así.

Si necesita realizar una tarea en la que tenga que emplear sus manos, puede evitarse el problema, y todavía felicitarse después de hacer bien su trabajo.

El síndrome del túnel del carpo es resultado de aplicar presión constante en el nervio mediano cuando se flexiona la muñeca hacia arriba y abajo, explica el doctor John Sebright, jefe de la Sección de Cirugía de Mano y director del Laboratorio de Microcirugía en el Hospital St. Mary en Grand Rapids, Michigan. "La presión se incrementa si se flexiona y extiende repetidamente la muñeca. Para evitar esto, recomienda, "conserve sus manos y muñecas lo más alineadas posible". Tal vez al principio le parezca innatural no doblar las muñecas mientras teclea en la máquina de escribir o mientras conduce un vehículo, por ejemplo; pero el tiempo y la práctica le liberarán de esa sensación extraña.

Ándese con rodeos. "Cuando comienza el hormigueo", recomienda la fisioterapeuta Susan Isernhagen, de Duluth, Minnesota, "es hora de comenzar a hacer algunos ejercicios leves con la mano".

Uno de ellos es un ejercicio sencillo de círculos que hace rotar la muñeca. Mueva sus manos con cuidado formando círculos durante unos dos minutos. "Esto ejercita todos los músculos de la muñeca, restaura la circulación y saca sus muñecas de la posición flexionada que normalmente produce los síntomas del síndrome del túnel del carpo", explica la doctora Isernhagen.

Arriba las manos. Despegue las manos del taclado y levántelas. "Eleve su brazo por sobre su cabeza y rótelo al mismo tiempo que rota la muñeca", indica Isernhagen. "Esto acomoda su hombro, cuello y parte superior de la espalda y alivia la tensión y rigidez".

ALERTA MÉDICA

Podría tratarse de artritis

El dolor de muñeca y mano no siempre es resultado del síndrome del túnel del carpo y en realidad podría ser signo de una enfermedad más grave, advierte la fisioterapeuta Susan Isernhagen. De hecho, según Isernhagen, "si tiene una sensación de que algo cruje o crepita en su muñeca cuando la ejercita, no se trata de un signo de síndrome del túnel del carpo; puede ser síntoma de osteoartritis". Debe consultar de inmediato a su médico.

Dé vueltas y vueltas. Tómese un descanso de lo que está haciendo. "Descanse sus manos en un escritorio o mesa y luego rote su cabeza durante unos 2 minutos. Eche la cabeza hacia atrás y adelante", recomienda Isernhagen, "luego inclínela en ambas direcciones. También gire la cabeza varias veces, viendo sobre su hombro derecho y luego el izquierdo".

Haga que el ejercicio sea tan rutinario como el comer. Es importante hacer ejercicio y relajar todos los músculos que le están dando problemas a diario, incluso cuando no tenga dolor, aconseja Isernhagen. Los ejercicios de movimientos, como los descritos arriba, deben practicarse al menos cuatro veces diarias.

Busque la aspirina. "Para reducir dolor e inflamación, tome un medicamento antiinflamatorio no esteroidal como la aspirina o el ibuprofén", recomienda el doctor Stephen Cash, cirujano ortopedista y profesor en el Colegio Jefferson de Medicina de la Universidad Thomas Jefferson. Pero no debe tomar acetaminofén. Este último producto es para dolores de cabeza, no para el síndrome del túnel del carpo. Según el doctor Cash, "el acetaminofén reduce el dolor, pero no sirve para desinflamar".

Congele el dolor. "Las compresas de hielo son útiles para reducir la inflamación", afirma Isernhagen. No envuelva su muñeca en un cojincillo calentador, pues eso aumentará la inflamación en la zona.

Póngase a la altura. "Evite tener sus manos a nivel más bajo que los hombros cuando descanse en su trabajo", aconseja Isernhagen. "Siéntese con los codos apoyados en el escritorio o en los brazos de su silla. Mantenga las manos hacia arriba. Esa es una buena posición de alivio."

Exprima su dolor. "La sensación de hormigueo desaparecerá si realiza con sus dedos movimientos suaves como si estuviera exprimiendo", indica Isernhagen. Presione sus dedos dentro de su palma, luego extiéndalos hacia atrás lo más posible y mantenga la tensión. Repita el ejercicio.

Cuide su postura nocturna. Al dormir, mantenga sus brazos pegados al cuerpo y las muñecas rectas. "Si permite que su mano caiga al lado de la cama, puede aumentar la presión", explica Isernhagen.

Si el dolor de sus manos le despierta, Isernhagen recomienda que haga de noche los mismos ejercicios que durante el día. El hormigueo o dolor también pueden indicar que una tablilla nocturna podría servirle de ayuda.

Use una tablilla como segundo alivio. Para aliviar los síntomas del síndrome del túnel del carpo, utilice una tablilla para mantener la muñeca recta. "Las tablillas ayudan a aliviar la presión del nervio", afirma el doctor Cash. Sin embargo, comprar una tablilla para la muñeca no es tan fácil como adquirir guantes. Recomienda una tablilla que tenga un inserto metálico y cierres de Velcro que dan soporte sin ser totalmente rígidas. "Las que se hacen de plástico suelen ser duras, calientes y pegajosas", observa Isernhagen. "Pero sin importar qué clase de tablilla obtenga, debe ajustar en la palma de su mano y dejar libres el pulgar y los demás dedos", advierte.

Tal vez planee que le fabriquen una tablilla a la medida. "Para el caso, debe consultar a un profesional, como lo sería un fisioterapista o terapeuta ocupacional que le tomen medidas y se aseguren de que la tablilla ajusta a la perfección", indica Isernhagen.

No se tense demasiado. No querrá atiborrar el tráfico en su muñeca. "No envuelva su muñeca con una venda Ace, porque podría apretarla demasiado y cortar la circulación", previene Isernhagen.

Utilice la asidera apropiada. Si necesita cargar cualquier cosa que tenga un asa, asegúrese de que el asidero ajuste bien en su mano. Si el agarre es demasiado pequeño, refuércelo con cinta o tubo ahulado; si es demasiado grande, haga otra asa, aconseja Isernhagen.

Manéjese con cuidado. Si tiene dolor después de utilizar sus viejas herramientas en la casa, cambie la manera como las sujeta. "Al emplear herramientas manuales no concentre la presión en la base de la muñeca. Use lo más posible el codo y el hombro", recomienda Isernhagen.

COMITÉ DE ASESORES

El doctor **Stephen Cash** es profesor de cirugía ortopédica en la División de Cirugía de la Mano en el Colegio Jefferson de Medicina de la Universidad Thomas Jefferson en Filadelfia, Pennsylvania, y trabaja en el Centro de Rehabilitación para Mano allí mismo.

El doctor **John Ellis** es cirujano y médico familiar en Mount Pleasant, Texas, y trabaja en el Hospital Titus County Memorial en Mount Pleasant.

El doctor **Colin Hall** es profesor de neurología y medicina y director de la Unidad Neuromuscular en el Departamento de Neurología en la Universidad de Carolina del Norte en la Escuela de Medicina Chapel Hill.

Susan Isernhagen es fisioterapeuta y presidenta del Isernhagen and Associates en Duluth, Minnesota. Trabaja como consultora para las industrias; su misión es ayudar a reducir las lesiones de trabajo y rehabilitar a los empleados lesionados.

El doctor **John Sebright** es jefe de la Sección de Cirugía de Mano y director del Laboratorio de Microcirugía en el Hospital St. Mary en Grand Rapids, Michigan, y profesor en el Departamento de Cirugía, Departamento de Medicina Humana, en la Universidad Estatal de Michigan en East Lansing.

Síndrome premenstrual

28 maneras de tratar los síntomas

Considérelo como una guerra biológica, en que sus batallas se realizan en los campos del cuerpo y la mente de la mujer. Una vez al mes, aproximadamente dos semanas antes de su periodo menstrual, los ejércitos opositores, el estrógeno y la progesterona, comienzan a agruparse. Estas hormonas femeninas, que regulan su ciclo menstrual y afectan su sistema nervioso central, normalmente trabajan en equipo. Sólo cuando uno trata de superar al otro amenazan las dificultades.

Algunas mujeres escapan por completo al conflicto; sus hormonas alcanzan un balance pacífico antes de que salga a relucir una sola espada. Otras tienen menos fortuna. Para una mujer, los niveles de estrógeno pueden alcanzar grandes alturas, dejándole una sensación de ansiedad e irritabilidad. O puede dominar su nivel de progesterona, arrastrándola a la depresión y fatiga.

La solución del suplemento

Muchas vitaminas, minerales e incluso aminoácidos pueden ayudar a aliviar los síntomas del síndrome premenstrual, según algunos médicos. Considere esta lista de soluciones nutricionales.

Vitamina B$_6$. Las investigaciones relacionadas con la vitamina B$_6$ y el síndrome premenstrual han demostrado que si se aumenta el consumo de este nutriente pueden aliviarse los síntomas como los cambios en el estado de ánimo, retención de líquidos, sensibilidad en los pechos, hinchazón, antojo por el azúcar y fatiga, según la doctora Susan Lark; pero advierte que no se debe experimentar con la vitamina por cuenta propia, pues la B$_6$ es tóxica en dosis altas. Toda terapia con vitaminas, entre ellas las que se mencionan en seguida, debe ser supervisada por su médico.

Vitaminas A y D. Estas dos vitaminas actúan combinadas para mejorar la salud de su piel. Dada su importancia para ella, pueden tener un papel importante para suprimir el acné premenstrual y la piel grasosa que lo acompaña, comenta la doctora Lark.

Vitamina C. La vitamina C es un antioxidante, y se cree que tiene un papel decisivo para reducir la tensión. Puede ayudar a aliviar la tensión que se siente durante el síndrome premenstrual, afirma la doctora Lark. Y hay más: se reconoce a la vitamina C como un antihistamínico natural, señala ella, que puede ser útil para las mujeres cuyas alergias empeoran antes de su periodo.

Las batallas pueden durar varios días. Tal vez usted conozca todo lo anterior. Puede sentirse hinchada y ganar peso, padecer de dolores de cabeza, de espalda, acné, alergias o terrible sensibilidad en sus pechos. Tal vez experimente todos estos síntomas o nada más algunos. Es posible que tenga antojo por comer helado y papas fritas. Su estado de ánimo puede cambiar sin razón, pasando de la euforia a la depresión. Y luego, de repente, las tropas se desbandan y vuelve la paz mental: por fin llega su periodo.

Se cree que el síndrome premenstrual (SPM) afecta en grados variables a entre un tercio y la mitad de todas las estadounidenses entre los 20 y 50 años de edad, de acuerdo con la doctora Susan Lark, directora del PMS Self-Help Center en Los Altos, California. Determinados factores, como el tener varios hijos o estar casada, parecen aumentar el riesgo de padecer de SPM, indica el doctor Guy Abraham, ex profesor de obstetricia y endocrinología ginecológica en la Escuela de Medicina de

La vitamina E. La vitamina E es otro antioxidante que puede tener un efecto poderoso en el sistema hormonal y ayudar a aliviar los síntomas de pechos con dolor, ansiedad y depresión, observa el doctor Guy Abraham.

Calcio y magnesio. Estos dos minerales actúan juntos para combatir el síndrome premenstrual, explica la doctora Lark. El calcio ayuda a impedir los calambres y el dolor premenstruales, en tanto que el magnesio ayuda al cuerpo a absorber el calcio. La doctora Lark también cree que el magnesio ayuda a controlar los antojos premenstruales por ciertos alimentos y estabiliza el estado de ánimo.

L-tirosina. Este aminoácido se requiere para que el cerebro produzca la dopamina, el antidepresivo natural del cuerpo. El doctor Edward Portman descubrió que ayuda a algunas de sus pacientes a aliviarse de la ansiedad y depresión relacionadas con el síndrome premenstrual.

La pastilla contra el síndrome premenstrual. Su mejor opción para tratar el síndrome premenstrual con suplementos nutricionales es tomar un suplemento balanceado cada día, refiere la doctora Lark. Tal vez incluso su farmacia venda productos formulados especialmente contra los síntomas de este síndrome.

la Universidad de California en Los Ángeles e investigador que ha estudiado mucho este trastorno. (Señala que el SPM es una causa importante de divorcio.) El problema se puede heredar genéticamente, señala el doctor Edward Portman, consultor e investigador en SPM y director de la Clínica Portman en Madison, Wisconsin.

No todas las pacientes de SPM tienen los mismos síntomas ni la misma intensidad de incomodidad, declara el doctor Abraham. Tampoco todas las pacientes del síndrome premenstrual responden a los mismos tratamientos. Por eso, encontrar la mejor manera de manejar su síndrome premenstrual puede requerir de algunas prácticas experimentales. En ese sentido, hablamos con algunos médicos que han trabajado extensamente con el síndrome premenstrual, los cuales recomiendan las siguientes medidas con qué encararlo.

No se preocupe, sea feliz. Una actitud positiva y confiada puede ayudarle a encarar y tal vez incluso a impedir episodios futuros del síndrome, comenta la doctora Lark. Si usted siente que el síndrome la está haciendo sufrir, la doctora le sugiere que recite algunas afirmaciones positivas. Siéntese en posición cómoda y repita lo siguiente dos a tres veces: "Mi cuerpo es fuerte y sano. Mis niveles de estrógeno y progesterona están perfectamente regulados. Puedo manejar la tensión con facilidad".

Coma muchos poquitos. La mala nutrición no causa el síndrome premenstrual, observa el doctor Portman, aunque determinados factores en la dieta pueden acentuar el problema. El doctor Abraham está de acuerdo. "Los malos hábitos alimenticios pueden empeorar el síndrome premenstrual." Muchos otros médicos recomiendan una dieta hipoglucémica: pocos alimentos bajos en azúcar varias veces al día para ayudar a su cuerpo y espíritu a conservar mejor su equilibrio.

Evite las calorías vacías. Aléjese de los comestibles de bajo valor nutritivo como las bebidas gaseosas embotelladas y los dulces que contengan azúcar refinada, recomienda el doctor Abraham. Si cede al impulso de comer antojos como los dulces sólo se sentirá peor, aumentará su ansiedad y los cambios en su estado de ánimo. Pruebe a comer frutas frescas como sustituto, sugiere la doctora Lark.

Disminuya los lácteos. No ingiera más de una a dos porciones diarias de leche descremada o baja en grasas, queso tipo *cottage* o yogur, aconseja el doctor Abraham. ¿Razón? La lactosa de estos productos puede bloquear la absorción por parte de su cuerpo del mineral magnesio, el cual ayuda a regular los niveles de estrógeno e incrementa su excreción.

Nada de grasas. Reemplace las grasas como la mantequilla y manteca con aceites poli o multi-insaturados como el del maíz o de cártamo, indica el doctor Abraham. Las grasas animales contribuyen a los elevados niveles de estrógeno que pueden empeorar el síndrome premenstrual, señala.

Restrinja la sal. "Comience una dieta baja en sodio durante 7 a 10 días antes de que se inicie su periodo con el objeto de compensar la retención de agua", sugiere la doctora Penny Wise Budoff, directora del Centro Médico para Mujeres en Bethpage, Nueva York. "Eso quiere decir no comer en restaurantes o alimentos procesados, comida china, sopas comerciales, ni aderezos comerciales para ensaladas."

Llénese de fibras. La fibra ayuda al cuerpo a despejarse del exceso de estrógeno, explica el doctor Abraham. Coma muchas verduras, frijoles o habichuelas y granos enteros. El mijo, trigo sarraceno y la cebada no nada más contienen altas cantidades de fibra, sino también magnesio, agrega la doctora Lark.

Reduzca el hábito de la cafeína. Consuma cantidades muy limitadas de café, té, chocolate y otras sustancias que contengan cafeína, sugiere el doctor Abraham. Se ha demostrado que la cafeína contribuye a la sensibilidad dolorosa de los pechos, la ansiedad y la irritabilidad.

Los antojos de locura

¿Terminó su merienda con una barra gigantesca de chocolate o medio litro de helado? No se sienta mal, especialmente si está por tener su menstruación. Ni más ni menos, es muy posible que su cuerpo la haya hecho comer así.

"Las mujeres no comen en exceso en este periodo a causa de debilidad de carácter. Se ha hallado mediante investigaciones que la reacción que produce la progesterona en el cerebro es la causante casi obsesiva", señala el doctor Peter Vash, endocrinólogo e internista de la facultad de clínica del Centro Médico de la UCLA en California, quien en su práctica privada también se especializa en trastornos del comer. Los investigadores postulan la teoría de que los elevados niveles de progesterona liberados por los ovarios aproximadamente a la mitad del ciclo menstrual parecen afectar las zonas del cerebro que causan los antojos por carbohidratos.

No obstante, por más perturbadora que sea esta tendencia, en realidad puede ser un mecanismo protector primitivo incorporado en la biología femenina, comenta el doctor Vash. "Cuando una mujer está por tener su menstruación, también perderá muchos líquidos. Ingerir alimentos con elevados niveles de carbohidratos como son las papas fritas y el helado la hacen retener líquidos y también le dan energía adicional." Los antojos por el chocolate (algo frecuente antes de la menstruación) pueden deberse a que el cerebro necesita los aminoácidos que contiene esa sustancia, agrega.

Trate de controlar sus antojos, aconseja, porque ceder a ellos sólo la hará sentirse peor. Para ayudarse a sí misma, él sugiere lo siguiente.

Siempre lista. "Sepa que sus antojos ocurrirán durante 7 a 10 días cada mes y señálelos en su calendario", recomienda el doctor Vash. "Y esté consciente de que también se irán. Hay un límite, y usted puede superar todo esto."

Luche. Duerma bien, beba muchos líquidos y coma verduras y frutas cuando el cuerpo le demande azúcares y almidones.

Absténgase de tomar alcohol. La depresión que a menudo acompaña al síndrome premenstrual se acentúa con el alcohol, explica el doctor Portman. El alcohol también puede empeorar los dolores de cabeza y la fatiga vinculados con el síndrome premenstrual y ocasionar antojos por azúcar, advierte la doctora Lark.

Diga no a los diuréticos. Muchas pacientes del síndrome premenstrual a menudo usan diuréticos como medida temporal contra la hinchazón, comenta la doctora Lark; pero algunos diuréticos que se venden sin receta médica extraen valiosos minerales del sistema junto con el agua, señala. Un mejor enfoque sería evitar sustancias como la sal y el alcohol, los primeros que la harán retener agua.

Actívese. El ejercicio moderado aumenta su flujo sanguíneo, relaja sus músculos y combate la retención de líquidos, hace notar la doctora Lark. Más todavía, agrega el doctor Portman, el ejercicio aumenta la producción cerebral de endorfinas, las opiáceas naturales que la hacen sentir mejor en términos generales.

Camine a paso rápido en aire fresco, nade, trote, practique ballet o karate; haga lo que disfrute practicar a diario, sugiere el doctor Portman. Para obtener los mejores resultados, aumente su nivel de actividad durante una a dos semanas antes de que se presenten los síntomas del síndrome premenstrual, aconseja la doctora Lark.

Quite la tensión a su ambiente. Las mujeres con síndrome premenstrual parecen particularmente sensibles a la tensión ambiental, indica la doctora Lark. Por eso, si se rodea de colores calmantes y música suave puede generar mayor calma en este y otros momentos del mes.

Respire profundamente. La respiración poco profunda, que hacemos inconscientemente muchas de nosotras, disminuye su nivel de energía y la deja sintiéndose tensa, con peores molestias de síndrome premenstrual, advierte la doctora Lark. Practique a inhalar y exhalar lenta y profundamente.

Dese un baño de tina. Consiéntase con un baño de minerales para relajar los músculos de cabeza a pies, sugiere la doctora Lark. Agregue una taza de sal gruesa (de mar) y una taza de bicarbonato de sodio al agua tibia o caliente de su baño. Permanezca en su bañera durante 20 minutos.

Pruebe un poco de romance. Los músculos adoloridos y la circulación lenta que a menudo acompañan al síndrome premenstrual se pueden aliviar si practica a hacer el amor con orgasmo, explica la doctora Lark. La estimulación la ayudará a alejar la sangre y otros líquidos de los órganos congestionados.

Pida un adelanto a su banco del sueño. Si el insomnio forma parte de su síndrome premenstrual, prepárese contra el caso acostándose algunas horas más temprano durante unos días antes de que el problema se manifieste de manera generalizada, recomienda la doctora Lark. Puede ayudar a aliviar el cansancio e irritabilidad que a menudo acompañan al insomnio.

Apéguese a un horario. Establezca metas y horarios razonables para cada día de modo que no se sienta abrumada, aunque esto signifique reducir sus actividades, sugiere la doctora Lark.

Reserve las obligaciones sociales para otra ocasión. Posponga los grandes planes, como una cena importante hasta un momento en que usted sienta que puede manejarlos mejor. Si no lo hace así, sólo empeorará una situación que de por sí ya es difícil, explica la doctora Lark.

No oculte la verdad. Hablar acerca de sus problemas de síndrome premenstrual con su esposo, amistades o colaboradores es útil, comenta la doctora Lark. Además, puede ser especialmente benéfico. Tal vez incluso encuentre un grupo de autoayuda contra el síndrome premenstrual en el que pueda compartir sus experiencias con otras mujeres que padezcan del mismo problema. Para saber si existe un grupo de este tipo cerca de usted, consulte a su médico o algún grupo femenil local.

COMITÉ DE ASESORES

El doctor **Guy Abraham** fue profesor de obstetricia y endocrinología ginecológica en la Escuela de Medicina de la Universidad de California en Los Ángeles, y ha realizado mucha investigación en el síndrome premenstrual.

La doctora **Penny Wise Budoff**, es directora del Centro Médico para Mujeres en Bethpage, Nueva York, y autora de *No More Menstrual Cramps and Other Good News, No More Hot Flashes and Other Good News,* y otros libros relacionados.

La doctora **Susan Lark** es directora del PMS Self-Help Center en Los Altos, California, y autora de *Dr. Susan Lark's Premenstrual Syndrome Self-Help Book.*

El doctor **Edward Portman** es consultor en síndrome premenstrual, investigador y director de la Clínica Portman en Madison, Wisconsin.

El doctor **Peter Vash** es endocrinólogo e internista de la facultad de clínica del Centro Médico de la UCLA en California y especialista en trastornos del comer. También tiene una maestría en salud pública.

Sinusitis

16 combatientes contra la infección

Durante el día, la cabeza le punza tanto que se siente como si fuera dirigible. Más tarde cuando trata de dormir, es como si hubiera destapado una gotera lenta. Toda la noche el goteo constante de líquido nasal escurre por su garganta y le ocasiona espasmos de tos. Su cónyuge dista mucho de sentirse feliz.

Bienvenido al club de la pesadilla de la sinusitis, padecimiento en que las cavidades alrededor de sus ojos y nariz se encuentran infectadas, lo cual produce presión, dolor y mucosidad amarilla o verde. ¿Cómo sucedió que usted y 30 a 50 millones más de personas llegaron a padecer de este taponamiento?

Para comprender eso, primero tiene que entender qué hacen sus senos cuando funcionan bien. Los científicos creen que los senos alrededor de su nariz actúan como pequeños centros de control de calidad del aire. Su tarea es calentar, humidificar, purificar y en términos generales acondicionar el aire que usted aspira antes de que llegue a los pulmones. Las bacterias que entran son atrapadas y filtradas hacia el exterior por el moco y los pequeñísimos vellos nasales llamados cilios.

No obstante este pequeño sistema de flujo de aire puede taponarse si algo obstaculiza a los cilios, si un resfrío tapona las aberturas de los senos, o si un alergeno inflama la mucosa de dichos senos. Entonces el aire queda atrapado, se eleva la presión, el moco se estanca y las bacterias proliferan. La infección se presenta y ya tiene un terrible caso de sinusitis. Si su taponamiento se repite muchas veces, puede terminar con un engrosamiento permanente de las membranas de los senos y una nariz taponada crónica.

Antes de que llegue a ese punto, atienda a lo que dicen nuestros especialistas sobre lo que puede hacer para destapar sus senos, reducir el dolor y la presión, y hacer que el aire fluya con libertad.

648

Cambie de hábitos, no de domicilio

Si sus síntomas de sinusitis se disparan cuando los capullos comienzan a florecer, tal vez sienta deseos de mudarse al Sahara o algún otro clima seco. Sin embargo, una mudanza de esta índole no curará su padecimiento.

"Si tiene propensión a las alergias", advierte el doctor Stanley N. Farb, "sus sensibilidades le seguirán a donde quiera que vaya y su sinusitis reaparecerá". En otras palabras, con el tiempo puede llegar a creársele una alergia al polvo del desierto. Y otra posibilidad que hay si se muda a un clima húmedo como el de un puerto del Caribe o del Pacífico es que se vuelva sensible a los mohos.

¿Cuál es la solución? Controle su exposición a los alergenos en el sitio donde vive en la actualidad. (Para algunas ideas sobre cómo hacerlo, consulte el capítulo correspondiente a "Alergias" en la página 14.)

Llénese de vapor. "La humedad es la clave para hacer que los cilios sigan actuando, el moco fluyendo y los senos drenando", explica el doctor Stanley S. Farb, jefe de otorrinolaringología en los hospitales Montgomery y Sacred Heart en Norristown, Pennsylvania. Dos veces al día, tome una ducha, que debe estar a la temperatura suficiente para empañar el espejo del cuarto de baño. O respire el vapor de un recipiente lleno de agua muy caliente, envuelva su cabeza con una toalla para formar una tienda. Inhale los vapores que se elevan hacia sus fosas nasales.

Consiga un sustituto en su trabajo. Si durante el día su nariz se "morma" mientras está en sus actividades de trabajo normales, consígase una taza de café, té o sopa calientes, ahueque sus manos sobre el borde de la taza o tazón y aspire, sugiere el doctor Howard M. Druce, profesor de medicina interna y director del Laboratorio de Fisiología de los Senos Nasales y Paranasales en la Escuela de Medicina de la Universidad de St. Louis. Aunque no será tan eficaz como un baño de vapor, de todos modos le proporcionará cierto alivio.

Humidifique su hogar. Si en su recámara opera un dispositivo humidificador en frío por rocío, evitará que se resequen sus pasajes nasales y de senos, señala el doctor Bruce Jafek, profesor y jefe de Otorrinolaringología y Cirugía de Cabeza y Cuello en la Escuela de Medicina del Centro de Ciencias de la Salud en la Universidad de Colorado; pero asegúrese de limpiarlo una vez a la semana, de modo que ningún hongo pueda hacer allí su hábitat.

ALERTA MÉDICA

Cuando el autotratamiento no basta

Si ha intentado el autotratamiento durante tres o cuatro días y todavía padece del dolor, presión y taponamiento de los senos, necesitará ver a un médico que le ayude a despejar la infección y drenar sus senos, según sugiere el doctor Terence M. Davidson. "Si no lo hace, sus senos podrían producir abcesos hacia los ojos o, peor todavía, hacia el cerebro."

Tal vez necesite tomar antibióticos o, si sus síntomas persisten, someterse a cirugía para despejar las vías. Un especialista en senos nasales puede también tomarle radiografías y ayudarle a descubrir que causa la congestión, trátese de un virus, una obstrucción como pólipos, alergias o sensibilidad a fármacos como píldoras anticonceptivas o aspirina.

Aplique un baño diario a sus fosas nasales. Para lavar a chorro las secreciones nasales estancadas, el doctor Jafek sugiere emplear un producto salino comercial o mezclar una cucharadita de sal de mesa con dos tazas de agua tibia y una pizca de bicarbonato de sodio. Vierta esto en un vaso alto y delgado, incline su cabeza hacia atrás, oprima una de sus fosas nasales con su pulgar y absorba la solución con la fosa abierta. Luego suénese suavemente la nariz. Repita con el otro lado.

Beba muchos líquidos. Según el doctor Farb, beber durante el día líquidos adicionales, tanto fríos como calientes, adelgazará el moco y lo ayudará a fluir. Sorber infusiones calientes de hierbas como el fenogreco, hinojo o cáñamo de la India, anís o salvia puede ayudar todavía más a hacer salir el moco.

Suénese una fosa a la vez. Esto ayudará a impedir que se eleve la presión en los oídos, lo que puede enviar a las bacterias todavía más atrás en los pasajes de los senos, advierte el doctor Farb.

Olvide la urbanidad. Sorba fuerte y repetidamente. Resulta, refiere el doctor Farb, que sorber también es una buena manera de drenar los senos y llevar las secreciones estancadas hacia abajo por la garganta.

Destapónese con tabletas anticongestionantes. El mejor medicamento que se vende sin receta médica para secar los senos son las tabletas de acción simple que sólo contienen descongestionantes, como Sudafed, indica el doctor Farb. Los descongestionantes cierran los vasos sanguíneos, hacen pasar aire por la nariz y alivian la presión. Debe evitar los productos que contengan antihistamínicos si tiene la nariz taponada por una infección, advierte el doctor Farb. "Los antihistamínicos actúan secando las secreciones nasales, por lo que podrían empeorar su estado de taponamiento."

Use las gotas nasales con medida. Las gotas nasales son magníficas para emplearse en una emergencia; pero su uso frecuente de hecho podría

---

El otro camino

Pídalo condimentado

El camino que conduce al alivio para los senos puede pasar por el estómago; ingiera alimentos que contengan determinadas especias y condimentos, aconseja el doctor Howard M. Druce, quien recomienda lo siguiente.

Ajo. Esta planta picante contiene el mismo producto químico que se encuentra en un fármaco para hacer menos pegajoso el moco, hace notar el doctor Druce.

Rábano largo. Esta raíz picante es otro excelente producto para mover el moco porque contiene una sustancia química parecida a la que se encuentra en los descongestionantes, explica. La variedad embotellada es magnífica.

Pimienta de Cayena. Con seguridad no puede equivocarse si opta por alimentos condimentados con esta especie. La pimienta de Cayena, "pequeñas antorchas lenguadas rojas", contiene la capsaicina, sustancia que puede estimular las fibras nerviosas y actuar como descongestivo nasal natural.

Sin embargo, no todo alimento picante que le haga llorar o escurrir la nariz puede penetrar su bloqueo de senos nasales. "No todas las especias contienen ingredientes químicos que actúen directamente sobre sus senos", explica el doctor Druce. En otras palabras, esos productos pueden hacer que su nariz gotee y que no se produzcan efectos de drenaje en sus senos, según Druce, eso terminaría empeorando su problema.

prolongar el estado o incluso empeorarlo, advierte el doctor Terence M. Davidson, profesor de cirugía de cabeza y cuello y director de la Clínica de Trastornos Nasales en el Centro Médico de la Universidad de California en San Diego. Los especialistas lo llaman efecto de rebote.

"Lo que sucede es que, inicialmente, los rocíos encogen la mucosas nasal", explica el doctor Davidson; "pero entonces la mucosa reacciona inflamándose todavía más que antes, lo cual crea un círculo vicioso de aplicaciones. Pueden pasar semanas antes de que finalmente ceda la inflamación después de dejar de usar el rocío".

Camine para despejar su cabeza. El ejercicio, señala el doctor Farb, puede aportar el anhelado alivio porque libera adrenalina, la que comprime los vasos sanguíneos, y esto puede reducir la inflamación en los senos.

Oprima en ese sitio para obtener alivio contra el dolor. Friccionar sus senos irritados lleva un suministro de sangre fresca a la zona y con ello llega el alivio, indica el doctor Jafek. Oprima sus pulgares firmemente a ambos lados de su nariz y retenga la presión durante 15 a 30 segundos. Repita la operación.

Lave para llevarse el dolor. El doctor Druce recomienda aplicar calor húmedo sobre los senos sensibles, pues el lavado alivia fácilmente el dolor de senos. Aplique una toallita caliente sobre su ojos y pómulos y déjela allí hasta que sienta alivio. Puede llevarse sólo unos cuantos minutos.

COMITÉ DE ASESORES

El doctor **Terence M. Davidson** es profesor de cirugía de cabeza y cuello y director de la Clínica de Trastornos Nasales en el Centro Médico de la Universidad de California en San Diego.

El doctor **Howard M. Druce** es profesor de medicina interna y director del Laboratorio de Fisiología de los Senos Nasales y Paranasales en la Escuela de Medicina de la Universidad de St. Louis en Missouri.

El doctor **Stanley N. Farb** es jefe de otorrinolaringología en los hospitales Montgomery y Sacred Heart en Norristown, Pennsylvania. También es autor de *The Ear, Nose, and Throat Book: A Doctor's Guide to Better Health*.

El doctor **Bruce Jafek** es profesor y jefe del Departamento de Otorrinolaringología y Cirugía de Cabeza y Cuello en la Escuela de Medicina del Centro de Ciencias de la Salud en la Universidad de Colorado en Denver. También es presidente del Comité de Padecimientos de Senos Paranasales de la American Academy of Otolaryngology/Head, and Neck Surgery.

Taquicardia

12 maneras de calmar la palpitación acelerada

Se presenta de repente. Ni siquiera piensa en su corazón y de pronto ¡bum! Comienza a golpear con furia. De sus 72 latidos por minutos pasa a 120-180-200 latidos en cuestión de segundos. Tal vez le falte el aire, también, y tenga un acceso de náuseas acompañado de pánico. Incluso comienza a sudar.

Su médico le comunica que tiene taquicardia. Más específicamente, taquicardia auricular de paroxismo. Usted no es ningún tonto. La primera vez que le sucedió se sometió a un examen médico completo. Usted y su médico descartaron la taquicardia ventricular (el tipo que amenaza la vida por el acelerado latir del corazón) y todas las manifestaciones de padecimiento cardiaco orgánico, anomalías tiroideas, mal funcionamiento pulmonar, etc. Esto lo tranquilizó.

Sin embargo, con alguna frecuencia sus aurículas, las cámaras del corazón que reciben la sangre de las venas y la bombean a los ventrículos, se salen un poco de control. Los ventrículos mantienen un ritmo estable pero éste puede ser tres veces superior a lo normal. (Por cierto, la taquicardia se refiere a cualquier palpitar de corazón superior a 100 latidos por minuto.)

Hay maneras de frenar su taquicardia. En seguida encontrará técnicas que lo ayudarán a hacer frente a los ataques, y sugerencias para un modo de vida que puede ayudar a impedirlas.

Desacelérese. Considere que su corazón acelerado es como una luz roja que le indica "deja de hacer lo que estás haciendo. Enfríate. Descansa". De hecho, el reposo es su mejor mecanismo para detener un ataque, de acuerdo con el doctor Dennis S. Miura, director de arritmia clínica y ciencia de electrofisiología en el Colegio de Medicina Albert Einstein de la Universidad de Yeshiva.

653

Intente la maniobra del vago. La rapidez con que late su corazón y la fuerza con que se contrae están reguladas por los nervios simpático y parasimpático (o nervios vagos). Cuando su corazón golpea, es porque está dominando la red simpática. (Es el sistema que básicamente le indica a su cuerpo que se acelere.) Lo que deberá hacer es ceder el control a la red parasimpática, que tiene un accionar más lento. Si estimula un nervio vago, iniciará un proceso químico que afectará su corazón de la misma manera que si pisa con fuerza el pedal de freno de su coche.

Un modo de hacerlo es tomar una inhalación profunda y pujar, como si estuviera defecando, señala el doctor John O. Lawder, médico familiar especializado en nutrición y medicina preventiva en Torrance, California.

Busque la arteria carótida correcta. Dar masaje suave a su arteria carótida derecha es otra maniobra del vago. Haga que su médico le muestre el punto correcto y el grado apropiado de presión. Deberá masajear su arteria donde se conecta con el cuello, lo más alejado posible bajo la mandíbula, recomienda el doctor James Frackelton, médico de Cleveland e investigador especializado en enfermedades vasculares e inmunología.

Válgase del reflejo de buceo. Cuando los mamíferos marinos se sumergen en las regiones más frías del agua, sus frecuencias cardiacas automáticamente se reducen. Esa es la manera como la naturaleza preserva sus cerebros y corazones. Usted puede poner en acción su propio reflejo de buceo llenando un recipiente con agua helada y sumergiendo su cara en él durante uno a dos segundos.

"A veces eso interrumpe la taquicardia", declara el doctor Miura.

Deje el hábito del café. Y las bebidas de cola, el té, el chocolate, las píldoras dietéticas y los estimulantes de cualquier tipo. El abuso de los estimulantes puede causarle taquicardia auricular de paroxismo, advierte Miura.

Trate a su hipotálamo como a un bebé. Lo que ocurre en su cabeza, específicamente en la mitad de su cerebro, gobierna su corazón, explica el doctor Frackelton. Por eso es esencial que dé a su hipotálamo el apoyo que necesita, mediante dieta apropiada, ejercicio adecuado, una actitud positiva, de modo que mantenga la estabilidad y control sobre su sistema nervioso autónomo.

El sistema nervioso autónomo tiene dos subsistemas: el simpático, que básicamente acelera todo en el cuerpo salvo la digestión, y el parasimpático.

La tensión, la mala alimentación y los contaminantes pueden hacer que su hipotálamo pierda el control sobre el sistema nervioso autónomo, lo cual permite que el sistema se acelere y suceda lo que el doctor Franckelton denomina sobrecar-

ALERTA MÉDICA

El lado grave de la arritmia

Escuche. No queremos alarmarlo innecesariamente; pero si su corazón ha perdido el sentido de la sincronización, vaya a ver a un médico . . . cuanto antes. Sólo se puede distinguir entre una taquicardia auricular de paroxismo y las manifestaciones más graves de arritmia cardiaca, advierte el doctor Arthur Selzer, profesor clínico en la Escuela de Medicina de la Universidad de California.

La taquicardia ventricular es un ejemplo de un tipo más grave. Es lo que se padece cuando un ventrículo comienza a latir rápidamente con un ritmo ligeramente irregular. (El ventrículo es la cámara del corazón que bombea la sangre de vuelta a las arterias.) La cantidad de sangre que devuelve su corazón a las arterias puede disminuir drásticamente. Usted se siente débil, sudoroso; incluso puede desmayarse.

La fibrilación ventricular, que a veces ocurre como complicación de la taquicardia ventricular, por lo regular resulta mortal. Por eso no podemos dejar de insistir en la importancia de atender inmediatamente cualquier frecuencia cardiaca anormal. La respuesta apropiada a un ataque depende del mal funcionamiento.

ga simpática; "Algo semejante a un condenado a muerte, media hora antes de la ejecución".

Usted puede ayudar a su hipotálamo a conservar el control.

Coma sana y regularmente y no sustituya comidas por dulces. Si deja de comer y luego se llena el estómago de dulces o refrescos embotellados, sus enzimas pancreáticas se acelerarán para hacerse cargo del mayor nivel de azúcar, advierte el doctor Frackelton. Entonces su insulina se dispara y usted entra en hipoglucemia reactiva. Sus glándulas suprarrenales aportan la adrenalina para movilizar las reservas de glucógeno que tiene el hígado. La adrenalina estimula un aumento repentino en la frecuencia cardiaca así como una sensación de pánico.

Ajuste su plan de alimentos a su metabolismo. La gente con metabolismo rápido debe comer más alimentos proteínicos, aconseja el doctor Lawder. Los alimentos proteínicos tardan más en ser digeridos y ayudan a impedir que el azúcar en la sangre baje demasiado. Cuando su nivel de azúcar en sangre desciende, desencadena el proceso analizado arriba.

Afloje. El doctor Lawder refiere que ha observado una relación entre los individuos perfeccionistas, con carreras ascendentes, orientados a los logros materiales, y la taquicardia auricular por paroxismo. "Por lo regular son las mismas personas que padecen de migraña", comenta. "En este tipo de gente, los mecanismos de conducción del corazón se exageran demasiado y hay sobreestimulación crónica de adrenalina. Cuando la gente se encuentra bajo mucha tensión, hay una ruptura de la conducción autónoma del corazón, una pérdida del ritmo."

¿Cómo puede compensarse? Adopte un programa de relajamiento progresivo, practique la biorretroalimentación, o aprenda a visualizar "la serenidad, la tranquilidad, la calma y la paz", recomienda el doctor Lawder.

Reciba su dosis apropiada de magnesio. El magnesio es un protector de las células, declara el doctor Frackelton. En las células musculares del corazón, el magnesio ayuda a balancear los efectos del calcio. Cuando éste llega a las células, estimula contracciones musculares dentro de ella. El magnesio es fundamental para las enzimas en la célula que bombea el calcio hacia el exterior: crea contracción y relajamiento rítmico y hace que el corazón tenga muchas menos posibilidades de llegar a irritarse, explica el doctor Frackelton. El magnesio se puede encontrar en alimentos como el frijol de soya, nueces, frijoles o habichuelas y salvado.

Mantenga elevado su nivel de potasio: El potasio es otro de los minerales que ayuda a disminuir la actividad cardiaca y la irritabilidad de las fibras musculares, afirma el doctor Lawder. Se encuentra en frutas y vegetales, así que consumirlo en cantidades suficientes no resulta problemático, pero es posible que usted no pueda retenerlo y lo esté eliminando si su dieta es alta en sodio o por emplear diuréticos o abusar de los laxantes.

Haga ejercicios. "Puede lograr mucho si se pone en forma", declara el doctor Frackelton. "Cuando realiza los ejercicios que elevan la frecuencia cardiaca, el corazón tiende a restaurarse a un nivel más bajo. La gente que no hace ejercicios usualmente tiene una frecuencia cardiaca de alrededor de 80. Cuando comienzan a trotar un poco sube hasta 160, 170. Entonces, con un poco de acondicionamiento, pueden llevarla hasta apenas 60 a 65 en reposo."

El ejercicio también lo hace resistente al exceso de liberación de adrenalina, agrega. "Proporciona una salida sana para sus agresiones. De ese modo emplea la liberación de adrenalina como parte de una función normal."

COMITÉ DE ASESORES

El doctor **James Frackelton** es médico privado en Cleveland, Ohio, e investigador en enfermedades vasculares e inmunología. Fue presidente del American College of Advancement in Medicine y es presidente del American Institute of Medical Preventics.

El doctor **John O. Lawder** es médico familiar especializado en nutrición y medicina preventiva en Torrance, California.

El doctor **Dennis S. Miura** es director de arritmia clínica y ciencia de electrofisiología en el Colegio de Medicina Albert Einstein de la Universidad de Yeshiva en la ciudad de Nueva York.

El doctor **Arthur Selzer** es profesor clínico en la Escuela de Medicina de la Universidad de California, en San Francisco, y profesor clínico emérito en la Universidad de Stanford. También es cardiólogo del Centro Médico Pacific-Presbyterian, donde fue jefe de Departamento durante 25 años.

Tendinitis

14 consejos para reducir el malestar

Tal como sucede con el adolorimiento muscular simple debido al exceso, la tendinitis o inflamación en o alrededor de un tendón puede ser dolorosa; pero en tanto que el adolorimiento muscular simple es temporal, la tendinitis consiste en adolorimiento que sencillamente no cede.

De hecho, si la tendinitis crónica tiene un credo, podría ser algo parecido a lo siguiente: "Hoy aquí, mañana aquí, por siempre aquí".

Sin embargo, ¿deveras tiene que ser tan sombrío el panorama o hay esperanza para lo que, después de todo, suena como un problema relativamente menor?

Sí, hay esperanzas, afirma Bob Mangine, presidente de la Sección de Terapia Física Deportiva de la American Physical Therapy Association; "pero si usted sigue aplicando al tendón el mismo movimiento repetitivo que desencadenó inicialmente el problema, será muy difícil que mejore", y eso se aplica a todo mundo, desde los maratonistas de rango mundial hasta los lavadores de ventanas y mecanógrafas.

Sin embargo, es posible aminorar los efectos de la tendinitis e impedir estados agudos, declara Mangine, quien es también director administrativo de rehabilitación en la Clínica de Medicina Deportiva en Cincinnati; la clave es cambiar de mentalidad y modificar algunos de sus viejos hábitos.

Dele descanso. "Es difícil lograr que la gente lo haga", lamenta Mangine; pero un corredor con tendinitis de Aquiles, por ejemplo, de hecho no puede esperar ninguna mejora si no deja de correr durante al menos dos días.

Desde luego, es más fácil decir qué hacer tratándose del descanso, sobre todo si se gana la vida lavando ventanas y tiene tendinitis del hombro causada por elevar a cada momento los brazos sobre la cabeza; pero si la tendinitis es un efecto secundario de su trabajo, tal vez no fuera mala idea reservar uno o dos días de vacaciones para aquellas veces en que su tendinitis sea dolorosamente persistente.

Pero no descanse demasiado. "Los músculos comienzan a atrofiarse", explica Mangine. Y para los atletas, "nunca recomendamos reposo absoluto", agrega el doctor Ted Percy, profesor de cirugía ortopédica y jefe de la Sección de Medicina Deportiva en el Centro de Ciencias de la Salud del Colegio de Medicina de la Universidad de Arizona.

Cambie de ejercicio. Si su tendinitis fue causada por el ejercicio, uno nuevo puede ser justo lo que necesita su tendón inflamado. Por ejemplo, los corredores con problemas de tendón en la pantorrilla pueden seguir ejercitándose si están dispuestos a montar una bicicleta, lo que seguirá dándole un buen ejercicio para los muslos.

Arremolínelo. Darse un baño en una tina con dispositivo generador de remolinos o el simple remojarse en una bañera con agua tibia es una buena manera de elevar la temperatura corporal e incrementar el flujo sanguíneo. Calentar el tendón antes de practicar una actividad vigorosa disminuirá el adolorimiento causado por la tendinitis, señala Mangine.

Aplique el tratamiento de la bailarina. El equipo de futbol americano de los Jets de Nueva York ha tenido éxito con este método (aportación de una bailarina de ballet que tenía tendinitis). Por ejemplo, con la tendinitis de la rodilla el tratamiento comprende envolverla con una toalla caliente y húmeda, colocando encima una bolsa de plástico, luego un cojincillo calefactor y por último una envoltura elástica holgada nada más para mantener todo en su sitio. Conserve todo durante 2 a 6 horas. Para no quemarse, fije el ajuste del cojincillo en el nivel más bajo, aconseja Bob Reese, entrenador en jefe de los Jets y presidente de la Professional Football Athletic Trainers Society. Para lograr el máximo alivio, la parte corporal lesionada debe mantenerse más elevada que su corazón.

Caliente con estiramiento. Los anteriores tratamientos con calor son sólo la primera parte de la ecuación del calentamiento. Siempre debe estirarse antes de hacer ejercicio a su máxima velocidad, recomienda el doctor en educación, Terry Malone, director ejecutivo de medicina deportiva en la Universidad de Duke.

ALERTA MÉDICA

El precio de no atender las advertencias de su cuerpo

Si sólo siente el dolor de la tendinitis durante o después de hacer ejercicios, y si no le va demasiado mal, tal vez piense que puede correr en una competencia o nadar varias vueltas en la piscina con la misma cantidad de dolor, si tuviera que hacerlo. O tal vez ya lo ha hecho.

En cualquier caso, sería prudente que reconsidere su manera de pensar. "Si tiene dolor no debe seguir practicando deporte a menos que su médico o terapeuta físico le indique lo contrario", indica Bob Mangine de la American Physical Therapy Association.

Si el dolor es intenso y sigue maltratando el tendón, puede romperlo, advierte el preparador físico Bob Reese. Y eso podría traducirse en inmovilidad bastante prolongada, cirugía o incluso incapacidad permanente.

En otras palabras, el ejercicio cuando hay dolor de tendón el día de hoy podría significar quedarse a calentar la banca para el resto de sus "mañanas".

Estirarse evita la reducción de músculos y tendones que se presenta con el ejercicio.

Además, comenta Mangine, algunos estudios sugieren que la gente menos flexible también es más propensa a padecer tendinitis. Así pues, estirarse debe formar parte regular de su rutina.

Véndese. Incluso un poco de soporte y calor adicionales mediante una venda o envoltura flexible puede ayudar durante el ejercicio y después, hace notar Mangine. "No es verdad la conseja que dice que si usa una faja se debilitarán los tendones y músculos, siempre y cuando", recalca, "siga haciendo sus ejercicios".

Congele el dolor. Después de hacer su ejercicio, el hielo es magnífico para frenar tanto la inflamación como el dolor, apunta Mangine. Sin embargo, los pacientes de cardiopatías, diabetes o problemas vasculares deben tener cuidado con el hielo, porque cierra los vasos sanguíneos y podría ocasionar graves dificultades en la gente con esos problemas.

Envuélvalo. Otra posibilidad para reducir la inflamación es envolver su dolor con una venda elástica, recomienda el doctor Percy. Nada más tenga cuidado de no envolver demasiado apretada la zona inflamada ni de dejarla envuelta tanto tiempo que se vuelva incómoda o interfiera con la circulación.

Eleve. Elevar la zona dolorida también es bueno para controlar la inflamación.

Camine con las piernas arqueadas. Bueno. Tal vez no tenga que llegar hasta esos extremos; pero para la tendinitis de Aquiles, usar botas vaqueras o tacones altos parte del tiempo es una magnífica idea, comenta el doctor Percy. "Eleva el talón del suelo y los músculos y tendones no tienen que trabajar tanto", agrega.

Use fármacos que no requieren receta. La aspirina y otros fármacos no esteroidales que se venden sin necesidad de receta médica son eficaces para aliviar el dolor de la tendinitis, afirma el doctor Percy. También reducen la inflamación e hinchazón.

Fortalezca. "Cuando hablamos de fortalecer, no queremos decir que las personas se vuelvan como Arnold Schwarzenegger", aclara Mangine, "sino nada más definir mejor sus músculos ejercitándolos en casa con pesas ligeras. Incluso puede rellenar un calcetín con moneditas para ejercitar los músculos de los brazos". Y eso es mucho más barato que comprar pesas profesionales.

Tome descansos. Es una manera sencilla de aliviar al menos temporalmente la tensión física en el trabajo, refiere el doctor Scott Donkin, quiropráctico de Lincoln, Nebraska, y autor de *Sitting on the Job*. "Si adopta una posición extraña en el trabajo", advierte, "puede causarse tendinitis con mucha facilidad. Sobre todo tratándose de brazos y muñecas, si trabaja todo el día ante un teclado de máquina de escribir o de computador".

COMITÉ DE ASESORES

El doctor **Scott Donkin** es quiropráctico y socio del Centro Rohrs de Quiropráctica en Lincoln, Nebraska. También es consultor industrial que asesora acerca del ejercicio para reducir la tensión en los trabajadores de estaciones de trabajo, y autor de *Sitting on the Job*.

El doctor en educación, **Terry Malone,** es director ejecutivo de medicina deportiva en la Universidad de Duke en Durham, Carolina del Norte.

Bob Mangine es jefe de la Sección de Terapia Física Deportiva de la American Physical Therapy Association. También es director administrativo de rehabilitación en la Clínica de Medicina Deportiva de Cincinnati.

El doctor **Ted Percy** es profesor de cirugía ortopédica y jefe de la Sección de Medicina Deportiva en el Centro de Ciencias de la Salud del Colegio de Medicina de la Universidad de Arizona, en Tucson.

Bob Reese es entrenador en jefe de los Jets de Nueva York y presidente de la Professional Football Athletic Trainers Society.

Tensión

22 sugerencias para reducir la tensión

Presionado, harto, tenso, hastiado —todos sabemos lo que es la opresión emocional de la lucha cotidiana por la vida. Nuestros jefes nos gritan, nuestros cónyuges lo hacen también— es como estar en un círculo vicioso donde mantener las cosas al corriente en la oficina puede dejarnos tan poca energía para el hogar que éste se convierte en un campo de batalla que no nos deja energía para el trabajo.

Pero, ¿es la tensión realmente un círculo vicioso? ¿Y lo único que puede esperarse de un mundo lleno de dificultades es la mera supervivencia?

No. De hecho la tensión es algo que usted no sólo puede vencer, sino que también es una fuerza que puede usar con provecho. No tiene que huir de ella, como *tampoco tiene* que ir a un seminario especial sobre el manejo de la tensión para aprender a manejarla. Las siguientes sugerencias comprobadas por médicos le mostrarán cómo combatir la tensión y vencerla. Para alivio instantáneo cuando se encuentre arrinconado en un callejón sin salida, siga leyendo.

Trabaje en su actitud. "Creo que el aspecto más importante acerca de la tensión es que en la mayor parte de los casos el problema no es qué hay fuera, sino cómo *reaccionamos* a ello", comenta el doctor Paul J. Rosch, presidente del American Institute of Stress y profesor clínico de medicina y psiquiatría en el Colegio de Medicina de Nueva York. Y cómo reaccione está determinado por cómo *perciba* una tensión específica.

"Observe a la gente que viaja en la montaña rusa", indica el doctor Rosch. "Algunos se sientan en la parte trasera, con los ojos cerrados y las mandíbulas apretadas. No pueden esperar a que termine la pesadilla en la cámara de torturas para volver a pisar tierra firme. En cambio, en los carros delanteros se sientan los que buscan emociones fuertes con los ojos bien abiertos y que disfrutan de cada

661

pronunciado descenso y no pueden esperar a subirse de nuevo para dar otra vuelta. Y en el medio se sientan quienes parecen indiferentes e incluso aburridos."

"Todos experimentan exactamente lo mismo, el viaje en la montaña rusa, pero reaccionan a ello de maneras muy distintas: mala tensión, buena tensión y ninguna tensión."

El doctor Emmet Miller, director médico del Centro Educativo y de Apoyo contra el Cáncer en Menlo Park, California, ampliamente reconocido en Estados Unidos como experto en tensión, se vale de la sabiduría china para explicar lo anterior. "En chino la palabra 'crisis' es *weiji*: dos caracteres que por separado significan 'peligro' y 'oportunidad'. Cada problema que encontramos en la vida puede contemplarse de esa manera: como una oportunidad para demostrar que podemos hacerle frente."

El mensaje que transmiten los dos médicos es que al cambiar la manera como se contemplan las cosas (considerar una tarea difícil en el trabajo como una oportunidad de mejorar sus habilidades, por ejemplo) puede transformar una vida de tensión e incomodidad en una vida de reto y emociones.

Piense en algo distinto. "Todo lo que lo ayude a cambiar instantáneamente su perspectiva es útil cuando usted está que hierve", aconseja el doctor Miller. "Deberá distraerse, romper cualquier cadena de pensamientos que esté produciendo la tensión. Y pensar en casi cualquier otra cosa logrará el objetivo."

Piense positivamente. "Pensar en un acontecimiento feliz o un logro del pasado es excelente cuando tiene inseguridades, antes de una presentación, por ejemplo, o de reunirse con su jefe", recomienda el doctor Miller. "Al instante recordará que ha tenido logros antes, y que no hay motivo por el cual no podría tenerlo en esta ocasión."

Tómese unas vacaciones mentales. "Tomarse unas minivacaciones mentales constituye una magnífica manera de aliviar o manejar la tensión", comenta el doctor Ronald Nathan, director de desarrollo educativo, coordinador de ciencias de la conducta y profesor en los Departamentos de Práctica Familiar y Psiquiatría en el Colegio de Medicina de Albany.

"Visualícese recostado en arena tibia en la playa de su puerto favorito mientras una brisa refrescante le llega desde el océano, y las suaves olas llegan tranquilamente a la playa. Es *sorprendente* lo que este proceso puede hacer para relajarlo."

Recite una letanía contra la tensión. La tensión puede atacar en cualquier momento, no nada más en el trabajo; por ejemplo, en el cuarto de baño antes de llegar al trabajo, en la cafetería a la hora de comer, en el coche camino a casa. Para ayudarse a relajarse cuando los pensamientos desagradables endurezcan los músculos de su cuello y se eleve la tensión, recite la siguiente letanía que sugiere el doctor Miller:

- "No hay ningún *sitio* al que tenga que ir en este preciso momento."
- "No hay *problema* que tenga que resolver en este preciso momento."
- "No hay nada que tenga que *hacer* en este preciso momento."
- "Lo más importante que puedo experimentar en este preciso momento es la *relajación.*"

Es necesario razonar conscientemente estos pensamientos, aconseja el doctor Miller, porque de esa manera automáticamente se cambia la estructura mental que está produciendo la tensión. Si recita la letanía, *no* estará pensando en lo que le está molestando.

ALERTA MÉDICA

Cuando la tensión amenaza

Demasiada tensión puede amenazar directamente su salud. El doctor Paul J. Rosch advierte que cualquiera de los siguientes síntomas relacionados con la tensión puede indicar que debe buscar ayuda médica cuanto antes.

- Accesos de desvanecimiento o desmayo.
- Sangrado rectal (que puede indicar una úlcera).
- Pulso acelerado que no se calme.
- Palmas sudorosas.
- Dolor crónico de espalda y cuello.
- Dolores de cabeza crónicos o intensos.
- Temblores.
- Urticaria.
- Ansiedad abrumadora.
- Insomnio.

"La regla básica es: debe consultar a su médico si los síntomas que está experimentando son nuevos y no tienen causa obvia, especialmente si interfieren con su calidad de vida", señala el doctor Rosch.

Ḥaga afirmaciones. "Debe tener a mano muchas afirmaciones que puede comenzar a repetirse cuando se sienta tenso", indica el doctor Miller. "No necesitan ser complicadas. El sólo canturrear 'Puedo manejar esto' o 'Sé más acerca de esto que cualquier otra persona cercana a mí', bastará para lograr su cometido. Lo alejará del reflejo animal (la respiración agitada, las manos frías) y lo acercará a la respuesta razonada, el intelecto, para sacar a flote la parte de usted que verdaderamente *puede* manejar la situación."

¿El resultado? Viene la calma.

Cuente hasta diez. El mero hecho de rehusarse a responder a la tensión puede ayudarlo inmediatamente a desarmarlo, declara el doctor Nathan. Y *habituarse* a hacer una pausa y relajarse, tan sólo por unos segundos, antes de responder a las interrupciones rutinarias del día puede constituir una clara diferencia en el sentido de la tensión que experimente. Por ejemplo, cuando suene el teléfono, inhale profundamente. Luego, mientras exhala, imagine que está tan relajado y quieto como una vieja muñeca de trapo.

"Una de las cosas que se logran con una pausa como esta es darle una sensación de control", señala el doctor Nathan. "Generalmente estar al mando de la situación causa menos tensión que no estarlo. Habitúese a aplicar el relajamiento rápido durante la pausa antes de contestar el teléfono. Hacer una pausa deliberada puede volverse un tranquilizador instantáneo."

¡Sorprendente! Contar hasta diez *funciona*.

Mire a otro lado. "Si mira por la ventana a una imagen distante durante un momento, lejos del problema que le está produciendo la tensión, los ojos se relajarán, y si éstos se relajan, usted tenderá a hacer lo mismo", predice el doctor Nathan. "Quite la olla de la estufa, y dejará de hervir."

Levántese y salga. "Alejarse del lugar puede producir el mismo efecto que mirar a la distancia", indica el doctor Nathan.

Tome varias respiraciones profundas. Respiración abdominal, como la conocen algunos. Se trata de un útil y antiguo truco para vencer a la ansiedad y al nerviosismo.

"La idea básica es que actúe calmado, que esté calmado", explica el doctor Bradley W. Frederick, quiropráctico y director del International Institute of Sports Medicine en Los Ángeles, California. "Cuando experimenta la tensión, su pulso se acelera y su respiración se agita. Si usted se obliga a respirar lentamente convencerá al cuerpo de que la tensión se ha ido, sea o no verdad."

¿Cuál es la manera correcta de respirar? Con el abdomen, sintiendo el estómago extenderse al inhalar y desinflarse al exhalar.

Llore o grite. No siempre es posible en la oficina típica, pero en algunas instancias (por ejemplo en una oficina privada o en su coche) una explosión puramente emocional es aceptable del todo. Gritar o llorar puede proporcionar un escape a las emociones que están generando la tensión que siente en el momento, refiere el doctor Miller.

Estírese. "En esencia, todo lo que sentimos tiene una manifestación física", hace notar el doctor Frederick. "Muchos de nosotros respondemos a la tensión con tensión muscular. Idealmente, preferiríamos eliminar la causa de la tensión, pero estirar los músculos al menos reduce la sensación de tensión: los músculos se relajan y nos sentimos menos tensos. Y dado que a menudo no podemos hacer nada acerca de la fuente de la tensión, eso es importante."

Y para muchos de nosotros, es todo lo que necesitamos.

Masajee los músculos apropiados. "Casi todos nosotros tenemos músculos que se endurecen bajo la tensión", anota el doctor Miller. "Es como un círculo vicioso. La tensión produce adrenalina, la cual produce tensión muscular, lo que a su vez produce más adrenalina, y así sucesivamente. Una buena manera de romper el círculo es determinar cuáles son los músculos que se tensan bajo la presión, por lo general en la nuca y parte alta de la espalda, y masajearlos durante un par de minutos siempre que sienta tensión."

Presione sus sienes. Esta aplicación de presopuntura (el sistema oriental que emplea puntos de presión para aliviar el dolor y tratar una diversidad de padecimientos) actúa indirectamente. Masajear los nervios en las sienes, explica el doctor Miller, relaja los músculos en otras partes, principalmente en su cuello y nuca.

Abra la boca y mueva la mandíbula de derecha e izquierda. "Cuando la gente está bajo presión tiende a hacer crujir los dientes", hace notar el doctor Miller. "Abrir la boca y mover la mandíbula ayuda a relajar esos músculos, y si los relaja, reduce la sensación de tensión."

Dilate su pecho para respirar mejor. La musculatura tensa de una persona sometida a tensión puede dificultarle la respiración, de acuerdo con el doctor Frederick, y la respiración obstaculizada puede agravar la ansiedad que ya

El otro camino

El camino a la paz interior

La meditación trascendental (MT), Yoga, Zen... *todos* actúan produciendo algo que se conoce como respuesta a la relajación, estado corporal primeramente descrito e identificado por el doctor Herbert Benson, profesor en la clínica internacionalmente aclamada Mente y Cuerpo de la Escuela de Medicina de Harvard.

"Este fenómeno excluye los aspectos distractores, tensos, productores de ansiedad de lo que comúnmente se conoce como respuesta de luchar o huir", escribe el doctor Benson en su libro *Your Maximun Mind*.

"En las situaciones primitivas, donde los peligros provenientes de animales salvajes podrían haber estado a la orden del día, este tipo de respuesta (luchar o huir) era bastante útil. Sin embargo, en nuestra época la respuesta de luchar o emprender la huida tiende a hacernos más nerviosos, incómodos, e incluso a enfermarnos."

Una persona que experimenta la respuesta de relajación se "desconecta" de todas las hormonas y conductas que están poniéndolo nervioso. Básicamente, cualquier tipo de meditación la producirá, aunque la MT, yoga y Zen requieren de instrucción formal y una buena proporción de autodisciplina.

El doctor Benson sugiere el siguiente programa básico para producir la respuesta.

Uno: tome una palabra o concéntrese en una frase (por ejemplo, "paz"), que esté firmemente arraigada en su sistema de creencias personales. Dos: siéntese tranquilo, cierre los ojos y relájese. Y tres: comience a repetir su palabra o frase sincronizándola con su respiración, cada vez que exhale. Hágalo durante 10 a 20 minutos.

Sugerencias: practique al menos dos veces diarias, y no se preocupe de cómo lo está haciendo. Si se percata de que sus pensamientos lo distraen, sencillamente vuelva otra vez su atención a su palabra o frase focal y prosiga la meditación.

se siente. Para relajar la respiración, mueva en círculos sus hombros hacia arriba y atrás, y luego relájese. La primera vez inhale profundamente mientras mueve los hombros hacia atrás; exhale al relajarlos. Repita cuatro o más veces, luego inhale otra vez profundamente. Repita toda la secuencia cuatro veces.

Relájese por completo. ¿Es más fácil decirlo que hacerlo? No, si sabe cómo. Una técnica sencilla llamada relajación progresiva puede producir reducciones inmediatas y notables en su sentido de la tensión al bajar la tensión física.

Comenzando arriba o abajo, tense un conjunto de músculos en el cuerpo a la vez, retenga la tensión durante unos segundos, y luego déjelos relajarse. Desarrolle este proceso pasando por todas las partes importantes de su cuerpo: pies, piernas, tronco y brazos, cabeza y cuello, y luego disfrute de la sensación de expansión que proporciona.

Tome un baño caliente. El agua caliente actúa desactivando la respuesta a la tensión, explica el doctor Frederick. Cuando estamos tensos y ansiosos, se reduce el flujo sanguíneo a nuestras extremidades. El agua caliente restablece la circulación, convenciendo al cuerpo de que está seguro y de que puede relajarse. El agua fría queda totalmente contraindicada por la razón opuesta: *imita* la respuesta a la tensión y aleja la sangre de las extremidades. Resultado: aumenta la tensión.

Una posibilidad para la oficina podría ser poner sus manos bajo el chorro del agua caliente hasta que sienta que la tensión comienza a alejarse.*

Muévase. Desde luego, el ejercicio regular acumula vigor que puede ayudar a cualquiera a combatir la tensión; pero incluso algo tan informal como una caminata alrededor de la cuadra puede ayudarle a deshacerse de algo de la tensión derivada de una áspera reunión profesional o una agria disputa familiar.

"Su cuerpo instintivamente quiere hacer ejercicio cuando se encuentra bajo tensión. Corra o luche", aconseja el doctor Miller. "Y funciona. Por un lado quema parte de las sustancias químicas derivadas de la tensión. Por la otra, un músculo cansado es un músculo relajado."

Escuche una cinta magnetofónica de relajación. La relajación, señala el doctor Miller, es lo opuesto a la tensión: el antídoto para esta última. Y las cintas magnetofónicas para el relajamiento producidas por él y otros (las del doctor Miller se han usado en organizaciones tan variadas como Atari, Lockheed Corporation y Levi-Strauss & Company) rinden buenos resultados.

"Las buenas cintas para la relajación son muy valiosas", afirma el doctor Nathan. "Facilitan la respuesta de la relajación. Y son económicas."

Hay cintas que ofrecen solamente voz, voz con música, o únicamente sonidos naturales: el viento en los árboles, oleaje sobre la arena. Sólo necesita una grabadora de cinta magnética y audífonos para evitar las distracciones y no dar molestias a otros.

---

* El lector preocupado por el suministro de agua y el consumo de combustible que entraña esta sugerencia puede poner sus manos en el lavamanos e *imaginar* que el agua fluye de la llave y que al caer se lleva la tensión lejos de sus cuerpo. (N. del T.)

Sintonice la música. Si bien los *cassettes* para la relajación son eficaces, no son su única opción. La música calma tal vez como nada más lo hace.

"La música es un recurso enormemente poderoso para combatir la tensión", agrega el doctor Miller. "Puede usarla de dos maneras básicas: para relajarse o para inspirarse. La música *New-Age* (Nueva Era) relaja mucho."

COMITÉ DE ASESORES

El doctor **Herbert Benson** es profesor en la Escuela de Medicina de Harvard en Cambridge, Massachusetts, y jefe de la Sección de Medicina de la conducta del Hospital New England Deaconess de esa localidad.

El doctor **Bradley W. Frederick** es quiropráctico y director del International Institute of Sport Medicine en Los Ángeles, California.

El doctor **Emmet Miller** es director médico del Centro Educativo y de Apoyo contra el Cáncer y presidente de Source Cassette Learning System en Menlo Park, California. Es reconocido en Estados Unidos como experto en tensión.

El doctor **Ronald Nathan** es director de desarrollo educativo, coordinador de ciencia de la conducta, y profesor en los Departamentos de Práctica Familiar y Psiquiatría en el Colegio de Medicina de Albany en Nueva York.

El doctor **Paul J. Rosch** es presidente del American Institute of Stress y profesor clínico de medicina y psiquiatría en el Colegio de Medicina de Nueva York en Valhalla. También es profesor clínico de medicina en psiquiatría en la Escuela de Medicina de la Universidad dé Maryland en Baltimore.

Triglicéridos

9 maneras de disminuir las grasas en la sangre

Junto con el colesterol, los triglicéridos son fuentes importantes de la grasa que circula en su sangre. Ambos son necesarios: el colesterol para formar células fuertes, los triglicéridos para la energía, pero cuando cualquiera de éstos se mantiene a altos niveles durante largos periodos, se traduce en problemas.

En el caso del colesterol, esos problemas son las arterias obstruidas; pero en el caso de los triglicéridos, el problema no está tan bien definido. "Si nos volvemos muy técnicos, tal vez se pueda decir que los triglicéridos no tienen una importancia independiente en las enfermedades del corazón", explica el doctor John LaRosa, director de la Clínica de Investigación sobre Lípidos en la Escuela de Medicina de la Universidad George Washington y presidente del Comité de Nutrición de la American Heart Association.

"No obstante, en términos prácticos", prosigue, "los altos niveles de triglicéridos a menudo están relacionados con bajos niveles del colesterol HDL (de alta densidad, el bueno) e indica un problema que está haciendo que el paciente lleve partículas de grasa en la sangre que sí causan enfermedad vascular. Así que deben considerarse como una señal de peligro".

Los niveles normales de triglicéridos pueden variar desde 40 hasta 250 miligramos por decilitro, rango relativamente amplio. Por lo general se considera que los niveles de 250 mg/dl a 500 mg/dl son "elevados", en tanto que los niveles superiores a 500 mg/dl se consideran "muy elevados". Lo mejor es mantener los niveles de triglicéridos por debajo de 150.

Recuerde que los triglicéridos pueden controlarse en muchas de las mismas maneras aplicadas al colesterol. Si se mejora uno se mejora el otro. Si su médico le ha advertido que debe reducir sus niveles de triglicéridos, magnífico. Las siguientes sugerencias le servirán. Por el contrario, si le ha indicado que debe disminuir su nivel de colesterol LDL (el de baja densidad, el malo), entonces magnífico también; los siguientes consejos no lo perjudicarán. Se trata de una de esas raras situaciones en que ni una ni otra circunstancia pueden dañarlo, mientras siga las instrucciones que proponemos.

Reduzca la grasa. "La dieta es la mejor manera de reducir los triglicéridos", señala el doctor Robert DiBianco, profesor clínico de medicina en la Universidad Georgetown y director de investigación cardiológica en el Hospital Adventista Washington en Takoma Park, Maryland.

Para reducir los niveles de triglicéridos el doctor DiBianco recomienda bajar la grasa en la dieta. "Cuanta menos tenga, mejor", comenta. Reducir el consumo de grasas a menos del 30% de calorías diarias es un buen inicio, aunque "aspirar al 20% sería lo ideal", agrega. "Y limite sus grasas saturadas a menos del 10%."

Proceda en etapas. Una manera de reducir las grasas al bajo nivel de ese 20% es proceder en etapas. Por ejemplo, reduzca su consumo de grasas a 30% de calorías durante un mes (los niveles actuales en muchas dietas de Estados Unidos son de cerca del 40%). Luego consulte otra vez a su médico para determinar si ha mejorado su nivel de triglicéridos. En caso afirmativo, probablemente lo felicite y le pida que continúe con esa dieta. En caso contrario, reduzca su consumo de grasas a 25% durante un mes y vea qué sucede.

Si no mejora en ese nivel, disminuya su consumo de grasas a 20% durante dos meses. Este nivel de grasas virtualmente asegura que usted obtendrá buena parte de sus calorías a partir de carbohidratos complejos, y eso debe traducirse en una reducción.

Cocine carbohidratos complejos. Las poblaciones que tienen dietas altas en carbohidratos complejos sencillamente no tienen problemas con los

---

El otro camino

Cuando sólo el arroz es bueno

Aunque su descubridor la llamó "medicina desagradable", refiere el doctor Walter Kempner, de hecho sólo hay una excusa para no usarla; "pero es eficaz".

El año era 1944, y la "medicina desagradable" a la que se refería el doctor Kempner era la dieta de arroz que acababa de descubrir. Algunos de sus pacientes más graves parecían haberse curado comiendo casi exclusivamente arroz y fruta.

En la actualidad todavía se usan variantes de esa dieta, al punto que algunos la llaman la precursora de la reconocida Dieta Pritikin, idónea para el corazón, entre otras. En algunos lugares todavía se recomienda la dieta de arroz y frutas por su efectividad para reducir las grasas de la sangre y disminuir el peso corporal.

"Recomendamos la dieta de arroz y frutas a la gente que tiene niveles de triglicéridos realmente altos para que los bajen", declara la maestra en ciencias y doctora en investigación, Sonja Connor. "También les ayuda a perder peso, porque prácticamente no tiene grasas."

"La gente no tiene mucha tolerancia a esta dieta", agrega ella.

No obstante, al parecer algunas personas pueden tolerar una dieta sostenida de arroz y frutas por el tiempo suficiente para lograr un resultado. "Hace poco tuvimos una paciente que pasó de niveles de triglicéridos en sangre de 1 000 mg/dl a apenas 117 mg/dl en un par de meses", relata Connor. "Y lo logró por su propia cuenta usando esa dieta; ni siquiera tuvimos que supervisarla". Aunque Connor hace notar que "no era una paciente típica".

Sin embargo, nunca debe intentarse una dieta tan extrema como ésta sin la aprobación de su médico. Y a la mayoría de ellos no les entusiasma mucho la idea de recomendarla.

¿Cuánto tiempo debe subsistirse a base de arroz y fruta para ver resultados? "No mucho, realmente", responde Connor. "Se comienza a ver resultados con esta dieta casi de inmediato: en dos a tres días. Si podemos motivar a la gente para librarse de todas las grasas de sus dietas en un plazo corto", explica, "podemos ayudarles a erradicar el problema y pueden comenzar a reincorporar algo de grasas".

triglicéridos. "Siempre que pueda prefiera carbohidratos complejos en vez de grasas", aconseja la maestra en ciencias y doctora en investigación, Sonja Connor, profesora e investigadora de nutrición clínica en la Universidad de Ciencias de la Salud en Oregon; pero tenga cuidado de no agregar grasa de nuevo al volver a los hábitos tradicionales de cocina. "Las recetas de la mayoría de la gente para los carbohidratos complejos como son pastas, arroz, habichuelas o frijoles, y otros cereales la obligan a cocinarlos en compañía de grandes cantidades de grasas."

Lo que necesita hacer, aconseja Connor, es encontrar nuevas recetas para ensaladas de lasaña y pastas, papas en escalopas y otros alimentos altos en carbohidratos que también sean bajos en grasas. "Es lo más difícil de hacer", comenta Connor. "Hay relativamente pocas recetas para platillos altos en carbohidratos y bajos en grasa que no lo hagan terminar comiendo algo más que tallarines simples sin ninguna salsa." ¿Vale la pena el esfuerzo de encontrar y preparar semejantes platillos? "Claro que sí", afirma.

Suspenda los azúcares. "Los carbohidratos simples (azúcar, dulces y otras golosinas) son importantes contribuyentes de los niveles altos de triglicéridos", explica el doctor DiBianco. Él recomienda que se olvide de los dulces.

Y el doctor LaRosa conviene en ello. "Los carbohidratos simples, bajos en fibras, tal vez sean los más dañinos", agrega. "No cabe duda de que los carbohidratos simples constituyen un problema."

Cuide su figura. "Perder peso es muy importante", declara el doctor DiBianco. "La cantidad que debe perderse depende del peso corporal ideal, pero no se necesita perder todo el sobrepeso para apreciar un cambio en los triglicéridos."

Apenas 5 kilos pueden producir una reducción en quienes tienen de 20 al 30% de sobrepeso. Aunque no necesita alcanzar el peso perfecto para reducir sus triglicéridos, "debe tratar de mantener un peso que no exceda en 5 a 10% del ideal", aconseja el doctor DiBianco.

Quémelo. "El ejercicio disminuye los niveles de triglicéridos", apunta el doctor LaRosa; "pero es difícil saber si esto se debe a la pérdida de peso o al mejor metabolismo, o tal vez a la combinación".

La razón de semejante incertidumbre acerca de cómo el ejercicio ayuda a reducir los niveles de triglicéridos se deriva de estudios que demuestran que una hora de ejercicio vigoroso tres veces a la semana puede disminuir los niveles de triglicéridos incluso aunque el peso no cambie.

No obstante, sin importar cómo se produzcan los resultados, el ejercicio sí es eficaz para reducir los triglicéridos y todos nuestros expertos lo recomiendan. Sin embargo, debe consultar con su médico antes de comenzar cualquier programa de ejercicios.

Evite el alcohol. "Creo que el consumo de alcohol es lo que más afecta negativamente los niveles elevados de triglicéridos", advierte el doctor DiBianco. "Es importante evitar incluso las dosis pequeñas de alcohol."

Arréglelo con pescado. "Se ha documentado bastante bien que el aceite de pescado tiene el efecto más marcado en los triglicéridos", informa el doctor Carl Hock, profesor de la Universidad de Medicina y Odontología de Nueva Jersey, en la Escuela de Medicina Osteopática de Nueva Jersey.

Varios estudios han demostrado la efectividad de los aceites grasos omega-3, el tipo que se encuentra en el aceite de pescado, para reducir los triglicéridos. Aunque para asegurar la exactitud casi todos los estudios usan cápsulas de aceite de pescado, se puede obtener una cantidad equivalente ingiriendo pescado con regularidad, o combinando una dieta alta en pescado y cápsulas de cuando en cuando.

Casi todos los estudios han usado unos 15 gramos de aceite de pescado al día, lo que equivale a una porción de un cuarto de kilo de salmón, macarela o arenque. Sin embargo, estudios más recientes produjeron los mismos resultados con 10 gramos al día.

"Se puede incluir una cantidad suficiente de pescado en la dieta para hacer que se reduzcan los triglicéridos", comenta el doctor DiBianco. "De hecho, los aceites de pescado parecen ser más benéficos en los pacientes que no los tienen en sus dietas porque no comen pescado regularmente. Si alguien come pescado como parte de su dieta regular, no debiera tener problemas."

COMITÉ DE ASESORES

La maestra en ciencias y doctora en investigación, **Sonja Connor**, es profesora e investigadora de nutrición clínica en la Escuela de Medicina de la Universidad de Ciencias de la Salud de Oregon en Portland y coautora de The *New American Diet*.

El doctor **Robert DiBianco** es profesor clínico de medicina en la Universidad de Georgetown en Washington, D. C., y director del programa de reducción del factor de riesgo cardiaco e investigación de cardiología en el Hospital Adventista Washington en Takoma Park, Maryland.

El doctor **Carl Hock** es profesor de medicina en la Universidad de Medicina y Odontología de Nueva Jersey, en la Escuela de Medicina Osteopática de Nueva Jersey en Camden.

El doctor **John LaRosa** es director del Centro de Investigación sobre Lípidos en la Escuela de Medicina de la Universidad George Washington en Washington, D. C., y presidente del Comité de Nutrición de la American Heart Association.

Úlceras

15 tratamientos que dan alivio

Hace apenas unos años, los médicos bien podrían haber dicho a sus pacientes de úlcera que renunciaran a sus papilas gustativas pues se les pedía que abandonaran por completo casi todos los platillos que podían probar.

El chile y platillos preparados con él, las pizzas y los alimentos con muchas frituras se descartaban. En cambio, eran obligados el pan tostado, galletas saladas y el resto de los alimentos insípidos. Todo eran dificultades para quienes trataban de vivir con infiernos feroces y recurrentes en las profundidades de sus estómagos.

Ahora las dietas específicas contra las úlceras, entre ellas los regímenes de alimentos blandos ampliamente prescritos, pertenecen al pasado, afirma el doctor

---

ALERTA MÉDICA

Síntomas peligrosos

La mayor parte de las veces la úlcera no es más que un dolor literal en las entrañas; pero una úlcera *sangrante* puede volverse algo grave, incluso al punto de amenazar la vida.

Una úlcera sangrante puede hacerle perder suficiente sangre como para reducir drásticamente la presión sanguínea y hacer que órganos vitales dejen de funcionar, advierte el doctor Steve Goldschmid.

"Si tiene úlcera, siente fuertes náuseas y repentinamente vomita sangre o lo que parece ser café molido, consulte a su médico de inmediato", aconseja. Otros síntomas de problemas graves incluyen evacuar excrementos negros o que contengan sangre roja brillante. Una persona con úlcera sangrante puede también marearse y desvanecerse.

Steve Goldschmid, profesor de medicina en la División de Enfermedades Digestivas en el Hospital de la Universidad de Emory en Atlanta, Georgia. "No se ha demostrado que se produzca ningún beneficio terapéutico por alterar la dieta", señala.

Lo que actualmente recomiendan los médicos evoca aquella conversación entre médico y paciente que, hoy día, sería más o menos como sigue: "Oiga, doctor, siempre que como helado muy cremoso y grasoso, cubierto con salsa de frutas exóticas siento como si tuviera un soplete en el estómago".

"Bueno", contesta el médico, "no coma helado muy cremoso y grasoso cubierto con salsa de frutas exóticas".

En otras palabras, escuche a su úlcera y use el sentido común, ya tenga úlcera gástrica (en el recubrimiento de su estómago), o úlcera duodenal (en el duodeno,

---

El otro camino

Pepto-Bismol al rescate

La segunda mejor cura para las úlceras tal vez ya se encuentre en su gabinete médico: el Pepto-Bismol.

Así lo afirma el investigador australiano Barry Marshall, quien estudió a cientos de pacientes con úlcera duodenal y encontró que tenían algo en común; presentaban el mismo tipo de bacterias. Concluyó que las bacterias, no el jugo gástrico, pueden causar úlcera.

Cuando el doctor Marshall trató a sus pacientes con bismuto (un ingrediente en el Pepto-Bismol que mata las bacterias invasoras en el estómago), las bacterias tendieron a desaparecer, al igual que las úlceras.

Sin embargo, nadie llega al extremo de afirmar que el Pepto-Bismol sea una cura para la úlcera. Y algunos, como el doctor Michael Kimmey, incluso se muestran escépticos acerca de la teoría bacteriana. "La investigación acerca de las bacterias es interesante", declara el doctor Kimmey, "pero no se ha demostrado que sean ellas las causantes de la úlcera".

No obstante, sería conveniente probar el Pepto-Bismol, comenta el doctor David Earnest. "Podría ser útil", agrega, "en determinados casos en que una persona sigue recayendo y se descubre que presenta bacterias"; pero consulte a su médico acerca de los efectos secundarios de tomar grandes dosis de Pepto-Bismol durante un plazo largo. Este medicamento no ha sido aprobado por el Departamento de Alimentos y Medicinas (FDA) de Estados Unidos como fármaco contra la úlcera.

La úlcera y la tensión

¿Puede la tensión causar úlcera?

Muchos médicos creen que no. "Casi todos consideramos que hace falta más evidencia confiable para demostrar que la tensión ocasiona la úlcera", señala el doctor John Kurata; "pero si usted ya la padece, la tensión puede empeorársela".

Sin embargo, considere lo siguiente: la incidencia de úlcera duodenal en la ciudad de Nueva York es proporcionalmente mayor que en las zonas circunvecinas, de acuerdo con el doctor Steve Goldschmid. ¿Y alguien puede dudar que la ciudad de Nueva York es más tensa que las pacíficas zonas vecinas?

También cabe considerar el caso de Richard Maschal, crítico de arte y arquitectura para el *Charlotte Observer*. Durante un periodo de "extremada tensión en el trabajo" descubrió que tenía úlcera gástrica, relata. "Ni siquiera miraba a la persona que supervisaba mi área"; de hecho la detestaba y esto le hizo la vida imposible. ¡Le aplicó mucha tensión!

No es tanto el acontecimiento tenso que nos ocurre, sino cómo lo interpretamos y cómo reaccionamos o reaccionamos exageradamente a él, explica Georgianna S. Hoffmann, coordinadora de la Clínica para la Tensión Familiar en el Departamento de Práctica Familiar del Colegio de Medicina de la Universidad de Iowa.

Con lo anterior en mente, he aquí algunas sugerencias para manejar la tensión — y la úlcera que puede estar agravando.

Tenga pensamientos agradables y háblese a sí mismo. Maschal tiene un nuevo jefe, lo cual le ha ayudado mucho, aparte de que está medicándose con los fármacos que le recetó su médico; pero también todavía se percata cuando ha caído presa de la tensión. Y sólo él puede detenerla. "Ahora", comenta, "me tomo mi tiempo para hablarme y calmarme a mí mismo".

Respire lenta y profundamente. Tres a cuatro respiraciones profundas proporcionan la sensación más inmediata de calma posible, en cualquier momento.

Haga ejercicio. "El ejercicio físico moderado es una magnífica fórmula contra la tensión", agrega Hoffmann.

Practique técnicas de relajación. "Cuando relaja el cuerpo, relaja la mente", observa Hoffmann, "y cuando relaja la mente, relaja el cuerpo". Practicar regularmente meditación, yoga, imaginería o escuchar cintas magnetofónicas de relajación son algu-nas técnicas de relajación que tal vez necesite explotar.

la parte del intestino delgado más próxima al estómago).

Los científicos todavía no saben qué, específicamente, causa las úlceras; pero el jugo gástrico ácido es el principal sospechoso, y determinadas bacterias y la tensión se consideran cómplices.

Ciertamente, la úlcera no es un padecimiento poco frecuente si se considera que unos 5 millones de estadounidenses la padecen, de acuerdo con el doctor John Kurata, epidemiólogo y profesor de la Universidad de California en Los Ángeles, y director de investigación del Centro Médico del Condado de San Bernardino en California.

Por desgracia la úlcera también es terca. "De hecho este padecimiento es crónico", explica el doctor Goldschmid. "La úlcera va y viene". Así que ahora le damos algunas sugerencias para vivir con ella y que pueden hacer que se retire más pronto.

Evite los incendiarios. Trátese de un helado grasoso o de una pizza de carnes frías condimentadas, si inicia un incendio en *su* estómago, no lo coma. "Los alimentos que molestan a la gente parecen variar según el individuo", hace notar el doctor David Earnest, profesor del Centro de Ciencias de la Salud del Colegio de Medicina de la Universidad de Arizona y presidente del Comité para el Cuidado a los pacientes de la American Gastrointestinal Association; "pero obviamente los alimentos condimentados pueden causar molestias a algunas personas".

No tome leche. Considerada durante mucho tiempo como un calmante para una úlcera quemante, ahora se ha establecido a ciencia cierta su efecto contraproducente. "Aunque amortigua el ácido durante cierto tiempo (y por tanto proporciona alivio temporal)", explica el doctor Goldschmid, "en realidad estimula mayor secreción ácida estomacal" y después causa más dolor.

Use antiácidos que no requieren receta médica. Estos productos tal vez no curen una úlcera, "pero son un buen tratamiento para los síntomas", interviene el doctor Earnest.

No tome demasiados analgésicos. La aspirina tenía mala reputación, pero los fármacos antiinflamatorios no esteroidales, que se han vuelto muy populares, son al menos tan agresivos contra el recubrimiento estomacal como la aspirina, indica el doctor Thomas Brasitus, profesor y director de Gastroenterología en la Escuela de Medicina Pritzker de la Universidad de Chicago.

No encienda. En efecto, el tabaquismo ha sido acusado de contribuir a la úlcera. Aunque no hay evidencia de que el fumar cause úlcera, tiene menos posibilidad de cicatrizar en los fumadores que en los no fumadores, apunta el doctor Brasitus.

Sea expresivo. "Cierta evidencia indica que la gente frustrada y que no expresa muy bien sus sentimientos tiene más posibilidades de tener úlcera", advierte el doctor Michael Kimmey, profesor de la Escuela de Medicina en la Universidad de Washington.

Duplique sus comidas. Aunque muchos médicos recomiendan comer bien tres veces al día, algunas personas pueden tener menos molestias de úlcera si comen seis comidas menos abundantes, declara el doctor Brasitus. La comida neutraliza el ácido gástrico.

Evite el hierro. "El hierro es un irritante gástrico", advierte el doctor Gold-schmid. "La gente que toma suplementos de hierro podría tener muchas alteraciones si padece de úlcera gástrica."

Siga el lema de la moderación. Demasiado de un solo alimento o bebida podría alterar una úlcera. A propósito, el alcohol no resulta necesariamente irritante. "Tal vez el alcoholismo moderado no aumenta el riesgo de producir nuevas úlceras", señala el doctor Kurata.

Dele tiempo. A veces es todo lo que puede hacer. "La úlcera tiene ciclos", comenta el doctor Brasitus. "Muchas llegan a desaparecer solas, al cabo de algunos años."

COMITÉ DE ASESORES

El doctor **Thomas Brasitus** es profesor y director de Gastroenterología en la Escuela de Medicina Pritzker de la Universidad de Chicago en Illinois.

El doctor **David Earnest** es profesor de medicina en el Centro de Ciencias de la Salud del Colegio de Medicina de la Universidad de Arizona en Tucson. También es presidente del Comité para el Cuidado a los Pacientes de la American Gastroenterological Association.

El doctor **Steve Goldschmid** es profesor de medicina en la División de Enfermedades Digestivas en el Hospital de la Universidad de Emory en Atlanta, Georgia.

Georgianna S. Hoffmann es coordinadora de la Clínica para la Tensión Familiar en el Departamento de Práctica Familiar en el Colegio de Medicina de la Universidad de Iowa en la ciudad de Iowa.

El doctor **Michael Kimmey** es profesor de medicina en la Escuela de Medicina de la Universidad de Washington en Seattle.

El doctor **John Kurata** es epidemiólogo y profesor en la Universidad de California en Los Ángeles. También es director de investigación en el Centro Médico del Condado de San Bernardino en California.

Ulceraciones dolorosas en labios y boca

13 curas para un fastidioso problema

La boca de Simón Comelón es un desastre. Come tan caliente su pizza que el queso funde su paladar suave. Adora las pastillas agridulces que por su acidez irritan la mucosa de sus carrillos. Cuando tiene que pensar en serio (lo cual ocurre a menudo, porque Simón Comelón cree que cada día hay que comenzarlo como si fuera el último de su vida), mastica el interior de su labio como si fuera un buen filete. Todos estos hábitos hacen padecer a Simón Comelón ulceraciones delicadas como aquella vez en que se preparó un cocido de puerco espín pero olvidó quitarle las púas. Cuando Simón Comelón tiene ulceraciones en los labios se vuelve irritable, hambriento, somnoliento y, como dice su novia Clarita Bonita, decididamente tan dispuesto para el amor como un espárrago hervido.

En efecto, esta pequeña úlcera bucal puede impedirle realizar muchas cosas que hacen que la vida valga la pena vivirla. Esta ulcerita también encierra un gran misterio. Nadie sabe por qué algunas personas las padecen y otras no. Una quemadura por una pizza caliente que se cura en dos a tres días con poco dolor en casi toda la gente, según el dentista Harold R. Stanley, y profesor emérito en el Colegio de Odontología de la Universidad de Florida, puede desencadenar en otros "una secuencia de acontecimientos que lleva a una lesión que no se cura en 10 a 15 días". Además de los malos hábitos, la herencia, los alimentos, el cepillado dental exagerado y la tensión emocional también están muy relacionados con las ulceraciones. Para hallar la causa debe usted ser detective.

Sin importar cuál sea su causa, tratar de dar medicamentos para una ulceración es algo complicado, afirma el doctor Robert Goepp, profesor del Centro Médico

ALERTA MÉDICA

Las ulceraciones tercas
deben vigilarse

Una debe curarse en el plazo de dos semanas. "Si las ulceraciones duran mucho, o si usted no puede comer, hablar o dormir apropiadamente, debe ver a un médico o un dentista", aconseja el doctor Robert Goepp. Todo esto puede afectar gravemente su salud y su vida cotidiana.

Tal vez le receten esteroides tópicos que se venden con receta médica o antibióticos orales para tratar la enfermedad misma, no sólo la infección.

y Hospital de la Universidad de Chicago. Nada se fija tan bien a la mucosa de su boca, y es el sitio más cargado de bacterias de todo el cuerpo. Los remedios tienen dos propósitos: matar los organismos que infectan la úlcera (lo cual produce casi todo el dolor y la inflamación roja que rodea el núcleo amarillento) y proteger la úlcera.

Al menos hay un beneficio que da la edad avanzada además de la pensión de vejez y descuentos para la tercera edad; a mayor edad, menos ulceraciones en labios y boca. Pero mientras tanto, un acceso de ulceraciones puede hacerle la vida imposible a su boca. Así que en seguida ofrecemos algunas vías de escape. Experimente hasta encontrar la que le sirva.

Cometa un ulcericidio con peróxido de carbamida. El peróxido de carbamida es la forma genérica para un fármaco que se vende sin necesidad de receta médica y que combina la glicerina y el peróxido. "El peróxido libera oxígeno y elimina las bacterias", afirma el doctor Goepp. "Las burbujas se meten en los sitios más pequeños. La glicerina recubre y ayuda a proteger la úlcera." Algunas marcas comerciales incluyen Gly-oxide, Amosán y Cankaid.

Castíguelas con clorato de potasio. El doctor Varro E. Tyler, profesor de farmacognosia en la Universidad de Purdue, aconseja poner una cucharadita de clorato de potasio en agua y enjuagar con ella la boca varias veces al día. No lo trague. "Es un viejo remedio popular", comenta, "y un poco antiséptico".

Saque la artillería. Busque productos médicos para ulceraciones que se venden sin necesidad de prescripción médica y contienen benzocaína, mentol, alcanfor, eucaliptol o alcohol en un líquido o gel. A menudo arden al principio, y casi todos necesitan aplicaciones repetidas porque no duran mucho en la boca.

Ponga pasta en las encías. También hay pastas que forman una capa protectora sobre la ulceración como Orabase. Antes de aplicarla, seque la úlcera con el extremo de un hisopo de algodón y aplíquela inmediatamente con el otro extremo; pero tenga presente que esta medida sólo es útil en las úlceras incipientes.

Engáñelas con una bolsa de té usada. Varios expertos, entre ellos Jerome Z. Litt, dermatólogo de Ohio, recomiendan aplicar a la úlcera una bolsa de té negro mojada. El té negro contiene tanino, astringente que "puede sorprenderle agradablemente" por su capacidad para aliviar el dolor, afirma. Un medicamento que se vende sin necesidad de receta médica y que contiene tanino es el Tanac.

Lave su boca. Diluya una cucharada de peróxido de Hidrógeno en un vaso con agua y haga buches con esta solución para desinfectar la úlcera y acelerar la curación, recomienda el doctor Goepp. Beverly D'Asaro, dietista titulada en Nueva Jersey, ha descubierto que sus clientes con cáncer y que presentan ulceraciones se alivian con el enjuague bucal Folamint, que no contiene alcohol irritante, pero sí áloe vera, cinc y vitamina C curativos.

Ataque con alumbre. El alumbre es el ingrediente activo en los lápices estípticos que se empleaban en barberías para detener el sangrado en pequeñas cortaduras y que también se llegaron a emplear para detener el proceso de úlceras incipientes. El alumbre es un antiséptico y analgésico que puede impedir el empeoramiento de la infección, afirman los médicos, pero no como para poner fin a una ulceración.

Vuélvase creativo con Mylanta. No se trague su Mylanta o leche de magnesia; haga buches con ella y permita que cubra protectoramente la úlcera. También puede tener cierto efecto antibacteriano, comenta el doctor Goepp.

Vuelva a las hierbas con la ranúncula americana. Haga un té fuerte de raíz de ranúncula (disponible en las tiendas de alimentos naturistas) y empléelo como enjuague bucal. Puede hacer con ella una pasta y aplicar directamente. "Es antiséptica y astringente y al parecer más o menos efectiva", comenta el doctor Tyler.

Evite la irritación. El café, especias, frutas cítricas, semillas con alto contenido de aminoácido arginino (especialmente la nuez del nogal), chocolate y fresas irritan las ulceraciones y las producen en algunas personas. "Si a usted le salen ulceraciones, tal vez sepa muy bien qué debe evitar", agrega el doctor Goepp. Quizá también sepa ya cómo cepillar sus dientes con cuidado.

Tome yogur diariamente. El doctor Litt afirma que comer 4 cucharadas de yogur natural al día puede evitar las ulceraciones pues aportan bacterias útiles que pueden combatir las que afean la boca. Busque un yogur que contenga cultivos activos de Lactobacilo acidófilo.

Sea "todo oídos". "Le parecerá chiste si le digo cuál es el remedio casero entre los naturales de Indiana", comenta el doctor Tyler. "Basta con que saque un poquito de cerilla de su oreja y la aplique a la ulceración. Se dice que la cura. Tal vez tenga cierto valor antiséptico, y puede proteger la úlcera."

Venza con vitaminas. Craig Zunka, cirujano dental de Virginia, presidente de la Holistic Dental Association, le recomienda exprimir en su ulceración aceite de vitamina E de una cápsula. Repita el procedimiento varias veces al día para mantener bien aceitado el tejido. "Y al primer escozor", aconseja, tome 500 miligramos de vitamina C con bioflavonoides tres veces diarias durante los tres días siguientes.

COMITÉ DE ASESORES

La dietista **Beverly D'Asaro** es profesional registrada privada en Madison, Nueva Jersey.

El cirujano dentista y doctor en odontología **Robert Goepp** es profesor de patología bucal en el Centro Médico y Hospital de la Universidad de Chicago en Illinois.

El doctor **Jerome Z. Litt** es dermatólogo privado en Beachwood, Ohio, y autor de *Your Skin: From Acne to Zits.*

El doctor **Harold R. Stanley** es profesor emérito del Colegio de Odontología de la Universidad de Florida en Gainesville.

El doctor **Varro E. Tyler** es profesor de farmacognosia en la Universidad de Purdue en West Lafayette, Indiana, y autor de *The Honest Herbal.* También es asesor de la revista *Prevention.*

El doctor **Craig Zunka** tiene su consulta privada en Front Royal, Virginia, y es presidente de la Holistic Dental Association.

Uñas enterradas

7 métodos de tratamiento

Si tiene una uña enterrada, entonces *sabe* lo que se siente: como si un elefante hubiera pisoteado su dedo y luego lo prensara una langosta . . . para siempre. El problema ocurre cuando una uña, usualmente del dedo gordo, crece o es empujada hacia el tejido suave que está junto a ella. La gente cuyas uñas son un tanto convexas tienen más posibilidades de padecerlas, pero casi cualquiera puede ser víctima de este padecimiento.

Y para este momento a usted no le importaría para nada saber cómo se desarrolló esto: lo único que querrá es averiguar cómo salir de él. Aunque su meta a largo plazo es impedir la reincidencia, su objetivo inmediato es aliviar el dolor. Aquí le decimos cómo lograr ambos objetivos.

Pruebe un remedio que no requiere receta médica. Hay muchos de estos productos que pueden suavizar la uña y la piel que la rodea, aliviando así el

---

¡Cuídese de lo que hace!

Si bien las uñas enterradas se deben en su mayor parte a cortes incorrectos, explica el doctor Frederick Hass, también pueden ser resultado de muchos otros accidentes. Por eso, golpearse el dedo del pie en casa o caerle un objeto pesado sobre el pie en el trabajo, pueden causarle este problema.

"Yo recomendaría zapatos fuertes y cómodos para el trabajo en casa. Si constantemente maneja objetos pesados, como máquinas y cajas en el trabajo, yo le aconsejaría usar zapatos de trabajo con puntas de metal. Pueden proteger sus dedos en casi todos los accidentes salvo los más graves", recomienda Hass.

ALERTA MÉDICA

Cuídese de una infección

Si su dedo se infecta, señala Suzanne M. Levine, doctora en medicina podiátrica, debe consultar a su médico. Para reducir la inflamación hasta que llegue el momento de su cita, remoje periódicamente su pie en una solución de yodo y luego aplique una crema antibiótica.

"Si permite que una uña enterrada se infecte gravemente", advierte, "puede acabar en grandes dificultades. He tenido varios pacientes que llegaron a mí sólo después de que sus dedos gordos se habían enrojecido e hinchado por pus. Si tiene mala circulación, corre el riesgo de que le dé gangrena. A veces un crecimiento sanguinolento, conocido como carne viciosa o carnosidad, se acumula en el lado de la uña. Este tejido blando inflamado puede volverse muy sensible cuando se extiende hacia la ranura de la uña".

---

dolor, declara la doctora en medicina podiátrica, Suzanne M. Levine, podiatra clínica en el Hospital Mount Sinai en la ciudad de Nueva York. Dos productos que han ayudado a la gente en este sentido son los del Dr. Scholl: *Ingrown Toenail Reliever* y *Outgro Solution*; pero asegúrese de seguir las instrucciones al pie de la letra. Y *por ningún motivo* los use si tiene diabetes o problemas circulatorios.

Proporciónese un manojito de ayuda. Su misión es ayudar a esa uña enterrada a salir del doblez de piel a su lado. Comience remojando su pie en agua caliente para suavizar la uña, aconseja el doctor Frederick Hass, especialista de California, autor de *The Foot Book* y médico del Hospital General de la Marina en Greenbrae. Séquese con cuidado, y luego con suavidad inserte un *manojito* (no un rollo) de algodón estéril bajo el borde de la uña que se está enterrando. El algodón levantará ligeramente la uña de modo que pueda crecer sobre el tejido en el que está enterrándose. Aplique un antiséptico para protegerse contra la infección. Cambie el inserto de algodón a diario hasta que la uña haya crecido rebasando el punto de dificultad.

La "V" que *no* es de la victoria. Sin importar qué haga, explica Glenn Copeland, doctor en medicina podiátrica del Hospital Women's College en Toronto, no caiga en la trampa de la conseja de hacer un corte en forma de V en el centro de la uña. "La gente cree que una uña enterrada es demasiado grande y que si se quita una cuña del centro, los lados crecerán hacia él y se retirarán del borde que se entierra. Eso es un error total. Todas las uñas crecen sólo de atrás hacia delante."

Deje que sus dedos respiren. En términos llanos, el calzado mal ajustado puede causar una uña enterrada, sobre todo si las uñas tienden a curvarse. Por eso debe evitar los zapatos con punta o apretados y que opriman las uñas, recomienda la doctora Levine. Prefiera sandalias siempre que sea apropiado, o zapatos con puntas amplias. Y en caso necesario, agrega la doctora, modifique los zapatos que le lastiman mediante la eliminación de la parte que oprime su dedo. Aunque esto parezca drástico, considere que una uña enterrada lo pondrá en una situación desesperada. Así mismo, evite ponerse calcetines y medias apretados.

Corte sus uñas con precisión. Nunca corte demasiado sus uñas, aconseja el doctor Hass. Primero suavícelas en agua caliente para reducir la posibilidad de que se astillen; luego corte en forma recta, transversalmente, con un instrumento de tamaño apropiado, filoso y recto. Nunca corte la uña en forma ovalada de modo que el borde delantero se curve hacia la piel de los lados. Siempre deje los bordes exteriores paralelos a la piel, no corte la uña más allá de la punta del dedo pues se requiere que tenga la longitud suficiente para proteger al dedo contra las presiones y la fricción.

Corrija debidamente los errores. Si por accidente corta demasiado una uña o la rompe, con mucho cuidado quite los bordes de modo que no queden puntas agudas que puedan penetrar la piel, recomienda el doctor Hass. Realice esta tarea de quitar las irregularidades con una lima para uñas. "No caiga en la tentación de usar tijeras, sin importar cuán pequeñas sean. Reconozca que no hay suficiente espacio para que pueda acomodarlas apropiadamente y a menudo dejan bordes agudos."

COMITÉ DE ASESORES

Glenn Copeland, doctor en medicina podiátrica, tiene su práctica privada en el Hospital Women's College de Toronto. También es podiatra consultor para el Canadian Back Institute, podiatra del equipo de beisbol Azulejos de Toronto y autor de *The Foot Doctor*.

El doctor **Frederick Hass** es médico general en San Rafael, California, parte del personal del Hospital General de la Marina en Greenbrae y autor de *The Foot Book* y *What You Can Do about Your Headaches*.

Suzanne M. Levine es doctora en medicina podiátrica; tiene consulta privada y es podiatra clínica en el Hospital Mount Sinai en la ciudad de Nueva York. También es autora de *My Feet Are Killing Me* y *Walk It Off*.

Urticaria

10 sugerencias para detener la comezón

La urticaria es la manera como la piel a veces reacciona a las alergias, irritación física, tensión o emociones, mediante el mecanismo de que ciertas células especiales comienzan a liberar histamina, la cual hace que los vasos sanguíneos manen un líquido hacia las capas más profundas de la piel. Las ronchas, que a menudo causan intenso escozor, pueden desaparecer en cuestión de unos minutos o incluso horas, y por lo general al cabo de un par de días; pero mientras están presentes, usted no querrá mostrarse en público con toda la hinchazón y rascándose. He aquí unas cuantas indicaciones para aliviar su comezón e inflamación. Como muchos remedios, lo útil para unas personas no lo será para otras, de modo que hay margen para experimentar.

Mande los antihistamínicos al rescate. Lo mejor que puede obtener son los antihistamínicos que se venden sin receta médica, declara el doctor Leonard Grayson, alergólogo clínico y dermatólogo de la Escuela de Medicina de la Universidad de Illinois del Sur. Los de uso más frecuente son el Benadryl (difenhidramina) y Chlor-Trimetón (clorfeniramina) y a menudo se encuentran en fármacos para resfriados y fiebre del heno. Precaución: casi todos los antihistamínicos pueden causarle somnolencia.

Refrésquese. Casi el mejor y único tratamiento tópico para la urticaria son las compresas o baños fríos, señala el doctor Grayson. Otra manera de refrescarse consiste en frotar un cubo de hielo sobre la urticaria. En ambos casos, el frío encoje los vasos sanguíneos e impide que se abran, hinchen y permitan que se libere demasiada histamina. "Sin embargo, el efecto sólo es temporal", comenta. "Y si el aire o agua fríos le producen urticaria, entonces no podrá emplear este remedio." Por el contrario, el agua caliente sólo empeora la comezón.

685

El otro camino

Un toque de la naturaleza

Estas son otras posibilidades para los que están dispuestos a probar algo distinto.

Tome té y espere. Si sospecha que los estados emocionales le producen urticaria y quiere mantenerse al margen de fármacos sintéticos como los antihistamínicos, tal vez pruebe una infusión o té de hierbas calmantes de nervios, sugiere Thomas Squier, miembro del cuerpo de Fuerzas Especiales del Ejército de Estados Unidos, instructor en adiestramiento para la supervivencia de la Fuerza Especial del Ejército de Estados Unidos en Fort Bragg, Carolina del Norte, y herbólogo. Squier recomienda las infusiones de menta o de pasionaria, aunque otras infusiones sedantes comunes son las de manzanilla, valeriana y calamento (nébeda o hierba del gato).

Haga una cataplasma o pasta. A menudo los manuales de herbolaria mencionan una cataplasma de las hojas maceradas de álcine (pamplina de canarios) como remedio para la piel sarnosa. Algunas personas hacen una pasta con agua y cremor tártaro y se la aplican a la urticaria, reemplazándola cuando se seca y comienza a caer en terrones.

Presione. Por último, Michael Blate, fundador y director ejecutivo del Instituto G-Jo en Hollywood, Florida, afirma que ha logrado rápido alivio para la urticaria empleando acupuntura. Masajee fuertemente el punto en su músculo trapecio (que corre entre el cuello y hombro) ubicado en el punto medio del músculo y aproximadamente 2.5 centímetros de la parte trasera del borde. "Si no duele un tanto, no ha encontrado el punto exacto", indica.

Use loción de calamina para aliviar la comezón. Este astringente es famoso por sus efectos en el sarpullido causado por la hiedra (zumaque) venenosa, pero también puede aliviar temporalmente la comezón de su urticaria. Ya que los astringentes reducen la descarga, pueden ayudar a que los vasos sanguíneos no rezumen líquido e histamina. Otros astringentes que pueden ayudar a aliviar la urticaria incluyen al agua de hamamelis (fría, especialmente) y el óxido de cinc.

Pruebe la respuesta alcalina. "Cualquier producto alcalino usualmente ayuda a aliviar la comezón", explica el doctor Grayson. Así que trate de embadurnar leche de magnesia en su urticaria. "Es menos espesa que la calamina, así que creo que es mejor", indica.

ALERTA MÉDICA

La zona peligrosa

La urticaria puede matar si bloquea las vías respiratorias. Si presenta urticaria en boca y garganta, llame de inmediato a su servicio de emergencia. Si sabe que es susceptible a esta clase de reacción, debe estar bajo atención médica y tener epinefrina a la mano. La gente con urticaria crónica (más de seis semanas de duración) o con urticaria aguda también debe consultar a su médico.

¿Ayuda de la hidrocortisona? Si sólo tiene una pequeña cantidad de ronchas, una crema de hidrocortisona como Cortaid aplicada directamente en ellas puede aliviar la comezón durante un tiempo, recomienda el doctor Jerome Z. Litt, dermatólogo de Beachwood, Ohio.

Pida auxilio a los vegetales. Las hojas y corteza del aliso rojo, cocida para formar una infusión fuerte, ayudan a aliviar la urticaria, afirma el doctor Varro E. Tyler, profesor de farmacognosia de la Universidad de Purdue y autor de *The Honest Herbal.* "Aplique localmente la infusión a la zona afectada, y también puede tomar un par de cucharadas." Repita el procedimiento hasta que se alivie la urticaria. El aliso rojo contiene el astringente tanino. Las hojas del solano (hierba mora) también pueden ser útiles. Lave y hierva las hojas en agua, póngalas en una tela y aplique las hojas como cataplasma en la urticaria.

Recuerde que más vale prevenir que lamentar. "Hay multitud de causas para la urticaria", observa el doctor Litt. "Tal vez tenga que volverse un detective para determinar lo que la causa en usted." Algunas de las más frecuentes son los fármacos, alimentos, frío, mordeduras de insectos, plantas y emociones. Desde luego, una vez que haya determinado su causa, trate de evitarla. "Si sabe que puede tener urticaria por cualquier razón, tome un antihistamínico por adelantado, lo que tal vez la impida."

COMITÉ DE ASESORES

Michael Blate es fundador y director ejecutivo del Instituto G-Jo de Holywood, Florida, organización para la salud a nivel de Estados Unidos, que promueve la presopuntura y la medicina tradicional oriental.

El doctor **Leonard Grayson** es especialista en alergias de la piel y alergólogo y dermatólogo clínico en la Escuela de Medicina de la Universidad de Illinois del Sur en Springfield.

El doctor **Jerome Z. Litt** es dermatólogo privado en Beachwood, Ohio, y autor de *Your Skin: From Acne to Zits*.

Thomas Squier, de las Fuerzas Especiales de Estados Unidos, es instructor del JFK Special Warfare Center and School, Survival-Evasion-Resistance-Escape/Terrorist Counteraction Department en Fort Bragg, Carolina del Norte. Es herbolario cheroqui, nieto de un curandero. También escribe una columna periodística llamada ''Living off the Land''.

El doctor **Varro E. Tyler** es profesor de farmacognosia en la Universidad de Purdue en West Lafayette, Indiana, y autor de *The Honest Herbal*. También es asesor de la revista *Prevention*.

Venas varicosas

15 auxiliares y remedios

Si se despertara mañana por la mañana y al frotarse los ojos para despertar encontrara un montón de cocodrilos con fauces bien abiertas al pie de su cama, ¿sería su primer pensamiento "¡Dios mío, qué reptiles tan feos!" Desde luego que no; pero si mirara a sus pies y notara que han aparecido venas varicosas, sus primeros pensamientos se dirigirían a cuestiones de apariencia.

"Casi toda la gente ni siquiera considera a las venas varicosas como una enfermedad, piensan que sólo se trata de cuestiones de estética, pero esto dista mucho de ser realidad. Las personas que padecen venas varicosas tienen una enfermedad, una enfermedad que afecta la estética", explica el doctor Brian McDonagh, flebólogo (especialista en venas) en Chicago, Illinois, y fundador y director de las Clínicas Especializadas en Venas en Estados Unidos.

Las venas azuladas, hinchadas, de aspecto tumoral, y sus primas las "venas aracnoides" de color carmesí, son los signos más evidentes de la enfermedad de las venas varicosas. Los que llevan tiempo padeciéndolas saben demasiado bien que estas venas visibles a menudo van acompañadas de dolor, cansancio y falta de vitalidad en las piernas.

El estado usualmente no amenaza la vida (ciertamente no comparable con el montón de cocodrilos que estaban al pie de su cama). Así que no hay razón para llenarse de pánico ni de ir al médico en plan de emergencia; pero si padece de venas

---

ALERTA MÉDICA

Coágulos: cuestión de preocupación

Hace un siglo, los médicos tironeaban las venas varicosas con ganchos para extraerlas. Relájese, porque hoy día el tratamiento es mucho más humanitario y útil. En la actualidad se emplea terapia de inyección con resonante éxito incluso contra las venas varicosas más pertinaces.

Sin embargo, ¿cuándo justifican las venas varicosas una visita al médico? El doctor Brian McDonagh explica que hay dos importantes complicaciones que presentan las venas varicosas: la obstrucción y la ruptura de las venas.

¿Cómo se reconoce un coágulo? "Se vuelve muy doloroso, delicado y sensible: sencillamente duele", puntualiza el doctor McDonagh. Usualmente los coágulos se ven como tumoraciones rojas en las venas, que no disminuyen su tamaño incluso cuando se elevan las piernas.

Las venas varicosas alrededor de las zonas de los tobillos son más propensas a romperse y sangrar. Esto resulta mucho más peligroso que la coagulación porque se puede perder sangre con gran rapidez. Si le llega a suceder lo anterior, aplique presión al punto para reducir el sangrado y acuda a su médico.

---

varicosas, usted y sus pobres piernas estarán infinitamente mejor sabiendo cómo arreglárselas con este padecimiento.

Estas son algunas sugerencias de los expertos.

No se sienta culpable. Con mucho, el mayor factor de riesgo para las venas varicosas es tener un padre con el mismo problema, informa el doctor McDonagh. Abundan los mitos para explicar la existencia de esta enfermedad que en gran medida es hereditaria, el mayor de los cuales es que las venas varicosas se deben al hábito de cruzar las piernas. "Esas son tonterías", comenta el doctor McDonagh. Sencillamente es usted parte del 17% del total de la población que tiene los genes culpables de las venas varicosas (la mayoría de los pacientes son mujeres).

Ponga la gravedad de su lado: levante los pies. Las venas varicosas son venas debilitadas que no tienen la fuerza que tuvieron en otros tiempos para devolver la sangre al corazón. Las venas en las piernas son las más susceptibles, ya que se encuentran más retiradas, y en dirección cuesta abajo, del corazón. Usted

El otro camino

Adopte una pose distinta

El antiguo sistema de yoga tiene mucho que ofrecer a quienes padecen de venas varicosas, señala el doctor John Clarke, cardiólogo del Himalayan International Institute.

Esta práctica de respiración yoga se puede hacer sin necesidad de mayor instrucción, sin peligro, y con buena posibilidad de aliviar la incomodidad debida a las venas varicosas, afirma el doctor Clarke. Pruebe este ejercicio de inmediato. Recuéstese boca arriba y eleve sus pies hasta el asiento de una silla. Respire lenta y uniformemente desde su diafragma, por la nariz. ¡Es todo!

Mientras la fuerza de la gravedad saca la sangre excedente de las piernas elevadas, las inhalaciones profundas y regulares crean una presión negativa en el pecho, explica el doctor Clarke. Esta presión negativa le ayuda a jalar aire a la cavidad torácica y sangre desde todo el cuerpo, también de las piernas congestionadas, agrega.

puede simplificar mucho su trabajo poniendo la gravedad de su parte. Es fácil. Usando una otomana, almohadas o un sillón común, eleve sus piernas arriba del nivel de la cadera siempre que le duelan, con lo que debe comenzar a desaparecer la incomodidad, indica el doctor Dudley Phillips, médico familiar de Darlington, Maryland.

Use medias que le den soporte. Ayudan a proporcionar alivio. Estas medias, que se encuentran disponibles en las farmacias y tiendas de departamentos, resisten la tendencia de la sangre de acumularse en los pequeños vasos sanguíneos más próximos a la piel, explica el doctor Phillips. (En cambio, la sangre se empuja hacia las venas mayores, más profundas, donde se bombea con más facilidad de vuelta al corazón.)

Dé dos golpes a las venas. El doctor Phillips sugiere que los pacientes de venas varicosas combinen los poderes de la gravedad y las medias de soporte en el siguiente ejercicio: póngase sus medias de soporte; luego recuéstese boca arriba y eleve las piernas directamente hacia arriba en el aire, descansándolas contra una pared. Mantenga esta posición durante dos minutos. Esto permitirá a la sangre fluir fuera de las venas hinchadas de las piernas y de vuelta hacia su corazón. Repita durante el día, de ser posible, tantas veces como sea necesario.

Incline su cama. Puede hacer que la gravedad trabaje para usted durante la noche si eleva la piesera de la cama algunos centímetros, recomienda el doctor Paul Lazar, profesor de dermatología clínica en la Escuela de Medicina de la Universidad Northwestern. Sin embargo, advierte que si tiene antecedentes de problemas cardiacos o dificultad para respirar durante la noche, es mejor que consulte a su médico antes de ajustar su cama.

Use zapatos apropiados. Las venas varicosas son bastante molestas para las piernas. No les dé dificultades adicionales usando zapatos altos o botas vaqueras, aconseja el doctor Phillips.

Compre un par de medias elásticas. Estas medias especiales que generalmente se venden en tiendas de suministros médicos en vez de en farmacias, son a las medias de soporte lo que una Magnun .45 a una pistola de aire comprimido que dispare municiones. Las medias elásticas de ajuste especial, que se llevan hasta el nivel de la rodilla, pueden darle considerable alivio, según la gravedad de las venas varicosas, de acuerdo con el doctor McDonagh. Para mejor ajuste, las medias de mayor calidad deben medirse apropiadamente.

Cuide su peso. Mayor peso corporal significa mayor presión sobre las piernas, lo cual es una razón por la que las embarazadas a menudo sufren de venas varicosas. Mantenga bajo su peso, y es posible que tenga menos problemas con las venas abultadas, indica la doctora Lenise Banse, dermatóloga y directora de la Clínica para Lunares y Melanoma en el Hospital Henry Ford en Detroit, Michigan.

No use la ropa apretada. Las prendas apretadas, en particular las fajas demasiado estrechas y las pantimedias que aprietan mucho en la zona de la ingle, pueden actuar como torniquete y hacer que la sangre se acumule en las piernas, advierte la doctora Banse.

¿Toma la píldora? Desconfíe. Los desbalances hormonales, que a veces ocurren con las píldoras anticonceptivas, pueden ser la causa de las venas aracnoideas. Si su problema apareció después de comenzar a tomar la píldora, entonces bien podría haber una relación entre ambos casos, señala el doctor McDonagh.

No fume. Un informe del Framingham Heart Study señaló que hay una correlación entre el fumar y la incidencia de las venas varicosas. Los investigadores concluyen que el tabaquismo puede ser un factor de riesgo para quienes padecen de venas varicosas.

Salga a caminar. El permanecer largos periodos sentado o de pie puede causar problemas en las piernas porque la sangre tiende a acumularse. Por eso, un poco de ejercicio durante el día, en particular caminar, a menudo puede prevenir esta acumulación, hace notar el doctor Eugene Strandness, Jr., profesor de cirugía en la Escuela de Medicina de la Universidad de Washington. De hecho, el estudio de Framingham determinó que los adultos sedentarios tienen más posibilidad de tener venas varicosas que quienes son activos.

No evada el problema. Gran parte de la incomodidad y dolor de las venas varicosas se puede paliar mediante píldoras analgésicas. No lo haga, recomienda el doctor McDonagh. "Las venas varicosas son un problema que no debe atenderse evadiendo el dolor." Si ha recorrido la lista de sugerencias y no fue útil ninguna, busque ayuda médica.

COMITÉ DE ASESORES

La doctora **Lenise Banse** es dermatóloga de Detroit, Michigan, donde dirige la Clínica para Lunares y Melanoma en el Hospital Henry Ford.

El doctor **John Clarke** es cardiólogo del Himalayan International Institute en Honesdale, Pennsylvania.

El doctor **Paul Lazar** es profesor de dermatología clínica en la Escuela de Medicina de la Universidad Northwestern en Chicago, Illinois. Fue miembro de la junta directiva de la American Academy of Dermatology.

El doctor **Brian McDonagh** es flebólogo (especialista en venas) con sede en Chicago, Illinois. Es el fundador y director de las Clínicas Especializadas en Venas, el mayor grupo médico en Estados Unidos dedicado exclusivamente al tratamiento de padecimientos de las venas.

El doctor **Dudley Phillips** de Darlington, Maryland, ha practicado la medicina familiar durante más de 40 años.

El doctor **Eugene Strandness, Jr.**, es profesor de cirugía en la Escuela de Medicina de la Universidad de Washington en Seattle.

Verrugas

26 maneras de ganar la guerra

Bueno. Lo diremos una sola vez, así que preste atención. Los sapos no tienen nada que ver con las verrugas. No las causan; no las contagian; ni siquiera saben de su existencia. ¿Entendido?

Las verrugas son tumores benignos de la piel que pueden ocurrir en forma aislada o en grupos grandes en casi cualquier parte del cuerpo. Y si bien cada tipo

---

ALERTA MÉDICA

¿Está seguro de que es una verruga?

Tenga presente lo dicho por Davy Crockett: "Asegúrese de que es una verruga y luego proceda". Ese consejo se aplica al tratamiento de verrugas igual que a cualquier otra cosa en la vida. La primera regla empírica absoluta es: cerciórese de que es una verruga, no un callo lunar, o lesión cancerosa. De acuerdo con el doctor Alvin Zelickson: "Normalmente se creería que es bastante fácil identificar una verruga, pero es sorprendente cuánta gente termina tratando cánceres de la piel u otras protuberancias como si fueran verrugas". Así pues, si tiene la menor duda acerca de lo que está usted tratando, consulte a un médico.

En general, las verrugas son abultamientos pálidos del color de la piel con superficie áspera, bordes parejos y capilares superficiales ennegrecidos. Las líneas normales de la piel no cruzan la superficie de una verruga. Y contrario a la opinión popular, las verrugas son protuberancias de muy poca profundidad: no tienen "raíces" que lleguen hasta el hueso.

tiene su propio nombre especial, todas se deben a diversas variedades del perverso virus papiloma, el cual logra engañar de modo magistral al cuerpo para que le proporcione alojamiento y alimento gratuitos, incluso en una "morada" que en medicina se conoce como la verruga propiamente dicha.

En todo momento, declara el doctor Robert Garry, profesor de microbiología e inmunología en la Escuela de Medicina de la Universidad de Tulane, cerca del 10% de los estadounidenses tienen una verruga. Tal vez 75% de todas las personas lleguen a tener una verruga en algún momento de sus vidas. ¡No es de sorprender que en esa nación se invierten cerca de 125 millones de dólares anualmente en tratamientos contra las verrugas! Después del acné, las verrugas se encuentran entre los trastornos dermatológicos más comunes.

Por desgracia, a menudo el tratamiento médico habitual consiste en métodos destructivos cuya denominación no indica nada agradable: quemar, raspar, cortar, congelar, inyectar o atacar con rayos láser. Estas técnicas pueden ser eficaces o no. Muchas son dolorosas y pueden dejar cicatrices. Para agregar daño a la herida, a menudo reaparecen las verrugas, sin importar el tratamiento que se haya usado.

Sabiendo todo lo anterior, querrá probar algunos remedios domésticos antes de dirigirse al consultorio de su médico; pero por sobre todas las cosas preste atención al consejo del doctor Thomas Goodman, dermatólogo de Memphis y profesor de dermatología en el Centro para las Ciencias de la Salud en la Universidad de Tennesee. "No se lastime con tratamientos contra las verrugas. Comience con medidas sencillas y persista durante varias semanas antes de pasar a otras, más drásticas."

A menos que se indique lo contrario, las siguientes son eficaces tanto para verrugas comunes como para las de las plantas (de los pies).

Déjelas en paz. Muchas verrugas son de tal índole que responden a la indiferencia, retirándose solas al cabo de cierto tiempo. De acuerdo con un cálculo, del 40 al 50% de todas las verrugas llegan a desaparecer solas, por lo regular al cabo de unos dos años. Sobre todo los niños a menudo pierden sus verrugas espontáneamente.

El doctor en medicina podiátrica, Marc A. Brenner, ex presidente de la American Society of Podiatric Dermatology y médico privado de Glendale, Nueva York, advierte que las verrugas constantemente desprenden virus infecciosos, y si se dejan sin tratar pueden extenderse o contagiar otras zonas. Así que si sus verrugas comienzan a multiplicarse, tome alguna medida.

Llame al equipo A. El doctor Garry ha tenido éxito aplicando vitamina A directamente a las verrugas. "Consiga cápsulas que contengan 25 000 unidades

Cómo evitar una verruga

Las verrugas se deben a un virus que se encuentra en el aire, de modo que se contagia en la misma manera que cualquier otra infección viral. Si usted es susceptible al virus y se ha hecho una cortadura o tiene una grieta apropiada en la piel donde el virus pueda implantarse, con el tiempo tendrá una verruga. Así de simple. Incluso en ese caso, hay algunas cosas que usted *puede* hacer para disminuir sus posibilidades de tener una verruga.

Conserve los zapatos. El virus de las verrugas prosperan en ambientes muy húmedos, explica Suzanne M. Levine, doctora en medicina podiátrica, por lo que siempre debe usar sandalias para baño mientras se encuentre en piscinas, clubes deportivos y vestidores para evitar el contacto de sus pies con el virus. Al no andar descalzo, también evita hacerse diminutas cortaduras o grietas que podrían formarse en sus pies y a través de las cuales podría entrar fácilmente el virus.

Cambie de zapatos con frecuencia. Ya que el virus de las verrugas prospera en sitios húmedos, debe cambiar sus zapatos con frecuencia y permitir que se sequen por completo entre usos, indica la doctora Levine.

Limpie. "En un club de salud o en un gimnasio, tal vez deba incluso limpiar la zona de su ducha antes de bañarse, con un producto como el Lysol", recomienda la doctora Levine. "Hasta los blanqueadores domésticos son eficaces para matar los virus y bacterias."

Mire pero no toque. "Las verrugas se contagian con facilidad", advierte el doctor Marc A. Brenner. "Así que si tiene una en la planta de su pie, por ejemplo, trate de no tocarla con la mano. Si tiene incluso una cortadita en un dedo, corre el riesgo de que allí le aparezca una verruga."

Consienta sus cutículas. Si el virus de las verrugas entra en una cortadura o abertura alrededor de su cutícula, puede ocasionar un tipo particularmente maligno de verruga. Se llaman verrugas periunqueales, y son muy difíciles de tratar, previene la doctora Levine. "Si llega a tener una cortadura en la cutícula, póngase una crema antibiótica tópica (como Bacitracín) y luego cúbrala con una vendita hasta que se cure."

Conserve la calma. "Considero que la gente parece más susceptible a las verrugas cuando se encuentran bajo tensión y al mismo tiempo comen deficientemente", comenta la doctora Levine. "Y las verrugas parecen extenderse más en esos tiempos." Así que trate de conservar la calma.

internacionales (U. I.) de vitamina A natural derivada de aceite de pescado o de hígado de pescado. Sencillamente abra la cápsula para embadurnar parte del líquido en la verruga, y fricciónelo para que penetre. Aplique este aceite una vez al día." El doctor Garry recalca que la vitamina debe aplicarse sólo a la piel. Si se toma oralmente en grandes dosis, la vitamina A puede ser tóxica.

"Las distintas verrugas responden de manera diferente a este tratamiento. Las verrugas juveniles pueden desaparecer en un mes, aunque lo más frecuente es que lo hagan de dos a cuatro meses. Las verrugas en las plantas pueden tardar de dos a cinco o más meses", señala.

El doctor Garry recuerda una mujer que tenía más de 200 verrugas en la mano. Al persistir con la terapia de vitamina A durante siete a ocho meses, pudo perder todas excepto una terca bajo una uña.

Vea lo que puede hacer otra vitamina. A algunas personas les ha ayudado formar una pasta de tabletas de vitamina C trituradas y mezcladas con agua. Aplique la pasta a la verruga y luego cubra con una venda para que la pasta no se desprenda. El doctor Jeffrey Bland, quien pasó muchos años estudiando la vitamina C en el Instituto Linus Pauling en Menlo Park, California, afirma que "aunque no se ha investigado formalmente este campo, hay algo de evidencia en el sentido de que la elevada acidez del ácido ascórbico (vitamina C) puede matar el virus productor de la verruga"; pero debe tener presente que la vitamina C (al menos en su forma de ácido ascórbico) puede irritar la piel, de modo que trate de cubrir sólo la verruga con la pasta.

Conserve cubierta la verruga. "He tenido éxito aplicando un vendaje de cinta adhesiva a las verrugas", refiere el doctor Goodman. "Use el tipo de cinta médica o para primeros auxilios. Aplíquela *un poco ajustado* sobre la verruga y déjela durante 24 horas al día, 7 días de la semana. Cambie la cinta sólo cuando necesite verse limpia. Tenga paciencia y persista durante al menos tres semanas. Realmente es eficaz para algunas personas, si lo hacen de manera apropiada."

Pruebe una dosis de aceite de ricino. Como una variación de la técnica de la cinta adhesiva, interviene el doctor Goodman, aplique una gota de aceite común de ricino a la verruga dos veces al día y luego cúbrala como se indicó antes.

Jane Bothwell, consultora y educadora en herbología, de Arcata, California, también cree en la utilidad del aceite de ricino, esta vez mezclado para formar una pasta espesa con bicarbonato de sodio. Aplique la pasta un par de veces al día. Para evitar que se desprenda al contacto con otros objetos, aplique una venda o cubra con un guante o un calcetín.

El otro camino

Algunas curas populares simples

Cuando ya todo se ha dicho y hecho, nunca se sabe con precisión qué curará una verruga específica. El remedio que tan nítidamente despachó un pequeño abultamiento podría dejar del todo igual a otro. Así que tal vez su arma más poderosa en la guerra contra las verrugas sea su amplio criterio. Por eso no debe rechazar sin más el potencial curativo de las llamadas curas populares: tratamientos que nunca se han sometido a escrutinio científico formal pero que de todos modos han sido eficaces para mucha gente. Estos son algunos de los que la gente cree que sí son eficaces:

- Aplique aceite de vitamina E, aceite esencial de clavo, savia de áloe vera (sábila), savia de algodoncillo, la savia lechosa de la planta cerraja o la savia lechosa de higos verdes directamente a la verruga.
- Tome cápsulas o tabletas de ajo.
- Remoje rebanadas de limón en sidra de manzana con un poquito de sal. Deje macerar dos semanas. Luego friccione las rebanadas de limón en la verruga.
- Friccione con un pedazo de gis (tiza) o una papa cruda.
- Mediante una cinta adhesiva fije la cara interior de una cáscara de plátano a la verruga de la planta.

Consérvese seco. Las verrugas se desarrollan en la humedad, así que si conserva sus pies muy secos puede ayudar a eliminar las verrugas de las plantas. Según el doctor Brenner, "si quisiera erradicar una verruga de planta sin emplear productos químicos, puede tratar de cambiar sus calcetines al menos tres veces al día. Después aplique con frecuencia un talco medicado para los pies como Zeasorb 10 veces al día, de ser necesario. También existen otros agentes desecantes que pueden ser útiles. Aunque no lo crea, he usado una solución de blanqueador a base de cloro como Clorox en algunas personas que no respondieron a ninguna otra cosa, y fue útil en ocasiones".

Opte por un producto que no requiera receta médica. Tal vez los remedios comerciales contra verrugas más populares son las preparaciones a base de ácido salicílico. Se cree que este ácido trabaja contra las verrugas, las suaviza y ayuda a deshacerlas. Estos productos vienen en presentaciones de gel, líquido, cojincillos y ungüentos. Tanto los diabéticos como quienes tienen problemas de circulación no deben emplear estos productos.

Hay tres reglas para manejar un producto ácido, advierte Glenn Gastwirth, doctor en medicina podiátrica, de Bethesda, Maryland, director de asuntos científicos en la American Podiatric Medical Association. "Primero, asegúrese de que está tratando una *verruga* (consulte " ¿Está seguro de que es una verruga?", en la página 694). Segundo, siga al pie de la letra las instrucciones del empaque. Y tercero, si la verruga no responde dentro de un periodo razonable (por ejemplo dentro de una a dos semanas) consulte a su médico."

"Un producto líquido como Compound W puede ser eficaz si lo emplea en una verruga pequeña", señala el doctor Chirstopher McEwen, jefe del Departamento de Dermatología en la Clínica Ochsner en Baton Rouge, Louisiana. Suzanne M. Levine, doctora en medicina podiátrica de la ciudad de Nueva York y podiatra clínica en el Hospital Mount Sinai, agrega: "Algo bueno acerca del Compound W en particular es que contiene un poco de aceite, lo que lo hace menos irritante a la piel que algunos otros productos con ácido salicílico".

No obstante, el doctor Brenner advierte que los productos líquidos y en gel, que típicamente contienen apenas cerca del 17% de ácido salicílico, pueden no tener la fuerza suficiente para actuar sobre las verrugas de las plantas, mismas que están cubiertas por un callo grueso.

Acojine la verruga. "Si tuviera que escoger un producto que no requiera receta médica, declara el doctor McEwen, "optaría por una cataplasma de ácido salicílico al 40% como Mediplast. Este producto actúa razonablemente bien para las verrugas de las plantas y también puede ser eficaz para las de las manos, aunque es más difícil conservar el parche en el sitio, sobre la mano".

"El principal inconveniente de los cojincillos", previene la doctora Levine, "es que la gente a menudo emplea tramos demasiado grandes, lo que expone la piel del rededor a irritación grave. Además, los cambian a diario, y pronto tienen una úlcera alrededor de la verruga que es bastante peor que la que querían quitarse. Lo mejor es usar un cojincillo cada cuatro a cinco días".

Para asegurarse un buen ajuste, corte una pequeña plantilla de cartoncillo del tamaño y forma exactos de la verruga. Luego emplee la plantilla para precortar una cantidad de parches del producto medicinal. Cubra ligeramente el perímetro de la verruga con petrolato para impedir que algo del medicamento toque la piel sana.

Aplique un ungüento. La culminación del arsenal del ácido salicílico es el ungüento al 60%. La doctora Levine aconseja que para lograr los mejores resultados se remoje la zona en agua tibia durante unos 10 minutos para conseguir mayor penetración. Séquese bien y luego aplique una gotita del ungüento a la verruga. Cubra con una venda. Si se trata de verrugas en las plantas, haga esto a la hora de

Juegos mentales:
¿Quién manda aquí?

Entre en trance. "Cada vez tiene más sueño; pronto entrará en profundo trance; pronto desaparecerán sus verrugas". ¿Pamplinas? No: Hipnosis. Y tal vez sea un arma formidable contra las verrugas.

De acuerdo con el psiquiatra Owen Surman, del Hospital General Massachusetts en Boston, "la hipnosis parece ser un recurso científicamente validado para tratar las verrugas. El porqué todavía es materia de discusión. En la actualidad, la gente está muy interesada en este campo de la psiconeuroinmunología. Es atrayente pensar que los fenómenos mentales podrían afectar la función inmunitaria".

En un estudio, el doctor Surman hipnotizó a 17 personas que tenían verrugas a ambos lados de sus cuerpos, en una serie de cinco sesiones y les dijo que sus verrugas desaparecerían sólo de un lado. A otras siete personas no se les hipnotizó y se les ordenó que se abstuvieran de usar algún remedio contra las verrugas, por cuenta propia. Tres meses después más de la mitad del grupo hipnotizado había perdido al menos 75% de sus verrugas. La gente que no fue hipnotizada todavía tenía las suyas.

Y aunque las verrugas dasaparecieron a fin de cuentas de *ambos* lados de los cuerpos de los que habían sido hipnotizados, "consideramos que el experimento fue un éxito", afirma el doctor Surman.

Imagine que sus verrugas se van. El solo poder de la sugestión, sin hipnosis, puede ser igualmente eficaz para desaparecer las verrugas. Tal vez la mayor parte de la investigación en este sentido ha estado a cargo del doctor Nicholas Spanos, profesor de psicología, y sus colegas en la Universidad de Carleton en Ottawa. "Indicamos a los pacientes imaginar que sus verrugas se encogen, que pueden sentir el cosquilleo a medida que sus verrugas se deshacen y que sus pieles se despejan. Al principio les damos unos dos minutos de este tipo de práctica imaginativa y luego les hacemos practicar por cuenta propia en sus casas durante 5 minutos diarios.

"Aunque no lo crea, de hecho desde la primera sesión podemos pronosticar quién logrará resultados. Quienes ese primer día pueden referir vívidamente lo que imaginaron tienen más posibilidades de perder sus verrugas que quienes no pudieron lograr una imagen mental clara."

Crea. Otros médicos han tenido bastante éxito con el poder de la sugestión, comenta el doctor Chiristopher McEwen: "Traté a un par de muchachos que no podían tolerar la congelación, que es el modo como usualmente quito las verrugas. Así que les di una sustancia inofensiva para que la usaran, y les dije que se trataba de una medicina muy fuerte que podía quitar pronto las verrugas. Y funcionó". Creer firmemente en una cura también puede explicar la persistente popularidad de remedios tan pragmáticos y anticuados como frotar una verruga con una monedita de cobre y luego enterrar ésta bajo el porche de la casa.

ir a dormir, para que no tenga que caminar sobre la zona afectada y se desprenda el ungüento. Por la mañana, otra vez remoje la zona y quite suavemente con piedra pómez la piel que se haya reblandecido.

Pruebe una crema anticuada. "Un producto que históricamente se ha usado para las verrugas es la crema Vergo, a base de pantotenato de calcio (una vitamina B), ácido ascórbico (vitamina C) y almidón", explica el doctor Nicholas G. Popovich, profesor de práctica de farmacia en la Universidad de Purdue. "La junta del Departamento de Alimentos y Medicinas (FDA) sobre productos contra las verrugas nunca ha demostrado que esos productos específicos sean eficaces para quitar verrugas; pero eso no quiere decir necesariamente que el producto no sea eficaz; sólo significa que su eficacia tal vez se basa en evidencia testimonial más que en estudios clínicos".

Contrario a los productos a base de ácido salicílico, la crema Vergo no es cáustica y no quema, no produce ampollas, ni lesiona el tejido del rededor. El tiempo promedio para el tratamiento es de dos a ocho semanas.

Obtenga alivio con el tiempo. Si está listo para consultar a un médico pero realmente no está preparado para que él le congele o queme su verruga con rayos láser cuente con un flamante producto formulado para autoayuda sobre el cual usted puede consultar a su médico. El parche transdérmico Trans-Ver-Sal es "muy eficaz para tratar verrugas", comenta el doctor McEwen, quien ha obtenido buenos resultados con él. Como cualquier otro parche transdérmico, se aplica directamente a la piel (en este caso a la verruga) y suelta una dosis continua de medicamento durante varias horas; y, como otros parches de este tipo, se encuentra disponible en algunos lugares sólo por precripción médica.

El ingrediente activo en el parche es ácido salicílico, el mismo fármaco que se usa en productos que no requieren receta para quitar verrugas; pero según el doctor Alvin Zelickson, profesor clínico de dermatología en la Escuela de Medicina de la Universidad de Minnessota, la gran diferencia "es que el ácido salicílico *se* transfiere a la verruga. Por ejemplo, en los parches comunes, se libera muy poco a la verruga. Estos parches son fáciles de usar y no requieren que se remoje la piel por anticipado. Se pone uno a la hora de dormir y lo quita por la mañana. Se encuentra disponible en dos tamaños (y dos intensidades), de modo que es apropiado tanto para las verrugas comunes como para las de las plantas".

El doctor Zelickson, quien llevó a cabo pruebas exhaustivas del parche en unos 40 pacientes, descubrió que el parche quita las verrugas en aproximadamente el 80% de las veces, por lo regular en 4 a 12 semanas.

COMITÉ DE ASESORES

El doctor **Jeffrey Bland** fue investigador del Instituto Linus Pauling en Menlo Park, California. Es presidente de Health Comm, un servicio de consultoría en educación para el bienestar en Gig Harbor, Washington.

Jane Bothwell es consultora y educadora practicante en Herbología en Arcata, California. Antes fue instructora en la Escuela de Estudios sobre Herbolaria en California.

El doctor en medicina podiátrica **Marc A. Brenner,** tiene su práctica privada en Glendale, Nueva York. Fue presidente de la American Society of Podiatric Dermatology, y es autor de *The Management of the Diabetic Foot.*

El doctor **Robert Garry** es profesor de microbiología e inmunología en la Escuela de Medicina de la Universidad de Tulane en Nueva Orleáns, Louisiana.

El doctor en medicina podiátrica **Glenn Gastwirth,** podiatra de Bethesda, Maryland, es director de asuntos científicos en la American Podiatric Medical Association.

El doctor **Thomas Goodman, Jr.,** es dermatólogo privado y profesor de dermatología en el Centro de Ciencias para la Salud de la Universidad de Tennessee en Memphis. Es autor de *Smart Face* y de *The Skin Doctor's Skin Doctoring Book.*

La doctora en medicina podiátrica, **Suzanne M. Levine,** es podiatra clínica en el Hospital Mount Sinai en la ciudad de Nueva York y autora de *My Feet Are Killing Me* y de *Walk It Off.*

El doctor **Christopher McEwen** es jefe del Departamento de Dermatología en la Clínica Ochsner en Baton Rouge, Louisiana.

El doctor **Nicholas Popovich** es profesor de práctica en farmacéutica en la Universidad de Purdue, en West Lafayette, Indiana.

El doctor **Nicholas Spanos** es profesor de psicología en la Universidad de Carlenton en Ottawa.

El doctor **Owen Surman** es psiquiatra del Hospital General de Massachusetts en Boston y profesor de psiquiatría en la Escuela de Medicina de Harvard en esa localidad.

El doctor **Alvin Zelickson** es profesor clínico de dermatología en la Escuela de Medicina de la Universidad de Minnessota.

Vómitos

13 remedios para sentirse mejor

El vómito es la conclusión lógica de la náusea. El señor Estómago dice "¡Aaaaa-yyyyy!" lo más fuerte posible de modo que usted le preste atención. Su meta es librarse de lo que usted haya hecho, y que lo enfermó. Las metas de usted son ayudarlo a asentarse e impedir la deshidratación. Los expertos aconsejan lo siguiente.

Olvídese de los calmantes para el estómago. Es demasiado tarde. Las conocidas pociones como el Pepto-Bismol, Melox y Mylanta no fueron formuladas para impedir el vómito, explica el doctor Samuel Klein, profesor de gastroenterología y nutrición humana en la Escuela de Medicina de la Universidad de Texas en Galveston. "Sólo tómelos si el vómito está relacionado con demasiada acidez estomacal. Por ejemplo, si tiene úlcera estomacal o algo que comió está ocasionando una irritación", señala. Entonces el producto podría ser eficaz al neutralizar el exceso de ácido o al suavizar la irritación. En caso contrario, olvídelo.

Reemplace los líquidos. "Las metas finales de quien tenga muchos vómitos son no deshidratarse y no perder peso", declara el doctor Kenneth Koch, investigador en náuseas y gastroenterólogo en el Centro Médico Hershey de la Universidad del Estado de Pennsylvania. Se pierden demasiados líquidos en los vómitos, de modo que lo mejor que puede hacer es beber líquidos para reemplazar los perdidos.

Esos líquidos deben ser transparentes, aconseja el doctor Klein: agua, té suave, jugos de frutas. En estas circunstancias, incluso líquidos como la leche o sopas espesas pueden ser demasiado pesados para el estómago.

ALERTA MÉDICA

No espere demasiado

El vómito puede ser signo de algo grave. "Si es profuso o persistente, o tiene sangre, busque ayuda médica", aconseja el doctor Stephen Bezruchka, médico de emergencias en el Centro Médico Providence en Seattle, Washington. También consulte a un médico "cuando hayan transcurrido 24 horas sin que pueda retener alimentos en el estómago y nada parezca ayudar", recomienda el doctor Kenneth Koch.

"Si su sed es intensa y se percata de que no está orinando mucho, y especialmente si también siente vértigo cuando se pone de pie, todos estos son signos de deshidratación, y es preferible que consulte a un médico", indica. "Si sabe que se trata de gripe o si acaba de comer algo un poco extraño, podría tratar de aguantarse un poquito."

Reemplace los nutrientes importantes. El vómito también lava a chorro los minerales del cuerpo. El doctor Klein recomienda que tome bebidas de electrólitos para reemplazar esos nutrientes. Por ejemplo, Gatorade y Pedialyte, los caldos de carnes o jugos de arándanos o manzanas. El agua es mejor que nada, pero idealmente debe agregarle un par de pizcas de sal y azúcar a cada vaso. "A menudo hago que mis pacientes sorban Gatorade lentamente cada media hora", comenta el doctor Koch.

Sorba, no beba a tragos. Sorber los líquidos en traguitos permite a su estómago irritado ajustarse, explica el doctor Koch; no debe apurar el trago. No beba más de uno o dos traguitos a la vez, aconseja el doctor Koch. Si no lo hace así, puede ocurrirle que *después del líquido, el diluvio.*

Determine su propio ritmo. Cuantos menos líquidos sorba a la vez, más seguido tendrá que sorber. Con qué frecuencia beba sus líquidos depende de cómo reaccione su estómago. Una vez que sepa que puede retener el último trago, sorba un poquito más.

Use la clave de colores. Si su orina es amarilla oscura, no está bebiendo suficientes líquidos. Cuanto más clara, mejor estará usted actuando para impedir la deshidratación.

Tome bebidas tibias. Nuestros expertos aconsejan que evite las bebidas frías, que producen choque en estómagos sensibles. Las mejores son las bebidas a temperatura ambiente o tibias, observa el doctor Koch.

Deje salir los gases. Las burbujitas, justo lo que menos necesita si está vomitando. Deje su bebida gaseosa transparente favorita destapada hasta que pierda todo el gas antes de que comience a beberla a sorbos.

Asiéntese con jarabes. Un buen acondicionador de estómagos, declara Robert Warren, doctor en farmacéutica y director de Servicios de Farmacia en el Hospital Valley Children's en Fresno, California, es el jarabe de Coca-Cola. "No sabemos cómo actúa", confiesa el doctor Warren, "pero resulta eficaz". También es una buena fuente de carbohidratos concentrados de fácil digestión (itambién sabe sabroso!). La dosis infantil es de 1 a 2 cucharaditas; la de adultos es de 1 a 2 cucharadas, con la frecuencia necesaria entre accesos de vómitos.

O pruebe la alternativa de la farmacia. Si quiere un jarabe que suene más médico, pruebe Emetrol, sugiere el doctor Warren. Se trata de una solución de carbohidratos fosforados que actúa de la misma manera. Advertencia: ninguno de estos jarabes ricos en azúcar se recomienda para diabéticos sin la aprobación de su médico, indica el doctor Warren.

Comience con los carbohidratos. Tarde o temprano, los vómitos cesarán. Los expertos dicen que la mejor manera de comenzar a comer de nuevo es con un postre de gelatina.

"Las gelatinas son la forma tradicional en los hospitales de comenzar a comer después de un periodo de vómitos", refiere el doctor Warren. En gran medida son líquidas, suaves para el estómago, ricas en carbohidratos y saben bien. Otros alimentos blandos como el pan tostado sin mantequilla o galleta salada simples también sirven para empezar a comer después de los vómitos.

Agregue una proteína ligera. "Cuando se sienta un poco mejor, puede pasar a una proteína ligera como pechuga de pollo o pescado", aconseja el doctor Koch. El caldo de pollo con tallarines o la sopa de arroz con pollo son perfectas para el caso, agrega. Asegúrese de quitar el exceso de grasa de la sopa antes de tomarla.

Deje la grasa para el final. La grasa se mantiene en el estómago demasiado tiempo y puede por tanto empeorar la sensación de hinchazón, de pesadez, advierte el doctor Koch. Así que debe evitar las carnes grasosas y las sopas de cremas.

COMITÉ DE ASESORES

El doctor **Stephen Bezruchka** es médico de emergencias en el Centro Médico Providence en Seattle, Washington, y autor de *The Pocket Doctor*.

El doctor **Samuel Klein** es profesor de gastroenterología y nutrición humana en la Escuela de Medicina de la Universidad de Texas en Galveston. También es asesor editorial de la revista *Prevention*.

El doctor **Kenneth Koch** es gastroenterólogo del Centro Médico Hershey de la Universidad del Estado de Pennsylvania e investigador dirigente para la NASA acerca de las causas de la náusea.

El doctor en farmacéutica, **Robert Warren,** es director de los Servicios de Farmacia en el Hospital Valley Children's en Fresno, California.

Índice

A

Abdominal, dolor, 630-631, 635
Abeja, picadura de, 525-526, 529
Ácaros
    oído, 579-580
    polvo, 15-16, 18-19, 48
Accutane, 8, 13
Acedías, 1-6
Aceite(s)
    almendra, 580
    aromaterapia, 99
    caliente, dolor de oídos tratado
        mediante, 222-223
    cicatrices tratadas mediante, 103
    de bebé, 409-410, 508
    de clavo, 219
    de eucalipto, 41-42, 242-243
    de hierba del asno, 157
    de oliva, 91, 112
    de pescado. **Véase** Pescado, aceite
    de; Omega-3, ácidos grasos
    de ricino, 62, 369, 499, 696
    en dieta, artritis por, 44-46
    estreñimiento por, 274

    mineral, 101, 409-410, 508, 542
    para baño, 476-477, 528, 546
    urusiol, 376, 380, 381
    vegetal, 46, 493, 542
Acetaminofén
  condiciones tratadas por
    asma, 31
    calambres menstruales, 257
    dolor de espalda, 211
    dolor de rodilla, 227
    fiebre, 300
    garganta irritada, 327
    gota y, 337
    gripe, 348
    infección de oídos, 399
    infecciones del tracto urinario, 404
    mordeduras de animales, 550
    oído de nadador, 507
    ojos amoratados, 514
    resfriados, 603
    síndrome del túnel del carpo y, 639
Acetona, 538
Ace, vendaje, 234, 640, 659
Aciclovir, 366

Ácido, reflujo, 1, 3
Acidofilus, 173, 186, 191, 431
Acné, 7-14
Acondicionamiento de aire, 16, 50
Activado, carbón, 114, 308, 336, 527
Actividad, depresión tratada mediante, 145
Acuático, ejercicio, 42-43
Acupresión. **Véase** Presopuntura, condiciones tratadas por
Adhesiva, quitar tela, 129
Aditivos alimenticios, asma por, 52
Adquirida, síndrome de inmunodeficiencia (SIDA), 86
Adrenalina, 318, 652, 656, 658, 665
Adrenalina 1:1 000, 354
A&D, ungüento, 279
Advil, 227, 257, 260, 635
AEP (ácido eicosapentaenóico), 586
Aeróbica, danza, 213, 214
Aeróbico, ejercicio, 43, 566
Aerofagia, 269
Aeroplano, aire en, 448
Aerosoles, rocíos de, 268
Afeitar, 69, 70
Aftato, 533
After Bite, 527
AGL (ácido gamalinoléico), 499
Agorafobia, 314-315, 317
Agrietadas, manos, 457-481
Agrietados, labios, 437-440
Agua
    condiciones tratadas mediante
        accesos repentinos de calor, 492
        celulitis, 98
        diarrea, 185
        fatiga, 290
        hipo, 387-388

insolación, 553-554, 595
    postración causada por calor, 553
impura, 186
manos agrietadas y, 475-478
piel seca y, 541
Agua, cama de, 209-210
Aire
    bajo techo
        alergias y, 16-19
        bronquitis y, 56
        comezón del invierno y, 543-544
        gripe y, 349
        en aeroplano, 448
        seco, dermatitis por, 152
    tragar
        eructar por, 269-270
        hipo y, 386-387
Aislamiento, tanques de, 41
Ajo, 116, 173, 327, 604, 651
Alcanfor, 22, 605
Alcohol
    cerveza, 67, 73, 91, 634
    condiciones provocadas o agravadas por
        accesos repentinos de calor, 492
        arrugas, 36
        bronquitis, 56
        calambres menstruales, 256
        congelación, 124
        cruda, 134-138
        descompensación por viajar en jet, 160
        deshidratación, 554
        dolor de cabeza, 253
        fatiga, 288
        gota, 338
        hipertensión, 564
        hipotensión, 567
        impotencia 391-392
        incontinencia, 395

infertilidad, 419
insomnio, 425
mal aliento, 451
mareos por movimientos, 486
osteoporosis, 520
roncar, 608
síndrome premenstrual, 646
triglicéridos (altos), 672
úlceras, 677
condiciones tratadas por
dolor de muelas, 219
garganta irritada, 325
herpes labial, 374
oído de nadador, 508
picadura de medusa, 529
diverticulosis, 197
en astringentes, 539
en la dieta del diabético, 168-169
resfriados y, 602
síndrome de las piernas inquietas y, 624
temperatura corporal y, 629
Alergia(s), 14-19
a levaduras y mohos, 412
asma por, 48
conjuntivitis por, 127-128
enfisema y, 264
pulgas en perros, 576
roncar por, 610
sinusitis, 649
Algodoncillo, 380
Aliento, mal, 450-453
Alimentos
avanzada la noche, síndrome de piernas inquietas agravado por, 624
cantidad de, úlceras y, 677
horas de, acedías y, 6
omisión de, dolor de cabeza por,
252
pequeños, accesos repentinos de

calor y, 492
regulares, síndrome del intestino
irritable y, 634
Alimentos(s). **Véase también** Dieta
aplicados al cuerpo
forúnculos tratados por, 321-322
quemaduras y, 589
calientes, 629
eructos por, 271
mal aliento por, 450-451
olor corporal por, 456
pequeñas ulceraciones dolorosas por,
678, 680-681
picantes, 6, 341, 450, 633, 651
yoduros en, 10
Alimentos, agentes saborizantes de, 439
Alimentos, intoxicación por, 432-436
Alimentos, manejo de, 481
Alka-Seltzer, 137
Almendras, aceites de, 580
Almidón, 364, 409
Almohadas, 35, 204, 609
Áloe, 334, 589, 595
Alpha-Keri, 546
Alquitrán, champú, 89
Alquitrán, psoriasis tratada mediante, 584
Alsine, 686
Alta presión arterial. **Véase** Sanguínea, alta
presión
Alternagel, 181
Altitud alta, 254
Alumbre, 680
Aluminio, acetato de, 379, 461, 592
Aluminio, clorhidrato de, 381
Aluminio, cloruro de, 459, 533
Aluminio, hidróxido de, 2, 179, 181
Alzheimer, enfermedad de, 464
Amamantamiento, 400, 441-445
Amargos, 4

Aminoácidos, 138, 147. **Véase también** Arginina; Lysine; L-tirosina
Amoniaco, 526-527, 529
Amphojel, 181
Ampollas, 20-26
   herpes, 362-365
   por quemaduras del sol, 596
   por quemaduras, 591
Anafiláctico, choque, 16, 529
Anales, fisuras, 302-306
Analgésicos. **Véase** Acetaminofén; Aspirina; Ibuprofén
Ancianos, incontinencia en, 397
Andrógeno, 65
Anestésicos, 595
Angina, 27-33
Animales, mordeduras de, 548-550
Ansiedad. **Véase también** Estrés
   condiciones provocadas por
      falta de memoria, 469
      hipertensión, 568
      hiperventilación, 384
      insomnio, 425
      olor corporal, 456
   diabetes y, 174-175
   separación, 315
Anteojos, 292-293
Antiácidos
   cálculos renales por, 76
   condiciones tratadas por
      acedía, 2
      asma, 49
      eructos, 271
      úlceras, 676
   diarrea por, 179
   intoxicación por alimentos y, 435
Antibióticos
   condiciones tratadas por
      ampollas, 22

diarrea, 187, 190
   forúnculos, 321
   hemorragia nasal, 353
   heridas, 132-133
   herpes, 364
   infecciones del tracto urinario, 404-405
   infecciones de mama, 444
   infecciones de oído, 399-400
   quemaduras, 590
   conjuntivitis por, 128
Anticonceptivas, condiciones provocadas por las píldoras
   acné, 8, 11
   cabello grasoso, 67
   flebitis, 310
   goteo posnasal, 344
   hemorragia nasal, 355
   malestar de mama, 500-501
   venas de araña, 691
Anticonceptivos orales. **Véase** Natalidad, condiciones provocadas por las píldoras de control de
Antidepresivos, hipotensión, por, 567
Antihistamínicos
   condiciones tratadas por
      alergias, 15, 127
      comezón por mordidas, 545
      conjuntivitis, 127
      eczema, 156
      gripe, 348
      hiedra venenosa y zumaque venenoso, 378
      infecciones de oídos, 400
      picaduras, 527, 530
      resfriados, 603
      urticaria, 685, 687
   goteo posnasal y, 344
   roncar aumentado por, 608

sinusitis y, 651
Antiperspirantes. **Véase** Antitranspirantes
Antitranspirantes, 153, 381-382, 455, 458-459
Antitripsina, 264
Antociánico, ácido, 173
Apendicitis, 546
Aqua Lacten, 156
Aquiles, tendón de, 216
Aquiles, tendonitis de, 657, 660
Arándanos, 189
    jugo de, 75, 280, 403
Araña, picaduras de, 546
Araña, venas de, 691
Arcilla, 188, 380-381, 538
Arcilla orgánica, 381-382
Arginina, 374
Aromaterapia, aceites para, 99
Aromáticos, 4
Arritmia, 655
Arroz/fruta, dieta de, 670
Arroz, salvado de, 114
Arrugas, 33-38
Arterial, presión. **Véase** Sanguínea, presión
Arterias, taponamiento de
    angina por, 27-29
    en la enfermedad vascular periférica, 105,108
    por colesterol, 109
Articulaciones, dolor de, 61-62
Artificiales, lágrimas, 511
Artritis, 39-47
    gota, 335-339
Asclepiadea. **Véase** Algodoncillo
Asiento, baños de, 358, 410
Asma, 16, 48-54
Asmática, respiración, 16
Aspirina

ataque cardiaco prevenido por, 32
condiciones provocadas o agravadas
    por
        asma, 52
        diabetes, 176
        gota, 337
        hemorragia nasal, 354
        laringitis, 447
        ojo amoratado, 514
        síndrome de Reye, 300, 327, 348, 399
        úlceras, 676
condiciones tratadas por
    ampollas de herpes, 363-364
    bursitis, 62
    calambres menstruales, 257
    callos, 81
    dolor de cabeza, 249, 254
    dolor de cuello, 202
    dolor de espalda, 211
    dolor de muelas, 220
    dolor de rodilla, 227
    dolor muscular, 235
    fiebre, 300
    flebitis, 310-312
    garganta irritada, 327
    gripe, 348
    infecciones del tracto urinario, 404
    mordeduras de animales, 550
    oído de nadador, 507
    picaduras de insectos, 545-546
    piquetes de insectos, 526
    quemadura de sol, 591
    resfriados, 603
    SAT, 619
    síndrome de la pierna inquieta, 624
    síndrome del túnel del carpo, 639
    tendinitis, 660
e infantes, 300, 327, 348, 399

Astringentes, 66, 538-539
Atleta, pie de, 531-536, 459
Atópica, dermatitis, 155-157
Automóvil, asientos de, 210
Autónomo, sistema nervioso, 654
Aveeno, 153, 364, 379, 542, 593
Avena, colesterol reducido por, 113
Avena, condiciones tratadas mediante harina de
    dermatitis y eczema, 153
    herpes zoster, 364
    hiedra venenosa y zumaque venenoso, 379
    insolación, 592, 593
    manos agrietadas, 481
    piel seca, 542
Avispa, piquetes de, 525
Ayuno
    desequilibrio por viajar en jet, 159
    diabetes y, 170
Azúcar
    en dieta diabética, 167
    hipo tratado mediante, 386-387
    infecciones de levadura por, 412
    lesiones tratadas mediante, 132
    síndrome premenstrual y, 644
    taquicardia y, 655

B

Bacitracin, 438, 590-591, 595
Bacterias. **Véase también tipos específicos**
    en cepillo dental, 328
    en herida, 130
    en vagina, 402, 405-406
    forúnculos, 319-322
    intoxicación por alimentos por, 432-436
    mal del turista por, 184, 186, 191
    olor corporal por, 454

úlceras por, 676
Baja, presión arterial, 567
Balsamina, 379
Bañarse, dermatitis y, 152
Baño
    contraste, 215
    de asiento, 358, 410
    mineral, 646
Baño, aceite de, 476-477, 528, 546
Barba, 69
Barros, 7-9, 11-13
Bebé, aceite para, 410, 508-509
Bebé, lociones para, 156
Bebés. **Véase** Infantes
Bebidas. **Véase también** Fluidos
    náusea y, 503
    yoduros en, 10
Belladona, 46, 380, 687
Benadryl, 156, 378, 409, 685
Benylin, 527, 603-604
Benzocaína, 378
Benzoílo, peróxido de, 12, 70
Betadine, 132, 549, 589
BHT, 370
Bicarbonato de sodio, condiciones tratadas por
    hiedra venenosa y zumaque venenoso, 379
    pie de atleta, 533
    piquetes, 545
    problemas dentales, 193, 334, 614
    quemadura por sol, 593
Biorrealimentación, 251, 631, 656
Bismuto, 674
Blefaritis, 511
Bonine, 488, 503
Bostezo, 223
Broncearse, 34, 597
Bronquitis, 55-57

Bruxismo, 58-60
Bucal, bruxismo y protección, 60
Bucal, enjuague, 66, 193, 452, 615
Bucales, úlceras, 678-681
Bucear, dolor de oídos por, 223
Buerger, mal de, 311
Bulgaricus, 191
Burow, solución de, 379, 532
Bursitis, 61-63
Butilado, hidroxitolueno (BHT), 370

C

Cabello
    crecido hacia adentro, 68-70
    grasoso, 64-67
    seco, 71-73
Cabeza, dolor de, 246-254
    de migraña, 247-248, 250-251
    jaqueca, 248
    por cruda, 134-135
    por tensión, 246, 250-251
    síntoma de enfermedad seria, 249
Cadera, fractura de, 518
Café. **Véase también** Cafeína
    condiciones provocadas o agravadas
        por
            calambres menstruales, 256
            celulitis, 98
            colesterol (alto), 117
            dientes manchados, 192-193
            mal aliento, 451
            síndrome del intestino grueso
                irritable, 634
            síndrome de Raynaud, 629
    dolor de cabeza de cruda tratado por,
        138
Cafeína
    asma aliviada por, 53
    condiciones provocadas o agravadas

por
    accesos repentinos de calor, 492
    acedías, 5
    ataques de pánico, 318
    bronquitis, 56
    calambres menstruales, 256
    deshidratación, 554
    diabetes, 176
    diverticulosis, 197
    dolor de cabeza, 252
    endometriosis, 260
    hiperventilación, 385
    impotencia, 393
    incomodidad de mama, 499-500
    incontinencia, 395
    insomnio, 424
    malabsorción de calcio, 520
    reducción de colesterol de HDL,
        117
    síndrome de la pierna inquieta,
        624
    síndrome de intestino grueso
        irritable, 634
    síndrome de Raynaud, 629
    síndrome premenstrual, 645
descomposición por viajar en jet y, 159
fatiga y, 291
Calambres
    menstruales, 255-257
    musculares, 234-235, 238, 240
Calamina, linimento de, 363
Calamina, loción de, 154, 377-378, 545, 686
Calcetines, calcetas
    ampollas y, 24-26
    mal olor de pies, 459
    para diabéticos, 168
    para el síndrome de Raynaud, 627
    pie de atleta, 535
Calcio

cálculos renales por, 75-78
condiciones tratadas por el
    calambres, 238
    calambres menstruales, 256
    colesterol (elevado), 110
    gingivitis, 331
    hipertensión, 566
    osteoporosis, 517, 519, 521
    síndrome premenstrual, 643
de fuentes no lácteas, 429
magnesio y, 656
Calcio, gluconato de, 546
Calcio, suplementos de, 518-520
Caldo, 136
Calentura. **Véase** Fiebre
Callos, 78-85
Calor
    accesos repentinos de, 491-493
    agotamiento por, 551-556
    cabello resecado por, 72
    condiciones tratadas mediante
        artritis, 43
        bruxismo, 60
        bursitis, 62
        calambres menstruales, 256
        callos, 80
        cándida, 408
        cólico, 120
        congelamiento, 124
        conjuntivitis, 126-127
        dolor de cabeza, 250
        dolor de cuello, 201
        dolor de espalda, 208-209
        dolor de oídos, 222-223
        dolor de rodilla, 226-227, 229-230
        dolor muscular, 234-235
        endometriosis, 260
        estrés, 667
        fiebre, 298

fisuras, 304
flebitis, 310
forúnculos, 320-322
gripe, 349-350
hemorroides, 358
incomodidad de mamas, 445, 499, 500
infecciones del tracto urinario, 404
insomnio, 427
magulladuras, 86
mal olor de pies, 461
oído de nadador, 507
piel grasosa, 538
piquetes de insectos, 526
psoriasis, 584
síndrome del intestino grueso irritable, 635
SAT, 618-619
tendinitis, 658
Calorías
    en dieta diabética, 166-167
    enfisema y, 265
    grasa y, 29, 31, 669-670
Cama, mojar la, 495-496. **Véase también** Incontinencia
Caminar
    como ejercicio para los huesos, 516
    condiciones tratadas mediante
        calambres menstruales, 256
        claudicación intermitente, 106
        diabetes, 173-174
        enfisema, 264
        estreñimiento, 273-274
        flebitis, 311
        insomnio, 427
        síndrome de las piernas inquietas, 622
        sinusitis, 652
        venas varicosas, 692

Candida albicans, 407-408

Cansancio. **Véase** Fatiga

Capsaicin, 364-365, 585, 651

Carbamida, peróxido de, 679

Carbohidratos
antojo de, 645
en la dieta diabética, 166
mal absorción de, 308
náusea tratada por, 502-504
triglicéridos y, 670-671

Carbón activado, 114, 308, 336, 527

Carbono, bióxido de, 383

Cardenales, 85-87

Carmex, 439

Carmol (10 o 20), 80, 156

Carne, 115-116, 520

Carne, piquetes tratados mediante ablandador de, 527, 529-530

Carótida derecha, arteria, 654

Carpo, síndrome del túnel del, 636-640

Cáscara sagrada, 277

Caspa, 88-92

Cataratas, dermatitis y, 157

Cebada, colesterol y, 114

Ceguera, 294

Celulitis, 96-100

Ceniza, 188

Cerezas, 336

Cerilla, 100-101, 681

Cerumen. **Véase** Cerilla

Cerveza, 67, 73, 91, 634

Cervical, herpes y cáncer, 368

Cetilpridinio, cloruro de, 332

Cicatrices, 102-104

Ciclismo, 230

Cilios, 340, 648

Cinc
condiciones tratadas mediante
diabetes, 173

garganta irritada, 324
herpes, 370
herpes labial, 373
herpes zoster, 362
hiedra venenosa y zumaque venenoso, 379
labios agrietados, 439
piquetes y picaduras de insectos, 528, 547
resfríos, 599
sarpullido por pañal, 279
urticaria, 686

Circadianos, ritmos, 286-287, 422

Circulación
flebitis y, 310-311
síndrome de Raynaud y, 625-626
Vendas y, 131

Ciruelos, jugo de, 197

ClenZone, 305, 360

Clima, asma y, 49

Cloro, 17, 73, 127, 546

Cloroformo, 363-364

Cloro Trimetón, 378, 685

Cobre, brazalete de, 42

Coca-Cola, jarabe de, 487, 502-503, 704

Coche, asientos de, 210

Cognitiva, terapia, 175

Coito
acceso repentinos de calor reducidos por, 493
endometriosis y, 261
infecciones de vejiga por, 405
infección por hongos, 410-412,
infertilidad y, 415, 418
lubricación para, 493

Colágeno, 86, 355

Colchón, 209, 562

Colesterol, 109-117, 668
angina y, 29, 31

claudicación intermitente y, 108
en dieta de diabético, 167
impotencia por, 392
Cólico, 118-120
Collinsonia, 359
Colon
diverticulosis del, 194-198
espástico (síndrome del intestino grueso irritable), 277, 630-635
Comer. **Véase también** Alimentos
rápido, hipo por, 386
temperatura corporal elevada por, 629
Comezón
anal, 358
por caspa, 88
por dermatitis o eczema, 150, 152-154 156
por hiedra venenosa y zumaque venenoso, 376-377, 379
por picadura de moscas y mosquitos, 544
por urticaria, 685-686
vestimenta y, 153-154
Comezón, de invierno, 540-544
Compuesto, W, 698
Computadora, monitor de, 203, 252, 292-293, 295
Comunicación
acerca de la depresión 145
acerca de la impotencia, 393-394
acerca de la menopausia, 493
presión sanguínea y, 568-569
Concepción. **Véase** Infertilidad
Condimentados, alimentos. **Véase** Picantes, alimentos
Condones, 412
Confianza, 289
Congelación, 121-125

Conjuntivitis, 126-128
Conjuntivitis aguda, 126-128
Constipación. **Véase** Estreñimiento
Contacto, dermatitis por, 151, 154, 156
Contraste, baño de, 215
Corazón, ataque al, 28, 32
Corazón, latidos rápidos de, 653-656
Coronaria, insuficiencia, 28
Corporal, olor, 454-457
Corporal, temperatura. **Véase también** Fiebre;
Calor, agotamiento por; Hipotermia;
Raynaud, alcohol y el síndrome de, 629
Correr, 200, 239
Correr, superficie para, 214, 229
Cortaduras, 128-133
Cortaid, 480, 490, 595, 687
Cortisona. **Véase también** Hidrocortisona
comezón tratada por, 379
herpes y, 368
psoriasis tratada por, 585
Cortizone-5, 595
Corva, músculos de, 228
Cosméticos. **Véase** Maquillaje
Costras, 103, 133, 353
Cremas de manos, 477
Crisco, 477, 542
Cromo F. T. G., 172
Cruda, 134-138
Cuello, dolor de, 201-204
Cuero cabelludo escamación del, 91
exceso de grasa del, 91
masaje del, 65
Curitas, 22, 82
Cutículas, 524, 695

CH

Champú
cabello grasoso tratado mediante, 65-66
caspa controlada mediante, 88-91
de hierbas, para mascotas, 577
grasas del cabello eliminadas mediante, 71
manos agrietadas y, 481
Chocolate, 5, 253, 645

D

Danza aeróbica, 213-214
Debrox, 101
Decisiones, toma de, 149, 163
Dedo(s) de los pies
infección de, 683
lesión a, gota y, 335, 339
Dedos de los pies, uñas de, 533-534, 682-684
DEET, 545
Dentaduras, adhesivos para, 140
Dentaduras, problemas con, 139-141
Dental, diabetes y salud, 174
Dental, pasta, 373, 439, 612, 614
Dentales, pulidos, 193
Dentición, 142-144
Dentina, 192-193, 220
Depresión, 144-149. **Véase también** Emociones
diabetes y, 174-175
Dermatitis, 150-157
caspa severa como, 90
por fármacos, 596
Descongestionantes, condiciones tratadas por
garganta irritada, 326
goteo posnasal, 343-344
problemas de oídos, 223, 400

resfríos, 603
roncar, 610
sinusitis, 651
Descremada, colesterol reducido por leche, 116
Desenex, 533, 536
Deshidratación
agotamiento por calor por, 551
calambres por, 240
desequilibrio por viajar en jet y, 160
en crudas, 137
intoxicación por alimentos y, 432-433
por diarrea, 180, 182, 185
problemas urinarios por, 395
síndrome de Raynaud agravado por, 629
vómitos y, 702, 703
Desitín, 279
Desodorantes, 381-382, 455-456, 458-460
Detergente, 157
Dextrometorfán, 57
Diabetes, 164-176
autotratamiento para hipoglicemia, 171
cuidado de los pies, 168-169
forúnculos, 320
peligros asociados con, 165
salud dental, 174
suplementos para tratar, 172-173
Diafragma (anticonceptivo), 406
Diafragma (músculo), 198, 200, 265-266
Diarrea, 177-183
como síntoma del síndrome del intestino grueso irritable, 630, 632
del viajero, 184-191
fisuras agravadas por, 304
Diarrea, medicamentos para, 435-436
Dibujar, depresión tratada mediante, 147

Diente(s)
    cepillado de, 451, 611-612
    manchados, 192-193, 612
    rechinar, 58-60, 620
    sensibilidad a la temperatura de, 220
Dientes, cepillo de, 612
    bacterias en, 328
    eléctricos, 193, 616
    gingivitis y, 330-331
    virus de herpes en, 372
Dientes, palillos de, 140
Dientes, pasta de. **Véase** Dental, pasta
Dieta. **Véase también** Nutrición
    alta en fibras, 195
    arroz/fruta, 670
    arrugas y, 35-36
    baja en grasas, 632-633
    baja en grasas, alta en fibras, 498
    baja en grasas, baja en sal, 29-31
    cólico y, 119
    dermatitis y, 155
    después de intoxicación por comida, 436
    después de la cruda, 138
    después de vomitar, 704
    durante el embarazo, 471-472, 474
    estreñimiento y, 273, 277
    mal del turista y, 186, 188-189
    para curar heridas, 103-104
    para el colesterol, 111
    para el desequilibrio producido por viajar en jet, 159
    para el dolor de cabeza, 252
    para el insomnio 424
    para el olor de los pies, 462
    para el síndrome del intestino grueso irritable, 632-633
    para el síndrome premenstrual, 644-646

    para la artritis, 46-47
    para la celulitis, 97-98
    para la diabetes, 165-168
    para la diarrea, 181
    para la diverticulosis, 195, 197
    para la fatiga, 284-285, 288
    para la flatulencia, 307
    para la gota, 337
    para la gripe, 350
    para la hemorragia nasal, 353-354
    para la incomodidad de mamas, 498
    para la insolación, 595
    para la náusea, 504
    para la osteoporosis, 517-520
    para las acedías, 5
    para las fisuras, 303-304
    para las hemorroides, 357, 360
    para las infecciones por hongos, 412
    para la taquicardia, 655-656
    para los calambres menstruales, 255
    para los resfriados, 601
    para los triglicéridos, 669-672
    piel grasosa y, 539
    úlcera y, 673-674, 676
    vegetariana, 566
Dieta, hacer
    diabetes y, 170-171
    gota y, 338
Di-Gel, 271
Dismenorrea, 255-257
Diuréticos
    bronquitis y, 56
    calambres menstruales y, 256
    hipotensión por, 567
    incomodidad de mama por, 500
    síndrome premenstrual y, 646
Diurno, cuidado, 389, 401
Diverticulitis, 195-196
Diverticulosis, 194-198

D-limonene, 574
Dolor, como señal de enfermedad, 234
Dolor de espinillas, 213-217
Doméstico, polvo, 14, 18, 48
Domifén, bromuro de, 332
Dopamina, 643
Dormir
    desórdenes causado por viajar en jet y, 160-161
    dolor de cabeza y, 250
    enrojecimiento de ojos tratado mediante, 510
    falta de, 421-427, 647
    fatiga y, 288
Dormir, píldoras para, 290, 608, 624
Dormir, posición para
    calambres nocturnos y, 238
    dolor de cuello y, 204
    dolor de espalda y, 211
    garganta irritada y, 328
    hipotensión y, 567
    postura y, 562
    roncar y, 609
    SAT y, 619
    síndrome del túnel del carpo y, 640
Doxiciclina, 190
Dramamine, 487-488, 503
Drionic, 456
Duchas. **Véase** Vaginales, lavados
Duodenal, úlcera, 674-675

E

E. coli, 184-185, 402, 404, 406
Eczema, 150-157, 480
Edulcorantes, alternos, en dieta de diabético, 167
Efedrina, diabetes y, 176
Eicosapentaenóico, ácido (EPA), 586
Ejercicio. **Véase también** Caminar
    aeróbico, 43, 566
    agua y, 42-43
    arrugas prevenidas por
        condiciones provocadas por
            asma, 50
            excoriaciones, 281-283
            infertilidad, 418
            magulladuras, 87
    condiciones tratadas por
        angina, 30
        artritis, 40, 42-43
        bursitis, 62-63
        calambres menstruales, 256-257
        cálculos renales, 77
        celulitis, 99
        claudicación intermitente, 106
        colesterol (alto), 115
        depresión, 147
        desequilibrio por viajar en jet, 163
        diabetes, 171-173
        diverticulosis, 197
        dolor de cabeza, 247, 250
        dolor de cuello, 202
        dolor de espalda, 206-207
        dolor de rodilla, 228
        dolores de pies, 243-244
        dolor muscular, 239-240, 449, 560, 562
        endometriosis, 260
        enfisema, 264-265
        entablillado de tibias, 215-217
        estreñimiento, 273
        estrés, 667, 675
        fatiga, 285-287
        flebitis, 311-312
        hipertensión, 566
        hiperventilación, 385
        incontinencia, 397
        insomnio, 427

síndrome del intestino grueso irritable, 634

síndrome de Raynaud, 626

síndrome del túnel del carpo, 638-639

síndrome premenstrual, 646

síntomas de menopausia, 491

sinusitis, 652

taquicardia, 656

venas varicosas, 692

dolor muscular después de, 233

estirarse, 236-237, 558

impotencia y, 392

isométrico, 227, 566

masa ósea aumentada por, 516-517

para estirar la vejiga, 496

resfriados prevenidos por, 375, 600-601

ropa para, 236-237

tendinitis, 658, 660

triglicéridos reducidos por, 671-672

yoga. **Véase** Yoga

Ekbom, síndrome de, 621-625

Electrólitos

agotamiento por calor y, 554

diarrea y, 185-186, 190, 434

malestar matutino y, 473

vómitos y, 434, 703

Embarazo, 259, 360, 368, 397

Véase también Infertilidad; Matutino, malestar

Emetrol, 503. 704

Emociones

depresión y, 144-149

enfisema y, 266-267

en la diabetes, 174-175

estrés y, 665

fatiga y, 289

presión arterial y, 568

úlcera y, 677

Emolientes, 152-153, 156, 477, 582, 583

Encías

dentaduras postizas y, 141

gingivitis, 330-334

limpieza de, 143

Endometriosis, 258-262

Endorfinas, 392

Endulzantes. **Véase** Edulcorantes

Enemas, 276

Energía, falta de. **Véase** Fatiga

Enfisema, 263-268

Envejecimiento, 415, 679

Epinefrina, 176, 354, 499, 687

Epsom, sal de, 80, 242, 545

Equinácea, 604

Erección, dificultad para, 390-391

Eritromicina, 364

Eructar, 269-271

Escenario, temor a, 466-467

Escherichia coli, 184, 185, 402, 404, 406

Esofágico inferior, esfínter, 3, 5

Esofágico, reflujo, 343

Espalda, curva en, 559-560, 562

Espalda, dolor de, 205-212, 557

Espalda, problemas de, SAT y, 619

Espasmos musculares, 235

Espástico, colon (síndrome del intestino irritable), 277, 630-635

Especias, 453

Esperma, cuenta de, 419

Espermicidas, 410-411

Espinillas, 7-9, 12

Espirulina, colesterol y, 114

Estafilococo, bacteria, 319, 321-322, 353, 432

Esteroides. **Véase también** Cortisona; Hidrocortisona

hemorragias nasales y, 353

herpes zoster tratado mediante, 363
infertilidad causada por, 419
Estimulantes, 393, 424-425, 654. **Véase también** Cafeína
Estirar
  antes y después de hacer ejercicio, 231
  condiciones tratadas mediante
    bursitis, 63
    dolor de espalda, 209
    SAT, 618
    tendinitis, 658-659
Estirar, ejercicios, 236-237, 558
Estomacal, ácido, 674, 676, 702
Estomacal, dolor, 630-631, 635
Estreñimiento
  celulitis y, 98
  como síntoma del síndrome del intestino grueso irritable, 630, 632
  incontinencia y, 396
Estreptococos, garganta con, 326
Estrés, 661-668
  condiciones provocadas o agravadas por
    acedías, 6
    angina, 30
    arrugas, 37-38
    bruxismo, 58-60
    caspa, 92
    diabetes, 174
    dolor artrítico, 40
    goteo posnasal, 342
    herpes, 367
    herpes, labial, 375
    insomnio, 425-426
    mala memoria, 469
    mal olor de pies, 461
    psoriasis, 586
    síndrome de las piernas inquietas, 624

síndrome del intestino irritable, 630-632
    úlceras, 675
    verrugas, 695
  síntomas de, 663
Estrés, fractura por, 213-214, 216
Estrógeno. **Véase también** Premenstrual, síndrome
  fertilidad y, 417
  goteo posnasal de, 344
  hemorragias nasales de, 355
  incomodidad de mamas, 497-498, 500-501
  menopausia y, 490-491, 493
  osteoporosis y, 515, 520
Etílicos, 136-137
Eucalipto, aceite de, 41, 242-243
Eucalypta-Mint, 41
Eucerín, 594
Eustaquio, trompas de, 221, 223, 399, 401
Evacuación. **Véase también** Estreñimiento; Diarrea
  hemorroides y, 357
  limpieza líquida después de, 305
Evacuaciones grandes y duras, 303
Excesivo, depresión y comer, 149
Excoriación, 281-283
Expectorantes, 57

F
Fatiga, 284-291, 486
Fenilefrina, diabetes y, 176
Fenol, 22, 323, 363, 374, 379
Fertilidad. **Véase** Infertilidad
Fibra
  absorción de calcio y, 520
  condiciones tratadas por
    colesterol (alto), 112, 114-115
    diabetes, 166-167

diverticulosis, 194-195
estreñimiento, 273
fisuras, 303
hemorroides, 357
síndrome del intestino grueso irritable, 632-633
síndrome premenstrual, 645
flatulencia por, 308
Fibrilación ventricular, 655
Fibroadenoma, 500-501
Fibroquística, mal de mama, 497
Fiebre, 143, 296-301
Fiebre, ampollas por, 371-375
Fisuras, 302-305
Flatulencia, 306-308
Flebitis, 234, 309-313
Flexibilidad, 240
Flexibilidad causada por artritis, falta de, 41
Flotación, tanques de, 41
Fluidos
condiciones tratadas por
agotamiento por calor, 553
bronquitis, 56
cálculos renales, 75
desequilibrio por viajar en jet, 160
diarrea, 180, 185-188
diverticulosis, 196
estreñimiento, 273
Fiebre, 298
Fisuras, 303
garganta irritada, 327
gota, 337
gripe, 346-347
hemorroides, 357
infecciones del tracto urinario, 403-404
intoxicación por alimentos, 432-433
labios agrietados, 438

laringitis, 448
resfríos, 602
síndrome del intestino grueso irritable, 632
síndrome de Raynaud, 629
sinusitis, 650
vómitos, 702
durante el embarazo, 472-473
incontinencia y, 395
Fobias, 313-318
Folamint, 680
Folato, deficiencia de, 623
Forúnculos, 319-322
Fosfato, absorción de calcio obstaculizada por, 521
Frambuesa, té de hoja de, 473-474
Fricción de alcohol, oído de nadador tratado mediante, 508
Frijoles, 112-113, 307-308
Frío, clima, 49, 625
Frío, condiciones tratadas pork. **Véase también** Hielo, condiciones tratadas por
artritis, 43
dolor de cabeza, 250
eczema, 154
endometriosis, 260
enrojecimiento de ojos, 512
fiebre, 298
incomodidad de mama, 500
insolación, 553, 555, 592
ojo amoratado, 512-513
olor de pies, 461
piquetes de insectos, 526
psoriasis, 584
quemaduras, 588
síndrome de la pierna inquieta, 623
síndrome del túnel del carpo, 639
taquicardia, 654

urticaria, 685
Frío, irritaciones por, 371-375
Fructosa, 134, 167
Fruta, colesterol reducido por, 113
Fruta, jugos de, 134, 297-298, 346, 395-396
Fumar. **Véase** Tabaquismo
Fungicidas, 17

G

Gama linoléico, ácido (AGL), 499
Gangrena, 106, 683
Garganta irritada, 323-329
Gargarismo, 325, 341, 348-349, 602
Garrapatas, 547-549
Gas
    en infantes con cólicos, 119
    eructo de, 269-271
    flatulencia, 306-308
Gasa, apósitos de, 23
Gástrica, úlcera, 674-675, 677
Gas-X, 308
Gatorade, 180, 434, 473, 554, 703
Gatos. **Véase también** Mascotas, proble-
    mas por
        mordeduras de, 548-549
        pulgas y, 573, 575
Gelatina, 704
Genital, herpes, 366-370
Gérmenes, contagio de, 605
Giardia, 185
Gingivitis, 330-334
Ginseng, 465
Glaucoma, 212
Glicerina, 101, 478
Glucosa, 167, 471
Goma, mascar, 223, 252, 616
Gota, 335-339
Grasa(s)
    acné por, 9, 11

Grasa(s)
    colesterol y, 111-112
    en dieta de diabético, 166
    en la dieta, 29-31, 46
    incomodidad de mamas por, 499
    reducción de, 669-670
    síndrome del intestino grueso irritable
        agravado por, 633
    síndrome premenstrual y, 644
Grasoso, cabello, 64-67
Grasosa, piel, 537-540
Gravedad, 212, 686-687
Gripe, 165, 345-350
Guantes, para manos agrietadas, 479-481

H

Halitosis, 450-453. **Véase también** Aliento,
    mal
Halotex, 536
Haltran, 257
Hamamelis, condiciones tratadas median-
    te
        cabello grasoso, 66
        hemorroides, 359
        herpes labial, 374
        hiedra venenosa y zumaque vene-
            noso, 379
        insolación, 593
        piel grasosa, 539
        urticaria, 686
HDL, colesterol, 109-110, 112, 115, 117
Hemorragia. **Véase también** Sangre
    del recto, 357
    detener, 129-131
    nasal, 351-355
Hemorroides, 356-360
    fisuras contra, 302
Heridas, 128-133
    curación de, 102, 595

diabetes y, 165, 174
Herpes genital, 366-370
Herpes *símplex,* 281, 371-375
Herpes zoster, 361-365, 585
Herpes zoster, virus de, 361-362
Hidrocortisona. **Véase también** Cortisona
 condiciones tratadas mediante
  callos, 80
  comezón vaginal, 409
  dermatitis y eczema, 153
  fisuras, 304
  insolación, 595
  labios agrietados, 438
  manos agrietadas, 480-481
  piquetes por medusas, 530
Hidrógeno, peróxido de, condiciones tratadas mediante
  cerumen, 101
  dientes manchados, 193
  gingivitis, 333
  herpes zoster, 364
  pequeñas úlceras dolorosas, 680
  placa dental, 615
Hielo, condiciones tratadas mediante. **Véase también** Frío, condiciones tratadas
 mediante
  artritis, 43
  bursitis, 62
  dolor de cuello, 201, 203
  dolor de espalda, 208
  dolor de espinillas, 215
  dolor de muelas, 219-220
  dolor de pies, 243
  dolor de rodilla, 229
  dolor muscular, 233
  fiebre, 298
  gota, 337
  hemorragia nasal, 353
  herpes labial, 374

herpes zoster, 365
insolación, 595
magulladuras, 85-86
ojo amoratado, 512-513
piquete de insectos, 526
psoriasis, 584
SAT, 618
tendinitis, 659
urticaria, 685
Hierba del asno, aceite de, 157
Hierbas. **Véase también tipos específicos**
 condiciones tratadas por
  ácaros de los oídos, 580
  acedías, 4
  artritis, 44
  celulitis, 99
  estreñimiento, 277
  gota, 338
  hemorroides, 359
  hiedra venenosa y zumaque venenoso, 379
  malestar matutino, 473-474
  resfríos, 604
  sinusitis, 650
  urticaria, 686, 687
 control de pulgas con, 577
 en enjuagues bucales, 452-453
Hierro
 hemorragia nasal tratada mediante, 353
 úlcera irritada por, 677
Hierro, deficiencia de
 labios agrietados por, 438
 síndrome de la pierna inquieta por,
  623-624
Higiene, 454-455
 oral, 330-331, 451-452
Higiénico, papel, 305, 358, 411
Hilo dental, limpieza con, 219, 451,
 613-614

Hiperemesis gravídica, 472
Hiperglicemia, 165, 175-176
Hiperlipidemia intermitente, claudicación
    agravada por, 108
Hipertensión. **Véase** Sanguínea, alta pre-
    sión
Hiperventilación, 383-385
Hipnosis, 631, 699
Hipo, 386-389
Hipoglucemia, 165, 171, 655
Hipotálamo, 654-655
Hipotensión, 567
Hipotermia, 122, 125
Hipúrico, ácido, 403
Histamina, 156-157, 685
Hombres
    asesoría en infertilidad para, 419-420
    impotencia en, 390-391
    roncar por, 606
Hongo
    infección de levadura de, 407-408
    infección de manos por, 480
    pie de atleta por, 531-533, 535-536
Hongos, infecciones por, 407-413
Hormonas. **Véase también tipos especí-
    ficos**
        adrenal, 393
        cabello grasoso y, 65
        reproductivas, 498
        síndrome del intestino grueso irri-
            table agravado por, 635
Huevos, claras de, 261, 409, 416
Huevos, colesterol y, 112
Humectantes, 36-37, 152, 523, 594
Humidificador, condiciones tratadas me-
    diante. **Véase también** Vapor, condi-
        ciones tratadas por
            arrugas, 38
            dermatitis y eczema, 152

dolor de oídos, 543
garganta irritada, 325
goteo posnasal, 342
gripe, 349
hemorragia nasal 351-355
laringitis, 447
manos agrietadas, 476
sinusitis, 644

I

Ibuprofén
    asma agravada por, 52
    condiciones tratadas mediante
        calambres menstruales, 257
        dolor de cuello, 202
        dolor de espalda, 211
        dolor de rodilla, 227
        dolor muscular, 235
        garganta irritada, 327
        gota, 336
        gripe, 348
        incomodidad de mamas, 500
        insolación, 592
        síndrome del intestino grueso irri-
            table, 635
        síndrome del túnel del carpo, 639
Iluminación, 292, 424
Imaginería, 253, 599, 675, 699. **Véase tam-
    bién** Visualización
Imodio, 181
Impotencia, 390-394
Incontinencia, 394-398, 494
    mojar la cama, 495-496
Infantes
    amamantamiento de, 441-445
    cólico en, 118-120
    dentición en, 143
    deshidratación en, 553, 555
    diarrea en, 182

fiebre en, 300-301
irritación por pañal en, 278-280
quemaduras en, 589
Infección. **Véase también área anatómica específica**
    causada por hongos, 407-413
    de ampollas, 22
    de lesiones, prevención de, 130
    dolor de muelas y, 221
    en diabéticos, 168, 174
    enfermedades gástricas e, 187
    fiebre e, 296-297
    flebitis e, 312
    forúnculos, 319-322
    insolación e, 593, 595-596
    por labios agrietados, 438
    por mordeduras de animales, 548-550
    psoriasis después de, 587
Infertilidad, 413-420
    endometriosis y, 259
    en hombres, 419-420
    en mujeres, 417-419
    en parejas, 413-417
    especialista consultado por, 414
Inflamación
    de acné, 8
    de artritis, 43, 45-46
    de infecciones del tracto urinario, 404
    de insolación, 591, 593-595
    del dedo gordo del pie, 683
    de mama, 499
    de piquetes de insectos, 526
    de rodilla, 226
    dolor de cuello con, 201-202
    dolor de espalda con, 211
Inflamada, cutícula. **Véase** Padrastros
Influenza, 165, 345-350
Inhalador, para asmáticos, 52-53

Inhalantes, alergias por, 14
Inmunidad, 362, 366, 412-413
Inositol, diabetes tratada mediante, 172
Inquietas, síndrome de las piernas, 621-625
Insecticida, 573-576
Insectos, picaduras de, 544-548
Insectos, piquetes de, 525-528
Insectos, repelentes para, 545-547
Insolación, 552-553, 591-597
Insomnio, 421-427, 647
Insulina, 167-168, 173-174
Intermitente, claudicación, 105-108
Intestino grueso, diarrea y control del, 181
Intestino grueso, evacuación del. **Véase** Evacuación
Intestino grueso irritable, 630-635
Invernal, comezón, 540-544
Irritable, síndrome del intestino grueso, 630-635
Irritada, garganta, 323-329
I-Scrub, 127
Isométrico, ejercicio, 227, 566

J
Jabón(es)
    alternativas a, 476
    insolación y, 593-594
    mal olor corporal eliminado por, 454-456
    piel grasosa tratada mediante, 538
    supergrasoso, 542-543
Jaquecas, 248
Jengibre, bebida de, 474
Jengibre, raíz de, 4, 487, 505
Jet, descompensación por viajar en, 158-163

K
Kaopectate, 181, 188, 190

Kegel, ejercicios de, 397, 494
K-Y, jalea, 349, 393
Kyolic, 116

L

Labial, lápiz cremoso, 438
Labio, cáncer de, 438
Labios, agrietados, 437-440
Labios, bálsamo para, 437
Lac-Hydrin, 156
Lactancia. **Véase** Amamantamiento
Lactasa, 428-430
Lácteos, condiciones provocadas o
    agravadas por productos
        diarrea, 178-179
        flatulencia, 307
        intolerancia a la lactosa, 429
        mal aliento, 451
        síndrome premenstrual, 644
Lácteos, productos
    artritis y, 46
    diarrea por, 178-179
    flatulencia por, 307
    mal del turista y, 188-189
LactiCare, 156
Láctico, ácido, 156
Lactobacilos, 191, 681
Lactosa, intolerancia a, 428-431
    diarrea por, 178-179
    flatulencia por, 307
    síndrome del intestino irritable contra,
        632-633
Lanolina, 508
Laringitis, 446-449
Laterales, punzadas, 198-200
Latigazo, 203
Laxantes, 190, 276, 632
LDL, colesterol, 109-112, 114-115
Leche

acedías y, 3
cólico y, 119
descremada, colesterol reducido por,
    116
goteo posnasal por, 341-342
intolerancia a la lactosa, 429
materna, 443-445
tabaquismo y, 57
úlcera y, 676
Leche de magnesia, 680, 686
Leche, insolación tratada mediante
    proteína de, 592
Lechuga, 594
Lecitina, 465
Le Crystal Natural, 455-456
Lectura, 468, 486-488
Legumbres, flatulencia de, 307
Lengua, 333, 453
Levadura, diabetes y, 172-173
Levantar, dolor de cuello y, 203-204
Lidocaína, 378
Limón, aceite de, 114, 478
Limón, en enjuague de cabello, 67
Limón, garganta irritada tratada mediante
    jugo de, 324-325
Linalool, 574
Líquidos. **Véase** Fluidos
Listerine, 332, 615
Litio, 452
Lociones
    para bebé, 156
    para manos, 476, 478
Lodo, 322, 527, 538
Lordosis, 559
L-tirosina. **Véase** Tirosina L
Lubifax, 493
Luchar o huir, respuesta de, 667
Lupus, 155
Lyme, enfermedad de, 549, 578

Lysina, 362, 370, 373-374
Llagas, diabetes y, 165
Llanto, 145, 665
    y cólico, 118

M

Magnesio
    calcio y, 656
    condiciones tratadas mediante
        calambres menstruales, 256
        cálculos renales, 76
        diabetes, 173
        síndrome premenstrual, 643
        taquicardia, 656
Magnesio, hidróxido de, 2, 179
Maíz, almidón de, 594
Maíz, emplastos de, 79
Maíz, salvado de, 115
Maligna, hipertensión, 565
Mamas, problemas de, 444, 495-501
Manchados, dientes, 192-193, 612
Manchas, 7-13
Mandíbula para SAT, soporte de, 619
Manejar de noche, 94-95
Manicure, productos acrílicos para, 154
Manos
    agrietadas, 475-481
    dolor o adormecimiento en, por sín-
        drome del túnel del carpo, 636, 640
    frías, por síndrome de Raynaud,
        625-629
Manos, cremas de, 477
Manzanilla, 80, 298, 325, 327, 473-474
Maquillaje
    acné y, 9-11
    para arrugas, 38
    para psoriasis, 582
    piel grasosa y, 538-539
Mareo causado por movimiento, 482-489

Margarina, 499
Masaje
    condiciones tratadas mediante
        arrugas, 37
        artritis, 45
        celulitis, 99
        dolor de muelas, 219
        dolor de pies, 243-244
        dolor muscular, 235-236
        férulas para las tibias, 216-217
        gingivitis, 331
        incomodidad de mama, 501
        SAT, 618, 619
        síndrome de las piernas inquietas,
          623-624
        sinusitis, 652
    de encías, 141, 331
Mascotas, caspa de, 14, 17-18, 48
Mascotas, collares para, 574
Mascotas, hipertensión tratada mediante,
    569-570
Mascotas, problemas de, 571-580
    ácaros de orejas, 580
    alergia a pulgas, 576-578
    etiquetas, 579
    garrapatas, 578-579
    olor de zorrillo, 571-573
    pulgas, 573-577
Mastitis, 444
Matrimonio, presión arterial y, 569
Matutino, malestar, 470-474
Mayonesa, 72
Medicamentos
    artritis y, 44
    condiciones provocadas por
        acedías, 6
        dermatitis, 596
        estreñimiento, 276
        falta de memoria, 469

fatiga, 290-291
impotencia, 391
infertilidad, 419
insomnio, 425
laringitis, 448-449
magulladuras, 87
para sanar lesiones, 130
rellenos de lactosa en, 431
resfríos tratados por, 602-605
Mediplast, 698
Mediprén, 227, 257, 259-260
Meditación, 204, 342, 631, 666, 675
Medusa, piquetes de, 528-530
Melox, 2, 179, 504, 702
Melox Plus, 271, 308
Memoria, 463-469
Memoria, falta de, 463-469
Menopausia, 489-494
Menstruales, calambres, 255-257
Mentol, 363, 379
Mentol, fricciones, 605
Mertiolate, 133
Metabisulfito, 52
Metamucil, 116, 190, 196, 632
Metapreno, 575
Micatín, 533
Micción dolorosa por herpes, 369
Miconazol, nitrato de, 533
Microondas, 408
Miel, 134
Migrañas, 246-248, 250-251
Miliar, acné, 7-9, 11
Minerales, calambres menstruales trata-
dos mediante, 646
Miswak, ramitas de, 612
Moco, 648, 650-651
Modo de vida, gingivitis y, 332
Mohos, 15-16, 18-19, 48
Mondadientes. **Véase** Dientes, palillos de

Monilial, paroniquia, 480
Monolauriano, 604
Monosódico, glutamato, 52, 253
Mordeduras, 544-550. **Véase también** Pi-
quetes
de chinches, 547-548
de moscas y mosquitos, 544-547
de perros y gatos, 548, 550
Moscas, piquetes de, 544-547
Mosquito, picaduras de, 544-547
Motivación, 289
Movimiento, cólico tratado mediante, 120
Moxibustión, 261
Muelas, dolor de, 218-221
Mujeres. **Véase también** Menopausia;
Menstruales, Calambres; Premens-
trual, síndrome
infertilidad, asesoría contra,
417-419
osteoporosis en, 515
Multi-Shield, 382
Muñeca, fractura de, 640
Muñeca, problemas de, 237-238, 636-640
Murine, gotas para oídos, 101
Muscular, dolor, 232-240
buena postura para tratar, 560
ejercicio para tratar, 559, 562
Muscular, relajación, condiciones tratadas
por
estrés, 665
fobia, 318
goteo posnasal, 342
síndrome de Raynaud, 628-629
taquicardia, 655-656
Música, 668
Mylanta, 179, 271, 504, 680, 702
Mylanta II, 271, 308
Mylicon, 308

N

Nadador, oído de, 506-509
Nadar, 127, 207, 224
Nariz, goteo posnasal, 340-344
Nariz, ojo amoratado y sonar la, 514
Nasales, pólipos, 52
Nasales, rocíos, 326-327, 402, 603, 651-652
Nasal, hemorragia, 351-355
Náusea, 502-505
        por movimiento, 485-486
Negativo, pensamiento, 316
Neomicina, 132-133, 364
Neosporín, 22, 364
Nervios, infecciones de, 361
Nerviosismo, 425, 456-457. **Véase también**
        Ansiedad; Estrés
Nervioso autónomo, sistema, 655-656
Neuralgia posherpética, 363
Niacina, 110, 172, 338-339
Nicotina, 634. **Véase también** Tabaquis-
        mo, condiciones provocadas o agra-
        vadas por
Niños. **Véase también** Aspirina; Infantes
        diarrea en, 182
        fiebre en, 296-297, 300-301
        hipo en, 389
        infecciones de oídos de, 398-401
        mojar la cama, 495-496
        piquetes de insectos, 527
        síndrome de Reye en, 300-301, 327,
                348, 399
        Tylenol para, 144
        uso del termómetro para, 299
Níquel, dermatitis por, 151
Nitratos, 252
Nitroglicerina, 33
Nocturna, ceguera, 93-96
Norepinefrina, 147, 393, 491
Nuprin, 227, 257, 259-260

Nutrición. **Véase también** Dieta
        depresión tratada mediante, 147
        memoria y, 465
Nutricionales, suplementos. **Véase** Su-
        plementos, condiciones tratadas me-
        diante

O

Obesidad. **Véase también** Exceso de peso,
        condiciones provocadas o agravadas
                por; Peso, control de
        claudicación intermitente agravada por,
                107
        hipertensión y, 563-564
Ocupacionales, problemas
        de muñeca, 237-238, 636-640
        dolor de cuello, 201, 203
        insomnio, 425
        relacionados con VDT, 203, 292-293,
                295
Oído
        ácaros de, 579-580
        de nadador, 506-509
        dolor de, 221-224
        infección de, 398-401
        interno, fobia y, 314
        pérdida de, 400
Ojo(s)
        amoratados, 512-514
        conjuntivitis de, 126-128
        enrojecimiento de, 510-512
        forzar los, 292-295
        gotas para, 511
        mala alineación de, 293
Oliva, aceite de, 91, 112
Olmo, té de corteza de, 448
Olor(es), mal(os)
        corporales, 454-457
        de boca, 450-453

de pies, 458-462
náusea por, 485
zorrillo, 571-573
Omega-3, ácidos grasos, 44-46, 170, 260, 672
Omega-6, ácidos grasos, 46
Opiados, mal del turista tratado mediante, 190
Orales, anticonceptivos. **Véase** Natal, píldoras de control, condiciones provocadas por
Oral, higiene, 330-331, 451-452
Oral, solución de rehidratación, 185-186
Orejas, perforación de, 151
Orgasmo, 257, 646
Orina
  cálculos renales y, 75
  color de, 188, 703
  prueba de, para diabetes, 175-176
  sangre en, 77, 405
Orinar doloroso, por herpes. **Véase** Micción dolorosa por herpes
Orozuz, té de raíz de, 604
Osteoartritis, 41-42, 639
Osteoporosis, 515-521
  factores de riesgo para, 516
  fractura de cadera y, 518
Outgro, solución, 683
Ovulación, 417-418
Oxalato, 76
Oxígeno, sangre arterial y, 29-30

P

Padrastros, 522-524
Panadol, síndrome del intestino irritable y, 635
Pánico, ataque de, 317
Pantorrilla
  calambre en, 238

dolor en, 105-108
estiramiento de, 215-216
Pañales, irritación por, 278-280
Papiloma, virus de, 693
Parásitos, 357
Peces, 260, 451
Pecho dolor de, por angina, 28-29
Pectina, 110, 112, 114-115
Pélvica, inclinación, 559-560
Penicilamina, 452
Pepto-Bismol, 181, 189-190, 504, 674, 702
Perejil, 453
Perfeccionismo, 317
Periférica, enfermedad vascular, 105, 108
Periostitis, 213
Perros. **Véase también** Mascotas, problemas por
  alergia a pulgas en, 576
  mordeduras de, 548-550
  presión arterial y, 569-570
Pescado, aceite de, 586, 696. **Véase también** Omega-3, ácidos grasos
Peso, control de
  condiciones tratadas mediante
    celulitis, 97
    dolor de rodilla, 225-226
    enfisema, 265
    fatiga, 288
    hipertensión, 563-564
    incomodidad de mamas, 498
    incontinencia, 396
    infertilidad, 417
    psoriasis, 586
    triglicéridos (altos), 669
    venas varicosas, 691
  diabetes y, 170
Peso, fluctuaciones en, arrugas por, 35-36
Petróleo, jalea de
  como lubricante, 409

condiciones tratadas mediante
  fisuras, 303
  hemorroides, 357
  herpes labial, 373
  irritación nasal, 349, 602
  manos agrietadas, 480
  piel agrietada, 282
  piel seca, 542
esperma muerto por, 261-262
oído de nadador y, 508
Picantes, alimentos, 6, 341, 450, 633, 651
Pie (pies)
  ampollas en, 24-25
  callos en, 78-85
  cuidado de, por diabéticos, 168-169
  de atleta, 531-536
  dolor de, 241-245
  fríos, 108. **Véase también** Raynaud, sín-
    drome de
  infección de, 107
  mal olor de, 458-462
  planos, 217
  talco para, 628
Pie, problemas de, 107
  diabetes y, 79, 82
Piel
  excoriación de, 281-283
  grasosa, 537-540
  seca, 540-544
Piel, arrugas de, 33-38
Piel, humectantes, 477, 541
Piel para la celulitis, cuidado de la, 99
Piel, urticaria de. **Véase** Urticaria
Pierna(s). **Véase también** Pantorrilla
  calambre en, 237-238
  enfermedad vascular periférica en, 105
  inquieta, 621-625
  masaje de, 216-217, 623-624
Pinzas, cabello que crece hacia adentro

removido mediante, 69
Pipa, arcilla, 380
Piquetes, 525-530
Placa (dental), 611-616
  dientes manchados y, 193
  en dentaduras falsas, 141
  en diabéticos, 174
  gingivitis y, 330-332
  mal aliento y, 451-453
Plantas, verrugas de, 696-700
Polen, 14, 17-18, 48, 50
Polimixin, 590
Pollo, consomé de, 601
Polvo, ácaros de, 15-16, 18
Polysporin, ungüento, 133, 364, 438, 595
Portabustos, 442, 500
Positiva, actitud, 289, 661-662
Posnasal, goteo, 340-344
Postura desgarbada, 557-558, 560
Postura perfecta, 557-562
  dolor de cabeza tratado mediante, 250
  SAT y, 619-620
Potasio, 564-565, 656
Potasio, clorato de, 679
Precor, 575
Prednisona, 363
Premenstrual, síndrome, 641-647
Presopuntura, condiciones tratadas por
  calambres menstruales, 257
  endometriosis, 262
  estrés, 665
  malestar matutino, 487
  náusea, 504
  urticaria, 686
PreSun, 546
Primeros auxilios para curar lesiones, 130
Progesterona, 497, 641, 645
Prolactina, 418, 498-499
Prostaglandina (s), 255, 257, 259-260

Proteína, 77, 166, 655
Providona, yoduro de, 549
Proxa, cepillo, 331
Psilio, semillas de, 116, 196, 276, 632
P&S, líquido, 91
Psoriasis, 480, 581-587
Pulgas, 573, 578
Pupilas, sangre que cubre las, 511
Purina, 337
Pus, 319

Q
Quemaduras, 588-591
Queso, 431, 451, 616
Quistes, 322

R
Rábano picante, 651
Rabia, 549
Ranúncula, 604, 680
Raspones, 128-133
Rasurar. **Véase** Afeitar
Raynaud, síndrome de, 625-629
Recto, hemorragia del, 357
Regaliz. **Véase** Orozuz
Relajación, cintas magnetofónicas para,
    667, 675
Relajación, respuesta, 666
Relajamiento, condiciones tratadas me-
    diante
        accesos repentinos de calor, 492
        bruxismo, 60
        cabello grasoso, 67
        caspa, 92
        celulitis, 99-100
        colesterol (alto), 117
        depresión, 149
        desequilibrio por viajar en jet, 161
        diabetes, 174-175

        dolor artrítico, 40-41
        dolor de cabeza, 253
        dolor de cuello, 204
        enfisema, 266
        estreñimiento, 275
        estrés, 666-667
        herpes, 367
        herpes labial, 375
        hiperventilación, 384
        impotencia, 393
        insomnio, 426-427
        resfríos, 599-600
        síndrome de las piernas inquietas,
            624
        síndrome del intestino irritable, 631
        síndrome de Raynaud, 628-629
        síndrome premenstrual, 646
        taquicardia, 653, 655-656
Renales, cálculos, 74-78
Reposo en cama para el dolor de espalda,
    206-207
Resfríos, 346, 598-605
Respiración
    "dolor de caballo" y, 199-200
    enfisema y, 264-266
    hipo y, 389
    profunda, condiciones tratadas por
        celulitis, 99
        dolor de cabeza, 251
        estrés, 664-666, 675
        síndrome premenstrual, 646
    rápida, 383-385
Retin-A, 13, 37
Retinitis pigmentosa, 94
Reumatoide, artritis, 41, 43-45, 47
Reye, síndrome de, 300-301, 327, 348, 399
Ricino, aceite de, 62, 369, 499, 696
Risa, estreñimiento tratado mediante, 275
Rocallosas, fiebre moteada de las

Montañas, 549, 578
Rodilla, dolor de, 225-231
Rodilla, lesión de, 226
Rodilla, soporte para, 226
Rojo, aliso, 687
Roncar, 606-610
Ronchas, 16
Rotavirus, 185
Ruido, cólico tratado mediante, 120

S

Saborizantes, agentes, 439
Sal
    condiciones provocadas o agravadas
        por
            asma, 51-52
            cálculos renales, 77
            dolor de cabeza, 252
            hemorroides, 360
            hipertensión, 564-565
            incomodidad de mama, 500
            malabsorción de calcio, 521
            síndrome premenstrual, 644
    en caldo de pollo o res, 182-183
Sal, deshidratación por píldoras de, 554
Salada, agua
    condiciones tratadas mediante
        calambres menstruales, 256
        celulitis, 98
        dolor de muelas, 219
        garganta irritada, 325, 602
        goteo posnasal, 341, 343
        gripe, 348
        mal olor de pies, 460
        piquetes de medusa, 528
    encías limpiadas mediante, 141
Salicilatos, hemorragia nasal por, 354
Salicílico, verrugas tratadas mediante
    ácido, 697-698

Salmonella, 185, 432
Salvado, 113-114, 195, 632-633
Salvia, 461
Sangrante, úlcera, 673
Sangre. **Véase también** Hemorragias
    en el ojo, 510-511
    en la orina, 77, 405
    toser y arrojar, 447
Sangre, envenenamiento de, 320
Sangre para la diabetes, prueba de, 175-176
Sanguijuelas, 512
Sanguínea, circulación. **Véase** Circulación
Sanguínea, presión
    alta, 563-566, 568-569
        claudicación intermitente agravada
            por, 108
        diabetes, 174
        gota, 338
        hemorragia nasal por, 354-355
    baja, 567
Sanguínea, vigilancia de la presión, 568-569
Sanguíneos, coágulos, 32, 87, 514, 689
    flebitis, 234, 309-313
Sanitarias, toallitas, 406
Santa Catalina, hierba de, 379
Sarpullido. **Véase también** Hiedra venenosa y zumaque venenoso; Herpes zoster
    pañal, 278-280
Sarro dental, 611
    diabetes y, 174
SAT, 617-620
Sauce, corteza de, 135, 298
Saúco negro, 298
Sebáceas, glándulas, 64-65
Seba-Nil, 539
Seborreica, dermatitis, 90
Seca, piel, 540-544
Seco, cabello, 71-73
Second Skin, 23

Semillas, alimentos que contienen, 197
Sensaciones, tanques para privar de, 41
Serotonina, 491
Sexual, actividad
    calambres menstruales tratados
        mediante, 257
    dolor de cabeza y, 251
    herpes y, 370
    impotencia y, 392
    infecciones del tracto urinario y,
        405-406
    insomnio y, 427
    síndrome premenstrual tratado
        mediante, 646
Sexual, contacto. **Véase** Coito
Shigella, 185, 434
SIDA (Síndrome de inmunodeficiencia
    adquirida), 86
Simeticona, 271, 308
Sinusitis, 52, 648-652
Skin-So-Soft, 546, 575
Sobrepeso, condiciones provocadas o agra-
    vadas por
        aumento de colesterol, 111
        dolor artrítico, 39-40
        dolor muscular, 239
        hemorroides, 360
        roncar, 607-608
Social, fobia, 314
Sodio, hidróxido de, 524
Sodio, hipertensión y, 564-565
Sodio, remojar los pies en bicarbonato de,
    461
Sol
 condiciones provocadas por
        agotamiento por calor, 552
        arrugas, 34-35
        daño a labios, 437
        dolor de cabeza, 252

    manos secas, 478
    condiciones tratadas mediante
        caspa, 91-92
        desórdenes provocadas por viajar
            en jet, 161-162
        psoriasis, 583
Solano. **Véase** Belladona
Solarcaíne, 590
Solares, protectores
    arrugas prevenidas mediante, 34
    cicatrices cubiertas mediante, 104
    como repelentes de insectos, 546
    humectación de manos, 478
    insolación prevenida mediante, 597
    labios agrietados prevenidos median-
        te, 437-438
    psoriasis y, 584
    reacción a, 596
    uso invernal de, 596-597
Soporte
    rodillera, 226
    tendinitis tratada mediante, 659
Soporte, medias de, 312, 690-691
Sorbitol, 167, 634
Sordera, aparatos para, 508
Sudafed, 651
Sueño, apnea de, 607
Suplementos, condiciones tratadas median-
    te
        colesterol (alto), 110
        diabetes, 172-173
        fatiga, 286
        síndrome premenstrual, 642-643
Supositorios, 197, 276, 358
Sustancia P, 585

T

Tabaquismo, condiciones provocadas o

agravadas por
    acedía, 5
    agotamiento por calor, 554
    arrugas, 36
    asma, 48
    bloqueo de arterias, 29
    bronquitis, 55-57
    celulitis, 98
    claudicación intermitente, 106
    colesterol (elevado), 117
    congelación, 124
    dientes manchados, 192-193
    diverticulosis, 197
    dolor de cabeza, 248, 253
    enfermedad de Buerger, 311
    enfisema, 263-264
    hemorragia nasal, 355
    hiperventilación, 385
    infección de oído, 401
    impotencia, 392
    incontinencia, 396
    infertilidad, 416
    laringitis, 448
    náusea, 485
    osteoporosis, 520
    resfríos, 602
    roncar, 609
    síndrome de las piernas inquietas,
        624-625
    síndrome del intestino irritable, 634
    síndrome de Raynaud, 628
    úlceras, 676-677
    venas varicosas, 691
Tagamet, 419
T'ai chi, para dolor de espalda, 212
Talco, 282, 303, 596
    de hierbas, para mascotas, 577
    en cara, 540
    espolvorear, 409

    para pies, 458
Talón, ampollas en el, 24
Tapones, 261, 406, 413
Tanino (ácido tánico)
    condiciones tratadas mediante
        ampollas, 26
        colesterol (alto), 114
        diarrea, 188
        llagas gangrenosas, 680
        mal olor de pies, 460
        náusea, 487
        urticaria, 687
    síndrome del intestino irritable
        agravado por, 634
Taquicardia, 653-656
Té(s), condiciones tratadas mediante
    diverticulosis, 197
    dolores de pies, 243
    fatiga visual, 294
    fiebre, 298
    garganta irritada, 324, 325
    gota, 338
    insolación, 594
    laringitis, 448
    malestar matutino, 473-474
    mal olor de pies, 460
    resfríos, 604
    sinusitis, 650
    urticaria, 686-687
Temores, 313-318
Temperatura corporal. **Véase** Corporal,
    temperatura
Temperatura, eczema y cambios de,
    155-156
Temporomandibular, síndrome de la arti-
    culación (SAT), 617-620
Tendinitis, 213, 229, 657-660
Tendones, 216, 636
Tensión, 667

Tensión, dolor de cabeza por, 246, 248, 252
Teofilina, 53
Termómetro, 299
Testículos, 419-420
Testosterona, 392
Tétanos, 133, 530, 550
Tiamina, cloruro de, 545
Tiamina, diabetes tratada mediante, 173
Tilo, té de, 298
Tinactin, 533, 536
Tirosina L, 147, 643
TMP/SMZ, 187, 190
Tolnaftato, 533
Tomate, jugo de, 457, 573
Tomillo, 91, 298
Torniquete, 132
Tos, 55-57, 603
Tos, pastillas para, 448, 603-605
Trabajo. **Véase** Ocupacionales, problemas
Trabajolismo, infertilidad por, 415
Tragar, 269-270, 399
Tranquilizantes, hipotensión por, 567
Transpiración, 454-455
Trans-Ver-Sal, parche transdermal, 700
Trascendental, meditación, 666
Triglicéridos, 668-672
Tristeza, 144
Trociscos, condiciones tratadas mediante
    exceso de saliva, 141
    garganta irritada, 323, 349
    gripe, 349
    resfriados, 599, 604-605
Tromboflebitis, 309-313
Turista, mal de, 184-191
Tylenol, 227, 362, 592
    infantil, 144

U
Úlcera(s), 673-677
    acedía contra, 3
    bucales, 678-681
Ulceraciones dolorosas en labios y boca, 678-681
Ultra Mide, 156
Ultravioleta, ondas, 584
Ungüentos, 477, 698
Uñas
    artificiales, 154
    padrastros, 522-524
    que crecen hacia adentro, 682-684
Uñas artificiales, 154
Urea, 156
Urinaria, incontinencia. **Véase** Incontinencia
Urinario, infecciones del tracto, 402-406
Urticaria, 16, 685-687
Útero, 258, 360
Urusiol, aceite, 376, 380, 382

V
Vaca, cólico y leche de, 119
Vacuna, para la gripe, 347
Vagina
    bacterias en, 402, 404-406
    hongos en, 407, 409, 412
    resequedad de, 493
Vaginales, lavados, 411-412
Vago, nervio, 654
Vapor, condiciones tratadas mediante. **Véase también** Humidificador, condiciones tratadas por
    garganta irritada, 325
    laringitis, 447
    resfriados, 602
    sinusitis, 649
Vaporizador, 349
Varicela, virus zoster de, 361, 363
Varicosas, venas, 688-692

Vascular periférica, enfermedad, 105, 108

Vegetal, aceite, 46, 493, 542

Vegetariana, dieta, presión arterial reducida mediante, 566

Vejiga, 395-396
    ejercicios de estiramiento para, 496
    infecciones de la, 402-406

Venas, 309, 688-692

Venda(s)
    Ace, 234, 640, 659
    adhesivas, retirar, 129
    de mariposa, 103
    para verrugas, 696

Vendajes para heridas, 129, 131, 133

Venenosa y zumaque venenoso, hiedra, 376-382

Ventricular, fibrilación, 655

Verdugos. **Véase** Ronchas

Verduras, jugo de, 47, 297-298, 346

Vergo, crema, 700

Verrugas, 693-700
    identificación de, 693
    prevención de, 695

Vertebral, columna, 557

Vestido
    agotamiento por calor impedido por, 555-556
    comezón y, 153-154
    enfisema y, 268
    excoriación y, 281
    infecciones por hongos y, 409, 411
    insolación prevenida por, 597
    para accesos repentinos de calor, 492
    para ejercicios, 236-237
    para el síndrome de Raynaud, 627-628
    venas varicosas y, 691

Viajero, diarrea, 184-191

Vibración, cólico tratado mediante, 120

Vick VapoRub, 546

Video, pantalla de (VDT), 203, 252, 292-293, 295

Vinagre
    calcio disuelto mediante, 518
    como líquido para lavado vaginal, 412
    condiciones tratadas mediante
        acedía, 4
        cabello grasoso, 67
        hemorragia nasal, 352
        infecciones por hongos, 412
        insolación, 593
        mal olor de pies, 461
        mal olor de zorrillo, 571-572
        oído de nadador, 508
        piquetes de medusa, 529
    para el lavado de pañales, 280

Vino, pie de atleta y, 534

Virus
    gripe de, 345, 347
    herpes genital, 366-369
    herpes *símplex*, 371-375
    herpes zoster, 361-362
    nervio infectado por, 361-363
    papiloma, 694
    resfriados de, 598, 601
    rota-, 185
    varicela zoster, 361, 363
    verrugas de, 694-695

Visión nocturna, 93-96

Visión, problemas de, 513

Visualización, 211-213, 631, 662

Vitamina A
    arrugas prevenidas mediante, 36
    condiciones tratadas mediante
        artritis, 45
        cálculos renales, 76
        fisuras, 304
        síndrome premenstrual, 642
        visión nocturna, 94

garganta irritada prevenida mediante, 324

gota agravada por, 339

Vitamina B (complejo)
arrugas prevenidas mediante, 36
cruda tratada mediante, 138
depresión tratada mediante, 147
herpes zoster tratado mediante, 362

Vitamina B (complejo), deficiencia de
labios agrietados por, 438

Vitamina B_6, condiciones tratadas
mediante
asma, 53
cálculos renales, 76
diabetes, 173
síndrome del túnel del carpo, 637
síndrome premenstrual, 642

Vitamina C
arrugas prevenidas por, 36
cálculos renales por, 78
condiciones tratadas mediante
artritis, 45
cardenales, 86
colesterol (alto), 110
diabetes, 173
dolor de cabeza, 254
enfisema, 266
garganta irritada, 328
gingivitis, 331
hemorragia nasal, 355
infecciones del tracto urinario, 403-
404
resfríos, 599
síndrome premenstrual, 642
úlceras gangrenosas, 681
urticaria, 362
verrugas, 696

Vitamina D
cálculos renales por, 78

condiciones tratadas mediante
artritis, 45
fisuras, 304
malabsorción de calcio, 519-520
síndrome premenstrual, 642
fuentes de, 34

Vitamina E
como lubricante vaginal, 494
condiciones tratadas mediante
ácaros de orejas, 580
colesterol (alto), 110
enfisema, 266
pezones agrietados, 445
quemaduras, 589-590
síndrome premenstrual, 643
úlcera gangrenosa, 681

Vitaminas
calambres menstruales tratados mediante, 255-256
incomodidad de mamas, 498-499
prenatales, 474

Volar, 223, 312-313, 448

Vómitos, 702-704
intoxicación alimentaria y, 434, 436
náusea y, 504-505
prolongados, 349

W
Whitfield, ungüento, 80
Wibi, 594
WinGel, 2

Y
Yodo, 10, 22, 132
Yoduros en alimentos y bebidas específicos, 10
Yoga, condiciones tratadas mediante
artritis, 40
calambres menstruales, 257

celulitis, 99
estrés, 666
fatiga visual, 294
venas varicosas, 690
Yogur
como lubricante para el coito, 409
diarrea y, 183, 186, 191
insolación tratada mediante, 594
intolerancia de la lactosa y, 429-430
úlceras gangrenosas y prevenidas
        mediante, 681

Z

Zanahorias, 115, 183
Zapatos
callos y, 83
dolor de espinillas y, 214-215
dolor de pies y, 245
dolor de rodilla y, 230
para diabéticos, 169
para ejercicio, 240
para impedir verrugas, 695
para venas varicosas, 691
pie de atleta y, 534
uñas de pies que crecen hacia adentro
        y, 682, 684
Zarzamora, raíz de, 189
Zen, 666
Zorrillo, hedor de, 571-573
Zostrix, 365, 585

ESTA EDICIÓN DE 4 000 EJEMPLARES SE TERMINÓ
DE IMPRIMIR EL 13 DE FEBRERO DE 1997 EN LOS
TALLERES DE FERNÁNDEZ EDITORES, S.A. DE C.V.
EJE 1 PTE. MÉXICO, COYOACÁN No. 321 COL XOCO,
03330 MÉXICO, D.F.